Karl Ritter von Scherzer

Reise der österreichischen Fregatte Novara um die Erde

in den Jahren 1857, 1858, 1859

Karl Ritter von Scherzer

Reise der österreichischen Fregatte Novara um die Erde
in den Jahren 1857, 1858, 1859

ISBN/EAN: 9783742892829

Hergestellt in Europa, USA, Kanada, Australien, Japan

Cover: Foto ©ninafisch / pixelio.de

Manufactured and distributed by brebook publishing software
(www.brebook.com)

Karl Ritter von Scherzer

Reise der österreichischen Fregatte Novara um die Erde

Inhalt des dritten Bandes.

XVIII. Sydney.

Aufenthalt vom 5. November bis 7. December 1858.

Seite

Die große national-ökonomische Bedeutung der britischen Colonien für das Mutterland. — Staunenswerther Aufschwung Sydney's. — Öffentliche Bauten. — Expeditionen zur Durchforschung des Innern Australiens. — Wissenschaftliche Thätigkeit in Sydney. — Macleay's Landsitz in Elisabeth-Bai. — Sir Daniel Cooper. — [illegible] Dock. — La Pérouse's Denkmal in Botany-Bai. — Der botanische Garten. — Eisenbahnfahrt nach Campbelltown. — Camden Park. — Deutsche Emigranten. — Der Weinbau in Australien. — Eine Loge der Odd Fellows in Campbelltown. — Freimaurer. — Die praktische Seite des maurerischen Bruderbundes. — Appin. — Wollongong. — Mr. Hill. — Die Eingebornen Australiens. — Kängurujagd. — Kohlenminen im Keira-gebirge. — Ein Waldabenteuer. — Rückkehr nach Sydney. — Der australische Club. — Ausflug am Hunter-River nach Ash-Island. — Goldnuggets. — Deutsche Auswanderung nach Australien. — Sorgfalt der britischen Regierung für ihre emigrirenden Unterthanen. — Die Novara im Trockendock auf Cockatoo-Eiland. — Reformen im Gefängnißwesen der Colonie. — Ein Ständchen der Deutschen Sydney's zur Feier der Anwesenheit eines österreichischen Kriegsschiffes. — Erste Nachricht von der Geburt eines Kronprinzen. — Ball an Bord der Fregatte. — Schicksale einer Wienerin. — Politisches Leben in Sydney. — Ausflug nach der Coogee-Bai und Long-Bai zu craniologischen Zwecken. — Wiederholter Verkehr mit den Eingebornen. — Schafwoll-Production. — Versuche, Llamas und Alpacas aus Peru und Bolivien einzuführen. — Die Goldfelder der Colonie Neu-Süd-Wales. — Ist Australien der jüngste oder der älteste Erdtheil? — Das System der Deportation als Strafmittel. — Abreise von Sydney. — Barrier-Eiland. — Ankunft im Hauraki-Golf auf Neu-Seeland . . . . 1—95

XIX. Auckland.

Aufenthalt vom 22. December 1858 bis 8. Jänner 1859.

Ansuchen der Colonial-Regierung an das Expeditions-Commando die Kohlenfelder im Drury-District durch den Geologen der Novara gründlich untersuchen zu lassen. — Geographische Notizen über Neu-Seeland. — Auckland. — Die Urbewohner oder Maori's. — Eine Maoriversammlung. — Maorische Legende. — Sitten und Gebräuche der Urbewohner. — Der Mere-Mere. — Die

Seite

XX. Tahiti.

Aufenthalt vom 11. bis 28. Jänner 1859.

XXI. Valparaiso.

Aufenthalt vom 17. April bis 11. Mai 1859.

XXII. Ueberlandreise

des Expeditionsmitgliedes Dr. Karl Scherzer von Valparaiso über den Isthmus von Panama nach Gibraltar.

(16. Mai bis 1. August 1859.)

XXIII. Von Gibraltar nach Triest.

(7. bis 26. August 1859.)

Beilagen.

Reise der Novara um die Erde.

III.

XVIII. Sydney.

Aufenthalt vom 5. November bis 7. December 1858.

Die große national-ökonomische Bedeutung der britischen Colonien für das Mutterland. — Staunenswerther Aufschwung Sydney's. — Oeffentliche Bauten. — Expeditionen zur Durchforschung des Innern Australiens. — Wissenschaftliche Thätigkeit in Sydney. — Macleay's Landsitz in Elizabeth-Bai. — Sir Daniel Cooper. — [illegible] — La Pérouse's Denkmal in Botany-Bai. — Der botanische Garten. — Eisenbahnfahrt nach Campbelltown. — Camden Park. — Deutsche Emigranten. — Der Weinbau in Australien. — Eine Farm der Old Settlers in Campbelltown. — [illegible] — Die praktische Seite des [illegible]. — [illegible] — Wollongong. — [illegible] — Die Eingebornen Australiens. — [illegible] — [illegible] — Ein Waldabenteuer. — Rückkehr nach Sydney. — Der australische Club. — Ausflug am Hunter-River nach Ash-Island. — [illegible] — Deutsche Auswanderung nach Australien. — Sorgfalt der britischen Regierung für ihre emigrirenden Unterthanen. — Die Novara im Trockendock auf Kakadu-Eiland. — Reformen im Gefangenwesen der Colonie. — Ein Ständchen der Deutschen Sydney's zur Feier der Anwesenheit eines österreichischen Kriegsschiffes. — Erste Nachricht von der Geburt eines Kronprinzen. — Ball am Bord der Fregatte. — Schicksale eines Wieners. — Politisches Leben in Sydney. — Ausflug nach der [illegible]-Bai und Long-Bai zu naturwissenschaftlichen Zwecken. — Wiederholter Verkehr mit den Eingebornen. — Schafwoll-Production. — Versuche Lamas und Alpacas aus Peru und Bolivien einzuführen. — Die Goldfelder der Colonie Neu-Süd-Wales. — Ist Australien der jüngste oder der älteste Welttheil? — Das System der Deportation als Strafmittel. — Abreise von Sydney. — Norfolk-Eiland. — Ankunft im Hauraki-Golf auf Neu-Seeland.

Um eine genaue Vorstellung von der Macht und Größe der britischen Nation zu gewinnen und sich die Ursachen jenes beherrschenden Einflusses klar zu machen, welchen dieses Inselvolk auf die Geschicke der Menschheit übt, muß man nicht Großbritannien, sondern dessen Colonien in Amerika,

Afrika, Asien und Australien besuchen. Hier finden wir jenes System in glücklichster Anwendung, welches einer der größten deutschen Nationalökonomen, der edle Friedrich List, bereits vor mehr als drei Decennien deutschen Regierungen empfahl, als er von den ernsten Verlusten sprach, welche das Mutterland alljährlich durch die massenhafte Auswanderung arbeitstüchtiger Deutschen zu erleiden hat, und die Agricultur der heißen Zone zu Gunsten der Manufacturkraft der gemäßigten Zone auszubeuten vorschlug.[1]

England hat es besser als Deutschland verstanden, die Kräfte seiner emigrirten Söhne sich auch in fremden Welttheilen nutzbringend und dienstbar zu erhalten; es nahm sich der Auswandernden fürsorgend an, dehnte seine Unterstützung und seinen Schutz auch auf deren Adoptivheimat aus, und betrachtete jede neue Niederlassung nur als eine Erweiterung der Grenzen des britischen Reiches, als eine Vermehrung der Abzugsquellen für seine Fabricate, als einen neuen Stapelplatz für seinen Handel! In allen Theilen der bewohnten Erde wurden auf diese Weise englische Kräfte thätig, die Bedürfnisse des einheimischen Marktes an Naturproducten der mannigfaltigsten Art zu befriedigen und dafür im Austausch englische Manufacte zu beziehen; englische Schiffe wurden die Vermittler des Welthandels und das englische Idiom die Nationalsprache aller Seefahrer.

Australien oder Neu-Holland, wie es von den ersten Befahrern seiner Küsten mit stolzer Hervorhebung ihrer Nationalität benannt wurde,[2] bietet in dieser Beziehung von allen britischen Colonien das belehrungsreichste Beispiel. England hat nicht nur diesen gewaltigen Continent der europäischen Cultur erschlossen, denselben mit hunderttausenden seiner Söhne bevölkert, und sich selbst, so wie allen seefahrenden Völkern einen neuen großartigen Markt eröffnet; es hat hier gewissermaßen auch eine psychologische Frage gelöst: daß es nämlich keineswegs ein dem Menschen innewohnender, natürlicher Hang zum Bösen, sondern daß es hauptsächlich die Macht der Verhältnisse ist, welche ihn zum Uebelthäter und Verbrecher stempelt, und daß sogleich die Göttlichkeit seines Ursprungs sich wieder kund giebt, sobald er nur, in eine andere, günstigere Lebenssphäre versetzt, Gelegenheit findet, durch freie, unbehinderte Entwicklung seiner physischen und geistigen Kräfte auf rechtschaffene Weise seinen Lebensunterhalt zu verdienen.

[1] Friedrich List. Das National-System der politischen Oekonomie. Stuttgart, J. G. Cotta. 1840.

[2] Auf einer alten Karte vom Jahre 1542 erscheint der australische Continent als Neu-Java bezeichnet.

Ursprünglich zu einer Strafcolonie für auf Lebensdauer verurtheilte Verbrecher bestimmt und durch diese bedenklichen Elemente gegründet, ist dieses herrliche Land dermalen eine der reichsten und wichtigsten Colonien der britischen Krone, und in der Nähe jener Stelle, wo am 28. Jänner 1788 an 850 Sträflinge landeten, um daselbst dauernd ihren unfreiwilligen Aufenthalt zu nehmen, erhebt sich gegenwärtig, in einer der zahlreichen Einbuchtungen des reizend gelegenen Port Jackson, eine Stadt von solchem Glanze, von solcher Großartigkeit und Pracht, daß man ihr den Beinamen „Königinn des Südens", ja sogar, wenngleich mit mehr Voreingenommenheit als Berechtigung den von Klein-London gegeben hat. Die Bevölkerung der Stadt und Umgebung ist bereits auf 93.000, jene der ganzen Colonie schon auf 350.500 Seelen gestiegen, der Handel hat eine derartige Höhe erreicht, daß seine Vermittlung über 1000 Schiffe mit 18.000 Mann Schiffsvolk beschäftigt, und der Werth der jährlich ausgeführten Producte und importirten Manufacte zusammen mehr als 120 Millionen Gulden beträgt! Die Entdeckung reicher Goldfelder in der benachbarten Colonie Victoria hat allerdings wesentlich zu diesem riesigen Aufschwung beigetragen und die Einwanderung beträchtlich vermehrt, aber die Entwicklung des Landes ist auch in jenen Theilen nicht minder großartig, wo sich die Bevölkerung der sicherern und solideren Beschäftigung des Ackerbaues und der Viehzucht hingiebt. Die Wollproduction Australiens, welche im Jahre 1820 kaum 1000 Centner betrug, hat sich dermalen auf beinahe 50 Millionen Pfunde erhoben, sie wetteifert an Menge und Qualität mit dem gleichen Erzeugnisse des Caplandes und ist ein gefährlicher Concurrent für jene europäischen Länder geworden, deren Wollernte sonst am englischen Markte auf so vortheilhaften Absatz rechnen mochte.

Ein Continent von solch unermeßlichem Naturreichthum, von einem, namentlich in seinem südlichsten Theile durch große Milde, Gleichmäßigkeit und Zuträglichkeit ausgezeichneten Klima[1] und einer im Vergleich zur Oberfläche noch so spärlichen Bevölkerung,[2] mußte auch für die Mitglieder der

[1] Der mittlere Thermometerstand beträgt an der Nordküste 27° C.; im südöstlichen Australien und Port Macquarie (31° südl. Br.) 20° C.; in Port Jackson (34° südl. Br.) 19° 2' C.; in Port Phillip an der Südküste (38° südl. Br.) 16° 3' C.; in Perth an der Westküste (32° südl. Br.) 17 bis 18° C. Der jährliche Regenfall beträgt in Neu-Süd-Wales 45 Zoll.

[2] Der Flächeninhalt des zwischen dem 10. und 45.° südl. Br. und dem 112. und 154.° östl. L. gelegenen beinahe ovalförmigen Continents beträgt ungefähr 138.000 geogr. Quadratmeilen, dessen Küsten

Novara-Expedition ein Gegenstand eingehenden Studiums werden. Sie haben sich redlich bemüht, während ihres 32tägigen Aufenthaltes nicht nur zur Vermehrung der Kenntnisse der wissenschaftlichen Verhältnisse dieses mächtigen Erdtheiles beizutragen, sondern auch die Aussichten näher zu untersuchen, welche derselbe dem deutschen Handel und der deutschen Auswanderung darbietet, und den Einfluß zu prüfen, den das Deportationssystem auf die Entwicklung der Colonie geübt hat. Und es ist eben so bezeichnend für das Ansehen, dessen sich die kaiserliche Expedition bei fremden Nationen erfreute, als ehrenvoll für deren Mitglieder, daß der damalige Generalgouverneur von Neu-Süd-Wales, Sir William Denison (welcher seitdem den weit wichtigeren und einträglicheren Posten eines Gouverneurs der Präsidentschaft Madras erhielt und als Konchyliolog auch in wissenschaftlichen Kreisen einen Ruf genießt), die geologische Untersuchung der Provinz Auckland (auf Neu-Seeland) durch den Geologen der Novara anregte und deren Zustandekommen eifrigst fördern half.

Gleichwie durch die Regierungsbehörden und die Bewohner im Allgemeinen, wurden wir in Sydney namentlich von den daselbst ansässigen Deutschen in unseren verschiedenen Bestrebungen auf das Wärmste und Zuvorkommendste unterstützt. Die letzteren schenkten dem Unternehmen eine überaus enthusiastische Theilnahme und es war wahrhaft rührend zu hören, wie die Gefühlvollsten unter ihnen schon wochenlang früher das Meeresufer zu ihrem Lieblingsgang wählten, um zu sehen, ob denn das so sehnsüchtig erwartete Kriegsschiff einer deutschen Großmacht noch immer nicht komme! Die deutsche „Australische Zeitung", von einem geborenen Grazer, Namens Degotardi, herausgegeben, war in ihrer Nummer vom 6. November 1858 gefüllt mit Anzeigen, welche sich auf die Novara und die ihr zu Ehren zu veranstaltenden Empfangsfeierlichkeiten bezogen. In einem besonderen Artikel wurden die Mitglieder der Novara-Expedition in eben so herzlicher als auszeichnender Weise begrüßt. Alle Mitglieder des Stabes erhielten ein Exemplar dieser Nummer an Bord geschickt, so daß wir von der biederen deutschen Gastfreundschaft, die uns im fünften Welttheil

entwicklung beiläufig 1900 deutsche Meilen, so daß auf eine Meile derselben circa 75 Quadratmeilen des Flächeninhaltes kommen oder gerade doppelt so viel als in Europa. Die Gesammtbevölkerung aller von den Engländern in Austral-Asien (einschließlich Tasmanien und Neu-Seeland) gegründeten Colonien dürfte 1,400.000 Seelen erreichen. Binnen zwanzig Jahren hat sich die Bevölkerung Australiens verdreifacht, während der Werth der ausgeführten Naturproducte um das Zwanzigfache gestiegen ist.

erwartete, bereits Kunde hatten, noch ehe wir den Fuß auf australische Erde setzten. — Da es aber dringend geboten schien, die Fregatte in Folge der, während des Teifuns erlittenen Beschädigung zur Ausbesserung nach dem Regierungsdock zu bringen, so mußten die beabsichtigten Feierlichkeiten bis auf jenen Moment verschoben bleiben, wo sich die Novara wieder im vollen Glanze zeigen und die beabsichtigten ehrenvollen Huldigungen in würdigem Gewande empfangen mochte. Die ziemlich bedeutenden Reparaturen nahmen gegen drei Wochen in Anspruch, und während die ersten Tage mit officiellen Aufwartungen und Besuchen, so wie mit Besichtigung der Stadt und ihrer nächsten Umgebung vergingen, wurde der größere Theil des Aufenthaltes von den Mitgliedern der wissenschaftlichen Commission zu Ausflügen ins Innere der Colonie benützt.

Wohnsitz des Gouverneurs (Government House) in Sydney.

Sydney besitzt gegenwärtig mit seinen Vorstädten bereits die Ausdehnung der größeren europäischen Städte. In „George-Street", der Hauptstraße, kann man sich ohne viel Einbildungskraft nach Oxford-Street versetzt denken. Noch vor dreißig Jahren stand daselbst blos eine Anzahl Bretterhütten und jetzt erhebt sich eine Reihe schöner steinerner Paläste und eleganter Verkaufsläden. Es giebt keinen Gegenstand des Luxus und Comforts, den man sich hier nicht verschaffen könnte. Das vortreffliche Baumaterial der Gegend, Sandsteinquadern, hat seine volle Verwendung gefunden zum Aufbau von Kirchen, öffentlichen Anstalten und Privatgebäuden. Die Börse, die Bank, das Parlament, das Gouvernementshaus u. s. w. sind stattliche, in edlem Style ausgeführte Bauten, und wenn der „Hydepark", eine baumlose Wiese in der Mitte der Stadt, seinen vielversprechenden Namen keineswegs rechtfertigt, so sind dagegen der botanische Garten, die Domäne Lady Macquarie's Chair, Kissing-Point und Lover's Walk so reizende Spaziergänge als irgend eine Metropole Europa's deren in unmittelbarer Nähe aufzuweisen vermag. Dabei ist Sydney mit Gas- und Wasserwerken so wie mit allem, was zur Erleichterung des Verkehrs in einer großen Stadt gehört, mit Omnibussen, Cabs und Dampfern reichlich versehen.

Die Theater erheben sich allerdings bis jetzt sowohl in Bezug auf den Schauplatz, als auf die Darstellung kaum über die Stufe der Mittelmäßigkeit, aber dafür sind Bildungsanstalten, öffentliche Bibliotheken und Spitäler um so vorzüglicher. Es ist wahrhaft staunenerregend und ladet besonders manchen Bewohner des alten Europa zu ernstem Nachdenken ein, wenn er gewahrt, welch herrliche, imposante und kostspielige Bauten ein verhältnißmäßig noch so junges Gemeinwesen hier bereits aufgeführt hat. Die Sydney Universität, im Jahre 1851 gegründet, wurde so eben im gothischen Style, mit einem Kostenaufwand von 50.000 Pfund Sterling (500.000 Gulden) vollendet und genießt eine jährliche Subvention von 5000 Pfund Sterling. Es ist wohl das schönste Denkmal, welches europäische Cultur der Wissenschaft in der südlichen Hemisphäre errichtet hat. Der innere Organismus ist jenem der Universitäten des Mutterlandes ziemlich analog. Alle an der Sydney Hochschule in den verschiedenen Disciplinen erlangten akademischen Grade und Würden sind durch ein königliches Patent vom 27. Februar 1858 mit jenen der anderen Universitäten des britischen Reiches und seiner Colonien vollkommen auf gleiche Stufe, zur gleichen Berechtigung erhoben. Nachdem an der Universität nur Säcularunterricht ertheilt wird, so hat man unmittelbar in der Nähe für die vier Haupt-Religionsgesellschaften der Colonie: die englische Hochkirche, die römisch-katholische Kirche, die schottische Kirche und die Methodisten-Congregation, vier Collegien gegründet, in welchen die Schüler, unbeschadet dem säculären Charakter der Universität[1] in den verschiedenen Religionsbekenntnissen Unterricht erhalten können. Der Bau dieser vier Annexe soll gleichfalls gegen 40.000 Pfund Sterling kosten. Bei unserem Besuche waren nur 38 Studirende eingeschrieben, deren Unterricht dem Staate allerdings ziemlich

[1] Das Grundprincip der Universität ist: „The association of students without respect of religious creed, in the cultivation of secular knowledge". Vergl. Sydney University Calendar 1858, p. 15.

hoch zu stehen kommt. Von einer Bibliothek, einem physicalischen Cabinet und einer numismatischen Sammlung waren erst die Anfänge vorhanden.

Außer der Universität giebt es in Sydney eine große Anzahl höherer Bildungsanstalten und öffentlicher Schulen. Namentlich ist für Volksschulen in umfassendster Weise Sorge getragen und es findet sich wohl kaum ein Weiler, wo es der aufkeimenden Generation nicht ermöglicht wäre, sich Kenntnisse im Lesen, Schreiben, Rechnen, in der Grammatik und Geographie zu verschaffen.[1]

Eine Sternwarte ist gleichfalls erst in der Errichtung begriffen; meteorologische Beobachtungen werden aber schon seit längerer Zeit in den Hauptorten der Colonie mit vorzüglichen Instrumenten angestellt, und bei den so günstigen Naturverhältnissen des Continentes für derlei Untersuchungen dürften die gewonnenen Resultate unsere Kenntnisse über die Gesetze der Luftströmungen wesentlich bereichern.

Ein sehr rühmenswerthes Institut, welches den edlen Zweck, den Sinn für das Schöne zu wecken und naturwissenschaftliche Kenntnisse zu fördern anstrebt, ist das australische Museum. Was das herrliche Land des Interessanten und Nützlichen in allen drei Reichen der Natur bietet, soll hier allmählig in großen, schönen Räumen und eleganten Schränken, wissenschaftlich geordnet, zur freien Besichtigung und Belehrung des Publicums aufgestellt werden. Bereits ist mit einer werthvollen Konchylien- und Vogelsammlung so wie mit zahlreichen Kranien und fossilen Resten ein schöner Anfang gemacht. Jedes Museum sollte eine, von den allgemeinen Sammlungen gesonderte Abtheilung der Fauna und Flora des eigenen Landes widmen und diese mit besonderem Eifer zu bereichern und zu vervollständigen trachten. Es würde ein solches System nicht nur dem Bewohner das Studium der Natur seiner Heimat erleichtern, sondern auch dem wissenschaftlichen Reisenden bei seinen Forschungen von erheblichem Nutzen sein. Die Verwaltung des Museums ist in die Hände der angesehensten Gelehrten der Colonie gelegt,[2] und bei der regen Theilnahme, welche diese Männer jener nationalen Anstalt zuwenden, dürfte sich der Kreis der Wirksamkeit derselben schon in nächster Zeit auch auf wissenschaftliche Publicationen

[1] Die fixe Bezahlung der Lehrer in der Volksschule beträgt von 840 bis 1440 Gulden ö. W. jährlich.

[2] Zur Zeit unserer Anwesenheit versah der auch als Künstler ausgezeichnete, durch seine werthvollen ethnographischen Studien über die Kaffern, die Neu-Seeländer und Süd-Australier in weiten Kreisen bekannte

ausdehnen, doppelt werthvoll und wichtig in einem Lande, in dem es noch so Vieles zu erforschen und zu untersuchen giebt.

Wenn indeß unsere Kenntniß von Australien und dessen farbigen Urbewohnern noch sehr mangelhaft ist, so darf die Ursache davon wahrlich nicht in einer kalten Gleichgültigkeit seiner Eroberer für das Land und die Geschichte eines rasch von der Erdoberfläche verschwindenden Volksstammes gesucht werden. Sie liegt vielmehr in der physischen Beschaffenheit des Landes und hauptsächlich in dem großen Mangel an perennirenden Quellen. Ja, schwerlich hat die Durchforschung irgend eines Theiles der Erde, mit Ausnahme von Afrika, bereits so zahlreiche Menschenleben gefordert, als die wissenschaftlichen Untersuchungsreisen im fünften Continente. Was menschliche Hingebung, Kühnheit und Ausdauer zu leisten vermögen, das haben Männer wie Leichhardt, Oxley, Kennedy, Eyre, Mitchell, Cunningham, Sturt, Babbage, Warburton, Stuart, Gregory, Selwyn, Mac Donnell u. A. vollbracht. Und es erfüllt den Deutschen mit gerechtem Stolze, daß auch hier ein Stammgenosse es war, welcher an der Spitze wissenschaftlicher Forschung schritt. Leichhardt ist der populärste, verehrteste Gelehrte des fünften Welttheils. Wiederholt hörten wir ihn den Humboldt Australiens nennen. Seine erste Durchwanderung des Nordens und Nordwestens von Australien bis Port Essington hatte so schöne Resultate geliefert und noch so viel wichtigere in Aussicht gestellt, daß der unermüdliche Forscher, durch das Gelingen seines ersten Unternehmens noch kühner gemacht und durch die großmüthige Zuerkennung eines Preises von 1000 Pfund Sterling von Seite der Colonialregierung desto mehr angeeifert, im Jahre 1848 zum zweiten Male von Sydney aufbrach, um das westliche Australien zu untersuchen und von Moreton-Bai über Land nach der Westküste und Port Essington vorzudringen. Diese Reise war zugleich das Ende seiner irdischen Laufbahn. Jede Spur des vielbetrauerten Reisenden ist seither verschwunden und selbst die glänzend ausgerüstete Expedition, welche die Colonialregierung im März 1858 unter Führung des erfahrungsreichen Mr. Gregory zur Aufsuchung Leichhardt's aussandte, brachte nach monatlangen höchst mühsamen Wanderungen statt

Mr. George French Angas die Stelle eines Secretärs des Museums. Leider mußte derselbe später aus Gesundheitsrücksichten seiner ersprießlichen Thätigkeit in Sydney entsagen, und lebt nun in ländlicher Zurückgezogenheit in Collingwood bei Angaston in Süd-Australien, aber immer noch von dem eifrigsten Wunsche beseelt, der Wissenschaft zu dienen und zu nützen.

irgend eines positiven Resultates über das Geschick des schwervermißten Forschers nur die wenig trostreiche Vermuthung zurück, daß Leichhardt und seine Gefährten nicht der meuterischen Hand der Eingeborenen, sondern der Unwirthbarkeit der durchforschten Gegend zum Opfer fielen. Sie verließen wahrscheinlich den Victoriafluß bei seiner Vereinigung mit dem Aliafluß (wo man in vorgefundenen Baumeinschnitten eine Spur von den Reisenden zu entdecken glaubte)[1] und versuchten, begünstigt durch häufige Gewitter und Regengüsse, in das wüste Flachland im Nordwesten vorzudringen. Als jedoch später der Regen aufhörte, fehlte es den Reisenden nicht blos an dem nöthigen Wasser zur Fortsetzung ihrer mühevollen Wanderung, sondern es war ihnen gewissermaßen auch die Umkehr unmöglich gemacht, indem die geringe Quantität des angesammelten meteorischen Niederschlages in wenigen Tagen verdunstete und man nicht leicht annehmen kann, daß die so kühnen und forschungseifrigen Wanderer eine rückgängige Bewegung einschlugen, bevor nicht ihr Muth und ihre physische Kraft durch Entbehrungen der furchtbarsten Art erschüttert und gebrochen waren.

Troß dem tragischen Geschicke der Entdeckungsreisen Leichhardt's und anderer Forscher[2] werden fortwährend neue Expeditionen nach den noch

[1] Die Expedition wurde am 21. April 1858 unterm 21° 35' südl. Br. und 130° 6' westl. L. eine Esche von 2 Fuß im Durchmesser gewahr, auf deren mächtigem Stamme der Buchstabe L. eingeschnitten war. In der Nähe befanden sich alle Anzeichen eines daselbst bestandenen Lagers, und ziemlich allgemein gewann die Vermuthung Raum, daß Leichhardt und seine Gefährten hier campirt und als Erinnerungszeichen diesen Capitalbuchstaben in den Baum geschnitzt hatten. Einer der ältesten Missionäre Australiens, der ehrwürdige Mr. L. E. Threlkeld sprach indeß gegen uns die Ansicht aus, daß das berühmte L., welches in jener Zeit zu den seltsamsten Conjuncturen Anlaß gab, weit wahrscheinlicher von einem der jungen Eingeborenen herstamme, welche, während sie lesen und schreiben lernen, häufig Buchstaben in Bäume zu schneiden pflegen. Wir lassen die bezügliche Stelle aus einem Schreiben des Dr. Threlkeld, gegen den wir uns für mehrere werthvolle Beiträge zur Kenntniß der australischen Sprache ganz besonders verpflichtet fühlen, hier folgen: „I send you a spelling-book, that Billy Blue, one of the black boys used to have, when he was learning to read and write. He and others used to go into the bush and cut the letters of the Alphabet on the barks of the trees, and Brown, an aboriginal lad, who went with the unfortunate Leichhardt, used to do the same. *I suspect that he cut the celebrated L in the tree about which there is so much talk at the present time*".

[2] Eine der schauderregendsten Expeditionen dieser Art war die, vom Geometer E. B. Kennedy im April 1848 zur Durchforschung des Landstriches zwischen Rockingham-Bai und Cap York im Norden Australiens unternommene, über deren tragischen Ausgang einer der Ueberlebenden, der Botaniker Carron, in eben so einfacher als tiefergreifender Weise berichtet. „In der ersten Zeit der Reise ging Alles gut, und man gab sich den schönsten Hoffnungen hin, wenngleich es zahlreiche Schwierigkeiten zu überwinden gab und die wenigen Ureinwohner, denen man begegnete, den Reisenden größtentheils feindlich in den Weg traten. Aber allmählig verminderten sich Provisionen; Krankheit und Schwäche traten ein, während sich die Aussicht, das ersehnte Reiseziel zu erreichen, mit jedem Tage mehr trübte. Je nördlicher man kam, je mehr die heiße Jahreszeit vorschritt, desto häufiger fand man die kleinen Waldbäche versiegt und

unbekannten Theilen Australiens in den verschiedensten Richtungen unternommen, und obschon die größere Zahl der darüber vorliegenden Berichte weit mehr grauenerregende Schilderungen über die ausgestandenen harten Leiden und Entbehrungen, als positive wissenschaftliche Erfolge enthalten,[1] so haben doch einzelne dieser kühnen Entdeckungsreisen, namentlich jene Stuart's und Burke's in neuester Zeit, höchst wichtige Aufschlüsse über das Innere Australiens geliefert und unter dem Drucke, welchen der wirre politische Zustand in den Vereinigten Staaten von Nordamerika auf die Baumwollcultur im Allgemeinen zu üben droht, dürften sich die überaus fruchtbaren Ufer des Murrayflusses, welcher mit verhältnißmäßig geringen Kräften bis weit ins Innere schiffbar zu machen wäre, in nicht sehr ferner Zeit mit Baumwollenpflanzungen bedecken.

Während sich die jüngeren Kräfte mit ganzer Seele diesen gefährlichen, rauhen Wanderungen hingeben, herrscht in der Hauptstadt der Colonie ein nicht minder beachtenswerthes wissenschaftliches Leben, und die ausgezeichneten Bibliotheken und Privatsammlungen des Gouverneurs Sir William

mußte oft tagelang eines labenden Trunkes entbehren. Die Pferde, welche die Expedition mit sich führte, erlagen allmählig den Strapazen; fast jeden Tag berichtet Carron's Reisetagebuch, wie das eine oder andere Pferd aus Ermattung nicht mehr weiter konnte und daher erschossen wurde, um wenigstens dessen Fleisch als Nahrung für die nächsten zwei Tage dienen zu lassen. Letzteres wurde von den Reisenden in Säcken mitgetragen, welche aus der Haut des getödteten Thieres verfertigt waren. So oft sie Eingeborenen begegneten, nahmen diese eine feindliche Stellung an und warfen Pfeile auf die kleine Karawane. Einzelne Aboriginer zeigten sich zwar freundlicher und verkehrten sogar mit den Reisenden, aber weniger aus Aufrichtigkeit, als um sie zu täuschen und durch Sorglosigkeit desto sicherer in ihre Gewalt zu bekommen. So erschien einmal eine Anzahl Männer und Weiber, hohe, kräftige, wohlgebaute Gestalten, und brachten etwas Fische, die sie ihres verdorbenen Zustandes wegen selbst nicht essen wollten. Kaum hatten sich ihnen die Reisenden in vertrauensvoller Weise genähert, als zahlreiche Speere durch die Luft pfiffen, und die eben noch scheinbar so gastfreundliche Scene einen völlig kriegerischen Charakter annahm. Doch schienen diese Speerewerfer keine große Gewandtheit zu besitzen; die meisten Male mißglückte der Wurf, während die mit Schrot und Kugel geladenen Doppelflinten der Reisenden niemals ihren Dienst versagten. Aber Einmal gelang doch ein Wurf, und tödtete Mr. Kennedy, den Leiter der Expedition. Er war nur mehr wenige Tage vom Cap York, dem Ziele seiner Reise, entfernt gewesen, von wo ihn und seine Begleiter ein Schiff der Regierung nach Sydney zurückführen sollte. Aber auch die Letzteren waren bereits zum größten Theil den fürchterlichen Strapazen der Reise erlegen. Nur 3 von 14 blieben am Leben und waren zu elenden Skeletten abgemagert. Der Ellbogenknochen Carron's so wie sein rechtes Hüftbein hatten bereits die Haut durchbrochen!" Vergl. Narrative of an Expedition undertaken under the direction of the late Mr. Assistant Surveyor E. B. Kennedy for the Exploration of the Country lying between Rockingham Bay and Cape York; by W. Carron, one of the survivors of the Expedition. Sydney 1849.

[1] Die Regierung beabsichtigte, zur erfolgreicheren Durchforschung der wüsten Landstriche im Innern Australiens Kameele und Dromedare (von letzteren hauptsächlich die unter dem Namen bit Heire bekannte Art) aus Aegypten einzuführen, welche mit großer Leichtigkeit 30 bis 40 Meilen des Tages zurückzulegen vermögen, und dabei mehrere Wochen hindurch ohne Nachtheil das Wasser völlig entbehren können.

Denison, des Botanikers W. Macleay, des Arztes und Zoologen Dr. Georg Bennett,[1] des Mikroskopisten Dr. Roberts,[2] der Geologen W. B. Clarke und Selwyn, so wie deren werthvolle Arbeiten auf den verschiedenen Gebieten der Naturwissenschaft machen einen doppelt wohlthuenden Eindruck in einem so jungen und eigenthümlich organisirten Staate wie Australien, welcher, zuerst Verbrechercolonie, dann Goldgebiet, aller jener friedlichen Bedingungen noch zu entbehren scheint, die in anderen Ländern der Entwicklung einer regen geistigen Thätigkeit voranzugehen pflegten.

Auch in volkswirthschaftlicher, politischer und linguistischer Beziehung ist in Australien bereits viel geleistet worden und die historischen Schriften des Dr. J. D. Lang,[3] so wie die philologischen Arbeiten des Missionärs Dr. Threlkeld, Männer von hoher Begabung und gleich wohlwollender Bestrebung, wenn schon von völlig verschiedener Weltanschauung, welche wir persönlich kennen zu lernen das Glück genossen, liefern höchst lehrreiche Beiträge zur politischen Geschichte des Landes sowohl, als auch zur gründlichen Kenntniß der Sprache seiner Urbewohner.[4]

[1] Bei einem Besuche, welchen die Naturforscher der Expedition dem Dr. Bennett machten, sahen sie ein junges Pärchen des noch nicht lange entdeckten Kasuar (Casuarius Bennetti) aus Neu-Britain, welches für den zoologischen Garten in London als Geschenk bestimmt war. Besonders auffallend an diesem merkwürdigen Thiere erschien die Bildung des Schnabels, welcher beim Männchen ziemlich stark gebogen, beim Weibchen fast gerade war.

[2] Dr. Alfred Roberts besitzt viele werthvolle Präparate mikroskopischer Thiere, so wie Durchschnitte der Zähne von Giftschlangen, welche er in Betreff des Baues des Giftcanals besonders gründlich untersucht hat. Von den nach ihm benannten Pilzparasiten Sphaeria Robertsii bewahrte der eifrige Forscher schöne Exemplare, namentlich eines, bei welchem der Schwamm nicht, wie gewöhnlich am Kopfe, sondern am Hinterleibsende entsprang. Die Entdeckung der Sphäria (welche, ungleich den anderen, auf Thieren schmarotzenden, winzigen Pilzen eine Länge von 5 bis 6 Zoll erreicht) hat seiner Zeit in den gelehrten Kreisen großes Aufsehen erregt, und Anlaß zur Aufstellung neuer Hypothesen über den Zusammenhang der beiden Naturreiche gegeben, während diese Schmarotzer auf allen Thieren vorzukommen scheinen, welche sich zur Zeit ihrer Verwandlung oder des periodischen Schlafes in die Erde verkriechen. (Vgl. L. Schmarda, Reise um die Erde in den Jahren 1853—57. Braunschweig, Westermann. 1861 2. Bd. S. 292.)

[3] Dieser gelehrte, als Theolog wie als Politiker bedeutende Mann, welcher eine sehr gerühmte, ausführliche „History of New-South-Wales" (London 1852, Longman) geschrieben und im legislativen Körper der Colonie eine nicht unbedeutende Rolle spielt, hatte im Jahre 1848 an die Mitglieder des Frankfurter Parlaments eine Adresse gerichtet, in welcher er die Vortheile der Gründung einer deutschen Colonie im stillen Ocean auseinandersetzte. Im Gewirre der Ereignisse ging jene Broschüre damals völlig unbeachtet vorüber, und das Land (Neu-Caledonien), welches der germanenfreundliche Dr. Lang den Deutschen in Besitz zu nehmen empfahl, ist inzwischen von der französischen Regierung mit Beschlag belegt worden. Eine deutsche Uebersetzung dieses in mehrfacher Beziehung interessanten Werkchens ist bei Tauchnitz in Leipzig (1848) erschienen.

[4] An Australian Grammar, comprehending the principles and natural rules of the language, as spoken by the aborigines in the vicinity of Hunter's river, Lake Macquarie, etc. New-South-

Ueber den Ursprung, die Wanderungen und die Geschichte der schwarzen Race Australiens ist dagegen seit dem großen ethnographischen Werke des polnischen Grafen Strzelecki nicht viel Neues veröffentlicht worden, und was

Ficus im Garten des Herrn Mortaz in Elisabeth-Bai.

die Mitglieder der Novara-Expedition über diesen merkwürdigen Menschenstamm entweder im persönlichen Verkehr erlebt oder durch Mittheilungen

Wales, by L. E. Threlkeld, Sydney 1834. — Ferner: A Key to the Structure of the Aboriginal Language, etc. together with comparisons of Polynesian and other dialects, by L. E. Threlkeld. Sydney 1850. — Auch der um die Kenntniß australisch-asiatischer und polynesischer Sprachen so vielverdiente Sir George Grey (gegenwärtig Gouverneur von Neu-Seeland), hatte bereits im Jahre 1841, als er noch Capitain im 83. Regiment war, und den Posten eines Gouverneurs von Süd-Australien einnahm, ein Wörterbuch der im südwestlichen Australien gesprochenen Dialekte herausgegeben. A vocabulary of the dialects of South-Western America. London, T. et W. Boone. 1841.

erfahren haben, wird bei der Schilderung unserer Fahrt ins Innere der Colonie und unserer Begegnung mit den primitiven Bewohnern des fünften Welttheiles eine Stelle finden.[1]

Unter den Ausflügen in unmittelbarer Umgebung von Sydney erwähnen wir gerne eines Besuches bei dem bekannten Naturforscher William Macleay in dessen schönem Landsitz in Elisabeth-Bai. In dem prächtigen Garten begegnet man den interessantesten Pflanzen Australiens neben den herrlichsten Gewächsen anderer Welttheile. An der Seite des hochgebildeten Besitzers gewinnt das Durchwandern dieser ausgedehnten Anlagen doppelt an Reiz und Interesse, und wir wissen diese Gunst um so mehr zu schätzen, als der gelehrte und wie es scheint, etwas misanthropische alte Herr in strengster Abgeschiedenheit lebt, und Fremden die Lust, sich dem Garten zu nähern, durch die mit riesigen Buchstaben warnende Aufschrift verleidet: „daß man sich vor Bluthunden in Acht nehmen möge".[2]

Das Komische an dieser seltsamen Art, sich Besuche vom Leibe zu halten, ist, daß es eigentlich bei der Drohung sein Bewenden hat, und im ganzen Besitzthum gar keine Bluthunde existiren. Der bloße Schrecken vor diesen Thieren bringt schon die beabsichtigte Wirkung hervor und die wundervollen Gartenanlagen des Mr. Macleay und dessen Gewächshäuser werden mit eben so großer Scheu gemieden, als der berühmte Entomolog und Veteran australischer Naturforscher bewundert wird wegen seiner Gelehrsamkeit, seiner Schätze naturhistorischer Sammlungen und der großmüthigen Unterstützung, welche er jeder wissenschaftlichen Strebung zu Theil werden läßt.

Ein anderer interessanter Besuch wurde von den Mitgliedern der Expedition bei Sir Daniel Cooper in dessen großartigem Wohnsitz in Rose-Bai (Wullarah)[3] abgestattet. Sir Daniel ist der Sohn unbemittelter Eltern,

[1] Die Verminderung der Urbewohner geht so rasch vor sich, daß einer unserer Sydney-Freunde schreibt: Eine Expedition, welche zu ähnlichen Zwecken wie die jetzige nach einigen Jahren hierher käme, wird kaum mehr auch nur einen kleinen Rest der Ureinwohnerschaft finden. Die Mitglieder der Novara sind höchst wahrscheinlich die letzten wissenschaftlichen Reisenden, welche noch einen lebendigen Zeugen der einstigen schwarzen Race Australiens gesehen haben.

[2] Am Eingangsthore zum Besitzthum sind nämlich auf zwei zu beiden Seiten angebrachten Tafeln die wenig zum Besuch einladenden Worte zu lesen: „Beware of blood hounds. — Any person trespassing will be prosecuted".

[3] Wullarah heißt in der Sprache der Eingeborenen Berathungsplatz, weil in früherer Zeit dieser Punkt seiner beherrschenden Lage wegen von den Eingeborenen gewählt wurde, die verschiedenen Stämme durch nächtliche Feuer oder Hornstöße zusammen zu rufen, um über Frieden oder Krieg zu berathen.

welcher durch eine Erbschaft plötzlich zum reichsten Mann der Colonie wurde und von diesem Segen zeitlicher Güter den edelsten, menschenfreundlichsten Gebrauch macht. Während des Krim-Krieges widmete er 1000 Pfund Sterling jährlich als Beitrag zur Bestreitung der Kriegskosten. In den letzten Jahren wurde er zum Sprecher der gesetzgebenden Körper ernannt und von der Königinn von England zum Ritter geschlagen. Seine Villa in Rose-Bai dürfte, wenn sie vollendet ist, kaum irgend einem Landsitze eines englischen Edelmannes an Pracht und Comfort nachstehen.

In der Nähe der Behausung des begütertsten Bürgers Australiens kauert auf der Landstraße, in eine schmutzige Wolldecke gehüllt, einen abgetragenen Filzhut auf dem Kopfe, Riketty Dick, ein armer Eingeborener, der letzte Sprosse seines Stammes, der einstige Herr dieses Bodens, ein Krüppel, der seine dürre Hand nach Almosen ausstreckt. Riketty Dick, der blos australisch spricht, mag ungefähr 40 Jahre zählen; seine Hautfarbe ist braunschwarz, sein Haar kraus aber nicht wollicht, Gesicht und Brust sind mit Schnittnarben verziert. Wenn indeß Riketty Dick blos unter einem Dache aus Baumrinde lebt und das Leben eines Bettlers führt, so geschieht dies nicht aus wirklicher Noth, sondern weil ihm eine solche Existenz besser zusagt, als der Aufenthalt innerhalb der Mauern einer Versorgungsanstalt, weil er sich hier behaglicher fühlt und sich nicht trennen will von der Scholle, auf welcher er den größten Theil seines traurigen Daseins zugebracht hat. Sir Daniel läßt es dem letzten Sprossen eines untergegangenen Stammes an nichts fehlen, und versorgt ihn reichlich mit allem, woran ein halber Idiot Gefallen finden kann.

Ein Ausflug, den kein Fremder zu unternehmen versäumt, ist ein Spazierritt nach La Peyrouse's Denkmal in Botany-Bai, wohin ein ziemlich guter Weg durch schöne Wälder voll von stämmigen eichengroßen, die Vegetation Australiens charakterisirenden Eucalypten (von der Familie der Myrten), Casuarinen, Xanthorreen, Acacien und Epacris-Arten führt. Das Monument erhebt sich auf einem völlig freien, gelichteten Platze, dem sogenannten „frenchmen gardens" (weil angeblich die mit La Peyrouse gelandeten Soldaten daselbst einige Gemüse angebaut hatten), und besteht aus einer ungefähr 30 Fuß hohen, auf einem Piedestal ruhenden, von einer eisernen Weltkugel gekrönten Sandsteinsäule, welche eine 3 bis 5 Fuß hohe, 35 Quadrat-Fuß umfassende Mauer umgiebt.

Die im Süden gegen das Meer zu in französischer Sprache eingegrabene Inschrift verkündet, daß La Peyrouse von dieser Stelle aus, welche er im Jahre 1778 besuchte, zum letzten Male Kunde von sich gab, und daß die Errichtung dieses Monuments im Namen Frankreichs durch die Sorgfalt der Commandanten der Fregatte Thetis und der Corvette Esperance während ihres Aufenthalts in Port Jackson im Jahre 1825 veranlaßt wurde.[1]

Ganz in der Nähe dieses höchst einfachen, mehr durch die späteren Schicksale des berühmten französischen Seefahrers, als durch künstlerische Vollendung interesseeinflößenden Denkmales befindet sich der sogenannte Botany tower, eine Art Wartthurm, in dem ein Aufsichtsposten zur Bewachung der Küste untergebracht ist. Der achteckige Thurm steht ganz frei und bietet eine überraschende, schöne, dominirende Aussicht auf die Botany-Bai. Im Nordwesten erblickt man den Flaggenstock von Banks beliebtem, durch einen kleinen zoologischen Garten auch in naturwissenschaftlicher Beziehung bemerkenswerthen Vergnügungsort. An dem gegenüberliegenden Ufer von Mud-Bai erscheint in ostsüdöstlicher Richtung jener Punkt, wo Capitän Cook mit Banks und Solander zuerst den australischen Boden betrat. Im Sandsteinfelsen in der Nähe ist zur Erinnerung an dieses denkwürdige Ereigniß eine Messing-Platte mit einer auf dasselbe Bezug habenden Inschrift angebracht.

Häufig wurde von den Naturforschern der Expedition der botanische Garten besucht, welcher nächst jenem zu Buitenzorg die großartigste pflanzliche Anlage ist, die wir während der ganzen Reise sahen. An seiner herrlichen Sammlung von Coniferen, namentlich von den unvergleichlichen Dammarafichten, besitzt derselbe eine noch größere Rarität als dessen berühmter Rivale auf Java an seiner Palmencollection. Das Klima Sydney's ist für Culturversuche von Pflanzen aus den verschiedensten Theilen der Erde überaus günstig, und man begegnet daher in einem Theile des Gartens Gewächsen aller Zonen, welche hier in gleicher Behaglichkeit gedeihen, während ein besonderes Grundstück ausschließlich zum Anbau von australischen Baum- und Strauchsorten bestimmt ist. Eine imposante Araucaria

[1] Diese Inschrift lautet im Original: A la Mémoire de Mr. de La Peyrouse. Cette terre, qu'il visita en 1778, est la dernière d'où il a fait parvenir de ses nouvelles. Erigé au nom de la France, par les soins de Mr. de Bougainville et Ducampier commandant la Fregatte „La Thétis" et la corvette „Esperance" en relâche au port Jackson en 1825. Gegen Norden ist die englische Uebersetzung dieser Inschrift angegeben, und eben so gegen Westen die französische Uebersetzung der im Osten angebrachten englischen Inschrift: Foundation laid 1825. Completed 1828.

excelsa erhebt sich am Eingange des Gartens als stattlicher Wächter dieser seltsamen Pflanzenwelt.[1] Eine gigantische Grevillea robusta leuchtete durch das auffallende Colorit ihrer reichen, orangegelben Blüthen mit unbeschreiblichem Zauber aus dem dunklen Grün der Bäume hervor. Banksien, Casuarinen, Callitris-Arten, Xanthorreen, Proteaceen, Eucalypten, die prächtige Telopea speciosissima und die Giganten-Lilie (Doryanthes excelsa), so wie viele andere vegetabile Urbewohner des australischen Continents, welche das Auge des Europäers nie geschaut, oder höchstens in verkümmerten Exemplaren in dunstigen Treibhäusern unter Glassturz gesehen, frappiren hier durch ihre imposanten Gestalten, ihren Blätterschmuck und ihre freudige Entwicklung mitten unter den Kindern der nordischen Zone. Eine in schwellender Ueppigkeit grünende Weidenart (Salix babylonica) fesselt durch das historische Interesse, welches sich an sie knüpft, indem die sämmtlichen Exemplare von St. Helena, vom Grabe des großen Napoleon stammen. Durch die außerordentliche Zuvorkommenheit des Directors des botanischen Gartens, Mr. Charles Moore, welcher selbst Mühe und Opfer nicht scheute, um die Naturforscher der Expedition in ihren Strebungen kräftigst zu unterstützen, wurde die botanische Ausbeute in Sydney ganz besonders reich und werthvoll. Dieselbe besteht nicht nur aus einer sehr umfassenden Sammlung von australischen Sämereien und Nutzhölzern, sondern gleichfalls aus einer Anzahl lebender Pflanzen, welche letztere in einem sogenannten Ward'schen Kasten direct nach Europa versandt wurden. Zugleich gelang es, dem von einem Mitgliede der kaiserlichen Akademie der Wissenschaften, Herrn Professor Rochleder in Prag, ausgesprochenen Wunsche zu entsprechen,[2] und 50 — 60 Pfund Rohmaterial von Epacris grandiflora, so wie eine gleiche Quantität von Casuarina equisetifolia zum Behufe pflanzengeographischer Untersuchungen zu erwerben.

Am 16. November wurde endlich der längst projectirte Ausflug nach Campbelltown unternommen, eine Entfernung von 33 englischen Meilen, welche man auf einer ziemlich guten, größtentheils über flaches Terrain führenden Eisenbahn in zwei Stunden zurückzulegen pflegt.[3]

[1] Der kaiserliche Park zu Laxenburg besitzt die Araucaria excelsa, welche daselbst im Freien wächst, und blos im Winter überdacht wird.

[2] Bemerkungen und Anweisungen für die Naturforscher 2c. Seite 85.

[3] Man bezahlt für diese Strecke die Fahrkarte erster Classe mit 10, jene zweiter Classe mit 7½ Schillinge; für den Transport eines Wagens mit zwei Pferden 30 Schillinge.

In Campbelltown, einem kleinen, aber gewerbsthätigen Städtchen, erwartete uns bereits der gastfreundliche Sir William Macarthur, um uns nach seiner benachbarten Besitzung Cambden Park zu führen. Sir William stammt aus einer der angesehensten Familien der Colonie und genießt den doppelten Ruf, einer der bedeutendsten Weinpflanzer des Landes zu sein und zugleich den besten australischen Rebensaft eingekellert zu haben.

Wir fuhren nach dem Wohnsitze unseres Hauswirthes durch eine äußerst liebliche Gegend, und hatten dabei neuerdings Gelegenheit, uns von der Unrichtigkeit der durch frühere Reisende vielfach verbreiteten Angabe zu überzeugen, als wären in Australien die Blätter der Bäume von Holz und die Stämme von Eisen, als hätten die Bienen keine Stachel, die Vögel keine Flügel und Haare statt Federn, als würden die Blumen nicht riechen, die Bäume keinen Schatten geben, die Vögel nicht singen. Wenngleich die Natur sich in Australien und Neu-Seeland bei ihren Schöpfungen zuweilen in gewissen Extravaganzen gefallen, und höchst wunderliche Gebilde, wie z. B. den entenschnabligen Maulwurf, den Ameisenigel, den Kiwi u. s. w., geschaffen hat, so sind dies doch nur wenige Ausnahmen, und im Allgemeinen bietet weder die Pflanzen- noch die Thierwelt des fünften Erdtheils Absonderlichkeiten, welche ihn vor allen andern Schöpfungscentren auszeichnen oder unterscheiden würden. Auch in Australien giebt es Vögel, die singen, und wohlriechende Bäume und Blüthen in großer Menge, und die Wälder sind dort, wo nicht schon die Hand des Ansiedlers die Axt an sie gelegt, und ihnen ein parkähnliches Ansehen gegeben hat, eben so dicht mit Unterholz bedeckt und schwierig zu durchdringen, als in irgend einem andern Theile der Erde unter gleichen Breitegraden.

Sir William bewohnt mit seinem Bruder und dessen liebenswürdiger Familie einen herrlichen Landsitz, mit einem großen, zierlich angelegten, wohlgehaltenen Park. Ganz in der Nähe desselben befinden sich ausgedehnte Weingärten, zu deren Pflege Sir William auf seine Kosten deutsche Winzer aus dem Rheingau kommen ließ. Jede dieser Familien hat ihre eigene Hütte, ein Stück Ackerfeld und erhält nebst bestimmten wöchentlichen Milch-, Brot- und Butter-Rationen einen Arbeitslohn von 25 Pfund Sterling jährlich. Als die biederen Leute hörten, daß Fremde, und gar deutsche Landsleute angekommen seien, mit denen sie in ihrer Muttersprache verkehren konnten, versammelte sich bald ein Dutzend dieser Ansiedler, um uns zu begrüßen. Die meisten von ihnen zeigten bereits eine gewisse Schwierigkeit, ihre Muttersprache zu reden, und gebrauchten ohne viel Bedenken, gleichwie die deutschen Bauern in Pennsylvanien, so oft ihnen ein Ausdruck nicht geläufig war, das entsprechende englische Wort. Daraus entsteht nun ein ganz eigenthümlicher, oft höchst komisch klingender Jargon, und ein Winzer aus dem Rheingau, der zehn Jahre in Australien angesiedelt ist, erwiederte auf unsere Bemerkung, daß er das Deutsche schon ganz vergessen habe, mit einem Ausdrucke verletzter nationaler Eitelkeit: „Oh no, wir keep it immer in exercise".

Der Mangel an Bebauern des Bodens und die Unsicherheit der Arbeit ist wegen der verlockenden Nachbarschaft der, weit reicheren Gewinn versprechenden Goldfelder so groß, daß selbst für die geringste Dienstleistung erstaunlich hohe Löhne bezahlt werden müssen. Einer der Winzer, welcher früher auf einer sogenannten „Station" in White-Bai Schafhirt war, erzählte uns, daß er in dieser Eigenschaft jährlich 500 Gulden und täglich eine Ration Fleisch und Brot erhielt. Aber das Leben sei ihm daselbst doch gar zu rauh und freudlos gewesen. Eine Kuhmagd erhält nebst Kost und Unterkunft 100 Gulden, ein gewöhnlicher Feldarbeiter 250 bis 300 Gulden jährlich. Auf der Besitzung des Herrn Macarthur beträgt der Lohn der Arbeiter 25 Pfund Sterling (250 Gulden), aber sie wohnen in netten reinlichen Blockhäusern, erhalten ein Stück Feld zur beliebigen Bebauung angewiesen, haben die freie Benützung einer Kuh gestattet und werden außerdem von ihrem Arbeitsherrn verköstigt. Mehrere Familien hatten sich bereits durch ihrer Hände Fleiß so viel Geld erspart, um sich in der Nähe von Sir William als unabhängige Ansiedler niederzulassen, und ihre eigene Wirthschaft gründen zu können.

Die Gesammtzahl der Deutschen in Neu-Süd-Wales wird auf 7000 geschätzt. Sie sind meistens an größeren Flüssen, wie am Hunter-, Clarence-, Brisbane-River angesiedelt, wo sie kleine Farms auf Alluvialboden besitzen und sich mit Ackerbau, Weincultur, so wie mit Landwirthschaft überhaupt beschäftigen. Ihr Fleiß, ihre Ausdauer und ihre Sparsamkeit machen sie bald unabhängig und wohlhabend. So erzählte man uns von einem armen rheinländischen Bauer, Namens Frauenfelder, welcher im Jahre 1849 mit zwölf Töchtern aus Deutschland kam und sich am Clarencefluß als Weinpflanzer niederließ. Nach zehn Jahren angestrengter Thätigkeit ist

Frauenfelder ein wohlhabender Mann geworden, seine Töchter sind gut verheiratet, seine Wirthschaft ist die blühendste im ganzen District.'[1] Der Deutsche genießt in Australien nach einem Aufenthalte von fünf Jahren die nämlichen politischen Rechte wie der Engländer. Nach zwölf Monaten kann er naturalisirt werden und Ländereien besitzen, nach drei Jahren darf er sich an den politischen Wahlen betheiligen, nach fünfjährigem Aufenthalt endlich kann er auch zum Mitgliede des Parlaments gewählt werden. Würde zwischen den Deutschen in der Colonie ein innigeres Verhältniß bestehen, so könnten dieselben auf die Wahl von mindestens vier Parlamentsmitgliedern Einfluß üben. Die Ursache, daß die Zahl der nach Australien auswandernden Deutschen noch immer eine sehr geringe ist, muß wohl hauptsächlich in dem hohen Preise des Bodens gesucht werden. Während in den Vereinigten Staaten von Nordamerika die Acre einen Dollar kostet, wird sie in Australien für 1 Pfund Sterling verkauft, und zwar blos aus dem Grunde, weil die Colonial-Regierung in früherer Zeit bei reichen Colonisten ein Anlehen machte und dafür Ländereien verpfändete, deren Werth zu 1 Pfund Sterling per Acre angenommen wurde; diese Schulden sind niemals bezahlt worden, und der Darleiher ist factisch Besitzer des Bodens, ohne daß gleichwohl eine Aufhebung des Contractes stattgefunden hätte, oder die Regierung ihrer Verbindlichkeit enthoben worden wäre. Es würde sich daher ihre Schuld im Verhältnisse steigern, als sie den Werth der Acre herabzusetzen für gut fände, und dies scheint die Hauptschwierigkeit, warum der Preis der Grundstücke in Neu-Süd-Wales zum Vortheile für das Land und die Emigration noch immer nicht vermindert wurde.

Sir William geleitete uns zu Pferd, zu Fuß und zu Wagen über sein ausgedehntes Anwesen und unterließ nicht die Novara-Reisenden mit allen Details bekannt zu machen, welche für dieselben von irgend einem Interesse oder Nutzen sein mochten. Der Weinbau hat in Australien, obwohl man demselben erst seit dem Jahre 1838 eine größere Aufmerksamkeit zuwendet, bereits solche Fortschritte gemacht und so vorzügliche Erzeugnisse geliefert, daß in nicht allzulanger Zeit das weinarme England aus seinen

[1] Am Clarence-River besteht seit mehreren Jahren eine Stearinkerzenfabrik, welche sich schon aus dem Grunde sehr gut rentirt, weil in allen Golddistricten von den Golddiggers in den Gruben Kerzenlicht verwendet wird. Im Jahre 1856 wurden in Neu-Süd-Wales um 600,000 Pfund Sterling, im Jahre 1857 um 400,000 Pfund Sterling Stearinkerzen verbraucht.

Colonien dem rebensaftlüsternen Europa die köstlichsten Weine zuführen dürfte, denn die Producte Australiens und des Cap's stehen den spanischen Sorten an Güte und Bouquet nicht nach, und nur die geringe Quantität, welche bisher erzeugt wurde und kaum für den eigenen Bedarf genügt, verhinderte, daß man diese ganz vorzüglichen Weine noch nicht häufiger auf der europäischen Tafel antrifft. Die dermalige Gesammt-Weinproduction

Nepean-River im Camden Park.

übersteigt allerdings kaum 60.000 Gallonen (circa 4.700 österr. Eimer). Aber die Ursache davon liegt nicht im Mangel an geeigneten Grundstücken, sondern ausschließlich an der großen Schwierigkeit, Arbeiter zu bekommen und sie auch zu einer Zeit zu behalten, wo sie am dringendsten nöthig sind. So oft irgend eine aufregende Nachricht von neuentdeckten Goldfeldern durch die Zeitungen geht, stellen die Feldarbeiter sofort ihre Arbeit ein und laufen nach den „diggings" (Goldgruben). Viele tausend Menschen werden plötzlich auf diese Weise von einem Goldfieber ergriffen und ihren landwirthschaftlichen oder gewerblichen Beschäftigungen entzogen. Wir sahen selbst eine Anzahl angefangener Bauten, welche von den vom Golddurst überwältigten Arbeitern verlassen worden waren und nun unvollendet blieben. „Es giebt keinen größeren Tyrannen in diesem Lande als den Arbeiter", sagte Sir William und blickte traurig auf die verwaisten Bauten und die halb aufgewühlten Grundstücke, an denen wir eben vorübergingen.

Unser Hauswirth ließ uns verschiedene weiße Weinsorten versuchen, welche in Bezug auf Geschmack, Farbe und Stärke viel Aehnlichkeit mit Sherry hatten, während eine röthliche Sorte an den vin de muscat im südlichen Frankreich in der Nähe von Cette erinnerte. Auch in Australien ist bereits jene Krankheit aufgetreten, welche dem Weinstock in verschiedenen Gegenden Europa's und namentlich auf der Insel Madeira so gefährlich wurde, aber diese besorgnißerregende Erscheinung blieb bisher nur auf gewisse Rebengattungen beschränkt. Ein Wurm richtet zuweilen gleichfalls am Weinstock viel Schaden an, und man verwendet daher zu dessen Ausrottung Kinder, welche für diese wenig anstrengende Beschäftigung je nach ihrem Alter täglich 1 bis 2 Schilling Lohn erhalten. Die Weinernte beginnt in Australien in der Regel Mitte März und dauert bis Ende April.

Ein interessantes Stündchen verlebten wir in Sir William's Arbeitszimmer, welches zugleich eine, namentlich in Bezug auf australische Geschichte sehr reichhaltige und werthvolle Bibliothek birgt. Es muß den Reisenden überraschen, in einem Lande, wo scheinbar das wilde Ringen nach irdischen Schätzen jede andere Regung in den Hintergrund drängt, zahlreichen Privatsammlungen von kostspieligen und seltenen Werken so wie von naturhistorischen Gegenständen zu begegnen. Man vergißt häufig in der Beurtheilung des Landes und seiner Bewohner dem Umstande Rechnung zu tragen, daß sich zu den unlauteren Elementen unfreiwilliger Ansiedler und gewinnsüchtiger Goldgräber auch eine große Anzahl junger Männer aus den höchsten Kreisen der englischen Gesellschaft gesellte, welche, von der Regierung durch großartige Geschenke von Grundstücken zur Niederlassung in Australien angezogen, es im fünften Continent leichter zu Ansehen, Stellung und Reichthum zu bringen hofften, als in England, wo bekanntlich die dritt- und viertgeborenen Söhne der hohen Aristokratie nicht immer ein beneidenswerthes, unabhängiges Leben führen. Solche nachgeborene Sprößlinge berühmter Familien haben sich seit Anfang dieses Jahrhunderts in nicht unbedeutender Zahl in den verschiedenen Theilen Australiens niedergelassen und mit ihnen ist wahrscheinlich hauptsächlich jener geistige Comfort eingezogen, welcher dem Reisenden im fünften Erdtheil eben so auffällt, als er ihm wohl thut.

Von unserem Besuche in Cambden's Park kehrten wir Tages darauf wieder nach dem benachbarten Campbelltown zurück, um unsere Reise von hier über Appin nach Wulongong im District von Illawara fortzusetzen. In Campbelltown herrschte ungewöhnliches Leben in den Straßen und vor den Hausthoren. Das ganze Städtchen schien in Alarm zu sein. Die Odd Fellows,[1] eine Secte, welche ähnliche Grundsätze wie die Freimaurer verfolgt, waren aus den benachbarten Ansiedlungen gekommen, um auch in Campbelltown eine Loge zu gründen und diese feierlich einzuweihen. Man versprach sich große materielle Vortheile von dieser Verbrüderung, und je weniger dem Volke die Zwecke dieser geheimen Gesellschaft bekannt waren, mit desto mehr Bewunderung sprach es von derselben. Zu Anfang dieses Jahrhunderts, wo die Bildung noch keine so allgemeine war und die politischen Zustände in den meisten Staaten Europa's so hemmend auf die Entwicklung des Volkes einwirkten, mochte man von der humanen und socialen Thätigkeit des maurerischen Bruderbundes mit seinen Principien der Freiheit und Gleichheit manchen allgemeinen Nutzen erwarten. Heutigen Tages aber, wo unter dem segensreichen Einflusse des Vereinsrechtes und eines freien selbstbestimmenden Gemeindewesens öffentlich alles zur Sprache kommen mag, was einem Volke am Herzen liegt, verlieren solche geheime Genossenschaften wesentlich von ihrer einstigen Bedeutung und haben nur mehr den Charakter gegenseitiger Unterstützungsvereine. Der Erreichung dieses letzteren Zweckes verdanken die Odd Fellows auch hauptsächlich ihre dermalige große Ausdehnung in den Vereinigten Staaten von Nordamerika, wo man es sich förmlich zur Pflicht macht, alle Einkäufe, so wie die Befriedigung der kleinsten Bedürfnisse des täglichen Lebens bei den Mitgliedern der Bruderschaft zu besorgen, ähnlich wie gewisse religiöse Secten, namentlich Methodisten, Wesleyaner u. s. w., in England und in Amerika auch bei allen

[1] Die Ableitung des Wortes odd fellow (wunderlicher Gefährte) ist noch immer nicht festgestellt. Einige schreiben die Bezeichnung „odd“ der Abweichung vom „Gewöhnlichen“ zu, indeß Andere darin blos eine Corruption des Wortes „oath“ (Schwur) und somit eine Anspielung auf den Eid erblicken, welchen die Mitglieder dieser geheimen Gesellschaft bei ihrer Aufnahme leisten müssen.

materiellen Vorkommnissen auf ihre Glaubensgenossen besondere Rücksicht nehmen.

Von Campbelltown nach Appin, eine Entfernung von 12 englischen Meilen, führt eine ziemlich ebene, breite Straße, theils an angebauten Grundstücken vorüber, theils mitten durch schöne große Wälder. Wir begegneten während der ganzen Fahrt einem einzigen Fuhrwerk, auf dem in ihrem Sonntagsstaat eine Ansiedlerfamilie saß, welche einem Todten — vielleicht dem Vater oder der Schwester — das letzte Geleite gab. „A funeral in the Bush!"[1] rief der Kutscher, indem er uns auf den ernsten Zug aufmerksam machte, der sich vor uns gemessenen Schrittes in feierlicher Stille durch den Wald bewegte. In einer einsamen Waldhütte, deren Bewohner durch ihre

Parke's „Hôtel" in Appin.

Verhältnisse wie durch ihre Beschäftigung auf das innigste Zusammenleben angewiesen sind, ist es doppelt schauerlich, wenn der Tod Einkehr hält, und oft gerade das Theuerste und Liebste unerbittlich mit sich fortreißt.

Als wir in Appin anlangten, war die Tagesstunde bereits zu weit vorgerückt, um noch am selben Abend Wulongong, das Ziel unserer Fahrt, erreichen zu können. Obschon das äußerst schmutzige Dorfwirthshaus, in dem wir abstiegen, durchaus nicht zum Bleiben einlud, so mußten wir uns dennoch entschließen, die Nacht daselbst zuzubringen, denn es war die einzige Fremdenherberge im ganzen Orte. Der Dialekt, den wir sprechen hörten, hob bald jeden Zweifel, daß wir uns in einer irländischen Wirthschaft befanden. Die Nachlässigkeit und Unordnung, welche in allen Räumen

[1] Ein Leichenbegängniß im Busch.

herrschte, hatte uns allerdings gleichfalls darüber Aufschluß gegeben. Die Leute waren nichts weniger als arm; sie besaßen sogar ein ziemlich ausgedehntes Anwesen in der Nähe, aber es liegt einmal im Allgemeinen im Charakter des irländischen Settlers, Reinlichkeit und Ordnung zu mißachten und das Erworbene entweder zusammenzuscharren oder im Schlemmen zu vergeuden. Ganz in der Nähe der Wirthschaft begann bereits der Wald,

Wald in der Umgebung von Appin.

dessen Besuch durch Erbeutung mehrerer, Neu-Süd-Wales eigenthümlicher Vogelarten, darunter der sogenannte lachende Esel (Laughing Jackass)[1] und der glänzend schwarzblaue Atlasvogel (Kitta holosericea), belohnt wurde.

Am nächsten Morgen führte uns der Weg durch hohe, schöne, dichte Wälder, in welchen stämmige Eucalyptus-Arten der Vegetation den Charakter

[1] Dacelo gigantea.

gaben. Einer der schönsten Punkte dieser reizenden Fahrt war die Ueberschreitung von Sir Thomas Mitchell's (Broughton's) Paß, einem mit großer Mühe und Kosten durch riesige Felsen gehauenen Gebirgspaß, reich an großartigen, mit Zapfenbäumen und Eucalypten überwucherten Felspartien, welche an die wild-romantischesten Gegenden unserer Alpennatur erinnern.

Auf dem Wege bis zur Küste passirt man ein einziges einsames Gehöft, ein paar ärmliche mit Baumrinden gedeckte Holzhütten auf einer gelichteten Waldstelle, Bargo genannt, wo die von Appin kommende Fahrpost die Pferde wechselt und des Nachts einige Stunden verweilt. Wir nahmen blos etwas Kaffee und waren nicht wenig überrascht, denselben in einer Weise credenzt zu sehen, welche mit der rauhen Außenseite dieser Waldhütte in schroffem Widerspruche stand. Wedgwood und Scheffielder Fabricate selbst in der Urwaldhütte, und aus dem Holze der australischen Wälder englische Schiffe gezimmert — das ist die Moral der englischen Handelspolitik!

Bald nachdem wir wieder den Wald betreten hatten, begegneten wir einer großen Heerde Ochsen, welche von drei Männern zu Pferde mit außerordentlich viel Geschick durch dieses grüne Labyrinth von Bäumen getrieben und bei einander gehalten wurde. Hatte sich einer oder der andere dieser braunen vierbeinigen Wanderer verirrt oder war er zu weit vorangeeilt, so huschte ihm einer der Reiter rasch durchs Gebüsch, durch Dick und Dünn mit bewunderungswerther Behendigkeit nach und brachte ihn wieder zum Troß zurück. Man merkte es den Reitern an ihrem Benehmen, an ihrer Tracht, so wie an den vortrefflichen Pferden, die sie ritten, an, daß sie keine gewöhnlichen Viehtreiber, sondern wahrscheinlich die Besitzer der sehr werthvollen Heerde selbst waren. Im australischen Busch muß man sich zu Arbeiten und Beschäftigungen bequemen, welche in unserem geordneteren Staatsleben den untersten Classen der Gesellschaft überlassen bleiben.

In der Nähe von Bargo gelangt man über sehr beschwerliche wüste Sandstrecken nach einem Punkte, von welchem aus der Reisende eine wundervolle Fernsicht nach dem Illawara-See, den Keirabergen und dem Meere genießt, wenn er, wie wir das Glück hatten, von landeskundigen Führern begleitet ist; sonst zieht er an diesem herrlichen, kaum wenige Schritte von der Landstraße gelegenen Plateau vorüber und ahnt die Zauber nicht, die ganz in seiner Nähe eine gnadenreiche Natur vor dem empfänglichen Auge des Beschauers ausbreitet.

Sobald man sich der Küste zuwendet, treten wieder Schirmpalmen, Baumfarren und andere Repräsentanten tropischer Vegetation auf, und die letzten Wegstunden nach dem Hafenstädtchen führen durch Gegenden von wahrhaft paradiesischer Schönheit. Gegen drei Uhr Nachmittags am 18. November erreichten wir Wulongong.

Wir trafen unterweges wieder mit Sir William Macarthur zusammen, welcher einen beschwerdevollen Ritt nach den Wäldern in der Umgebung von Wulongong unternommen hatte, blos um einige daselbst vorkommende Baumfarren zu sammeln, die er nach England zu verschiffen beabsichtigte. Wenige Nationen besitzen so viel regen Sinn für Naturschönheiten und verstehen es so wohl durch persönliche Beobachtungen und unermüdliches Sammeln die Kenntniß des Menschen auf den verschiedenen Gebieten der Naturwissenschaften zu bereichern, als die Engländer. Männer in allen Lebensverhältnissen beeifern sich in den entferntesten Theilen der Erde interessante Pflanzen-, Thier- oder Felsarten aufzusuchen, und den vaterländischen Instituten zuzusenden, oder solche Beobachtungen anzustellen und zu veröffentlichen, welche der Wissenschaft, der Industrie oder dem Handel möglicher Weise zum Nutzen gereichen könnten. Durch solche ganz zufällige, freiwillige Beiträge gelangt England in den Besitz naturwissenschaftlicher Sammlungen, welche andere Nationen kaum mit schweren Kosten zu erwerben im Stande sind. Freilich kommen dabei den Engländern ihre über den ganzen Erdball ausgebreiteten Colonien wohl zu statten, aber daß sie die Gunst der Verhältnisse auch in dieser Richtung zu verwerthen sich bemühen, das bleibt unbestreitbar ihr eigenes, anerkennungswürdiges Verdienst.

Gegen drei Uhr Nachmittags erreichten wir Wulongong, ein Städtchen, welches nur wenige Straßen zählt und seinen Haupterwerb aus dem Besuche der Sydneyiten zu ziehen scheint, welche diesen Ort zum Gebrauche der Seebäder zu besuchen pflegen. Schon das Bestehen einiger, im Verhältniß zur Ausdehnung des Ortes ungewöhnlich großer und eleganter, aber auch sehr kostspieliger Hôtels deutet darauf hin, daß sich Wulongong bisweilen eines sehr zahlreichen Besuches aus der Hauptstadt zu erfreuen haben muß, welche mit den regelmäßig verkehrenden kleinen Dampfern in wenigen Stunden erreicht werden kann. Leider besitzt Wulongong keinen eigentlichen Hafen, sondern nur eine offene, kaum für kleine Fahrzeuge durch einen Steindamm geschützte Rhede und bei einigermaßen ungünstigem Wetter

Broughton's oder Sir Thom. Mitchell's Pass in Neu-Süd-Wales.

ist das Aus- und Einschiffen der ankommenden oder abfahrenden Passagiere mit vielem Unbehagen verbunden.

Wir stiegen in dem, lieblich am Meeresufer gelegenen Brighton-Hôtel ab und trafen daselbst unseren neuerworbenen australischen Freund Herrn Eduard Hill, einen Schwager des Sir Daniel Cooper, welcher bereits mit der ihn auszeichnenden Herzensgüte und Localkenntniß alle möglichen Vorkehrungen getroffen hatte, um unseren flüchtigen Besuch des Illawara-Districtes zu einer der erinnerungsreichsten Episoden unseres australischen Aufenthaltes zu machen. Mr. Hill, ein geborener Australier von englischer Abstammung, mag mit vollem Rechte durch die Eigenthümlichkeit seiner Lebensverhältnisse, seine glänzende Beobachtungsgabe und seine lebhaften Sympathien für die schwarzen Eingeborenen als einer der gründlichsten Kenner dieses merkwürdigen Volksstammes gelten, dessen Idiom er mit großer Geläufigkeit spricht. Der gastlichen Zuvorkommenheit dieses fremdenfreundlichen Mannes verdanken wir nicht nur wiederholt einen in der Regel mit vielen Schwierigkeiten verbundenen Verkehr mit den Eingeborenen, sondern auch das uns völlig neue Vergnügen einer Känguruhjagd.

Die in rascher Abnahme begriffenen Urbewohner, von welchen zur Zeit unseres Besuches im Districte von Illawara nur mehr 150 bis 200 lebten, hatten außerhalb des Städtchens einen improvisirten Wohnsitz errichtet und lagerten mitten im Walde unter niederen Schutzdächern aus Baumrinde. Schon in einiger Entfernung ließ Herr Hill einen eigenthümlichen schrillenden Pfiff ertönen, welcher aus dem Walde sogleich erwiedert wurde. Zwei der jüngeren Eingeborenen kamen auf uns zu und reichten Herrn Hill die Hände. Ein älterer Mann mit grauen Haaren blieb bewegungslos auf den Boden gekauert. Es waren im Ganzen 4 Männer, 2 Weiber und 2 Kinder zugegen; wohlgeformte Gestalten von theils schwarz-, theils lederbrauner Hautfarbe, mit sehr breiten Nasenflügeln und schwarzem, gekräuseltem aber keineswegs wolligem Kopfhaare. Eine der Eingeborenen hielt ein Kind in ihren Armen, dessen Züge und Hautfarbe deutlich die weiße Abstammung verriethen. Dennoch schien sie keineswegs, wie dies bei anderen auf ihre Farbe stolzen Naturvölkern zu geschehen pflegt, von der eigenen Race mißachtet zu werden, welche vielmehr bei ihrem geringen Sittlichkeitsgefühl den Verkehr schwarzer Weiber mit weißen Ansiedlern gerade als das Gegentheil von Entehrung ansieht. Sowohl Männer als auch Weiber zeigten auf der Haut Narben von künstlich beigebrachten, 2 bis 3 Zoll langen, wulstigen Einschnitten, vornehmlich auf der Brust, auf den Armen und auf dem Rücken, von den folgenden Formen:

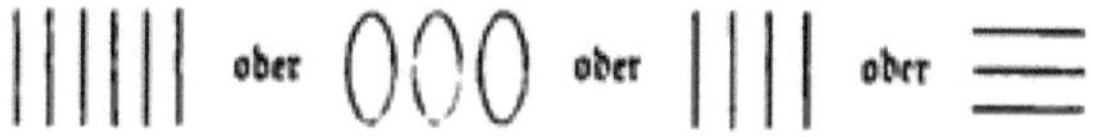

Allen männlichen Eingeborenen, welche wir sprachen, fehlte der obere Mittelzahn, indem das Ausschlagen desselben als eine Zierde und ein Zeichen der Mannbarkeit betrachtet wird.

Das Vorhandensein eines reichen üppigen Haarwuchses und Bartes ist eine Eigenthümlichkeit der Urbewohner Australiens, welche keines der Nachbarvölker, weder im Osten noch im Westen, mit ihnen gemein hat. Man erzählt auch, daß die Eingeborenen von allem äußern Schmuck den Bart am höchsten schätzen und daher der Pflege desselben ihr ganzes Leben hindurch die größte Aufmerksamkeit zuwenden. Kein Mann ihrer Race darf heiraten oder einen Emu (Casuar) tödten, bevor nicht sein Gesicht ein Bart ziert, dem auch bei Kämpfen eine große Wirkung zugeschrieben wird.

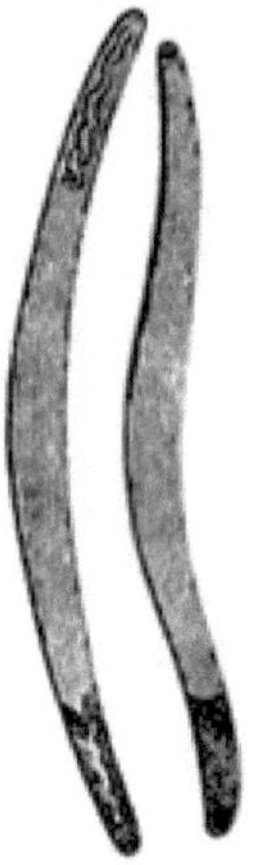

Bumerangs.

Wir forderten die uns umstehenden Eingeborenen auf, den Bumerang oder Kilie zu schleudern, und waren nicht wenig erstaunt zu sehen, daß kein einziger der schon ziemlich civilisirten, schwarzen Natursöhne dieses berühmte Wurfgeschoß mit sich führte, sondern dasselbe erst aus dem Knieholze eines benachbarten Baumstammes geschnitzt werden mußte. Indeß war diese halbmondförmige, 15 Zoll lange, 2 Zoll breite, eben so rohe, als durch ihre Flugeigenthümlichkeit merkwürdige Waffe bald angefertigt, und wenn die damit angestellten Schleuderversuche keinen richtigen Begriff von der Furchtbarkeit des Bumerang und der vielgerühmten Gewandtheit der Eingeborenen, ihn zu schleudern, gaben, so lag der Grund wohl hauptsächlich darin, daß das platte, rippenähnliche Stück Holz nicht jene parabolische oder hyperbolische Form besaß, welche eine Hauptbedingung zu sein scheint, damit dasselbe, unter einem Winkel von mindestens 30 bis 40 Grad geworfen, in drehender Bewegung wieder nach dem Ausgangspunkte zurückkehre. Wir haben jedoch bei einer anderen Gelegenheit Bumerangs von Eingeborenen in große Entfernungen mit so bewunderungswürdigem Geschick schleudern sehen, daß dieselben jedesmal wieder in die Nähe jenes Punktes zurückkehrten, von dem aus sie geschleudert wurden. Die ganze Erscheinung des Zurückfliegens ist so befremdend, daß man deren Richtigkeit zuweilen bezweifeln hört, obschon eine Erklärung leicht in der Construction der Waffe gefunden werden kann. Da nämlich dieselbe zwei völlig platte Seitenflächen hat, so rotirt sie, gleichsam auf der Luft aufliegend, und wird durch deren Widerstand gezwungen, eine Ellipse, vielleicht eine Parabel zu beschreiben, was bei jedem Körper der Fall sein dürfte, welcher flache Seiten hat und von dem der Schwerpunkt der Figur nicht mit dem Drehungsmittelpunkte übereinstimmt, sobald der Stoß seitlich von der Verbindungslinie beider Punkte geschieht. Begreiflicher Weise muß für den günstigsten Fall der Körper derart geworfen werden, daß seine Ebenen mit den Luftschichten einen Winkel von nahe an 45 Grad bilden.[1]

Die Eingeborenen im Port Jackson und im Illawara-District haben im Allgemeinen nur mehr wenig Urwüchsiges an sich, und machen durch ihre sittliche Verkommenheit und ihren Hang zum Trunk einen sehr unangenehmen, betrübenden Eindruck; denn ihr dermaliger trostloser Zustand muß größtentheils ihrem Contacte mit der Civilisation zugeschrieben werden, während sie diese andrerseits weder verständiger noch arbeitsamer gemacht hat. Ein ganz anderes Bild als diese letzten Reste des Illawara-Stammes sollen allerdings noch jene Eingeborenen bieten, welche die Ufer des Murray-,[2] Clarence- und Brisbane-Flusses im Norden bevölkern.[3] Dieselben bewahren noch vollständig die Sitten und Gebräuche ihrer Voreltern und kommen höchst selten mit der Civilisation, und dann nur mit ihren Vorposten, den Squatters und Schafzüchtern, in Berührung. Unter diesen Stämmen soll die Sitte der Beschneidung ziemlich allgemein sein und Vielweiberei im weitesten Sinne des Wortes herrschen. Jeder Mann darf so viele Weiber haben, als er zu

[1] Nach englischen Schriftstellern sollen bumerangähnliche Waffen auch in den Gräbern von Theben in Ober-Aegypten gefunden werden. Auf einem der Frescobilder, welche die Sitten und Gebräuche der alten Aegyptier illustriren, und sich gegenwärtig im britischen Museum in London befinden, ist eine Figur im Momente dargestellt, wo sie den „Bumerang" oder „Wurfstock" nach einer Anzahl von Enten schleudert, welche gerade aus einem Gebüsch von Papyrusstauden aufstiegen.

[2] Die Expedition verdankt der regen Theilnahme unseres berühmten deutschen Landsmannes Herrn Dr. Ferdinand Müller, Director des botanischen Gartens in Melbourne, mehrere ethnographische Curiosa von den am Murrayflusse lebenden Urbewohnern sowohl, als auch mehrere in naturwissenschaftlicher Beziehung werthvolle Mittheilungen.

[3] Man schätzt die Gesammtzahl der Ureinwohner, welche dermalen noch im ganzen Bereiche des australischen Continents, hauptsächlich aber im Norden und Nordwesten zerstreut leben, auf 40 bis 50,000 Seelen.

ernähren, zu erbeuten, zu stehlen oder auf sonstige Weise sich zu verschaffen im Stande ist. Ihre nomadisirende Lebensweise scheint jedoch die Ursache

Australischer Urwald.

zu sein, daß sie von dieser Sitte nur einen sehr beschränkten Gebrauch machen. Kindesmord, besonders von weiblichen Sprößlingen, kommt ziemlich häufig vor. Auch die Abtreibung der Leibesfrucht ist unter jenen Stämmen nicht selten, ja sie besitzen in ihrer Sprache sogar ein Wort (mibra), welches das Todtdrücken des Fötus bezeichnet. Dagegen beruht die kühne Behauptung des polnischen Grafen Strzelecki in dessen großem, in mehrfacher Beziehung werthvollem Werke[1] über Australien, „daß weibliche Eingeborene nach unerlaubtem Umgange mit einem Weißen für die eigene schwarze Race unfruchtbar werden“, nach dem Ausspruche aller unbefangenen Beobachter auf einem groben Irrthume.

In keinem Theile Australiens bebauen die Urbewohner den Boden. Wie ihre Lebensweise eine nomadische, so besteht auch ihre Nahrung, je nachdem sie an den Küsten oder tief im Innern leben, größtentheils nur in dem, was ihnen die Jagd oder der Fischfang liefert. Ihre Waffen sind, außer dem Bumerang, ein schlanker 8 bis 9 Fuß langer Speer mit einer Spitze aus Känguruhknochen, ein Wurfstock (wamera), ein Schild (hileman), eine kurze, schwere Keule (nulla-nulla), eine Steinaxt (mogo) und eine Art von Messer aus Quarz. Die Waldthiere, welche von den Eingeborenen am meisten gejagt werden, sind die zahlreichen, dem australischen Continente eigenthümlichen Känguruh-Arten, ferner der Emu (Casuar) und das Opossum (Didelphis sp.). Doch gehören auch Eidechsen, Schlangen und Insecten, so wie gewisse Baumwurzeln und Harze zu den Delicatessen ihrer primitiven Küche.

Die Wohnungen der Eingeborenen bestehen entweder in natürlichen Felsenhöhlen, oder aus einigen Stücken zusammengebogener, und an beiden Enden am Boden befestigter Baumrinde. Im ganzen Bereich der Colonie von Neu-Süd-Wales herrscht unter den Urbewohnern der Gebrauch, daß jüngere Leute, wenn sie gestorben sind, unter kleine Erdhügel begraben werden, während das Alter allein das Prärogativ besitzt verbrannt zu werden. In einem solchen Falle wird die Leiche nebst den Jagd- und Fischgeräthen des Verstorbenen auf einen Haufen dürren Holzes von ungefähr 3 Fuß Höhe mit dem Antlitz gegen die aufgehende Sonne gelegt. Hierauf bedecken die überlebenden Verwandten den Todten mit Strauchwerk und Holz und zünden sodann den Scheiterhaufen selber an. Tages darauf werden die Asche und die verkalkten Gebeine sorgfältig begraben. Von Keinem, der gestorben ist, wird der Name jemals wieder ausgesprochen, und fügt es sich,

[1] P. E. O. Strzelecki: Physical description of New-South-Wales and Van-Diemens-Land, etc. London 1845.

daß ein anderes Individuum des Stammes den gleichen Namen trägt, so muß es ihn ablegen und für den Rest seines Lebens einen anderen annehmen.

Das Vorkommen von Cannibalismus ist namentlich unter den Urbewohnern im Norden eine erwiesene Thatsache. Herr Angas, dessen bereitwilliger Förderung unserer Zwecke bereits dankbar Erwähnung geschah, theilte uns unter andern interessanten Daten einen Fall mit, wo in der Nähe von Moreton-Bai ein Knabe starb, dessen Kopf und Haut, der rohen Sitte gemäß, vom übrigen Körper getrennt, und an einem Stock über dem Feuer getrocknet wurden. Vater und Mutter waren bei dem Vorgange zugegen, und stießen laute Schreie aus. Das Herz, die Leber und die Eingeweide wurden unter die anwesenden Krieger vertheilt, welche Stücke davon an den knöchernen Spitzen ihrer Speere mit forttrugen, während die gerösteten Oberschenkel (angeblich die größten Leckerbissen) von den Eltern selbst verzehrt wurden. Haut, Schädel und Knochen dagegen packten die Eingeborenen sorgfältig zusammen und nahmen sie in ihren Säcken aus Grasgeflecht auf die Reise mit. Nicht selten soll eine Mutter ihr eigenes Kind in dem dunklen Wahne aufessen, daß jene Kraft, welche ihre Leibesfrucht ihr entzogen, auf solche Weise wieder in den Körper zurückkehre! Fällt den Eingeborenen ein Krieger eines feindlichen Stammes in die Hände, so sollen sie ihrem erbarmungswürdigen Opfer mit fanatischer Wildheit das Fett der Nieren aus dem Leibe reißen, und sich in dem Glauben damit beschmieren, daß dies dem Körper Kraft, dem Herzen Muth verleihe. In den südlichen Theilen Australiens benützen die Urbewohner ausgehöhlte Menschenschädel als Trinkgefäße, und zwar ist dies der einzige bekannte Fall, wo ein Theil des menschlichen Skelets einem Volke zum Geräthe dient. Jedes Weib soll eine derartige knöcherne Calabasse besitzen, die es gewöhnlich selbst aushöhlt und fabricirt. In der ziemlich umfangreichen ethnographischen Sammlung des australischen Museums sahen wir mehrere Exemplare dieser schauerlichen Trinkgefäße. Mit dem Gedanken an ein Leben nach dem Tode, an die Unsterblichkeit des menschlichen Geistes scheint sich das durch Aberglauben und Furcht vor bösen Geistern beständig geängstigte, äußerst beschränkte Verstandesvermögen der Urbewohner des fünften Continents bisher nur wenig beschäftigt zu haben, und die höchst originelle Anschauungsweise, „daß sie sich nach dem Tode in Weiße verwandeln, und daß die Anglosachsen, welche gegenwärtig ihre Jagdgründe bevölkern, die Geister ihrer

Vorfahren in einem transformirten Zustande seien*, scheint weit eher der versöhnenden Phantasie eines englischen Missionärs als dem armen Gehirne eines denkfaulen Eingeborenen entsprungen zu sein! —

In verschiedenen Theilen der Colonie, namentlich an den Vorgebirgen und flachen Felsen in der Nähe von Middle Harbour, Camp Cove, Point Piper, Roßman's Cove, Lane's Cove u. s. w., begegnet das Auge des Forschers zahlreichen, in Stein gehauenen, ziemlich rohen Sculpturen, welche

Urbewohner Australiens.

größtentheils irdische Gegenstände, wie Känguruhs, Emu's, fliegende Eichhörnchen, Fische, Schildkröten, und vor allem aber zahlreiche, den Corróbori aufführende Urbewohner darstellen. Der Corróbori ist eine Art Kriegstanz, bei dem sich die Eingeborenen den Körper in der Regel mit weißen, skeletähnlichen Figuren bemalen, und dadurch, wenn sie des Nachts bei glimmendem Feuer mit schweren Keulen im Kreise herumhüpfen, tanzenden Todtengerippen ähnlich sehen.

Frägt man die dermalige schwarze Generation nach der Bedeutung dieser Felsskulpturen, so antworten sie gemeiniglich in gebrochenem Englisch: „Black fellow made them long ago!"[1] und um einen Begriff von ihrem Alterthum zu geben, erheben sie Hände und Gesicht, schließen die Augen und sagen: „Murrey-murrey-murrey, long time ago!"

Die zahlreichen, über den muthmaßlichen Ursprung dieser merkwürdigen Menschenrace aufgestellten Theorien haben nur wenig beigetragen das Dunkel zu lichten, welches über die wahre Abstammung der Urbewohner Australiens herrscht. Schriftsteller, welche ihre Annahme gern mit der Offenbarung in Einklang bringen möchten, sprechen die Vermuthung aus, daß die ersten Bevölkerer Australiens aus Ostasien oder dem indischen Archipel kamen, und, indem sie die Torresstraße passirten, sich allmählig über den weiten fünften Erdtheil verbreiteten. Ja, man geht sogar so weit zu behaupten, daß noch bis zur Stunde im Innern einer Insel des malayischen Archipels eine Menschenrace lebt, deren physische Beschaffenheit, deren Sprache und Sitten mit jenen der Urbewohner Australiens identisch sind. Und es bleibt allerdings eine merkwürdige Wahrnehmung, daß alle australischen Kriegslieder, Tänze u. s. w. sich von Norden nach Süden verbreiteten, wenngleich es gewagt erscheint, aus dieser einzelnen Thatsache auf eine Migration von den Inseln Ostasiens zu schließen. Andere Gelehrte dagegen, und darunter Prichard, Wappäus, Burdach u. Andere halten die Aboriginer Australiens für stammverwandt mit den Bewohnern der Inselgruppen zwischen Neu-Guinea und Neu-Caledonien und lassen sie mit diesen den Volksstamm der Austral-Neger bilden. Ein neuerer Forscher endlich, Mr. James Browne, welcher 16 Jahre unter den schwarzen Stämmen Australiens lebte, erachtet es für nicht unwahrscheinlich, daß einige Leute von malayischen Fahrzeugen, welche bekanntlich seit undenklichen Zeiten die Nordküste Australiens besuchen, durch Schiffbruch oder eine andere zufällige Calamität an die Küste dieses Erdtheiles oder auf eine der Inseln jenseits der Torresstraße geworfen und auf diese Weise die ersten unfreiwilligen Besiedler des

[1] „Der Schwarze machte es vor langer Zeit!" Die englischen Colonisten nennen nämlich die Urbewohner Australiens nach ihrer dunklen Hautfarbe Blacks oder Aborigines, während sie die im Lande geborenen Weißen mit dem Ausdrucke Australier oder Eingeborene (natives) bezeichnen. Das Wort Creole ist verpönt und hat hier die nämliche Bedeutung wie Mestize oder Mischling, obwohl der Ausdruck vom spanischen criollo stammt, und eigentlich nichts anderes als einheimisch, eingeboren bedeutet. Für alles dem Lande Eigenthümliche gebrauchen die Colonisten mit Vorliebe die Bezeichnung „colonial".

Nordens von Australien wurden. Die anwachsende Bevölkerung zerstreute sich allmählig über das Innere des großen Continents, und als diese Völkerschaften nach Verlauf von Jahrhunderten über Land bis an die entgegengesetzten Küsten gekommen waren, hatten sie bereits jede Kenntniß der Schifffahrt verloren und waren nicht länger mehr fähig, die Vortheile des vor ihren staunenden Blicken sich ausbreitenden Meeres ermessen und benützen zu können. Die schwarzen Bevölkerer Australiens erscheinen seltsamer Weise als der einzige, eine Seeküste bewohnende, wilde Volksstamm der Erde, welcher keine eigenen Transportmittel zu Wasser besitzt und des Schwimmens nicht kundig ist. Vielleicht bringen uns die verschiedenen, in den letzten Jahren mit so viel Eifer und Hingebung nach dem Innern Australiens unternommenen Expeditionen neue Aufklärungen über dessen Urbewohner, vielleicht aber auch, und dies ist das Wahrscheinlichere, verschwindet eine ganze Race wieder von der Erde, noch bevor es gelungen ist, über ihren Ursprung, ihre Wanderungen und ihre Geschichte unwiderlegbare Thatsachen zu ermitteln und festzustellen.[1]

Am Morgen nach unserer Ankunft in Wulongong und nach unserer ersten Begegnung mit den Eingeborenen wurde auf Veranstaltung des Herrn Hill ein Ausflug nach dem sogenannten Balgounie Farm unternommen, um in den Wäldern der Nachbarschaft auf Känguruhs zu jagen. Es waren dies aber nicht jene großen Beutelthiere (Macropus major), welche zuweilen eine Höhe von 4 Fuß erreichen, sondern eine kleinere, unter dem Namen Wälloby (Halmaturus ualabatus) bekannte Gattung. Die eigentlichen Känguruhs sind längst vor der Cultur entflohen und haben sich mehrere hundert Meilen landeinwärts in die Wälder tief im Innern des Landes zurückgezogen. Die Jagdfreunde wurden in einem der herrlichen Wälder, welche sich zwischen den Bellambi-, Keira- und Kemla-Bergen hinziehen, in gewissen Distanzen aufgestellt und die uns begleitenden Schwarzen angewiesen, mit ihren „Dingos", gewöhnliche abgerichtete Hunde europäischer Race, den Känguruhs entgegen zu treiben. Die Eingeborenen gebrauchen das Wort Dingo für Hund im Allgemeinen, während der sogenannte wilde oder, vielleicht besser, verwilderte Hund Australiens in der Sprache des Landes „Warrigul" genannt wird, und keineswegs eine besondere

[1] Vergleiche: G. Westgarth, Report on the condition and prospects of the aborigines of Australia. Melbourne 1846. — J. Browne, Nautical Magazine. September bis October 1856.

Gattung ist, vielmehr als ein dem Stamme der Schäferhunde angehöriger Abkömmling betrachtet werden mag.[1]

Die Jagd war nicht sehr ergiebig und selbst von den 10 oder 12 Wallobies, deren die Jagenden ansichtig wurden, traf nur zwei die tödtliche Kugel. Obwohl man das nahende Wallobie wegen seines plätschernden Trittes schon aus großer Entfernung hört und scheinbar nur den Augenblick zu nützen braucht, wo dasselbe, von den Hunden verfolgt, auf seinen Hinterbeinen vorbeihuscht, so gehört doch eine besondere Uebung und Schußgewandtheit dazu, um eines dieser ungemein behenden und flinken Thiere im raschen Vorübereilen niederzustrecken.

Aber auch ohne eine reiche Jagdausbeute war der Aufenthalt in den reizenden Wäldern des Keiragebirges überaus anziehend und lohnend. Die mannigfaltigsten, üppigsten Vegetationsbilder, mit jedem Schritte wechselnd, entlocken dem Wandersmann unaufhörlich Aeußerungen der Bewunderung und des Entzückens. Einzelne Stellen mit herrlichen Baumfarren und riesigen, durch Lianen verschlungenen Eucalyptusstämmen, an denen zierliche Parasiten malerisch hingen, erinnerten in ihrer üppigen Pracht an die Fülle tropischer Vegetation. Eigenthümlich und seltsam wie die Pflanzenformen und die Baumgestalten, waren die Laute, welche aus dem grünen Halbdunkel an unser Ohr drangen, ohne daß das Auge die Sänger selbst zu erspähen vermochte. Und so täuschend ahmen einige von ihnen gewisse Hantierungen der Menschen nach, daß man sich unwillkürlich in der Nähe eines menschlichen Wesens glaubt, wenn der Peitschenvogel[2] das Knallen einer Peitsche, oder der Glockenschläger[3] den Klang einer Glocke unübertrefflich imitirt.

Während unserer Streifzüge kamen wir auch an einzelnen Pachthöfen vorüber; einsame, mit der zähen Rinde des Eucalyptus bedeckte Holzhütten, deren ärmliche Außenseite den Comfort nicht verrieth, dem wir im Innern begegneten. Ueberall ward uns die freundlichste Aufnahme. Kaum hatten wir den Fuß in die Hütte gesetzt, so waren sogleich alle anwesenden Mitglieder der Familie in Bewegung, um Milch und Butter,

[1] Obwohl vorherrschend röthlich-braun, wird der australische Hund doch von allen möglichen Farben, selbst gefleckt getroffen. Auch die Länge seiner Haare ist veränderlich.

[2] Psophodes crepitans; von den Colonisten Coachman's whip genannt.

[3] Myzantha Garrula; von den Colonisten Bell bird genannt.

Eier und Brot herbeizubringen und uns anzubieten. An hübschem Porzellan, geschliffenen Trinkgläsern und Scheffielder Eßbestecken fehlte es in keiner Hütte, deren Wände gemeiniglich mit Bildchen und Holzschnitten aus illustrirten Werken beklebt waren. Als Brot wurde uns häufig der nationale Damper, eine blos aus Mehl und Wasser bereitete und in heißer Asche

Farm in der Umgebung von Wolongong.

gebackene Masse vorgesetzt. Sie schmeckt vortrefflich und hat nebst der sehr leichten Bereitungsweise[1] den Vortheil, längere Zeit in genießbarem Zustande aufbewahrt werden zu können.

[1] Nachdem das Mehl eine geraume Zeit wohl geknetet ist, läßt man den Teig eine Stunde in heißer Asche backen, und der Damper ist fertig.

Unsere Rückkehr nach Sydney war für den folgenden Morgen bestimmt. Wir wollten den, jeden zweiten Tag von Wulongong abfahrenden Dampfer benützen, indem der Befehlshaber und mehrere Mitglieder der Expedition für den Abend bereits eine Einladung in Sydney angenommen hatten. Da der aus Keiáma kommende Dampfer erst gegen Mittag abgeht, so machten wir noch von den Morgenstunden Gebrauch, um einen Ausflug nach den Kohlenminen im Keiragebirge zu unternehmen und in den Wäldern der Umgebung zu jagen. Die Kohlenminen sind sehr ergiebig. Das Mineral wird aus dem horizontal in den Berg laufenden Schacht in kleinen Wägelchen auf einer Art Rutschbahn nach der breiten Straße geschafft und von dort auf Fuhrwerken in die Stadt weiter befördert. Man gewinnt täglich eine hinreichende Quantität Kohlen, um 200 solcher Wägelchen damit zu füllen.

Unsere Absicht, mit dem Dampfer zurückzukehren, ging leider nicht in Erfüllung, denn ein heftiger conträrer Wind und eine hochgehende See ließen die Ankunft und das Einlaufen des Dampfbootes in den Hafen von Wulongong problematisch erscheinen. Wir entschlossen uns daher, als das Passagierschiff gegen vier Uhr noch immer nicht in Sicht, und jede Möglichkeit verschwunden war, noch rechtzeitig in Sydney einzutreffen, um der angenommenen Einladung Folge leisten zu können, die Rückreise wieder mit dem Wagen über Appin anzutreten. Die Kühle des Abends sollte noch benützt werden, um die hohen, beschwerlichen Bergrücken zu überschreiten, über welche die Straße in großen Umwegen nach dem Innern führt. Anfangs ging es vortrefflich und der erste Theil der Fahrt über das Keiragebirge wurde eben so rasch als gemächlich zurückgelegt. Aber es kamen noch zahlreiche steile Stellen, und endlich wollten die ermüdeten Pferde nicht mehr weiter. Wir hatten längst die Kutsche verlassen und folgten zu Fuß, jagend, sammelnd, die Schönheiten der uns umgebenden Natur bewundernd. Der Wagen stand mitten auf einem sehr steilen Rücken, den Pferden schienen die Beine den Dienst zu versagen. Die Schmeichelworte, womit Mr. Crooker, das Prototyp eines englischen Kutschers, den Billi und Sam (das waren die Namen der beiden Pferde) aufzumuntern sich bemühte, so wie selbst ernstgemeinte Peitschenhiebe halfen nichts; die Thiere gingen keinen Schritt mehr vorwärts; wir mußten persönlich Hand anlegen und den Wagen wenigstens in eine minder gefährliche Position schieben.

An ein Weiterkommen war unter solchen Umständen nicht mehr zu denken. Man beschloß, den Kutscher mit Wagen und Pferden nach Wulongong

Kerragebirg bei Wulongong.

zurückzuschicken um Vorspann zu holen, und einstweilen die Wanderung bis nach der nächsten, ungefähr 18 englische Meilen entfernten Station, nach den Waldhütten von Bargo zu Fuß fortzusetzen. Auf dem Wege oder in Bargo sollte verabredetermaßen der Kutscher mit frischem Gespann wieder mit uns zusammentreffen. Da wir den Weg nicht genauer kannten, so versahen wir uns mit den nöthigsten Effecten, für den Fall als wir genöthigt wären im Walde zu übernachten.

Es war halb sieben Uhr Abends; die Sonne ging eben unter, nur durch die höchsten Wipfel der Bäume glänzten und blitzten noch ihre goldenen Strahlen. Wir wanderten mit einer, durch das unerwartete Abenteuer noch gehobenen Stimmung weiter. Nächtliches Dunkel umhüllte allmählig die Wälder. Der Schritt wurde unsicher. Selbst die volle Scheibe des Mondes, welche im Osten heraufzog und ihre bleichen Strahlen durch die Nacht der Eucalypten warf, riesige Schatten auf den weißen Sandboden malend, hemmte mehr die Wanderung durch dieses grüne Labyrinth, statt uns zur Leuchte aus demselben zu dienen. Wir schritten bis ein Uhr Morgens rüstig fort und waren schon nahe daran, im Walde unser Lager aufzuschlagen und daselbst das Grauen des Tages zu erwarten, als wir mit einem Male die stattliche Einzäunung erblickten, welche das Gehöft von Bargo umgiebt. Mit beschleunigten Schritten eilten wir nun der einsamen Waldansiedlung zu und klopften an der verschlossenen Thür. Ein fürchterliches Gebelle von wachenden Hunden begrüßte nicht gerade auf die einladendste Art die in so ungewöhnlicher Stunde einsprechenden Gäste. Nach wiederholtem Klopfen öffnete sich endlich die Thür der Hütte; ein alter Mann in nächtlicher Toilette erschien unter der Schwelle, und frug mit rauher Stimme, wer wir seien und was wir wollten? Die Antwort fiel nicht schwer. Der Umstand, daß wir auf der Hinreise bereits eingesprochen und vom Alten wieder erkannt wurden, kam dabei wohl zu statten. Man nahm uns auf das freundlichste auf und trotz der späten Stunde wurden sogleich Anstalten getroffen, uns ein Mahl zu bereiten. Man kochte Kaffee, Thee, Eier, holte frische Butter und „Damper" aus der Vorrathskammer und verwandelte, so gut es ging, die kleine anheimelnde Gaststube rasch in eine Schlafstätte.

Die Folge der ermüdenden und beschwerlichen nächtlichen Wanderung war ein spätes Erwachen, als die Sonne bereits hoch am Himmel stand. Eben wollten wir über das unterwegs zurückgelassene Fuhrwerk Nachfrage anstellen, als dessen Kutscher auf uns zukam, und erklärte, daß er zur Fortsetzung der Reise bereit sei. Er hatte beim Wirth in Wulongong kräftigere

Pferde geborgt und hoffte nun den Rest der Fahrt ohne Störung zurückzulegen. Während diese angespannt wurden, traten wir in die Hütte, und besahen uns noch einmal das kleine Gemach, in dem wir, drei Personen, auf den zu Lagerstellen improvisirten Bänken und Tischen die Nacht zugebracht hatten. Die Tageshelle beeinträchtigte nicht die Traulichkeit der Stube. Die Einrichtung war roh aber reinlich. Am meisten überraschte uns die große Anzahl von gediegenen Werken in englischer Sprache, welche, wohl geordnet, in einem Schranke standen. Sie bildeten entschieden den werth-

Bargo.

vollsten Theil der Einrichtung; auch die Ansiedler schienen dies zu fühlen. Diese Bücher gehörten früher einem Schulmeister, welcher ihren geistigen Inhalt nach und nach gegen einen anderen Geist, gegen Branntweingeist eintauschte. Der Wirth gewährte dem Schulmeister Vorschüsse, und gelangte auf diese Art allmählig in den Besitz einer nicht unbedeutenden Sammlung interessanter Werke, welche gegenwärtig an Feiertagen oder in den Abendstunden nach vollendetem Tagewerk von Hand zu Hand gehen, und den wißbegierigen Ansiedlern in der Einsamkeit des australischen Waldes gar manches Nützliche und Belehrende von fernen Ländern und Völkern erzählen.

Gegen ein Uhr Mittags kamen wir in Campbelltown an. Im Gasthause, wo wir abstiegen, war eben die bereits erwähnte Loge der Odd Fellows installirt worden. Die ersten sichtbaren Folgen der neuen Institution waren zahlreiche und gewaltige Räusche! In den Straßen, in den Wirthsschenken, überall wimmelte es von Betrunkenen. Jedes dritte Haus in Campbelltown ist ein Wirthshaus, auf je drei Einwohner kommt eine Trinkstube! Die Consumtion geistiger Getränke hat überhaupt in der ganzen Colonie eine grauenerregende Höhe erreicht. Man schätzt den Werth derselben, auf die ganze Bevölkerung der Colonie vertheilt, auf 6 Pfund Sterling per Kopf. Außer den im Lande selbst erzeugten Spirituosen (Wein, Bier, Branntwein und Liqueure), werden nach Neu-Süd-Wales allein jährlich für 1 Million Pfund Sterling eingeführt; ein größerer Verbrauch geistiger Flüssigkeiten, als in irgend einem andern Theile der Erde![1]

Den Rest unserer Fahrt legten wir auf der 33 Meilen langen Eisenbahn in zwei Stunden zurück. Auch ein Telegraph ist bereits zwischen Campbelltown und Sydney in Thätigkeit und zwar bezahlt man für die Beförderung von zehn Worten 2 Schilling, und 2 Pence für jedes folgende Wort. Gegen sechs Uhr Abends kamen wir in Sydney an und nahmen diesmal unser Absteigquartier im Australischen Club, wo man für die Mitglieder der Expedition, so weit der Raum reichte, auf die freundlichste Weise Zimmer reservirt hatte. Das Clubhaus ist äußerst elegant eingerichtet, und mit allen möglichen Bequemlichkeiten versehen; nur die Schlafgemächer sind klein, enge und mangelhaft. Da für alle daselbst genossenen Gegenstände blos der Einkaufspreis berechnet wird, so lebt man hier weit billiger als in irgend einem Hôtel oder Boardinghaus[2] und hat überdies den Vortheil mit der distinguirtesten Gesellschaft der Stadt zu verkehren.

[1] In Preußen erschöpft die jährliche Branntweinconsumtion ein Bassin von 1 preußischen Meile Länge, 33 Fuß Breite und 10 Fuß Tiefe. In England ist die jährliche Weinconsumtion 0,[illegible] Gallonen per Kopf, in Frankreich 19 Gallonen per Kopf. Das britische Volk giebt jährlich 54 Millionen Pfund Sterling für Steuer und 74 Millionen Pfund Sterling für geistige Getränke aus. Vergleiche Roscher, Grundzüge der National-Oekonomie, Seite 411.

[2] Man bezahlt für ein Zimmer täglich 3 Schillinge, für Frühstück (Thee, kaltes Fleisch, Eier, Brot und Butter) 3 Schillinge, Gabelfrühstück 3 Schillinge, Mittagsmahl (ohne Wein) 3 Schillinge 6 Pence, für Thee, Brot und Butter 1 Schilling. — In St. Kilda's House, einem Boardinghaus in Wulumulû, einer der fashionabelsten Vorstädte Sydneys, bezahlt man für Kost und Wohnung 3 Guineen, für

Während ein Theil der Expedition den eben geschilderten Ausflug in südlicher Richtung nach den wald- und wildreichen Gegenden des Illawara-Districtes unternahm, besuchten einige der Naturforscher in nördlicher Richtung das Thalbecken des Hunterflusses und die Steinkohlenfelder von New-Castle, und kehrten reich beladen mit werthvollen botanischen, entomologischen, mineralogischen und paläontologischen Sammlungen, mit Kohlenproben, fossilen Pflanzen und silurischen Versteinerungen wieder nach Sydney zurück.

Die interessanteste Episode im Laufe dieser Excursion war der Aufenthalt auf Ash-Island (sprich Asch-Eiland), einer kleinen am Hunter-River gelegenen Insel, das Besitzthum des Parlamentsmitgliedes Herrn A. W. Scott, welcher sich daselbst mit seiner Familie niedergelassen hat. Zwei seiner Töchter erwecken eben so viel Bewunderung durch ihre Liebenswürdigkeit und Anmuth, als durch die gründlichen entomologischen Studien, denen sie sich mit so viel Eifer hingeben. Sie besitzen außer geologischen und konchyliologischen, auch ausgezeichnete Insecten- und Schmetterling-Sammlungen und waren zur Zeit unseres Besuches eben im Begriffe, ein größeres Werk über australische Schmetterlinge herauszugeben. Sie haben die Lepidopteren-Fauna von Neu-Süd-Wales in einer großen Anzahl von Arten durch alle Metamorphosenstände, oft vom Ei an gezogen, vollständig ermittelt und ihre Erfahrungen in einer Reihe von mehr als hundert Tafeln niedergelegt, welche von den beiden Damen, vollendeten Künstlerinnen im Zeichnen und Malen, selbst lithographirt und colorirt wurden.

Von Ash-Island aus sollte der höchste Berg der Umgebung, der 3288 Fuß hohe Zuckerhut besucht werden. Da es galt in einem Tage an 40 englische Meilen zurückzulegen, so schwangen sich die Reisenden, als kaum der Morgen graute, auf die Pferde und begannen in Begleitung zweier Ansiedler von Ash-Island das Tagewerk. Zuerst ging's eine halbe Stunde lang den Hunterfluß aufwärts, der sich später nordöstlich wendete, während die Reiter links ins Gebirge einlenkten. Der Wald war so wenig dicht, daß man ganz unbehindert, wie durch einen Park reiten konnte. Obschon ausgedehnte Feuerspuren auf häufige Brände deuteten, so schien er doch durch dieselben nur wenig von seiner Urthümlichkeit eingebüßt zu haben. Zuweilen kamen Hütten und bebaute Gelände zum Vorschein; die großen Grundbesitzer

einen Salon außerdem 2 Guineen per Woche. Diese Preise stehen allerdings im Verhältniß zur Höhe der Lebensmittel, Arbeitslöhne u. s. w.

geben solche Strecken in Pacht oder haben auf denselben Viehwirthschaften unter eigenen Aufsehern. Im Winter wird das Vieh völlig frei gelassen, wo es im Busch, wie die Ansiedler diese Walddistricte so charakteristisch bezeichnen, die üppigste Weide findet. Im Sommer dagegen, wo die Hitze alles versengt und ausdorrt, wird das Vieh in Ställen oder Scheunen mit eingesammeltem Heu gefüttert. Der sonnige Wald bestand aus den schmalblätterigen Eucalypten, Melaleuken und anderen Myrtaceen, aus feinen Casuarinen, Grevilleen, Banksien, aus der einheimischen Birne (Hylomelum), der vielgeschätzten Warratah (Telopea speciosissima), den fast schattenlosen Acacien, der einheimischen Kirsche (Exocarpus), den schönen Papilionaceen, den ganz eigenthümlichen Stylidien u. s. w. Alle diese Pflanzengestalten mit ihrem bunten Farbenschmucke waren für die österreichischen Forscher alte Bekannte, welche, durch den hochverdienten Reisenden und Naturforscher Freiherrn v. Hügel zuerst in den Gewächshäusern der Kaiserstadt eingebürgert, eine der glänzendsten Epochen der Gartencultur daselbst bezeichnen und nun auf ihrer heimatlichen Erde in großartigster Entwicklung mit doppeltem Interesse begrüßt und bestaunt wurden. Mit Blüthen überdeckt, wucherten sie in wilder, zügelloser Freiheit am Wege rings umher, so daß der Pferdehuf oft zerknickte und zertrat, was europäische Reisende als seltene Kostbarkeiten zu betrachten gewohnt sind. Zahlreiche Vögel, namentlich Papageien, trieben sich schreiend in den Kronen der Bäume herum; die krähenartige Strepera graculina, der kahlköpfige Tropidorhynchus corniculatus, der von den Ansiedlern wegen seiner Vertilgung giftiger Schlangen geschätzte und sorgsam behütete lachende Jackaß (Dacelo gigantea), zahlreiche Frigelliden, die fächerschwänzigen Muscicapiden, die gleich unseren Baumläufern an Baumstämmen auf- und abkletternden Climacteris, die 4 bis 5 Fuß langen Monitore, welche hie und da rasch auf die Bäume flüchteten, Stacheleidechsen und schöne Nabelschnecken gewährten dem Zoologen reiche Abwechselung und Ausbeute.

Nach dreistündigem Ritt gelangten die Reisenden zu einer steilen Felswand, wo sie die Pferde zurückließen und nun zu Fuß weiter klimmten, bis sie auf einer zertrümmerten Felsmasse von grobem, breccienartigem Sandstein, dem eigentlichen sogenannten Zuckerhut standen und nun zwischen dessen Spalten mühsam den Gipfel zu erreichen suchten. Eine überraschende Fernsicht bot sich hier den Blicken dar: die Grafschaft Northumberland mit ihrem grünen Waldesschmuck breitete sich im hellen Sonnenlichte zu den

Füßen aus. Zur Linken erblickte man in weiter Ferne die Hauptansiedlung Maitland und den schiffbaren Hunterfluß, der wie ein Silberband sich durch die üppige Landschaft bis tief hinab zum fernen New-Castle schlang, wo er sich dem Meere vermählt, auf dessen wildschäumenden Wogen die Schiffe nur wie weiße Punkte auf zitterndem Grunde erschienen. Zur Rechten lag, halb vom Walde verhüllt, in langer Ausdehnung der Macquarie-See. Die einheimischen Begleiter schilderten denselben als äußerst schwer zugänglich, aber als ein wahres Paradies für den Jäger, indem Hunderte von schwarzen Schwänen, der australische Storch, Brachvögel, Sichelschnäbler, Koromane und zahllose andere Sumpf- und Wasservögel sich daselbst aufhalten. Den

Farm am Hunter-River.

Hintergrund der reizenden Landschaft schloß eine Kette der blauen Berge. Die ganze Gegend ist ziemlich bevölkert und bebaut. Rauchsäulen verriethen hie und da die Stellen, wo die Hütten von Ansiedlern im Walde versteckt lagen. Die Führer waren nicht weniger entzückt von dieser herrlichen Rundschau als die Naturforscher der Novara-Expedition; sie hatten noch niemals früher den Gipfel des Berges bestiegen, obgleich der Aeltere von ihnen schon 15 Jahre auf Ash-Island lebte und oftmals bis an die erste Felsmauer gekommen war, um verlaufene Rinder aufzusuchen.

Versunken in Bewunderung des an Naturschönheiten so reichen Bildes, vergaß man alles Maß der Zeit und mußte nun einen Theil des Weges im Halbdunkel zurücklegen. Es war eine lieblich-milde, mondhelle Nacht. Das tiefe Schweigen der Natur wurde nur selten durch einen gellenden Ruf des „Curlew" (Numenius arquata) aus nahen Sümpfen oder von dem Raschein eines vor den nahenden Reitern fliehenden Wällobys unterbrochen. Gerne ließen die Reiter, ergriffen von überwältigenden Gefühlen, ihre Pferde auf dem grasigen Boden langsam dahingehen. Erschien es doch fast wie ein Traum, daß wissenschaftliche Forscher dieselben Fluren ungehindert überschreiten, wo das Mondlicht noch vor einer Spanne Zeit den Tritt des Wilden beleuchtete, welcher das scheue Känguruh und den flüchtigen Emu mit seinem Speere zu beschleichen suchte.

Die Hoffnung der Naturforscher der Expedition, die blauen Berge und die Golddistricte in der Umgebung von Bathurst besuchen zu können, ging leider aus Mangel an Zeit nicht in Erfüllung. Sie mußten sich, was die Goldfelder betrifft, mit dem Anblicke der „Goldnuggets"[1] begnügen, welche glückliche Finder in den Schaufenstern der Juweliere in George-Street in Sydney ausgestellt hatten, so wie mit den Nachrichten, welche die Zeitungen täglich über die bewährte Reichhaltigkeit der alten Goldfelder brachten. Während unserer Anwesenheit in Sydney wurde in den westlichen Districten eine Goldmasse von 150 Pfund Gewicht im Werthe von 6000 Pfund Sterling (60.000 Gulden) der Erde entrungen. Solche Funde erwecken immer von neuem bei Hunderten von Menschen die Hoffnung, eben so glücklich zu sein. Auf die Kunde von einem neuentdeckten Eldorado im Norden Australiens am Fitzroyfluß bei Port Curtis waren wenige Monate vor unserer Ankunft in Sydney bei 10.000 Menschen aus den Colonien Victoria und Neu-Süd-Wales dahin gewandert. Dieses ungeheuere Zuströmen von Menschen in eine bisher völlig unwirthbare Gegend, ohne Ansiedler und Anbau, wo, wer es sich nicht selber mitbrachte, weder Obdach noch Lebensunterhalt finden konnte, verursachte namenloses Elend. Man hatte in Sydney Hab und Gut zu beispiellos billigen Preisen verkauft, um sich die zum Goldgraben nöthigen Geräthe anzuschaffen und den Ueberfahrtspreis bezahlen zu können. Viele verließen sicher rentirende Geschäfte und vortheilhafte Anstellungen, um ihren Durst nach Gold und Reichthum zu befriedigen. Die Straßen von Sydney und Melbourne waren gefüllt mit Goldlüsternen, welche, mit Decken, Gefäßen, Hacken und Spaten voll bepackt, ihr letztes Geld für

[1] Auch Ingot oder Nigget, ein Klumpen Goldes.

theuere Fahrkarten ausgaben und athemlos nach den Schiffen rannten, die sie nach dem neuentdeckten Goldlande bringen sollten. Es war dies im September 1858. Voll der rosigsten, glänzendsten Erwartungen begab man sich auf die Reise. Aber schon einen Monat später langten die niederschmetterndsten Nachrichten aus Port Curtis in Sydney an. Ein gesetz- und ordnungsloses Heer von Menschen, getäuscht in seinen Hoffnungen, stand unbeschützt, ohne Obdach, ohne Nahrung und Verdienst, nachdem sich die Goldfelder nicht ergiebig erwiesen, in einem fernen Lande, dem Einflusse einer fast unerträglichen Hitze preisgegeben und ohne Mittel, um zurückkehren zu können! Man sah Männer ihre Werkzeuge, welche sie Pfunde Sterlinge gekostet hatten, für wenige Schillinge weggeben. Der ganze Weg von den vermeintlichen Goldfeldern bis nach dem Landungsplatze der Schiffe war besäet mit Geräthschaften, welche Sonnenhitze und wunde Füße wegzuwerfen nöthigten, um den beschwerlichen Weg nach der Küste zu erleichtern, und abermals drängte sich das Volk in wilder Hast zu den Schiffen, welche, bis zur Unsicherheit mit Menschen vollgefüllt, die bitter Getäuschten nach den eben erst mit so schweren Opfern verlassenen Colonien wieder zurückbringen sollten.

Nur das energische Einschreiten der Regierung, welche nach den improvisirten Ansiedlungen fortwährend Provisionen schickte und eine große Anzahl der Verirrten unentgeltlich wieder nach Sydney und Melbourne zurückführen ließ, verhütete größeres Unglück. Nach wenigen Monaten war die plötzlich so volkreiche Gegend wieder ganz verödet und verlassen, und die Zeltstadt Rockhampton hatte wieder ihre ursprüngliche Gestalt, die einer einzigen Bretterhütte, angenommen. In Sydney aber wimmelte es von ausgehungerten, brotlosen, arbeitsuchenden Jammergestalten, die jeden Mittag ihre dürren Hände flehentlich nach der Fleischbrühe ausstreckten, welche ihnen die Theilnahme ihrer Mitbürger unentgeltlich reichen ließ.

Unter diesen armen Getäuschten befanden sich auffallend wenig deutsche Einwanderer, welche, wie es scheint, ihr Glück mehr von einem stabilen Fleiße als von einem trüglichen Durchwühlen der Erde nach Schätzen erwarten. Aus diesem Grunde wird der deutsche Arbeiter vom englischen Farmer selbst seinen eigenen Landsleuten vorgezogen. Und die Auswanderung aus Deutschland nach Australien hätte gewiß schon größere Dimensionen angenommen, wenn nicht die Art und Weise, wie man deutsche Emigranten nach den australischen Colonien auf deutschen Schiffen zu befördern und auf denselben zu behandeln pflegte, viele abgeschreckt haben würde, ihren Weg nach dem fünften Erdtheil zu nehmen. Man trieb eine Reihe von Jahren ungeahndet eine Art Handel mit den deutschen Auswanderern nach Australien, der nicht nur den Gesetzen der Gesundheitspolizei, der Sittlichkeit und der Humanität, sondern auch jenen Vorschriften zuwiderlief, welche alle maritimen Staaten als erste Bedingung zur Aufnahme von Einwanderern festzustellen für nöthig erachtet haben.

Ein officielles Actenstück, welches zur Zeit der Anwesenheit der Novara-Reisenden in Sydney über das bestehende System der deutschen Auswanderung nach der Colonie von Neu-Süd-Wales im Drucke erschien, brachte über die Entbehrungen, Verkürzungen und Kränkungen, welche deutsche Auswanderer zu erdulden hatten, wahrhaft haarsträubende Dinge zur öffentlichen Kenntniß.[1] Es war das Resultat genauer und gewissenhafter Erhebungen, welche, in Folge einer von 60 in Sydney ansässigen Deutschen der gesetzgebenden Versammlung überreichten Petition, um Untersuchung und Abhülfe der auf deutschen Auswandererschiffen herrschenden Uebelstände, von einem eigens zu diesem Zwecke niedergesetzten Comité gepflogen worden waren. In dieser Petition wurde namentlich darüber Beschwerde geführt, daß am Bord deutscher Auswandererschiffe ein totaler Mangel an geziemender Trennung der Geschlechter bestehe; daß sich im Allgemeinen auf solchen Schiffen kein qualificirter Arzt befinde; daß in keinem der deutschen Seehäfen eine gerichtliche Beaugenscheinigung der am Bord befindlichen Provisionen für die Reise, sowohl in Bezug auf Quantität als auf Qualität vorgenommen werde; daß die Schiffe zuweilen nicht die hinreichende Mannschaft besitzen, und in Folge dessen die Emigranten selbst bei Nacht gleich dem Schiffsvolk zur Arbeit genommen werden; daß endlich in mehreren Fällen einer groben Verletzung des Contractes von Seite der Schifferheder, die betheiligten Parteien gleichwohl nicht im Stande waren, sich bei den Colonialgerichtshöfen Genugthuung und Recht zu verschaffen, indem die zum Schutze englischer Emigranten in Kraft bestehenden Gesetze und Regulative bisher nicht auch auf die aus Deutschland kommenden Einwanderer in Anwendung gebracht wurden.

[1] Report from the select Committee of the legislative Council, appointed on the 20th of May 1858 to inquire into the present system of German Immigration into this Colony. Ordered by the Council to be printed 11th of August 1858. Sydney.

Der 32 Folioseiten umfassende Bericht des Comité's ist voll der merkwürdigsten Enthüllungen; die vernommenen Zeugen, von denen wir selbst mehrere persönlich kennen lernten, sind zum größten Theil angesehene Männer aus den verschiedensten Berufssphären, deren Aussagen volles Vertrauen verdienen. Wir theilen hier einige dieser Eröffnungen mit, weil wir glauben, daß die Expedition einer deutschen Großmacht vor allem die Aufgabe habe, jene Mängel und Gebrechen aufzudecken und öffentlich zur Sprache zu bringen, welche das Ansehen des deutschen Volkes im Auslande untergraben und seine Ehre verletzen. Vielleicht gelingt es, durch Anführung so haarsträubender Thatsachen, wie die nachfolgenden, die Aufmerksamkeit deutscher Regierungsmänner von neuem auf die hohe Wichtigkeit einer Organisirung des Auswanderungswesens und eines staatlichen Schutzes des germanischen Stammes in fremden Zonen zu lenken, welcher vom politischen wie vom humanen Standpunkte aus in dem Maße dringlicher wird, als sich die deutsche Emigration über alle Länder der bewohnten Erde ausbreitet.

Einer der Zeugen, der mit einem Auswandererschiff von Hamburg nach Sydney gekommen war, erzählte, daß in Folge schlechter Verpflegung am Bord der Typhus ausbrach und vierunddreißig Passagiere während der Ueberfahrt starben. Der Schiffsarzt widmete den Kranken so wenig Aufmerksamkeit, daß einmal eine alte Frau thatsächlich in Strohleinwand eingenäht wurde, um über Bord geworfen zu werden, welche sich noch am Leben befand. Sie öffnete während dieser grauenvollen Vorkehrung plötzlich die Augen und frug, was man mit ihr vorhabe? Die Unglückliche war bereits zur Hälfte eingenäht. Der Arzt hatte sie niemals besucht. Am nämlichen Abend starb sie wirklich. Alle Passagiere waren über diesen Vorfall höchst aufgebracht, es quälte sie der Gedanke, daß vielleicht Mancher von den vielen Begrabenen noch nicht todt war, als er ins Meer versenkt wurde![1]

[1] Als einer der Untersuchungsrichter den Zeugen frug, ob ihm Bestimmungen in deutschen Häfen bekannt seien, nach welchen Schiffe einen qualificirten Arzt oder Chirurgen am Bord haben müssen, erwiederte dieser: „Man nimmt am Bord von Auswandererschiffen in der Regel Barbiere, denn in Europa verstehen die Barbiere ein Bischen Heilwissenschaft. Ich bin indeß nicht im Stande zu sagen, ob der Arzt am Bord unseres Fahrzeuges diplomirt war oder nicht. Ich hörte, er habe die Universität besucht. Was seine Fähigkeiten betrifft, so weiß ich blos, daß derselbe, als er mir einmal zur Ader lassen sollte, die „unrechte" Ader öffnete."

Ein zweiter Zeuge, welcher mit der Barke Helvetia von Bremen mit 240 Passagieren in 124 Tagen nach Sydney gesegelt war, gab an, daß schon in den ersten Tagen der Reise Seewasser mit süßem Wasser vermengt zu Kochzwecken verwendet wurde. Der Capitän bemerkte, man habe nöthig dies zu thun, um das süße Wasser zum Trinken aufzusparen. Es war nur ein einziger Kessel vorhanden, in dem alles gekocht werden mußte. Eines Tages erhielten die Passagiere das Wasser in einem dermaßen ungenießbaren Zustande, daß sie vierundzwanzig Stunden (bis zur nächsten Rationvertheilung) ohne einen Trunk Wasser ausharren mußten. Man sagte, es tropfe aus einem Faß verdorbener Häringe in den Wasserbehälter. Dasselbe faule Wasser wurde zur Bereitung von Thee, Kaffee, so wie zum Kochen überhaupt verwendet.

Während des größten Theiles der Reise erhielten die Passagiere nur ein Seitel Wasser täglich. Die Nahrung war so karg zugemessen, daß zuweilen Kinder, um ihre Eßlust zu stillen, gierig vom Boden aufhoben und verzehrten, was man den Hühnern als Futter vorgeworfen hatte. Mädchen dagegen, welche mit den Matrosen unerlaubten Umgang pflogen, hatten Nahrung genug, und konnten davon sogar anderen überlassen. Als sich einer der Passagiere einmal gegen den Capitän über die magere Kost und die schlechte Behandlung beklagte, erwiederte dieser, „daß für ihn als Oldenburger die Bremer Gesetze nicht bindend seien!“

Die für die Auswanderer bestimmten Räume entbehrten jeder Ventilation; die Luft in denselben war äußerst drückend und gesundheitsfeindlich, dabei hatte das auf den Schiffen eingeführte System der Vertheilung der Schlafstellen (berthing) die empörendste Unsittlichkeit zur Folge. Es war nicht die geringste Vorkehrung für die Sonderung der Geschlechter getroffen; männlich und weiblich, alt und jung, ledig und verheiratet, alles lebte und schlief im nämlichen Raume zusammen. Das ganze Zwischendeck war zu beiden Seiten für Schlafstellen eingerichtet, deren jede 6 Fuß Breite und 6 Fuß Länge hatte, und für vier Personen bestimmt war. Da sich dieselben über einander befanden, so pflegte es zu geschehen, daß man z. B. bei einer Familie aus sechs Personen, den Vater, die Mutter und die beiden kleineren Kinder in die obere Schlafstelle legen ließ, und vielleicht zwei erwachsene Mädchen in die untere. Auf diese Weise blieben noch zwei Plätze zu besetzen übrig, und es wurden nun ohne viel sittliche Scrupel zwei junge Männer in die nämliche Schlafstelle gelegt.[1] Obschon sich Kranke und Wöchnerinnen im Raume befanden, stießen die Matrosen des Nachts mit roher Gewalt die Thüre auf, sangen ausgelassene Lieder und mischten sich unter leichtfertige Dirnen. Ja selbst Schiffsjungen traten in den Schlafraum und rissen die Bettdecken vom Lager schlummernder Mädchen.

Die Aussagen von elf Zeugen über die Art und Weise, wie seit einer Reihe von Jahren die Beförderung von deutschen Emigranten am Bord des Gottorp, der Helvetia, der Fanni Kirchner, des Cesar und anderer deutscher Auswandererschiffe nach Australien ungeahndet und ungestraft geschah, riefen allgemeine Entrüstung hervor, und einer der Sanitätsbeamten im Hafen von Sydney ließ sich zu der peinlichen Bemerkung hinreißen, „daß keine englische Behörde die Einschiffung von britischen Unterthanen auf Fahrzeugen dulden würde, welche so kleine, finstere, schmutzige und ungesunde Räumlichkeiten besitzen, wie die deutschen Auswandererschiffe, wo überdies nicht die geringste Vorkehrung zur Absonderung der Geschlechter getroffen ist[2] und ärztliche Hülfe häufig gänzlich mangelt".

Da sich im Laufe der angestellten Untersuchungen herausstellte, daß keiner der in Bezug auf fremde Einwanderung bestehenden Gesetzesacte[3] in seiner dermaligen Fassung für den gegebenen Fall in Anwendung kommen könne, so wurde beschlossen, die Aufmerksamkeit der Colonial-Regierung auf die schleunigste Vorbereitung und Vorlage eines Gesetzesactes zur Regulirung des Fremdenverkehrs mit auswärtigen Staaten (for regulating the Passengers traffic with foreign States) zu lenken. Es wäre jedoch sehr

[1] Der Zeuge Adolf Schäbler erzählt unter andern folgenden Vorfall: „Im Jahre 1850 kam ein deutsches Schiff, die Marie Kob, Capitän R. Meyer, in Sydney an. Ich benöthigte um jene Zeit gerade eine Dienstmagd für meine Haushaltung, und nahm ein Mädchen in meine Dienste, das eben mit diesem Schiffe angekommen und mir vom Capitän ganz besonders empfohlen worden war. Dieselbe verweilte zwei Monate hindurch als Wärterinn bei meinen Kindern, als ich plötzlich entdeckte, daß sie im höchsten Grade syphilitisch sei (totally rotten from venerial disease). Ich schickte sie sogleich nach dem hiesigen Spitale, und obschon ich nicht im Stande bin zu sagen, ob sich das Mädchen bereits zur Zeit ihrer Einschiffung in diesem Zustande befand, so habe ich doch Grund zu vermuthen, daß der Capitän von demselben wußte.

[2] Höchst bemerkenswerth ist, daß in Bremen selbst die Behörden jede Art von Abtheilung in jenem Theile „des Schiffes verbieten, welcher zur Unterkunft der Passagiere bestimmt ist, und zwar aus dem Grunde, weil dadurch angeblich die im Schiffsraume so nöthige Ventilation beeinträchtigt oder gar verhindert werde". Und die sittliche Ventilation? — —

[3] Diese Gesetzesacte sind: 1. Passengers Act of the United Kingdom, 18 et 19. Victoria, 1855. — 2. Act of Congress of the U. S. of America, 3d of March 1855. — Act of the legislature of Victoria, Melbourne.

wünschenswerth, daß vorläufig mindestens die wichtigsten Punkte der sogenannten „British Passengers-Act" auch für deutsche Auswandererschiffe in Anwendung gebracht, und nur solche Schiffe in australische Häfen zugelassen würden, welche den nachfolgenden Bedingungen entsprechen: Bestimmter Raum für jeden Auswanderer; vollständige Absonderung der Geschlechter; genau bezeichnete Gattung und Quantität der zu liefernden Provisionen und des Trinkwassers; gute und hinreichende Medicamente, so wie entsprechende ärztliche Hülfe.

Im Laufe des Zeugenverhörs war vielfach auch von den Bedingungen die Rede, unter denen auswanderungslustige Deutsche nach Australien befördert werden, und obgleich die verschiedenen Anklagen hauptsächlich gegen die Schiffscapitäne und die Behandlung während der Ueberfahrt erhoben wurden, so sind doch auch die Contracte, welche arme deutsche Emigranten mit den verschiedenen Agenten in Frankfurt am Main, in Bremen und Hamburg eingehen, nichts anderes als eine Verdingung zu einer Art Sclavendienst für die Dauer von zwei Jahren gegen sehr geringen Lohn. Das Uebereinkommen besteht in der Regel darin, daß sich der deutsche Auswanderer verpflichtet, irgend einem ihm vom Agenten oder Schiffscapitän angewiesenen Herrn zwei Jahre hindurch als Schafhirt, Winzer oder Handwerker gegen einen jährlichen Lohn von 20 Pfund Sterling und freie Verköstigung[1] zu dienen, und von diesem Betrag dem Schiffseigner 18 Pfund Sterling als Ueberfahrtsgeld für die Beförderung von Deutschland nach Australien zu bezahlen. Somit verbleiben dem Auswanderer nur mehr 22 Pfund Sterling, für welche der Emigrant zwei Jahre lang dienen und oft sehr schwere Arbeit verrichten muß. Ein fleißiger Arbeiter kann sich aber jährlich als Taglöhner, Landwirth, Handwerker u. s. w. 36 bis 50 Pfund Sterling nebst Kost verdienen, und der arme Auswanderer, welcher unter contractlichen Verpflichtungen nach Australien kommt, ist daher in nicht unbedeutendem Nachtheile gegen den freien Ansiedler.

In einer weit erfreulicheren Weise ist von Seite der britischen Colonial-Regierung durch die sogenannten „Immigration Regulations" (Sydney, 10. August 1857) für die Einwanderer aus Großbritannien und Irland Sorge getragen, indem diese Bestimmungen dem einwandernden Individuum

[1] Diese Beköstigung besteht in wöchentlich 10 Pfund Fleisch, 10 Pfund Mehl und 2 Pfund Zucker, ¼ Pfund Thee oder ½ Pfund ungebrannten Kaffee.

den größtmöglichen Schutz und die wohlwollendste Unterstützung gewähren. Die Regierung von Neu-Süd-Wales, auf deren Kosten seit dem Jahre 1832 bis 1858 mit einem Aufwande von 1,700.000 Pfund Sterling an 110.000 Einwanderer aus Großbritannien und Irland in die Colonie eingeführt worden sind, hat nämlich in Rücksicht auf die große Wichtigkeit der Vermehrung der Arbeitskräfte für den Aufschwung der Colonie die schöne Einrichtung getroffen, daß in Neu-Süd-Wales ansässige Personen ihre Freunde und Verwandte aus Großbritannien und Irland, in so ferne dieselben dem Handwerker- und Bauernstande, oder der dienenden Classe überhaupt angehören, und körperlich und geistig gesund, so wie von unbescholtenem Charakter sind, gegen Erlag von nachfolgenden Beträgen auf Regierungs- oder Privatschiffen in die Colonie kommen lassen mögen:

für jeden Emigranten zwischen 1 bis 12 Jahren 2 Pfund Sterling.
" " " " 12 " 40 " 4 " "
" " " " 40 " 50 " 8 " "

Unverheiratete Individuen über 40 Jahre und unverheiratete Frauen über 35 Jahre, so wie Individuen, welche nicht den arbeitenden Classen angehören, können jedoch nur gegen eine Gebühr von 12 Pfund Sterling als Zwischendeckpassagiere nach der Colonie befördert werden. Bei Erlag des vorgeschriebenen Geldbetrages erhält der Deponent die entsprechende Anweisung (Passage Certificate) auf freie Ueberfahrt, welche auf Regierungsschiffen für die Dauer von 12 Monaten, auf Privatschiffen für 18 Monate, vom Tage der Ausfertigung an, Geltung hat. Sollte der Deponent außerdem seinen Verwandten oder Freunden in der Heimat einen Reise-Ausstattungsbetrag übermitteln wollen, so übernimmt die Regierung gleichfalls die Ausbezahlung der erlegten Summen in England an die bezeichnete Person.

Bei der Ankunft der unter solchen Umständen eingeführten Individuen im Port Jackson werden deren Namen sofort in den Tagesblättern von Sydney veröffentlicht, damit von ihren Freunden Anstalten zur Ausschiffung vor dem Ablaufe von 10 Tagen getroffen werden können. Nach diesem Termin muß für jeden erwachsenen Einwanderer 1 Schilling, für jedes Kind unter 12 Jahren 6 Pence täglich an Verpflegskosten bezahlt werden. Solche Emigranten sind bei ihrer Ankunft in der Colonie von Seite der Einwanderungs-Commission einer Untersuchung unterworfen, in wie fern dieselben nämlich den Bedingungen entsprechen, an welche die

Colonial-Regierung die zugesicherten Vergünstigungen knüpft. Eben so ist es die Aufgabe dieser Commission zu prüfen, ob die Emigranten während der Reise hinreichend mit guten Provisionen und Wasser, Heilmitteln u. s. w. versehen waren, ob ärztlicher Beistand nicht fehlte und die Unterkunft eine anständige war.[1] In Bezug auf letztere ist verordnet, daß einzelne Frauen, es sei das Schiff in Cabinen mit geschlossenen Schlafstellen abgetheilt oder nicht, jedenfalls im Hintertheile des Schiffes in einem, von den übrigen

[1] Jeder Passagier von 12 Jahren und darüber hat während der Dauer der Reise bis zu seiner Ausschiffung auf die folgenden Rationen Anspruch:

Tage	Animalische Nahrung					Vegetabile Nahrung					Getrocknetes Gemüse			Spezereien					Wasser
	Rindfleisch	Schweinefleisch	Präservirtes Fleisch	Fett	Butter	Zwieback	Weizenmehl	Hafermehl	Erbsen	Reis	Kartoffel	Rüben, Möhren, Zwiebel, Pickl.	eingemachter Kohl	Rosinen	Thee	Kaffee (geröstet)	Zucker	Syrup	Wasser
	Unzen								Pt.	Unzen		Portion		Unzen					Qt.
Sonntag	—	8	—	2	—	6	8	—	½	—	—	1	—	3	¼	—	—	2	3
Montag	—	—	8	2	2	6	8	4	—	—	—	—	—	—	—	½	4	2	3
Dinstag	6	—		—	—	6	8	—	—	4	4	—	1	—	¼	—	—	—	3
Mittwoch	—	8	—	2	—	6	8	4	½	—	—	—	—	3	—	½	4	2	3
Donnerstag	8	—	—	—	2	6	8	—	—	—	4	—	1	—	¼	—	—	—	3
Freitag	—	—	8	2	—	6	8	8	—	—	—	—	—	—	—	1	4	2	3
Samstag	6	—	—	—	—	6	8	—	½	4	—	—	—	—	¼	—	—	—	3
Zusammen wochentlich	20	16	16	8	4	42	56	16	1½	8	8	1	2	6	1	2	12	8	21

Kinder von 1 bis 11 Jahren inclusive erhalten die Hälfte dieser Rationen und außerdem wochentlich:

Mixed Pickles . . . . . . ⅓ Seidel,
Senf . . . . ½ Unze,
Citronensaft . . . . . . 6 Unzen,
Salz . . . . 2 „
Pfeffer . . . . ½ Unze.

Kinder zwischen 1 und 4 Jahren sollen täglich anstatt Salzfleisch präservirtes Fleisch erhalten, eben so ¼ Pint präservirte Milch und jeden zweiten Tag 1 Ei oder 2 Theelöffel condensirtes Ei. Kindern unter Einem Jahre sind 3 Pints Wasser erlaubt, und wenn über 4 Monate alt, ⅓ Pint Milch täglich, auch 3 Unzen präservirte Suppe und 1 Ei jeden zweiten Tag, und 12 Unzen Zwieback, 4 Unzen Hafermehl, 8 Unzen Weizenmehl, 4 Unzen Reis und 10 Unzen Zucker wochentlich. Kindern unter 4 Jahren kann der Arzt irgend eine Art von Nahrung bewilligen, die derselbe für nothwendig erachtet, desgleichen ist der Arzt berechtigt, jedem kranken Passagier im Spitale täglich 1 Quart Wasser über die Gebühr verabfolgen zu lassen.

So lange sich das Schiff vor Vollendung der Reise in irgend einem Hafen Großbritanniens, oder in einem Seeport des Auslandes befindet, so wie, wenn möglich, 1 oder 2 Tage nach dem jedesmaligen Auslaufen aus einem Hafen, sollen jedem erwachsenen Passagier täglich ¾ Pfund frisches Fleisch, 1½ Pfund Brot und 1 Pfund Kartoffel nebst einer entsprechenden Quantität Gemüse statt den übrigen Rationen (mit Ausnahme von Thee, Kaffee, Zucker und Butter) verabfolgt werden.

Passagieren völlig abgeschlossenen und getrennten Raum unterzubringen sind. Für weibliche und männliche Kranke sollen abgesonderte Spitäler bestehen, und zu jeder Zeit rein und zur Benützung hergerichtet sein. Der Schiffsarzt hat die Verpflichtung, während der Reise ein umfassendes Tagebuch zu führen. Jeder Reisende darf in keinem anderen als dem, von der Colonial-Regierung bestimmten Ausschiffungsorte mit seinem Reisegepäcke auf Rechnung des Schiffes gelandet werden. Nur im Falle daß alle die erwähnten Bedingungen getreulich erfüllt werden, erhält der Schiffseigner oder dessen Agent gegen Abgabe des Vergütungsscheines (bounty ticket) den für jeden erwachsenen Emigranten stipulirten Ueberfahrtsbetrag von 12 Pfund Sterling und für jedes Kind von 1 bis 12 Jahren die Hälfte dieser Summe aus dem Staatsschatze ausbezahlt.

Die nachhaltige Sorge und der ausreichende Schutz, welchen die britische Regierung ihren emigrirenden Unterthanen zuwendet, erweckt in der Brust jedes Patrioten immer wieder von neuem den Wunsch, daß auch die deutschen Regierungen die Sache der Auswanderung zu einer nationalen Angelegenheit erheben und sich im eigensten Interesse, mehr als es leider bis jetzt der Fall war, um das Schicksal und die Zukunft der deutschen Emigranten kümmern möchten. Die vielen Millionen Deutsche, welche seit Anfang dieses Jahrhunderts den vaterländischen Boden verließen, um über die weite Erde zerstreut, Knechte und Kärrner fremder Nationen zu werden, gehen mit ihren gewaltigen Arbeitskräften, denen die meisten der gegenwärtigen blühenden Culturstaaten der nordamerikanischen Union ihr Dasein verdanken, für das Mutterland völlig verloren. Ihre Production kam allein dem Lande zu Statten, das ihnen, den gleichsam Verstoßenen, ein gastliches Asyl bot! Würde sich dagegen das Vaterland derjenigen seiner Söhne annehmen, welche alljährlich aus Erwerblosigkeit, Unfruchtbarkeit des Bodens oder Uebervölkerung ihre Heimat zu verlassen gezwungen sind, würde man den Strom der deutschen Emigration mit weiser Berechnung nach Länder zu leiten sich bemühen, deren glückliche geographische Lage und günstige klimatische Verhältnisse, deren zahlreiche und verschiedenartige Naturerzeugnisse einen unausgesetzten vortheilhaften Verkehr mit dem Mutterlande gestatten, in welchen durch *deutschen* Fleiß gewonnene Colonial-Producte, wie Zucker, Kaffee, Baumwolle, Reiß, Indigo, Cochenille u. s. w., werthvolle Tauschartikel für *deutsche* Manufacte abgeben könnten, so möchten nicht nur die Arbeitskräfte vieler deutscher Auswanderer dem Mutterlande erhalten bleiben, sondern es würde sich gleichzeitig der deutschen Nation, ihrem Handel und ihrer Industrie eine neue glücklichere Aera erschließen! —

Während die Mitglieder der Expedition Ausflüge nach verschiedenen Punkten des Innern unternahmen, hatte man die Fregatte mit Genehmigung des Generalgouverneurs der Colonie, des überaus zuvorkommenden und dienstgefälligen Sir William Denison, in den Regierungsdock gebracht, um die verschiedenen an derselben nöthig gewordenen Reparaturen leichter und genauer vornehmen zu können. Die Novara war, wie der Hauptingenieur selbst erklärte, das größte Kriegsschiff, welches jemals nicht nur im Port Jackson, sondern in der südlichen Hemisphäre überhaupt in einen Dock gebracht wurde.

Der Fitzroy-Trockendock (dry dock), welcher auf der sogenannten Kakadu-Insel (Cockatoo-Island[1]) eben erst vollendet wurde, ist 300 Fuß lang,[2] 60 Fuß breit und gestattet Schiffen bis zu 19 Fuß Tiefgang die Einfahrt. Zur Herstellung dieser großartigen Baute, deren Ausführung acht Jahre in Anspruch nahm, wurde ein Felshügel von 50 Fuß Höhe abgesprengt, der Dock von der Landseite zu bauen angefangen, und bei Vollendung desselben erst das Thor gegen die See geöffnet. Die unterseeischen Sprengungen wurden mittelst großer Taucherglocken vorbereitet und mit Ladungen von 3 Pfund Pulver bewerkstelligt. Eine Dampfmaschine von 40 Pferdekraft dient sowohl dazu, das Wasser aus dem Bassin zu pumpen[3] als auch um verschiedene Arbeitsgeräthe, Drehbänke, Eisenhobel u. s. w., in Bewegung zu setzen. Die Schließung des Docks geschieht durch ein aus Eisenblech construirtes, sogenanntes Thorschiff. Trotzdem, daß alle Arbeiten durch Sträflinge ausgeführt wurden, kam doch der Bau außerordentlich kostspielig zu stehen. Denn es gab nicht nur ungeheure Terrainschwierigkeiten zu überwinden, sondern es mußte der größte Theil des Materials, selbst die kleinsten Maschinbestandtheile, aus England geholt werden.

Die Fregatte lag ungefähr eine Woche im Dock. Außer den eigenen Arbeitskräften waren über dreißig Kalfaterer mit den verschiedenen Ausbesse-

[1] Sprich Kekatu-Eiland. Nach der bekannten Papageigattung der Kakadu's so genannt, welche früher im Urzustande der Insel wahrscheinlich in großer Menge daselbst angetroffen wurden.

[2] Derselbe soll angeblich noch um 100 Fuß verlängert werden.

[3] Ebbe und Fluth sind im Port Jackson sehr gering und dürften kaum einen Unterschied von mehr als 4 bis 5 Fuß betragen.

rungen beschäftigt. Jeder dieser Arbeiter erhielt 14 Schillinge (7 Gulden österr. Währung) täglich Lohn.[1] Die Gesammtkosten betrugen aber 17 Schillinge (8 Gulden 50 Kreuzer) täglich per Mann, indem die Arbeiter jeden Morgen mit einem eigens zu diesem Zwecke gemietheten Boote in Sydney abgeholt und des Abends von Kakadu-Eiland wieder dahin zurückbefördert werden mußten. Da die Befriedigung aller Lebensbedürfnisse im gleichen Verhältnisse theuer ist, so dürfte ein Arbeiter in Sydney, der sich nicht große Entbehrungen auferlegt, am Ende der Woche schwerlich mehr von seinem Lohn erübrigen, als ein Arbeiter in England, welcher täglich kaum den dritten Theil jenes Betrages durch seiner Hände Fleiß zu erwerben im Stande ist. Auf der kleinen Insel leben gegenwärtig 360 Sträflinge, welche durch den Gerichtshof zu mindestens zehnjähriger Kerkerstrafe verurtheilt wurden. Diese Anstalt soll jedoch wieder völlig aufgelassen und

[1] Wir theilen zur Vervollständigung und richtigeren Beurtheilung nachstehend einige Löhne mit, welche für die nothwendigsten Dienstverrichtungen und gewerblichen Beschäftigungen in Sydney sowohl, als auch auf dem Lande bezahlt werden:

In der Stadt:

	Pfund Sterling	Schilling		Pfund Sterling	Schilling
Buchbinder, pr. Woche	2	10	bis	4	—
Buchdrucker, „	3	12	„	4	—
Bäcker, „	2	10	„	3	—
Schuhmacher, „	1	10	„	3	—
Uhrmacher, „	3		„	5	—
Sattler, „	2	—	„	3	—
Schlächter, „ mit Kost	1	10	„	2	10
Zimmerleute, pr. Tag 10 Std.	—	10	„		12
Faßbinder, „	—	10	„	—	12
Tischler, „	—	10	„	—	12
Maler, „	—	10	„	—	11
Ingenieure, „		9	„	—	12
Schiffsbauer, „	—	12	„	—	14
Zinngießer, „	—	8	„	—	9
Radmacher, „	—	7	„	—	10
Maurer, „	—	12	„	—	15

	Pfund Sterling	Schilling		Pfund Sterling	Schilling
Taglöhner pr. Tag	—	7	bis	—	9
Schneider, „		8	„		10
Steinbrecher, „	—	14	„	—	16
Grobschmiede, „	—	8	„	—	12
Männliche Dienstboten, pr. Jahr, nebst Kost und Logis	25	—	„	30	—
Verheirathetes Paar, ebenso	50	—	„	60	—
Köche, „	40	—	„	60	—
Kutscher, „	30	—	„	60	—
Gärtner, „	35	—	„	50	—
Stallknechte, „	30	—	„	40	—
Kellner, „	10	—	„	50	—
Weibliche Dienstboten „	20	—	„	28	—
Köchinnen, „	26		„	35	—
Wäscherinnen, „	26	—	„	30	
Ammen, „	18	—	„	20	—

Auf dem Lande:

	Pfund Sterling	Schilling		Pfund Sterling	Schilling
Farmarbeiter, pr. Jahr, einschließlich Logis und Verpflegung, bestehend in 10 bis 14 Pfund Fleisch, 8 bis 12 Pfund Mehl, 2 Pfund Zucker und ¼ Pfund Thee wöchentlich	25	—	bis	30	—
Verheirathetes Paar, ebenso	40	—	„	65	—
Pflüger (einzeln)	35	—	„	—	—
Schäfer, ebenso	25	—	„	30	—

die Sträflinge in anderen Gefängnissen untergebracht werden, sobald der Dock vollständig hergestellt ist. Ueberhaupt bereiten sich im Gefängnißwesen der Colonie bedeutende Reformen vor, zu welchen der verdienstvolle Generalgouverneur Sir William Denison den ersten Anstoß gegeben. In einem ausführlichen Memoir über Zuchthausstrafe,[1] welches derselbe der gesetzgebenden Versammlung vorlegte, tadelt er die Mangelhaftigkeit des gegenwärtigen Systems der Bestrafung (gemeinsame Einsperrung ohne Arbeit),[2] und von dem richtigen Grundsatze ausgehend, daß die meisten, sowohl gegen die Person wie gegen das Eigenthum gerichteten Verbrechen in Müßiggang und einer Abneigung zu arbeiten ihren Grund haben, sucht er vor allem als Hauptzweck der Einsperrung nicht die Verhinderung weiterer Vergehungen und Verbrechen gegen die Gesellschaft, sondern die sittliche Besserung und Hebung des Individuums hinzustellen. Gefängliche Haft sei zwar der wichtigste Theil des Strafsystems, aber nicht ohne eine entsprechende Beschäftigung, denn sonst wäre erstere blos ein g e z w u n g e n e r M ü ß i g g a n g. Nur mit Arbeit verbunden wird die Absperrung die gewünschte Wirkung haben, und zwar sollen die Gefangenen, je nach dem höheren oder niederern Grade des begangenen Verbrechens in bestimmte Kategorien abgetheilt, des Tages über gemeinsam sich beschäftigen, die Nacht aber in Einzelhaft zubringen. Sir William Denison schlägt vor, jedem Sträflinge nach Maßgabe der von ihm geleisteten Arbeit einen bestimmten Lohn zu bezahlen, um ihn auf diese Weise zur Thätigkeit anzueifern und die Segnungen des Fleißes anschaulicher und besser erkennen zu lassen. Jeder Sträfling soll vom Staate gerade nur so viel Nahrung bekommen, als zur Erhaltung seines Lebens unumgänglich nothwendig ist; alles Uebrige muß er sich erst durch Arbeit verdienen. Die Früchte seiner Thätigkeit sollen verwendet werden: auf die Verbesserung seiner Nahrung und die Bestreitung der Unkosten der Anstalt, so wie zur Gründung eines Fondes, aus welchem jeder Sträfling bei seiner endlichen Entlassung unterstützt werden soll, und aus dem er schon früher bei besonders guter Aufführung geringe Beträge zur Bestreitung kleiner Annehmlichkeiten erhalten mag.

[1] Memorandum of H. E. Ch. Governor General Sir William Denison, respecting a system of Secondary Punishment, Sydney 1857.

[2] Mit Ausnahme der auf Kakadu-Eiland beschäftigten Gefangenen, werden dieselben in allen anderen Strafanstalten zu keiner Arbeit angehalten, sondern verbüßen ihre Strafe zwischen den Gefängnißmauern in gefährlichem Dahinbrüten und qualvollem Nichtsthun.

Sir William schlägt vor, die nöthig gewordenen Gefängnisse in der Nähe von Sydney zu errichten, wo man für die Sträflinge leichter wie auf dem Lande beständig Arbeit finden kann, und empfiehlt den Ankauf von Steinbrüchen und Grundstücken, von welchen sich durch Zwangsarbeit das Material zum Straßenbau und zur Pflasterung gewinnen ließe. Gegenwärtig beträgt die Gesammtzahl der Gefangenen im Bereiche der Colonie Neu-Süd-Wales ungefähr 1200, deren Unterhalt und Ueberwachung dem Staate jährlich einen Betrag von beinahe 36.000 Pfund Sterling kostet. Um die bestehenden Gefängnisse für das vom Generalgouverneur vorgeschlagene System zu adaptiren und zur Unterbringung von 1600 Gefangenen[1] zu erweitern, dürfte ein Aufwand von 69.000 Pfund Sterling nöthig sein; durch die einzuführenden vielfachen Verbesserungen aber würde mindestens ein Drittheil der gegenwärtigen Jahresauslagen erspart werden.

Unter den Gefangenen auf Kakadu-Eiland erweckten namentlich zwei die Aufmerksamkeit und das Mitgefühl der Novara-Reisenden; der eine, welcher den Pseudo-Namen George Lambert führte, redete einmal ein Expeditionsmitglied deutsch an, und bat, sich für ihn zu verwenden, indem er nach seiner Behauptung auf ganz unschuldige Weise zu zehn Jahren Zwangsarbeit in Eisen verurtheilt worden sei. Er wußte das Interesse für seine Person um so mehr zu fesseln, als er vorgab, ein Oesterreicher zu sein, und in der That so frappante Details über seinen angeblichen Geburtsort und gewisse Persönlichkeiten daselbst gab, daß sich der Befehlshaber der Expedition bewogen fand, über den Gefangenen und die Gründe seiner Bestrafung nähere Erkundigungen einziehen zu lassen. Allein es stellte sich bald heraus, daß Lambert wiederholt wegen Pferdediebstahls vor Gericht stand, ein Verbrechen, welches in wenig bevölkerten Ländern, wo der Ansiedler seinen über unabsehbare Wiesen und Waldgründe zerstreuten Viehstand nicht selbst zu schützen vermag, mit den schwersten Strafen geahndet wird, ja in Nordamerika noch bis vor kurzem sogar mit dem Tode bestraft wurde. Der zweite Gefangene, welcher die zufällige Anwesenheit einflußreicher deutscher Landsleute zur Verbesserung seines Schicksales zu benützen sich bemühte, war ein deutscher Arzt, Dr. B., der allerdings durch einen ganz merkwürdigen Fall mit der Justiz in Conflict gerieth. Dr. B. hatte durch mehrere glückliche Curen eine nicht unbedeutende ärztliche Praxis in Sydney erlangt

[1] Und zwar 1400 männliche und 200 weibliche Gefangene.

und war unter anderen mit einer reichen, kränklichen alten Dame bekannt geworden, welche ihr ganzes Vertrauen in die medicinischen Kenntnisse des Dr. B. setzte, nachdem alle anderen Doctoren ihr Leiden für unheilbar erklärt hatten. Es scheint indeß, daß sich Dr. B. nicht blos um den physischen Zustand sondern auch um die pecuniären Verhältnisse seiner Patientinn lebhaft interessirte, denn es wurde bekannt, daß dieselbe dem Hausarzt im Falle ihres Todes einen beträchtlichen Theil ihres Vermögens schriftlich zugesichert hat. Gleichzeitig aber mit dieser Verlautbarung trat eine sehr bedenkliche Verschlimmerung im Gesundheitszustande der Patientinn ein, was die herbeigerufenen Aerzte einer Dosis von fünf Gran Belladonna zuschrieben, welche der Hausarzt seiner Patientinn gereicht hatte. Mehrere andere Umstände kamen hinzu, um den Verdacht zu bekräftigen, daß hier eine Vergiftung beabsichtigt worden war. Dr. B. wurde gefänglich eingezogen, von den Geschwornen schuldig erkannt und vom Gerichtshof zu zehn Jahren Zwangsarbeit verurtheilt, obschon mehrere Fachmänner für die Unschuld ihres Collegen plaidirten und zu beweisen sich bemühten, daß fünf Gran Belladonna keineswegs hinreichend seien, um eine tödtliche Wirkung hervorzubringen, daß dieselben vielmehr in der wohlmeinenden, wenngleich irrigen Absicht gereicht worden sein mögen, auf den Organismus der Leidenden heilbringend zu wirken.

Wäre der Anlaß, welcher die beiden Gefangenen nach Kakadu-Eiland brachte, ein minder ernster und strafwürdiger gewesen, so dürfte es dem Befehlshaber der Novara-Expedition gelungen sein, das Loos derselben wesentlich zu erleichtern. Unter den waltenden Umständen konnte nichts weiter geschehen, als die Aufmerksamkeit der höchsten Behörden des Landes auf die beiden Justizfälle zu lenken und die unglücklichen Landsleute, deren Loos zu mildern kein Rechtsgrund vorhanden schien, wenigstens der Gnade des Generalgouverneurs der Colonie zu empfehlen.

Am 25. November nahm die Novara, durch im Dock vorgenommene Ausbesserungen verschönert und verjüngt, ihren früheren Ankerplatz in der Nähe von Garden Eiland wieder ein, und bereits am folgenden Tage begann eine Reihe von Festlichkeiten, mit welchen die deutschen Bewohner von Sydney die kaiserliche Expedition zu bewillkommnen und auszuzeichnen beschlossen hatten. Ein Ständchen, vom deutschen Gesangsverein der „Novara“ gebracht, sollte den Anfang machen. Der große und schöne Dampfer

„Washington“, Eigenthum des englischen Handlungshauses Mitchell und Comp., war zu diesem Zwecke von der genannten Firma mit zuvorkommendster Bereitwilligkeit zur Verfügung gestellt, und von den Festgebern reich mit grünem Laubwerk und bunten Lampen geschmückt worden. In der Mitte des Schiffes prangte ein riesiges Transparent mit der flammenden Inschrift „Willkommen“, und über dasselbe erhob sich ein zierlich gearbeiteter österreichischer Adler. Gegen 300 Gäste, worunter viele Damen, betheiligten sich an der Fahrt. Der kleinste Platz am Dampfer war besetzt. Auf beiden Seiten waren über die Räderkästen Tribünen für das Musikchor und die Sänger angebracht. Nach acht Uhr Abends wurde am Circular-Quai endlich der Anker gelichtet. Mit den ersten Schlägen der Schaufelräder ertönte Musik und trug das Schiff, gleichsam auf den Flügeln des Gesanges, hinaus in den Hafen, der imposanten Novara entgegen!

Leider hatte sich mit einem Male das Wetter äußerst ungünstig gestaltet. Auf einen heiteren, völlig windstillen, glühend heißen Tag (das Thermometer zeigte 109° Fahr. in der Sonne) war plötzlich ein Brickfielder[1] gefolgt, jener verpönte Südwind, welcher durch die Staubmassen, die er aufwirbelt, als eine der Hauptplagen Sydney's bezeichnet werden mag. Er stellte auch jetzt deutsche Geduld und deutschen Humor auf eine harte Probe. Bei jeder Wendung des Dampfers blies er eine andere Reihe der bunten Lichter und Lämpchen aus, welche eben so beharrlich wieder angezündet wurden. Man hatte einmal beschlossen, sich durch nichts die Freude am Feste verkümmern zu lassen, und so ging denn auch hier der unverwüstliche deutsche Humor im Kampfe mit dem „Brickfielder“ als Sieger hervor. In die vollen Klänge der Musik mischte sich der Jubel der fröhlichen Menge, das Sausen und Pfeifen des Windes, das Zischen und Knallen von Raketen, während zeitweilig angezündete bengalische Feuer über das bunte Menschengewühl am Bord, über die Schiffe im Hafen und die bewegte Wasserfläche ein zauberhaftes Licht ausstrahlten. Endlich näherte sich der Dampfer der österreichischen Fregatte, umkreiste dieselbe in weitem Bogen

[1] Man nennt diesen heftigen, aber nur kurze Zeit andauernden Süd- oder Südostwind, der sich gemeiniglich nach heißen Tagen gegen Abend erhebt, aus dem Grunde „Brickfielder“, weil er hauptsächlich den Sand und Staub des im Süden Sydney's liegenden Hügels „Brickfield“ in ungeheurer Masse mit sich in die Luft führt, und die ganze Stadt in dichte Staubwolken hüllt. Der „Brickfielder“ ist sehr charakteristisch für den Umschlag der Witterung; während dieser Windstöße aus Süden umzieht sich der Himmel rasch mit Wolken und den vorangegangenen heißen Tagen mit klarem Himmel folgt kühles Regenwetter.

unter dem Klange der Musik und ließ hierauf in geringer Entfernung von ihr den Anker fallen. In diesem Augenblicke wurden am Bord der Novara zahlreiche Blaufeuer abgebrannt, so daß das ganze stattliche Schiff und seine Umgebung wie in einer Lichtumhüllung schwebte; man wurde jetzt zahlreiche kleine, mit Menschen gefüllte Boote gewahr, welche, trotz der Ungunst des Wetters, die Neugierde verleitet hatte, dieser nächtlichen Feier nicht ohne Lebensgefahr beizuwohnen.

Ein Boot der Fregatte wurde bemannt und nach dem Dampfer abgesendet, um jene Mitglieder des Comité abzuholen und an Bord der Novara zu bringen, welche mit der Ueberreichung einer Adresse beauftragt waren.

Am Bord der Novara herrschte die fröhlichste Bewegung, fast das ganze Officierscorps so wie die dienstfreie Mannschaft befanden sich auf Deck; die Musikbande ließ ununterbrochen heitere deutsche Weisen ertönen. Nachdem die Deputation durch den preußischen Consul Herrn Kirchner dem Befehlshaber der Expedition vorgestellt worden war, verlas eines der Mitglieder derselben eine Adresse, welche in biederen Worten die Freude der deutschen Bewohner Sydney's über die Ankunft der Novara-Expedition in Australien und deren innige Theilnahme an den schönen Zwecken des echt kaiserlichen Unternehmens ausdrückte. Gleichzeitig wurde ein Exemplar dieser Adresse, von 130 in Sydney ansässigen Deutschen unterzeichnet, in prachtvollem Einbande dem Befehlshaber überreicht,[1] welcher auf diese Auszeichnung einige Worte tiefempfundenen Dankes erwiederte.

Der Festabend schloß, wie er begann, mit Klang und Sang! Diese echt deutsche Begrüßungsweise machte auf die Engländer, welche in Sydney Aehnliches nie früher erlebt hatten, einen großen Eindruck. Die hervorragendsten Journale Sydney's brachten umständliche Beschreibungen des Festes und begleiteten dieselben mit langen Betrachtungen über gewisse Sitten und Gebräuche der civilisirten Nationen. Engländer und Amerikaner, meinte einer der Berichterstatter, würden zur Feier gegenseitiger Bewillkommnung ein „enormes Diner" veranstalten; die Franzosen eine möglichst große Quantität Pulver verschießen, militärische Paraden halten und vielleicht einen glänzenden Ball arrangiren; die Deutschen aber, die musikalischeste aller Nationen, begrüßen sich mit Gesang und nationaler Musik! Aber diesmal begrüßten sich auch die Deutschen nicht blos mit Gesang

[1] Siehe Beilage I. im Anhange.

und Musik. Schon am folgenden Tage gaben die Mitglieder des deutschen Clubs in Sydney der Novara-Expedition zu Ehren ein solennes „Festessen“. Das Vereinslocale war reich geschmückt mit den Flaggen der verschiedenen deutschen Staaten, und dazwischen prangten, mit Lorbeerkränzen umgeben, die Bildnisse des Kaisers und der Kaiserinn von Oesterreich. Gegen siebenzig Gäste nahmen an dem heiteren, durch zahlreiche Tischreden noch mehr belebten Mahle Theil. Man trennte sich erst in später Stunde in der fröhlichsten Stimmung, voll warmer Wünsche für das Vaterland und die deutsche Nation in der erregten Brust.

Während diese Feierlichkeiten zu Ehren der Expedition stattfanden, brachte die europäische Post die Nachricht von der Geburt eines Kronprinzen, eines männlichen Thronerben. Der Jubel Oesterreichs hallte wieder am andern Ende der Welt, in Port Jackson, und der Donner der Kanonen der „Novara“ verkündete am 27. November dieses freudige Ereigniß an der Südküste Australiens! Einundzwanzig Kanonenschüsse des Morgens, eben so viele des Mittags und eine gleiche Anzahl bei Sonnenuntergang abgefeuert, gaben den Bewohnern Sydney's Nachricht von der freudigen Feier, welche am Bord der in schönster Flaggengala prangenden Fregatte durch ein solennes Tedeum, dem die ganze Mannschaft in Parade beiwohnte, begangen wurde. Die eben im Hafen anwesenden englischen Kriegsschiffe betheiligten sich an dieser patriotischen Kundgebung durch das Beflaggen ihrer Schiffe und das Abfeuern von einundzwanzig Kanonenschüssen. Der kirchlichen und militärischen Festlichkeit folgte am 30. November ein Ball am Bord, zu dem gegen 400 Personen Einladungen erhielten. Es gehörte nicht nur zum guten Ton, sondern es schien eine unabweisbare Nothwendigkeit für die feine Welt, vom österreichischen Commodore zum Ball „auf der Novara“ eingeladen worden zu sein. Und es ist höchst bezeichnend für die Eigenthümlichkeit der socialen Verhältnisse in Sydney, daß eine sehr achtbare Dame, welche sich gleichfalls um eine Karte für ihren Sohn bewarb, allen Ernstes erklärte, es würde für dessen Zukunft nachtheilig sein und seinen Charakter in den Augen der Mitbürger verdächtigen, wenn er nicht gleichfalls eine Einladung zu diesem Ballfeste erhielte!

Ein eigener Dampfer verkehrte von 8 Uhr Abends an jede halbe Stunde bis zum nächsten Morgen mit der Fregatte und führte die geladenen Gäste nach dem schwimmenden Ballsaale hin und zurück. Das ganze Deck der Novara war mit Zelten überspannt und mit den Flaggen der verschiedenen Nationen ausgeschmückt worden. Die Masten hatten sich in Säulen verwandelt, das Gangspiel erschien durch die Geschicklichkeit der Decorateurs als ein riesiges Blumen-Bouquet; an der Stelle des Steuerruders erhob sich ein reich mit Muscheln und Wasserpflanzen verzierter Springbrunnen, dem das Wasser aus Kübeln, im Mastkorbe angebracht, zufloß. An den mit Musselin drapirten Wänden glänzten die verschiedenen Wappen der österreichischen Kronländer. Die Bajonnette waren höchst sinnreich zu Candelabern gruppirt, eben so eine Anzahl gewöhnlicher Bordlampen, welche gerade durch ihre Einfachheit eine außerordentliche Wirkung hervorbrachten. Die Kanonen waren sämmtlich aufs Vorderdeck geschoben, und die beiden Wände mit Bänken umgeben worden. Die Bord-Musikbande sowohl als eine gemiethete, die sogenannte „German band" (welche aber zum größten Theil aus böhmischen Musikanten besteht), fanden in der Nähe des Großmastes ihren Platz, und spielten abwechselnd die heitersten Tänze auf. Die Kajüten des Commodores und Commandanten dienten als Conversationszimmer oder zur Erholung nach der Ermüdung vom Tanze. Im Zwischendeck waren Garderoben und Toilettzimmer, so wie Locale zum Rauchen und Kartenspiel hergerichtet worden. Im Kanonenzimmer waren reichlich besetzte Büffets aufgestellt; auf dem sogenannten Cajarett oder Hintercastell stand auf einer zierlich geschmückten Tafel eine glänzende Auswahl von Delicatessen, welche um die Mitternachtsstunde den einer Magenstärkung Bedürftigen credenzt werden sollten, deren Anblick aber bis zu jener Zeit dem Auge der Gäste durch einen großen Musselin-Vorhang entzogen blieb. Mit der Novara war in allen ihren Theilen eine derartige Metamorphose vorgegangen, daß es selbst den am Bord Heimischen schwer fiel, das gute Schiff wieder zu erkennen, auf dem man sich erst noch vor kurzem auf den Wogen des chinesischen Meeres so ernsten Gefahren preisgegeben sah! Die Ueberraschung, der Frohsinn, die Zufriedenheit waren allgemein, man konnte sie im Antlitze eines Jeden lesen. Auch unsere wackeren Matrosen nahmen Theil an der Freude des Abends. Sie hatten sich am Hinterdeck aus dem erübrigten Reisig gleichfalls einen grünen Tanzsaal geschaffen, und vergaßen, von heimatlichen Klängen zum Tanze angeregt, in brüderlicher Umarmung die Mühen und Beschwerden ihres Berufes. Man trennte sich erst, als schon die Morgenröthe am östlichen Himmel glänzte.

Nach einer Reihe imposanter Festlichkeiten war es kein Wunder, wenn die Fregatte Novara das Tagesgespräch von Sydney bildete. Im Prince of Wales Theater wurden Galavorstellungen unter der „Patronage" des Befehlshabers und der Officiere der Fregatte Novara gegeben, mit riesigen Buchstaben stand auf den Anschlagzetteln an den Straßenecken das Wort: „Novara" gedruckt, und ein stürmischer Beifall brach jeden Abend unter der Zuschauermenge los, so oft einem Schauspieler eine witzige Anspielung auf die Novara-Expedition gelang. Bei einem Costümball (fancy dress Ball), welchen die Bürger von Sydney während unserer Anwesenheit ihrem Bürgermeister zu Ehren gaben, waren die „Oesterreicher" die Löwen des Abends. Wie im öffentlichen Leben, so wurden die Mitglieder der Expedition auch durch zahlreiche Einladungen in Privatcirkel geehrt, und die Aufmerksamkeiten, welche in dieser Beziehung den Officieren und Naturforschern vom Generalgouverneur Sir William Denison, vom Sprecher des Colonial-Parlamentes Sir Daniel Cooper, vom Staatssecretär Stuart Alexander Donaldson, von dem eifrigen Naturforscher und Arzte Dr. G. Bennett, vom französischen Consul W. Sentis, vom Chef-Ingenieur des Docks, Capitän Mann und zahlreichen anderen wohlwollenden Freunden zu Theil wurden, bewahrt die dankbare Brust in dauernder Erinnerung.

Hier wollen wir auch einer holden Oesterreicherinn gedenken, welche, auf den Fittigen Hymens nach Australien geführt, dort nicht wenig dazu beitrug, die liebenswürdige Gemüthlichkeit der Wienerinnen und den musikalischen Ruf der Deutschen im Allgemeinen aufs Neue zu bewähren. Diese Dame, in Künstlerkreisen unter ihrem Familiennamen Amalie Mauthner rühmlichst bekannt, ist Frau R . . . . ., welche sich vor wenigen Jahren in Wien mit einem in Sydney ansässigen deutschen Kaufmann verheiratet hatte. Unter den glänzendsten Aussichten ihre Heimat verlassend, kam die Neuvermählte gerade im Moment in Australien an, wo das Handlungshaus, an dessen Spitze ihr Mann stand, die ernstesten Erschütterungen erlitt. Statt im Goldlande ein sorgenfreies, glückliches Familienleben zu führen, war die schwergeprüfte junge Frau genöthigt, sich einer aufreibenden, kummervollen Thätigkeit hinzugeben und ihre große musikalische Begabung praktisch zu verwerthen. Die anmuthige Künstlerinn wurde auch auf australischem Boden rasch bekannt und beliebt. Die angesehensten und reichsten Familien Sydney's betrachteten es als eine besondere Gunst und wogen sie mit Gold auf, ihre Kinder von Frau N.... zu gewandten Clavierspielern heranbilden zu lassen. Die Concerte, welche die Künstlerinn veranstaltete, gehörten zu den besuchtesten der Saison, und das düstere Gewölk, welches bei der Landung der jungen, weltunerfahrenen Wienerinn in Australien am Himmel ihrer Zukunft hing, hatte sich durch ihre bewunderungswerthe Energie und Thätigkeit allmählig in einen sonnigen Frühlings-Aether der Zufriedenheit aufgelöst. Die Anwesenheit der österreichischen Expedition begeisterte die gemüthsvolle Landsmänninn zu einer lieblichen, melodienreichen Walzercomposition, welche der Leser im Anhange mitgetheilt findet.[1]

Vom politischen Leben Sydney's hatten wir wenig Gelegenheit zu sehen. Unser Aufenthalt fiel in die Saison morte der Colonial-Politik. Wir kamen gerade noch zur rechten Zeit, um der Vertagung des Parlamentes beizuwohnen. Die Feierlichkeit geschah in dem Sitzungssaale des gesetzgebenden Rathes (Legislative Council) bei offenen Thüren durch den Generalgouverneur der Colonie. Die zweite Kammer oder gesetzgebende Versammlung (Legislative Assembly) war (wie dies auch in England bei ähnlichen Anlässen mit dem Unterhause der Fall ist) nur durch eine Deputation vertreten. Punkt 12 Uhr rief der „usher of the black rod" mit gravitätischer Miene und lauter Stimme: „Se. Excellenz der Generalgouverneur von Neu-Süd-Wales!" Und Sir William Denison trat mit vieler Würde in den Saal und nahm unter einer Art Thronhimmel Platz. Zu seiner Seite standen die Minister, sein Adjutant und sein Privatsecretär. Vor ihm saßen der Präsident des gesetzgebenden Rathes und mehrere andere hohe Würdenträger. Der Sprecher der gesetzgebenden Versammlung, Sir Daniel Cooper, den wir in seinem höchst seltsamen officiellen Anzuge, einem schwarzen reich mit Gold gestickten Seidenkleide und einer ungeheuren Alongeperrücke, kaum wieder zu erkennen vermochten, verlas eine kurze Adresse, welche vom Generalgouverneur mit wenigen Worten erwiedert wurde; und damit war das Parlament prorogirt, die Sitzung zu Ende. Australien hat gegenwärtig eine so freisinnige, der englischen nachgebildete Verfassung, die Verwaltung der einzelnen Colonien ist eine dermaßen autonome, ihre Verpflichtungen gegen das Mutterland sind so unbedeutend, daß die Colonisten im Allgemeinen mit der politischen Administration vollkommen zufrieden zu sein scheinen, und die von einigen Malcontenten eine Zeit lang in öffentlichen Blättern

[1] Beilage II.

und selbst im Parlamente ventilirte Idee einer Lostrennung vom Mutterlande nicht die geringste Theilnahme erweckte. Jede der fünf Colonien Australiens hat ein eigenes Parlament und eine besondere Verwaltung, aber alle stehen, ähnlich wie die Colonie von Tasmanien und Neu-Seeland, unter dem Generalgouverneur von Neu-Süd-Wales, der ältesten, wenngleich in neuester Zeit durch das goldfelderreiche Victoria an Menschenzahl und commercieller Wichtigkeit bedeutend überflügelten Niederlassung. Jeder Colonie ist durch den

Domaine in Sydney.

„new Constitution Act" vom Jahre 1851 das freieste Recht der Selbstverwaltung zugestanden. Die britische Krone behält sich nur für den Fall eine Einsprache vor, wenn die australischen Gesetze den im britischen Reiche bestehenden zuwiderlaufen sollten. Man hört zwar im Lande selbst gegen die allzu zahlreiche Absonderung in getrennt verwaltete Colonien und eben so viele Parlamente manche Bedenken äußern und namentlich auf den überwiegenden politischen Einfluß hinweisen, welcher bei einer über unermeßliche Länderstrecken zerstreuten Bevölkerung den Städtebewohnern zufallen muß.

Auch scheinen Einzelne der Ansicht zu sein, es müßte manche dieser, nicht gerade aus besonders gebildeten Elementen zusammengesetzten Colonien des geistigen Stoffes zur Bildung einer entsprechenden, tüchtigen gesetzgebenden Versammlung entbehren. Allein, wenn schon momentan gewisse Blößen und Lücken zu Tage treten mögen, so darf doch andrerseits nicht übersehen werden, daß der australische Continent größer ist als Europa, und jede einzelne Colonie mehr Flächenraum besitzt als die meisten der europäischen Staaten. Da überdies Gesetze und Administration überall die nämlichen sind, so dürfte sich gerade durch diese scheinbare Zersplitterung der geistigen Kräfte in den verschiedenen einzelnen Theilen um so rascher ein reges politisches Leben entwickeln, und die Menge desto eher und sicherer zur gedeihlichen Uebung ihrer constitutionellen Rechte und Pflichten befähigt werden.

In den letzten Tagen unseres Aufenthaltes in Sydney verkehrten mehrere Expeditionsmitglieder noch zweimal mit der schwarzen australischen Race. Es handelte sich um eine wichtige Bereicherung unseres während der Reise gesammelten kraniologischen Materials zum vergleichenden Studium der verschiedenen Menschenracen unter einander, so wie zur Erforschung der Naturgeschichte unseres Geschlechtes überhaupt, und da man uns wiederholt sagte, daß in den Gunyah's oder Sandsteinhöhlen der Cook-River-Bai noch zahlreiche Skeletschädel von dort begrabenen Eingeborenen gefunden werden, so unternahmen wir mit dem stets dienstwilligen Mr. Hill eine Fahrt in dieser Richtung.

Das leichte Gespann rollte hurtig durch die, gleichsam eine Vorstadt Sydney's bildende Newtown und über den ungefähr 1000 Fuß breiten, 200 Fuß langen Cookfluß-Damm nach der Coggerah-Bucht, wo mehrere Eingeborene provisorisch ihr Lager aufgeschlagen hatten. Es waren zwei weibliche Mestizen mit ihren Kindern und Jonny, der letzte Sprosse des Sydney-Stammes, welcher ungefähr 40 Jahre zählen mochte und in Folge eines Sturzes, den er in der Kindheit erlitt, verkrüppelt war. Im Jahre 1836 befanden sich noch 58 Schwarze seines Stammes am Leben; jetzt ist Jonny allein mehr übrig geblieben!

In einem kleinen, aber sicheren, wohlconstruirten Boote setzten wir, von Jonny und einigen weißen Ansiedlern gerudert, von Coggerah-Bai nach Cook-River-Bai über. Unsere Durchsuchung der Sandsteinhöhlen war leider ohne allen Erfolg. Jonny führte uns hierauf an eine Stelle, wo Tow

Weiry, ein Häuptling des Sydney-Stammes, welcher in der Nähe der Mündung des Cookflusses lebte und vor ungefähr zwölf Jahren starb, begraben lag. Tow Weiry oder Tom Ugly (Thomas Häßlich), wie ihn die Engländer nannten, war ein athletisch gebauter Mann, dessen Skelet für die Zwecke der comparativen Anatomie eine höchst werthvolle Acquisition gewesen wäre. In der Nähe der Stelle, wo sich nach Jonny's Aussage das Grab des australischen Häuptlings befinden sollte, lagen große Massen leerer Austernschalen, was jedenfalls darauf hindeutete, daß dieser Ort einmal von Schwarzen bewohnt war, welche der Reichthum der Umgebung an Schalthieren, einer Lieblingsspeise der Eingeborenen, angezogen hatte. An vielen Punkten sah man noch Spuren von Feuerbränden. Wir ließen es uns nicht verdrießen, mit einem ziemlich großen Aufwand von Zeit und Anstrengung die sorgfältigsten Nachforschungen anzustellen. Die Eingeborenen der Küste hüllen ihre Todten in der Regel nur in die Wolldecke, die sie im Leben getragen, und begraben sie, den Kopf dem Meere zugekehrt, in der Nähe der Ufer nur wenige Fuß unter der Erde. Unser Bemühen blieb leider erfolglos, obgleich Jonny wiederholt versicherte, er habe noch vor wenigen Monaten einige Menschenknochen daselbst aus dem Sande hervorstehen sehen, eine Wahrnehmung, welche den abergläubisch-furchtsamen Schwarzen abhielt, in der Nähe weiter nach Schalthieren zu suchen. Ja, Jonny ließ sich's nicht nehmen, es müsse erst kürzlich Jemand an der bezeichneten Stelle gewesen sein und den erhofften anthropologischen Fund weggetragen haben.

Wir kehrten unverrichteter Dinge wieder nach unserem Boote und der Coggerah-Bai zurück,[1] wo nun in dem berühmten „black-pot" (schwarzen Topf) der Waldbewohner Chokolade und Milch gekocht, und hierauf ein vortrefflich mundender Imbiß eingenommen wurde. Mit angeborener Herzensgüte theilte Mr. Hill das Mitgebrachte mit den Eingeborenen, die sich ihrerseits äußerst dienstfertig benahmen.

Ein zweiter Ausflug zu anthropologischen Zwecken wurde gleichfalls in Begleitung des Mr. Hill nach der, zwölf Meilen von Sydney entfernten Long-Bai unternommen, in deren Waldungen gerade einige nomadisirende

[1] Es wurden indeß später in Sydney mehrere Skeletschädel australischer Ureinwohner erworben, welche sich gegenwärtig in der an 100 Racenschädel umfassenden craniologischen Abtheilung des Novara-Museums im k. k. Augarten in Wien aufgestellt befinden.

Eingeborene für die nächsten Wochen ihr Lager aufgeschlagen hatten. Der Weg führte theils durch Eucalyptenwälder, theils über weite Grasflächen, welche abwechselnd vielblüthige Metrosideros mit langstieligen, hochrothen Staubfäden und glänzende Melaleuken bedeckten, deren Zweige gleichfalls mit weißen Blumen übersäet waren, und dazwischen ragten die kerzengeraden 10 bis 12 Fuß hohen, rohrkolbenähnlichen Blüthenschäfte der Xanthorrhoeen empor, von honigsaugenden Vögeln umschwärmt, welche von dem süßen, wohlriechenden Nektar schwebend nippten. Eine Menge kleiner Vögel schlüpften durch die niederen Büsche und Binsen und kamen zuweilen dreist und furchtlos dermaßen nahe, daß sie mit einem Schmetterlingsnetz gefangen werden konnten. Wir mochten etwa zwei Stunden geritten sein, als Mr. Hill plötzlich in der Weise der Eingeborenen zu rufen begann. Sogleich wurde diese, nur Kundigen verständliche Anfrage durch ganz eigenthümliche Laute aus dem Dickicht erwiedert, gleichsam als erkenne man den nahenden Freund, und wenige Minuten später befanden wir uns mitten unter einer Anzahl von männlichen und weiblichen Eingeborenen, welche, zum größten Theil nackt und in grobe Wolldecken gehüllt, nachlässig und sorglos auf der Erde hingestreckt lagen. Dicht neben ihnen brannte ein Kochfeuer, über dem ein eiserner Wasserkessel hing. Ein paar abgezehrte, häßliche, mit Wunden bedeckte Hunde, welche sich sonnten, ließen sich durch den Hufschlag unserer Pferde aus ihrer behaglichen Ruhe nicht stören, sondern blieben, wie ihre Herren, gemächlich liegen, bis wir abgestiegen waren und die Thiere selbst versorgt hatten.

Es ist wahrhaft wunderbar zu sehen, welche geringen Bedürfnisse diese Leute haben, und wie wenig ihnen daran gelegen ist, sich in bessere Verhältnisse zu versetzen, sobald dies irgendwie ein Aufgeben ihrer vagabundirenden Unabhängigkeit erfordert. Und wohl keine Nation illustrirt augenfälliger das berühmte Wort des englischen Dichters: „Man wants but little here below!“ (der Mensch braucht nur wenig hienieden), als die schwarzen Bewohner des fünften Erdtheils!

Die Eingeborenen, deren Lager wir jetzt besuchten, kamen aus den Districten Shoalhaven, Port Stephens und Illawara, und gehörten diesen verschiedenen Stämmen an. Es waren drei Männer und drei Weiber, unter den letzteren eine Mestize Namens Sarah mit zwei kleinen Halbblutkindern. Eines derselben, welches, obwohl schon über zwei Jahre alt, noch immer von der Mutter gesäugt wurde, hatte eine völlig weiße Hautfarbe, rothe Wangen und hellblaue Augen, und war kaum von einem Kinde weißer Eltern zu unterscheiden. Wir trafen unter diesen Aboriginern einige so charakteristische Racentypen, daß dem Versuche nicht widerstanden werden konnte, an denselben nach dem bereits erwähnten anthropometrischen Systeme eine Anzahl Körpermessungen vorzunehmen, während der Maler der Expedition die ruhige Stellung der gemessenen Individuen gleichzeitig zur Anfertigung bildlicher Darstellungen benützte.

Der Schädel ist bei den australischen Eingeborenen ziemlich regelmäßig geformt, die Stirne hoch und breit, der Nasenrücken hoch, die Augen sind dunkel, glänzend, tiefliegend; die Augenhöhlenfortsetzungen sehr prominirend, Nasen- und Wangenfalten stark markirt. Der Mund ist in der Regel breit, die Oberlippe überhängt die Unterlippe, so wie die obere Zahnreihe die untere bedeckt. Das Gesicht so wie der ganze Körper sind gewöhnlich stark haarig; das Kopfhaar ist schwarz, dünn, oft sehr fein und leicht gekraust, ohne wollicht zu sein. Die Farbe der Haut ist durchschnittlich eine schmutzigbraune oder braunschwarze. Die Sitte, die Außenseite des Armes von den Schultern an mit drei bis vier, etwas verdickten, 1½ Zoll langen, parallel laufenden Schnittnarben zu versehen, und eben so den Rücken entlang ähnliche Einschnitte mit Glasscherben zu machen, scheint noch immer ziemlich allgemein, und wird als eine Verschönerung des Körpers betrachtet. Aeltere Leute haben die Nasenscheidewand durchbohrt, und tragen Kängeruhknochen und andere dünne Amulets aus Holz oder Bein quer durch dieselbe gesteckt. Unter den Gliedern der jüngeren Generation bemerkten wir indeß diesen häßlichen Brauch nicht mehr; sie scheinen denselben aus Bequemlichkeitsrücksichten aufgegeben zu haben.

Der Aufenthalt der Novara in Australien war, wie schon bemerkt, viel zu kurz, um den Mitgliedern der Expedition entferntere Reisen ins Innere des Landes nach den großen Farmen (Stationen) oder nach den Golddistricten zu gestatten. Gleichwohl scheint es uns wichtig, einige Mittheilungen über diese zwei Naturproducte zu machen, denen Australien hauptsächlich seinen gegenwärtigen Aufschwung verdankt, und von denen das erstere noch mehr wie das letztere dem Lande und seinen Bewohnern eine glänzende Zukunft sichert. Zu Anfang dieses Jahrhunderts hat England seinen ganzen Bedarf an Schafwolle aus Spanien, und später theilweise aus Deutschland und Ungarn bezogen.[1] Seither hat sich die Wollproduction am Cap, in Ostindien und Australien in so ausgedehntem Maße vermehrt, daß Großbritannien im Stande ist, den ungeheueren jährlichen Verbrauch seiner Fabriken an Schafwolle, welcher 60 bis 70 Millionen Pfund beträgt, in den eigenen Colonien zu decken, und die landwirthschaftliche Thätigkeit seiner emigrirten Söhne mit großem Vortheil für das Mutterland und dessen Industrie zu verwerthen.

Neu-Süd-Wales liefert gegenwärtig allein über 17 Millionen Pfund Wolle, im Werthe von 1,275.000 Pfund Sterling, ganz Australien über 50 Millionen Pfund. Die Zahl der Schafe in Neu-Süd-Wales hat sich seit 1778, wo die ersten Colonisten 29 Stücke mitbrachten,[2] auf 8,139.160 Stück vermehrt.[3] Der geeignetste Theil der Colonie für Schafzucht ist Moreton-Bai, im Norden von Neu-Süd-Wales, und seit kurzem unter dem Namen Queensland zur selbstständigen Colonie erhoben. Schafe benöthigen daselbst nur geringe Pflege, und Krankheiten, wie sie zuweilen schon im Westen und Süden aufgetreten sind, kommen dort niemals vor. Wäre der sogenannte wilde Hund nicht, so würde der Unterhalt der Schafe mit fast gar keinen

[1] Die Wolleinfuhr aus Deutschland war im Jahre 1830 bis auf 31,768.194 Pfund gestiegen. Sie hat aber seitdem wieder bedeutend abgenommen und zwar im Verhältniß, als die Production dieses werthvollen Artikels in den englischen Colonien zunahm.

[2] Wir besitzen einen officiellen Ausweis über die Zahl der Hausthiere in der Ansiedlung im Port Jackson am 1. Mai 1788, welcher, verglichen mit dem gegenwärtigen Reichthum der Colonie, einen höchst interessanten Beleg für den seitherigen Aufschwung bildet:

Wessen Eigenthum	Hengste	Stuten	Hengstfüllen	Stiere	Kühe	Schafe (Widder, Lämmer)	Ziegen	Zuchtschweine	Schweine	Kaninchen	Truthühner	Gänse	Enten	Federvieh	Junge Hühner
Regierung	1	2	—	2	2	10	1	20	—	—	—	—	—	—	—
Gouverneur	—	1	3	—	2	2	—	10	—	3	5	8	17	22	—
Vice-Gouverneur ...	—	—	—	—	—	—	1	1	7	—	5	6	4	9	—
Officiere u. Mannschaft	—	—	—	—	—	—	12	10	17	2	6	9	8	65	25
Stab	—	—	—	—	—	11	5	7	1	—	2	6	6	30	62
Andere Individuen ..	—	—	—	—	—	—	—	1	—	—	—	—	—	—	—
Zusammen .	1	3	3	2	4	29	19	49	25	5	18	29	35	122	87

Gegenwärtig zählt die Colonie von Neu-Süd-Wales 180.000 Pferde, 2,149.860 Stück Hornvieh, 109.160 Schweine.

[3] In ganz Australien giebt es über 15 Millionen Schafe und 3000 sogenannte Stationen (stations). Einzelne Eigenthümer besitzen über 100.000 Schafe, die sie in Heerden von 2000 bis 3000 Stück abtheilen und an einzelne berittene Schafhirten übergeben, von denen jeder seinen besonderen Bezirk angewiesen erhält.

Kosten verbunden sein. Dieselben werden auf Kronländereien geweidet, für deren Benützung die Eigenthümer oder Squatters 10 Pfund Sterling für je 4000 Schafe oder 800 Stück Hornvieh zu bezahlen haben. Im Norden sind die „Darling Downs" der geeignetste District, ein offenes, wellenförmiges Hügelland, in dem nur hie und da eine kleine Baumgruppe zum Vorschein kommt, und das mit der Gegend westlich vom Mississippi, in den Staaten Iowa und Minnesota manche Aehnlichkeit besitzt. Auf diesen Downs können 3 — 4000 Schafe bequem von einem einzigen Schäfer gehütet werden, während in dem bergigeren Districte von Bathurst je 800 Thiere die Wachsamkeit eines Individuums in Anspruch nehmen. In Darling Downs beträgt die jährliche Vermehrung von 100 Mutterschafen an 96 Procent, in Bathurst wird dieselbe nur auf 80 Procent geschätzt. Der Werth eines Schafes ist ungefähr 15 bis 20 Schillinge, die Schur beginnt gewöhnlich im October und dauert bis December. Durchschnittlich rechnet man 2½ Pfund Wolle auf das Vließ. Zahlreiche Ochsengespanne führen die Wolle in Ballen von 250 bis 300 Pfund hunderte von Meilen weit aus dem Inneren nach den Hafenstädten, wo gemeiniglich auch Ochsen und Karren verkauft werden, indem bei dem billigen Viehpreise die Rückfahrt ohne Fracht sich nicht lohnend erweisen würde. Während unserer Anwesenheit war gerade mit einem großen Aufwande von Kosten, Zeit und Mühe eine Anzahl Llama's und Alpaco's aus ihrer Heimat in den Cordilleren an der Westküste Südamerika's nach Australien gebracht worden, in der Absicht, durch eine Kreuzung der peruanischen mit der einheimischen Race die australische Wolle zu veredeln. Ein angesehener englischer Kaufmann in Valparaiso, Namens Josue Waddington, welcher seit 40 Jahren in Chile angesiedelt ist, stand an der Spitze der Unternehmung. Es war der erste Versuch dieser Art, welcher glückte. Schon im Jahre 1852 hatte es ein anderer Engländer unternommen 500 Alpaco's nach England zu überführen, allein troß der größten Sorgfalt während der Reise kamen von der ganzen Zahl blos drei lebend dort an. Waddington glaubte den Grund davon in dem Mangel an frischem Futter suchen zu müssen, und bemühte sich daher, die für Australien bestimmten Thiere eine geraume Zeit vor ihrer Einschiffung an trockenes Futter (Gerste, Kleie, Heu) zu gewöhnen. Erst als dieses geschehen war, wurden die Thiere im Hafen von Caldera bei Copiapó in Chile eingeschifft, und von, mit ihrer Lebensweise und Pflege vertrauten mexicanischen Indianern bis nach Australien begleitet. Das Fahrzeug hatte 800 Tonnen Gehalt und wurde für den Transport um die Summe von 6000 Dollars gemiethet. Die Einrichtung von Ställen zur guten und zweckmäßigen Unterbringung der Thiere am Bord kostete überdies 300 Dollars. Jedes Thier erhielt nebst einer ausreichenden Quantität trockenen Futters 1 Quart Wasser täglich. Die Seereise von Caldera nach Sydney geschah in 70 Tagen. Von den eingeschifften und theils unterwegs geborenen 316 Llama's starben 36 während der Ueberfahrt. 280 kamen vollkommen gesund in Sydney an und wurden vorläufig auf einem der großen Weideplätze in der Regierungsdomäne untergebracht. Die Schafzüchter der Colonie Neu-Süd-Wales und Victoria stritten sich um die Ehre, diese kostbaren Thiere anzukaufen. Wochenlang blieben die Unterhandlungen in der Schwebe, weil einer der Unternehmer, ein speculativer Yankee, Namens Ledger, welcher die Thiere im Innern Peru's angekauft und nach vierjährigen Mühen und Beschwerden der verschiedensten Art bis nach Sydney begleitet hatte, von diesem Wetteifer möglichst großen Nutzen ziehen wollte. Erst lange nachdem wir Sydney wieder verlassen hatten, wurden, wie wir nachträglich erfuhren, die 280 Llama's an eine Gesellschaft von Schafzüchtern in Neu-Süd-Wales für 7000 Pfund Sterling oder das Stück zu 25 Pfund Sterling verkauft. In Bolivia und Peru werthet ein Llama oder Alpaco 2 bis 3 Dollars.

Die große Wichtigkeit des Alpaco als Wollthier und die Aehnlichkeit der Temperaturverhältnisse in einigen Theilen des österreichischen Kaiserstaates mit jenen in den Bergen Peru's und Boliviens veranlaßte die Mitglieder der Expedition die schon wiederholt aufgeworfene Frage, ob sich nicht gewisse gebirgige Gegenden Oesterreichs zur Einführung des Alpaco eignen würden, im Interesse der vaterländischen Landwirthschaft neuerdings einer gründlichen Erörterung zu unterziehen. Die Resultate dieser Bemühungen, welche, in Australien begonnen, erst während unseres Aufenthaltes an der Westküste Südamerika's zum Abschluß kamen, findet der Leser im Capitel Valparaiso umständlich mitgetheilt.

Durch die jüngsten politischen Ereignisse in den Vereinigten Staaten von Nordamerika wurde die Aufmerksamkeit der Landwirthe Australiens ganz besonders auf die Cultur der Baumwolle gelenkt und große Länderstrecken sind bereits in den verschiedenen Colonien, namentlich in Queensland mit der Baumwollstaude bepflanzt. Ja, es ist sogar Aussicht vorhanden, daß England in nicht gar langer Zeit den größten Theil seines Bedarfes an Baumwolle aus seinen eigenen Colonien und Dependenzien werde beziehen können. Denn am Cap der guten Hoffnung, in Australien, in Neu-Seeland und in Ostindien giebt es Grundstücke von unermeßlicher Ausdehnung, auf welchen die Baumwollstaude mit großem Nutzen gebaut werden kann, und es ist vielleicht einer der nicht unbedeutendsten Erfolge der gegenwärtigen Kämpfe in den Vereinigten Staaten von Nordamerika, daß sie die landwirthschaftliche Thätigkeit auf Länderstrecken lenken,[1] wo zwei der wichtigsten Colonialproducte für den Haushalt des Culturmenschen: Baumwolle und Zucker, durch freie Arbeiter gewonnen werden können.

Der Ertrag der verschiedenen, im Westen, Süden und Norden der Colonie befindlichen Goldfelder[2] ist zwar kein so großartiger und ausgiebiger, als in der Nachbarcolonie Victoria, aber er vermehrt jedenfalls in nicht unbedeutender Weise die jährlichen Staatseinnahmen und fördert wesentlich den Verkehr mit dem Auslande. Seit der ersten Entdeckung der westlichen Goldfelder im März 1851 bis Ende Juli 1860 waren nach officiellen Ausweisen 2,587.549 Unzen[3] Goldes im Werthe von 9,600.000 Pfund Sterling aus den verschiedenen Golddistricten von Neu-Süd-Wales gebracht worden. Es scheint aber außerdem eine nicht unbeträchtliche Menge Goldstaub auf Privatwegen nach der Hauptstadt gekommen und dort eingeschmolzen worden zu sein, denn der Gesammtwerth der Goldproduction in Neu-Süd-Wales erreichte im Laufe von neun Jahren (1851 bis 1859 inclus.) eine Summe von 12,696.231 Pfund Sterling, also 3,096.231 Pfund

[1] Auch in den herrlichen fruchtbaren, von der europäischen Auswanderung noch so wenig berührten Hochthälern von Costa Rica, Nicaragua, Honduras und Guatemala könnte die Cultur von Baumwolle und Zuckerrohr für den europäischen Markt durch freie Arbeiter mit großem Vortheil getrieben werden, gleichwie dies schon jetzt mit der Kaffeestaude der Fall ist.

[2] Die Entfernung der verschiedenen Goldfelder von Sydney und anderen Seehäfen der Colonie beträgt: Westliche Goldfelder: Bathurst, 110 Meilen; Sofala, 140; Orange, 141; Ophir 146; Mudgee, 155; Tambaroora Creek, 157; Meroo, 160; Louisa Creek, 170, Tuena, 190 Meilen. Südliche Goldfelder: Goulburn, 125; Queanbeyan, 187; Braidwood, 161; Bell's Creek, 190; Araluen, 200; Gundagai, 214; Cooma, 254; Tumut, 261; Adelong, 273; Albury, 386; Tom's River, 410; Kiandra (Snowy River), über Twofold Bai und Bombala, 140 Meilen. Nördliche Goldfelder: Hanging rock, 304; Bingera Creek, 365; Rocky River, 357; Tamworth, 280; Timbarra, via Grafton, 67 Meilen zu Land vom Clarencefluß. Nach den anderen Goldfeldern im Clarence-Districte, nämlich Tubra, Toolom, Pans Creek, Pretty Gully, Sandy Creek, Table Land, Nelsons Creek u. s. w., vom Flußufer aus, 80 bis 100 Meilen.

[3] Der Werth einer Unze Goldes wechselt von 61 bis 70 Schilling, und betrug in einzelnen Fällen sogar schon 78 Schilling 8 Pence

Sterling mehr, als nach officiellen Ausweisen an den Staatsschatz und das Münzamt abgeliefert worden waren.

Der Ruhm der ersten Entdeckung von Gold in Australien gebührt dem bekannten Geologen und protestantischen Pfarrer Rev. W. H. Clarke in Sydney, welcher bereits im Jahre 1841 in den Bergen westlich vom Vale de Clyde Gold fand und schon zu jenen Zeiten Proben von goldhaltigem Quarz mehreren einflußreichen Personen des Districtes mit der Bemerkung zeigte, daß in Australien, und namentlich in der Provinz Victoria, alle wissenschaftlichen Indicationen eines großen Goldreichthumes vorhanden seien.[1] Allein der gelehrte „Landprediger" fand damals wenig Gehör und Theilnahme, sowohl aus Bedenken in Bezug auf die zu jener Zeit noch bestandene Strafcolonie, als auch wegen der Unwissenheit, welche im Allgemeinen über den Werth solcher Indicationen herrschte.[2]

Erst zehn Jahre später faßte ein gewisser Mr. Hargraves die Sache rationeller auf, besuchte Californien, machte sich mit den verschiedenen Methoden der Goldgewinnung daselbst vertraut, und indem er hierauf am Summer Hill Creek in der damaligen Colonie Victoria Gold zu waschen begann, ward er gewissermaßen der praktische Entdecker der Goldfelder, der eigentliche Förderer des Reichthumes der Colonie. Das Comité, welches vom gesetzgebenden Rathe mit der Untersuchung der Ansprüche verschiedener Individuen auf die Entdeckung der Goldfelder in der Colonie Victoria beauftragt war, stellte in dem, unterm 10. März 1851 an die Colonial-Regierung erstatteten Bericht den Antrag, daß Mr. Hargraves, welcher mit so edler Uneigennützigkeit den Weg zu scheinbar unerschöpflichen Schätzen bahnte, von der Colonial-Regierung eine Summe von 5000 Pfund Sterling und Rev. W. H. Clarke in Anerkennung seiner Verdienste um die Untersuchung des mineralischen Reichthumes der Colonie einen Betrag von 1000 Pfund Sterling als Geschenk überreicht werden mögen. Das erste australische Gold, 18 Unzen im Gewicht, wurde am 20. August 1851

[1] Man schätzt den Werth der Goldmenge, welche muthmaßlich in den bisher in Australien entdeckten Goldfeldern enthalten ist, nach einer oberflächlichen Berechnung auf 3000 Millionen Dollars; in eine Masse zusammen gegossen, würde sie einen Raum von 23 Kubikfuß einnehmen. Der Werth des Quadratzoll Goldes ist dabei auf 166 Dollars, der Quadratfuß auf 755,298 Dollars und die Quadratwand (3 Fuß) auf 6,000,826 Dollars angenommen.

[2] Report from the select Committee of the legislative Council, on the Claims for the discovery of Gold in Australia. Ordered by the Council to be printed, 10th of March, 1854.

auf dem Schiffe Honduras nach London gesandt. Von nun an steigerte sich mit jedem Monat die Menge des gewonnenen Goldes; noch vor Ende des Jahres betrug das in den verschiedenen Goldfeldern gefundene kostbare Metall 240.044 Unzen, im Werthe von 871.652 Pfund Sterling. Im darauffolgenden Jahre (1852) stieg die Quantität des der Erde entrungenen Goldes auf 4,247.657 Unzen im Werthe von 14,866.799 Pfund Sterling.

Die Masse von Goldsuchern und Abenteurern, welche von den entdeckten Schätzen angezogen wurden, war ungeheuer. Von Anfang September 1851, wo sich 29 Menschen in Anderson's Creek mit Goldwaschen beschäftigten, bis Ende December des nämlichen Jahres, also binnen kaum 4 Monaten, stieg die Bevölkerung der Goldfelder auf 20.300 Seelen! Im Jahre 1852 betrug sie 53.500, im Jahre 1853 bereits 75.626 Seelen.

Bald nach der Entdeckung der Goldfelder setzte die Colonial-Regierung eine eigene Behörde, die sogenannte „Gold-Commission" zur Ueberwachung der improvisirten Ansiedlungen ein, veröffentlichte Vorschriften für die goldwaschende und goldgrabende Menge[1] und verkaufte gegen Erlag von 20 bis 40 Schillinge Erlaubnißscheine (licenses) für die Ausbeute gewisser abgegrenzter Localitäten.[2]

Das gewonnene Gold werthete im Jahre 1852 zwischen 58 und 60 Schilling per Unze. Die Banken des Landes machten darauf Vorschüsse im Verhältnisse von 40 bis 55 Schillinge per Unze, oder tauschten den gewonnenen Goldsand gegen 8½ bis 10 Procent Disconto für geprägte Münzen aus. Die Fracht betrug 4½ Pence per Unze. Im Jahre 1858 stieg der Werth der Unze Goldes in den Goldfeldern auf 70 bis 77 Schillinge, der Disconto verminderte sich auf 1 Procent; die Assecuranzgesellschaften versicherten Goldtransporte gegen eine Prämie von 1¾ bis 2½ Procent.

Seitdem ist namentlich in der Nachbarcolonie Victoria wiederholt in neuen Localitäten Gold entdeckt worden und die Menge des ausgebeuteten edlen Metalles sowohl, als auch die Zahl der Bevölkerung der Golddistricte ist

[1] Regulations for the management of the Gold fields. *Sydney* 1858.

[2] Die beliebtesten Localitäten sind: Ballarat, Mount Alexander, Castlemaine, Sandhurst, Beechworth, Heatcote.

fortwährend im Steigen begriffen. Viele Tausende verlassen noch gegenwärtig jährlich Neu-Süd-Wales, um auf einem anderen Felde als dem der Agricultur ihr Glück zu versuchen. Im Jahre 1857 wanderten über 26.000 Menschen von dieser Colonie nach den Golddistricten in Victoria. Die Arbeit ist dadurch in ganz Australien im Preise gestiegen,[1] und mit der größeren Kostspieligkeit ward sie zugleich auch unsicherer und unverläßlicher. Eine große Anzahl Bauten, namentlich auf dem Lande, mußte eingestellt werden, und die Lichtung und Cultur vieler Landesstrecken unterbleiben. Diese momentanen Uebelstände vermögen indeß die ungeheueren Vortheile nicht aufzuwiegen, welche die Entdeckung der Goldfelder in Australien mit sich brachte. Sie hat die allgemeine Aufmerksamkeit nach einer abgeschiedenen, bis dahin wenig beachteten britischen Colonie gelenkt, sie hat das Land mit zauberhafter Schnelligkeit bevölkert, den Werth des Grundeigenthums staunenswerth gesteigert; sie hat ihren gewaltigen Einfluß in den entferntesten Theilen der Erde fühlbar gemacht, und die Colonie Victoria in Bezug auf nationalen Wohlstand, Wachsthum, Verkehr und Cultur binnen wenigen Jahren zu einer Bedeutung erhoben, welche unter gewöhnlichen Verhältnissen nur das Werk eines Jahrhunderts gewesen wäre.

Die Entdeckung der Goldfelder hatte zugleich umfassende wissenschaftliche, namentlich geologische Untersuchungen zur Folge und diese lieferten Aufschlüsse, nach welchen die weitverbreitete populäre Ansicht, der australische Continent gehöre den jüngsten Erdbildungen an und habe sich erst in verhältnißmäßig neuer Zeit aus dem Meeresgrunde erhoben, als völlig irrig erscheint. Die reichen paläontologischen Sammlungen, welche der Novara in Sydney zuflossen, bestärkten auch den Geologen der Expedition in der

[1] Die folgenden Angaben der für die wichtigsten Verrichtungen und Beschäftigungen im Jahre 1848 und 1857 bezahlten Löhne liefern einen interessanten Beleg, wie sehr die Arbeitspreise im Allgemeinen seit der Entdeckung der Goldfelder in Australien gestiegen sind. In der Colonie Neu-Süd-Wales bezahlte man durchschnittlich

	1848	1857
Zimmermann, täglich ohne Kost und Wohnung	5 Schilling 3 Pence	12 Schilling.
Schmiede, „ „ „ „ „	5 „ 3 „	12 „
Wagner, „ „ „ „ „	5 „ 3 „	12 „
Ziegeldecker, „ „ „ „ „	5 „ 3 „	13 „
Maurer, „ „ „ „ „	5 „ 3 „	14 „
Feldarbeiter, jährlich nebst Kost und Obdach	21 Pfund Sterling	30 bis 40 Pfund Sterling.
Schafhirt, „ „ „ „ „	21 „ „	30 „ 35 „ „

Seit der Entdeckung der Goldfelder sind Handwerker nicht mehr geneigt in ein längeres Dienstverhältniß zu treten, sondern treffen blos von Woche zu Woche ein Uebereinkommen mit ihren Arbeitgebern.

Ueberzeugung, daß Australien nicht der jüngste, sondern vielmehr der älteste Continent der Erde sei. Man hat in mehreren Theilen der Colonie fossile Knochen verschiedener ausgestorbener Thierkolosse gefunden, welche, wie nachgewiesen wurde, 10 bis 16 Fuß Höhe erreicht haben müssen und das paläontologische Aequivalent unserer diluvialen Dickhäuter in Europa sind. Dabei kennt man bis jetzt in Australien außer sehr unbedeutenden und beschränkten Tertiärablagerungen nur krystallinisches Gebirge und primäre Formationen (vom Silurischen aufwärts), welche die Hauptmasse des Continentes bilden. Die ganze Reihenfolge der secundären Formationen scheint gänzlich zu fehlen. Aus dieser Thatsache folgt nothwendiger Weise, daß Australien seit dem Ende der Primärzeit Festland, daß es nie wieder vom Meer bedeckt wurde, somit seit dem Anfange der secundären Epoche durch alle jene undenkbaren Zeiträume hindurch, während welchem Europa den gewaltigsten geologischen Revolutionen unterworfen war, ein ruhiger Boden geblieben ist, auf welchem Pflanzen und Thiere, durch keinerlei Elementar-Ereigniß in ihrer Entwicklung gestört, ununterbrochen bis heute gedeihen konnten. Von diesem Gesichtspunkte betrachtet, erscheint die Fauna und Flora Australiens als die primitivste und älteste der ganzen Welt.

Ein anderer österreichischer Forscher, der berühmte Botaniker Dr. F. Unger in Wien, hat fast gleichzeitig an den paläontologischen Resten australischer Pflanzen nicht nur das hohe Alter Australiens, sondern auch die merkwürdige Thatsache nachzuweisen gesucht, daß Europa mit diesem fernen Welttheil einmal in irgend einer näheren Beziehung gestanden haben muß. Viele Pflanzenformen, und darunter hauptsächlich die Proteaceen, welche gegenwärtig in Australien einen Hauptantheil an dessen so eigenthümlicher Strauchvegetation nehmen, scheinen in der Vorwelt auch in Europa eine ähnliche Bestimmung gehabt zu haben. Nimmt man aber selbst an, daß sich in Europa zur Eocenzeit unter gleichen klimatischen Verhältnissen eine Flora von Coniferen, Proteaceen, Myrtaceen und Casuarinen, wie sie gegenwärtig Australien besitzt, angesiedelt hatte, so drängt sich immer noch die Frage auf, wie die Vegetation einer, geradezu antipodischen Localität in Europa Platz greifen konnte? Denn, selbst jenem bewunderungswerthen Einflusse gebührend Rechnung getragen, welchen Wellen, Winde und wandernde Thiere auf die Verbreitung vegetabiler Geschöpfe üben, so hat doch der Transport durch Wellen und Wasserströmungen nur allzu enge Grenzen, und beschränkt sich im günstigsten Falle auf eine ganz kleine Menge von Pflanzen, welche die üblen Wirkungen des Wassers unbeschadet der Keimfähigkeit zu ertragen vermögen, und die andrerseits auch bei ihrer Ankunft auf dem fernen Strande die Mittel finden, um dort fortkommen und sich zugleich vermehren zu können. Da nun die Beobachtungen, welche Professor Unger über die dermalige Verbreitung der Pflanzenarten und ihre bestimmt umschriebene Grenze gemacht hat, der Ansicht jener Forscher, die mehrere Schöpfungsmittelpunkte annehmen, geradezu entgegenlaufen und Fälle, wo eine Pflanzenart zwei völlig getrennte Territorien einnimmt, mit Sicherheit bisher noch nicht nachgewiesen worden sind, so knüpft der gelehrte Botaniker daran die Voraussetzung, es habe zur Eocenzeit eine Continentalverbindung Australiens über die Molukken mit Asien und Europa bestanden. Diesen Landweg haben einst die Araucarien, Proteaceen, die Santeln und hundert andere baum- und krautartige Pflanzen, die wir bisher noch nicht zu enträthseln vermochten, eingeschlagen, um sich über das europäische Festland auszubreiten, wo sie noch jetzt, Myriaden von Jahren zum Trotz, als wohlconservirte Mumien angetroffen werden. Gleich dem Geologen der Expedition betrachtet daher auch Professor Unger Australien nicht als einen jungen, kaum geborenen Continent, sondern als ein alterndes Land, das seine Rolle in der physischen Weltgeschichte bereits ausgespielt hat und sich zu großen Umwälzungen vorbereitet. Nicht nur die zahlreichen, Australien und seine Inselwelt umgürtenden Korallenriffe deuten auf Veränderungen im Niveau hin, und lassen auf eine ähnliche Auflösung in Inselgruppen, wie sie die kleinen oceanischen Eilande bereits erfahren haben, schließen; die ganze Beschaffenheit des Bodens, der wüste Charakter des Innern, die zahllosen Salzseen, die sich in Sümpfe auflösenden Flüsse u. s. w., sprechen einer kommenden geologischen Veränderung das Wort, wenn schon sich dieselbe — zum Troste geängstigter Ansiedler sei dies beigefügt, — noch auf Jahrtausende hinaus verzögern dürfte.[1]

Das in neuerer Zeit arg verschrieene System der Deportation hat gerade in Australien so wesentlich zur Entwicklung des Landes beigetragen, daß es kaum gerechtfertigt werden könnte, von Botany-Bai zu scheiden, ohne unseren Schilderungen einige Bemerkungen über die, bis zum Jahre

[1] Vergleiche: Neuholland in Europa. Ein Vortrag, gehalten im Ständehaus im Winter des Jahres 1861, von Dr. F. Unger, Professor an der Hochschule in Wien.

1840 daselbst bestandene Strafcolonie beizufügen. Denn es giebt wohl kaum einen Punkt der Erde, wo man die Vortheile und Uebelstände des englischen Deportationssystems, so wie dessen Einfluß auf eine entstehende Gesellschaft genauer zu studiren und zu prüfen im Stande wäre, als die britische Colonie Neu-Süd-Wales. Ja, wir beabsichtigen sogar dem System, wie es über ein halbes Jahrhundert hindurch in Australien in Anwendung kam, eine ausführliche Besprechung zu widmen, indem uns bei der Unnatürlichkeit unserer socialen Zustände die Deportation, die plötzliche Versetzung des Verbrechers in völlig verschiedene Lebensverhältnisse, als diejenige Maßregel erscheint, von welcher noch am ersten eine dauernde sittliche Hebung des Individuums erwartet werden kann. Unsere Gefängnisse, namentlich jene, in welchen noch keine Zellenhaft eingeführt ist, sind nur Bewahrhäuser, keine Besserungsanstalten. Der eingesperrte Verbrecher ist sich selbst und der Gesellschaft zur Last, welcher er nur in den seltensten Fällen gebessert zurückgegeben wird; die Unterhaltungskosten mehren sich jährlich, ohne daß derlei Anstalten durch die Arbeit der Sträflinge dem Staate irgend eine erhebliche Einnahme lieferten. In Strafcolonien dagegen arbeitet der deportirte Verbrecher eben so zum Nutzen der Gesellschaft wie in seinem eigenen Interesse. Er öffnet der Cultur, dem Handel und der Industrie neue, unermeßliche Länderstrecken. Der schädliche Einfluß gewisser Klimate auf die Gesundheit des Deportirten kann durch verständige Anordnungen auf ein kaum berücksichtigungswerthes Minimum reducirt werden. Auch der freie Ansiedler ist in primitiven Ländern gefährlichen Krankheiten ausgesetzt, aber sie vermindern sich im Verhältnisse, als er die Natur zu beherrschen, die Wälder zu lichten, den Boden für den Anbau zu gewinnen, die Sümpfe trocken zu legen beginnt.

Wir glauben kaum, daß sich in den österreichischen Gefängnissen auch nur ein einziger zu zehn- und mehrjähriger Kerkerstrafe verurtheilter Verbrecher finden würde, der nicht geneigt wäre, seinen dermaligen Aufenthalt mit jenem auf einer selbst ihres feindlichen Klimas wegen verrufenen Insel des indischen Oceans zu vertauschen, wenn ihm dabei die Aussicht eröffnet würde, nach einer Reihe von Jahren der Arbeit und redlichen Strebens es daselbst wieder zu einer freien, selbstständigen Thätigkeit bringen zu können. Was aber aus einer unwirthbaren Wildniß durch Zwangsarbeit zu werden vermag und wie sittlich regenerirend die Deportation wirkt, das beweist der heutige Zustand der einstmaligen Verbrechercolonie Neu-Süd-Wales. Selbst die verwerfliche Art und Weise, wie dieses System länger als fünfzig Jahre hindurch in Australien und Van-Diemensland gehandhabt wurde, konnte dessen günstigen Einfluß auf die Verbrecher nicht ganz aufheben, und einen vorurtheilslosen Beobachter die Vortheile und den Nutzen der Deportation als Strafmittel nicht übersehen lassen.

Im Jahre 1787 wurde die Ostküste Australiens und zwar in Folge übertriebener Gerüchte über die Vortrefflichkeit des Hafens und die Fruchtbarkeit des Bodens, Botany-Bai, von der britischen Regierung zum Sitz einer Strafcolonie gewählt, und bereits am 26. Jänner 1788 landete daselbst der erste Transport verbannter Verbrecher. Derselbe zählte sechshundert männliche und zweihundertundfünfzig weibliche Sträflinge und war von einem Truppenkörper von zweihundert Mann begleitet. Vierzig unter den Soldaten waren verheiratet und hatten ihre Frauen und Kinder mit sich. Die ganze Expedition stand unter der Leitung des Capitän Phillip, des Gouverneurs der neuen Ansiedlung.[1]

Die Colonisten übersiedelten bald nach ihrer Ankunft von der, wie sich rasch erwies, nichts weniger als wohlgesicherten und fruchtbaren Botany-Bai nach einem ungefähr sieben Meilen nördlich gelegenen schönen und großen Hafen, den sie Port Jackson nannten und welcher den beabsichtigten Zwecken weit besser zu entsprechen schien.

Nicht früher als im Jahre 1794 kamen die ersten freien Ansiedler in der Colonie an. Die Officiere der Garnison wurden zugleich Kaufleute und trieben Handel mit Allem, was sie an Waaren aufzufinden vermochten. Rum besonders war ein Hauptartikel. Ein Regierungserlaß verordnete, daß jeder Kauffahrer, welcher im Port Jackson einlief, eine gewisse Quantität von Spirituosen seines Cargo's an die Officiere im Verhältniß zu ihrem Range abliefern mußte. Zugleich empfingen dieselben die Liste der Waaren und Handelsartikel, welche jedes Schiff brachte, wählten daraus, was ihnen am vortheilhaftesten dünkte, und verkauften diese Waaren sodann später in Detail an Soldaten, Ansiedler und Sträflinge gegen sehr hohen Gewinn. Ferner genossen die Officiere das Monopol der Einfuhr geistiger Getränke,

[1] Die Colonie von Neu-Süd-Wales umfaßte zu jener Zeit „das gesammte Land vom Cap York 11°37' bis zum Süd-Cap 43°39' südl. Br. und bis zum 135° östl. L. in das Innere, einschließlich aller benachbarten Inseln der Südsee innerhalb der nämlichen Breitengrade".

so wie das ausschließliche Recht, dieselben wieder den Detailhändlern verkaufen zu dürfen. Auf diese Weise erwarben viele von ihnen namhafte Summen durch Handel, und waren die hauptsächlichste Ursache, daß alle Bestrebungen der verschiedenen Gouverneurs, eine Reform in der Colonie herbeizuführen, fruchtlos blieben. Während der Verwaltung des durch sein tragisches Geschick am Bord des Meutererschiffes Bounty bekannt gewordenen Capitän Bligh war Rum der werthvollste Tauschartikel, und die Colonisten fanden für ihre Erzeugnisse keine anderen Abnehmer als die privilegirten Händler in diesem so verderblichen Getränke.

Die größte Anarchie und Verwirrung herrschte zu jener Zeit allenthalben in Neu-Süd-Wales; die Macht der Regierung war völlig gebrochen, Willkür und rohe Gewalt traten an die Stelle von Gesetz und Ordnung. Die Sträflinge befanden sich nicht unter hinreichender Controle und Aufsicht; ganze Banden von ihnen durchzogen als „bush rangers" das Land, drangen selbst am hellen Tage in die friedliche Behausung des einsamen Ansiedlers und begingen daselbst die furchtbarsten Greuelthaten.

Im Jahre 1807 führten Mr. Mac Arthur und Capitän Abbot vom 102. Regiment die ersten Destillirapparate in die Colonie ein, um geistige Getränke desto billiger erzeugen zu können. Der Gouverneur confiscirte jedoch diese Apparate und verbot die Destillirung geistiger Getränke im ganzen Bereiche der Ansiedlung. Dieses Verbot verursachte unter den Betheiligten eine Mißstimmung, welche sich allmählig bis zu einem solchen Grade steigerte, daß sie ein Jahr darauf die Gefangennehmung des Gouverneurs Bligh durch seine eigenen Officiere zur Folge hatte. Die englische Regierung begann nun freilich einzusehen, daß ein solcher gesetzloser Geist unterdrückt werden müsse, und setzte Gouverneur Bligh nicht nur in seine frühere Würde wieder ein, sondern beförderte ihn gleichzeitig zum Range eines Admirals.

Bei der Ankunft in der Colonie wurden die Sträflinge gewöhnlich nach den Casernen in Sydney gesandt, wo die Regierung aus der Masse solche Handwerker auswählte, die sie für öffentliche Bauten benöthigte, während alle Uebrigen als Landwirthe, Arbeiter, Handwerker u. s. w. an jene Private abgegeben wurden, welche sich um selbe schon früher gesuchsweise an die Regierung gewendet hatten. Da freie Arbeitskräfte zu jener Zeit in der Colonie noch selten und sehr kostspielig waren, so stellte sich die Zahl solcher Bittgesuche um Ueberlassung von Sträflingen stets weit größer heraus, als abzugebende Arbeitskräfte vorhanden waren.

Die an Private überlassenen Sträflinge wurden durch einen Constabler oder Aufseher nach dem Innern gebracht, wo sie sich selbst ein Obdach bauen mußten, was bei der Milde des Klimas allerdings ziemlich rasch und ohne große Mühe geschehen konnte. Die Arbeitsstunden währten von sechs Uhr Morgens bis sechs Uhr Abends. Der Hauptzwang bestand darin, daß die Sträflinge ihre Herren, ob wohlwollend und milde oder hart und grausam, nicht verlassen durften. Sie wurden, wenn diese keine Verwendung mehr für sie hatten, an die Regierung zurückgesandt, und hierauf wieder an einen anderen Arbeitgeber überlassen.

Alle Grundbesitzer in der Colonie hatten ein Recht, auf ihr Ansuchen von der Regierung, nach Maßgabe der disponiblen Kräfte, Sträflinge als Arbeiter zugewiesen zu erhalten (assignement), und zwar im Verhältniß von 1 Arbeiter auf 320 Acres Land; jedoch konnte kein Landeigenthümer, so groß auch sein Besitzthum sein mochte, mehr als fünfundsiebenzig Sträflinge auf einmal bekommen. Jeder Arbeitgeber mußte sich verpflichten, den überlassenen Sträfling mindestens für die Dauer eines Monats in seine Dienste zu übernehmen und denselben nach bestimmten, von der Regierung festgesetzten Vorschriften mit Kost und Kleidung zu versehen.

Die wöchentlichen Rationen betrugen 9 Pfund Weizenmehl oder, nach Belieben des Arbeitgebers, 3 Pfund Mais- und 7 Pfund Weizenmehl; ferner 7 Pfund Rind- oder Schöpsenfleisch, 4 Pfund gesalzenes Schweinefleisch, 2 Unzen Salz und 2 Unzen Seife. Die Kleidung bestand jährlich in 2 Jacken, 3 Hemden von starker Leinwand oder Baumwolle, 2 Stück Hosen, 3 Paar Schuhen von starkem, dauerhaftem Leder, einem Hut oder einer Kappe. Ferner ward jedem Arbeiter der Gebrauch einer guten Wolldecke und einer Matratze bewilligt, welche jedoch Eigenthum des Arbeitgebers blieben. Diese gesetzlichen Ansprüche hatten jedoch Gewohnheit und Interesse des Arbeitsherrn durch gewisse Luxusartikel, wie Tabak, Zucker, Thee, Grog u. s. w. wesentlich vermehrt. Um sich nämlich während der Erntezeit die volle Thätigkeit des Sträflings zu sichern, war es unumgänglich nöthig, ihm zu jener Zeit derlei Vergünstigungen zu gewähren, welche indeß bald ein stehender Gebrauch wurden und die Unterhaltungskosten des Arbeiters nicht unbedeutend erhöhten.

Bei der Ankunft eines Verbrecherschiffes (convicts-ship) harrte schon immer eine große Anzahl von Personen des Momentes, wo die Ankömmlinge an die Applicanten vertheilt wurden. Da man es unterließ, besondere Aufzeichnungen über die Gemüthsbeschaffenheit jedes Deportirten und die Natur des von ihm begangenen Verbrechens am Bord des Schiffes zu halten oder aus England mitzusenden, so war auch die Administration nicht in der Lage, eine gewisse Auswahl treffen und die Sträflinge je nach ihrem Charakter und der Art ihres Verbrechens den Händen eines wohlwollenden oder strengen Arbeitsherrn übergeben zu können. Dadurch entstanden die schauerlichsten Ungerechtigkeiten; der größte Bösewicht fiel zuweilen dem mildesten Herrn zu, während ein verhältnißmäßig minder Strafbarer, vielleicht „ein Verbrecher aus verlorner Ehre", gerade unter das Joch eines hartherzigen Zuchtherrn kam, und dadurch weit mehr zu leiden hatte, als er in der That verdiente.

Eine solche harte, nur zu oft ungerechte Behandlung trieb den Sträfling häufig zu weiteren Vergehen oder gar zu Verbrechen, und aus Unmuth über das ihm zugefügte Unrecht vernachlässigte derselbe nicht nur völlig das Interesse seines zeitweiligen Herrn, sondern steckte manchmal sogar, hingerissen von einer unwiderstehlichen Rachesucht, zur Zeit der Ernte dessen Haus und Habe in Brand.[1]

Der trostlose, grauenerregende Zustand, in welchem sich die Colonie eine geraume Zeit befand, lag aber durchaus nicht in der Verwerflichkeit des Systems selbst, sondern blos in der Art und Weise, wie dasselbe von habsüchtigen, egoistischen Naturen durchgeführt und ausgebeutet wurde. Kaum waren die schreiendsten Ungerechtigkeiten und Uebelstände abgestellt und durch eine kräftige Regierungsgewalt der Ordnung und dem Gesetze wieder die gebührende Achtung verschafft worden, als die junge Colonie einen bisher unerhörten Aufschwung nahm und durch die Entwicklung ihrer natürlichen Hülfsquellen, so wie durch ihren Handel und Verkehr bald die Aufmerk-

[1] Dr. Lang, welcher über fünfundzwanzig Jahre als protestantischer Geistlicher in Australien lebt und eine gründliche Kenntniß des Landes und der Verhältnisse besitzt, erwähnt in seinem geistreichen, wenn auch zuweilen etwas utopischen Werke: „Freiheit und Unabhängigkeit für die goldenen Lande von Australien" mehrere, ihm persönlich bekannt gewordene Fälle, wo Sträflinge dem Geistlichen, der sie in der Gefängnißzelle besuchte oder zur Richtstätte begleitete, das Geständniß ablegten: „daß es allein die harte, herzlose Behandlung ihrer Arbeitsherren war, die sie aufs Schaffot brachte" —

samkeit nicht blos von England und englischen Manufacturisten, sondern von ganz Europa auf sich zog.

Im Jahre 1840 hörte Neu-Süd-Wales auf, ein „convict-settlement" zu sein. Zu jener Zeit zählte die ganze Colonie 130.856 Seelen, darunter 26.967 Deportirte. Im Jahre 1857, wo der letzte Census genommen wurde, betrug die Gesammtbevölkerung 305.487 Seelen, und zwar 171.673 männlichen und 133.814 weiblichen Geschlechtes,[1] welche zusammen 41.479 Häuser, 1725 Zelte, 50 Wanderkarren (drays) und 75 Schiffe bewohnten und sich hauptsächlich durch Viehzucht und Ackerbau ernährten.

Der moralische Zustand der über 321.579 Quadratmeilen sich ausbreitenden Bevölkerung hat sich in Folge der unbegrenzten Freiheit der Entwicklung der individuellen Kräfte und der gegebenen Möglichkeit, sich durch Arbeit und Thätigkeit eine schöne selbstständige Existenz zu erwerben, wesentlich gebessert, und zur Steuer der Wahrheit müssen wir beifügen, daß man vielleicht in keinem Theile Europa's so ungestraft wagen dürfte, allein und unbewaffnet gewisse Gegenden zu durchwandern, und bei offenen Thüren und Fenstern Barschaft und Werthgegenstände unverwahrt liegen zu lassen, wie in der einstigen Verbrechercolonie Neu-Süd-Wales!

Die Gesammtzahl der Verurtheilungen für kleinere und größere Vergehen (criminal cases) betrug in den letzten zehn Jahren, während welcher Periode die Bevölkerung von 189.600 auf 266.189 Seelen stieg:

1848, . . .	445	Verurtheilte,	4	Hinrichtungen.	
1849, . . .	534	„	4	„	
1850, . . .	555	„	4	„	
1851, . . .	574	„	2	„	
1852, . . .	527	„	5	„	
1853, . . .	604	„	2	„	
1854, . . .	637	„	6	„	
1855, . . .	526	„	5	„	darunter 1 weiblicher Delinquent.
1856, . . .	461	„	—	„	
1857, . . .	395	„	4	„	

Man darf hierbei nicht die niedere Bildungsstufe aus den Augen verlieren, auf welcher sich noch der größte Theil der Bevölkerung der Colonie befindet. Im Ganzen kann man annehmen, daß von den 305.487 Seelen

[1] Davon waren verheiratet 41.521 Individuen männlichen und 41.313 weiblichen Geschlechts, unverheiratet 102.567 Individuen männlichen und 74.785 weiblichen Geschlechtes.

der Colonie ungefähr 30.500 männliche und 25.000 weibliche Bewohner **weder lesen noch schreiben** können.

In welchem engen und natürlichen Verhältniß aber Verbrechen zur Unwissenheit stehen, zeigen am deutlichsten die in dieser Beziehung in England gemachten Erhebungen, wo von sämmtlichen während drei Jahren (1842 bis 1844) in England und der Grafschaft Wallis verurtheilten 69.616 Verbrechern: 21.779 oder 31.3 Procent **weder lesen noch schreiben** konnten, 41.620 oder 59.8 Procent **nur höchst unvollkommen zu lesen und zu schreiben** vermochten, 5.909 oder 8.5 Procent **gut lesen und schreiben** konnten, und blos 308 oder 0.4 Procent eine **bessere Erziehung** genossen hatten.

Die heutige Bevölkerung von Neu-Süd-Wales liefert trotz all' ihrer Laster und Verirrungen den belehrenden und erfreulichen Beweis, was aus einer noch so verderbten Menschenmenge unter gewissen Umständen, durch eine verständige Leitung und Benützung ihrer Kräfte zu werden im Stande ist.

Zwischen hohen Gefängnißmauern in düstere Zellen eingesperrt, die Hände und Füße mit schweren eisernen Ketten gefesselt, auf hartem Lager zu einem lebenslänglichen Nichtsthun verdammt, würden die seit fünfzig Jahren nach Botany-Bai gesandten Verbrecher dem Staate und der Gesellschaft ohne irgend einen Ersatz ungeheuere Summen gekostet und ihre traurige Existenz wahrscheinlich in einem dumpfen Dahinbrüten über ihr Schicksal und die Möglichkeit, sich an ihren Mitmenschen zu rächen, geendet haben.

Nach einem fremden, gesunden, fruchtbaren Lande versetzt, mit der glücklichen Aussicht, durch Arbeit und Thätigkeit sich neuerdings eine ehrliche Existenz gründen und sogar zu Wohlhabenheit und Reichthum gelangen zu können, erwiesen sich die **nämlichen Menschen** ohne erhebliche Kosten vom größten Nutzen für den Staat und die Gesellschaft, indem sie ein, bisher so viel wie unbekanntes Land urbar machten und bebauten, und so die Gründer einer Gemeinde wurden, welche gegenwärtig so viele herrliche Keime großartigster Entwicklungsfähigkeit zur Schau trägt, daß Zukunftspolitiker schon jetzt Australien als „**das Großbritannien der südlichen Hemisphäre**“ bezeichnen!

Ein System, welches trotz seiner höchst fehlerhaften, von egoistischen Absichten geleiteten Durchführung **solche Resultate** zu erzielen vermochte, kann von einem unbefangenen Beurtheiler unmöglich als völlig verwerflich und unzweckmäßig bezeichnet werden; dasselbe verdient vielmehr bei der Gründung neuer, überseeischer Colonien in noch wenig besuchten Theilen der Erde, deren erste Besiedlung mit gewissen localen Schwierigkeiten verbunden ist, und sogar unter gewissen Umständen bei der Anlegung von Ackerbaucolonien in der Heimat die größte Beachtung. Nur müßte man sich die in Botany-Bai gemachten Erfahrungen zu Nutzen machen, die Krebsschäden, unter welchen das System bisher in britischen Colonien, vielleicht mit Ausnahme der musterhaften Deportationscolonie in Singapore, über welche wir bereits an einer andern Stelle berichtet haben,[1] litt, beseitigen und solche Maßregeln treffen, damit die eigentlichen Zwecke der Deportation, nämlich Strafe durch Verbannung und Besserung des Individuums durch Arbeit, auch wirklich erreicht und nicht durch egoistische Nebenabsichten der jeweiligen Administratoren entweder nur halb erzielt, oder gar völlig vereitelt werden.

In dieser Beziehung erscheinen in der Durchführung des Deportationssystems, wie dasselbe bisher in britischen Colonien, besonders in Australien und Van-Diemensland (Hobarttown) zur Anwendung kam, die folgenden Modificationen empfehlenswerth:

1. Das Ueberlassen von Deportirten an Arbeitgeber oder Assignement muß völlig unterbleiben, indem der Sträfling dadurch ein Gegenstand der Speculation wird, welchen jeder Arbeitsherr so viel und so lange ausbeutet als er kann, um ihn dem Staate wieder zu überantworten, sobald dessen Arbeitskräfte nichts mehr taugen. Die Sträflinge, welche in Neu-Süd-Wales Arbeitsgebern assignirt waren, traten zu denselben in ein ähnliches Jochverhältniß, wie die schwarzen Negersclaven in den südlichen Staaten der nordamerikanischen Union und auf der Insel Cuba zu den dortigen Pflanzern. Sie wurden ernährt gleich Zuchtthieren, ohne den geringsten Lohn für die geleistete Arbeit. Der Staat aber hat zwar das Recht, den Verbrecher zu bestrafen, aber er scheint uns nicht berechtigt, ihn zum Sclaven seines Nebenmenschen zu machen. Eben dieses Verfahren war die Quelle unsäglichen Unheils und von den traurigsten Folgen für die sittliche Entwicklung der Colonie begleitet.

2. Ganz anders verhält es sich, wenn die Arbeitskräfte des Sträflings, statt zur Bereicherung einzelner Grundbesitzer, zur Förderung communaler

[1] Band II. pag. 120.

oder nationaler Zwecke, zur Lichtung und Urbarmachung von Grundstücken, zur Vorbereitung derselben für spätere freie Colonisten, zur Herstellung von Straßen, zum Bau von Kirchen, Schulen, Spitälern und Casernen, zur Errichtung von Docks, Quais u. s. w. Verwendung finden. Sobald das Privatinteresse verschwindet, sobald die Arbeit des Sträflings nicht mehr direct der Börse des einzelnen Speculanten, sondern der großen Gesammtheit zu Nutzen kommt, hören auch die meisten jener kleinlichen Bedrückungen auf, welche den Zwangsarbeiter um so härter treffen, je mehr er sich bewußt ist, daß er seinem habsüchtigen Arbeitsherrn nicht als Mensch, sondern als Sache gegenüber steht, welche dieser ausbeutet, so lange sie noch etwas werth ist, um sie sodann zu beseitigen, gleich den „dürren Aesten, die man ins Feuer wirft". Was in dieser Beziehung selbst in verhältnißmäßig jungen Colonien geleistet werden kann, beweisen die herrlichen Kunststraßen über die 6000 bis 8000 Fuß hohen Gebirgspässe in der Capcolonie, die zahlreichen öffentlichen Bauwerke in Singapore, Hongkong, Sydney, so wie in Neu-Süd-Wales überhaupt. Bauten, an deren Errichtung unter anderen Umständen, in Folge des hohen Preises der freien Arbeiter, vielleicht erst nach einigen Jahrzehnten hätte gedacht werden können, erheben sich jetzt schon in imposanten Formen als monumentale Zierden aus der Erde, bald frommen Christen zur Erbauung, bald Siechen und Kranken zur Aufnahme und Pflege, bald der jüngeren Generation zur Belehrung und zum Unterricht dienend!

3. Was die Verpflegung der Sträflinge betrifft, so halten wir es nicht dem beabsichtigten Zwecke der Arbeitsaneiferung entsprechend, denselben gleiche Verköstigung zu geben, ob sie viel oder wenig oder gar nicht arbeiten. Vielmehr schiene es uns geeignet, vom bestehenden System abzuweichen und einen Unterschied in der Verköstigung der fleißigen und nicht fleißigen Sträflinge eintreten zu lassen.

4. Von großer Wichtigkeit für Strafcolonien, soll die Besserung des Individuums eine nachhaltige, dauernde sein, ist ferner das Band der Familie. Was nützen einem Verbannten Eigenthum und selbst Wohlstand, wenn er für Niemand zu denken und zu sorgen hat, als für sich selbst? Das allmählig und mühsam Erworbene wird höchstens dazu dienen, sich wiederholten Ausschweifungen hinzugeben und rasch wieder in den früheren Zustand der Verworfenheit zurückzusinken.

Es scheint uns daher im Interesse des angestrebten Zweckes unumgänglich nöthig, in einer Strafcolonie auch für eine verhältnißmäßige weibliche Bevölkerung zu sorgen, die theils aus weiblichen Sträflingen und theils aus der Familie verheirateter männlicher Sträflinge gebildet werden könnte, welchen nach einer gewissen Probezeit gestattet sein sollte, ihre Frauen und Kinder auf Kosten der Regierung nach dem Orte ihrer Verbannung nachkommen zu lassen. Endlich könnte auch die erforderliche weibliche Bevölkerung durch entlassene weibliche Sträflinge vermehrt werden, welche ohnedies im Mutterlande nur mehr mit großer Schwierigkeit ein ehrliches Fortkommen zu finden vermögen. Es wäre ein edles Ziel der Thätigkeit christlicher und religiöser Vereine, für solche unglückliche Geschöpfe die Mittel zur Ueberfahrt nach der neu zu gründenden Heimat herbeizuschaffen.

5. Die Einführung von Spirituosen, jene Grundursache so vieler Verbrechen, müßte auf ein Minimum beschränkt werden. Man glaube ja nicht, daß selbst in ungesunden Gegenden, wo das Wasser oft viele schädliche vegetabile Stoffe mit sich führt, der Genuß von starken geistigen Getränken unumgänglich nothwendig ist. Thee oder Kaffee sind in solchen Fällen vortreffliche Surrogate.

6. Keinem Beamten der Colonie, weder Civil noch Militär, dürfte es gestattet sein, mit irgend einem Artikel, außer den auf seinem Boden gewonnenen Naturproducten, Handel zu treiben. Dagegen sollte jedem der Angestellten nach Maßgabe seines Ranges eine Anzahl Grundstücke zur Cultur von der Regierung überlassen werden.

Es unterliegt zwar keinem Zweifel und verdient bei der Beurtheilung des großartigen Fortschrittes der australischen Colonien und bei dem Einflusse des Deportationssystems auf denselben wohl in Betracht gezogen zu werden, daß vielleicht nirgends auf der Erde die äußeren Verhältnisse, die physischen Grundlagen, der Entwicklung und dem Aufblühen einer Ansiedlung günstiger zu Statten kommen, wie dies im jetzigen Neu-Süd-Wales der Fall war. Aber selbst die ungeschickte Ausführung der Strafart und die häufige Benützung derselben zu egoistischen Zwecken vermochten bei Männern, welche die Entwicklung der australischen Colonien in unmittelbarer Nähe zu betrachten Gelegenheit hatten, die Ueberzeugung nicht zu schwächen, daß die Deportationsstrafe bei zweckmäßiger Handhabung allen gerechten Ansprüchen, die man vernünftiger Weise an irgend ein Strafmittel stellen kann, vollkommen entspricht und daß sie den Zweck der Besserung des Sträflings mehr wie irgend eine andere Strafart fördern hilft. Wir möchten in dieser Beziehung ganz besonders auf die werthvolle und erschöpfende Arbeit des Dr. Holtzendorf über die Deportation als Strafmittel hinweisen,[1] welcher alles, was sich für und gegen diese Art der Bestrafung sagen läßt, in eben so anziehender als gründlicher Weise zusammenfaßte und angesichts des großen weltgeschichtlichen Beispieles, welches die australische Strafcolonisation bietet, gleichfalls zu dem Schlusse gelangte, „daß die Arbeitskräfte des Verbrechers unter richtiger Führung Leistungen hervorbringen können, welche den Gesammtfortschritt eines Zeitalters zu beschleunigen vermögen, während sie gleichzeitig einen Hebel für die sittliche Umformung der verbrecherischen Neigungen in sich tragen". Holtzendorf sieht voraussichtlich die Zeit kommen, „wo die Colonisten von Neu-Süd-Wales und Van-Diemensland die historische Erinnerung an ihre ehemaligen verbrecherischen Traditionen nicht mehr scheuen und fürchten, wo sie vielmehr, im Hinblick auf ein blühendes Land und eine, im Großen und Ganzen geachtete Gesittung, den Verbrecher, der im Jahre 1788 ans Land stieg, als ihren Vorfahren anerkennen, und sich selbst das größere Verdienst zumessen werden, daß auf diesem Boden das Gute, was er zu thun gezwungen war, blieb, und das Schlechte, was er thun konnte, freiwillig unterlassen ward oder in einer fortschreitenden Bildung allmählig unterging!"

Die größte Schwierigkeit, welche sich der Ausführung des Deportationssystems entgegenstellt, liegt in der Auffindung geeigneter Oertlichkeiten. Berücksichtigt man die Anforderungen, welche theils aus allgemeinen Strafzwecken, theils aus Humanität und Nützlichkeitsgründen bei der Wahl einer Oertlichkeit für eine Verbrechercolonie in Bezug auf die klimatischen Verhältnisse, die Bodenbeschaffenheit, die Entfernung, die handelspolitische Bedeutung des Landes u. s. w. in Betracht gezogen zu werden verdienen, so dürfte sich die Zahl der herrenlosen oder unbeanspruchten Territorien auf der Erdoberfläche, wo eine zwangsweise Colonisation in größerem Maßstabe durchgeführt werden könnte, als eine sehr geringe herausstellen.

[1] Die Deportation als Strafmittel in alter und neuer Zeit, und die Verbrecher-Colonien der Engländer und Franzosen in ihrer geschichtlichen Entwicklung und kriminalpolitischer Bedeutung, dargestellt von Franz v. Holtzendorf rc. Leipzig, A. Barth. 1859.

Für Deutschland namentlich scheint wenigstens bei seiner dermaligen politischen Gestaltung eine Anlage überseeischer Strafcolonien beinahe unausführbar. Es müßte erst eine großartigere Entwicklung seiner maritimen Kräfte vorausgehen. Aber das Mittel einer vertragsmäßigen Deportation wäre schon jetzt geboten, um den gewöhnlichen Kreis der Freiheitsstrafen zu erweitern. Es ist in dieser Beziehung der Vertrag von Wichtigkeit, welcher zwischen dem General-Consul der freien Stadt Hamburg, James Colqhoun, und den Agenten der australischen Ackerbaugesellschaft bereits im Jahre 1836 vereinbart worden war, und, wenngleich derselbe nicht zur Ausführung gelangte, so zeigt er doch, in welcher Weise auch Staaten ohne colonialen Länderbesitz die Deportation in Anwendung bringen könnten. Es handelte sich in diesem Vertrage um die Fortschaffung von Sträflingen, welche sich freiwillig dazu entschließen würden, einen Lohncontract zu unterzeichnen, der sie für eine gewisse Zeit dem Arbeitszwange in Australien unter denselben Bedingungen unterwarf, wie solche gegen englische Sträflinge in Anwendung kamen.[1]

Erwacht einmal in Deutschland bei fortschreitender Machtentwicklung der Wunsch und das Bedürfniß nach überseeischem Besitzthum, sind seine maritimen Hülfsmittel ausreichend, denselben zu schützen und zu vertheidigen, dann wird die Wahl der Oertlichkeiten zwar beschränkt, aber die Aufgabe keineswegs unausführbar sein. Es giebt im indischen und im großen Ocean noch verschiedene Inselgruppen, welche sich durch ihre hypsometrischen Verhältnisse, geographische Lage und Fruchtbarkeit des Bodens vollkommen zu Niederlassungen für weiße Arbeiter eignen würden. Das Bedenken gegen die klimatische Beschaffenheit der Mehrzahl jener Inseln fällt weg, wenn man wahrnimmt, welche merkwürdige Veränderungen in dieser Beziehung der Fleiß und die Rührigkeit der Ansiedler in Singapore und Pulo-Pinang im malayischen Archipel hervorgebracht haben, auf Eilanden, welche aus einsamen, wegen ihrer Gesundheitsfeindlichkeit verschrieenen und gemiedenen Waldwüsten zu beliebten Gesundheitsstationen für die reichen weißen Bewohner der Inselwelt Ostasiens wurden. Freilich dürften die Staatsmänner Deutschlands nicht gar lange mehr zögern, und über die brennenden Fragen der Gegenwart nicht die Zukunft allzu sehr aus dem politischen Auge

[1] Der Transport von Hamburg nach Australien wurde damals für jeden Sträfling auf 18 Pfund Sterling festgesetzt.

verlieren; denn die Engländer nehmen geräuschlos aber systematisch eine um die andere herrenlose Insel in Besitz, wie sie dies noch in neuester Zeit mit der Andamanen-Gruppe im Meerbusen von Bengalen gethan, oder sie lassen sich, wie von den herrlichen Fidschi-Inseln,[1] durch einen einflußreichen Missionär ein verdächtiges Protectorat antragen, während der Kaiser der Franzosen, mit seinem unwiderstehlichen Hang zu Annexionen, unaufhörlich bemüht ist, geographisch oder handelspolitisch wichtige Punkte, wie jüngst erst Neu-Caledonien, sich anzueignen. Ein allzu langes Harren und Warten dürfte somit für den sinnenden Germanen ähnliche Folgen haben, wie in Schiller's schöner Dichtung des Musensohnes Verspätung, dessen Geschick auch in Bezug auf die politische Stellung des Deutschen gar manchen betrübenden Vergleich aushält! —

Am 6. December wurde die Fregatte zur Weiterreise in Bereitschaft gesetzt. Noch am nämlichen Abend war alles „segelklar“. Wir sollten am nächsten Morgen aus dem vielbuchtigen Hafen bis außerhalb der „heads“ von einem Dampfer bugsirt werden. Derselbe hatte aber einen Unfall mit der Maschine gehabt und mußte seine remorquirende Thätigkeit auf einen halben Tag einstellen. Da in den Frühstunden des 7. December eine Brise aufsprang mit Böen und Regen aus Südwest und Süd, welche sich rasch in einen frischen Böenwind aus Süd verwandelte, so beschloß der Befehlshaber der Expedition unverweilt unter Segel zu setzen. Noch im Hafen begann das Wetter stürmisch zu werden; wir nahmen einen Reef in die Marssegeln und befanden uns bereits um neun Uhr früh außerhalb des

[1] Dieser ganze, durch die Größe und Höhe seiner Inseln ausgezeichnete Archipel erstreckt sich von Vatoa oder Turtle-Insel im Südosten (19° 47' südl. Br., 180° 8' westl. L. von Greenwich), bis Ib-combea im Norden (15° 47' südl. Br.) und Viva im Westen (176° 50' östl. L.) und umfaßt 225 Inseln und Inselchen, von denen etwa 80 bewohnt sind. Der Gesammtflächenraum beträgt circa 358 deutsche Quadratmeilen, auf dem nach einer oberflächlichen Schätzung 150,000 Seelen leben. Das Klima soll sich ganz besonders zur Baumwollencultur eignen. Auch dürften Zuckerrohr, Kaffee, Tabak, Pfeilwurz, vielleicht auch Reis und Indigo mit Vortheil gezogen werden können. Der bekannte Botaniker Berthold Seemann, welcher einige der Fidschi-Inseln im Auftrage der englischen Regierung im Herbste 1860 wissenschaftlich durchforschte, entdeckte im Navuaidale Wälder von der Sagopalme, deren mehlreiches Mark gleichfalls einen höchst werthvollen Ausfuhrartikel bieten würde. Die erste genauere Kenntniß vom Archipel verdankt die Wissenschaft dem amerikanischen Commodore Ch. Wilkes, welcher denselben im Jahre 1840 ausführlich untersuchte. Vergleiche Narrative of the United States Exploring Expedition 1838—1842. Philadelphia 1845. Vol. III. pag. 43—364. — Dr. Petermann veröffentlichte im zweiten Hefte 1861, Seite 67 seiner schätzbaren „Mittheilungen über wichtige neue Forschungen auf dem Gesammtgebiete der Geographie“ eine interessante Zusammenstellung der jüngsten wissenschaftlichen Untersuchungen im Fidschi-Archipel.

„North Head". Schon um Mittag war die flache australische Küste hinter dem Horizont verschwunden; der Südwind war zum völligen Sturme angewachsen. Es schien, als wollten Wind und Wellen die Arbeiten der Kalfaterer, Zimmerleute und Segelmacher in Sydney sofort einer Probe unterziehen. Aber obschon die Fregatte schauerlich rollte und der Böenwind die Wogen mit furchtbarer Gewalt an den Schiffskörper anschlug, so drang doch kein Tropfen Wasser in die unteren Räume. Die Ausbesserungen im Dock bewährten sich vollkommen. Nach zwei Tagen hatte sich die Luft und das Meer wieder beruhiget, die Sonne schien frühlingsmilde, und wir schifften beim lieblichsten Wetter mit vollen Segeln rasch unserem nächsten Reiseziele, der Antipoden-Insel Neu-Seeland entgegen.

Am 9. December um fünf Uhr Abends begruben wir die Leiche eines Kanoniers, welcher am nämlichen Morgen an den Folgen der Dysenterie gestorben war. Unter den üblichen Ceremonien und Ehrenbezeugungen wurde der Leichnam in sein Wellengrab versenkt.

Am 19. December Morgens kam Barrier-Eiland bei Cap Brett in einer Entfernung von 35 Meilen in Sicht. Je mehr wir uns dem Lande näherten, desto belebter wurde die Luft. Unzählige Albatrosse und Procellarien umschwärmten uns, und eine Jagd in einem Boote auf diese kühnen fliegenden Schaaren angestellt, lieferte in kaum einer halben Stunde eine Beute von elf Individuen verschiedener Sturmvögelgattungen. Auch ein bei 50 Fuß langer Walfisch kam dicht unter Bord und entfernte sich erst wieder, nachdem eine Anzahl Kugeln auf ihn abgefeuert und in seinen Körper eingedrungen war.

Wir fuhren gegen die Südspitze von Barrier-Eiland, das ein schönes Profil mit zwei Höhen zeigte, von denen die südlichere, gegen 2000 Fuß hohe, spitz zuläuft, während die nördlichere sanft aufsteigt und nur gegen Norden schroff abfällt. Die an der Nordspitze nahe der Insel aus dem Meere steigenden konischen zackigen Felsen verrathen deutlich ihren vulcanischen Ursprung. Barrier-Eiland soll reich an Kupfererz sein.

Unsere Ankunft in Neu-Seeland wurde durch ganz ungewöhnliche Windstillen, die gerade angesichts der Einfahrt in den Huraka-Golf eintraten, von dem der Hafen von Auckland eine Seitenbucht bildet, arg verzögert. Eine Barke, welche drei Tage vor uns von Sydney abgesegelt war, lag, wie der an Bord genommene Pilot erzählte, bereits seit einem Tage im

Hafen. Wir mußten bei schwacher Brise mühsam gegen den Ankerplatz laviren, den wir erst nach halb sechs Uhr Abends am 22. December erreichten.

Die Umgebung von Auckland besitzt nichts von jener Großartigkeit, welche die Natur Neu-Seelands weiter gegen Süden auszeichnet. Die gewaltigen, bis 8000 Fuß hohen, vulcanischen Kegelberge, wie Mount Egmont u. s. w., sind hier zusammengeschrumpft zu zwar zahlreichen, aber kleinen, erloschenen Eruptionskegeln, welche sich kaum über 800 Fuß erheben. Statt der, mit ewigen Schnee bedeckten Berge der mittleren Inseln erblickt man hier nur niedere, höchstens 2000 Fuß hohe Gebirgsketten und ein flachwelliges Hügelland, welches in steilen Sandsteinwänden am Meere endet. In den verschiedenen Buchten und Canälen des weiten Golfes waren zahlreiche Eingeborene in ihren zierlichen Canoes mit Fischfang beschäftigt. Wir trafen nur fünf Schiffe im Hafen und die Novara war auch hier das größte Kriegsschiff, das jemals eingelaufen. Die ganze Bevölkerung von Auckland schien am Ufer versammelt, als wir ankamen und mit dem kleinen Fort die üblichen Salutschüsse wechselten.

Hintertheil eines neuseeländischen Kriegs-Canoes.

XIX. Auckland.

Aufenthalt vom 22. December 1858 bis 8. Jänner 1859.

Anträge der Colonial-Regierung an das Expeditions-Commando die Kohlenfelder im Drury-District durch den Geologen der Novara gründlich untersuchen zu lassen. — Geographische Notizen über Neu-Seeland. — Auckland. — Die Ureinwohner oder Maoris. — Eine Massenversammlung. — Maorische Legende. — Sitten und Gebräuche der Ureinwohner. — Der Mere-Mere. — Die wichtigsten Nahrungspflanzen der Eingeborenen vor der Ankunft der Europäer. — Dr. Thomson's anthropologische Untersuchungen. — Maorische Sprichwörter und Poesien. — Der gegenwärtige Krieg und seine ersten Veranlassungen. — Der Maori-König. — Abnahme der eingeborenen Bevölkerung und wahrscheinliche Ursachen derselben. — Vortheile Neu-Seelands für die europäische Emigration. — Ausflug nach dem Waikato-Thale, dem Maori-Dorfe [illegible] und den heissen Quellen in den [illegible]-Bergen. — Mr. Smith's Farm in [illegible]. — St. John's College. — Geistiger Aufschwung in Auckland. — Neuseeländischer Seidenwurm. — Ausflug nach den Kohlenfeldern im Drury- und Hunua-District. — Sylvesterabend bei den Antipoden. — Der [illegible] Hirsch auf Neu-Seeland [illegible]. — Die katholische Mission in Auckland. — Zwei Maoris schiffen sich als Matrosen an Bord der Novara ein. — Abreise. — Geologische Untersuchungen und Resultate des Geologen der Novara auf der Antipoden-Insel. — Durchkreuzen des [illegible] Meridians von Westen nach Osten. — Einen Tag [illegible] zweimal verlebt. — In Sicht der Inseln Tahiti und Eimeo. — Ankunft im Hafen von Papetee.

Vielfach ist das Interesse, welches sich an den Aufenthalt der Fregatte Novara auf der Antipoden-Insel knüpft; denn nebst der hohen Wichtigkeit, welche ein klimatisch gesundes, fruchtbares und spärlich bevölkertes Land von dem Umfange Großbritanniens für die europäische Auswanderung besitzt, und nebst der Theilnahme, welche dessen geringe, aber begabte und energische Urbevölkerung erregt, mußte es den Mitgliedern der ersten österreichischen Expedition zu ganz besonderer Befriedigung gereichen, durch Einen aus ihrer Mitte den Bewohnern der Insel neue Naturschätze erschließen zu sehen und auf diese Weise einer Nation dienlich zu werden, welche sich um die Förderung der Wissenschaft und die Entwicklung der natürlichen Reichthümer des Bodens in fast allen Theilen der Erde unvergängliche Verdienste erworben hat.

Gleich nach unserer Ankunft in Auckland wurde vom Gouverneur der Colonie, Oberst Thomas Gore Browne, das bereits von Sir William Denison in Sydney an den Befehlshaber der Novara gestellte Ansuchen erneuert, unserem Geologen die wissenschaftliche Untersuchung jener Theile des Drury-Districtes gestatten zu wollen, in welchen gewisse Indicationen auf das Vorhandensein von Kohlenfeldern schließen ließen. Von seinem Ausspruche sollte die Ausführung von umfangreicheren Arbeiten und eine systematische Ausbeute abhängen. Die von der Regierung von Auckland mit großer Munificenz veranstaltete kleine Expedition nach den Kohlenminen im Drury-Districte fiel über alle Erwartung günstig und erfolgreich aus und veranlaßte sogar den Gouverneur, an Commodore v. Wüllerstorf das weitere Ansuchen zu stellen, den Geologen der Expedition behufs einer genauen Untersuchung der Provinz Auckland noch längere Zeit auf der Insel zurückzulassen. Die Verhandlungen, welche über diesen Gegenstand gepflogen wurden und für beide Theile ein so erfreuliches Resultat zur Folge hatten, findet der Leser im Anhange abgedruckt, während wir einen gedrängten Bericht über die wissenschaftliche Thätigkeit des Dr. Hochstetter auf Neu-Seeland am Ende dieses Capitels mittheilen werden. Eine ausführliche Schilderung seiner Untersuchungen, Beobachtungen und Erfahrungen während eines achtmonatlichen Aufenthaltes auf der Antipoden-Insel bleibt dagegen einem besonderen Werke vorbehalten.

Neu-Seeland besteht aus zwei großen, durch die Cook-Straße, einen schönen, 150 Meilen langen und 50 Meilen breiten Canal, getrennten Inseln, so wie aus dem kleinen, durch die 50 Meilen lange und 20 Meilen breite Foveau-Straße getrennten Stewarts-Eiland und den Chatham-Inseln, welch letztere sich ungefähr 400 Meilen östlich von der Provinz Canterbury aus dem Meere erheben.

Die ganze Gruppe erstreckt sich vom 34. bis zum 48. Grad südl. Br. und vom 166. bis zum 179. Grad östl. L. Die größte Ausdehnung des Landes von Nordosten nach Nordwesten, das ist vom Cap Maria Van

Diemen bis zum Süd-Cap, beträgt über 1000 Meilen. Die größte Breite erreicht im Meridian von 38° ungefähr 200 Meilen, während die Küstenentwicklung mehrere tausend Meilen umfaßt. Durch die Constitution vom Jahre 1853 wurde Neu-Seeland in sechs große Provinzen getheilt: Auckland, Neu-Plymouth (Taranaki) und Wellington auf der nördlichen, und Nelson, Canterbury und Otago auf der südlichen Insel. Seitdem wurde die Zahl der Provinzen um zwei neue, Hawke's Bai (im Norden) und Marlborough (im Süden) vermehrt.

Keine der acht Provinzen bietet aber so große, geographische Vortheile als die Provinz Auckland. Ihre Küstenentwicklung beträgt über 900 Seemeilen, während ihre bedeutenderen Flüsse, wie z. B. der Waikato, Waipa, Waihó (oder Themse), Piako und Wairao, für kleine Fahrzeuge bis auf 450 Meilen landeinwärts schiffbar sind. Von ihren 28 Häfen bieten vier: Bay of Islands, Auckland, Wangaroa und Middle harbour den größten Schiffen das ganze Jahr hindurch vorzügliche und sichere Ankerplätze; acht dagegen können blos von Schiffen bis zu 400 Tonnen Gehalt und die übrigen nur von kleinen Briggs und Schooners befahren werden.

Auckland, die Hauptstadt Neu-Seelands, liegt auf einem ungefähr 6 Meilen breiten Isthmus, welcher den Waitemata- vom Manukauhafen trennt; der erstere ist unzweifelhaft der günstigste Hafen an der Ostküste, der letztere der zugänglichste im Westen. Diese beiden Häfen verbinden zugleich Auckland durch zahlreiche Flüsse und Bäche, die sich in dieselben ergießen, auf die vortheilhafteste Weise mit dem Innern des Landes. Aus einer Entfernung von mehr als 100 Meilen werden die Producte des Bodens auf dem Waihó- und dem Piakoflusse nach dem Waitematahafen geschifft, während andrerseits der Waikato- und der Waipafluß den Manukauhafen mit Erzeugnissen versehen, welche über 120 Meilen aus dem Innern kommen. Mit verhältnißmäßig geringen Kosten könnte an einer Stelle, wo sich das Land bis auf eine englische Meile verengt, ein Durchstich bewerkstelligt und mit dem Manukauhafen eine den Verkehr wesentlich fördernde, directe Wasserverbindung hergestellt werden. Gegenwärtig legt der Postdampfer, welcher monatlich einmal aus Sydney die europäische Post bringt, der größeren Bequemlichkeit und Wegersparniß wegen im Manukauhafen in der Nähe von Onehunga an, von wo aus die Briefschaften mittelst Wagen über den Isthmus nach Auckland gebracht

Auckland auf Neu-Seeland.

werden. Onehunga ist eine aufblühende Ansiedlung mit interessanten vulcanischen Formationen. Der Weg dahin führt über ein wellenförmiges, fruchtbares Hügelland, das bereits zum größten Theil urbar gemacht und bebaut ist, und auf dem zahlreiche kräftige, schöne Rinderheerden weiden. Die drei Wahrzeichen der Gegend sind: Three kings Hill, Mount Eden und One tree Hill. Alle diese Hügel, von sehr mäßiger Höhe, waren früher mit Pah's oder einheimischen befestigten Dörfern gekrönt und einst stark bevölkert, wie noch dermalen einzelne, terrassenförmig aufsteigende, künstliche Erdbauten und die in den Lavahöhlen am Fuße der Hügel häufig vorgefundenen menschlichen Gebeine bezeugen. Die Häuschen der Ansiedler sind zierlich und nett, aber überraschend klein, woran wohl hauptsächlich die Theuerung des Baumaterials und der hohe Arbeitslohn in der Nähe von Auckland Schuld tragen mögen.

Nach dem Census vom Jahre 1857 betrug die Gesammtbevölkerung von Neu-Seeland 108.204 Seelen.[1] Die weiße, europäische Bevölkerung zählte 52.155 Seelen; davon kamen auf die Provinz Auckland 16.315 Individuen (9.038 männlichen und 7.277 weiblichen Geschlechtes).

Die Urbewohner oder Maori's[2] sind in dem erwähnten officiellen Documente zu 56.049 Seelen angegeben und zwar bewohnt der bei weitem größte Theil von ihnen, über 38.000 Seelen, die Provinz Auckland. Sie zeigten sich bisher unter allen Urvölkern, mit denen die Engländer auf ihren gewaltigen, im Interesse des Handels und der Bekehrung unternommenen Eroberungszügen in Berührung kamen, bei schönen natürlichen Anlagen für die europäische Civilisation am meisten empfänglich. Mehr als fünf Sechstel der ganzen Bevölkerung sind bereits getauft und ernähren sich, auf festen Wohnsitzen angesiedelt, durch Ackerbau und Schifffahrt. Ueber hundert, im Lande selbst gebaute Schiffe sind das Eigenthum von Urbewohnern, welche nicht nur einen großen Theil des Küstenhandels besorgen, sondern auch mit den Nachbarinseln und der Colonie Neu-Süd-Wales in Australien geschäftlich verkehren. Während Buschmänner, Hottentotten, Kaffern und Australneger gleich den Indianerstämmen in Britisch-Canada und den Vereinigten Staaten

[1] Der Güte und freundlichen Theilnahme des Unter-Staatssecretärs der Colonial-Regierung, Herrn E. W. Stafford, verdanken wir selber die Zusendung der neuesten statistischen Documente, aus welchen unter anderem hervorgeht, daß sich zu Ende des Jahres 1859 die Gesammtbevölkerung auf 129.392, und zwar die einheimische auf 56.049, die fremde auf 73.343 Seelen belief.

[2] Sprich: Mauri, in der Sprache der Neuseeländer gleichbedeutend mit „eingeboren".

von Nordamerika das trostlose Bild der Verkümmerung und des Unterganges bieten, schienen hier bisher alle Anzeichen vorhanden zu sein, daß die hehre Aufgabe gelingen werde, eines der wildesten aber auch begabtesten Aboriginervölker der Erde durch Unterricht und Bildung zu veredeln und in den Kreis der Civilisation dauernd einzuführen. Wer der großartigen Entwicklung der Colonie in den letzten zwanzig Jahren mit prüfendem Auge folgte, gab sich dieser erfreulichen Hoffnung nicht weniger zuversichtlich hin, als der Reisende, welcher ungestört die Insel durchzog, in jeder Hütte die gastlichste Aufnahme fand, allenthalben Schulen und christlichen Missionen begegnete und die Eingebornen nur friedlichen Beschäftigungen sich hingeben sah. Einheimische Häuptlinge, welche im Contact mit der Civilisation bereits Tracht und Lebensweise europäischer Ansiedler angenommen hatten, ließen keine Gelegenheit vorübergehen, um in feuriger Rede das Bekenntniß ihrer früheren sittlichen Versunkenheit abzulegen und die Europäer als die Gründer einer neuen Aera der Humanität und Moral in ihrem Lande zu bezeichnen; ja ein Maori, welcher gegenwärtig im Innern der Insel als Missionär wirkt, erzählte einmal sogar seinen Zuhörern, daß er selbst noch als Knabe Menschenfleisch gegessen und erst durch den Segen christlicher Cultur das Verabscheuungswürdige und Thierische seines früheren Zustandes einsehen gelernt und einen menschenwürdigeren Wandel zu führen begonnen habe.

Auch die Mitglieder der Novara-Expedition genossen das Schauspiel einer Massenversammlung der Maori's im Takapuna-District, am nördlichen Ufer des Waitematahafens, und hatten dabei Gelegenheit aus dem Munde der einflußreichsten Häuptlinge und Redner die lebhaftesten Versicherungen der Treue und Anhänglichkeit an die Königinn von England und ihre Regierung zu vernehmen.

Wir lassen hier eine ausführliche Schilderung dieses merkwürdigen Meetings, so wie eine kurze Skizze der interessantesten Sitten und Gebräuche der Urbewohner Neu-Seelands folgen, damit sich der Leser um so eher die Berechtigung des allgemeinen Vertrauens in die Civilisationsfähigkeit der Maori's erklären und die furchtbare Ueberraschung der englischen Regierung ermessen könne, welche dieselbe bei der Nachricht, daß ganz Neu-Seeland in Aufruhr gegen die angesiedelten Europäer sei, betroffen haben mag!

Ein reicher und hoch in Ehren stehender Maori-Häuptling, Namens Patuóni, pflegt seit einer Reihe von Jahren am Weihnachtstage alle in seiner Nachbarschaft wohnenden befreundeten Stämme, so wie die angesehensten weißen Ansiedler von Auckland zu einem großen Volksfeste einzuladen. Die Nachricht, daß demselben diesmal der „Kavana" (Gouverneur) eines Alliirten der Königinn Victoria mit zahlreichem Gefolge beiwohnen werde, hatte unter den Maori's eine große und freudige Aufregung hervorgebracht und sie boten sich an, mit einigen Kriegs-Canoes und zwei Walfischbooten an das gegenüberliegende Ufer zu kommen, um die Gäste daselbst abzuholen. Die Mitglieder der Expedition waren jedoch bereits auf dem Versammlungsplatz im Takapuna-Districte angelangt, als die neuseeländischen Kriegs-Canoes am gewöhnlichen Einschiffungsplatze in Auckland eintrafen. Auf einer Anhöhe sah man große, mit englischen und anderen Flaggen geschmückte Zelte aufgeschlagen und unter denselben standen schmale, aber ungemein lange, ungefähr zwei Fuß hohe Tische mit kleinen, aus dem Blatte des neuseeländischen Flachses zierlich geflochtenen Körbchen bedeckt, in welchen sich gekochte Kartoffel, Schweinsbraten und Fische befanden. Die Gäste, wohl 3 — 400 an Zahl, saßen auf dem, mit frischen Farrenkräutern bestreuten Boden, theils mit unterschlagenen Beinen, theils auf den Fersen hockend, und langten mit den Fingern eifrig zu, denn zum Gebrauch von Eßbestecken hat es der Maori noch nicht gebracht. Das Hauptgetränk bestand in Thee und daher sah man auch allenthalben auf der Wiese in der Nähe der Zelte riesige Theekessel mit kochendem Wasser auf improvisirten Feuerplätzen stehen. Gleichwohl verriethen Gang und Ausgelassenheit mancher Individuen, daß nebenbei auch minder harmlose Getränke genossen wurden. Wer sein Mahl beendet hatte, zündete ein Pfeifchen an, und mischte sich unter die schwatzende Menge. Tabakrauchen ist bei beiden Geschlechtern zur Leidenschaft geworden und selbst auf dem Arme getragene Kinder sieht man zuweilen das Pfeifchen aus dem Munde der Mutter nehmen und schmauchen. Die irdene Pfeife, so kurz abgebrochen, daß gerade noch genug vom Stiele bleibt, um sie zwischen den Zähnen halten zu können, ist am beliebtesten.

Kaum verlautete es, daß der Befehlshaber der österreichischen Fregatte mit seiner Begleitung im Anzuge sei, als die ganze, eben noch in friedlichem Behagen gelagerte Menge plötzlich wild durcheinander stiebte. Die bunten Fahnen wurden von den Spitzen der Zelte entfernt und dem tobenden Zuge vorangetragen. Ein rascher, aber monotoner Gesang, abwechselnd von tactmäßigem Stampfen mit den Füßen begleitet, durchdröhnte die Luft; die

Häuptlinge hoben ihre kostbaren, aus Grünstein angefertigten Streitkolben (Meri-Meri[1]) hoch empor; wer von den Maori's einen Stock bei sich führte, schwang diesen mit wilder Begeisterung, während die Uebrigen die Enden ihrer Wolldecken in die Höhe hielten. Um uns ein noch deutlicheres Bild von ihren alten Sitten zu geben, wurde hierauf ein Kriegstanz aufgeführt, an dem Männer, Weiber und Kinder Theil nahmen. Obschon derselbe in nichts anderem als in einem wirren Gegeneinanderrasen zweier künstlich aufgeregter Volkshaufen bestand, welche sich jeder an einem andern Ende aufgestellt hatten, und plötzlich mit wüthender Hast und grauenhaftem Lärm auf einander losstürzten, brachte doch das wilde Geschrei, das Zucken der Gliedmaßen, das Verdrehen der Augen, das Herausstrecken der Zungen eine schauervolle Wirkung hervor, und man konnte sich leicht einen Begriff von dem furchtbaren Schauspiele machen, wenn die kämpfenden Theile nicht, wie hier, nur als simulirte, sondern als wirkliche Feinde und Gegner aneinander geriethen! Nachdem unter den Kriegstänzern bereits eine gewisse Abspannung und Ermattung sichtbar geworden war, bildeten sie auf das Commandowort des alten Häuptlings Patuóni auf beiden Seiten ein, drei Mann hohes Spalier und ließen die fremden Gäste bis ans obere Ende des Lagers schreiten. Hier wurden letztere von den verschiedenen Häuptlingen neuerdings auf echt neuseeländische Weise bewillkommt, indem sich von diesen jeder einzelne anschickte eine Ansprache zu halten. Der Regierungs-Dolmetsch und Secretär in der Abtheilung für die Eingeborenen (Native department), Mr. W. Baker, welcher die Novara-Reisenden im Auftrage des Gouverneurs zum Volksfeste begleitet hatte, war so freundlich diese eigenthümlichen Reden ins Englische zu übersetzen.

Zuerst trat Paora Tuhaera von Oraki aus der Reihe und sprach: „Willkommen, du Häuptling aus einem fernen Lande, Bote eines Königs und einer Nation, von welcher wir erst in jüngster Zeit Kunde erhalten haben! Unsere englischen Freunde erzählten uns, daß deine Landsleute seit langer Zeit Freunde und Bundesgenossen des britischen Volkes sind, dessen Königinn unsere Beschützerinn ist und unter dessen Gesetzen wir in ungestörtem friedlichem Besitze unsere Ländereien bewohnen. Du bist hier ein Fremdling. Du siehst zum ersten Male ein Volksgeschlecht vor dir, dessen Väter in Unwissenheit, in Krieg und allen nur möglichen schlechten Gewohn-

[1] Wörtlich übersetzt: „Feuer der Götter“.

heiten ihr Leben verbrachten. Du hast bei deinem Erscheinen auf diesem Platze gesehen, in welcher Weise wir unsere Leidenschaften zu erregen und unsere Feinde einzuschüchtern versuchten. Ruhig sahst du diesem Schauspiele zu und Niemand wagte es oder dachte auch nur daran, seine Hand gegen dich zu erheben! Doch wärest du zu jener Zeit, von welcher ich sprach, zu uns gekommen, unser Arm würde zum tödtlichen Schlage sich erhoben haben, oder deine Hand, die ich eben erst drückte, würde gegen mich geschwungen worden sein, um mich zu vernichten! Du hast viele andere Länder gesehen und vielleicht manche, welche schöner als dieses Eiland sind; aber hier ist nichts Schlimmes, welches uns stört oder wünschen läßt, in einem anderen Lande zu leben. Die Gesetze Englands beschützen uns vor der Hand der Angreifer, wir leben glücklich und friedlich und freuen uns, diejenigen zu empfangen, welche, gleich dir, mit einer Friedensmission hieher kommen."

Diese Rede, so wie die beiden folgenden wurden vom Befehlshaber der Novara-Expedition in englischer Sprache mit warmen Worten des Dankes und der Freude über das materielle und geistige Gedeihen der Eingeborenen erwiedert, und von Herrn Baker in die Maorisprache übertragen.

Hierauf wurde Eruera Patuóni von Awataha, der ältere Bruder Tamati Waka Néni's, vorgestellt, welcher folgende Worte sprach: „Willkommen, willkommen! Die jungen Männer haben dich begrüßt, und ich, der alte Mann, der Freund der Europäer von dem ersten Tage an, wo sie ihren Fuß auf die Küste Neu-Seelands setzten, auch ich heiße dich willkommen! Was kann ich noch mehr sagen? Du hast gehört, was wir gewesen, und du siehst nun selbst, was wir jetzt sind! Es ist nicht nöthig, daß ich zu den Worten des Vorredners noch etwas beifüge. Willkommen daher in dem Lande der Maori's, der Freunde der Weißen!"

Nachdem noch mehrere jüngere Häuptlinge den Befehlshaber und die Mitglieder der Expedition in ähnlicher herzlicher Weise begrüßt hatten, bahnte sich Hori Haupapa, ein Mann von kolossaler Gestalt und offenem Wesen, mit seinen gewaltigen Armen einen Weg durch die compacte Menge, stellte sich in eine etwas theatralische Position, und begann, indem er den Meri-Meri in der rechten Hand schwang, in sichtbarer Aufregung mit lauter Stimme:

„Die Häuptlinge der Nachbarschaft haben dich begrüßt. Mein Stamm lebt weit weg von hier, aber ich bin hier und bewillkomme dich! Du hast gesagt, daß wir glücklich sind und in Frieden leben. Es ist wahr, die Gesetze unserer Königinn haben diesen Zustand herbeigeführt. Früher war Krieg, Mord und Blutvergießen unsere Hauptbeschäftigung. Selbst jetzt kommen noch Zänkereien vor, welche oft schwer beizulegen sind. Gerade als du landetest, waren wir beschäftigt, einen Brief zu lesen, welcher uns mittheilt, daß ein schon lange währender Streit zwischen dem Ngatiwhatua- und dem Uriohare-Stamme zu einem Kriege Veranlassung zu geben droht. Lebten wir noch in unserem frühern Maori-Zustande, so würden wir sicherlich bald die Nachricht von Gefechten und Blutvergießen erhalten, aber die beiden Stämme werden sich erinnern, daß die Gesetze nicht erlauben, daß eine Familie der Königinn Kinder einer andern mit Krieg überzieht, und sie werden daher ihrem Zorne Einhalt thun, in der Hoffnung, daß ihre Streitigkeiten auf friedlichem Wege geordnet werden. Doch, welches Interesse haben diese Dinge für dich? Du kommst zu uns in Frieden und Freundschaft, nimm mit dir die Liebe der ganzen Versammlung, welche stolz darauf ist, daß sie von einem Officier deines großen Königs, welcher ein Freund der Königinn Victoria und ihrer Kinder ist, besucht wurde."

Die Eingeborenen, welche dicht an einander gedrängt zu beiden Seiten standen, und lautlos zugehört hatten, gaben nach Beendigung einer jeden Rede mit Kopf und Händen ihre Zustimmung zu erkennen. Die Art und Weise, wie die Maori's bei solchen feierlichen Anlässen zu sprechen pflegen, ist höchst eigenthümlich. Der Redner steht ungefähr zehn Schritte von dem Angeredeten entfernt und geht sprechend bis auf drei Schritte auf denselben zu; hierauf kehrt er schweigend um, bis er, auf seinem frühern Standpunkt angelangt, wieder von neuem zu reden beginnt. Diese Sitte hat mehrfache Vortheile; sie gewährt dem Sprecher Muße sich zu sammeln, und läßt zugleich dem Zuhörer Zeit, in das eben Vernommene tiefer einzudringen. Ueberraschend würdevoll und ruhig theilt jeder Redner seine Ansichten und Empfindungen mit. Nur an einzelnen, ihm besonders wichtig erscheinenden Stellen hebt er die rechte Hand empor, während in der gesenkten linken die steinerne Keule ruht, ohne welche kein Häuptling eine Ansprache zu halten pflegt.

Während dieser Reden hatten wir die uns umgebenden Figuren näher betrachtet. Die Mehrzahl derselben war nach europäischer Sitte gekleidet, die Häuptlinge meistens schwarz, mit einer goldbordirten Mütze auf dem Kopf.

die anderen trugen alle die verschiedensten Costüme zur Schau, wie sie gerade Laune oder Zufall hatte wählen lassen. Alte Männer waren, je nach ihrem Rang, mehr oder weniger tättowirt, was mit ihrem europäischen Anzuge gewaltig contrastirte. Aeltere Frauen, meist nach europäischer Sitte und zuweilen sogar sehr elegant in Seide oder Mousseline gekleidet aber barfuß, hatten die Lippen und das Kinn tättowirt, während jüngere Leute beiderlei Geschlechtes diese Sitte nicht mehr üben, und daher ihre oftmals sehr schönen Gesichtszüge ohne diese künstliche Verunstaltung zeigen. Nur eine kleine Zahl Eingeborener schien sich besser in ihrer urthümlichen Tracht zu gefallen und hüllte sich entweder in eine gewöhnliche Wolldecke oder trug die Kakahu, eine besonders zierliche, von den Maori-Frauen aus den Fasern des neuseeländischen Flachses kunstreich verfertigte, mantelartige Bekleidung. Alle hatten sich die durchstochenen Ohrläppchen mit einem Stück ovalgeschliffenen Grünsteins oder mit einem Haifischzahn geschmückt, welche gewöhnlich an einem schwarzseidenen Bändchen befestigt werden. Als wir an den einzelnen Gruppen vorübergingen und besonders schöne Gestalten bewunderten, fielen uns zwei Individuen auf, die ihre Köpfe unter einer Decke verborgen hatten und bitterlich weinten. Auf die Frage nach der Ursache dieser trübseligen Stimmung in so heiterer Gesellschaft erfuhren wir, daß es zwei Verwandte seien, welche lange von einander getrennt waren und auf diese Weise ihre Begegnung feierten. Freunde und Verwandte drücken ihre Freude beim Wiedersehen dadurch aus, daß sie sich, je nach dem Grade der Freundschaft oder Hochachtung, oft Stunden lang zusammen setzen, ihre Nasen reibend aneinander legen und dazu bitterlich schluchzen und weinen. Sind sie unbeobachtet, so geschieht dies, ohne den Kopf zu bedecken, während sie im entgegengesetzten Falle eine Decke über sich werfen. Kuß und Handdruck sind den Maori's erst durch ihren vertraulicheren Verkehr mit den Weißen bekannt geworden.

Als wir uns von dieser unvergeßlichen Volksscene trennten und nach den Booten zurückkehrten, versammelte sich die fröhliche Menge neuerdings auf der Anhöhe vor den Zelten, und, um zu zeigen, daß ihr auch die Gebräuche civilisirter Nationen nicht fremd seien, rief sie den Scheidenden in echt englischer Weise dreimal drei lärmende Hurrah's nach.

Das Studium der Sprache und Geschichte, der Traditionen, Sitten und Gebräuche der Urbewohner Neu-Seelands wird durch die muthmaßliche Nachweisbarkeit ihrer Abstammung und die wichtigen Schlüsse ganz besonders anziehend gemacht, welche sich daraus auf die Besiedlung Polynesiens im Allgemeinen ziehen lassen.

Eine Legende der Maori's erzählt, daß ihre Stammväter in sieben Canoes von der Insel Hawaiki (d. i. Wiege der Race, eine der Sandwich-Inseln, ungefähr 4000 Seemeilen nördlich von Neu-Seeland) kamen.[1] Diese Canoes hatten Ausleger, um das Umstürzen zu verhindern, und wurden Amatiatia genannt, während die gegenwärtig in Gebrauch befindlichen, weit einfacher construirten, Wakka heißen und ihre Form angeblich von der getrockneten Samenkapsel des neuseeländischen Geisblattes (Rewarewa) entlehnt haben. Der erste Canoe, welcher von Hawaiki kam, hieß Arawa. Derselbe brachte Houmaitawiti, Tamatekapua, Toi, Maka, Hei, Ihenga, Tauninihi, Rongokako und andere; und diese waren die ersten Ansiedler, von welchen die Neuseeländer abstammen.

Einer der neueren Schriftsteller über die Antipoden-Insel, der Missionär Richard Taylor, berichtet, daß im Jahre 1840 in dem Dorfe Parapara auf dem Wege von Kaitaia nach Doubtleß-Bai ein alter neuseeländischer Häuptling Namens Hahakai lebte, welcher mit der Geschichte seiner Heimat gründlich vertraut war und sechsundzwanzig Generationen seit der Zeit der ersten Ankunft seiner Stammväter auf der Insel aufzuzählen wußte. Taylor glaubt jedoch, daß eine Anzahl dieser Generationen als Gottheiten angesehen werden müsse und daß schwerlich mehr als fünfhundert Jahre verflossen und mehr als fünfzehn Generationen dahin gegangen seien, seitdem die ersten Einwanderer aus dem Norden sich auf Neu-Seeland niederließen.[2] Sie sollen zu jener Zeit weder die Sitte des Tapú (die Heiligkeit und Unantastbarkeit irgend eines Dinges), noch Cannibalismus gekannt, sondern beide Gebräuche erst in ihrer Adoptivheimat zu üben angefangen haben. Da die Urbewohner vor ihrem Verkehr mit den Europäern keine geschriebene Sprache besaßen,

[1] Nach der vom Häuptling Te Heuheu bewahrten Sage emigrirten ihre Vorfahren zuerst von Hawaiki-Tawiti-nui nach Hawaiki-Patata, wo sie einige Zeit verweilten, und darauf Hawaiki-Kite-Moutere erreichten, von wo aus sie erst nach Neu-Seeland kamen.

[2] Nach der Ansicht des Dr. Thomson (The Story of New Zealand, past and present, savage and civilised. London, J. Murray. 1859) welcher elf Jahre als Militärarzt in Rußland lebte, kamen die Maori's um das Jahr 1419 von Sawaii, der größten der Schifferinseln, über Rarotonga nach Neu-Seeland. Diese Annahme, welche viel Wahrscheinlichkeit für sich hat, widerspricht indeß nicht, daß die Hawaiischen oder Sandwich-Inseln die Urheimat der dermaligen Neuseeländer waren und Sawaii bloß als eine Art Zwischenstation zu betrachten ist. Vergl. United States Exploring Expedition 1838—42. Vol. VII. Ethnography and Philology by Horatio Hale. Philadelphia, Lea and Blanchard. 1846. — Die Wandersagen der Neuseeländer und der Māui-Mythos. Von C. Schirren. Riga, N. Kymmel. 1856.

so wurden diese Traditionen in der Regel vom Großvater dem Urenkel erzählt, während einflußreichere Familien eines Stammes einen oder mehrere Verwandte eigens für das Studium dieser Sagen so wie ihrer Gesetze (tikanga) und religiösen Ceremonien bestimmten. Die auf solche Weise erzogenen Personen waren ihre Annalen, ihre Nachschlagebücher und ihre Rechtsgelehrten.

Sowohl Taylor als Dieffenbach neigen sich zur Ansicht älterer Schriftsteller über diese Doppelinsel hin, daß nämlich dieselbe schon zur Zeit der Ankunft der Einwanderer aus dem Norden von einer andern dunklen Race von verschiedener Abstammung bevölkert gewesen sei. Gegen diese Annahme spricht aber sowohl der Umstand, daß nicht die geringste Spur von einer solchen Race mehr vorhanden ist, als auch jener, daß im ganzen Bereich der Insel nur eine einzige Sprache mit sehr geringem Dialektunterschied gesprochen wird. Keine der zahlreichen Maori-Legenden erwähnt ferner in irgend welcher Weise einer derartigen Thatsache, welche man gewiß nicht stillschweigend übergangen hätte, wenn wirklich bei der ersten Landung der Emigranten aus Hawaiki die Insel schon von einer andern Race bevölkert gewesen wäre. Die große Verschiedenheit im physischen Charakter der einzelnen Individuen, welcher bald an den malayischen und chinesischen, bald wieder an den afrikanischen und zuweilen sogar an den mosaischen Typus erinnert, dürfte weit eher in einer Vermischung der Neuseeländer mit den Bewohnern der verschiedenen Inselgruppen, nach welchen sie während ihrer Wanderzeit kamen, eine Erklärung finden.

Die Maori's sind im Allgemeinen ein schöner Menschenschlag, wohlgebaut und kräftig, jedenfalls nicht kleiner als die Europäer, denen sie auch durch ihre, dem Ansehen nach mehr gebräunte als braune Hautfarbe, durch ihr schlichtes, weiches, theils schwarzes, theils kastanienbraunes Kopfhaar und ihre Gesichtszüge sehr nahe kommen. Sogar Vollblut-Maori's haben zuweilen ein derartig europäisches Aussehen, daß selbst ihre zahlreichen Gesichtstättowirungen diesen Eindruck nicht zu stören im Stande sind, sondern weit mehr jenen zeitweiligen Gesichtsbemalungen gleichen, die wir an Schauspielern zu sehen gewohnt sind, wenn sie ihrem Antlitz auf der Bühne einen effectvolleren Ausdruck zu geben beabsichtigen.

Das Tättowiren oder „Moko" der Neuseeländer ist eine der am meisten charakteristischen Sitten dieses merkwürdigen Volkes und verdient schon aus dem Grunde ausführlicher beschrieben zu werden, indem dasselbe seit der Verbreitung der christlichen Civilisation fast gänzlich aus dem Gebrauch gekommen ist; denn nach dem Ausspruche der Missionäre entsagt jeder Eingeborene, welcher sich in Zukunft dieser Operation unterzieht, offen dem Christenthume und stempelt sich gewissermaßen selbst zu einem Heiden.

Die Meinung, daß der „Moko" dem Feinde gegenüber dem Gesichte einen entschiedeneren Ausdruck verleiht, und die weiblichen Maori's den Zärtlichkeiten eines Tättowirten mehr Aufmerksamkeit schenken als Sterblichen mit einem unentstellten Gesichte, wird als die wesentlichste Veranlassung zur raschen Ausbreitung dieser peinlichen Sitte angegeben. Zugleich war das Tättowiren ein Zeichen der Mannbarkeit für beide Geschlechter und ein Beweis ihrer Heiratsfähigkeit.

Anfänglich begnügte man sich damit, das Gesicht mit geraden Linien zu markiren, was die Eingeborenen Moko-Kuri nannten, und noch zur Zeit übten, als Cook die Insel besuchte. Die gegenwärtige complicirtere Mode des Tättowirens kam zuerst bei einem der Stämme der Ostküste durch einen gewissen Mataora in Gebrauch, und der erste Mann, dessen Gesicht auf diese Weise gezeichnet wurde, hieß Onetunga.

Gewöhnlich wurde diese schmerzvolle Operation durch einen Priester (tohunga) vorgenommen, welcher eine der zahlreichen Schablonen, gleichsam probeweise, mit schwarzer Farbe auf das Gesicht des zu Tättowirenden malte und vorerst dessen Urtheil einholte, indem er denselben, in Ermanglung eines Spiegels, in einen mit Wasser gefüllten Kübel schauen ließ. Erst wenn letzterer seine Zustimmung zu dem gewählten Muster gegeben hatte, wurde mit der eigentlichen Ausführung begonnen.

Die Instrumente, welche dabei in Anwendung kamen, waren:

Der „Uhi", ein schmales Stück Holz, an dessen einem Ende in verticaler Richtung ein kleines, scharf geschliffenes Bein befestigt war. Dieses nadelartige Instrument, zu dessen Verfertigung in früheren Zeiten Menschen- oder Albatroßknochen dienten, wurde seit der Einführung des Stahles durch diesen ersetzt.

Der Ta oder Tuki, ein Farnstengel, mit welchem auf den Uhi geklopft wurde, damit dieser in die Haut eindringe und die beabsichtigte Zeichnung hervorbringe.

Den dazu benöthigten Färbestoff (Ngarahu) lieferte der Ruß des carbonisirten Holzes der Kauri-Tanne (Dammara Australis), welcher auf den Blättern des Ti-Strauches (Cordyline Australis) gesammelt und mit einer Infusion der Rinde des Hinäu (Elaeocarpus Hinau) in Form kleiner Kugeln aufbewahrt wurde.

Kurz vor dem Tättowiren befeuchtete man den auf diese Weise gewonnenen Färbestoff mit dem Safte der Frucht des Tupa-kihi (Coriaria Sarmentosa). Das vollkommene Moko umfaßt das Gesicht, die Hinterbacken und die Oberschenkel bis zu den Knieen. Jede einzelne Tättowirung hat ihre besondere Benennung und ihren bestimmten Platz. Dieffenbach führt in seinem Werke 17, Richmond Taylor gar 19 verschiedene Moko's nebst ihren Bezeichnungen an.

Die Operation ist so schmerzhafter Natur, daß sie ohne Gefahr für das Leben des Individuums nicht auf Einmal vollendet werden kann. Nur ein einziger Fall ist bekannt, wo ein Eingeborener den ganzen langen peinlichen Proceß in Einer Sitzung durchmachte; allein er starb, als eben die letzten Linien vollendet waren. In der Regel geschieht die erste Tättowirung mit dem 18. Jahre und wird in verschiedenen Zeitabschnitten fortgesetzt. Während der Operation liegt der zu Tättowirende auf der Erde mit seinem Kopfe im Schoße des Tohunga, welcher in der linken Hand den „Uhi", in der rechten den „Ta" oder „Tuki" hält, womit er in raschem Tempo auf den ersteren schlägt. Sobald eine Incision gemacht ist, wird das Blut mit etwas feinem Flachs von der Haut entfernt und der Färbestoff eingerieben. Dabei singen die anwesenden Freunde und der Tohunga fortwährend Lieder, um den Tättowirten aufzuheitern und ihm Muth einzuflößen.

Nach der Operation schwillt das Gesicht und bekommt für einige Zeit ein höchst widerwärtiges Aussehen, ja es sind sogar einzelne Fälle vorgekommen, wo dasselbe für immer mißgestaltet blieb. Aber im Allgemeinen heilen die Wunden nach zehn bis zwölf Tagen und die mit dem Uhi eingeschnittenen Linien erscheinen in einer bläulich-schwarzen Färbung.

Bei den Frauen ist die Operation viel einfacher, sie beschränkt sich auf zwei bis drei horizontale oder verticale Linien auf den Lippen und am Kinn. Diese Tättowirung geschieht aber zuweilen zweimal, um eine schwärzere Färbung hervorzubringen, indem die Neuseeländer eine schwarze Lippe als das Hauptmerkmal idealer Schönheit betrachten. Es geht dies auch aus den Gesängen hervor, welche bei einem solchen Anlasse vom Tohunga gesungen werden und denen wir folgende Zeilen auszugsweise entlehnen:

„Neige dich, meine Tochter, dich zu zeichnen,
Zu tättowiren dein Kinn!
Damit nicht, wenn du die Schwelle eines fremden Hauses betrittst,
Sie sagen: Woher kommt dieses häßliche Weib?

Neige dich, meine Tochter, dich zu zeichnen,
Zu tättowiren dein Kinn;
Auf daß du ein geziemend Aussehen erhältst,
Damit nicht, wenn du ein Fest besuchest,
Sie fragen: Woher kommt dieses rothlippige Weib? —

Um dich schön zu machen,
Komm und sei tättowirt!
Damit nicht, wenn du in einen Kreis von Tänzern trittst,
Sie fragen: Woher kommt dieses Weib mit den häßlichen Lippen?

Um dich schön zu machen,
Komme und lasse deine Lippen tättowiren!
Damit nicht, selbst wenn du unter Sclaven gehst,
Diese dich fragen: Woher das Weib mit dem rothen Kinn?“

Der Tohunga wird gewöhnlich sehr gut bezahlt und pflegt in seinen Gesängen sogar oft Anspielung auf die erwartete Belohnung zu machen, was indeß nicht gerade beitragen mag, den in der Operation Begriffenen aufzumuntern, namentlich, wenn ersterer unter anderm singt:

„Der Mann, den man gut bezahlet,
Tättowiret zierlich —
Der Mann ohne Bezahlung
Zeichnet nicht gut!“

Die angebrachten Zeichnungen sind so mannigfaltig und verschieden, daß kaum zwei Neuseeländer zu finden sein dürften, welche vollkommen gleich tättowirt sind. Indeß dient diese Hautbemalungen weder zur Bezeichnung der einzelnen Stämme, noch eines Rangunterschiedes. Ein Sclave, wenn er nur die Mittel besaß, mochte sich mit den nämlichen Figuren wie sein Gebieter das Gesicht verzieren lassen. Doch ereignete es sich auch, wie uns Oberst Browne erzählte, daß Häuptlinge bei Gelegenheit der Eingehung von Verträgen mit den Engländern die künstlichen Linien ihres Gesichtes statt ihrer Namensunterschrift, gleichsam als heraldische Zeichen, auf die betreffenden Documente malten.

Ein anderer merkwürdiger Gebrauch der Maori's besteht in dem Rechte ihrer Priester, gewisse Personen und Dinge für geheiligt und unantastbar

GESICHTSTÄTTOWIRUNGEN DER EINGEBORENEN VON NEU-SEELAND.

1. Te Rauparaha, Häuptling des Ngatitoa-Stammes, nach einer älteren Skizze des Mr. Sutherland R. N.
2. Te Rangihaeata, Häuptling des Ngatitoa-Stammes, nach einer älteren Skizze des Mr. Sutherland R. N.
3. Wiremu Toetoe Tumohe, Häuptling des Ngatiapakura-Stammes.
4. Tättowirungen eines Neuseeländers (im Profil); *a* Stirn, *b* Nase, *c* Kinn.
5. Tättowirungen einer Neuseeländerinn (en face), blos auf die Lippen und das Kinn beschränkt; *a* Mund, *b* Kinn.

(tapú) zu erklären. Dieser Gebrauch, welcher eigentlich nichts anderes ist, als eine, zur Erreichung politischer Zwecke eingeführte religiöse Institution, hatte oft die wohlthätigsten Folgen. So groß und allgemein war die Achtung vor dem Gesetze des Tapú, daß selbst feindliche Stämme alle damit belegte Personen und Dinge im Kampfe unberührt ließen. Ein mit Nahrungspflanzen bebautes Stück Feld, ein Fruchtbaum, ein Kranker, eine Wöchnerinn u. s. w. waren eben so sehr geheiligte als verbotene Gegenstände.

In früheren Zeiten war Polygamie unter den Maori's ziemlich allgemein, obschon Fälle, wo ein Mann nur eine Ehefrau besaß, nicht selten vorkamen. Gegenwärtig beschränkt sich diese, mit der christlichen Vorstellung eines Familienherdes unverträgliche Sitte blos auf jene wenigen Häuptlinge, welche noch Heiden sind.

In der Regel heiraten Jünglinge und Mädchen sehr frühzeitig. Englische Reisende erzählen, Mütter von elf Jahren gesehen zu haben. Gewöhnlich war die erste Frau eines jungen Häuptlings viel älter als er selbst, dagegen sah man alte Häuptlinge sehr junge Mädchen freien. Die Töchter eines Mannes von sehr hohem Range durften zuweilen gar nicht heiraten.

Die Sterblichkeit unter den Kindern ist in den ersten Jahren sehr groß. Man rechnet gegenwärtig nicht mehr als drei Kinder auf eine Familie, und die Zahl der kinderlosen Ehen soll bei weitem größer sein als jene der fruchtbaren.

Kindermord kommt dermalen unter den Neuseeländern nicht häufiger vor als unter Europäern. In früheren Zeiten, besonders während der inneren Kriege, war es nichts Ungewöhnliches, wenn eine Mutter ihre Kinder, namentlich weiblichen Geschlechtes, tödtete, um sich die Mühe des Pflegens und Säugens zu ersparen. Männliche Nachkommen wurden dagegen mit mehr Sorgfalt behandelt, weil sie die Streitkräfte des Stammes vermehrten und als die Rächer einer erlittenen und noch nicht gesühnten Unbill angesehen wurden. Uneheliche Kinder tödtete man fast immer und zwar entweder durch Erwürgen oder durch Zuhalten der Nasenflügel. Die Ursache des häufigen Kindermordes von weiblichen Nachkommen lag hauptsächlich in dem Sclavenleben, zu dem das weibliche Geschlecht der Maori's in seinem heidnischen Zustande verurtheilt war. So äußerte einmal eine Kindesmörderinn: „Wozu soll mein Kind leben? Um den Weibern meines Mannes als Sclavinn zu dienen, um von ihnen geschlagen und mit den Füßen getreten zu werden?“ —

Was einige Schriftsteller von einer auf Neu-Seeland herrschenden Sitte erzählen, nach welcher beim Tode eines Maori gemeiniglich auch dessen nächste Verwandte getödtet wurden, so beruht diese Angabe auf einem Irrthum. Nur wenn ein großer Häuptling starb, wurden gleichzeitig stets einige Sclaven getödtet, damit ihre Geister dem Dahingeschiedenen in das Reich der Schatten folgten, um ihm dort, wie bisher auf Erden, dienstbar zu sein und seine Befehle auszuführen.

Eben so geschah es zuweilen, daß beim Tode eines geliebten Häuptlings eine Anzahl Krieger einen feindlichen Ausfall machte, um von einem andern Stamme ein Opfer zu holen, und dadurch auch fremden Kreisen einen ähnlichen Schmerz wie den fühlen zu lassen, welchen sie eben über den Verlust ihres dahingegangenen Häuptlings empfanden. Indeß ist Selbstmord beim Tode eines geliebten Anverwandten aus Seelenschmerz noch gegenwärtig nichts weniger als ungewöhnlich. Geringschätzung des Lebens erscheint überhaupt als hervorstechender Charakterzug des Neuseeländers; es bedarf nur eines geringen Anlasses, daß er sich ermorde oder in einen Abgrund stürze.

Sclaverei in jener Ausdehnung, wie sie in Neu-Seeland unter den Aboriginern in älteren Zeiten bestand, wird gegenwärtig nicht mehr angetroffen, doch werden noch viele Kriegsgefangene als Sclaven durch ihre Herren zurückgehalten. In zahlreichen Fällen ziehen die Sclaven es vor, bei ihren dermaligen Gebietern, wenn diese sie gut behandeln, zu bleiben, als zu ihrem eigenen Stamm wieder zurückzukehren, von dem sie sich völlig entfremdet und der sie selbst vielleicht schon längst vergessen hat.

Die Einführung des Christenthums hätte die sofortige Emancipation der Sclaven in ganz Neu-Seeland zur Folge. Unter dem alten Gesetze war der Besitzer eines Sclaven unbeschränkter Herr über dessen Person und Eigenthum, er konnte denselben tödten, verkaufen, oder sonst mit ihm nach seinem Gefallen handeln. Alles, was der Sclave besaß, gehörte seinem Herrn. Sclaven wurden gewöhnlich im Kriege gemacht, entweder während der Erstürmung eines befestigten Dorfes (pàh) oder im Momente, wo sie vor dem siegenden Feinde flohen. Jeder Krieger mochte so viele Gefangene nehmen als er konnte, welche sodann sein unbestrittenes Eigenthum blieben. Häuptlinge jedoch, so wie Jünglinge von höherem Rang wurden gemeiniglich sofort getödtet.

Die Nachkommen solcher Kriegsgefangenen waren gleichfalls Sclaven und das Eigenthum ihrer Herren; indeß ereignete es sich häufig, daß ein junger Sclave ein Mädchen aus dem Stamme seines Gebieters heiratete, in welchem Falle dessen Nachkommen nicht mehr Sclaven waren, jedoch als von geringerem Range betrachtet wurden. Es gab nach dem alten Gesetze der Maori's keine andern Sclaven als solche, welche im Kriege zu Gefangenen gemacht wurden, und deren Nachkommen.

Neuseeländer.

Unter den freien Maori's besteht eine Anzahl von Rangunterschieden; allein die Grundsätze, nach welchen diese bestimmt werden, scheinen europäischen Forschern bisher noch nicht genau bekannt geworden zu sein. Irgend ein Individuum, welches seine Abstammung von einem angesehenen Vorfahren, entweder von männlicher oder weiblicher Seite, nachzuweisen im Stande ist, besitzt das Recht den Titel eines Häuptlings anzusprechen, und mag jede beliebige Stellung einnehmen, die ihm seine sonstigen Mittel gestatten. Als eine Regel gilt, daß die ältere Linie einer Familie stets den

Vorrang vor der jüngeren hat. Der männliche Abkömmling wird immer als das Haupt der Familie betrachtet und war in älteren Zeiten zugleich ihr Priester oder Tohunga.

Die Kriegführung der Maori's geschah größtentheils mittelst Speeren und Keulen von den verschiedensten Formen und Größen. Seit der Ankunft der Europäer ist jedoch der Gebrauch der Feuerwaffe ziemlich allgemein geworden. Höngi, einer der berüchtigtesten und grausamsten Häuptlinge Neu-Seelands, welcher im Jahre 1826 eine Reise nach England machte, benützte bei seiner Rückkehr alle die großartigen und reichen Geschenke, die er vom Könige Georg IV. erhalten hatte, zum Ankauf von europäischen Feuergewehren nebst Munition, um durch diese neue und furchtbare Waffe alle Stämme der Insel desto sicherer zu unterjochen und sich unterwürfig zu machen. Aeltere Kriegswerkzeuge (taiaha, paki, ehi) werden dermalen nur mehr als Zierde von Häuptlingen zur Schau getragen.

Die merkwürdigste Waffe der Neuseeländer aber, welche zugleich als Emblem des Ranges, als Scepter von einheimischen Häuptlingen hoch in Ehren gehalten wird und sich von Generation auf Generation vererbt, ist ein 10 bis 20 Zoll langes, 4 bis 5 Zoll breites, in der Mitte ungefähr ½ Zoll dickes, schön geschliffenes Stück Grünstein (Nephrite), von den Eingeborenen Meri-Meri oder Meri-Punamu genannt, welches, am unteren Ende durchbohrt, meistentheils an einer Schnur in der Hand getragen wird. In heidnischen Zeiten diente der Meri-Meri sowohl als Vertheidigungswaffe, als auch um die Schädel der Kriegsgefangenen zu scalpiren.

Die verschiedenen Grünsteinwaffen, die wir sahen, waren von blaßgrüner Farbe, an dem scharf zulaufenden Rande durchsichtig, und hatten ein eigenthümlich geflammtes Aussehen.

Der Stein, aus dem man diese kostbare Waffe verfertigt (deren Vollendung bei den geringen Hülfsmitteln, welche den Aboriginern vor ihrem Verkehr mit den Europäern zu Gebote standen, oft die Arbeit von Generationen in Anspruch nahm), wird in losen Stücken in verschiedenen Bergströmen an der Westküste der mittleren Insel gefunden. Die am meisten berühmten Fundorte sind: Arahura und Ohonu an der Nordwestküste, ferner Wakatipu, ein Binnensee, eine der Quellen des Mataaflusses, und Piopiotáhi, ein Bergstrom an der Südwestküste. Am letztgenannten Orte, welcher, obwohl noch keine genaue Aufnahme davon besteht, den Seehundsjägern längst bekannt ist, befand sich in der Mitte des Stromes ein riesiges Stück Grünstein von vielen Tonnen Gewicht, welches wegen seiner Größe für die Eingeborenen werthlos und unbrauchbar war. Ein Seehundsjäger, der diese Küste besuchte, hörte einmal, während seines Aufenthaltes in Sydney, daß diese Gattung von Grünstein in China großen Werth habe, und in Kenntniß von dem kolossalen Block in Piopiotáhi, wähnte er sich bereits im Besitze eines großen Reichthums. Rasch bildete sich eine Gesellschaft, an deren Spitze ein Kaufmann in Manila stand, und eine Anzahl Bergleute begab sich an Ort und Stelle, um diesen unförmigen Felsblock in transportfähigere Stücke zu zersprengen. Nach unsäglicher Mühe und gewaltigem Kraftaufwand gelang es den Arbeitern einige Tonnen des zersprengten Grünsteins in einem Schiffe zur Probe nach Manila zu senden. Die Arbeiter blieben mehrere Monate in Piopiotáhi, neugierig und sehnsuchtsvoll dem Resultate ihrer schweren Mühen entgegensehend. Als sie endlich alle ihre Provisionen erschöpft hatten und noch immer keine Nachrichten eintrafen, vergruben sie die Früchte ihrer Arbeit und zerstreuten sich in den kleinen Maori-Ansiedlungen in der Nähe von Foveau's Straße.

Die Grünsteinproben, welche von Manila aus nach China gesendet wurden, zeigten sich von einer daselbst wenig geschätzten Qualität, indem dieselben durch kleine schwarze Flecken, ähnlich den Glimmerblättchen im Granit, entstellt waren. Im darauffolgenden Jahre wurde eine kleine Quantität des Grünsteins von Piopiotáhi nach Wellington auf Neu-Seeland zum Verkaufe gebracht, wo sie unter den dortigen Eingeborenen um den Preis von 1 Schilling per Pfund zahlreiche Käufer fand.

In früheren Zeiten unternahmen die Maori's lange und beschwerliche Reisen von der Ostküste nach der Westküste der Insel, um diesen so sehr geschätzten Stein aufzusuchen. Derselbe wurde gewöhnlich geformt und polirt, indem sie ihn auf einem flachen Sandsteinblock rieben; diese Arbeit war eine so mühevolle und langwierige, daß die Vollendung einer solchen Waffe oft die Anstrengung von zwei Generationen erforderte; und dies ist wohl die Hauptursache ihres großen Werthes. Die außerordentliche Härte des Steines, wodurch derselbe einen sehr scharfen Schliff vertrug, ließ denselben gleichzeitig bei der Verfertigung von Hacken und Meißeln als einen sehr vortheilhaften Ersatz für Eisen erscheinen, dessen Gebrauch die Neuseeländer erst durch den Verkehr mit den Europäern kennen lernten.

Die vollendete Form, welche die Maori's bei der Mangelhaftigkeit ihrer Hülfsmittel dem Grünstein trotz seiner Härte, die selbst dem Eisen Widerstand leistet, zu geben verstanden, war Ursache, daß sogar die Ansicht auftauchte, der Stein werde von den Eingeborenen in einem weichen Zustande gefunden. Allein Sandstein hat dieselbe Wirkung auf ihn wie auf Eisen, und die zum Umhängen dieses steinernen Emblems nöthigen Löcher werden durch einen höchst einfachen Proceß, nämlich mittelst eines scharf gespitzten Stück Holzes, und mit Hülfe von etwas feinkörnigem Sand und von Wasser durch den Stein gebohrt.

Anthropophagie mag gegenwärtig auf Neu-Seeland als vollständig erloschen betrachtet werden. Jede Anspielung auf diese einstmalige Sitte ist dem heutigen Neuseeländer peinlich, weil sie ihn an seinen früheren niederen Standpunkt als Race erinnert. So oft wir davon gegen die Eingeborenen eine Erwähnung machten, wendeten sie sich mit einem Gefühl der Beschämung von uns ab.

Auch der Genuß von Hundefleisch hat seit der Einführung des Schweines durch den edlen, utilitarischen Cook vollkommen aufgehört. In älteren Zeiten wurde der einheimische oder Maorihund, welcher gegenwärtig bereits sehr selten geworden ist, bei gewissen Anlässen gegessen, so wie dessen Blut in der maorischen Pharmakologie eine nicht unbedeutende Rolle spielte.

Die wichtigsten Nahrungspflanzen der Eingeborenen vor der Ankunft der Europäer waren:

1. Raorao (Pteris esculenta), ein 3 bis 4 Fuß hoher Farn, welcher auf Neu-Seeland ungeheure Flächen bedeckt, und dessen Wurzelstock vor der Einführung der peruanischen Kartoffel hauptsächlich die vegetabile Nahrung der Maori's ausmachte.

2. Die Kumara (Convolvulus Batata) oder süße Kartoffel, die unschätzbarste Frucht des Neuseeländers. Verschiedene abenteuerliche Sagen leben über ihre erste Einführung im Munde der Eingeborenen. Die Ernte derselben ist stets von einem großen Feste (hakari) begleitet und die mit Kumara bepflanzten Grundstücke sowohl, als die Arbeiter, welche den Anbau und die Ernte besorgen, wurden stets vom Priester als tapú oder heilig erklärt. Von den zahlreichen Varietäten der Kumara wird eine, von der Größe der Yamswurzel, kai-pakeha, oder des „weißen Mannes Nahrung" genannt. Dieselbe soll ungemein wohlschmeckend sein. Die eigentliche Kartoffel

(Solanum tuberosum) wurde zuerst durch Cook vom Cap der guten Hoffnung nach Neu-Seeland gebracht und dort gepflanzt.

3. Mamaku (Cyathea medularis), einer der schönsten Baumfarn des Landes, dessen ganzer, oft 20 Fuß hoher Stamm gegessen werden kann und für eine beträchtliche Anzahl Personen hinreichend ist. Das Mark des gekochten Mamaku (pitáu) ist, wenn in der Sonne getrocknet, ein vortreffliches Substitut für Sago.

Gegohrene Getränke, gleichwie die Kawa der Südsee-Insulaner oder die Chicha der Indianer Süd- und Mittelamerika's, scheinen die Maori's niemals gekannt zu haben.[1] Die einzigen Früchte, aus denen zuweilen Getränke bereitet werden, sind: die Beere der Tawa (Laurus Tawa) und jene des Tupa-kihi-Strauches (Coriaria sarmentosa), welch letztere jedoch, wenn viele Pflanzenstengel beigemischt sind, häufig eine sehr schädliche, vergiftende Wirkung haben, heftige Convulsionen erzeugen, und sogar den Tod herbeiführen soll.

Obschon der kurze Aufenthalt in Auckland, verbunden mit anderweitigen unabweisbaren Geschäften, den Mitgliedern der Expedition nicht gestattete, eine große Anzahl von Körpermessungen an Maori's beiderlei Geschlechtes anzustellen, so gelang es ihnen doch Individuen verschiedener Stämme Neu-Seelands, deren Körperverhältnisse eine ziemlich richtige Durchschnittsgröße geben, zu messen.

Wir können nicht unterlassen hier zu bemerken, daß schon vor längerer Zeit einer der Aerzte des 58. Regiments, Herr Dr. A. Thomson, wahrscheinlich eingedenk der hohen Bedeutung eines solchen Verfahrens für die Diagnostik der Menschenracen, während seines vieljährigen Aufenthaltes in Neu-Seeland bereits verschiedene Messungsversuche an Eingeborenen angestellt hatte. Dieselben beschränken sich allerdings blos auf Höhe, Gewicht, Umfang des Brustkorbes und Muskelstärke der untersuchten Individuen, allein sie sind schon aus dem Grunde von großem Werthe, weil dieselben gleichzeitig auch an einer Anzahl britischer Soldaten vorgenommen wurden, was zu mehrfachen interessanten Vergleichen der beiden Racen Anlaß giebt. So z. B. maß Dr. Thomson die Höhe von 147 Eingeborenen und fand, daß die Durchschnittshöhe ihres Körpers 5 Fuß $6\frac{3}{4}$ Zoll englisch betrug. Außerdem

[1] Kranken wurde in früheren Zeiten die in Süß- und Salzwasser-Konchylien enthaltene Flüssigkeit als Getränk verabreicht.

waren 37 gemessene Maori's 5 Fuß 6 Zoll bis 5 Fuß 7 Zoll hoch; 20 von 5 Fuß 5 Zoll bis 5 Fuß 6 Zoll; 2 von 5 Fuß 11 Zoll bis 6 Fuß; 1 Mann 6 Fuß 1 Zoll, ein anderer 6 Fuß 5½ Zoll hoch. Von 617 Mann des 58. Regiments erreichte dagegen die durchschnittliche Höhe des Körpers 5 Fuß 7¾ Zoll.

Die Maori's erlangen gleich den Engländern ihre vollkommene Größe erst nach zurückgelegtem 20. Jahre, denn die mittlere Höhe von 46 Individuen von 16 bis 20 Jahren war 5 Fuß 6 Zoll, während dieselbe bei Individuen zwischen 21 bis 25 Jahren 5 Fuß 6½ Zoll betrug.[1]

In Bezug auf das Körpergewicht der Neuseeländer, verglichen mit jenem englischer Soldaten, ergaben die mit 150 Individuen von beiden Racen in Auckland angestellten Versuche folgendes bemerkenswerthe Resultat:

8	Maori's wogen mehr als	112	Pfund, aber unter	126	Pfund englisch.
25	„ „ „ „	126	„ „ „	140	„ „
54	„ „ „ „	140	„ „ „	154	„ „
41	„ „ „ „	154	„ „ „	168	„ „
19	„ „ „ „	168	„ „ „	182	„ „
3	„ „ „ „	182	„ „ „	196	„ „

Das Durchschnittsgewicht eines Maori betrug nach Abzug seiner Kleidung 141 Pfund. Bei 617 gewogenen Europäern (Engländern und Irländern) war das durchschnittliche Gewicht 143 Pfund. Unter 21 Jahren fand Dr. Thomson die Neuseeländer weniger entwickelt als die Soldaten, dagegen zeigte nach 20 Jahren das Körpergewicht der Maori's eine höhere Ziffer als das der Europäer.

Der Umfang des Brustkorbes (oberhalb der Brustwarzen gemessen) betrug bei 151 Neuseeländern im Mittel 35.36 Zoll, bei 628 Soldaten des 58. Regiments 35.71 Zoll. Von 16 bis 20 Jahren ist die Brust des Neuseeländers um mehr als einen halben Zoll schmäler als bei Europäern; später tritt ein ziemlich gleiches Verhältniß ein.

Um die physische Stärke und die Muskelkraft der Maori's zu erproben, ließ sie Dr. Thomson das größt möglichste Gewicht vom Boden aufheben, und es ergab sich, daß von 31 Individuen, mit welchen dieses Experiment vorgenommen wurde,

[1] Haller berechnet die Durchschnittshöhe der Menschen in den gemäßigten Ländern Europa's von 5 Fuß 5 Zoll bis 5 Fuß 6 Zoll

6	Neuseeländer	410	bis	420	Pfund
2	„	400	„	410	„
5	„	390	„	400	„
3	„	380	„	390	„
6	„	360	„	380	„
5	„	340	„	360	„
2	„	336			„
2	„	250	„	266	„

von der Erde aufhoben.

Die von ihnen durchschnittlich aufgehobene Last betrug 367, die größte 420, die kleinste 250 Pfund. Ein ähnlicher, mit 31 Soldaten des 58. Regiments (welche durchschnittlich ohne Kleidung 144 Pfund wogen) angestellter Versuch stellte folgende Ziffern heraus:

2	Soldaten	hoben	. . . . .	504	Pfund	auf,
6	„	„	460 bis	480	„	„
14	„	„	400 „	460	„	„
9	„	„	350 „	400	„	„

Das Durchschnittsgewicht, welches die britischen Soldaten von der Erde aufzuheben im Stande waren, betrug 422 Pfund oder 55 Pfund mehr als bei den Maori's.

Perron in seinen „Voyages des Decouvertes aux Terres Australes" bemerkt auf Grund der von ihm angestellten Versuche, daß der schwächste Franzose so viel Muskelstärke besitzt, wie der stärkste Eingeborene von Van-Diemensland und der schwächste Engländer stärker sei, als der stärkste Aboriginer Neu-Hollands. Nach diesen Wahrnehmungen besitzen die Maori's ein weit größeres Maß physischer Stärke als die Urbewohner Australiens.

Was uns bei den von Dr. Thomson gewonnenen Resultaten am meisten von Interesse scheint, ist der bedeutende Unterschied der Muskelkraft der Maori's, verglichen mit jener der angelsächsischen Race, während erstere in Bezug auf Statur, Körpergewicht und Umfang des Brustkorbes ein ziemlich gleiches Verhältniß ergiebt. Die Hauptursache dieser auffallenden Erscheinung dürfte größtentheils in der vegetabilischen Nahrung der Neuseeländer zu suchen sein, welche bekanntlich die Fettansammlung im Körpersystem begünstigt, ohne gleichzeitig zur Vermehrung der Muskelsubstanz beizutragen. Andrerseits ist die träge, einförmige Lebensweise der Maori's zur Entwicklung der Muskelkraft nur wenig geeignet.

Treffend bemerkt Dr. Thomson, wie die vorliegende Thatsache namentlich gegen diejenigen beweisführend auftritt, welche daran Gefallen finden die Welt in einem degenerirten Zustande darzustellen und die Menschen gegenwärtig für weniger stark und kräftig zu halten als in früheren Jahrhunderten, bevor Handel und Cultur ihren Einfluß auf die Sitten und Gebräuche der Völker ausgeübt haben. Denn wir gewahren hier wie die Neuseeländer, eine Race, welche sich eben erst aus dem completesten Urzustande erhob, gleichwohl in Bezug auf physische Stärke weit hinter den Bewohnern eines Landes zurückstehen, wo Maschinen und Civilisation sociale Veränderungen von einer Ausdehnung hervorgebracht haben, wie sie kein anderes Culturvolk der Erde aufzuweisen im Stande sein dürfte.

Von wenigen Völkern der südlichen Erdhälfte sind Sprache, Poesie, Lieder und Traditionen einem so eifrigen Studium unterzogen worden, wie von den Maori's. Kein Forscher aber hat sich in dieser Beziehung größere Verdienste erworben, als der frühere (und eben neuerdings ernannte) Gouverneur von Neu-Seeland, Sir George Grey, welcher über die ältere Geschichte der Maori's die gründlichsten Untersuchungen anstellte und dieselben in einer Anzahl werthvoller Arbeiten der Oeffentlichkeit übergab,[1] wennschon auch Missionäre und andere gebildete Ansiedler, welche sich seit einer Reihe von Jahren auf der Antipoden-Insel niedergelassen, mit anerkennungswerthem Eifer unsere Kenntniß über die neuseeländische Race durch die Herausgabe einer Grammatik und eines Dictionärs der Maori-Sprache, so wie durch mehrere höchst nützliche Werke über die Naturgeschichte Neu-Seelands vermehrt haben.[2]

[1] Die wichtigsten dieser Werke sind: „Polynesian Mythology, and ancient traditional history of the New-Zealand race, as furnished by their priests and Chiefs. London 1855". „Proverbial and popular Sayings of the Ancestors of the New-Zealand Race. Capetown 1857".

[2] New-Zealand: being a narrative of travels and adventures during a residence in that country, between the years 1831 and 1837. By J. S. Polack Esq. member of the Colonial Society of London. In two volumes. London, Rich. Bentley, 1838. — Travels in New-Zealand with contributions to the Geography, Geology and Natural-History of that country. By Ernest Dieffenbach, M. D., Late Naturalist to the New-Zealand Company. 2 vol. London, J. Murray, 1843. — The Southern districts of New-Zealand; a Journal with passing notices of the customs of the Aborigines. — By Edward Shortland, M. A. London, Longman et Co. 1851. A dictionary of the New-Zealand language and a concise grammar, to which is added a collection of colloquial sentences. By W. Williams. D. C. L. Archdeacon of Waiapú. London 1852. — The Ika-a-Maui, or New-Zealand and its inhabitants. By R. Taylor. London, 1855. — A leaf from the Natural history of New-Zealand. By R. Taylor. Wellington, New-Zealand 1848. — New-Zealand, the „Britain of the South". By Charles Hursthouse. London, E. Stanford, 1861. In streng wissenschaftlicher und speciell botanischer Beziehung

Dieser gemeinsamen edlen Thätigkeit verdankt es die Wissenschaft, wenn eine Literatur der Vergessenheit entrissen wurde, welche ein so schönes Zeugniß von der hohen Begabung der einheimischen Race giebt, und uns mit Sittensprüchen und Poesien bekannt macht, welche selbst einem Dichter des kaukasischen Stammes zur Ehre gereichen würden.

Wir wollen hier aus einer großen Anzahl von maorischen Sentenzen und Gedichten einige mittheilen, welche den biederen Charakter und die originelle Vorstellungsweise dieses Kernvolkes besonders anschaulich machen und der erwähnten, von Sir George Grey veröffentlichten Sprichwörtersammlung entlehnt sind.

Könnt ihr die Brandung beschwichtigen, welche am Felsriff von Rongo-ma-ta-kupe anschlägt? — (Mit Bezug auf die Schwierigkeit der Unterdrückung eines Aufruhrs.)

Ein Kindlein wächst, eine kleine Axt bleibt immer klein (d. h. ein menschliches Wesen ist mehr werth, als irgend ein anderes Gut).

Launenhaft wie ein Lachs im Flusse ist ein Mädchen auf dem Lande. (Wer kann sagen, an welche Art von Fliegen der Lachs anbeißt und für welches Burschengesicht ein Mädchen die meisten Sympathien fühlt?)

Zur Saatzeit sind Freunde, welche dir helfen, selten; aber wenn die Ernte eingesammelt wird, ziehen sie in Schwärmen herbei.

Ein alter zerbrochener Canoe kann wieder ausgebessert werden, aber Jugend und Schönheit kannst du nicht zurückgeben.

Ein fetter Mensch ist oft beleibt geworden durch gute Nahrung, nicht durch die Thätigkeit des Gedankens.

Weiber und Land sind die zwei Ursachen, welche Menschen entzweien und zerstören.

Ein Weib hört vielleicht die Feinde singen, wie diese die Leiber ihrer erschlagenen Verwandten den Göttern opfern! (d. h., es ist von geringem Nutzen eine Tochter zu haben, sie wird vielleicht deinen Feinden Erben gebären).

Weiber und Krieg sind die zwei Hauptgefahren der Menschen.

Der Moavogel (Dinornis giganteus) zertrat den Ratabaum (Metrosideros robusta), wie ist es da möglich, daß er gerade wachse? (Es ist schwer, frühe Einflüsse zu bewältigen.)

Aus Nahrung wird des Menschen Blut gebildet, und die Erde ist's, die ihm Nahrung gewährt und ihn erhält! (Verkaufe niemals deine Grundstücke, überlasse niemals ein fruchtbares Land.)

Ihr häuft Nahrung auf, Rangikiata? Habt Ihr eine Speisekammer in Eurem Schlund? (Von einem Gefräßigen.)

Sei fest wie der brandungumbrauste Fels im Ocean! —

darf wohl Dr. J. D. Hooker's „Flora of New-Zealand" als das bedeutendste Werk über die Antipoden-Insel bezeichnet werden.

Einen nicht minder bewunderungswerthen Schwung bekunden die poetischen Schöpfungen der Maori's. Es drückt sich in ihnen eine Tiefe der Empfindung, eine Gewalt der Darstellung aus, welche uns fast an dem wahren Ursprung derselben zweifeln ließen, stünde uns nicht das Original zur Vergleichung zu Gebote.

Wie herrlich schildern z. B. die folgenden, einer Todtenklage für den Häuptling Te Huhu entlehnten Zeilen den wilden Schmerz eines kriegerischen Volkes über den Tod ihres geliebten Anführers:

Todtenklage an Te Huhu.

Seht das Funkeln des Blitzes!
Fast scheint es, als schnitt' er Iuwhares schroffe Berge entzwei.
Deiner Hand entfiel die Waffe,
Und dein Geist verschwand
Hinter den Höhen von Raukawa!
Die Sonne verdüstert sich und eilt davon
Wie ein Weib vom Schauplatz der Schlacht!
Die Fluthen des Oceans weinen, wie sie sich heben und senken,
Und die Berge des Südens schmelzen dahin!
Denn der Geist des Häuptlings
Nimmt seinen Flug nach den Wohnungen Rona's.[1]
Oeffnet euch, Thore des Himmels!
Betritt den ersten Himmel, betritt den zweiten!
Und wenn du das Land der Geister durchschreitest
Und sie dich fragen: Was soll dies bedeuten?
Sage, daß die Welt ihre Flügel
Verloren, durch den Tod des tapfern Einen,
Des Führers unsrer Schlachten!
Atutahi und die Sterne des Morgens
Blicken herab vom Himmel,
Die Erde schwankt in ihrem Laufe,
Denn die größte Stütze der Stämme liegt tief im Grunde.
Ach! Mein Freund, der Thau Hokianga's
Wird deinen Leib durchdringen,
Die Gewässer der Flüsse werden versiegen,
Und das Land wird wüste sein.

[1] Rona ist ein Maori-Mädchen, von welchem die Legende erzählt, daß sie der Mond, aufgebracht über ihr muthwilliges Benehmen gegen ihn, nach höheren Regionen mit sich fortgeführt hat.

Ich sehe von weitem eine Wolke aufsteigen
Ueber das Haupt des berühmten Heki,
Möge er vernichtet sein, für immer
Vernichtet! Und laß das Herz,
Jetzt tief betrübt, nimmer auf Böses mehr sinnen! —

Eben so tief poetisch ist die Todtenklage einer Mutter, der warme Erguß mütterlichen Schmerzes über das Dahinscheiden ihrer einzigen Tochter.

Todtenklage für Ugaro.

Der Abendstern [1] ist im Verlöschen. Er verschwindet,
Um in glänzenderen Himmeln aufzugehen,
Wo tausende schon harren ihn zu grüßen.
Alles Große und Schöne hat keinen Werth mehr für mich,
Du warst mein einziger Schatz, meine Tochter!
Wenn die Sonnenstrahlen auf den Fluthen spielten,
Oder durch die wogenden Palmen glänzten,
Belauschten wir gerne dein lustiges Treiben
An den sandigen Ufern des Awapoka.
Oft, im Zwielicht des Tages
Sah ich dich umgürten dein Gewand
Und mit den Töchtern deines Volkes
Forteilen, die Früchte des Mâui [2] einzusammeln zu sehen,
Während die Jungfrauen von Tikoro [3]
Im Suchen nach der im Fels schlummernden Muschel
Der Brandung Trotz boten und ihrerseits
Jene sorglose Brut des beflossten Geschlechtes fingen,
Die, nah' dem Ufer, lungernd schmarotzte;
Und wenn des Abends sich die Stämme
Versammelten zum Mahle,
Stellten theure Gefährten sich dir zur Seite,
Eifernd das Beste dir zu credenzen
Für ein Lächeln von deinen Lippen.
Aber wo bist du jetzt? Wo jetzt? —
Ihr Gewässer, die ihr fluthet und ebbt,
Fluthet und ebbt nicht länger,
Denn Euer Hort ist dahin!

[1] Die Todte wird hier als Abendstern angesprochen, welcher der Sage nach in einer anderen Welt aufgeht und bei seiner Ankunft daselbst von verstorbenen Freunden mit großem Jubel begrüßt wird.

[2] Mâui ist die Kumara oder süße Kartoffel.

[3] Tikoro, Name eines Stammes im Hokianga-District.

Wohl versammelt das Volk sich wie eh'
Zum vergnüglichen Feste,
Der Canoe durchschneidet wie sonst den Wind
Und zerstiebt den Schaum der wogenden See.
Wie sonst verdunkeln, über Felsklippen schwebend,
Die Seemöven gleich einer Wolke den Himmel;
Aber die Geliebte kommt nicht,
Noch ward uns eine Locke deines wogenden Haares
Gelassen, um über sie dich zu beweinen! —

Die wahrhaft väterliche Theilnahme und Sorgfalt, welche die englische Regierung dem Schicksale der Urbevölkerung von Neu-Seeland, der sittlichen und materiellen Hebung ihres Zustandes schenkt, so wie die Betheuerungen der Anhänglichkeit, Treue und Dankbarkeit gegen die britische Nation, welche die Maori's (die Gascogner des Südens, wie sie ein englischer Schriftsteller nennt) beständig im Munde führen, ließen nicht vermuthen, daß Neu-Seeland so bald der Schauplatz von Kämpfen werden würde, welche kaum anders als mit der Vernichtung des kleinen Stammes der Urbewohner enden dürften; denn, obschon die englischen Truppen bisher bei ihren Angriffen auf ernsten, hartnäckigen Widerstand stießen, und die in ihre Pah's verschanzten Maori's erst durch Armstrongkanonen, durch Bomben und schwere Geschütze zum Weichen gebracht wurden, so kann für den unparteiischen Beobachter der endliche Ausgang des Krieges nicht zweifelhaft sein.[1] Die erste Veranlassung zu diesem unseligen Conflict gab ein Landverkauf in der Provinz Taranaki oder Neu-Plymouth an der Südwestküste der Nordinsel. Ein Eingeborener, Namens Te Teira (John Taylor), hatte der Colonial-Regierung auf Grund des Vertrages von Waitangi ein kleines Stück Land in der Nähe von Neu-Plymouth verkauft. Rangitake oder, mit seinem christianisirten Namen Wiremu Kingi,[2] ein entschlossener und muthiger Häuptling des Ngatiawa-Stammes, widersetzte sich diesem Verkaufe unter dem Vorwande, daß Te Teira angeblich kein Recht habe, ohne dessen Einwilligung Land zu verkaufen, und hinderte die von der Colonial-Regierung ausgesandten Feld-

[1] Einer der verdienstvollsten Colonisten Neu-Seelands, Mr. Charles Hursthouse, widmet in seinem neuesten Werke: „New-Zealand the Britain of the South" (London, Edward Stanford, 1861) den neuesten Vorgängen auf der Antipoden Insel einen besonderen Abschnitt: „The Native war and our future policy", in welchem in eben so ausführlicher als (wie es den Eindruck macht,) unparteiischer Weise die Hauptursachen des dermaligen Kampfes erörtert werden.

[2] William King, Wilhelm König.

messer an der Vermessung der angekauften Grundstücke. Als diese später dennoch ausgeführt werden sollte, widersetzte sich Kingi mit bewaffneter Hand, und verschanzte sich auf dem bestrittenen Eigenthum. Wie wenig die Colonial-Regierung daran dachte das Interesse der Maori's zu beeinträchtigen, dürfte am besten aus dem Umstande hervorgehen, daß der Ngatiawa- mit dem engbefreundeten Taranaki-Stamm zusammen nur 3000 Individuen (Männer, Frauen und Kinder) zählt, welche Ländereien von einem Flächenraum von 2 Millionen Acres als ihr Eigenthum beanspruchen und gleichwohl in den letzten zwanzig Jahren nur ganz unbedeutende Strecken längs der Küste bebaut haben. Die weißen Ansiedler betragen gleichfalls an 3000 Seelen und haben seither 40.000 Acres durch die Vermittlung der Regierung käuflich an sich gebracht, von welchen sich übrigens kaum der vierte Theil zu Culturzwecken eignet. Am 17. März 1860 wurde endlich Kingi von englischen Truppen unter Oberst Gold angegriffen. Dies war der Anfang einer Reihe zerfleischender, mit furchtbarer Erbitterung und Hartnäckigkeit geführter Kämpfe,[1] denen der Umstand ein ganz eigenthümliches Relief verleiht, daß die mächtige Partei der Missionäre, der hochkirchliche Bischof Selwyn und der Archidiakonus Hadfield an der Spitze, es mit den Maori's hält und der gelehrte Oberrichter Dr. Martin vom Rechtsstandpunkte aus zu beweisen sucht, daß der Krieg nur in Folge einer Verletzung des Eigenthumsrechtes von Seite der Colonial-Regierung entstanden ist, und daher das Auftreten des widerspenstigen Taranaki-Häuptlings durchaus keine Rebellion wäre, sondern blos als einfache Nothwehr zu betrachten sei! Ja, es verdient besonders hervorgehoben zu werden, und wirft einen interessanten Schlagschatten auf gewisse europäische Zustände, daß dem allgemeinen Urtheile nach[2] protestantische Missionäre und

[1] Ein Maori, welcher sich zwar neutral verhält, gleichwohl aber die Siege seiner Race mit parteiischem Auge verfolgt, schrieb uns erst vor wenigen Monaten, „daß bei den Gefechten während des ersten Ausbruches der Feindseligkeiten 2000 Engländer und nur 1000 Maori's gefallen seien!“

[2] Das Ränke- und Intriguenwesen der Missionäre auf Neu-Seeland wird von mehreren englischen und fremden Schriftstellern als die Entwicklung der Colonie beeinträchtigend geschildert. So bemerkt z. B. Schmarda: „Die Missionäre haben allerdings beigetragen, den Zustand der Bildung zu heben, doch hätten sie ungleich mehr leisten können, wenn sie nicht vom Anfang an darnach gestrebt hätten, nicht nur das Seelenheil, sondern auch alle irdischen Verhältnisse der Eingeborenen zu regeln, und selbst die Freunde und Bewunderer des Missionswesens in Neu-Seeland mußten bekennen, daß ein Streben nach einer oligarchischen Theokratie der Hauptzug war. Die Missionäre waren wirklich nahe daran, einen protestantischen Jesuitenstaat, ein Gegenstück zum katholischen Paraguay, an der Südsee zu gründen, der aber durch die Compagnie der Colonisation und durch die vielen europäischen Eingewanderten, welche diese mitbrachte, vereitelt wurde. Der Vorwurf, daß die Missionäre stets bedacht waren, Land in großer

mehrere ehemalige Günstlinge der Colonial-Regierung, darunter der frühere Uebersetzer und Dolmetscher Charles Olivier B. Davis, hauptsächlich an jenen Verwicklungen Schuld tragen, in welchen sich gegenwärtig die Engländer mit den Eingeborenen befinden. Davis, ein hochbegabter aber eben dadurch doppelt gefährlicher Mann, welcher einst den Gouverneur Sir George Grey besungen und nebst anderen Arbeiten die in culturhistorischer Beziehung so interessanten Maori Mementos herausgegeben hat,[1] faßte im Verein mit einem Maori, Namens William Thompson, dem sogenannten „King-maker“, den kühnen Entschluß, die eingeborene Race gegen die Engländer aufzuwiegeln. Sie veranstalteten zu diesem Zwecke im Innern des Landes unter den, von der Civilisation noch weniger berührten Stämmen großartige Volksversammlungen, bei welchen sie in stundenlangen Reden immer wieder darauf zurückzukommen sich bemühten, daß die Maori's und nicht die Engländer die eigentlichen Herren des Bodens seien, und daß sie daher ein Recht hätten, von Einem aus ihrer Mitte, von einem Maori-König regiert zu werden. Thompson, ein gründlicher Kenner der Schwächen und Eitelkeiten seiner Race, unterstützt durch ehrgeizige und intriguensüchtige Fremdlinge, war bald vollständig Herr der Situation und es mußte weit weniger überraschen, daß es bereits im Jahre 1858 gelang, die Wahl eines Maori-Königs in der Person eines der angesehensten Häuptlinge des Waikato-Stammes, des alten Potatau te Whero-Whero[2] durchzusetzen, als daß die Colonial-Regierung diesen Unfug seit dem Jahre 1854 ungeahndet duldete und der wachsenden Aufregung ohne die geringste Vorsichtsmaßregel ruhig und gelassen zusah.

Ausdehnung nicht nur für die Missionen, sondern auch als Privateigenthum an sich zu bringen und Handel zu treiben, kann von ihnen um so weniger geläugnet werden, da dieser Mißbrauch durch die Verordnung des gegenwärtigen Bischofs als bestehend gerügt und nachdrücklich verboten wurde.“ (Reise um die Erde. Band II, Seite [illegible].)

[1] Maori Mementos, being a Series of Adresses, presented by the Native people to H. E. Sir George Grey, Governor and High Commissioner of the Cape of Good Hope and late Governor of New-Zealand, with introductory remarks and explanatory notes, to which is added a small collection of laments etc. by Charles Olivier B. Davis, translator and interpreter to the General-Government. Auckland 1855. — Ferner: The New-Zealand Chief Kawiti, and other New-Zealand Warriors. Auckland 1855.

[2] Potatau (d. h. Schrei in die Nacht), war schon im Jahre 1833 während der blutigen Kämpfe der Waikato's gegen die Taranaki-Stämme ein gefürchteter Krieger und Cannibal, welcher zu jener Zeit nach authentischen Berichten mit seiner eigenen Hand an [illegible] Feinde getödtet haben, und vom Schlachtfelde zu Pukerangiora übersättigt mit Menschenfleisch und reich an Sclaven heimgekehrt sein soll. Am Abend seines Lebens war er ein Mann des Friedens und ein Freund der Weißen. Als er im Jahre 1860 starb, wurde sein Sohn als König Potatau II. zu seinem Nachfolger ernannt.

Nur dadurch ward es möglich, daß die Ligue der Eingeborenen gegen den Landverkauf und das sogenannte King-Movement die Bedeutung erlangte, welche sie dermalen besitzt, daß die Zahl ihrer Anhänger auf 15.000 kampffähige Männer anschwellen konnte. Seit den in neuerer Zeit aufgehobenen Beschränkungen der Einfuhr von Waffen und Munition sollen innerhalb der letzten drei Jahre für einen Werth von 50.000 Pfund Sterling Feuergewehre, Pulver, Blei und Kapseln eingeführt worden sein, so daß man ihren dermaligen Vorrath an Schießpulver auf mindestens 100.000 Pfund und die Zahl ihrer Schießwaffen, einschließlich der zu Höngi's Zeiten eingeführten, auf beinahe 20.000 Stück annehmen kann.

Schon zu Weihnachten 1858, als die Mitglieder der Novara-Expedition einige Wochen in Auckland verweilten, herrschte in verschiedenen Theilen des Innern eine bedenkliche politische Stimmung, und wir waren selbst Augenzeugen, wie fünf, der Regierung freundliche Häuptlinge, welche zu einem großen Maori-Meeting in der Nähe von Drury reisten, sich vom Gouverneur seine Befehle über ihr etwa dabei zu befolgendes Benehmen erbaten. Die maorischen Chefs, welche Oberst Browne in seinem Arbeitszimmer empfing, unterschieden sich blos durch ihre wundervoll ausgeführten Gesichtstättowirungen von weißen Ansiedlern und waren im Uebrigen vollkommen nach europäischer Sitte gekleidet. Sie trugen theils schwarze Röcke, theils Blousen und hatten Mützen als Kopfbedeckungen. Nur im durchlöcherten Ohrläppchen hing ein Stückchen grünen Nierensteins, und um den Hals war an einer großen Schnur der unvermeidliche, keulenförmige Meri-Meri befestigt, jene berühmte steinerne Waffe, die sich von Familie auf Familie erbt und so hoch in Ehren gehalten wird, daß ein Maori zuweilen für eine solche Waffe über 100 Pfund Sterling bezahlt. Die Häuptlinge bemerkten unverhohlen, daß bei dieser Zusammenkunft auch die Wahl eines Maori-Häuptlings zur Sprache kommen dürfte, und wünschten, als loyale und treue Unterthanen der Königinn von England, die sie, wie sie sagten, immer waren und bleiben wollten, aus dem Munde ihres Stellvertreters zu wissen, wie sie sich in einem solchen Falle zu benehmen hätten. Oberst Browne, welcher gleich den meisten britischen Ansiedlern auf Neu-Seeland der ganzen maorischen Bewegung nur geringe Bedeutung beilegte, dankte den Häuptlingen einfach für diese erneuerte Kundgebung ihrer loyalen Gesinnungen und fügte im Geiste der maorischen Redeweise hinzu, „er habe

image
not
available

unter den weißen Ansiedlern in Neu-Seeland sogar ersteres 1 : 136, letzteres 1 : 25 beträgt, auf die aborigine Bevölkerung angewendet, in Bezug auf Sterblichkeit ein Verhältniß wie 1 : 33.04 und auf Geburten wie 1 : 67.13 ergiebt. Der Grund dieser grauenerregenden Abnahme der Maori-Race, welche sich bis zum Jahre 1830 verfolgen läßt, liegt nicht blos in dem Contacte der Urbewohner mit der Civilisation, sondern muß vor allem in den blutigen Kriegen der einzelnen Stämme, von welchen Neu-Seeland eine Reihe von Jahren hindurch der Schauplatz war, so wie in deren Folgen gesucht werden. Nicht nur, daß in den zahlreichen Schlachten die Blüthe der Stämme ihr Leben verlor,[1] auch Mütter suchten, um ihre Fortbewegung zu erleichtern, sich namentlich ihrer weiblichen Säuglinge durch Ermordung zu entledigen. Dazu kam noch, wahrscheinlich durch die großen Mühseligkeiten ihres beständigen Wanderlebens, durch schwere Arbeit und Mangel an Nahrung herbeigeführt, eine auffallende Unfruchtbarkeit des weiblichen Geschlechtes. Während nach Muret in Europa durchschnittlich von 487 nur 20 Frauen (1 : 24.25) unfruchtbar sind, stellte sich bei den Maori-Frauen in Neu-Seeland das Verhältniß wie 155 : 444 oder wie 1 : 2.86 heraus.

Mangel an kräftiger und gesunder, häufig nur in gesalzenen Fischen, Wurzeln und Früchten bestehender Nahrung, geringe Sorgfalt in Bezug auf den Körper, auf Bekleidung, Wohnung und Wetter, dürften gleichfalls als Ursachen anzuführen sein, welche eben so nachtheilig auf die Vermehrung der Race, als auf die Gesundheitsverhältnisse der lebenden Generation wirkten und jene Krankheitserscheinungen, wie Scropheln, Pulmonien, Phthysis u. s. w. hervorriefen, mit welchen wir gegenwärtig die Maori's und ihre Abkömmlinge behaftet sehen. Dr. Fenton führt auch die engen Heiraten der Neuseeländer unter einander als einen erheblichen Grund der Abnahme und physischen Verkümmerung der Race an. Allein diese Heiraten zwischen nahen Verwandten scheinen, in den unteren Classen wenigstens, doch nicht so häufig zu sein, als Dr. Fenton vermuthet, wofür schon die überraschend große Verschiedenheit der Physiognomien und der Hautfarbe der einzelnen Individuen den Beweis liefert. Die Häuptlinge der vor beiläufig einem halben Jahrtausend aus dem Norden eingewanderten Stämme mögen sich

[1] Wie groß der Verlust an Menschenleben während dieser inneren Kämpfe war, mag aus der einen Thatsache erhellen, daß bei der Erstürmung und Einnahme von Matakitaki am Waipaflusse allein an 2000 Krieger den Tod fanden.

allerdings seither durch Heiraten derart vermischt haben, daß sie in Bezug auf verwandtschaftliche Bande gleichsam nur eine große Familie bilden, aber die Volksclassen sind unzweifelhaft vielfach mit den Bewohnern der benachbarten Inselgruppen eheliche Verbindungen eingegangen, wie sie dies heut zu Tage mit den weißen Ansiedlern zu thun pflegen, aus welch letzterer Vermischung jene unglückliche Bastard-Race der sogenannten Pakeha-Maori's entsteht, welche, gleich den Creolen in der Luisiana und auf Haiti oder den Mestizen unter den Indianerstämmen Südamerika's, die Farbigen mißachtend und die Weißen beneidend, die geschworenen Feinde beider sind.

Es scheint uns ein gar zu gewagtes Unternehmen zu sein, sich über die Abnahme der Maori-Race und die geeignetsten Mittel, dieser Erscheinung zu begegnen, in einem Momente in weitere Erörterungen einzulassen, wo die fremden Eroberer, um ihre Macht zu behaupten, einen fast vernichtenden Schlag gegen die Urbewohner der Insel zu führen im Begriff stehen.[1] Viel wichtiger und lohnender ist es, die Vortheile zu untersuchen und hervorzuheben, welche ein Land europäischen Emigranten im Allgemeinen und deutschen insbesondere zu bieten vermag, in dem nun einmal die eingeborene Race ihre Rolle ausgespielt hat. Das gegenwärtige politische Schicksal Neu-Seelands wirkt allerdings hemmend und zurückschreckend in Bezug auf fremde Einwanderung, aber auch gegen Westen begegnet der Strom europäischer Emigration ernsten, bedenklichen Hindernissen und jedenfalls werden sich die Verhältnisse auf der Antipoden-Insel rascher entwirren und wieder ordnen, als dies bei einem so furchtbaren Bürgerkriege, wie der in den nordamerikanischen Freistaaten entbrannte, der Fall sein dürfte.

Es giebt, wie wir schon bemerkt haben, wenige außereuropäische Länder, welche durch die Gunst der klimatischen Verhältnisse, die Fruchtbarkeit des Bodens, den Reichthum an Naturproducten und ihre vortheilhafte

[1] Welche erbitterte Stimmung der Aufstand der Maori's gegen diese unglückliche Race in Australien hervorrief, geht aus dem Umstande hervor, daß Dr. Mackay, eine in politischen Kreisen Melbourne's geachtete Persönlichkeit, der Regierung von Victoria allen Ernstes den Vorschlag machte, eine Expedition von Freiwilligen zur Bewältigung der Aufständischen nach der Nachbarinsel zu senden. Die Kosten, welche Dr. Mackay auf 15—20,000 Pfund Sterling schätzt, sollten durch den Verkauf der Grundstücke in den eroberten Theilen des Landes wieder hereingebracht werden. Ja, der Proponent, ein „Rechtsgelehrter" geht so weit, die Unterjochung der „Wilden" als vollkommen nothwendig darzustellen. Die Männer sollen nach Melbourne geschafft werden, um daselbst sieben Jahre lang als „Sclaven" zu arbeiten; die Weiber dagegen in Victoria theils an Chinesen, theils an weiße Sträflinge verheiratet werden. Zugleich mögen, fügt Dr. Mackay hinzu, der Bischof von Melbourne und andere Prediger des Evangeliums alle billigen Mittel (fair means!) anwenden, um die Wilden zum Christenthum zu bekehren.

geographische Lage[1] dem arbeitsamen Ansiedler mehr Aussicht auf Erfolg und glückliches Gedeihen bieten, als Neu-Seeland. Die mittlere Jahrestemperatur auf der Insel beträgt 56° Fahrenheit und ist im Süden um 5° niederer, im Norden um ungefähr 4° höher, so daß z. B. Auckland ein Klima von ähnlichen Temperaturverhältnissen wie Florenz, Rom, Marseille oder Toulon besitzt.[2] Winde sind an den Küsten sehr häufig und namentlich die feuchten, südlichen „bursters" unangenehm und lästig, aber sie üben im Ganzen keinen schädlichen Einfluß auf die Gesundheit der Bewohner. Nach den von Dr. Thomson gemachten Beobachtungen stellt sich heraus, daß jährlich durchschnittlich von einer Anzahl von 1000 Soldaten in den verschiedenen britischen Militärstationen in Neu-Seeland $8^{1}/_{2}$, in Großbritannien 14, in Malta 18, in Canada 20 sterben.[3]

Von dem Flächenraume Neu-Seelands, welcher (einschließlich der Stewarts-Insel und der Chathám-Inseln) an 75,000.000 Acres umfaßt, besteht $^{1}/_{5}$ in culturfähigem Wald- und Buschland, $^{1}/_{3}$ in culturfähigem

[1] Die wichtigsten amerikanischen, indischen und australischen Märkte können von Neu-Seeland (Wellington) mittelst Schraubendampfer in folgender Zeit erreicht werden.

	Meilen	Tage		Meilen	Tage
Neu-Caledonien	1250	5	Singapore	5030	18
Tahiti	2380	9	Calcutta	6620	26
Sandwich-Inseln	4060	14	Sydney	1260	5
Valparaiso	5420	20	Melbourne	1420	6
San Francisco	5950	22	Adelaide	1780	7
Batavia	4750	17	Hobart town	1250	5
Manila	4650	17	Panama	5320	20

Die Beförderung der Briefpackete aus Europa nach Neu-Seeland geschieht gegenwärtig von Southampton über Suez und Melbourne, eine Entfernung von 13.300 Meilen, welche zurückzulegen einen Zeitaufwand von 65 bis 70 Tage erfordert. Sollte indeß die vorgeschlagene Route über Panama (mit einer Kohlenstation auf den Gambier-Inseln) benützt werden, so würden dadurch 3500 Meilen oder 20 Tage erspart und Neu-Seeland von England aus in 40 Tagen erreicht werden können.

[2] Nach Dr. Thomsons meteorologischen Beobachtungen ergeben sich für die Stadt Auckland (36° 50' südl. Br.) folgende jährliche Durchschnittszahlen: Temperatur $58^{1}/_{2}$° Fahr.; Regenmenge $45^{1}/_{3}$ Zoll; die Regentage 160; der Barometerstand 29'' 95'''.

[3] Nicht minder interessant ist das Resultat der Untersuchungen über die Zahl der Soldaten, welche in den verschiedenen Stationen jährlich von Schwindsucht befallen werden und daran sterben

Von 1000 Soldaten werden ...	befallen,	sterben:
Neu-Seeland	60	2.1
Cap der guten Hoffnung	98	3.9
Australien	133	5.4
Malta	120	6.0
Canada	118	6.7
Großbritannien	118	8.0

Wiesenland, Grasflächen und Thälern und $^1/_5$ endlich in unfruchtbarem Hügelland, sandigen Küstenstrichen, Seen und Flüssen.

Die Zahl der im Jahre 1857 in ganz Neu-Seeland eingezäunten und urbar gemachten Grundstücke betrug 190.000 Acres, von welchen 121.648 Acres mit Nahrungspflanzen (hauptsächlich Weizen, Hafer, Kartoffeln, Futtergras) und Früchten bebaut waren. In den letzten Jahren hat die Cultur des Bodens um 40 Procent jährlich zugenommen. Man berechnet, daß auf jeden europäischen Colonisten 4 urbar gemachte Acres Landes und 30 Stück Vieh kommen. Die Kosten der Lichtung werden in Neu-Seeland auf 2 bis 5 Pfund Sterling per Acre veranschlagt.[1]

Dazu kommt noch, daß die Colonial-Regierung sich alle Mühe giebt, durch gewisse materielle Vortheile und Zugeständnisse namentlich Landwirthe und Handwerker[2] in ein Land zu ziehen, welches, gegenwärtig von nicht viel mehr als 130.000 Menschen bewohnt, unter dem Schutze humaner und freisinniger Institutionen leicht 30 Millionen fleißiger Menschen zu ernähren im Stande ist. Der sogenannte Auckland Waste Land Act enthält nebst allgemeinen Bestimmungen über die noch unbenützten Ländereien (von denen der Acre zu 10 Schilling verkauft werden soll), zugleich gewisse Verfügungen, nach welchen wenig bemittelte, der Arbeiterclasse angehörende Emigranten, die auf eigene Kosten nach Neu-Seeland kommen, um sich daselbst niederzulassen, gleichsam als Vergütung für ihre Reiseauslagen eine Anzahl Grundstücke von der Landesregierung zum Geschenk erhalten, und zwar Personen von 40 Jahren und darüber 40 Acres, von 5 bis einschließig 17 Jahren 20 Acres.[3] Die einzige Bedingung, welche die Rerung an diese Landschenkung knüpft, ist, daß der Emigrant fünf Jahre in der Provinz bleiben muß; nach dieser Zeit mag derselbe über die geschenkten Grundstücke nach Belieben verfügen. Um den Lehrstand zur Nieder-

[1] Der auf Neu-Seeland durchschnittlich bezahlte Arbeitslohn beträgt: für einen Ackerbauer oder gewöhnlichen Arbeiter (sogenannten unskilled labourer) per Tag von 8 bis 9 Arbeitsstunden 6 bis 8 Schillinge; für Zimmerleute, Wagner, Schmiede, Maurer u. s. w. per Tag 10 bis 15 Schillinge; für Hausdiener nebst Kost jährlich 50 bis 60 Pfund Sterling, Hausmägde rc. nebst Kost 20 bis 25 Pfund Sterling.

[2] Aber nicht blos der Landwirth und Handwerker, auch der Capitalist findet hier für sein Vermögen vortheilhafte und sichere Verwendung. 12 bis 15 Procent sind der gewöhnliche Disconto für Wechselbriefe und 10 Procent für Darlehen auf Hypotheken.

[3] Diese Landschenkungen sollen aber stets nur jenen Personen verliehen werden, welche die Kosten der Ueberfahrt bezahlen, z. B. nicht den unmündigen Kindern, sondern ihren Eltern; nicht dem Diener, sondern dem Herrn, welcher dessen Passage bezahlte.

lassung in Auckland anzueifern, sollen ferner solche Personen, welche die Fähigkeit besitzen, Kinder in den Elementargegenständen und in der englischen Grammatik zu unterrichten, wenn dieselben fünf Jahre hindurch diese Aufgabe zur Zufriedenheit der Regierung erfüllt haben, zu einer Schenkung von 80 Acres Land berechtigt sein.[1]

Die wichtigsten Producte und Ausfuhrartikel der Insel sind: alle Arten von Cerealien, Schiffbauholz und Schafwolle. Eine ganz besondere Aufmerksamkeit schenken die Ansiedler der Cultur der Kartoffeln, von welchen im Jahre 1857 an 4430 Tonnen im Werthe von 23.328 Pfund Sterling und im Jahre 1857 sogar 6116 Tonnen im Werthe von 33.056 Pfund Sterling ausgeführt wurden.[2] Bauholz aller Art wurde im Jahre 1857 für 12.205 Pfund Sterling, im Jahre 1859 für 34.376 Pfund Sterling ausgeführt.

Einer der werthvollsten Bäume des neuseeländischen Urwaldes ist die Kauri-Fichte (Dammara Australis). Dieser prächtige, 80 bis 120 Fuß hohe Baum liefert dem englischen Schiffbau jährlich eine große Anzahl von Rundhölzern von 74 bis 84 Fuß Länge, welche von besserer Qualität und größerer Dauerhaftigkeit sein sollen als jene, die aus der baltischen und nordamerikanischen Fichte verfertigt werden.[3] Die Kauri- oder gelbe Tanne liefert zugleich das berühmte, unter dem Namen Dammara bekannte Harz, an

[1] Das Handlungshaus Willis, Gann und Comp. in London unterhält eine ziemlich regelmäßige Verbindung mit Neu-Seeland, um Emigranten mittelst Segelschiffen zu folgenden Ueberfahrtspreisen dahin zu befördern: für 1 Cabine erster Classe mit 2 Bettstellen nebst Verköstigung 42 Pfund Sterling; zweite Classe 26 Pfund Sterling; Deckpassagiere 22 Pfund Sterling; Kinder werden bis zu einem Jahre frei, unter zwölf Jahren für die Hälfte des Fahrpreises befördert.

[2] Zur Zeit unserer Anwesenheit in Auckland (December 1858) betrugen die Durchschnittspreise der wichtigsten Lebensbedürfnisse: Weizenbrot 2½ Pence; frische Butter 1 Schilling 2 Pence; gesalzene Butter 10 Pence; Käse (einheimischer) 9 Pence pr. Pfund; Mehl pr. 196 Pfund 40 Schillinge; Getreide pr. Bushel 7 Schilling 6 Pence; Salz pr. Pfund 1 Penny; Milch pr. Quart 6 Pence; Eier pr. Dutzend 1½ bis 2 Schilling; Kartoffeln pr. Centner 6 bis 8 Schilling; Kohl pr. Stück 1 bis 2 Pence; Reis 3 Pence; Zucker 5½ Pence; Kaffee 1 Schilling 2 Pence; Thee 2 Schilling, Seife 4 bis 6 Pence; Kerzen 1 Schilling; Rindfleisch 5 bis 6 Pence; Schweinefleisch 6 bis 8 Pence; Schöpsenfleisch 6 bis 8 Pence pr. Pfund; Hühner pr. Paar 3 bis 5 Schilling; Hornvieh pr. Stück 6 bis 12 Pfund Sterling; Ziegen pr. Stück 12 Schilling; ein Schaf 1 Pfund Sterling 5 Schilling; ein Schwein 2 bis 4 Pfund Sterling, ein Pferd 20 bis 80 Pfund Sterling; Tabak pr. Pfund 3 Schilling; Wein pr. Gallone nebst Zoll 16 Schilling; Brandy pr. Gallone 1 Pfund Sterling 4 Schilling; Bier pr. Faß (hogshead) 8 Pfund Sterling.

[3] Außer der Kauri-Fichte sind es noch die Rimu- oder rothe Fichte, die Kahi-katea- oder weiße Fichte, die Tanekaha oder Pechtanne, die Matai oder schwarze Fichte, so wie der Puriri oder neuseeländische Eichenholzbaum (Teak), welche in großer Menge vorkommen und als Nutzhölzer die verschiedenste Verwendung finden.

welchem dieser nützliche Waldbaum so überaus reich ist, daß dasselbe sogar an Orten, wo die Kauribäume längst der Axt der Civilisation weichen mußten, in ungeheueren Massen in der Erde in völlig trockenem, gleichsam petrificirtem Zustande vorgefunden wird. Das Kauri-Harz, wie es im Handel vorkommt, wird daher nicht, wie das unserer Tannen, vom Baume selbst durch Einschnitte gewonnen, sondern muß förmlich aus der Erde gegraben werden, in welcher es sich, zur Verzweiflung des Landwirthes, oft mehrere Fuß tief eingesickert und den Boden unfruchtbar gemacht hat. Wir wanderten während unserer Ausflüge wiederholt über weite Strecken solcher Harzfelder, welche mit dieser resinösen Substanz mehrere Fuß dick überzogen waren. Indeß kommt die Dammara-Tanne nur auf der nördlichen Insel und zwar blos im nördlichen Theile derselben vor.

In Auckland sahen wir einzelne Stücke Kauri-Harzes, welche bis zu 100 Pfund wogen. Im Jahre 1857 wurden 2.521 Tonnen dieses für die Lackbereitung und die Kattunfabrication zur Fixirung gewisser Färbestoffe besonders werthvollen Harzes[1] im Betrage von 35.250 Pfund Sterling ausgeführt. Der Preis einer Tonne Kauri- oder Dammara-Harzes beträgt dermalen durchschnittlich 20 Pfund Sterling.

Die Cultur des Harakeke oder sogenannten einheimischen Flachses (Phormium tenax) könnte für das Land von großer Bedeutung werden, wenn man es dahin brächte, die Fasern der Pflanze durch einen mechanischen Proceß ohne allzu große Kosten von der ihr eigenthümlichen harzigen Substanz zu befreien, welche das einzige Hinderniß bildet, daß dieselbe mit dem russischen Flachs nicht zu concurriren vermag. Ueberzeugt von der Wichtigkeit der Ausbreitung der Cultur des Phormium tenax, hat die Colonial-Regierung einen Preis von 1500 Pfund Sterling auf die Erfindung einer Maschine gesetzt, welche den einheimischen Flachs zu entharzen und so für den europäischen Markt zu bereiten und verkaufsgerecht zu machen im Stande ist. Dermalen werden kaum mehr als 50 bis 60 Centner dieser Pflanze im Werthe von 7 bis 800 Pfund Sterling von Auckland ausgeführt. Der neuseeländische Flachs übertrifft fast alle anderen Pflanzenfasern an Stärke und Zähigkeit und soll sich in dieser Hinsicht zu den europäischen Flachsarten wie 23 zu 7 verhalten. Für Großbritannien hätte die Ausbreitung der Cultur des einheimischen Flachses nicht blos eine große

[1] Auch bei der Kerzenfabrication soll das Kauri-Harz in neuester Zeit eine gewisse Verwendung finden.

nationalökonomische, sondern auch eine politische Bedeutung, indem die Menge des von der englischen Industrie durchschnittlich im Laufe eines Jahres aus Rußland bezogenen Flachses einen Werth von mehr als 3 Millionen Pfund Sterling darstellt.

Die Schafzucht hat in neuester Zeit in Neu-Seeland außerordentlich an Ausdehnung zugenommen, so daß im Jahre 1857 an 2,648.716 Pfund Schafwolle im Werthe von 176.581 Pfund Sterling und im Jahre 1859 bereits 5,096.751 Pfund Wolle im Werthe von 339.779 Pfund Sterling ausgeführt wurden. Der Durchschnittspreis der Wolle beträgt 1 Schilling 4 Pence per Pfund. Die Zahl dieser Ausfuhrartikel wird sich in dem Maße vermehren, als die Einwanderung zunimmt und das Innere des Landes an Bevölkerung und Anbau gewinnt.

Der Gesammtverkehr Neu-Seelands an Ein- und Ausfuhr beträgt dermalen ungefähr 2 Millionen Pfund Sterling, und zwar ist der Werth der eingeführten Waaren von 597.827 im Jahre 1853, auf 1,551.030 Pfund Sterling im Jahre 1859 gestiegen, während sich der Werth der ausgeführten Naturproducte von 331.282 im Jahre 1853, auf 551.484 Pfund Sterling im Jahre 1859 gehoben hat. Dieser Verkehr wurde im letztgenannten Jahre durch 836 Schiffe vermittelt, von welchen sich 438 mit 136.580 Tonnen Gehalt und 7.594 Mann Schiffsvolk an der Einfuhr und 398 mit 120.392 Tonnen Gehalt und 6.483 Mann Schiffsvolk an der Ausfuhr betheiligten. Die Gesammteinnahmen der Colonial-Regierung betrugen im nämlichen Zeitraum 459.648 Pfund Sterling.

Die Mehrzahl der Colonisten sind Auswanderer aus Großbritannien, während nur ein kleiner Bruchtheil dem europäischen Continente angehört.[1] In der Umgebung von Auckland lebt eine große Anzahl Irländer, während sich die Schotten mehr in Taranaki und den südlicheren Theilen der Insel angesiedelt haben. Die europäische Bevölkerung war von 52.155 Seelen im Jahre 1857, auf 73.343 Seelen[2] im Jahre 1859 gestiegen.

[1] Zur Zeit der Anwesenheit der Novara-Expedition in Auckland stellte sich das Verhältniß der Einwanderer in Bezug auf Nationalität und Religion wie folgt heraus:

Nationen.		Religionen.	
Irländer	11.881 Seelen.	Katholiken	7.500 Seelen.
Schottländer	11.881 „	Presbyterianer	7.500 „
Engländer	35.641 „	Wesleyaner und Dissenters	15.000 „
Deutsche und andere Nationen	391 „	Anglicankirche	30.000 „

[2] Und zwar: 42.452 männlichen und 30.891 weiblichen Geschlechtes.

Während sich die Mehrzahl der Naturforscher als Gäste der Regierung nach dem Drury-District zur näheren Untersuchung der dort angeblich aufgefundenen Kohlenfelder begab, unternahmen andere Mitglieder der Expedition zahlreiche Ausflüge in die Umgebungen von Auckland, und von diesen verdienen namentlich drei eine besondere Erwähnung.

Der erste Ausflug geschah nach der pittoresken Judge-Bai und der Oraki-Bai, welch letztere, durch den Einsturz eines Kraters gebildet, noch gegenwärtig theilweise ein Kratersee ist. Hier sahen wir zum ersten Male den sogenannten neuseeländischen Weihnachtsbaum (Metrosideros tomentosa), welcher zu der freudenreichen Zeit gerade im vollsten Schmucke prangt, und daher zur Ausschmückung von Kirchen und Wohnzimmern reichliche Verwendung findet. Seine großen, dunkelrothen, doldenartigen Blüthen glänzen schon von weitem aus dem Grün der Ufervegetation. Die Eingeborenen nennen diesen Baum Pohútu-káwua; wir sahen ihn hauptsächlich auf den Abhängen längs der Küste gedeihen. Der wilde Pfeffer, Kawa-kawa (Piper excelsum), kommt in der Umgebung von Auckland häufig vor, wird aber nicht wie eine andere Pfefferart in der Südsee (Piper methisticum), zur Bereitung eines berauschenden Getränkes verwendet. Ueberhaupt sind die Eingeborenen sehr mäßig und geben sich viel seltener als andere halbcivilisirte Völker dem Trunke hin; daß dies so ist, dazu mag allerdings die Regierungsmaßregel wesentlich beitragen, welche den Wirthen der Provinz Auckland bei hoher Geldstrafe verbietet, an die Maori's irgend ein geistiges Getränk mit Ausnahme von Bier zu verkaufen. Zwei für das Land höchst charakteristische Grasarten, welche oft unübersehbare Strecken einnehmen und von den Eingeborenen als Material für Bedeckung ihrer Hütten benützt und verwendet werden, sind der Toitoi (Lepidosperma elatior) und der Kakaho (Arundo Australis). Eben so giebt der Puka-puka oder Papierstrauch (Brachyglotis repanda) der Gegend, wo er vorkommt, einen ähnlichen eigenthümlichen Charakter, wie die Silberpappel dem Tafelberg in der Cap-Colonie. Der Name des Strauches rührt von dem Umstande her, daß die Kehrseite der Blätter weiß wie Papier ist.

Auch die Raorao oder Aruhe (Pteris esculenta) sahen wir in großer Menge auf diesem Ausfluge und erfuhren, daß die Wurzel (rói) dieses Farn, am Feuer geröstet und zerrieben, von den Maori's als ein Specificum gegen Seekrankheit geschätzt wird. Kein Eingeborener unternimmt eine

Seereise in große Entfernung, ohne ein Stück dieser Wurzel mit sich zu führen und im gerösteten Zustande als Antidot gegen jenes unleidige Uebel zu gebrauchen, von welchem auch Urvölker nicht ganz verschont bleiben. Indeß soll die Wirkung dieser Wurzel mehr eine eingebildete, als thatsächliche sein, und dieselbe nach der Versicherung von Europäern, welche die Eigenschaften dieses beliebten Farn zu erproben unternahmen, bei Seekranken nicht die geringste heilsame Reaction hervorbringen.

Von der Oraki-Bai aus besuchten wir das Maori-Dorf Oraki. Hier trafen wir einige 80 Eingeborene, Männer, Weiber, Kinder, welche sich auf einen Hügel außerhalb des Dorfes gelagert hatten. Sie waren theils nach europäischer Sitte gekleidet, theils in Decken aus einheimischem Flachs gehüllt. Sie zeigten eine höchst merkwürdige Verschiedenheit in den Gesichtszügen und in der Form und Farbe ihrer Kopfhaare. Einige hatten schlichte schwarze, andere gekräuselte, manche dunkelbraune, andere ins Fuchsrothe spielende Haare. Die älteren Männer waren im Gesicht und auf den Armen zierlich tättowirt; die Weiber blos auf den Lippen, die jüngere Generation gar nicht. Außer dem gewöhnlichen Gruß „Tenákoe, tenákoe" (was eigentlich wörtlich nichts anderes heißt, als: „hier seid Ihr," oder „ich erkenne Euch!"), waren sie wenig mittheilsam und zeigten nur geringe Lust mit den fremden Besuchern in näheren Verkehr zu treten, obschon einige unserer Begleiter geläufig ihr Idiom sprachen. Nachdem das Expeditions-Commando die Genehmigung ertheilt hatte, einige schön tättowirte Maori's, welche sich freiwillig zu Matrosendiensten entschließen würden, am Bord der Novara einzuschiffen, so versäumten wir keine Gelegenheit, und bemühten uns auch jetzt einige Eingeborene zur Mitreise zu veranlassen. Es fehlte den Maori's keineswegs an Lust die Fahrt mitzumachen und fremde Länder und Völker zu sehen, noch schien's, als würden ihnen die verschiedenen Gefahren Sorge machen; aber sie konnten sich den Beweggrund nicht erklären, welcher die österreichischen Reisenden bestimmen mochte, Eingeborene aus diesem fernen Erdtheil unter ziemlich vortheilhaften Bedingungen zur Mitreise einzuladen. Denn die Maori's sollten, trotz ihrer Unkenntniß vom Borddienst, gleich Matrosen erster Classe bezahlt werden, und das Recht haben, nach Beendigung der Campagne der Novara die kostenfreie Rückfahrt in ihre Heimat ansprechen zu können. Ihr Hauptbedenken bestand darin, und wir hörten es wiederholt äußern, daß sie, die Abkömmlinge von Anthropophagen, allen

Ernstes glaubten, wir nähmen einige ihrer Genossen blos anstatt frischer Provisionen mit, in der Absicht, wenn Mangel an Nahrungsmitteln eintreten sollte, uns durch Maorifleisch zu entschädigen und sie aufzuessen. Umsonst wiesen wir auf einige Kaffern hin, welche sich schon 15 Monate lang am Bord als Matrosen befanden und die freundlichste Behandlung erfuhren. „Wer weiß", erwiederte einer der Besorgtesten unter den Maori's, „vielleicht hat man auch die Kaffern blos aufgespart, weil der Nothmoment noch nicht gekommen war!" Wir kehrten auch von Oraki zurück, ohne daß unsere Bemühungen, Maori-Volontärs zur Mitreise am Bord der Fregatte zu gewinnen, von Erfolg begleitet gewesen wären.

Eine nicht minder lohnende Excursion wurde nach einem Kauriwalde in Titarangi in den Maunkau-Bergen unternommen. Wir fuhren in zwei leichten Wägen, sogenannten Dog-carts dahin. Es war ein wundervoller, sonniger Morgen. Die Natur ergoß mit voller Hand ihren Segen über die grünende und duftende Landschaft. Die Luft war so erquickend und lieblich milde, daß man sich fast hingerissen fühlte, die bekannte Aeußerung Sir Humphry Davis' über Nizza: „Mere existence is here luxury" auch auf Auckland anzuwenden. Nach kaum dreistündiger Fahrt über prächtige Felder und Wiesen kamen wir am Beginn des Waldes an eine Stelle, wo ein Irländer Namens Smith ein Blockhaus erbaut und eine Sägemühle errichtet hatte, die ihren Mann reichlich zu ernähren schien. Das ganze Gehöft und seine Bewohner machten einen äußerst günstigen, freudigen Eindruck. Der alte Smith begleitete selbst die fremden Gäste nach dem Walde, in welchem die hohen, schlanken, breitblättigen Kaurifichten vorherrschten. Dieselben haben weit eher das Ansehen von Kastanienbäumen als das einer Nadelholzart. Der ganze Wald enthüllte eine Pracht und eine Ueppigkeit der Vegetation, wie wir sie in Neu-Seeland unter so hohem Breitegrade niemals vermuthet hätten. Schlingpflanzen, Parasiten und Baumfarne gaben ihm einen völlig tropischen Charakter. Es lag ein Zauber und ein Reichthum in diesem grünen Naturschmuck Neu-Seelands, wie sie herrlicher und majestätischer die Urwälder der Nikobaren und Java's kaum aufzuweisen vermögen.

Die schlanken Stämme der Kaurifichte, des Rimu (Dacrydium cupressinum) und des Kahikatea (Podocarpus excelsus) werden hier zu Planken und Brettern zersägt und dann nach dem Hafen geführt. 100 Kubikfuß

Waldgruppe auf Neu-Seeland.

werthen 15 Schillinge und 100 Kubikfuß des schönen Rimuholzes, welches hauptsächlich zur Verfertigung von Möbeln seine Verwendung findet, werden mit 30 Schillingen bezahlt. Ein Arbeiter in der Sägemühle kann sich monatlich nebst Wohnung und Kost 7 bis 8 Pfund Sterling verdienen. Ueberall in der Nähe des Waldes lag das Kauri-Harz im Boden eingebettet und zog sich meilenweit gleich einer Metallader in der Erde hin, wo es sich wahrscheinlich seit jener Zeit angesammelt hat, in der ganze Wälder von Kaurifichten niedergebrannt wurden, um den Boden zu klären und urbar zu machen. Der Umstand, daß dasselbe an vielen Stellen gefunden wird, wo weit und breit keine Dammarafichte mehr steht, ließ bei einigen Reisenden die Vermuthung auftauchen, diese merkwürdige bernsteinartige Substanz rühre nicht von der Kaurifichte, sondern von einer ausgestorbenen Vegetation her. Allein man kann sich leicht überzeugen, daß der aus den Stamm der Kaurifichte so reichlich triefende, resinöse Saft und das gleich einem Mineral aus der Erde gegrabene Harz die nämliche Substanz sind.

Als wir nach dreistündigem Steigen und Klettern schwer ermüdet und erhitzt wieder in die anheimelnde Wohnung des alten Smith zurückkehrten, war im Speisezimmer ein prächtiger Teppich gelegt, alles war rein und sauber gemacht und zum Empfange der seltenen Gäste hergerichtet worden. Die ganze Familie des wackern Irländers befand sich auf den Beinen, um uns gastlich zu bewirthen. Wir schieden in doppelt gehobener Stimmung, entzückt von den Schönheiten des neuseeländischen Urwaldes und freudig überrascht, in unmittelbarer Nähe einer noch völlig jungfräulichen Natur ein so behaglich zufriedenes Familienleben und so schöne Erfolge menschlicher Thätigkeit angetroffen zu haben.

Gleichwie sich unserem Auge in den Bergen von Manukau alle Herrlichkeiten des neuseeländischen Urwaldes erschlossen, so gestattete uns ein Besuch vom St. John's College einen wohlthuenden Einblick in den edlen Eifer menschenfreundlicher Männer, um die farbigen Bewohner der benachbarten Inselgruppen zur christlichen Cultur zu gewinnen und zu Missionären auszubilden. Das Collegium zu St. John wird nämlich von einer englischen Missionsgesellschaft (Church of England Missionary Society) zu diesem löblichen Zwecke unterhalten. Von den vierzig Knaben, die sich zur Zeit unseres Besuches in der Anstalt befanden, kam die Mehrzahl von den Loyalitäts-Inseln, der Salomons-Gruppe und Neu-Caledonien. Manche halten sich blos während der warmen Sommermonate in der Anstalt auf und kehren vor Einbruch des Winters aus Gesundheitsrücksichten wieder nach ihrer milderen Heimat zurück. Einzelne waren auf diese Weise bereits das vierte Mal in die Schule zurückgekehrt. Die Leitung dieses humanen Unternehmens ist Mr. Patterson anvertraut, einem Manne von bewunderungswerther Entschlossenheit und Ausdauer, welcher die meisten Sprachen der Südsee-Insulaner geläufig spricht und jährlich unter großen Beschwerden und Gefahren es unternimmt, in einem, ihm von der Missionsgesellschaft zur Verfügung gestellten Schooner die verschiedenen Inseln der Südsee zu besuchen, daselbst mit den Eingeborenen zu verkehren und diese zu bestimmen, ihm ihre Kinder auf eine gewisse Zeit zur Erziehung zu überlassen. Diese erhalten sodann in der Anstalt Unterricht im Lesen, Schreiben und Rechnen, so wie in der Religion. Schade, daß man ihnen nicht auch einige Anleitung zur Erlernung von mechanischen Beschäftigungen und Gewerben giebt, deren Kenntniß sie um so mehr befähigen würde, ihren heidnischen Genossen die Vorzüge der Civilisation recht anschaulich zu machen. Die Zöglinge scheinen Mr. Patterson warm zugethan zu sein; sie hängen mit kindlicher Neigung an ihm wie an einem Vater. Die Erfolge sind überraschend und zeigen, welch schöne Keime der Bildungsfähigkeit selbst in den rohesten Naturvölkern schlummern, wenn man sie nur frühzeitig zu wecken und geistig zu nähren sich bemüht.

Wie in allen englischen Ansiedlungen herrscht auch in Auckland eine große intellectuelle Regsamkeit. Mehrere, darunter sehr gediegene Journale in englischer Sprache,[1] z. B. das südliche Kreuz (Southern Cross), der Neuseeländer (New Zealander), berichten nicht nur über die wichtigsten politischen Geschehnisse, sondern bestreben sich auch den Gesichtskreis ihrer

[1] Auch in der Maori-Sprache erscheint auf Kosten der Regierung ein Wochenblatt, Te Karere Maori (der Maori-Bote), welches jährlich im Abonnement nur 5 Schilling 6 Pence kostet und die braunen Eingeborenen über ihre Beziehungen zur Civilisation und die wichtigsten politischen und socialen Verhältnisse aufzuklären sucht. Wir geben hier den Inhalt von einigen Nummern, welche uns eben vorliegen: Die Gesetze Englands. — Bemerkungen für Schiffseigenthümer. — Officielle Ernennungen. — Briefe von Häuptlingen der Chatham-Inseln. — Brief von Wirimu Tamaiparei. — Landwirthschaftlicher, commercieller und maritimer Bericht. — Markt-Preise. — Reden einiger braunen Häuptlinge bei einem Meeting zu Mengemui. — Brief aus der Bai of Islands. — Todesanzeigen. — Das Spital in Auckland. — Regierungsverordnungen, u. s. w. — Ein besonderes Verdienst hat sich Gouverneur Browne durch die, unter seiner Aegide geschehene Uebertragung der Gesetze Englands in die Maori-Sprache, mit beigedrucktem Originaltexte erworben, wenngleich die Früchte dieser mühevollen aber wichtigen Arbeit erst allmählig geerntet zu werden vermögen.

Leser in national-ökonomischen, commerciellen und industriellen Fragen zu erweitern.[1]

Auch ein Club mit einer reichen Auswahl gediegener Werke besteht bereits in Auckland, und zu einem naturhistorischen Museum ist der Anfang gemacht. Unter der warmen Pflege von so eifrigen Forschern wie Dr. Sinclair, welcher als Botaniker einen bedeutenden Ruf genießt,[2] Dr. Knight, Charles Heaphy, G. A. Purchas, Dr. Fischer und Anderen steht den Naturwissenschaften auf Neu-Seeland die freudigste Entfaltung bevor.

Wenige Monate vor unserer Ankunft auf der Insel war in englischen und deutschen Zeitungsblättern, welche uns zufällig in Schanghai in die Hände kamen, die Nachricht mitgetheilt worden, „daß in England so eben (April 1858) ein Seidengespinnst großes Aufsehen errege, welches von einer eigenen Gattung Seidenwurm herrühre, der in Neu-Seeland auf wilden Büschen in großer Menge vorkommt". Der Londoner Correspondent fügte noch hinzu, daß dieser Seidenwurm in einem Cocon sitzt, dessen Außenseite braun und zähe ist, unter dem aber ein äußerst feines Gespinnst steckt, welches Glasgower Häuser nach den damit angestellten Versuchen angeblich für werthvoller hielten, als alle bisher in Europa erzeugten Seidengespinnste. Bei der großen Veränderung, welche der europäischen Seidenzucht durch den für den Welthandel so wichtigen Umschlag der Dinge in China bevorsteht, hielten wir es besonders für Oesterreich von Interesse, genauere Erkundigung über einen Wurm einzuziehen, der, wie verlautete, nicht nur unter klimatischen Verhältnissen vorkommt, welche jenen gewisser Ländertheile des Kaiserstaates ziemlich ähnlich sind, sondern auch, auf wilden Büschen lebend, nur einer geringen Pflege bedarf. Es stellte sich aber nach langen Nachforschungen heraus, daß die auf Neu-Seeland gewonnene Seide von dem gewöhnlichen, mit Maulbeerblättern gefütterten Seidenwurme herrührt,

[1] Es ist überhaupt höchst bemerkenswerth, daß in allen, von der angelsächsischen Race bevölkerten Ländern ein Redactionsbureau und ein Postamt den ersten Ansiedlern auf dem Fuße folgen. Nach ihnen kommt die Kirche und das Schulhaus. Zeitungslectüre und Briefverkehr zählt einmal der Engländer zu den ersten Lebensbedürfnissen. In ganz Neu-Seeland wurden im Jahre 1858 zusammen 684,357 Exemplare Zeitungen und 482,856 Stück Briefe empfangen und abgeschickt. Die Provinz Auckland allein erhielt und beförderte 239,367 Exemplare Zeitungen und 133,121 Briefe.

[2] Dr. Sinclair befand sich leider während unserer Anwesenheit in Auckland gerade auf Reisen; dieser wissenschaftsfördernde Mann hatte aber Auftrag gegeben, dem Botaniker der Novara-Expedition aus seinem Herbarium sämmtliche Doubletten zur Verfügung zu stellen.

und daß die in Glasgow so bewunderte Vorzüglichkeit nur der Sorgfalt zugeschrieben werden muß, welche der Seidenzüchter auf dessen Gewinnung verwendete.[1]

Die kleine Expedition, welche sich unter der Aegide der Colonial-Regierung nach Drury zur Untersuchung der dortigen Kohlenlager begeben hatte, war mit so vortheilhaften Resultaten zurückgekehrt, daß unter den Ansiedlern des Districtes große Aufregung entstand, und sofort nicht unerhebliche Summen zur Ausbeute des im Erdinnern begrabenen Mineralreichthums gezeichnet

[1] In Folge der in dieser Beziehung angestellten Nachfragen, welche sich sogar auf eine Notiz in einem der gelesensten Journale Aucklands ausdehnten, erhielt ein Mitglied der Expedition noch am Tage vor unserer Abreise nachfolgenden Brief, welcher uns in mehrfacher Beziehung interessant genug scheint, um ihn seinem ganzen Inhalte nach hier mitzutheilen.

Three Kings Native College, nächst Auckland, 1. Jänner 1859.

Mein Herr!

Erlauben Sie mir Ihnen in Bezug auf Ihr, in der gestrigen Nummer des „Südlichen Kreuzes" enthaltenes Schreiben wegen des neuseeländischen Wurmes anzuzeigen, daß ich niemals früher von der Existenz eines derartigen einheimischen Wurmes gehört habe, obschon ich seit fast 20 Jahren als Missionär in diesem Lande lebe und dasselbe nach allen Richtungen hin bereiste.

Die deutschen Journale befanden sich im Irrthum, wenn sie das in Glasgow ausgestellte Seidengespinnst einem, in Neu-Seeland einheimischen Seidenwurm zuschreiben, welcher daselbst „auf wilden Büschen und Sträuchern lebt". Ich glaube jedoch im Stande zu sein Ihnen einige Mittheilungen zu machen, welche in hohem Grade zur Erklärung der Veranlassung beitragen dürften, wodurch ein solcher Irrthum in europäische Journale sich einschleichen konnte.

Vor ungefähr 8 Jahren hatte eine Dame in Taranaki, die Frau des dortigen Regierungsarztes Herrn P. Wilson, eine Anzahl von Raupeneier, wir wissen nicht, ob aus Schottland oder Spanien erhalten. Als die Würmer sich entpuppten, pflegte sie dieselben mit vieler Sorgfalt und Sachkenntniß, da sie den größten Theil ihres Lebens in seidenproducirenden Ländern zugebracht hatte, und fütterte sie mit Maulbeer- und Lattichblättern. Ich habe Frau Wilson oft die Seide von den Cocons abwinden sehen und sie sagen hören, daß es nach ihrem Urtheil eine ganz vorzügliche Qualität sei, was dieselbe hauptsächlich der Gunst der klimatischen Verhältnisse Neu-Seelands zuschrieb. Indem diese Dame den Seidenwurm pflegte, hatte sie jedoch einen edleren Zweck vor Augen, als den eines bloßen Experimentes oder Geschäftes, sie beabsichtigte nämlich, durch ihr Beispiel eine Anzahl junger Leute in Taranaki zu veranlassen, etwas von ihrer Zeit und Aufmerksamkeit der Seidenzucht zu widmen. Ich bedauere sagen zu müssen, daß diese großherzigen Bemühungen nicht den gewünschten Erfolg hatten. Die jungen Mädchen zogen wie früher vor, die benöthigte Seide zu kaufen, statt sie selbst zu fabriciren. — Gleichwohl ist die Zahl der gegenwärtig zur Zucht verwendeten Seidenwürmer im Verhältniß zum ersten Import ziemlich groß, und sowohl Qualität als Quantität der erzeugten Seide gewähren jedes Jahr mehr Befriedigung. Ich glaube, es war im Jahre 1851, wo Frau Wilson zuerst Proben der erzeugten Seide an ihren Bruder in Glasgow sandte, wo dieselben später bei einer, in dieser Manufacturstadt abgehaltenen Ausstellung gezeigt wurden. Nach Taranaki aber schrieb man, daß nach dem Urtheile competenter Richter die Neuseeländer Seide alle übrigen, von anderen Ländern ausgestellten Seidenmuster an Güte übertraf. Nun, mein Herr, dünkt es mich, daß in dem erzählten Vorgang der Schlüssel zu jenem Irrthum zu suchen ist, der Ihnen auf andere Weise ganz unerklärbar erscheinen dürfte.

Ich habe die Ehre zu sein ꝛc. ꝛc.

H. Hanson Turton m. p.
Governor and Chaplain.

wurden. Man hatte sich indeß nicht allein auf den Besuch der Kohlenlager beschränkt, sondern zugleich, um den Naturforschern der Novara auch ein Stück des Innern Neu-Seelands zu zeigen, beschlossen, den zwischen Auckland und dem Waikatoflusse sich hinziehenden, 9 bis 15 Meilen breiten Urwald zu durchschneiden, und die Ufer dieses prachtvollen Flusses so wie die, rings an demselben gelegenen Dörfer der Eingeborenen zu besuchen.

Die Expedition wurde vom Adjutanten des Gouverneurs, dem landeskundigen Capitän Drummond Hay und von Herrn Heaphy, Chef-Ingenieur der Provinz Auckland, geführt; Herr Smallfield, der Hauptredacteur des „New Zealander", begleitete als Berichterstatter die Unternehmung, welcher sich außerdem auf Einladung der Colonial-Regierung mehrere wissenschaftliche Bewohner Aucklands, darunter Rev. Mr. Purchas und ein Deutscher Namens Haast (welcher im Auftrage des Hauses Willis, Gann et Comp. die Insel bereiste), angeschlossen hatten. Die folgenden Mittheilungen sind ein Auszug aus dem Berichte, welchen ein Mitglied über die wichtigsten Erlebnisse während dieser interessanten Excursion erstattete:

„Am 28. December reisten wir in fünf Wagen von Auckland ab, und fuhren zwischen ausgebrannten Kratern und Vulcankegeln, auf welchen in früheren Zeiten die Eingeborenen ihre Verschanzungen oder befestigten Dörfer (Pah's) errichtet hatten, wie dies noch jetzt die regelmäßig übereinander liegenden, in dem Berge eingeschnittenen, 4 bis 8 Fuß hohen Terrassen zeigen. Die zu beiden Seiten auf dem Wege oder am Fuße der Hügel sich erhebenden, von üppigen Blumengärten eingeschlossenen Villen und Gehöfte bildeten einen gar wohlthuenden Contrast zu den, sich nach den verschiedenen Richtungen hinziehenden, mit Farnen und sonstigen Gesträuchen überwachsenen alten Lavaströmen. Hier und da tummelten sich Pferde auf saftiggrünen Wiesen oder es weideten auf denselben kräftige Rindvieh- und Schafheerden und gaben ein erfreuliches Zeugniß von dem rasch sich entwickelnden Wohlstande dieser jüngsten aller englischen Colonien.

Bereits in Otahuha, einem kleinen Dorfe in der Nähe eines höchst interessanten, ausgebrannten Kraterkegels, wo ein kurzer Aufenthalt eintrat, flatterten Fahnen aus den Häusern der Ansiedler und wohlgekleidete Bewohner kamen von allen Seiten herbei, die deutschen Gäste zu begrüßen, welche sie mit den natürlichen Reichthümern des Bodens bekannt machen sollten. Von Otahuha ging die Reise über die Ebene von Papakura (rothe

Fläche) nach Tamaki. Die Chaussée ist breit und gut angelegt, die Brücken sind solid gebaut, Alles deutet darauf hin, daß eine aufgeklärte Regierung große Sorgfalt verwendet, um die Verbindung des Innern mit der Hauptstadt so rasch und so gut als möglich herzustellen. Die Gehöfte und Landhäuser werden hier seltener, obgleich der wellige Boden von vorzüglicher Güte sein soll.

Gegen ein Uhr nach Mittag langten wir endlich in Drury an, einer 29 Meilen von Auckland entfernten größeren Niederlassung, wo wir die glänzendste Aufnahme fanden. Das zur Unterkunft der Expeditionsmitglieder bestimmte Haus (Young's Hôtel) war mit Blumen, seltenen Waldpflanzen und Farnkräutern geschmückt; vom Giebel wehte neben der britischen auch die österreichische Flagge.

Young's Hôtel in Drury.

Drury liegt in einer hügeligen, fruchtbaren Ebene, nach allen Seiten hin ist das Land eingezäunt, Felder und Wiesen wechseln bunt ab, und das behäbige, frische Aussehen der Ansiedler, die vielen rothbackigen Kinder, so wie der kräftige, schöne Viehstand liefern den deutlichsten Beweis, daß die Gegend nicht allein fruchtbar, sondern auch sehr gesund ist. Die Gesellschaft trennte sich nun in zwei Abtheilungen. Der Geolog der Expedition begab sich, um seine Untersuchungen zu beginnen, mit mehreren Begleitern nach einer ungefähr 1½ Meilen von Drury im Walde gelegenen Stelle, wo ein Kohlenflötz in einer Dicke von 12 Fuß aufgeschlossen liegt; der Rest der Forscher durchwanderte zu botanischen und zoologischen Zwecken den, durch seine grünenden und blühenden Herrlichkeiten fast sinnbetäubenden Urwald.

Zwei Tage wurden auf diese Weise in den Umgebungen von Drury zugebracht und während dieser Zeit auch in einem Wakka oder neuseeländischen Canoe eine Fahrt auf dem Taheke-Flüßchen nach einem benachbarten Maori-Dorfe unternommen. Unser Canoe bestand aus dem ausgehöhlten Stamme des Kahikabaumes (Podocarpus excelsum), und war gegen 25 Fuß lang und 2½ Fuß breit. Ein solches Fahrzeug wird von den Eingeborenen mit 5 Pfund Sterling bezahlt und dauert zwanzig bis dreißig Jahre, während ein Canoe aus dem rothen Holze des Totara (Podocarpus totara) ausgehöhlt, gegen 30 Pfund Sterling werth und zuweilen noch nach hundert Jahren vollkommen brauchbar ist. Es giebt aus diesen Waldriesen angefertigte Canoes, welche, 70 Fuß lang und 5 bis 6 Fuß breit, in früheren Zeiten als Kriegsfahrzeuge (wakka-wakka) benützt wurden und bequem 100 Mann aufnehmen konnten.

Unser Canoe war an beiden Enden mit frischen Farnen bedeckt und mit vier, unten spitz zulaufenden Rudern versehen, von welchen das eine von dem uns begleitenden Maori benützt wurde, während wir die übrigen zu handhaben versuchten und, gleich diesem, bald auf den Fersen sitzend, bald mit dem ausgestreckten Körper halb am Boden liegend, uns rasch mit dem Gebrauch derselben vertraut machten. Das Dorf konnte leider wegen allzu großer Entfernung nicht erreicht werden; wir waren nach einigen heiteren Abenteuern mit den Eingeborenen um so mehr genöthigt auf halbem Wege wieder umzukehren, als uns für den nächsten Tag große Anstrengungen bevorstanden.

Schon beim Grauen des Tages ließ uns der Lärm im Hofraume nicht mehr schlafen; von allen Seiten wurden die, theils zum Reiten, theils zum Fortschaffen unseres Gepäckes bestimmten Pferde herbeigebracht. Es war ein zauberhafter Morgen, ein rosiger Duft lag über der ganzen Landschaft; ihre wunderbaren Farbentöne brachten Claude Lorrain's unsterbliche Werke in Erinnerung. Der sich über die Anhöhen schlängelnde Weg fängt hier an für Wagen unbenützbar zu werden, obschon er mit Karren noch viele Meilen weit befahren werden kann. Wohl eine Stunde lang ritten wir durch wiesenreiche, wellige Gelände, meistens zierlich eingeheckt und mit weidenden Thieren belebt; dann und wann kam ein stattliches Wohnhaus mit blumigen Anlagen zum Vorschein und verrieth, daß dessen Bewohner die ersten harten Zeiten hinter sich hatten, wo sie in einer improvisirten

Hütte (whari) wohnen, den fast undurchdringlichen Urwald mit großer Mühe lichten und den Boden erst für die Saat empfänglich machen mußten.

Urwald in der Umgebung von Drury

Endlich erreichten wir den, uns vom Waikato trennenden Wald. Je tiefer wir in denselben eindrangen, desto dichter, majestätischer wurden die

Baumformen, desto dichter und undurchdringlicher wurde das Unterholz. Riesenstämme von 150 Fuß Höhe waren bis zu ihren höchsten Spitzen mit saftigen Lianen und Schmarotzerpflanzen bedeckt. Und dazwischen flogen die seltsamsten Vögel, aufgeschreckt durch den Hufschlag unserer Pferde, der weit in die grüne Wildniß hinein tönte. Der zahlreichste der gefiederten Waldbewohner ist der Tui (Prostemadera Novae Zelandiae), von Cook der Pastor genannt, weil er zwei auffallend weiße Federn am unteren Theil des Halses hat. Er gleicht an Farbe und Gestalt unserem Eisvogel und besitzt eine große Mannigfaltigkeit in seinen melodischen Tönen. Außer dem Tui wurden die Wälder durch den Kakariki (Platycercus N. Z.), einem kleinen, grünen Papagei belebt, welcher, sich im schattigen Laubgewinde wiegend, einen eigenthümlichen schrillenden Laut ausstößt. Auch ein neuseeländischer Kukuk (Endynamys taitensis), von den Eingeborenen Koekoea genannt, wurde erlegt und vom Zoologen als ein seltenes Exemplar mit großer Freude begrüßt.

Nach einem Ritt von einer halben Stunde kamen wir nach Rama-Rama, einer vor drei Monaten von einem reichen englischen Colonisten begonnenen Niederlassung. Gegen 70 englische Acres waren bereits urbar gemacht und auf einigen Morgen dieser eben erst der Wildniß entrissenen Culturfläche sproßen schon Erbsen, Rüben, Bohnen, Kartoffeln und andere Gewächse für den Küchenbedarf aus der Erde. Zwei kleine Hütten, aus den Stämmen der Baumfarnen erbaut und mit Schilfflachs bedeckt, dienten dem Besitzer des Bodens, einem hochgebildeten und unterrichteten Manne Namens Martin, und dessen Arbeitern zur provisorischen Küche und Schlafstätte, während man auf einer erhöhten Stelle mit der Errichtung eines stattlichen hölzernen Hauses beschäftigt war, von welchem dieser künftige Heerdenfürst sein Eigenthum übersehen und sich am Anblick seines rasch zunehmenden Viehstandes erfreuen mag.

Der Weg begann nun immer enger und schlechter, der Tritt der Pferde unsicherer zu werden, und nur mit größter Vorsicht vermochten wir auf sumpfigem, von dicken Wurzelstöcken durchwuchertem Boden weiter zu reiten. Riesige, über den Pfad gefallene Baumstämme mußten überklettert, die Gepäckstücke von den Thieren abgeladen und durch Menschen fortgeschafft werden. Einige der Pferde, an ähnliche Reisen gewöhnt, kletterten behende hinüber, während für andere störrige Thiere Brücken gebaut werden mußten, um sie über diese Hindernisse zu bringen; diese Brücken bestanden aus zwei größeren, quer über den Bach oder Fluß gelegten Baumstämmen, welche wieder mit Farnen oder Palmenstämmen bedeckt und theilweise mit Lianen

Nama-Nama.

zusammengebunden waren, um den Thieren einen sicheren Tritt zu gestatten. Gleichwohl brach die Unterlage einige Male durch, und die armen Pferde konnten nur mit großer Mühe wieder aus dieser künstlichen Verstrickung herausgezogen werden.

Gegen Abend lichtete sich der Wald und wir betraten eine mit Farnen bewachsene, wellenförmige Ebene. Die am Fuße eines gegenüberliegenden Berges aufsteigenden Rauchsäulen verkündeten, daß wir uns in der Nähe eines maorischen Dorfes befanden. Vor uns lag das Flußthal, durch welches der Mangatawhiri fließt, der in einiger Entfernung in den Waikato mündet, dessen Lauf uns die schönen, den Horizont abschließenden Gebirgslinien verriethen. Wir wurden von den Eingeborenen des Dorfes auf das freundlichste empfangen, und in der neuesten Whari oder neuseeländischen Hütte untergebracht. Dieselbe bildet ein ovales Viereck von 20 Fuß Länge und 14 Fuß Breite, und ist aus dicht an einander gereihten Palmenstämmen zusammengefügt. Das in der Mitte beinahe 15 Fuß hohe Dach, welches gegen die, nur 8 Fuß hohen Seitenwände schräg abfällt, ist aus dünnen, meist gespaltenen Stämmen angefertigt und auf eine so geschickte Weise mit einem dichten Geflechte des einheimischen Flachses bedeckt, daß das Wasser nicht eindringen kann, sondern ablaufen muß. Das Dach wird manchmal blos durch einen, in der Mitte aufrecht stehenden Stamm getragen; häufig sind aber auch mehrere solcher Stützen zur größeren Befestigung im Innern der Hütte angebracht. Die Seitenwände sind meistentheils mit großen, gleichfalls aus dem Schilfflachse geflochtenen Matten belegt. In der Mitte der beiden breiteren Seiten befinden sich zwei gegenüberstehende Thüren, durch welche zugleich eine Art Gang gebildet wird, der die Hütte gleichsam in zwei Gemächer theilt. Für die Küche dient bei schlechtem Wetter eine eigene, in der Nähe errichtete kleine Whari, während die Maori's bei heiterem Himmel vor ihrer Wohnhütte im Freien kochen.

Das Dorf besteht aus 15 zerstreut liegenden Hütten, zwischen welchen ein Theil der Einwohnerschaft beiderlei Geschlechtes in europäischer Tracht oder in Decken gehüllt auf der Erde saß, lag oder knieend auf den Fersen hockte. In gemüthlichster Vertraulichkeit trieben sich daneben halb und ganz nackte Kinder, schwarze Schweine und Hunde aller Racen herum. Die meisten Eingeborenen reichten uns freundlich die Hände. Auch hier bemerkten wir eine auffallende physische Verschiedenheit der einzelnen Individuen, indem sich kaum zwei Maori's in Farbe, Haaren oder Gestalt glichen. Vor einer der Wohnhütten wurde ein maorischer Kochofen, in dem man so eben das

Mittagsmahl gekocht hatte, geöffnet; nachdem Erde und Decken entfernt worden waren, erschienen, auf reinen Kohlblättern liegend, duftige Kartoffeln und Fluß-Aale. Der Hangi-Maori oder maorische Kochofen besteht aus einer in die Erde gegrabenen, 3 Fuß langen, 1½ Fuß tiefen Grube. In derselben wird ein starkes Feuer mit dürrem Holze angefacht und mit Steinen bedeckt, welche dadurch in kurzer Zeit zum Glühen gebracht werden. Ist das Holz zur Asche verbrannt, so wird die letztere sorgfältig entfernt, über die heißen Steine eine etwas befeuchtete Flachsdecke und auf diese wieder eine Schichte frischer Kohlblätter gelegt. Diese bilden gewissermaßen die Unterlage für die zu bereitende Speise, gleichviel ob sie in Fleisch, Gemüse, Früchten oder Fischen besteht. Nach oben folgen wieder eine Schichte von Kohlblättern und zwei aus dem Schilfflachse geflochtene Decken. Ueber das Ganze aber wird die ausgegrabene Erde geschaufelt und fest gedrückt, damit sie das Ausströmen des sich entwickelnden Dampfes verhindere. Sind gerade keine Kohlblätter vorhanden, so benützt man die Blätter des Tuakura (Dicksonia squamosa), eines an feuchten Stellen in großer Menge und Ueppigkeit wachsenden Farns. Diese Blätter theilen zugleich dem Fleische einen angenehmen Geschmack mit, während andere Pflanzen gerade die umgekehrte Wirkung hervorbringen.

Frauen und Mädchen waren emsig bemüht, aus dem Schilfflachse binnen wenigen Minuten niedliche Körbchen zu flechten, in welche hierauf die Kartoffeln gelegt und mit Aalen garnirt wurden. Auch uns brachte man ein volles Körbchen und lud uns mit freundlicher Geberde ein, vom Dargebrachten zu genießen. In einem maorischen Haushalte wird stets so viel gekocht, daß jeder zufällig anwesende Nachbar oder Reisende mitessen könne; denn der Maori ist ungemein gastfrei, wie wir uns selbst zu wiederholten Malen zu überzeugen Gelegenheit hatten.

Der Besitzer der Wohnhütte, in welcher wir unser Nachtlager aufschlugen, hatte sich plötzlich davongeschlichen und war, wie wir durch die offen stehende Thür wahrnehmen konnten, in einem Nebengemach damit beschäftigt, seine Haare sorgfältig zu kämmen und sich dann Gesicht, Hals, Arme und Haare mit Aalfett zu beschmieren. Nach Beendigung dieser seltsamen Toilette warf er eine reine Flachsdecke um, und erschien nun in seiner ganzen nationalen Herrlichkeit, um uns geziemend zu bewillkommnen. Die Art zu grüßen ist bei den Neuseeländern ganz eigenthümlich. Der

Dorf Mangatawhiri auf Neu-Seeland.

Grüßende schnellt den Kopf nach rückwärts und blinzet ein paar Mal dazu mit halb geschlossenen Augen und lächelnder Miene.

Unser Bivouac wurde plötzlich ganz unerwartet durch einige Neuankömmlinge vermehrt. Ueber den Bergkamm herab, den wir eben erst passirt hatten, kamen sechs Reiter in vollem Galop auf das Dorf zugesprengt; junge Maori's auf prächtigen Pferden, welche, von einem Stammgenossen, dem wir im Walde begegneten, die Ankunft von „pakeha's", d. h. weißen Männern, erfahren hatten und nun theils aus Neugierde, theils aus gastlichem Eifer herbeigeeilt waren. Sie trugen sämmtlich europäische Kleider und saßen in guten englischen Sätteln auf ihren kräftigen Pferden, die sie vortrefflich zu leiten verstanden. Es soll Maori's geben, welche 50 bis 60 Stück Pferde und ganze Heerden von Rindvieh besitzen und dabei mehrere tausend Pfund Sterling in der Bank liegen haben.

Während eines Spazierganges in der Nähe des Dorfes sahen wir nicht nur die, dasselbe umgebenden Felder mit Weizen, Hafer, Mais, Kartoffeln, Kohl u. s. w. reich bepflanzt, sondern wir erblickten auch am Flußufer eine ganz neue, nach englischem Muster construirte Mühle, welche beinahe fertig war und von einem Engländer für Rechnung des ganzen Stammes mit einem Kostenaufwande von 500 Pfund Sterling hergestellt worden war. Die Errichtung dieses Mahlwerkes ist um so bezeichnender für den Speculationsgeist der Maori's, als dieselben für ihren eigenen primitiven Haushalt kein Mehl bedürfen, sondern dasselbe blos in der Absicht bereiten, um es auf den Markt in Auckland gut zu verkaufen.

Gegen Mittag brachen wir in drei Canoes wieder auf und fuhren den Mangatawhiri hinab, dessen Fahrwasser an den meisten Stellen so eng war, daß selbst unsere schmalen Kähne nur mit Mühe fortbewegt werden konnten. Allmählig traten die Berge mehr zurück, der Fluß erweiterte sich und bildete an beiden Seiten eine morastige, mit Schilfflachs und anderen schönen und hohen Wasserpflanzen dicht bedeckte Ebene, während bereits in geringer Entfernung prächtige Bäume den höher gelegenen, fruchtbaren Boden verkündeten. Es war ein anmuthsvoller Tag. Während der ganzen Fahrt zeigte das Thermometer nur 22 bis 25° Celsius und wir konnten uns daher, weder erschöpft durch drückende Hitze, noch geplagt durch das Summen und Stechen von Insecten, mit ganzer Seele jenen wechselnden Gefühlen hingeben, welche die Mannigfaltigkeit und Erhabenheit der Landschaft auf die

Wanderer hervorbrachte. Der Fluß verengte sich bald von neuem, die Hügelreihen traten wieder näher heran, dicht bedeckt mit üppigem Wald, der bis an den Uferrand reichte und zuweilen ein Laubdach von unbeschreiblicher Schönheit über den sanft dahingleitenden Kahn bildete. Endlich machte der Mangatawhiri, der bisher westwärts geflossen war, eine Wendung nach Süden und wir fuhren in den Waikato ein. Der Eindruck, welchen jetzt die Schönheit der Scenerie auf jeden Einzelnen machte, war ein so überwältigender, daß Alle wie aus Einer Brust in laute Bewunderung ausbrachen.

Waikato-Fluss.

Zwischen schön geformten, dichtbewaldeten Bergen dahinfließend, gestattet der majestätische Strom manchen Vergleich mit dem Rhein und der Donau, welchen deutschen Flüssen er an Breite wenig nachgiebt. Eine heilige Stille ergoß sich über die braunen Fluthen, nur zeitweilig vom Auffliegen eines Vogels unterbrochen, welcher hier in selten gestörter Einsamkeit und sicher vor der mörderischen Waffe des Menschen, froh und unbesorgt sein Leben verbringen mag. Damit wir die Pracht des Waldes und die Fülle der Vegetation in vollen Zügen genießen konnten, fuhren wir dicht am Ufer bald auf der einen, bald auf der andern Seite und vermochten uns gleichwohl nicht satt zu schauen an den Reizen und Herrlichkeiten einer zauberhaften Landschaft. Um die Großartigkeit des Naturschauspieles noch zu erhöhen, brach in den Nachmittagsstunden ein heftiges Gewitter los; gleich feurigen Raketen fuhren die Blitze über unsere Häupter hin und die gewaltigen Donnerschläge grollten aus den benachbarten Bergen wie ein hundertfaches Echo zurück.

Gegen Abend heiterte sich der Himmel wieder auf und wir erreichten noch das Maori-Dorf Tuakau, in dem uns gleichfalls die freundlichste Aufnahme und die beste Hütte zur Unterkunft erwartete. Der Abend sollte ganz besonders gefeiert werden. Es war der 31. December 1858, Sylvesterabend, den Oesterreicher wohl schwerlich so bald wieder bei den Antipoden zubringen dürften. Die ganze Gesellschaft hatte sich auf den Boden im Innern der Hütte gelagert; zwei, auf leere Flaschen gesteckte Kerzen bildeten die ganze Beleuchtung, ein eiserner Kessel diente als Punschbowle, in welcher aus den mitgebrachten Spirituosen, mit Benützung deutscher und englischer Erfahrungen, ein dem Punsche ähnliches Getränk bereitet wurde. Im Rundgesange ertönten deutsche Volkslieder, englische und irische Weisen, ja sogar, von den anwesenden Maori's gesungen, melancholische neuseeländische Liebeslieder.

Als der Abend und mit ihm das Jahr sich neigte, gerieth man durch den Umstand in einige Verlegenheit, wie man dessen Ausgang genau feiern sollte, weil die meisten Anwesenden ihre Uhren, als unbequeme, bei einer Urwaldwanderung überflüssige Toilettestücke zurückgelassen hatten und die wenigen vorhandenen so verschieden zeigten, daß man sich nicht präcis des richtigen Momentes versichern zu können glaubte, an dem das alte Jahr zur Ruhe ging und ein neues mit seinen Freuden und Qualen, seinen Hoffnungen und Täuschungen den Lauf begann.

Da erhob sich plötzlich Capitän Drummond Hay, öffnete die nach Süden gelegene Thür der maorischen Hütte und sagte: „Es ist wahr, wir haben hier keine Thurmuhr und keinen Nachtwächter, welche uns genau den richtigen Augenblick des Jahreswechsels verkünden würden, dafür hat uns aber die gnadenreiche Vorsehung eine andere Uhr an dieses flimmernde Firmament hingestellt — das Sternbild des südlichen Kreuzes! In wie vielen schlaflosen Nächten, in den Wäldern oder den Farn-Ebenen Neu-Seelands, habe ich hinaufgeschaut nach dieser nie trüglichen Himmelsuhr! Seht, das Kreuz neigt sich nach Westen. Jetzt ist es zwölf Uhr. Einem Jeden ein glückliches neues Jahr!" — Die Gläser klirrten noch einmal, die Hände wurden gereicht und hierauf umhüllte die schlafbedürftigen Genossen die Dunkelheit der Nacht, in welche wohl gar manches beseligende Traumbild hineingefunkelt haben mag.

Am nächsten Morgen — es war der 1. Jänner 1859 — befand sich wieder Alles frühzeitig geschäftig auf den Beinen, die ganze Bevölkerung des Dorfes war um unser Bivouac versammelt. Auch zwei englische Zimmerleute hatten sich eingefunden, um uns zu begrüßen; sie standen eben im Begriffe mit Hülfe der Eingeborenen für einen Betrag von 400 Pfund Sterling eine hölzerne Capelle aufzurichten, indem die Maori's großen Werth darauf zu legen scheinen, eine Stätte zu besitzen, in welcher ihre in der Nähe wohnenden oder zufällig anwesenden europäischen Mitbrüder den Sonntag in gewohnter Weise zu feiern vermögen. Der Mehrzahl nach sind die Neuseeländer Christen, und zwar bekennen sie sich zum größten Theil zur englischen Hochkirche. Der Gottesdienst wird theils von den im Lande zerstreut lebenden Missionären, theils von eigens dazu bestimmten reisenden Geistlichen abgehalten, welch letztere oft im Innern mit den größten Anstrengungen und Entbehrungen zu kämpfen haben. Viele, von Missionären erzogene Eingeborene, welche als Prediger oder Vorbeter die Insel bereisen, sollen durch ihren musterhaften Lebenswandel einen großen Einfluß auf ihre Stammgenossen üben.

Fast in jeder Hütte im Dorfe fanden wir eine Bibel oder ein, in maorischer Sprache geschriebenes Gesang- und Gebetbuch. Trotz ihrer entschiedenen Befähigung wollen sich die Eingeborenen doch mit keinerlei Handwerk befassen, welches sie im Allgemeinen dermaßen gering schätzen, daß sie z. B. den Schuster und Schneider sogar als einen tiefer stehenden Menschen betrachten. Dagegen ist der Kaufmann und Seefahrer bei ihnen hoch in Ansehen, wennschon der Krieger in ihrer Vorstellung jeden anderen Stand an Glanz überragt und sie sich selbst, was Tapferkeit und Kampflust betrifft, dem Europäer völlig gleichstellen.

Gegen Mittag wurde die Rückreise angetreten. Der von uns eingeschlagene Weg, der einzige, welcher von Tuakau nach Drury führt, wurde theils von den hier angesiedelten Landwirthen, theils von Feldmessern ausgehauen, um ihn wenigstens mit Vieh passiren und Vermessungen darauf vornehmen zu können; er befand sich noch in einem solchen primitiven Zustande, daß wir unsere Pferde nur mit den größten Anstrengungen über die umherliegenden Bäume und die aus losen Stämmen bestehenden Brücken zu bringen vermochten. Nach allen Richtungen war der Pfad mit Wurzeln überwuchert und dazwischen öffneten sich tiefe Pfützen, in welche man zuweilen bis über die Knöchel einsank, während gleichzeitig von oben die überhängenden Bäume das Weiterkommen erschwerten.

Inneres einer Hütte.

Wir konnten uns nun eine ziemlich richtige Vorstellung von dem Leben im Innern Neu-Seelands und von den Schwierigkeiten machen, welche eine, mit tropischer Ueppigkeit sich entfaltende Vegetation dem Ansiedler entgegenstellt; da aber die Colonial-Regierung die größte Sorgfalt darauf verwendet, um mit bedeutenden Geldopfern nach allen Richtungen hin gute Landstraßen anzulegen, so dürften viele der dermaligen Weghindernisse schon in den nächsten Jahren beseitigt sein. Um neun Uhr Abends trafen wir in Drury ein, und am nächstfolgenden Morgen, den 2. Jänner 1859, kehrte die kleine Karawane wieder nach Auckland zurück, wo nun der Geolog der Expedition der Regierung von Neu-Seeland einen umfassenden Bericht über die Kohlenlager im Drury-Districte erstattete, auf welche zuerst aufmerksam gemacht zu haben dem Pastor Purchas von Onehunga, der sich in seinen Mußestunden mit Geologie beschäftigt, das Verdienst gebührt.*

Aus den genaueren geologischen Untersuchungen des Dr. Hochstetter geht hervor, daß die Provinz Auckland reich ist an guten, abbauwürdigen Kohlen, und zwar an Braunkohlen von tertiärem Alter, welche mit jenen in Böhmen und Steiermark viele Aehnlichkeit haben. Die Ebenen von Papakura und Drury am östlichen Ufer des Manukau-Hafen haben einen wellenförmigen Charakter und liegen nur in geringer Erhebung über dem Meeresspiegel. Sie sind im Südosten und Süden durch eine dichtbewaldete Bergkette von 1000 bis 1500 Fuß Höhe begrenzt, welche sich im Allgemeinen von Südwest nach Nordost, d. h. vom Waikato nach dem Wairoa hinzieht; nur in der Nähe von Drury nimmt ein Theil dieser Kette eine beinahe nordsüdliche Richtung an und erhebt sich mit sanftem Abfall aus der Ebene. An diesen Abhängen finden sich an verschiedenen Punkten, theils durch die natürliche Gewalt des Wassers, theils durch die Bemühungen der Ansiedler Kohlenflötze aufgeschlossen, deren Flächenausdehnung sich jedoch bei der dichten Waldbedeckung und dem Mangel an natürlichen Aufschlüssen nur durch Bohrungen bestimmen läßt.

Die Kohle gehört zu der besten, gewöhnlich als Glanzkohle bezeichneten Varietät der Braunkohle, und kommt in theilweise sehr mächtigen Lagern vor. Die durchschnittliche Mächtigkeit dürfte ungefähr 6 Fuß betragen. Das Drury- und Hunua-Kohlenfeld scheint in der That nur ein Theil weit ausgedehnter Tertiärablagerungen zu sein, welche in mehreren Gegenden der Provinz von Auckland vorkommen. Der praktische Werth und die commercielle Wichtigkeit der Braunkohle von Neu-Seeland wird sich aber erst dann mit Sicherheit feststellen lassen, wenn einmal in den verschiedenen Zweigen der Industrie umfassende Versuche damit angestellt worden sind. Es wäre jedenfalls sehr empfehlenswerth, in der Nähe der ausgebeuteten Kohlengruben Fabriken zur Erzeugung von Thonwaaren zu errichten, indem sich der bei den mehrfach angestellten Bohrversuchen in den verschiedensten Varietäten vorgefundene Thon zu diesem Zwecke ganz besonders eignen würde.

Ebenso dürfte sich die, in der Provinz Auckland gefundene Braunkohle zur Gaserzeugung und als Feuerungsmaterial bei zahlreichen Industriezweigen mit großem Nutzen verwenden lassen. Dagegen eignet sich dieselbe nicht zum Gebrauche auf Dampfern, welche lange Seereisen zu machen haben, indem schon das Volumen der Braunkohle solche Fahrzeuge verhindern dürfte, dieselbe an Bord zu nehmen, so lange sie sich Schwarzkohle, wenn auch zu weit höheren Preisen, zu verschaffen vermögen.

Die Vorschläge, welche der Geolog der Expedition machte, um den Kohlenreichthum des Drury-Districtes am vortheilhaftesten aufzuschließen und zu bearbeiten, wurden von der Regierung sowohl, als auch von den Besitzern der verschiedenen Grundstücke so günstig aufgenommen, die Erfolge, welche man sich vom Gelingen dieses Unternehmens für den Aufschwung der Colonie versprach, schienen so wichtig, daß man nicht nur unverweilt an die Ausbeute der Kohlenfelder in Drury Hand anlegte, sondern auch den Befehlshaber der Expedition förmlich bestürmte, den Geologen der Novara behufs weiterer Untersuchungen noch einige Zeit auf der bisher so wenig durchforschten Insel zurück zu lassen. Dieses Ansuchen, von angesehenen und einflußreichen Persönlichkeiten gestellt, fand endlich sogar in einem officiellen Schreiben seinen Ausdruck, welches der Gouverneur von Neu-Seeland im Namen der Colonial-Regierung an den Befehlshaber der österreichischen Expedition richtete, und darin die Genehmigung der geologischen Untersuchung der Provinz Auckland durch Dr. Hochstetter als eine besondere Gunst bezeichnete.[1] Da der Antrag ein höchst ehrenvoller war und die wissenschaftlichen Zwecke der Expedition gewiß nicht würdiger gefördert werden konnten, als durch die gründliche Durchforschung eines geologisch noch niemals untersuchten Landes, so genehmigte Commodore v. Wüllerstorf das Ansuchen der Colonial-Regierung unter der Bedingung, daß sämmtliche, von Dr. Hochstetter während der Dauer seines Aufenthaltes auf Neu-Seeland gemachten Beobachtungen, literarischen Arbeiten und Sammlungen der Novara-Expedition zu gute kommen, und daß alle durch den Aufenthalt und die Reisen desselben auf der Insel sowohl als auch durch die Rückreise nach Europa verursachten Kosten ausschließlich von der Regierung von Neu-Seeland getragen werden sollen.[2]

[1] Siehe Beilage III.

[2] Siehe Beilage IV.

Alle diese Vorschläge fanden die bereitwilligste Aufnahme und Genehmigung, und Dr. Hochstetter wurde außerdem mit den großartigsten Mitteln ausgestattet und unterstützt, um seine schwierige Aufgabe zur Ehre der Wissenschaft und zum Nutzen des Landes möglichst vollständig lösen zu können. Am 8. Jänner 1859 schiffte sich unser wackerer Reisecollege aus, um vorläufig in Auckland zurückzubleiben und sich zu seinen wichtigen Arbeiten vorzubereiten. Es sollte mit der geologischen Aufnahme des Districtes Auckland der Anfang gemacht, und die Reise ins Innere erst in einigen Wochen angetreten werden. Mehrere Regierungsbeamte, so wie ein Photograph, ein Zeichner und fünfzehn Maori's wurden bestimmt, Dr. Hochstetter auf diesen Wanderungen durch das Innere der Insel zu begleiten, von denen Jeder in seiner Sphäre zum Gelingen des großen und folgereichen Unternehmens beitrug.

Während unseres Aufenthaltes in Auckland hatten wir noch den plötzlichen Tod unseres wackeren Hochbootsmannes Ceregotta zu beklagen, welcher an einem serösen Herzschlag starb und auf dem katholischen Friedhofe feierlich bestattet wurde. Der Verstorbene war allgemein so beliebt, daß man am Bord eine Sammlung veranstaltete, um den braven Mann noch im Tode durch einen besonderen Denkstein zu ehren.

An keinem bisher von der Expedition besuchten Orte wurde dieselbe von der katholischen Geistlichkeit mit so großer Auszeichnung und Aufmerksamkeit behandelt, wie in Auckland. Am Neujahrstage wurde in der schönen katholischen Kirche in Gegenwart der dienstfreien Mannschaft der Fregatte ein Hochamt celebrirt, während dessen der Bischof der Provinz, der ehrwürdige Dr. Pompallier, eine Predigt hielt und den anwesenden Officieren und Matrosen den apostolischen Segen ertheilte. Auch begab sich der greise Kirchenfürst in Begleitung seines Generalvicars und gefolgt von sechs Maori-Häuptlingen an Bord der Novara und stattete dem Befehlshaber der Expedition einen Besuch ab. Da die katholische Mission auf Auckland nichts weniger als reich dotirt ist, so überreichte unser Capellan im Auftrage des Commodore und im Namen Sr. Maj. des Kaisers verschiedene Kirchengeräthe und Meßgewänder als Geschenke, welche mit großer Freude und Befriedigung empfangen wurden.

Heftige Nordostwinde verhinderten die Abfahrt der Fregatte durch mehrere Tage, was unseren neugewonnenen Freunden in Auckland erwünschte

Gelegenheit bot, ihre warme Gastfreundschaft wiederholt zu bewähren. Durch diese Verzögerung gelang es uns auch, zwei Maori's als Matrosen an Bord der Fregatte zu nehmen, die sich erst in den letzten Tagen zur Mitreise bereit erklärt hatten. Die officiellen Noten, welche über diesen Gegenstand zwischen der Colonial-Regierung und dem Expeditions-Commando gewechselt wurden, sind höchst bezeichnend für die Sorgfalt und Theilnahme, mit welcher die Regierung von Neu-Seeland das Interesse der Maori's zu vertreten bemüht ist. Man suchte für sie die vortheilhaftesten Bedingungen zu erlangen und nahm auch auf den Fall bedacht, als dieselben, nach Beendigung der Campagne an Bord der Novara, wieder in ihre Heimat zurückkehren wollten. Es hatten sich anfänglich vier Maori's und ein Halbblut-Maori zur Mitreise gemeldet, als es aber endlich zur Einschiffung kam, blieben nur zwei bei ihrem ersten Entschlusse: Wiremu Toetoe Tumohe und Te Hemara Rerehau Paraone, beide aus Ngatiapakura und dem mächtigen Waikato-Stamme angehörend. Toetoe, selbst Häuptling zweier kleinen Tribus der Ngatiapakura's und der Ngatiwakohike's und zur Zeit seiner Einschiffung ungefähr 32 Jahre alt, wurde mit dem 15. Jahre von einem englischen Missionär getauft und von diesem im Schreiben und Rechnen unterrichtet. Zugleich lernte er das Land pflügen und Weizen anbauen. Mit seinem 20. Jahre heiratete Toetoe eine Mestize, Tochter eines Engländers und einer Maori, welche ihm einen Knaben gebar. In seinem 26. Jahre trat er als Postbote in die Dienste der Colonial-Regierung und war in dieser Stelle so verwendbar, daß er bereits nach zwei Jahren zum Postexpeditor des Districtes vorrückte, in welcher Eigenschaft er fungirte, als die Novara in Auckland ankam. Toetoe war der erste Häuptling, welcher sich bereit zeigte, der Colonial-Regierung zum Bau von Straßen behülflich zu sein und durch sein Benehmen und seinen Einfluß nicht nur viele Häuptlinge abhielt, dem Baue Hindernisse in den Weg zu legen, sondern sogar einige seiner Genossen bewog, sich bei diesem wichtigen Werke zu betheiligen. Seinem Entschlusse, die Novara auf der Erdfahrt zu begleiten, lag keine andere Absicht zu Grunde als die Erfüllung eines längst genährten Verlangens fremde Länder und Völker zu sehen. Von einem gleichen Wunsche war Hemara Rerehau Paraone erfüllt, der Sohn eines wohlhabenden Verwandten Toetoe's, der schon frühzeitig getauft worden war und vom 12. bis zum 18. Jahre eine von englischen Missionären in Ngatiapakura gegründete

Schule besuchte, in welcher er seine Muttersprache schreiben, etwas Englisch, Arithmetik, Geographie und Geschichte, dann pflügen, Weizen bauen, Mehl mahlen und Brot backen lernte.[1]

Am 8. Jänner verließ endlich die Novara den Hafen von Auckland. Als wir bereits unter Segel waren, erschienen noch einige Boote mit aufmerksamen Freunden gefüllt, welche uns noch einen Blumenstrauß auf den Weg mitzugeben wünschten. Auch ein Boot mit einigen Eingeborenen und dem Generalvicar, welcher uns rasch noch mit einigen wundervoll tättowirten katholischen Maori's beladen wollte, die gleichfalls die Fregatte als Matrosen

[1] Die beiden Maori's, welche in den ersten Tagen der Fahrt sehr trübsinnig gestimmt waren, fanden sich rasch in die neuen Verhältnisse und wurden bald durch ihr musterhaftes Benehmen und ihren verträglichen Sinn die Lieblinge der ganzen Mannschaft. Nur während der rauhen Fahrt um das Cap Horn machten ihnen die Seestürme und die ungewohnte große Kälte sehr bange; sie fürchteten, wie sie sagten, „da sterben zu müssen", und die Sehnsucht nach dem Vaterlande wurde wieder mächtig in ihrer Brust. Als sie endlich vollkommen gesund in Triest angekommen waren, trafen sie in Begleitung eines Expeditionsmitgliedes nach Wien und erhielten daselbst durch die besondere Güte und Bereitwilligkeit des Herrn Hofrathes Ritter von Auer die Erlaubniß, in die k. k. Staatsdruckerei einzutreten und sich daselbst mit den wichtigsten und interessantesten Einrichtungen europäischer Civilisation bekannt machen zu dürfen. Sie wurden von einem Mitgliede dieses Institutes, Herrn Zimmerl, welcher das Maori-Idiom zu einem besondern Studium machte, in der deutschen und englischen Sprache unterrichtet, erlernten die Manipulation des Buchdruckes und der Lithographie, so wie des Kupferdruckes und des Naturselbstdruckes. Ja dieselben zeigten sich bei diesen verschiedenen Anleitungen so intelligent, lernbegierig und geschickt, daß sich die kaiserliche Regierung auf Antrag des Directors der Staatsdruckerei veranlaßt fand, den beiden Maori's später bei ihrer Rückkehr alle zur Ausübung dieser verschiedenen Künste nöthigen Geräthe nach Neu-Seeland als Geschenk mitzugeben, um das hier mit so vielem Eifer Gelernte auch in ihrer Heimat üben und daraus Nutzen ziehen zu können. Während ihres neunmonatlichen Aufenthaltes in Wien wurden ihnen außerdem die zahlreichen Sehenswürdigkeiten der Kaiserstadt gezeigt, um ihnen einen möglichst richtigen Begriff vom europäischen Culturleben zu geben. Von allen, ihren Augen bisher fremden Erscheinungen hat nichts einen so gewaltigen Eindruck auf sie hervorgebracht, als die Eisenbahn, „die schönste Einrichtung der Fremden, neben welcher alle anderen unansehnlich sind, und die sie sich bemühen wollen in Neu-Seeland auch bald zu bekommen". Den Glanzpunkt ihres Aufenthaltes in Wien bildete eine Vorstellung der Maori's bei Ihren Majestäten dem Kaiser und der Kaiserinn in der Hofburg, welche die beiden Antipoden außerordentlich huldvoll aufnahmen und Befehl ertheilten, daß die Kosten ihrer Rückreise bis in ihre Heimat aus dem Staatsschatze bestritten und einem Jeden außerdem ein Geldgeschenk eingehändigt werde. Am 20. Mai 1860 verließen die beiden Neuseeländer Wien, und reisten durch Deutschland nach London, wo sie sich mehrere Wochen aufhielten, der Königinn von England vorgestellt wurden, und sich sodann in Southampton direct nach Auckland einschifften. Sie sind glücklich in ihrer Heimat angekommen und haben bereits wiederholt an einige Freunde und Gönner in Wien geschrieben. Ihre Briefe sind in einem, die neuseeländische Sprechweise charakterisirenden, bilderreichen Style abgefaßt. Sie wiederholen sich häufig, und sind nicht erfinderisch an Wendungen und Ausdrücken, aber sie überraschen gleichwohl zuweilen durch die Zartheit und den poetischen Anflug ihrer Gedanken. So schrieb z. B. Toetoe einmal von Wien aus an ein Expeditionsmitglied in Triest: „Du bist abwesend in Triest am Meeresufer! Wir besteigen die Spitze des Leopold-Berges, um weithin die Wolken zu sehen, die in Steiermark aufsteigen. Wir können Triest nicht sehen, denn unsere Augen sind umflort durch die Thränen, die ihnen entströmen!"

zu begleiten wünschten, kam eilig heran gesegelt. Der eifrige Priester überbrachte zugleich ein Schreiben des Bischofs Pompallier, und war von seiner Mission so begeistert, daß er trotz der ziemlich schnellen Fahrt unserer Fregatte und der Schwierigkeit, welche sein langer, schwarzer Faltenrock der Ausführung seines Vorhabens entgegenstellte, sich nicht abhalten ließ auf der Jakobsleiter an Bord zu klettern und mit dem Commodore persönlich zu verhandeln. Allein es war thatsächlich unmöglich dem Verlangen zu entsprechen, ohne die Abfahrt der Fregatte neuerdings zu verzögern, und so mußte der arme Generalvicar, ein warmblütiger Irländer, auf der schwanken Leiter den Weg wieder zurück nach dem kleinen tanzenden Boote machen und mit seinen Pflegbefohlenen nach Auckland umkehren, ohne seinen sehnlichen Wunsch erfüllt zu sehen.

Während wir mit günstiger Brise rasch unserem nächsten Reiseziel, der Insel Tahiti im Gesellschafts-Archipel, zueilten, waren unsere Gedanken und Wünsche noch fortwährend auf Neu-Seeland gerichtet, wo ein Mitglied der wissenschaftlichen Commission zurückgeblieben war, um sich der Lösung einer eben so schwierigen als beneidenswerthen Aufgabe zu unterziehen. Die ausführlichen Berichte über die achtmonatlichen Untersuchungen des Dr. Hochstetter auf der Antipoden-Insel kamen uns erst nach unserer Rückkehr zu Gesicht, als die kaiserliche Fregatte längst wieder glücklich in den Hafen von Triest eingelaufen war. Wir erlauben uns jedoch, um die Thätigkeit der Expedition auf dieser noch so wenig durchforschten Insel übersichtlicher zu machen, schon an dieser Stelle eine gedrängte Uebersicht der, von dem Novara-Geologen daselbst ausgeführten Arbeiten einzuschalten:

„Das erste Feld meiner Thätigkeit", berichtet Dr. Hochstetter, „war die Provinz Auckland. Die reichen Mittel, welche mir der hochverdiente Superintendent der Provinz, J. Williamson, zu Gebote stellte, machten es mir möglich in der kurzen Zeit von fünf Monaten den größten Theil dieser ausgedehnten, fast die ganze nördliche Hälfte der Nordinsel umfassenden Provinz zu bereisen und meine Arbeiten nach einem bestimmten Plane in größerem Maßstabe auszuführen.

Für die ersten zwei Monate, Jänner und Februar, blieb Auckland der Mittelpunkt meiner Ausflüge, da die Jahreszeit für größere Fußreisen in das Innere des Landes noch nicht geeignet schien. Einestheils ist die Hitze in den Hauptsommermonaten zu groß, und anderntheils sind

Mosquitos, welche gerade in diesen Monaten zu Milliarden die feuchten Urwälder bevölkern, eine so entsetzliche Plage, daß sie das Reisen fast unmöglich machen. Von beiden Plagen ist man aber in der Umgegend von Auckland ziemlich frei. Frische Seewinde, welche fortwährend den schmalen Isthmus bestreichen, mildern die Hitze des Sommers und die waldlose Gegend ist auch von jenen blutdürstigen Insecten wenig heimgesucht.

Ich bemühte mich daher zunächst jene Arbeiten, welche ich schon während des Aufenthaltes der Novara über die Braunkohlenfelder in der Nähe der Hauptstadt und über die merkwürdigen Aucklandvulcane begonnen hatte, dadurch zu einem Abschluß zu bringen, daß ich mich an eine detaillirte geologische Aufnahme des Vulcan-Districtes machte, indem selbst die nächste Umgegend der Hauptstadt, trotz einzelner Vorarbeiten meines Freundes Heaphy, doch in geologischer Beziehung noch eben so eine terra incognita war, wie die fernen Gegenden des Innern.

Als Grundlage für die geologische Karte des Auckland-Districtes dienten topographische Kartenskizzen in einem großen Maßstabe (1 Zoll englisch = 1 Seemeile), mit welchen mich die General Surveyors Office versah. Leider fehlte diesen Skizzen meist alle Terrainzeichnung, sie enthielten nur die Küstenumrisse und das Flußnetz, und ich mußte neben der geologischen Aufnahme auch die Terrainzeichnung ausführen.

Die Gegend bot bei näherer Untersuchung eine weit größere Mannigfaltigkeit der geologischen Zusammensetzung dar, als ich vermuthet hatte. Am meisten beschäftigten mich die merkwürdigen erloschenen Vulcankegel auf dem Auckland-Isthmus, welche, was sowohl ihre große Anzahl auf einem kleinen Raume, als auch die Eigenthümlichkeiten ihrer Kegel- und Kraterbildungen, so wie ihrer Lavaströme betrifft, als einzig in ihrer Art angesehen werden müssen. Ich hatte nicht weniger als 61 erloschene Eruptionspunkte in einem Umkreise von nur 10 englischen Meilen von Auckland zu verzeichnen. Ein Ausflug in südlicher Richtung nach dem Manukau-Hafen und nach der Mündung des Waikato-Flusses an der Westküste führte zur Auffindung wichtiger Petrefactenfundorte am South-head des Waikato und längs der Westküste, zur Entdeckung von Belemniten und prachtvoll erhaltenen fossilen Farnkräutern. Damit war zum erstenmal das Auftreten von secundären Schichtenreihen auf Neu-Seeland nachgewiesen. Weitere Ausflüge nach dem Drury- und Papakura-District, so wie nach dem Wairoa-Flusse galten der Feststellung des Verbreitungsgebietes der Braunkohlenformation, während ich meine Forschungen in nördlicher Richtung bis zum Waitakere-Flusse und zur Halbinsel Wangaparoa ausdehnte.

Meine Karte, so weit ich dieselbe bis Ende Februar fertig hatte und der Regierung zur Benützung und Copirung übergab, umfaßte die ganze Umgebung von Auckland in einem Umkreise von etwa 20 englischen Meilen. Sie brachte ein geologisch höchst merkwürdiges Terrain zur Anschauung mit einer Reihe von Sedimentformationen aus allen geologischen Perioden (primär, secundär, tertiär und quartär), nebst zahlreichen vulcanischen Bildungen.[1] Meine Sammlungen aber enthielten eine hübsche Anzahl neuer Petrefacten und zahlreiche interessante Gebirgsarten, während auch die botanischen und zoologischen Sammlungen durch freundliche Beisteuer von allen Seiten reichlich angewachsen waren.

Nun entstand die Frage, sollte ich den Norden oder den Süden der Provinz zum Gegenstand und Ziel meiner ferneren Forschungen machen? Beides zugleich konnte ich in der kurzen Zeit meines Aufenthaltes nicht ausführen. Ich zögerte nicht, mich für den Süden zu entscheiden und zwar aus verschiedenen Gründen. Die südlichen Theile der Provinz Auckland sind fast ausschließlich von Eingeborenen bevölkert. Nur Missionäre, einige Regierungsbeamte und Touristen hatten bisher diese merkwürdigen Gegenden durchwandert. Der Norden der Insel dagegen ist weit besser bekannt. Zahlreiche europäische Ansiedler bewohnen die Ufer der verschiedenen Hafenbuchten der nördlichen Halbinsel. Ich konnte aus mündlichen und schriftlichen Berichten der Colonisten, so wie aus den gesammelten naturhistorischen Gegenständen, welche sie mir schickten, über die Natur jener Gegenden vielfache Belehrung gewinnen.

Dieffenbach hatte alle wichtigen Punkte des Nordens besucht, und wenn auch nicht geologisch, so doch in anderer Beziehung gut beschrieben. Der berühmte amerikanische Geologe Dana hatte auf der großen, von den Vereinigten Staaten in die Südsee entsendeten Expedition die Inselbai, den wichtigsten Hafen des Nordens, berührt und ihre Umgegend geologisch durchforscht. Ueberdies besuchten meine Freunde Rev. A. G. Purchas und

[1] Vergleiche „Bericht über geologische Untersuchungen in der Provinz Auckland“ in den Sitzungsberichten der mathematisch-naturwissenschaftlichen Classe der kaiserlichen Akademie der Wissenschaften zu Wien, XXXVII. Band, Seite 123.

C. Heaphy während meines Aufenthaltes in Auckland einzelne Districte des Nordens und brachten mir Sammlungen und Aufzeichnungen aller Art mit, so daß mir der Norden keineswegs fremd blieb. Dagegen erschien das weite Innere, der südliche Theil der Provinz Auckland, noch fast unerforscht. Seit Dieffenbach's denkwürdigen Reisen im Jahre 1840 hatte kein Naturforscher die gewaltigen Vulcankegel im Innern der Insel, die schönen Binnenseen, die kochenden Quellen, die Solfataren und Fumarolen gesehen. Die geologischen Aufschlüsse, welche Dieffenbach's Reisebeschreibung über diese Gegenden giebt, erschienen mir sehr sparsam, topographisch aber war das Innere so gut wie unbekannt. Eine Reise dahin versprach daher die reichsten Erfolge.

Gegen Ende Februar traf ich die nöthigen Vorbereitungen dazu. Capitän Drummond Hay, bekannt als einer der besten Kenner der Maori-Sprache, wurde im Auftrage des Gouverneurs mein Reisemarschall und Dolmetsch. Die Provinzial-Regierung aber erfüllte auf das Zuvorkommendste meinen Wunsch, einen Photographen und für meteorologische Beobachtungen, so wie zu anderweitiger Aushülfe beim Sammeln und Zeichnen einen Assistenten auf der Reise mitzugeben. Letzterer fand sich in einem jungen, sehr bereitwilligen und brauchbaren Deutschen, Herrn Koch, ersterer in dem Photographen Herrn Hamel. Außerdem wurden ein Diener, ein Koch und fünfzehn Eingeborene zum Tragen des Gepäckes aufgenommen.

So brach ich in Begleitung meines Freundes Haast, aufs Beste mit allem ausgerüstet, was für eine lange Fußreise in wenig bevölkerte Gegenden und für nächtliches Campiren im Freien nothwendig war, mit Empfehlungsschreiben von Seite des Gouverneurs an die einflußreichsten Häuptlinge versehen, am 6. März mit meiner zahlreichen Gesellschaft von Auckland auf, zunächst nach Mangatawhiri am Waikato, dem, aus dem Herzen der Insel strömenden Hauptflusse Neu-Seelands. Ich fuhr in den Canoes der Eingeborenen den Waikato, dann dessen Nebenfluß, den Waipa aufwärts und wandte mich von der Missionsstation am Waipa-Flusse aus westlich, um die Häfen Whaingaroa, Aotea und Kawhia an der Westküste zu besuchen. Von Kawhia aus ging ich wieder landeinwärts durch die obere Waipagegend nach dem Mokau-Districte. Von da kam ich, zahlreiche Urwaldketten übersteigend, nach dem Quellengebiete des Wanganui-Flusses im Tuhua-District und erreichte am 14. April den majestätischen, von den großartigsten Vulcankegeln umgebenen Taupo-See. Hier war ich im Herzen des Landes, am Fuße des dampfenden Tongariro-Vulcanes und seines erloschenen, mit ewigem Schnee bedeckten Nachbarn, des 9200 Fuß hohen Ruapahu. Am südlichen Ende des Sees liegt ein Missionshaus, wo ich die gastfreundlichste Aufnahme fand, während meine Maori's in dem benachbarten Dorfe Pukawa von dem großen Maorihäuptling te Heuheu nach üblicher Landessitte gastlich bewirthet wurden. Nachdem ich die Karte des Sees entworfen und die vielen heißen Quellen an seinem Ufer untersucht hatte, folgte ich beim Ausflusse des Waikato aus dem See dem höchst merkwürdigen Zuge kochender Quellen, Solfataren, Salsen und Fumarolen, welche in nordöstlicher Richtung zwischen dem thätigen Krater des Tongariro und dem noch thätigen Inselvulcan Whakari oder White Island an der Ostküste liegen. Zu längerem Aufenthalte gab die, auf dieser Linie liegende „Seegegend" Veranlassung, wo am Rotorua-See, am Rotoiti und am Rotomahana oder warmen See die „ngawhas" und „puias" von Neu-Seeland, d. h. kochende Sprudel und Geyser mit Kieselsinter-Absätzen, wie auf Island, ihre großartigste Entwicklung zeigen. Ich halte diese Gegend für das merkwürdigste und ausgedehnteste heiße Quellengebiet der Erde, welches man kennt, selbst Island nicht ausgenommen.

Anfangs Mai erreichte ich die Ostküste bei Maketu, folgte der Küste bis zum Tauranga-Hafen, ging von da landeinwärts nach dem Waiho-Thale oder dem Thale der neuseeländischen Themse und kam bei Maungatautari wieder zum Waikato-Flusse. Ich durchwanderte noch die fruchtbaren Gefilde des mittleren Waikato-Beckens bei Rangiawhia, dem Mittelpunkt der Maori-Niederlassungen, stattete dem Maorikönig Potatau te Wherowhero in seiner Residenz Ngaruawahia beim Zusammenflusse des Waikato und Waipa einen Besuch ab und kehrte auf dem Waikato über Mangatawhiri gegen Ende Mai wieder nach Auckland zurück.

Die Resultate dieser fast dreimonatlichen Expedition waren für mich in jeder Beziehung befriedigende. Das Wetter hatte mich glücklicher Weise sehr begünstigt, so daß ich keine allzugroßen Schwierigkeiten fand, obwohl uns der Weg durch gar manche sumpf-, fluß- und urwaldreiche, schwer zugängliche Gegend führte. Da meine Reise gerade in die neuseeländische Herbstzeit fiel, nach der Kartoffel- und Weizenernte, so war auch kein Mangel an Lebensmitteln. Wir waren auf den, im Innern des Landes zerstreut liegenden Missionsstationen auf das herzlichste aufgenommen und selbst die eingeborenen Häuptlinge ließen es sich nicht nehmen den Te Rata Hokitela, wie ich in der Maorisprache genannt wurde, und dessen Begleiter in ihren Pah's mit allen Ehren zu empfangen und auf das gastfreundlichste zu bewirthen. Meine Maori's hatten sich vortrefflich benommen, sich jederzeit willig und bereit und stets voll guten Humors gezeigt, und da ich auch von meinen Freunden Haast, Hay, Koch und Hamel aufs eifrigste unterstützt wurde, so waren die Erfolge in jeder Richtung so günstig als ich sie nur erwarten konnte. Ein ansehnliches, geographisches, geologisches, botanisches und zoologisches Material befand sich in meinen Händen; eben so hatte sich für ethnographische Studien reichlich Gelegenheit geboten.

Mein Hauptaugenmerk war jedoch stets auf die Geographie und Geologie des Landes gerichtet gewesen. Um geologische Aufzeichnungen machen zu können, war ich genöthigt gleichzeitig topographisch zu arbeiten, denn, was auf einzelnen Karten vom Innern des Landes dargestellt war, beruhte nicht auf wirklichen kartographischen Aufnahmen, sondern es waren Einzeichnungen, die nach Berichten von reisenden Missionären und Beamten, oder höchstens nach flüchtigen Skizzen, welche der eine oder andere Reisende mitgebracht hatte, gemacht worden waren. Die Kartenskizze, welche ich von der Colonial-Regierung zu meiner Orientirung erhielt, gab nur Anhaltspunkte für die Küste und war schon wenige Meilen von Auckland nicht viel mehr, als ein weißes Stück Papier. Ich hatte deßhalb schon vom Beginne der Reise an ein Triangulationssystem mittelst Azimuthcompasses, basirt auf die nautische Küstenaufnahme von Capitän Drury, adoptirt, und führte dasselbe unter thatkräftiger Mitwirkung meines Reisegenossen Drummond Hay von der Westküste nach der Ostküste durch. Die Eingeborenen, welche sonst englischen Provincial-Ingenieuren, sobald diese auf einem, von der Regierung nicht gekauften Terrain mit Meß- und Beobachtungsinstrumenten erscheinen, in ihrem gründlichen Mißtrauen gegen die Landspeculationen der Regierung die größten Schwierigkeiten in den Weg legten, ließen mich ungestört gewähren. Sie wußten, daß ich ein Fremder sei, der nur kurze Zeit im Lande bleibe, und halfen sogar auf jegliche Weise, damit ich in meiner Heimat recht viel Schönes über ihr Land erzählen könne. Die Häuptlinge machten nach allen merkwürdigen Punkten selbst die Führer, erstiegen mit mir die Berggipfel, von wo ich meine Beobachtungen machte, nannten mit größter Bereitwilligkeit die Namen der gesehenen Berge, Flüsse, Thäler und Seen und erklärten nach ihrer Art die Geographie der Gegend. Ich sammelte meinerseits mit Sorgfalt alle Bezeichnungen der Eingeborenen, und glaube auf diese Weise manchen schönen und charakteristischen Maorinamen ewiger Vergessenheit entrissen zu haben. Die Terrainverhältnisse skizzirte ich immer gleich an Ort und Stelle und so brachte ich ein Material von der Reise zurück, nach welchem ich noch in Auckland selbst eine topographische Karte der südlichen Theile der Provinz im großen Maßstabe entwarf, es der besseren Muße späterer Tage überlassend, diesen provisorischen Entwurf einer sorgfältigen Revision zu unterziehen.

Für die während der Reise gemachten Barometermessungen dienten als correspondirende Angaben die Beobachtungen auf dem Royal Engineer's Observatory in Auckland, deren Tabellen mir Herr Oberst Mould freundlichst überließ.

Außerdem muß noch eine große Anzahl von Zeichnungen und Photographien erwähnt werden, welche von den Expeditionsmitgliedern ausgeführt wurden, so wie sehr werthvolle Landschaftsskizzen, welche Herr Heaphy für mich entwarf.

Nun blieb aber noch ein sehr interessantes Gebiet in der Nähe von Auckland zur Untersuchung übrig, nämlich die Cap Colville-Halbinsel an den östlichen Ufern des Hauraki-Golfes. Die Entdeckung von Gold in der Nähe des, an dieser Halbinsel gelegenen Coromandel-Hafens hatte vor mehreren Jahren großes Aufsehen gemacht. Ich benützte deßhalb noch einige schöne Tage im Monat Juni zum Besuch dieser Goldfelder. Ein weiterer Besuch der Kupferminen auf Great Barrier Island und auf der Insel Kawau, den ich beabsichtigt hatte, wurde leider durch schlechtes Wetter vereitelt.

Damit war mein Aufenthalt in der Provinz Auckland seinem Ende nahe gekommen. Auf den Wunsch der Mitglieder des Mechanic institute hielt ich noch vor meiner Abreise im Saale der Gesellschaft am 24. Juni 1859 einen Vortrag über die geologischen Verhältnisse der Provinz, in welchem ich die Hauptresultate meiner Untersuchungen zusammenfaßte und durch die bis dahin fertig gewordenen Karten, Pläne, Zeichnungen und Photographien, welche bei dieser Gelegenheit ausgestellt waren, erläuterte. Da mir Zeit und Umstände umfassendere Ausarbeitungen nicht erlaubten, so war es dieser Vortrag, welchen ich zugleich als Bericht über meine Arbeiten der Colonial- und Provincial-Regierung übergab. Das Ordnen und Verpacken der Sammlungen, das Zeichnen der Karten verzögerte meine Abreise noch um einige Wochen, und nach den Tagen der Arbeit folgten für mich noch nicht minder unvergeßliche Tage geselliger Freude und festlicher Weihe, ehe ich von den Bewohnern von Auckland ganz Abschied nahm. Tausende von Andenken an Neu-Seeland waren in meinen Händen. Meine Sammlungen enthielten Schätze aller Art, die mir die Berge und Wälder Neu-Seelands unvergeßlich machen. Aber ich sollte den liebenswürdigen Bewohnern Aucklands auch noch für ein besonderes Erinnerungszeichen an ihre Freundlichkeit und Großmuth zu danken haben. Am 24. Juli wurde mir bei festlicher Gelegenheit im Namen der Bevölkerung der Provinz eine, in nur allzuschmeichelhaften Worten abgefaßte Adresse[1] überreicht, begleitet von einem kostbaren Ehrengeschenke (testimonial). Mögen meine Freunde auf der andern Seite der Erde mir vergönnen, ihnen nochmals herzlich zu danken für die schöne Gabe und für die Ehren, mit welchen sie mich so unverdientermaßen überhäuften, und mögen sie in dem Versuche, ihnen die Resultate meiner Forschungen, welche sie so großartig unterstützten, bald vollständiger und ausführlicher zu geben, zugleich mein Bemühen erkennen, eine Schuld der Dankbarkeit abzutragen.

Leider konnte ich aus Mangel an Zeit die freundlichen Einladungen nach Wellington, New-Plymouth (Provinz Taranaki) und Ahuriri (Provinz Hawkesbai) zu einem längeren Aufenthalte daselbst und zur Durchforschung dieser Provinzen nicht mehr annehmen. Eben so mußte ich die liebenswürdige Aufforderung des Gouverneurs, ihn auf einer Reise nach den südlichen Häfen an Bord der englischen Kriegsfregatte Iris zu begleiten, dankend ablehnen, dagegen folgte ich einer früheren Einladung des Superintendenten der Provinz Nelson, indem mir ein, wenn auch nur kurzer Besuch der Mittelinsel von besonderer Wichtigkeit schien. Es lockte mich nicht allein der schöne Name eines Gartens von Neu-Seeland, mit welchem Nelson bezeichnet wird, sondern noch mehr die Mannigfaltigkeit der Mineralschätze, wie Kupfer, Gold, Kohlen, welche dieser Provinz den Ruf der Haupt-Mineral- und Metallgegend Neu-Seelands verschafft hatten. Und wie konnte ich nach Europa heimkehren, ohne die gewaltigen Ketten der

[1] Siehe Beilage V.

südlichen Alpen und ihre, mit ewigem Schnee bedeckten Gipfel gesehen zu haben?

Am 28. Juli schiffte ich mich daher an Bord des Dampfers „Lord Ashley" nach der Cookstraße ein. Die Fahrt gab mir, da der Dampfer bei New-Plymouth anlegte, und, bevor er in die Blind-Bai einfuhr, noch vor Wellington ankerte, Gelegenheit, diese Punkte, wenn auch nur flüchtig, zu besuchen. So hatte ich am 30. Juli den herrlichen Anblick des 8.270 Fuß hohen Taranaki-Berges (Mount Egmont) und konnte an den Zuckerhutfelsen der Taranaki-Küste die Trachytlaven dieses regelmäßigsten aller Vulkankegel Neu-Seelands studiren. Nach stürmischer Fahrt durch die Cookstraße landeten wir am 1. August in Wellington und kamen am 3. August in Nelson an.

Ich wurde von den Bewohnern von Nelson, welche schon, als die Novara noch im Hafen von Auckland lag, die Mitglieder der Expedition in so gastlicher Weise eingeladen hatten, auf das theilnehmendste empfangen.

Die Provincial-Regierung, unter der Leitung des vortrefflichen Superintendenten Herrn J. P. Robinson, hatte bereits alle nöthigen Anordnungen getroffen, um mir die vollste Benützung meiner Zeit für geologische Untersuchungen möglich zu machen und stellte mir den Dampfer „Tasmanian Maid" zur Verfügung, um rasch nach einander die wichtigsten Formationen an den Ufern der Blind- und Golden-Bai untersuchen zu können.

Das geologische Feld, welches ich hier auf der Mittelinsel betrat, war im Vergleich zur Nordinsel ein völlig neues. In 5000 bis 6000 Fuß hohen, während des Winters tief herab mit Schnee bedeckten Gebirgsketten senden die südlichen Alpen in der Gegend von Nelson ihre Ausläufer bis an die Cookstraße. Alte krystallinische Gesteine, Granit und Gneiß, Glimmer- und Hornblendeschiefer, Quarzite und Urthonschiefer setzen die westlichen Gebirgsketten zusammen, während sedimentäre Sandsteine, Kalke und Schiefer in steil aufgerichteten Schichten die östlichen Bergketten bilden. Zwischen diesen älteren Formationen aber liegen beckenförmig in den Niederungen und Thälern jüngere, Braunkohlen führende Schichtensysteme.

Das herrlichste Wetter bewährte vollkommen den Ruf des gepriesenen Nelson-Klimas und meine ersten Ausflüge eröffneten mir ein so interessantes und wichtiges Gebiet der Forschung, daß ich mich gerne entschloß, meinen ursprünglich nur für einen Monat festgesetzten Aufenthalt bis Ende September zu verlängern. So war es mir möglich, die verschiedenen Gold- und Kohlenfelder in der Nähe von Nelson, so wie die Kupferminen der Dun Mountains einer näheren Untersuchung zu unterwerfen und wenigstens die nördlichen Theile der Provinz geologisch in eine Karte zu bringen.

Das Resultat der Untersuchungen in Betreff des gerühmten Mineralreichthums dieser Provinz war im Ganzen ein sehr günstiges. Zwar konnte ich den sanguinischen Glauben einiger Bergbauunternehmer an die unerschöpflichen aber noch verborgenen Kupferschätze der Dun Mountains nicht bestätigen, dagegen zeigte sich neben den sparsamen Kupfererzen ein Reichthum an Chromerz, der eine Ausbeute im großen Maßstabe möglich macht. Vor allem aber waren es die Goldfelder des Aorere- und Tetakaka-Thales, an der Golden-Bai, deren bisherige Ausbeute und deren Natur mich überzeugten, daß hier bei größerer, planmäßiger Arbeit mit mehr Capital reichlicher Gewinn zu erwarten stehe, und daß die Entdeckung dieser ersten neuseeländischen Goldfelder nur als Anfang von weiteren Goldentdeckungen längs der ganzen, die Mittelinsel durchziehenden Gebirgskette zu betrachten sei; Entdeckungen, welche, wenn sie auch nicht gerade californischen oder australischen Goldreichthum nachweisen, doch Neu-Seeland mehr und mehr einen wichtigen Platz in der Reihe der Goldländer der Erde verschaffen werden. Endlich zeigte sich, daß in der Provinz Nelson, neben ähnlichen Braunkohlenablagerungen, wie auf der Nordinsel, auch ältere Kohlen von besserer Qualität vorkommen. Die vortrefflichen, aber wenig mächtigen Kohlenflötze von Pakawau ließen hoffen, daß man an andern Localitäten vielleicht mächtigere, leichter abbauwürdige Kohlenflötze auffinden werde, und mein Freund Haast hat solche seither auch wirklich am Buller- und Grey-Fluß an der Westküste der Provinz Nelson entdeckt.

Meine Sammlungen bereicherten sich während des Aufenthaltes in der Provinz Nelson in ganz unerwarteter Weise. Vergeblich hatte ich auf der Nordinsel nach Resten der ausgestorbenen Riesenvögel Neu-Seelands, nach Dinornis- und Palapteryx-Knochen, den Moa's der Eingeborenen gespäht. Um so reicher wurden diese Nachforschungen auf der Mittelinsel belohnt. Die Kalksteinhöhlen des Aorere-Thales öffneten uns reiche Fundstätten dieser merkwürdigen und seltenen Vogelreste. Nicht blos einzelne Knochen wurden durch die Anstrengungen meines Reisebegleiters Haast zu Tage gefördert, sondern sogar mehr oder weniger vollkommen erhaltene Skelete. Dazu kam noch ein äußerst werthvolles Skelet von Palapteryx ingens (Owen), vom Nelson-Museum zum Geschenk gemacht, so daß die Sammlung von Moa-Resten, welche ich nach Wien mitbrachte,[1] kaum den Schätzen des britischen Museums in London an diesen seltenen Reliquien einer untergegangenen Vogelwelt nachsteht.

Dankend muß ich auch erwähnen, wie meine Freunde Dr. Monro, Capt. Rough Travers, Adams, Curtis und viele andere durch Mineralien, Pflanzen und zoologische Gegenstände zur Vervollständigung meiner naturhistorischen Ausbeute beigetragen haben. Den Herren Campbell und Burnett verdanke ich hübsche landschaftliche und andere Skizzen und der Provincial-Regierung eine Anzahl interessanter photographischer Aufnahmen aus der Umgegend von Nelson.

Nur ungern verließ ich ein Land, wo noch so viel Neues zu entdecken, so viel Unbekanntes zu erforschen übrig blieb. In die höheren und entfernteren, noch nie von einem menschlichen Fuß betretenen Regionen der Neu-Seeland-Alpen war mir nicht mehr vergönnt einzudringen. Aus weiter Ferne sah ich vom Rotoiti-See aus,[2] dem südlichsten Punkte, welchen ich auf der Mittelinsel erreichte, die gewaltigen, mit ewigem Schnee und Eis bedeckten Hochgipfel der südlicheren Gebirgsketten mir entgegenleuchten. Ich durfte die Großartigkeit und Majestät jener Gebirge nur ahnen, welche mein Freund und Reisebegleiter J. Haast in den Jahren 1860 und 1861 unter unsäglichen Schwierigkeiten und Entbehrungen, aber zum Ruhme deutscher Ausdauer und deutschen Muthes, so wie zur Ehre deutscher Wissenschaft so erfolgreich durchforscht hat.

Meine Zeit war bis zum äußersten Termin abgelaufen, ich mußte an die Rückreise nach Europa denken. In meiner Vorlesung über die Geologie der Provinz, welche ich am 29. September in Nelson hielt, faßte ich die Resultate meiner Beobachtungen kurz zusammen. Eine Abschrift dieses Vortrages nebst einer Copie meiner geologischen Karte übergab ich als vorläufigen Bericht an die Provincial-Regierung von Nelson und an die Colonial-Regierung von Auckland.

[1] Dieselben befinden sich gegenwärtig im Novara-Museum im k. k. Augarten in Wien zur freien Besichtigung aufgestellt.

[2] Lake Arthur.

Auch den Bewohnern von Nelson habe ich für zahlreiche Aufmerksamkeiten und zarte Ueberraschungen, namentlich aber für die ehrenden und freundlichen Worte meinen gefühltesten Dank zu sagen, welche den Inhalt einer Adresse bilden,[1] die mir am Schlusse jener Vorlesung überreicht wurde und die von einem sinnigen, schönen Geschenk von kostbaren Proben aus den Goldfeldern Nelsons in einem, aus verschiedenen Holzarten Neu-Seelands kunstvoll gearbeiteten Kästchen begleitet war.

Am 2. October 1859 schiffte ich mich an Bord des Dampfers Prince Alfred nach Sydney ein. Nach kurzem Aufenthalte in der Hauptstadt der Colonie Neu-Süd-Wales begab ich mich nach Melbourne, besuchte von dort die bedeutendsten Goldfelder der Colonie Victoria und trat endlich Mitte November die Rückreise über Mauritius und durch das rothe Meer nach Europa an.*

So weit der Bericht des Geologen der Expedition über seine Untersuchungen auf der Antipoden-Insel, während die Novara der Heimat zusteuerte. Die Fahrt nach dem Gesellschafts-Archipel, welche anfänglich einen raschen Verlauf zu nehmen schien, wurde bald durch anhaltende, ungünstige Winde bedeutend verzögert, und während wir einerseits nur sehr geringe Strecken zurücklegten, genossen wir andrerseits nicht einmal das Behagen eines heiteren sonnigen Himmels, sondern hatten fortwährend nur den traurigen Anblick von Böen und trübem neblichtem Wetter. Auch die naturhistorische Ausbeute war während dieser Reise sehr gering, und selbst der wichtigste Fang, ein 9 Fuß 3 Zoll langer, 174 Pfund schwerer Hai, war weit mehr eine Belustigung für die Matrosen, als ein wissenschaftlicher Gewinn.

Das einzige Ereigniß während der ganzen Ueberfahrt, welches auf die Meisten einen nachhaltigen Eindruck machte, war das Durchschreiten des 180. Längengrades vom Meridian von Greenwich am 10. Jänner gegen 11 Uhr Nachts, so daß wir uns nun wieder in westlicher Länge befanden. Es rief unter den Matrosen kein geringes Erstaunen hervor, als plötzlich ein Tagesbefehl erschien, nach welchem angeordnet wurde: Montag, der 10. Jänner, sei in allen Journalen und Verrechnungen zweimal, d. h. an

[1] Siehe Beilage VI.

zwei auf einander folgenden Tagen zu zählen, um zu verhindern, daß wir bei unserer Rückkehr nach Europa ein Datum führen, welches nicht mit dem dortigen übereinstimmt, sondern um einen Tag im Kalender voraus ist.[1] Da diese, bei einer Umsegelung der Erde von Westen nach Osten ganz natürliche Erscheinung gleichwohl manchem Leser seltsam und bedenklich vorkommen dürfte, so wollen wir auf dieselbe etwas umständlicher eingehen.

Fährt man nämlich mit einem Schiffe von West nach Ost um die Erde, so geht man der von Ost nach West sich bewegenden Sonne entgegen. Steuert also das Schiff in einer gewissen Zeit um 5 Grad in der Länge von West nach Ost, so hat es einen Weg zurückgelegt, welcher dem 72. Theil des Umkreises der Erde gleichkommt, oder, nachdem die ganze Umdrehung in 24 Stunden vor sich geht, 20 Minuten Zeit beträgt. Haben wir also um Mittag einen Ort verlassen, um gegen Ost einen anderen zu erreichen, dessen Meridian 5 Grade vom ersteren abweicht, so werden wir am letzteren Orte um 20 Minuten früher Mittag zählen als am ersteren, wohin die Sonne erst nach dieser Zeit gelangt. Beträgt der Unterschied der beiden Meridiane 15 Grade, so werden wir am zweiten Orte um Eine Stunde früher Mittag haben, als am ersteren. Und zählt man endlich einen Meridianunterschied von 180 Graden und hat die halbe Erdkugel umschifft, so haben wir gerade um 12 Stunden früher Mittag als am ersten, westlich gelegenen Orte, an dem es nun eben Mitternacht

[1] Die erste Reise um die Erde wurde durch Magelhaens unternommen, welcher mit seinem Geschwader San Lucar de Barrameda am 20. September 1519 verließ und von Osten nach Westen segelte. Als beinahe drei Jahre später eines der Schiffe, die Victoria, auf ihrer Rückkehr an der Cap Verdischen Insel Santiago anlegte, entdeckten die spanischen Seefahrer, daß die Portugiesen bereits Donnerstag den 10. Juli 1522 zählten, während es nach ihrer Rechnung erst Mittwoch der 9. Juli sein konnte. Die Kunde, daß ihnen ein Tag fehle, versetzte die frommen Seeleute in große Bestürzung, weil sie die Marientage falsch gefeiert und an Fasttagen Fleisch genossen hatten. Bei ihrer Rückkunft nach Spanien wollte man an den verlorenen Tag nicht glauben, sondern beschuldigte sie eines Versehens in der Zeitrechnung. (Man meinte nämlich, sie hätten den Schalttag des Jahres 1520 übergangen.) Peter Martyr sprach darüber mit dem berühmtesten der damaligen venetianischen Gesandten. Contarini ergriff sogleich den Zusammenhang, daß die Victoria, mit der Sonne um die Erde sich bewegend, nothwendig einen Tagesabschnitt hätte versäumen und umgekehrt einen hätte gewinnen müssen, wenn sie in der Richtung von West nach Ost, der Sonne entgegen um die Welt gesegelt wäre. Peter Martyr blieb noch zweifelhaft, während andere über diese Erklärung sich belustigten, obgleich schon längst die Begebenheit im voraus angekündigt worden war. Lag nun hier der erste sinnliche Beweis von einer kugelförmigen Gestalt der Erde vor, so führte das Bedürfniß, die Welttheilungslinie zwischen Spanien und Portugal zu bestimmen, zum Nachsinnen nach neuen Methoden zur Auffindung der irdischen Längen. Siehe des geistreichen Oskar Peschel eben so anziehendes als gelehrtes Werk: Geschichte des Zeitalters der Entdeckungen. Stuttgart, J. G. Cotta. 1858, S. 614 bis 624

ist und wo sich die Sonne erst nach 12 Stunden im Mittag befinden wird. Diese Verschiedenheit der Tageszeiten im nämlichen Augenblicke an verschiedenen Orten tritt am frappantesten bei der Benützung des Telegraphendrahtes hervor, wo es, je nach der geographischen Position des Ortes, wohin man eine Nachricht zu senden wünscht, geschehen kann, daß eine telegraphische Depesche scheinbar um 6 und mehr Stunden früher ankommt als sie abgeschickt wurde.

Indem wir von West nach Ost segelten, zählten wir, am 180. Grade der Länge vom Greenwich-Meridian angelangt, das nämliche Datum, den 10. Jänner, wie in Greenwich, während es auf der dortigen Sternwarte gerade Mitternacht war und eben erst dieses Datum zu gelten begann. Wir überschritten aber jetzt den Meridian von 180 Graden und, hätten wir an dem folgenden Mittag den 11. Jänner gerechnet, so wäre im Augenblicke dieses Mittages (wegen der gegen Ost fortgesetzten Bewegung) in Greenwich noch nicht Mitternacht, d. h. noch nicht der 11. gewesen. Wir bequemten uns daher mit Europa, oder vielmehr mit der genannten Sternwarte gleiches Datum zur Mittagszeit anzunehmen. Später näherten wir uns wieder mehr und mehr dem Meridian von Greenwich, stimmten daher allmählig auch während der übrigen Stunden des Tages mit dem Datum überein, bis wir endlich wieder mit Greenwich gleiche Zeitrechnung führen konnten. Im Allgemeinen zählt man also, von West nach Ost steuernd, einen Tag mehr, und umgekehrt, von Ost nach West fahrend, einen Tag weniger. Man könnte zwar diesen Tag erst nach vollbrachter Erdumseglung einbringen oder ausgleichen, dann würde man aber ungleiches Datum mit allen jenen Orten zählen, welche mit Europa in dieser Beziehung gleich bleiben.[1]

Durch diese Zählung des Datums nach einem und demselben Meridiane kommen namentlich diejenigen Menschen in Verlegenheit, welche auf Inseln wohnen, die unterm 180. Grade der Länge von Greenwich, d. h. unterm

[1] Man mag sich diese Erscheinung auch dadurch erklären, daß die Tageslänge durch die Umdrehung der Erde bedingt wird, wodurch der gestirnte Himmel in 24 Stunden von Ost nach West sich zu bewegen scheint. Fährt man nun in der Richtung dieser Rotation, also von West nach Ost um die Erde, so hat man gleichsam für sich eine dieser Rotationen gemacht, daher einen Tag von 24 Stunden mehr gehabt, wenngleich die verlebten Tage im Verhältnisse des Fortschreitens von West nach Ost kürzer waren. Umgekehrt werden die Tage bei einer Reise von Ost nach West im selben Verhältnisse länger, so daß man einen Tag weniger zählen muß, als wenn man an einem und demselben Orte geblieben wäre.

Antipoden-Meridian liegen. Wollten diese genau vorgehen, so müßten zwei Nachbarn, deren Hütten Ost und West vom ersten Antipoden-Meridian liegen, verschiedene Datum rechnen. So müßte man auf einer Insel östlich vom ersten Antipoden-Meridiane den 10., und im selben Augenblicke auf der westlich gelegenen Insel den 11. Jänner zählen, obgleich beide Eilande vielleicht nur wenige Meilen von einander entfernt sind.[1]

Indeß hält man sich, so lange der Unterschied nicht gar zu groß ist, an eine conventionelle Zählung und nimmt für zusammengehörige Inselgruppen ein und dasselbe Datum an. Ohnedies dürfte es den braunen

Insel Eimeo.

Bewohnern der Inselgruppen des großen Oceans ziemlich gleichgültig sein, ob sie mit Greenwich im Datum zu einer gegebenen Stunde des Tages übereinstimmen oder nicht.

Am 4. Februar meldeten die Ausluger von der Höhe der Masten „Land in Lee". Es war die kleine Insel Tubuai vom Rorutu-Archipel,

[1] Baron Bille erzählt, daß er, als er von Tahiti absegelte, Freitag den 18. December schrieb; auf der benachbarten Insel Borra-Borra rechnete man dagegen bereits den 19. December. Auf Tahiti hatte die Zeitrechnung mit der seinigen noch gestimmt, aber angeblich nur zufolge einer Veränderung, welche man erst wenige Wochen zuvor getroffen hatte. Die Zeitrechnung auf den verschiedenen Inseln der Südsee hängt ausschließlich davon ab, ob die ersten Seefahrer, welche den christlichen Kalender daselbst einführten, von Ost oder von West gekommen sind.

dessen Bewohner dermalen angeblich gleichfalls unter französischem Protectorate stehen.

Am 11. Februar kamen wir endlich in Sicht von Tahiti und dem gegenüberliegenden Eimeo oder Morea und lavirten an der letzteren Insel so nahe vorüber, daß ihre merkwürdigen zackigen Formen, ihre senkrecht abfallenden Felswände, ihre kraterähnlichen Einsenkungen und die dichten, dunklen Wälder ihrer Thäler ganz deutlich hervortraten. Viele der hoch emporragenden Bergspitzen und Felsabhänge hatten das Ansehen von Ruinen kolossaler, mit Thürmen, Zinnen und Schießscharten versehener Schlösser und Burgen. Gegen vier Uhr Nachmittag lagen wir vor Papeete. Die Einfahrt in den, von einem Korallenriffe umgebenen und durch diesen gebildeten Hafen ist ungemein schmal und bietet für eine Fregatte ein sehr beschränktes Fahrwasser von kaum einer halben Kabellänge. Da sich kein Pilotenboot zeigte, so wurde ein blinder Schuß gemacht und die Pilotenflagge gehißt, worauf ein kleines Fahrzeug aus dem Hafen kam und den verlangten Piloten an Bord absetzte. Um sechs Uhr Abends ankerten wir in 11 Faden schlammigen Grund. Im Hafen lagen drei Walfischfänger, ein französisches Transportschiff und der Aviso-Dampfer Milan, welcher Sydney 12 Tage vor uns verlassen hatte, drei Tage in Neu-Caledonien verweilte, und von da (von seiner Dampfmaschine nur im dringendsten Falle Gebrauch machend) nicht weniger als 54 Tage zur Fahrt nach Papeete benöthigte. Wir hißten die französische Protectoratsflagge am Großmast (welche uns der Adjutant des Gouverneurs zu diesem Behufe an Bord gebracht hatte), und salutirten die Stadt mit den üblichen 21 Kanonenschüssen, welche von einer Feldbatterie, die erst am Strande aufgeführt werden mußte, erwiedert wurden. Man wunderte sich, daß wir es gewagt hatten, mit der Fregatte durch den engen verrufenen Canal zwischen Eimeo und Tahiti einzulaufen, welcher fast niemals von größeren Schiffen befahren wird, der aber, wie wir uns eben selbst überzeugten, mit verläßlicher Brise vollkommen praktikabel ist und den Weg nach dem Hafen bedeutend abkürzt.

Mit Genehmigung des Gouverneurs, welcher uns ziemlich freundlich aufnahm (da man in diesen Gewässern noch nichts von der diplomatischen Spannung wußte, welche bei unseren dermaligen Antipoden als Prolog zum späteren Kriege bereits eingetreten war), benützten wir das kleine im Hafen gelegene Inselchen Motu-Uta, um daselbst unsere astronomischen, meteorologischen und magnetischen Beobachtungen ungestört anzustellen. Eine einsame, auf dem Eilande befindliche Holzhütte diente als Observatorium, und zahlreiche schlanke Kokospalmen luden unter ihren luftigen, Erquickung zufächelnden Kronen nach ermüdender Arbeit zur wohligen Ruhe ein. Auf diese reizende, wie ein riesiger Blumenkorb in der Mitte der Bai sich erhebende Insel zog sich einst König Pomare der Zweite zurück, um die heilige Schrift ins Tahitische zu übersetzen. Hier auch war es, — vielleicht in der nämlichen Hütte, welche uns jetzt als Beobachtungsort diente, — wo derselbe König im hohen Alter ganze Tage zubrachte und sich dort zuweilen, der Sage nach, dem Cognactrinken so übermäßig hingab, daß er im berauschten Zustande sich selbst oft zugerufen haben soll: „Pomare, dein Puaa (Schwein) würde jetzt eher im Stande sein zu regieren, als du!“ —

Rudernde Neuseeländer.

Tahiti.

Aufenthalt vom 11. bis 28. Jänner 1859.

Zustand der Insel zu Ende des vorigen Jahrhunderts. — Die Londoner Missionärs-Gesellschaft und deren Sendlinge. — Große Sterblichkeit unter der eingeborenen Bevölkerung. — Erstes Erscheinen katholischer Priester in Oceanien. — Französisches Protectorat und dessen Folgen. — Tahitisches Parlament und tahitische Redner. — William Howe. — Adam Kulczycki. — Wissenschaftliche Bestrebungen und Arbeiten. — Katholische Mission. — Der Père Catalan und die [illegible] der Tahitier. — Kriegsgefangene aus Neu-Caledonien. — [illegible] — [illegible] — Besuch einer Zuckerpflanzung. — Das Bergfort Fautaua. — Der [illegible]. — Volksfest in [illegible]. — Ballfest beim Gouverneur. — Königin Pomare und ihre Beziehungen zu den französischen Behörden. — Gesammtflächenraum der Insel. — Klima. — Vegetation. — Die Kawawurzel und der aus derselben bereitete Trank. — Abnahme des Handels. — Kostspieligkeit der französischen Stationen in Oceanien. — Reform-Projecte. — Englische und französische Colonisations-Resultate. — Zwei Deportirte. — Einer derselben erhält die Erlaubniß zur Mitreise. — Abfahrt. — Der Walfänger Emile Morgan. — Versuch, den Nullpunkt der Declination oder Mißweisung der Magnetnadel aufzufinden. — Colique végétale oder endemische Kolik. — Ein Opfer derselben. — Insel Pitcairn. — Eine Dorfgeschichte aus der Tropenwelt. — Ein Fall ohne Unfall. — Der Großmast bricht entzwei. — Humboldt's Strömung. — Ankunft in Valparaiso.

Wohl keine der zahlreichen Inseln des großen Oceans hat in verschiedenen Zeitabschnitten die Aufmerksamkeit und Theilnahme der civilisirten Welt in höherem Grade auf sich gezogen, als das Eiland, in dessen Hafen wir eben Anker warfen. Erst ließen die anmuthsvollen Schilderungen, welche der unübertroffene Cook von seinem Aufenthalte auf Otaheiti[1] und dem reinen und beständigen Glücke der dortigen Bewohner entwarf, einen tiefen Eindruck in der Brust des verfeinerten Lesers zurück; später waren es Vorgänge politischer Natur, welche das Interesse der europäischen Gesellschaft auf die ferne Insel und deren Königinn lenkten.

Bevor wir eine Beschreibung der dermaligen Verhältnisse Tahiti's versuchen, möge es uns gestattet sein ein flüchtiges Bild von dem Zustande der Insel zur Zeit des ersten Auftretens englischer Missionäre im Gesellschafts-Archipel zu entwerfen.

Es war im Jahre 1797, ungefähr achtzehn Monate nach der Gründung der Missionary Society in London,[2] als anfangs März achtzehn Verkünder der evangelischen Glaubenslehre mit ihren Frauen und Kindern am Bord des Schiffes Duff auf Tahiti landeten. Die kleine Gemeinde vertheilte sich über die verschiedenen Inseln und hatte eine Reihe schwerer Prüfungsjahre durchzumachen. Erst um das Jahr 1803 nach dem Tode Pomare's I., der sich von einem Häuptling zum König der Insel erhoben hatte,[3] begann das Christenthum daselbst Wurzel zu fassen und sich auszubreiten. Im Jahre 1812 erklärte sich Pomare des Ersten Sohn und Nach-

[1] Diese ursprüngliche Schreibart des Namens der Insel beruhte auf der Unkenntniß der tahitischen Sprache. Auf die Frage: „Eaha tera fenua?“ (Wie heißt dieses Land?) antworteten die Eingeborenen: „O Taïti ela“. Man nahm den Artikel für die erste Sylbe, und nannte die Insel O taïti. Die früher erworbene gründlichere Kenntniß der Sprache hat diesen Irrthum aufgeklärt. Es fehlen nämlich im Tahitischen die Zeitwörter „sein“ und „haben“. O ist einfach der Nominativ eines Artikels, welcher die Mitte hält zwischen unserem „der“ und „die“ und sehr häufig dem eigenen Namen des Nachdruckes oder auch des bloßen Wohllautes wegen vorgesetzt wird. O vertritt hier gewissermaßen die Stelle von „es ist“. Eine wörtliche Uebertragung aus dem Tahitischen in irgend eine europäische Sprache ist in den meisten Fällen unmöglich. Man findet zuweilen Tahiti auch mit den Namen: La Sagittaria, King George the Third's Island, Nouvelle Cythère und Amat bezeichnet.

[2] Diese äußerst wohlthätig wirkende und nützliche Gesellschaft wurde im September 1795 von einer Anzahl christlich gesinnter Privatmänner gegründet (to spread the knowledge of Christ among heathen and other unenlightened nations), und hat seither die großartigsten Resultate erzielt. An 452 Missionäre und über 700 Katechisten lehren, auf Kosten der Gesellschaft ausgesendet, das Wort des Herrn in den entferntesten, abgeschiedensten Theilen der Erde und gegen 70.000 Pfund Sterling, die Beiträge edler Menschenfreunde, werden von der Gesellschaft jährlich zur Verbreitung des Christenthums unter heidnischen Völkern auf die segensreichste Weise verausgabt.

[3] Die Entstehung des Namens Pomare, welcher seither der Name der tahitischen Dynastie geworden, ist eine rein zufällige. Otu's Vater reiste einmal in den Bergen und campirte in der Nacht im Freien. Das üble Wetter zog ihm einen heftigen Husten zu, was einen seiner Begleiter veranlaßte, die unter so peinlichen Umständen zugebrachte Nacht Po-Mare zu nennen, das heißt: eine Nacht (po) des Hustens (mare). Dem Häuptling gefiel der Klang dieser Worte so sehr, daß er sich dieselben als Namen beilegte. (Vergl. Ellis, Polynesian Researches. II, p. 70.)

folger Otu, welcher als Pomare II. den tahitischen Herrscherthron bestiegen hatte, zu Gunsten der christlichen Lehre. Fünf Jahre später war neuerdings eine Anzahl von Missionären in einem Kauffahrer von Neu-Süd-Wales nach Tahiti gekommen, welche unter anderen Dingen auch eine kleine Buchdruckerei mitgebracht hatten. Es geschah jetzt zum ersten Male, daß die Eingeborenen der Gesellschafts-Inseln den Segen der größten Erfindung aller Zeiten kennen lernten. Am 30. Juni 1817 wurde nach vorhergegangener Anweisung durch die Missionäre vom König Pomare II. der erste Bogen eines Katechismus gedruckt. Noch im selben Jahre gingen 2300 Abdrücke eines ABC-Büchleins aus der Missionspresse von Papeete hervor.

Das nämliche Schiff brachte zugleich das erste Pferd nach der Insel, ein Geschenk des Schiffeigners an König Pomare. Die Eingeborenen konnten sich kaum von der Ueberraschung erholen, die sie empfanden, als sie den Capitän das große stattliche Thier reiten sahen. Bezeichnend ist die Bemerkung, welche bei dieser Gelegenheit Pomare II. fallen ließ. „König Georg von England“, sagte er, „reitet auf einem Pferde; König Pomare II., ein noch mächtigerer Herr, setzt sich bei öffentlichen Feierlichkeiten auf den Nacken eines seiner Unterthanen!“ —

Die Bestrebungen der Missionäre waren von den erfreulichsten Folgen begleitet. Ihnen gebührt das Verdienst, die grausame Sitte der Menschenopfer unterdrückt, Ordnung und Gesetz in die einheimische Regierung gebracht und zahlreiche Laster des gesellschaftlichen Lebens abgeschafft zu haben. Durch ihre Vorstellungen ließ sich Pomare II. bewegen, alle Destillir-anstalten, in welchen geistige Getränke fabricirt wurden, so wie den Anbau und die Bereitung der Kawapflanze (Piper methysticum) zu verbieten. Bethäuser und Schulen entstanden, Bibeln und Lehrbücher wurden gedruckt und verbreitet, und binnen eines Jahrzehends bekannten sich nicht nur alle Bewohner der Insel zur christlichen Lehre, sondern der größte Theil der jüngeren Bevölkerung hatte zugleich auch im Lesen und Schreiben Unterricht erhalten.

Dieser erfreuliche, sittigende Einfluß der protestantischen Missionäre auf die Urbewohner des Gesellschafts-Archipels war aber leider nicht auch von einer Besserung und Hebung ihres physischen Zustandes begleitet. In Folge früherer Ausschweifungen und des Auftretens gewisser Seuchen und Krankheiten, welche die unzertrennlichen Begleiter der Weißen bei ihrem ersten Contact mit primitiven Völkern zu sein scheinen, trat eine merkliche Abnahme der Bevölkerung ein. Fast hatte es den Anschein, als seien die Tahitier auf dem Gipfelpunkt ihrer Civilisation angelangt und nach einem dunklen Naturgesetze, wie so mancher andere farbige Volksstamm verurtheilt, ihre herrlichen Wohnsitze einer thätigeren und entwicklungsfähigeren Race zu überlassen; als sollten sie dem erschütternden Lose verfallen, von der Liste der Völker gestrichen zu werden.

Neununddreißig Jahre waren bereits vergangen, seitdem die protestantischen Missionäre den Fuß zuerst auf tahitischen Boden gesetzt und das Christenthum daselbst verbreitet hatten, als die ersten katholischen Priester in Oceanien erschienen.

Etienne Rochouse, ein junger Priester der Gesellschaft Picpus,[1] war mit dem Titel eines Bischofs von Nelopolis in partibus zum „Vicaire apostolique de l' Océanie orientale" ernannt worden und schiffte sich nebst vier Missionären[2] zu Ende des Jahres 1833 in Bordeaux nach Valparaiso ein, wo die geistlichen Brüder am 13. Mai 1834 anlangten. Ihr Plan war, den protestantischen Missionären in ihrem Bekehrungseifer bei einigen Stämmen der Südsee-Inseln wo möglich zuvorzukommen, sich von da bei den Nachbarvölkern auszubreiten und auf diese Weise bis zu den entferntesten Stämmen vorzudringen, in der Hoffnung, „daß alle diejenigen, welche die Ketzerei verführt und gleichsam unter ein eisernes Joch gebracht hatte, sich um so bereitwilliger dem leichten und sanften Joche (joug) der katholischen Doctrine unterwerfen würden".[3]

Im Jahre 1836 wurde der Katechist Columban Murphy von Valparaiso nach den Sandwich-Inseln gesandt mit dem Auftrage, unterweges Tahiti zu berühren und an Ort und Stelle über die Möglichkeit der Gründung einer katholischen Missionsstation daselbst nähere Erkundigungen einzuziehen. Es war der erste Repräsentant der römischen Kirche, welcher diese seit neununddreißig Jahren evangelisirte Insel besuchte, und, hingerissen von jenem blinden religiösen Fanatismus, welcher spanische Mönche in den letzten Jahrhunderten so bedauerliche Irrthümer begehen ließ, glaubte

[1] In Paris im Jahre 1814 gegründet.

[2] Diese vier Missionäre waren: Chrysostome Liausu, François d'Assise Caret, Honoré Laval und Columban Murphy, ein irländischer Katechist.

[3] Annales de la propagation de la foi. Nr. 41, p. 31.

Murphy, die Hölle selbst müsse von diesem Ereigniß bewegt und ergriffen sein.[1] Murphy, oder vielmehr Columban, wie er sich jetzt nannte, reiste in der Eigenschaft eines Zimmermannes, trug einen starken Bart, rauchte ein kurzes Pfeifchen und schien jedem anderen Stande eher anzugehören, als dem eines katholischen Priesters. Obschon unter den einheimischen Autoritäten ernste Bedenken über seinen eigentlichen Beruf herrschten, so erhielt er doch die Erlaubniß, sich auf der Insel aufhalten zu dürfen. Er verweilte zwei Monate lang daselbst und bereitete das Terrain für eine spätere katholische Niederlassung mit großem Eifer vor. Noch im Monat November desselben Jahres kamen zwei andere katholische Missionäre, die Väter Laval und Caret, nach Tahiti. Die Umstände, unter denen sie den Fuß ans Land setzten, erregten den Verdacht der Behörden, so wie der ganzen Bevölkerung. Sie landeten nämlich nicht im sogenannten Wilk's Harbour, dem damals einzigen gesetzlich zugängigen Hafen der Insel, sondern heimlich, auf der entgegengesetzten Seite. Nach einem Landesgesetz sollte aber kein Capitän oder Schiffseigner einen Passagier ohne vorherige Genehmigung der Königinn oder des Gouverneurs auf der Insel ausschiffen. Nachdem die beiden katholischen Priester rings um die Insel gegangen und die meisten Dörfer der Eingeborenen der Küste entlang besucht hatten, erreichten dieselben endlich Wilk's Harbour (jetzt Papeete), wo sie bei einem damals als Kaufmann ansässigen Belgier, Namens Moehrenhout, die gastlichste Aufnahme fanden.

Bei einer Unterredung, welche Laval und Caret mit der Königinn hatten, bemerkten dieselben, „daß sie blos gekommen seien, das Wort Gottes zu lehren“, und beschenkten die damals noch jugendliche, putzsüchtige Pomare mit einem seidenen Shawl. Die Königinn schien jedoch nicht auf ihre Wünsche einzugehen, sondern befahl, daß ihnen die Gesetze des Landes vorgelesen werden sollten. Die Priester aber weigerten sich, diese anzuhören und verabschiedeten sich.

Ein Bote wurde hierauf an die beiden Fremdlinge abgesandt mit der Weisung, daß ihnen die Königinn nicht erlaube, länger auf der Insel zu verbleiben, und eine ähnliche Mittheilung wurde Mr. Moehrenhout

[1] „Il n'est pas étonnant, schreibt Murphy in einem Bericht an seinen Obern, qu'à l'arrivée d'un enfant du Sacré coeur sur cette terre, consacré depuis si longtemps au démon, cet ennemi de tout bien ait redoublé de fureur, et que les émissaires protestants aient cru, que je venais renverser leur empire“. Vergleiche Annales de la propagation de la foi. Nr. 56, p. 204.

gemacht. Als der Schooner, welcher Laval und Caret gebracht hatte, sich anschickte, wieder unter Segel zu gehen, wurde die Aufforderung an sie, die Insel zu verlassen, in derselben Weise wiederholt. Diese hatten sich aber inzwischen in ein Haus eingesperrt und verweigerten den Eintritt. Der Schooner wurde vierundzwanzig Stunden länger zurückgehalten, und die Beamten der Königinn umzingelten das Haus, den Moment erwartend, wo die beiden Missionäre dasselbe verlassen würden. Allein diese kamen nicht. Die Gerichtsbeamten drangen endlich vom Dach aus in die Wohnung ein und brachten die beiden Priester nebst deren Habseligkeiten mit Gewalt an Bord des Schooners, welcher bald darauf unter Segel ging, und dieselben nach Gambier-Island zurückführte, woher sie zuletzt gekommen waren. Trotz dieses ersten ungünstigen Ausganges kehrte Pater Caret bereits nach sieben Wochen in einer amerikanischen Brigg neuerdings nach Tahiti zurück, und zwar diesmal von einem andern Priester, dem Père Maigrat, begleitet. Der Capitän der Brigg, Namens Williams, schrieb an die Königinn und bat, die beiden Passagiere landen zu dürfen. Die Antwort war eine abschlägige, und blieb es, trotz wiederholter Vorstellungen von Seiten des Capitäns sowohl, als des amerikanischen Consuls Mr. Moehrenhout. Der Capitän ging hierauf nach echter Yankeemanier so weit, die beiden katholischen Missionäre mit Gewalt ans Land zu setzen, mußte jedoch dem besonnenen aber entschiedenen Widerstande der Einwohner weichen, welche in großer Menge ins Wasser wateten und die Landung des Bootes verhinderten. Als selbst dieser letzte Gewaltstreich erfolglos blieb, ging der Capitän endlich wieder unter Segel und führte die beiden Missionäre mit sich fort.

Frankreich, obschon nicht mehr, wie unter Louis XIV., den specifischen Charakter eines katholischen Königreiches zur Schau tragend, sondern, wenigstens dem Rechte nach, eine Freistätte für alle Culten, glaubte sich jetzt gleichwohl bemüssigt, in dieser Angelegenheit mit dem ganzen Ernste einer europäischen Großmacht einzuschreiten, von welcher zwei Unterthanen angeblich mißhandelt worden waren. Zu diesem Zwecke erschien die französische Fregatte Venus unter den Befehlen des Linienschiffs-Capitäns Du Petit Thouars im September 1838 vor Tahiti, um für die den beiden französischen Missionären Laval und Caret zugefügten Mißhandlungen Genugthuung und eine Entschädigung von 2000 spanischen Piastern zu verlangen.

Zugleich wurde zwischen der Königinn Pomare und der französischen Regierung ein Vertrag geschlossen, nach welchem von nun an alle Unterthanen des Königs der Franzosen die Gesellschafts-Inseln unbehindert besuchen und bewohnen, und gleiche Rechte mit den daselbst angesiedelten Engländern genießen sollten.[1]

Diesem Vertrage fügte der französische Commandant La Place, welcher im April 1839 mit der Fregatte „Artémise", um Ausbesserungen vorzunehmen, im Hafen von Papeete einlief, noch einen Additional-Artikel bei, welchen die Königinn und die Hauptchefs der Insel unterzeichneten und in dem die freie Ausübung der katholischen Religion gestattet wurde.[2]

Hätte es bei diesen Demonstrationen von Seite Frankreichs im Interesse der katholischen Kirche und französischer Unterthanen sein Bewenden gehabt, so würde die ganze civilisirte Welt einem Acte ihre Anerkennung nicht versagt haben, welcher, völlig im Einklange mit dem humaneren und aufgeklärteren Geiste unseres Jahrhunderts, für jeden religiösen Cultus und dessen Bekenner ein gleiches Recht fordert.

Allein man begnügte sich nicht mit den gemachten Zugeständnissen und den erwirkten Rechten; man wollte unter dem Mantel eines Kämpen der katholischen Kirche politische Zwecke erreichen; und die Ereignisse, die jetzt folgten, sind eine Reihe von Gewaltthätigkeiten und Demüthigungen, welche dermaßen alles Rechtsgrundes entbehrten, daß sich am Ende die französische Regierung selbst genöthigt sah, die Maßnahmen ihres Bevollmächtigten in Oceanien zu mißbilligen und zu widerrufen.

Im September 1842 kam Du Petit Thouars zum zweiten Male nach Tahiti. Derselbe war jetzt zum Range eines Admirals befördert, und zum Obercommandanten der französischen Stationen in den Südsee-Inseln ernannt worden. Du Petit Thouars hatte bereits von den Marquesas-Inseln für die Krone Frankreichs Besitz ergriffen und schien nun mit ähnlichen Absichten nach Tahiti gekommen zu sein. Dieser zweite Besuch endete, nachdem die

[1] „Ich bin nur Herrscherinn", schrieb um jene Zeit die Königinn Pomare an Louis Philipp, „über eine kleine unbedeutende Insel. Möge Weisheit, Ruhm und Macht stets mit Eurer Majestät sein! Lassen Sie Ihren Zorn aufhören, und verzeihen Sie den Irrthum, den ich begangen habe."

[2] Dieser Additional-Artikel lautete: „Le libre exercise de la religion catholique est permis dans l'île Taiti et dans toutes les autres possessions de la reine Pomare. Les français catholiques y jouiront de tous les privilèges accordés aux protestants, sans que pourtant ils puissent s'immiscer sous aucun prétexte dans les affaires religieuses du pays. Fait à Taiti, le 20 Juin 1839".

Königinn und ihr Volk auf die peinlichste Weise vom französischen Admiral gedemüthigt worden waren, mit der Herstellung des französischen Protectorats, welches mehrere Häuptlinge in einem an Louis Philipp gerichteten Documente nachsuchten und das selbst die Königinn bewogen wurde zu unterfertigen. Im November 1843 kam Du Petit Thouars neuerdings nach Papeete und nahm jetzt, als er vom Wohnhause der Königinn eine Flagge wehen sah, welche er für die englische hielt, unter dem Vorwande, es sei dies eine absichtliche Beleidigung Frankreichs, die ganze Insel in Besitz. Die tahitische Flagge wurde von französischen Soldaten mit Gewalt entfernt, die französische dafür aufgehißt und Tahiti selbst zur französischen Colonie erklärt. Pomare protestirte gegen diese neue Beschimpfung und Gewaltthat; sie schrieb einen Beschwerdebrief an den König der Franzosen über die Anmaßungen seiner Officiere und erbat sich überdies in einem einfachen aber würdigen Schreiben die Sympathien und die Unterstützung der Königinn Victoria von England.[1]

Das gewaltthätige Verfahren des Admirals wurde allerdings von der Regierung Louis Philipp nicht gut geheißen, Du Petit Thouars zurückberufen, die Inseln Tahiti und Eimeo dem Scepter der Königinn Pomare zurückgegeben, aber das Protectorat Frankreichs blieb aufrecht; und so sind die beiden Inseln seither, wenn auch nicht de jure, jedenfalls de facto eine französische Colonie. Die Verwaltung derselben geschieht unter dem maßgebenden Einflusse französischer Autoritäten; Steuern und Abgaben, Ein- und Ausfuhrzölle werden durch französische Beamte eingehoben, und die Königinn selbst empfängt ihre Civilliste (25.000 Francs) aus den Händen des „Trésorier et Payeur des Etablissements français en Océanie".[2]

[1] Diese beiden Briefe sind aus Waiéa auf der Insel Raiatea vom 21. September 1844 datirt, wohin Königinn Pomare nach den Ereignissen im November 1843 geflüchtet war, und von wo sie erst 1847 wieder nach Tahiti zurückkehrte.

[2] Nach den Gesetzen des Landes bezahlt jeder verheiratete Bewohner jährlich 1 Franc zur Civilliste; ein Witwer mit einem Kinde 1 Franc; ein Witwer ohne Kinder 2 Francs; ein unverheirateter Erwachsener 2 Francs; ein erwachsenes Mädchen 1 Franc; Knaben unter 16 und Mädchen unter 15 Jahren so wie Gebrechliche und Arbeitsunfähige leisten keine Beiträge. Dieses ist zugleich die einzige directe Steuer, welche von den Eingeborenen von Tahiti entrichtet wird. Die Einnahmen der Insel sind indeß nicht ausreichend, die Ausgaben der französischen Verwaltung zu bestreiten. — Vor Ankunft der Europäer hatten die Eingeborenen Tahiti's keinerlei Münzen, sondern bedienten sich in allen ihren Transactionen blos der Tauschmittel. Erst die protestantischen Missionäre führten bis zu einem Betrage von ungefähr 20.000 Gulden Kupfermünzen ein, welche sie in England hatten prägen lassen. Diese Münzen repräsentirten einen Werth von 1/2 Penny per Stück. Auf der einen Seite war ein Schiff geprägt, auf der

So standen die Verhältnisse, als die Mitglieder der Novara-Expedition in Papeete den Fuß ans Land setzten, um sich über die Naturverhältnisse der Insel und den Zustand ihrer Bewohner zu belehren.

Papeete oder Papeiti, das seinen Namen von einem Bächlein entlehnt,[1] welches hier ins Meer fließt, liegt im Hintergrunde einer halbmondförmigen Bucht, sieben Meilen westlich von Pointe Venus. Es ist die Hauptstadt der Insel, die Residenz der Königinn Pomare, der Sitz der Regierungsbehörden, was allerdings nicht hindert, daß diese Ansiedlung nur sehr bescheidene Dimensionen hat, und sich nicht über ein dorfartiges Aussehen erhebt. Die Wohnhäuser der Europäer, größtentheils nur aus Holz construirt und mit Palmenstroh gedeckt, ziehen sich theils längs dem Ufer hin, oder bilden regelmäßige Straßen, doch ragen sie alle mitten zwischen Brotfruchtbäumen, Kokospalmen und Orangenbäumen hervor und ersetzen dadurch an Traulichkeit was ihnen an Stattlichkeit abgeht. Im Süden von der Bucht liegen die umfangreiche Gendarmerie-Caserne, das protestantische Bethaus[2] und das Gefängniß,[3] im Osten ist bei der Spitze von Fare-Ute eine Art Schiffswerfte errichtet worden, wo Schiffe bis zu 300 Tonnen Gehalt ausgebessert werden können. Nicht weit vom Ausschiffungsplatz, gegen das Centrum der Ansiedlung, erhebt sich eines der zierlichsten Gebäude Papeete's, in dem die verschiedenen Vorräthe zum Unterhalt der Truppen aufbewahrt werden. Das Haus des Gouverneurs ist ganz nahe dem bescheidenen Wohnsitze der Königinn und von letzterem blos durch eine Gartenhecke getrennt. Sie sind beide äußerst einfach und unansehnlich, aus Holz gebaut und fallen dem Besucher weit weniger auf, als ein anderes großes viereckiges, noch unvollendetes Gebäude aus Stein im orientalischen Style, von einer Kuppel überragt — das Fare-Aporaa oder „Haus der großen Worte“. Hier sollen in Zukunft die Sitzungen der legislativen Versammlung stattfinden, die Gesetze des Landes berathen werden. Seitdem die schützende Hand des französischen Protectors auch über das Wohl der armen Bewohner des Gesellschafts-Archipels wacht, geschieht die Eröffnung des tahitischen Parlaments mit

andern Landen der Werth: Copper preferable to paper. Als die Franzosen auf die Insel kamen, warfen sie diese Münzen ins Meer und belegten die Verbreitung derselben mit argen Strafen. Gegenwärtig circuliren blos französische Münzen: toala (Francs) und tona (½ Francs)

[1] Von pape Wasser und iti klein.

[2] Fare-pure, Haus des Gebetes.

[3] Fare-auri, Haus von Eisen.

Hafen von Papeete (Tahiti).

jenem Pomp und jener glanzvollen Aeußerlichkeit, welche die Franzosen selbst auf den urwüchsigen Inseln des stillen Oceans nicht entbehren zu können glauben. Die Königinn, begleitet vom Gouverneur, begibt sich mit einem großen Gefolge in den Sitzungssaal und eröffnet in Person die Versammlung, ein Act, welcher der außerhalb harrenden Menge durch einundzwanzig Kanonenschüsse verkündet wird. Die Hauptrolle spielt aber dabei der französische Gouverneur, dem sogar das Recht zusteht, darüber zu bestimmen, ob überhaupt der Zusammentritt der Gewählten des Volkes nothwendig sei oder nicht. Dadurch geschieht es auch, daß manches Jahr das Parlament, wenn es dem Generalgouverneur unbequem ist, gar keine Sitzungen hält. Der Gouverneur erläßt in einem solchen Falle (wie dies gerade auch zur Zeit unserer Anwesenheit geschah) eine einfache Erklärung, „daß der legislativen Versammlung kein Gesetzentwurf vorzulegen sei, daß dieselbe kein Budget zu votiren habe und daß sie daher im weitern Anbetracht der bedeutenden Spesen, welche der Aufenthalt ihrer Mitglieder während der Dauer der Session in Papeete verursacht, für dieses Jahr nicht einberufen werde".[1]

Die Tahitier besaßen bereits vor Ankunft der Franzosen einen Codex und eine Charte. Die letztere wurde im Jahre 1823 durch protestantische Missionäre nach dem Vorbilde der englischen entworfen und im Jahre 1826 revidirt. Ihr zufolge ist die Krone sowohl für männliche als für weibliche Nachkommen der herrschenden Dynastie erblich. Die Insel wurde darnach in sieben Districte eingetheilt; die gesetzgebende Macht ruhte in einer Versammlung, welche aus vierzehn Mitgliedern, oder zweien aus jedem Districte bestand.

[1] Diese, im Französischen und Tahitischen erlassene Kundmachung lautet in ersterer Sprache:

„Sa Majesté la Reine des Iles de la Société et son Excellence le Gouverneur des possessions françaises dans l'Océanie,

„Considérant qu'il n'y a pas de projets de loi préparés pour être soumis à la Législative de 1859, et que d'ailleurs cette assemblée n'a pas de budget à voter;

„Prenant en considération les frais considérables que le séjour à Papeete occasionne aux membres de la dite assemblée, pendant la durée des sessions;

„Vu l'article 7 de l'ordonnance du 28 Avril 1847,

Décident:

„L'assemblée législative des Etats du Protectorat ne sera pas convoquée en session pendant l'année 1859." Papeete, le 10 Février 1859. Saisset.

Die in tahitischer Sprache veröffentlichte, gleichlautende Kundmachung ist von der Königinn Pomare unterzeichnet. — Ein Tahitier, welcher zugleich Mitglied der gesetzgebenden Versammlung ist, bemerkte gegen uns, als er die obige Verordnung im „Moniteur tahitien" las: „Wer kann denn schon im Voraus sagen, daß es keine wichtigen Fragen zu discutiren gibt?".

die alle drei Jahre vom Volke neu gewählt wurden. Diese Constitution hat unter der französischen Schutzherrschaft wesentliche Abänderungen erfahren und ihre ganze Bedeutung eingebüßt. Es wird zwar auch jetzt noch in der Legislativen lebhaft debattirt und das tahitische Parlament zu Papeete zählt sogar einige ausgezeichnete eingeborene Redner; allein bei der Abstimmung entscheidet doch weniger die Macht der Ueberzeugung als der Einfluß der französischen Behörde.

Es liegt uns eine höchst merkwürdige Rede vor, die Ravaai, einer der begabtesten einheimischen Sprecher, bei Gelegenheit der Debatte über einen Gesetzentwurf hielt, nach welchem es von nun an gestattet sein sollte, Bier und französische Weine auch an Tahitier ungehindert verkaufen zu dürfen. Mehrere Redner wollten im Hinblick auf das Laster der Trunksucht, welches unter den weiblichen und männlichen Eingeborenen häufig angetroffen wird und so furchtbare Folgen hat, den Verkauf aller Arten von Spirituosen an Eingeborene völlig verboten wissen; Ravaai dagegen sprach sich zu Gunsten des Gesetzes aus und bemerkte unter anderem treffend: „Wenn der Genuß von geistigen Getränken in der That ein Verbrechen wäre, wie Einige behaupten, so würden wir nicht die unter uns lebenden Europäer, unsere Vorbilder in der Civilisation, sich täglich diesem Genusse hingeben sehen; — nur der Exceß, das Aergerniß sind strafbar. Diese wartet ab, um sie zu bestrafen, aber beraubt uns nicht eines natürlichen Rechtes durch ein unnatürliches Verbot. Eure Declamationen über Mord, Feuersbrunst, Verwüstung, welche Ihr als die Folgen des Branntweingenusses bezeichnet, sind nur oratorische Uebertreibungen; die Spirituosen, deren Mißbrauch ich gleichfalls tadle, haben allerdings Unordnungen verursacht, aber diese sind wieder unterdrückt worden, und wenn unsere Insel keine anderen Leiden erfahren hätte, so würden wir uns heute eines günstigeren Zustandes des Gedeihens und der Gesittung erfreuen. Unglücklicher Weise ist dies nicht der Fall! Man spricht uns von Todten, von Verwüstungen! Macht die Runde um unsere Insel. Geht von Mahaena nach Punaruu, von Papenoo nach Taapuna und an viele andere Punkte, steigt in die Berge hinauf bis nach Fautáua; befragt diese traurigen Orte, bethaut von edlem Blut und bedeckt mit Gräbern! Ihr Gräber von Mahaena, sagt, wer hat euch mit Menschenknochen gefüllt? Ist es der übermäßige Genuß von Branntwein oder ist es nicht vielmehr der, Eure Unwissenheit mißbrauchende Fanatismus, welcher Euch treulos die Waffen in die Hand gab! Aber die Gräber sind stumm; und gewisse Personen können sich in diesem Augenblick zu dieser Ruhe Glück wünschen! Wenn Ihr den Verkauf von Spirituosen in Tahiti ernstlich und mit Erfolg verbieten wollt, so beginnt damit, jenen großen Nationen, welche mit denselben Handel treiben und ein Interesse an deren Verkauf haben, zu verbieten, diese verderblichen Flüssigkeiten auf ihren Schiffen ins Land zu bringen! Aber eure Lungen, arme Tahitier, sind viel zu schwach, als daß Euere Stimme gehört werde in Spanien, in Amerika, in England und in Frankreich! Wohlan denn, so entsagt, so ergebt Euch!" — Das Gesetz ging mit 95 Stimmen gegen 13 durch, und es werden in Folge dessen seither nicht nur französische Weine, sondern auch andere Spirituosen ungehindert und ungestraft an Tahitier verkauft. Bieten doch die Strafgelder, welche die Polizei von Betrunkenen erhebt, eine der ergiebigsten Einnahmsquellen der französischen Behörden! —

Unter den in Papeete angesiedelten Fremden sind die Mitglieder der Novara-Expedition besonders dem Herrn William Howe, Mitglied der Londoner Missionsgesellschaft, und dem Herrn Adam Kulczycki,[1] Director der Angelegenheiten der Eingeborenen, vielen Dank schuldig, Männern, von denen sich ersterer während eines zwanzigjährigen Aufenthaltes in Tahiti durch die Verbreitung des Evangeliums und durch die Hebung des sittlichen und religiösen Gefühles seiner kleinen Gemeinde eben so große Verdienste erworben hat, als letzterer durch seine werthvollen Beiträge zur Kenntniß der physischen Beschaffenheit der Insel. Auch der Botaniker und Arzt Dr. Radaud verpflichtete die Naturforscher durch seine freundliche Begleitung auf ihren verschiedenen Wanderungen, so wie durch Mittheilung seiner werthvollen Erfahrungen, während das schöne, umfassende Werk des Dr. G. Cuzent über Tahiti[2] beitrug, unsere persönlichen Eindrücke, Erlebnisse und Beobachtungen wesentlich zu ergänzen und zu bereichern. Mr. William Howe, der einzige englische Missionär, welcher noch auf Tahiti lebt, und seit zwanzig

[1] Herr Adam Kulczycki, welcher dermalen auf der Insel mit der Leitung der Angelegenheiten der Eingeborenen betraut und der tahitischen Sprache vollkommen mächtig ist, und sich gleichzeitig mit astronomischen und meteorologischen Beobachtungen, so wie mit geologischen Untersuchungen beschäftigt, befindet sich erst seit siebenzehn Jahren in französischen Diensten und hat, ein Pole von Geburt, in den Freiheitskämpfen seines Vaterlandes eine nicht unbedeutende Rolle gespielt.

[2] O'Taïti (Tahiti) par G. Cuzent, Pharmacien de la Marine etc. etc. Paris. Librairie de Victor Masson, 1861. Es ist dies eine vortreffliche Arbeit, größtentheils auf eigene Anschauung und Forschung basirt und mit viel Umsicht und Geschick redigirt.

Jahren auf den Gesellschafts-Inseln das Wort des Herrn predigt, empfing uns mit großer Zuvorkommenheit, und geleitete uns durch die umfangreichen Missionsgebäude, in denen leider seit dem aufgedrungenen Protectorate der Franzosen die frühere segensbringende Thätigkeit zum größten Theile eingestellt werden mußte. Die Anstalt zur Heranbildung von Lehrern und Predigern ist gänzlich geschlossen, in der Druckerei, welche früher zehn Setzer und zwei eiserne Handpressen beschäftigte, dürfen dermalen blos religiöse Tractätchen und zwar ausschließlich in tahitischer Sprache gedruckt werden, eine Arbeit, zu deren Ausführung ein einziger Setzer genügt. In der Missionsbibliothek sahen wir mehrere interessante Werke und Manuscripte, meist religiösen Inhalts. Als besonders werthvoll zeigte man uns einige dickbändige Manuscripte über Tahiti, welche den ältesten protestantischen Missionär der Insel, Mr. Orsmond, zum Verfasser haben, der erst im Jahre 1857 auf der Halbinsel starb. Man sagt, daß der frühere belgische und amerikanische Consul in Papeete, Mr. Moerenhout, dieses auch ins Schwedische übersetzte Manuscript bei der Herausgabe seines Werkes über Tahiti sehr stark benützt habe.

Mr. Howe rühmte die Liberalität des gegenwärtigen Gouverneurs, Mr. Saisset, verglichen mit den Maßnahmen seiner Vorgänger in Betreff der Ausübung des protestantischen Cultus. Sonst, meinte er, durfte er blos in seiner „Chapel" und selbst dort nur in englischer Sprache predigen, während er jetzt auch in anderen Districten, wenn es die Eingeborenen verlangen, Gottesdienst abhalten mag. Auch in Bezug auf die Vertheilung religiöser Tractate und Gebetbücher herrscht gegenwärtig mehr Freiheit, und bei der letzten Rundreise des Gouverneurs nahm dieser selbst 500 Exemplare einer Bibelübersetzung mit, um sie an protestantische Kinder in den von ihm besuchten Districten zu vertheilen. Der Mangel an religiösen Erbauungsschriften war unter den Eingeborenen im Innern so groß, daß selbst katholische Lehrer sich darum bewarben und vorzogen, protestantische Bibeln, als gar keine zu besitzen.

Ist aber auch Mr. Howe von den früher hier ansässigen vierzehn protestantischen Missionären der einzige, dem gestattet wurde auf der Insel zurückzubleiben, so giebt es doch eine große Anzahl einheimischer Lehrer, welche an Sonntagen predigen und Gottesdienst abhalten. Die Kanaken,[1]

[1] Kanaka, in der Sprache der Tahitier und der Sandwich-Insulaner gleichbedeutend mit: Mensch.

wie man die Eingeborenen auch zu nennen pflegt, tragen dann ihre Bibel und ihr kleines Gesangbüchlein in einem eigens zu diesem Zwecke aus Palmenstroh geflochtenen Körbchen, ein modernes Erzeugniß tahitischer Industrie, mit ins Bethaus und feiern den Sabbath, namentlich im Innern der Insel, mit großer Strenge.[1] Man kann annehmen, daß der größte Theil der Bewohner von Tahiti und Eimeo oder Morea, also gegen 7000 Seelen, sich zum Protestantismus bekennt, während die Zahl der einheimischen Katholiken auf beiden Inseln kaum 100 beträgt. Ungeachtet der vielfachen Begünstigungen, welche die katholische Kirche seit der Aufdringung des französischen Protectorats im protestantischen Tahiti genießt, ist es derselben gleichwohl nicht gelungen, unter den Eingeborenen großen Einfluß und erhebliche Verbreitung zu gewinnen. Der Bischof, Monseigneur Florentin Tépano Janssen, évêque d'Axieri, welcher in Papeete residirt, ist zugleich der einzige Priester und katholische Lehrer in dieser Ansiedlung. Dieser geistliche Würdenträger muß täglich in der kleinen ärmlichen Capelle aus Bambusstäben und Palmenstroh selbst die Messe lesen und hat es noch immer nicht dahin gebracht, die halbvollendete Kirche, welche wie eine moderne Ruine dasteht, ausbauen zu können; die dazu von der Regierung jährlich bewilligten 8000 Francs scheinen mehr beizutragen den Bau zu verzögern als ihn zu beschleunigen. Auch eine öffentliche katholische Schule giebt es noch nicht in Papeete, ein Mangel, der um so fühlbarer und bedauerlicher ist, als die Mehrzahl der protestantischen Schulen geschlossen werden mußte und nun ein großer Theil der jüngern Generation in völliger Unwissenheit aufwächst.[2] Im Innern der Insel leben in 4 Districten (unter 33) zwei oder drei französische Missionäre, welche den Eingeborenen gleichzeitig Unterricht in der französischen Sprache ertheilen. Es fehlt diesen glaubenseifrigen Männern weder an Thätigkeit noch an den nöthigen Geldmitteln,[3]

[1] Bei einem Gottesdienst, dem wir in Mr. Howe's Bethaus beiwohnten, waren fünfzig Mitglieder anwesend. Eine Nichte des Missionärs spielte die Orgel. Auch die Königinn und ihre Familie, welche den Geboten der evangelischen Kirche mit ganzer Hingebung gehorchen, wohnen häufig dieser Sonntagsfeier bei.

[2] Mehrere Mädchen, welche mit der Familie des Mr. Howe leben, sind Katholikinnen, Kinder von wohlhabenden Eingeborenen, die es vorziehen, dieselben in einer protestantischen Schule als gar nicht unterrichten zu lassen.

[3] Die Erhaltungskosten der katholischen Missionen im östlichen Oceanien betragen jährlich durchschnittlich an 100,000 Francs. Der Société de la propagation de la foi giebt jährlich für katholische Missionen unter heidnischen Völkern 3 bis 4 Millionen Francs aus. Davon kommen auf Oceanien und Australien 1–300,000 Francs.

um das Feld ihrer Bestrebungen zu erweitern, und wenn die katholische Mission in Tahiti keine Fortschritte macht und nach zwanzig Jahren des Bestandes kaum hundert Neophyten zählt, so muß die Erklärung dieser Erscheinung in Umständen gesucht werden, welche weder der hingebende Eifer katholischer Missionäre noch materielle Unterstützung zu bewältigen vermögen.[1]

Während im Innern der Insel der Sonntag mit großer Strenge gefeiert wird, herrscht in der Hafenstadt an diesem Tage eine große Ausgelassenheit; ja, die französische Behörde ist es, welche sich dabei zum Gelegenheitsmacher hergiebt. Denn nirgends begegnet man mehr Zügellosigkeit als auf dem sogenannten Pré Catalan, einer Wiesenfläche, welche sich dicht vor dem Palais des Gouverneurs ausbreitet und eine Dependenz desselben bildet. Hier in Gegenwart französischer Gendarmen und Soldaten, und vor den Augen der Protectorats-Behörden werden, den bestehenden Landesgesetzen entgegen,[2] von eingeborenen, halbtrunkenen Mädchen Tänze der unsittlichsten Art aufgeführt. Man muß den Upa-Upa von frivolen Tahitierinnen mit der ganzen Leidenschaftlichkeit einer sinnlichen Natur haben tanzen sehen, um die Indignation und Beschämung eines nicht französischen Zuschauers zu begreifen. Sonderbarer Weise hat der Upa-Upa oder Hiva eine frappante Aehnlichkeit mit dem Pariser Cancan, wie dieser (wenigstens in früheren

[1] Höchst bemerkenswerth sind in dieser Beziehung die Worte, welche Guizot zu einer Zeit sprach, wo es in Frankreich noch eine Tribüne und ein Parlament gab. „Ce qui me frappe, c'est que nos Missionaires ne vont point faire des conquêtes au profit d'une église, déjà puissante; qu'ils n'étendent point la domination d'un gouvernement ecclésiastique. Le missionaire catholique arrive seul, étranger à la situation, aux affections communes des hommes, il est plus propre à acquérir de l'ascendant, que faire naître de la sympathie. Les ministres protestants au contraire sont des missions de famille, pour ainsi dire; les païens seront aisément portés à voir des frères dans les missionaires, maris et pères comme eux. Ces missions offrent ainsi l'exemple de la société chrétienne à côté des préceptes de la foi; l'exemple de toutes les relations, de tous les sentiments domestiques, réglés selon la morale de l'Evangile, moyen d'instruction qui n'est pas, à coup sûr, le moins parfait." Discours de Mr. Guizot, dans l'Assemblée générale du 11 Avril 1838.

[2] In den „Lois revisées dans l'Assemblée Législative au mois de mars de l'année 1848 pour la conduite de tous, sous le Gouvernement du Protectorat dans les terres de la Société" heißt es ausdrücklich: „La danse, dite Upa-Upa, est interdite dans les Isles du Protectorat. Les jours de fêtes et de réjouissances publiques on pourra danser, mais sans faire les gestes indécents." — Der Upa-Upa stammt aus jener Zeit, wo die geheime Gesellschaft der Areoos, deren Hauptgrundsätze in Orgien, Polygamie und Kindermord bestanden, auf den meisten Inseln des stillen Oceans ihr Unwesen trieb. Moerenhout giebt in seinen „Voyages aux Isles du grand Océan" (Paris 1837, vol. I, p. 481) eine sehr ausführliche Beschreibung dieser merkwürdigen Secte, welche dermalen durch den lobenswerthen Eifer der Missionäre von den meisten Inseln Oceaniens verschwunden ist.

Jahren) im Quartier Latin in der weltbekannten Chaumière von übermüthigen Studenten und deren lebensfrohen Grisetten gehüpft wurde, höchstens mit dem Unterschiede, daß beim Upa-Upa die Grazie der Pariser Tänzer gänzlich wegfällt, und nur eine Reihe unanständiger Gesten in der verletzendsten Form zur Schau getragen wird. Die auf dem Boden sitzenden Musiker schlagen mit der flachen Hand auf kleine Trommeln (pehu) und geben mit ihren Füßen den Tact dazu. Plötzlich springt eine Tänzerinn oder auch ein Tänzer aus dem geschlossenen Kreise, macht eine Anzahl der wunderlichsten, kühnsten Bewegungen, welche desto mehr belacht und beklatscht werden, je unanständiger sie sind, und mischt sich dann wieder erschöpft und athemlos unter die johlende Menge.

Die tahitischen Frauen haben meist sehr schöne schwarze Haare und auffallend kleine Hände und Füße. Ihre Gestalt überragt durchschnittlich die mittlere Größe der Europäerinnen. Ihr Anzug ist zwar höchst einfach, aber überaus rein und zierlich. Sie hüllen sich in ein langes weites Faltenkleid, was einzelnen Gestalten ein vestalisches Aussehen giebt, und tragen einen Blumenkranz auf dem Kopf oder schmücken das wallende Haar mit den feurigen Blüthen des Hibiscus rosa sinensis. Auch verstehen die gefallsüchtigen Tahitierinnen aus den jungen, zarten Blättern der Kokospalme einen ganz besonders zierlichen Kopfputz (rewarewa) zu verfertigen, indem sich in ihren geschickten Händchen die seidenpapierähnliche Epidermis in einen wunderbar feinen, rauschenden Bänderbüschel verwandelt, den sie in höchst idealer Weise in die üppigen Haare stecken.

Die männlichen Eingeborenen sind gleich den Frauen hohe, schlanke, wohlproportionirte Gestalten. Das Gesicht ist bei den meisten nicht unschön und zeigt einen intelligenten Ausdruck; die Lippen sind fleischig, der Teint ist gelblich-braun, aber im Durchschnitt lichter als bei den Neuseeländern. Das Hinterhaupt scheint künstlich flach zusammengedrückt, die Stirn ist gut geformt, die Kinn- und Unterkieferknochen sind breit. Die Tahitier tragen theils europäische Kleidung, theils ein breites, bis zu den Knieen reichendes Stück blauen Calico (paréu) um die Lenden gewunden.

Das Tanzvergnügen im Pré Catalan währte von Nachmittag bis in die Nacht, obschon nur hier und da auf dem grünen Tanzboden ein Lichtlein aufblitzte und sowohl Tanzende als Zuschauer ein nachsichtiges Dunkel umhüllte. Ganz in der Nähe der hüpfenden Tahitier befand sich eine Gruppe von Eingeborenen aus Neu-Caledonien. Sie waren bei den jüngsten Eroberungszügen der Franzosen auf dieser Insel zu Kriegsgefangenen gemacht und nach Tahiti transportirt worden, um hier zu öffentlichen Arbeiten verwendet zu werden. Im Ganzen wurden sie indeß ziemlich human behandelt und an Sonntagen durften sie in Gegenwart ihres Aufsehers sogar „tanzen". Da wir sie mit einigen Silberstücken beschenkten, so gaben sie uns die berühmtesten ihrer nationalen Tänze zum Besten, welche viel wilder und

Eingeborene von Tahiti.

naturthümlicher sind als jene der Tahitier, aber gleichwohl keinen so frivolen Charakter haben, wie der Upa-Upa und andere, cancanisirte tahitische Gliederübungen. Die Neucaledonier stellten sich mit Speeren und Stöcken in einen Kreis, rannten gewaltsam an einander, sprangen ungestüm und in künstlicher Aufregung unter den seltsamsten Articulationen und dem rohesten Aufjauchzen umher, trennten und vereinigten sich dann wieder, während der

Anführer des Tanzes sehr schnell aber tactmäßig unverständliche Worte vor sich hinmurmelte, wahrscheinlich um die Tanzenden durch irgend eine Erinnerung an einen nationalen Sieg in ihren Anstrengungen zu befeuern. Die Aufführung unsittlicher Tänze an Sonntagen im Garten des Gouverneurs ist indeß erst seit fünf Monaten wieder gestattet, und aus diesem Grunde wird auch der Pré Catalan, die einzige öffentliche Promenade, von der europäischen Gesellschaft Papeete's gemieden. Die protestantische Partei fühlte sich durch dieses Schauspiel, welches gerade am Tage des Herrn, von der obersten Behörde sanctionirt, stattfindet, tief gekränkt, und bei einer Geldsammlung, welche man zur Zeit unserer Anwesenheit zur Gründung einer permanenten Musikbande veranstaltete, unterließen zahlreiche Protestanten und Missionäre einen Beitrag zu zeichnen, weil sie die Verwendung der Gelder zu ähnlichen Vergnügungen befürchteten.

Unter den Ausflügen, welche die Mitglieder der Expedition unternahmen, bot Pointe Venus ein doppeltes Interesse. Auf dieser Landspitze war es, wo Capitän Cook zuerst astronomische Beobachtungen anstellte und die geographische Position der Insel bestimmte. Der Ritt dahin führt durch reizende Wäldchen von Kokospalmen und Brotfruchtbäumen, unter welchen sich zeitweise auch Citronen- und Orangenbäume so wie Bananen- und Guavasträuche mischen. In der Nähe der Landspitze liegt das Dorf Matavai, in dem in einigen zierlichen, von blühenden Gärten umgebenen Häuschen auch mehrere weiße Ansiedler wohnen. Baumartige Oleander und der prachtvolle rothblumige Hibiscus rosa sinensis standen gerade im vollsten Blumenschmucke und ließen den Aufenthalt in diesen anheimelnden, rosenumschlungenen Hütten selbst europäischen Besuchern beneidenswerth erscheinen. Der eingeborene Gouverneur des Districtes ist ein ziemlich unterrichteter Mann, welcher neun Monate in Paris lebte, und wegen seiner, den Franzosen bei der Eroberung des Forts Fautáua erwiesenen, freilich nicht sehr patriotischen Dienste mit dem Orden der Ehrenlegion decorirt und zum Chef der einheimischen Miliz ernannt wurde. Sein Gehöft ist äußerst niedlich gelegen und seine Töchter, hübsche, manierliche Brünetten, sprechen etwas Französisch, eine Eigenschaft, die man gewöhnlich bei Tahitierinnen, trotz ihres intimen Verkehrs mit den Söhnen der großen Nation, vermißt. In Pointe Venus befindet sich ein intermittirendes, auf ungefähr vierzehn Meilen in See sichtbares Leuchtfeuer, das der Sorge eines alten französischen Invaliden anvertraut ist. Man zeigt noch jetzt den Tamarindenbaum, den einst Capitän Cook in der Nähe der Stelle pflanzte, wo er jene ruhmwürdigen Arbeiten ausführte, welche noch jetzt den Befahrern des stillen Oceans als untrüglicher Leitstern dienen.

Außer nach Pointe Venus auf der einen und nach den großen Dörfern Faáa und Papeuriri auf der entgegengesetzten Seite giebt es keine fahrbaren Straßen auf der Insel. Man vermag im Ganzen nur ungefähr 36 englische Meilen zu Wagen zurückzulegen, alle weiteren Reisen müssen zu Pferde unternommen werden, mit welchem Vehikel man allerdings die ganze Insel binnen wenigen Tagen umreiten kann. Eine der lohnendsten und genußreichsten Excursionen, welche man auf Tahiti zu unternehmen vermag, ist unstreitig ein Ritt nach dem reizend gelegenen, auch historisch merkwürdigen Bergfort Fautáua. Der erste Theil des Weges führt über unabsehbare Felder des Guavastrauches (Psidium guava), welchen im Jahre 1815 ein amerikanischer Missionär in der wohlwollenden Absicht aus Südamerika einführte, um die Zahl der Nutzpflanzen auf der Insel zu vermehren, der aber seither so ungeheuere Strecken Landes überwuchert hat, daß man bereits an eine systematische Ausrottung desselben zu denken beginnt. Wo immer die Guava Wurzel faßt, verdrängt sie jede andere Vegetation. Durch menschliche und animalische Excremente über die ganze Insel verbreitet, wird sie selbst in den einsamsten Schluchten angetroffen. Die apfelähnlichen Früchte mit rothem Fleische schmecken im rohen Zustande nichts weniger als angenehm, und werden auch von den Eingebornen nicht gerne gegessen, aber ein aus denselben bereitetes Gelée könnte ein sehr gewinnbringender Ausfuhrartikel werden, wie er dies bereits an der Westküste Südamerika's ist. Auch als Futter sind die Früchte von Wichtigkeit, indem die damit gefütterten Thiere rasch sehr fett werden, während das schnell nachwachsende Holz als Brennmaterial gute Dienste leistet.

Nachdem man einige Meilen weit über Guavafelder geritten, wird man dicht am Wege in einem niedlichen Thale durch eine große Zuckerplantage überrascht. Sie ist das Eigenthum eines Engländers Namens Johnson, welcher, erst Walfänger, dann Sandelholzer, seit mehr als dreißig Jahren auf Tahiti lebt und mit einer Eingeborenen verheiratet ist. Johnson hatte im Vereine mit dem Franzosen Le Rouge an 23 Acres Landes mit Zuckerrohr bebaut und erwartete eben (Februar 1859) einen Ertrag

Tahitische Landschaft mit dem Berge Orohena (Diadem)

von 100 — 110 Faß Rohzucker. Die ganze Niederlassung ist eine wahre Musterwirthschaft und verdient schon im Interesse der Verbreitung der Zuckercultur die größte Aufmunterung und Unterstützung von Seite der Regierung.[1] In der Nähe der Pflanzung fließt der Fautáua-Fluß vorüber, welcher hier 4 bis 5 Fuß Tiefe hat und einige äußerst anmuthige Badestellen bietet. Auch der alte Johnson klagte über die grauenerregend rasche Abnahme der eingeborenen Bevölkerung, die er hauptsächlich den täglich mehr überhand nehmenden Lastern der Trunksucht und Ausschweifung zuschrieb. Er erzählte uns, wie zahlreiche Thäler, welche gegenwärtig völlig einsam und verlassen sind, noch vor ungefähr 20 Jahren ziemlich dicht bevölkert waren. Damals schätzte man die Bevölkerung auf 15.000, dermalen beträgt sie nicht viel über 5000 Seelen.[2]

Die Aussicht von der Zuckerpflanzung ist überaus großartig und der Anblick der vom Sonnenlicht umflossenen Berge machte einen imposanten, ergreifenden Eindruck, indem die Felsmassen in unmittelbarer Nähe schroff aufsteigen und dadurch weit gewaltiger und unzugänglicher aussehen, als sie es in der That sind. Das Diadem (einige, durch die frappante Form eines königlichen Stirnbandes in die Augen stechende Bergspitzen) zeigte sich in seiner ganzen wundervollen Pracht, und über dasselbe ragten die 6—7000 Fuß hohen Gipfel von Bergen, deren schauerliche Felsgehänge der Fuß eines Naturforschers wohl noch niemals betreten hat.

Dicht hinter dem Gehöfte des gastlichen Mr. Johnson beginnt bereits der Hochwald und man reitet nun fast beständig bis zum Reiseziel unter dem kühlenden Schatten der herrlichsten Pflanzengestalten, deren himmel-

[1] Auch mit dem Anbau von Kaffee sind in neuester Zeit Versuche gemacht worden, welche sich ebenfalls der Unterstützung der Regierung erfreuen. Die größte Kaffeepflanzung ist im Besitz eines Franzosen Namens Bonnefin, welcher den Ertrag derselben im Jahre 1859 auf 8000 Pfund Kaffee schätzte. Die Kostspieligkeit der Arbeitskräfte vertheuert jedoch dermaßen die Erzeugung, daß tahitischer Kaffee 20 Dollars oder 100 Francs per Centner kostet, während bester Costa-Rica-Kaffee 10 bis 12 Dollars oder 50 bis 60 Francs werthet. Die Protectoratsbehörden gehen mit der Absicht um, Kriegsgefangene aus Neu-Caledonien als Feldarbeiter in Tahiti zu verwenden, um auf diese Weise dem sehr fühlbaren Mangel an Arbeitskräften zu begegnen.

[2] Der Missionär Wilson schätzte die Bevölkerung von Tahiti im Jahre 1797 auf 16,000 Seelen. Im Jahre 1848, wo die französische Administration die erste Zählung vorzunehmen versuchte, betrug die eingeborene Bevölkerung noch 8082 Seelen (4466 männliche und 3616 weibliche), während sich die Zahl der europäischen Ansiedler auf 475 (428 männliche und 47 weibliche) belief. Nach der letzten uns bekannten, zu Ende des Jahres 1858 vorgenommenen Zählung erreichte die Gesammtbevölkerung Tahiti's nur mehr 5988 Seelen, also um 2580 Seelen weniger als vor 30 Jahren (1829), wo nach dem, zu jener Zeit von englischen Missionären vorgenommenen Census die Eingeborenen Tahiti's 8568 Seelen ergaben.

anstrebende Blätterkronen sich domartig über uns wölbten.[1] Der Pfad, obschon steil bergan führend, befindet sich in einem ziemlich guten Zustande; nur an der Stelle, wo der Fautáua-Fluß überschritten werden muß, welcher jedes Jahr während der Regenzeit zu einem gewaltigen Bergstrom anschwillt, fanden wir einige Schwierigkeit weiter zu kommen. Die über den Fluß führende Brücke war eingestürzt, und es blieb daher kein anderer Ausweg übrig, als die Pferde durch das Wasser zu führen, ein Unternehmen, welches bei der ziemlich starken Strömung und dem scheuen Wesen einiger unserer Thiere viel Mühe und Zeitaufwand erheischte.

Nach einem mehrstündigen Ritt im grünen Halbdunkel öffnete sich der Wald, und der bedeutendste Wasserfall der Insel lag vor unseren überraschten Blicken, der umgebenden Landschaft eine unvergleichliche Lebendigkeit und Frische verleihend. Der Fautáua stürzt hier über eine Höhe von circa 200 Metres[2] in ein großes Becken, das sich am Fuße der schroff abfallenden Felswand 420 Metres über das Meer erhebt.[3] Die steilen Felsmassen, die sich von allen Seiten aufthürmen, und, einer Riesenmauer gleich, die Aussicht auf die hinter denselben liegende Halbinsel Taiarapu verhindern, sind eben so bezaubernd durch ihre Naturreize, als strategisch wichtig durch ihre Uneinnehmbarkeit, denn selbst die Franzosen gelangten nur durch Verrath in ihren Besitz, nicht durch Kriegsglück. Einige, den Franzosen freundliche Häuptlinge hatten zu Führern gedient und sie auf geheimen, gefährlichen Pfaden nach diesen Höhen geleitet, für welchen Dienst sie noch dermalen aus dem französischen Staatssäckel einen jährlichen Sold beziehen. Früher waren es die rauhen, steilen, fast unzugänglichen Felsen selbst, welche ein natürliches Fort bildeten und durch ihre eigenthümliche Form und Gestalt der Schlüssel zur ganzen Insel genannt werden mochten. Erst die französischen Eroberer bauten an dieser Stelle, 630 Metres über dem

[1] Unter diesen kräftigen Sprößlingen der tahitischen Waldflora glauben wir nebst der Kokospalme, dem Brotfruchtbaum und dem Pandanus, von welchen später ausführlicher die Rede sein wird, in Bezug auf ihre ökonomische, technische und heilwissenschaftliche Verwendung besonders hervorheben zu müssen: Calophyllum inophyllum (Ati); Inocarpus edulis (Mape); Aleurites triloba (Tu-tui); Rhus tahitense (Apape); Ficus tinctoria (Máti); Ficus prolixa (Ora); Gleichenia Hermanni (Oanúhe); Hibiscus tiliaceus (Purau, auch Fáo); Lagenaria vulgaris (Hue); Pisonia inermis (Puno tehea); Spondias dulcis (Vi); Arundo bambus (Ofé); Tanghinia Manghas (Reva); Morinda citrifolia (Nono); Guettarda speciosa (Tafano); Bixa orellana ꝛc. ꝛc.

[2] Ein Meter = 3·16345 Wiener Fuß.

[3] In diesem Becken hat das Wasser eine durchschnittliche Wärme von 21° Celsius.

Wasserfall von Fautáua.

Meeresspiegel, ein kleines Fort und einen Pavillon, und benützten den sehr schmalen Fleck flachen Terrains, auf dem überhaupt ein Bau ausführbar ist, zur Errichtung einer kleinen Caserne, einiger Wohnhütten, so wie zur Anlage eines Küchengartens, welcher die Bewohner dieses einsamen, aber höchst lieblichen Aufenthaltes mit Gemüse und Früchte versieht.

Der wachhabende Officier des Forts empfing uns mit jener bestechenden Freundlichkeit und Bonhomie, welche den Franzosen auch jenseits des Oceans kennzeichnen und ihn in allen Theilen der Erde zu einem angenehmen Kumpan machen. Unsere mitgebrachten Provisionen wurden bereitwilligst mit allem bereichert, was die bescheidene Officiersmenage zu bieten vermochte, und selbst an gewissen Delicatessen für diese Breitegrade fehlte es nicht, denn der anstoßende Küchengarten lieferte Brunnenkresse und frische Erdbeeren. Die Temperatur war jetzt außerordentlich angenehm und erquickend, aber im Juli, wo das Thermometer zuweilen bis auf 8° Celsius sinkt, hat die kleine Garnison häufig an Erkältungen und Entzündungskrankheiten zu leiden.

Eine nicht minder reizende, aber weit beschwerlichere Excursion ist jene nach dem tief im Innern der Insel gelegenen See Waiiria, welche von einem der Zoologen der Expedition, Herrn Frauenfeld, unternommen wurde. Von dem, im Süden der Insel liegenden Ort Papeuriri, den man von Papeete aus auf der längs der Küste führenden Straße unschwer in einem Tage erreicht, zieht sich das Thal Waiiria in der Richtung von SSO. nach NNW. gegen den Centralgebirgsstock, der seine Schluchten und Wasser ringsum radienartig gegen die Küste herabsendet. Das Thal ist anfangs ziemlich breit, doch so dicht von wild verschlungenen Bäumen und Sträuchern überwachsen, daß die Pferde in Papeuriri zurückgelassen werden mußten. Ein ziemlich bedeutender Gebirgsfluß durchströmt das Thal und muß später, wo dasselbe zur engen, pfadlosen Schlucht wird, nicht nur unzählige Male durchwatet werden, sondern es bleibt dem Wanderer zugleich keine andere Wahl als in dem, mit Felsblöcken besäeten Flußbette lange Strecken weit aufwärts zu steigen. Nach vierstündiger Wanderung schließt sich dieses Thal und man ist nun genöthigt, an einer steilen fast senkrechten Wand wohl höher als 1000 Fuß hinan zu klimmen. Es war ein ziemlich schwieriges Stück Arbeit, unter dem heftigsten Regen über schlüpfrige, moosbewachsene Blöcke zu klettern, deren Spalten und Höhlungen üppig wuchernde Pflanzen bedeckten. Die Höhe dieses ungefähr 60—80 Fuß breiten, zwischen zwei unersteiglichen

Felswänden eingeschlossenen Passes war zur Zeit des Krieges von den Eingeborenen befestigt, d. h. mit einer Brustwehr von Steinen versehen worden, wodurch der dahinterliegende Bergkessel, in welchem sich der See befindet, zum unzugänglichen Schlupfwinkel ward. Unweit davon ist die tiefe, schmale Spalte Ruotorea, welche in der ältesten Geschichte der Tahitier schon eine Rolle spielt, indem sie ihre gefangenen Feinde in dieselbe hinabgestürzt haben sollen. Gegen zwei Uhr Nachmittags wurde endlich der See erreicht; derselbe liegt in einem Bergkessel, dessen Wände schroff abfallen,

See Waihiria.

während zwei der mächtigsten Spitzen, Tetuero und Anaori, unmittelbar aus dem See bis zu 5000 Fuß emporragen.[1] Außer der beschränkten Stelle, auf welcher sich Herr Frauenfeld befand und die einen schmalen Uferrand von geringer Ausdehnung bildete, war nirgends ein Landungsplatz sichtbar. Die Entfernung bis an den sichtbaren jenseitigen Rand mochte eine halbe Meile betragen. Der ganze Kessel ist, selbst an den steilsten, zuweilen fast senk-

[1] Nach Kulczycki's Messungen liegt der See 430 Meters über dem Meere, und hat einen Umfang von 490 Meters, während dessen steile Felswände bis zu 1800 Meters emporsteigen.

rechten Bergwänden bis zu deren höchsten Gipfeln dicht mit Bäumen, Sträuchern und niederen Pflanzen, namentlich Scitamineen, bedeckt, welche ihr helles Grün auf der glatten Fläche des See's abspiegeln. Die wilde Banane bildet hier ganze Wälder; auch Zuckerrohr wächst an mehreren Stellen. Einige Enten, eine Schwalbe und ein paar Papageien waren Alles, was von lebenden Wesen bemerkt werden konnte. Lautlose Stille lag über der ganzen Landschaft, kein Blatt bewegte sich, kein Hauch unterbrach die tiefe Ruhe, und ein banges Gefühl der Einsamkeit und Verlassenheit ergriff die Brust der Wanderer. Zur Uebernachtung wurde an einem Felsblock ein, dicht mit den Blättern der wilden Banane belegtes Dach

Strasse nach Faáa.

errichtet, welches vollkommen Schutz zu bieten versprach. Die Ungunst der Witterungsverhältnisse hinderte eine genauere Durchforschung der Umgebung, und da sich das Unwetter auch am nächsten Morgen mit gleicher Heftigkeit wiederholte, so wurde der Plan, ein Floß zur Umschiffung des See's zimmern zu lassen, aufgegeben und die Rückreise nach Papeete angetreten.

Während unserer Anwesenheit auf Tahiti fand in dem ungefähr eine Wegstunde von Papeete entfernten Dorfe Faáa ein großes Volksfest statt. Es ist nämlich in neuerer Zeit Sitte geworden, bei jedem Gouverneurswechsel dem neuen Regierungschef in den einzelnen Districten Begrüßungsfeste zu geben. Bei solchen Anlässen werden Reden gehalten, Geschenke überreicht, Tänze ausgeführt und endlich im Freien an langen Tafeln die anwesenden Gäste mehr als reichlich mit Speise und Trank bewirthet. Der Gouverneur Saisset, welcher sich seit sieben Monaten auf Tahiti befand und bereits eine Rundreise nach allen Districten der Insel unternommen hatte, war blos von den Bewohnern des Districtes Faáa noch nicht in der herkömmlichen Weise begrüßt worden. Diese Feierlichkeit sollte mit besonderem Pomp am 22. Februar begangen werden. Schon um 8 Uhr Morgens versammelten sich einige zwanzig Reiter vor dem Regierungsgebäude, um sich von hier aus, den Gouverneur an der Spitze, und von einheimischen Milizsoldaten zu Pferde begleitet, nach Faáa zu begeben. Nur eine einzige Dame, Madame de la Richerie, die Frau des Commissaire Impérial, befand sich im Gefolge. Bei unserer Ankunft in Faáa bildeten die weiblichen Bewohner in ihrem schönsten nationalen Schmucke Spalier, und die Männer, theils europäisch gekleidet, theils den „paréu", ein breites Stück bedruckten Mousselin um die Lenden gewunden, schwangen ihre bunten Kopfbedeckungen und trugen Fahnen und eigenthümliche Festbanner aus Baumbast und Pandanusblättern den nahenden Gästen entgegen.

Als der Gouverneur unter der Veranda des schönen, großen Hauses der Cheffesse oder Districts-Vorsteherinn (denn in Tahiti geht dieses Amt mit allen seinen Rechten auch auf die weiblichen Glieder der Häuptlings-Familien über[1]) Platz genommen hatte, begannen weiß gekleidete, reich mit Blumen geschmückte Mädchen eine nationale Hymne zu singen; sodann trat ein Sprecher auf, ein schöner Mann, halb europäisch, halb tahitisch gekleidet, einen schwarzen runden Filzhut mit Federn verziert auf dem Kopfe und ein buntgefärbtes Hemd aus Baumbast über den schwarzen Rock geschwungen, und hielt mit vielem Pathos eine Anrede. Seine Ausdrucksweise wie seine Gesticulationen brachten uns wiederholt die neuseeländischen Oratoren in Erinnerung, doch war er, ungleich jener, rücksichtsvoll genug, die Geduld der fremden Gäste, welche von diesem gewiß sehr gehaltvollen Discurs kein Wort verstanden, nicht allzu lange auf die Probe zu stellen. Nach dieser

[1] Nach tahitischen Gesetzen wird, wenn die männlichen Nachkommen eines Häuptlings ausgestorben sind, der älteste, weibliche Sprosse Chef des Districtes, sitzt als solcher in der gesetzgebenden Versammlung und hat beim Gerichtshof ein Stimmrecht. Es giebt gegenwärtig fünf Cheffesses, welche Mitglieder des tahitischen Parlamentes sind. Ihre Ehemänner haben keinerlei Einfluß auf die politische Verwaltung des Districtes, sondern sind eben nur die Consorten ihrer Frauen.

Einleitung trat eine Anzahl Mädchen, eines nach dem andern, vor den Gouverneur und überreichte ihm, als Zeichen der Huldigung, ihren Blumenkranz und ihr buntgeschmücktes Ueberkleid aus Baumbast. Es wurden auf diese Weise über hundert Kränze und Bastmantillen abgeliefert, von welchen der Gouverneur die schönsten und zierlichsten den anwesenden Mitgliedern der Expedition zu verehren so gütig war.

Mahinaü. Chefesse von Faaa.

Im Hofraume hatte man aus Bananen einen ganzen Berg gebildet und auf einem mächtigen Stock unzählige Kokosnüsse angebunden; auch diese wurden vom tahitischen Festredner dem Gouverneur und seinem Gefolge mit der Bemerkung angeboten, daß jeder der Bewohner des Districtes ein Scherflein zum Feste beigetragen habe und die fremden Gäste alle willkommen heiße. Wir möchten Tage, Wochen, ja Monate bei ihnen bleiben, das Haus und Alles, was darin ist, stehe zu unserer Verfügung; Jeder werde gerne für uns arbeiten und für unseren Unterhalt sorgen!

Nach dieser herzlichen, wahrhaft idyllischen Ceremonie kamen die Bewohner von Punahavia, eines benachbarten Districtes, unter Lärmen und Trommelschlägen angerückt und stellten sich dicht vor dem Anwesen der Chefesse von Faáa auf der breiten Straße auf, indem Maheanú, eine sehr fromme Protestantinn, auf ihrem Grund und Boden die Aufführung unanständiger Tänze und Gesänge nicht duldete. In der That wurde auch von den Bewohnern ihres Districtes weder der Upa-Upa noch ein anderer der zahlreichen tahitischen Cancans à la Chicard getanzt; aber desto ärger trieben es die Nachbarn auf der Straße. Sechs Tambours kauerten mit ihren kleinen Trommeln auf dem Boden, die Füße quer übereinander gelegt und mit der rechten Hand die Fläche der Trommel berührend. Zu dieser primitiven, zeitweise mit einem lauten Schrei begleiteten Musik machten nun Mädchen und Männer höchst unanständige sinnliche Gesten, Sprünge und Gliederverdrehungen, und versetzten sich dadurch künstlich in eine solche Aufregung, daß jedes Paar endlich halb betäubt und erschöpft unter Trommellärm und wildem Geschrei vom Tummelplatze wegstürzte.

Der französische Gouverneur, der Vertreter europäischer Gesittung, war einer der eifrigsten Zuschauer und ließ die Frivolität der Tahitier, welche das Recht der Gastfreundschaft bis zur Prostitution ihrer Töchter auszudehnen geneigt waren, ungehindert gewähren, indem er naiv bemerkte, es würde die Eingeborenen unangenehm berühren, wenn man gewisse alte Sitten und Gebräuche nicht mitmachen oder sich gar als Gegner derselben erklären wollte.

Zum Schlusse des Festes befahl der Gouverneur den Bewohnern von Faáa französischen Wein, „die Kokosmilch der Europäer", vorzusetzen. Unter zierlichen, für die Feierlichkeit eigens hergestellten Laubgängen fand nun ein Gabelfrühstück statt. An mehr als zwanzig langen, nach europäischer Weise gedeckten Tischen nahmen die angesehensten Personen des Districtes Platz. Jede Familie hatte irgend etwas beigesteuert, so daß das ganze Mahl den Charakter eines ländlichen Pique-nique's trug.

Auf jedem Tische prangten Blumen, Bananen, Brotfrüchte und andere vegetabile Lieblingsgerichte. An einer großen Tafel am oberen Ende eines Laubganges nahmen die europäischen Gäste Platz. Die Chefesse und ihr Gemahl saßen zur Seite des Gouverneurs. Dann kam der Regierungs-Dolmetsch, Mr. Darling, der Sohn eines der ältesten englischen Missionäre auf Tahiti, welchem die Aufgabe zufiel, die verschiedenen Reden und Trinksprüche ins Tahitische zu übersetzen oder aus diesem Idiom ins Französische zu übertragen.

Man servirte, an unserer Tafel wenigstens, ganz nach europäischem Brauch, und das war Schade; ein Mahl ohne Messer und Gabel, wie es die Eingeborenen einzunehmen pflegen, wäre weit interessanter und unterhaltender gewesen. Der Gemahl der Cheffesse brachte einen Toast aus auf das Wohl des Herrschers von Frankreich und — aus Artigkeit für die anwesenden Gäste vom Donaustrande — auf das Wohl des Kaisers von Oesterreich! Der Gouverneur verließ hierauf rasch die Tafel, wie es schien, absichtlich, um unliebsamen Tischreden der Eingeborenen aus dem Wege zu gehen. Die Gesellschaft zerstreute sich und während einzelne Gäste sofort nach dem Hafen zurückkehrten, fand sich die Mehrzahl derselben erst spät Nachts wieder in Papeete zusammen.

Dem Volksfeste in Faáa folgte wenige Tage später — am 24. Februar — ein glänzender Ball im Palais des Gouverneurs. Der Pré de Catalán war mit verschiedenen Beleuchtungsgegenständen geschmückt und mit unzähligen buntfarbigen Lämpchen und Lichtern erhellt. Die Tahitier, gewohnt ihre Tänze nur im Dunkel der Nacht oder höchstens beim Licht von wenigen Unschlittkerzen aufzuführen, strömten in Massen herbei, sich an diesem Schimmer zu ergötzen und die Europäer in ihrer Weise den „Upa-Upa" tanzen zu sehen. Im Innern des Palais bewegte sich die Crême der Gesellschaft von Tahiti. Alle Autoritäten und Notabilitäten des Landes waren anwesend. Mehr als 200 Personen durchwogten den Saal, wo, aus Courtoisie für den Festgeber, die Musikbande unserer Fregatte Quadrilles, Polkas und Walzer ertönen ließ. Auch die Königinn Pomare erschien mit einigen Prinzen und Prinzessinnen ihres Hauses und ihrem Gemahl. Der Gouverneur empfing sie an der Schwelle des Saales, bot ihr seinen Arm und geleitete sie nach den, für die königliche Familie bereit gehaltenen Sitzen. Pomare ist eine Frau von nahe an 50 Jahren, beleibt, untersetzt, mit einem vollen, ausdruckslosen Gesicht und einem plumpen Gang. Ihre Toilette war einfach, aber ganz europäisch. Sie trug ein weißes Ballkleid nach französischem Schnitt und Blumen in den Haaren. Auch in den Händen hielt sie ein riesiges Bouquet. Der jüngste Sohn der Königinn, ein Knabe von 12 Jahren, der den Namen Joinville trägt, zeigte viel Geist und Lebendigkeit; der Thronerbe dagegen sah kränkelnd, verkommen und frühzeitig gereift aus.

Es geschah jetzt zum ersten Male, daß die Mitglieder der Expedition der Königinn vorgestellt wurden und mit ihr zu verkehren Gelegenheit fanden. Man hatte bisher von Seite der französischen Behörden absichtlich ein Zusammentreffen vermieden, welches von der tahitischen Fürstinn wie

Königinn Pomare.

eine Ovation angesehen werden mochte. Pomare darf nämlich ohne vorhergegangener Genehmigung des Gouverneurs außer den Mitgliedern ihrer Familie Niemanden in ihrem Hause empfangen. Zwei Vorfälle, welche kurz vor unserer Ankunft in Papeete die französischen Behörden in einige Aufregung versetzten, hatten noch mehr beigetragen, die Ueberwachung der Königinn zu verschärfen und den Zutritt zu ihr blos auf ihre nächsten Verwandten zu beschränken. Die arme schwerbedrängte Frau hatte kürzlich, ohne sich vorher mit Mr. Saisset ins Einvernehmen zu setzen, in dessen Abwesenheit ihre Unterschrift einem Documente beigefügt, welches eine frühere Verordnung desselben förmlich umstieß. Eine territoriale Angelegenheit, die längst gerichtlich entschieden war, sollte auf Andringen einer der betheiligten Parteien neuerdings vor das Tribunal gebracht werden, weil man durch gefügigere Richter ein günstigeres Resultat zu erlangen hoffte. Der Gouverneur verweigerte diesem Ansinnen seine Zustimmung. Die Königinn aber, übel berathen, erließ an den einheimischen Gerichtshof den schriftlichen Befehl, die Sache wiederholt in Berathung zu nehmen. Als sich dieser jedoch versammelte, wurde er vom französischen Gouverneur aufgelöst, der oberste Richter nach einer benachbarten Insel verbannt und die Königinn gezwungen, die auf diese Maßregel bezüglichen Ordonnanzen selbst zu unterfertigen. Zugleich war erst vor wenigen Wochen im Dorfe Papaoa, in dessen Nähe Pomare ein Landhaus besitzt, ein kleiner Aufstand ausgebrochen, an dem man die königliche Familie betheiligt glaubte. Einheimische Feste, welche auf Tahiti immer mit wilden Gelagen und Bacchanalien verbunden sind, hatten die anwesende Menge ungewöhnlich erhitzt. Einige tahitische Nationalitätspolitiker tranken auf den Tod der Weißen und geberdeten sich ziemlich fremdenfeindlich. Der Exceß von ein paar Betrunkenen nahm in der Phantasie der französischen Behörden die Dimensionen eines Aufruhrs an und schien ihnen erwünschte Gelegenheit zu bieten, ihre Autorität zu zeigen und sich mit geringer Mühe den Ruhm zu verschaffen, eine gefährliche Empörung im Keime erstickt zu haben. Als die Nachricht von den aufrührerischen Gesängen und Exclamationen die Hauptstadt erreicht hatte, marschirte der Gouverneur noch in der Nacht mit 150 wohlbewaffneten Soldaten nach dem, eine Wegstunde von Papeete entfernten Papaoa. Pomare war gerade mit ihrer Familie zum Abendgebet versammelt, als der Gouverneur in ihre Wohnung drang und sie aufforderte ihm sofort nach Papeete zu folgen. Ein in der Hafenstadt angesiedelter Engländer, Namens Osborne, hatte den Auftrag, die Königinn in seinem kleinen, einspännigen Wagen nach ihrem dortigen Wohnsitz zu führen. Ihre beiden Söhne dagegen wurden als Geiseln, die Hände auf den Rücken gebunden, zu Fuß nach Papeete escortirt und mußten unterweges unzählige Male von den sie geleitenden Soldaten die unheimliche Drohung vernehmen, daß sie mit ihrem Leben für jede Unbill verantwortlich seien, welche Europäern durch die Eingeborenen widerfahren würde. Als sich der Zug dem Hafen näherte, neigte sich die Königinn zum Pferdelenker und frug leise, ob er wohl den Auftrag habe, sie nach dem „Carabus"[1] zu bringen? Der Kutscher nahm die Richtung nach ihrer Wohnung. Als er um eine Ecke bog, fiel die Königinn angstbeklommen dem Kutschirenden mit beiden Händen in die Zügel, hielt das Pferd an und sah sich nach ihren beiden Söhnen um. Dieselben wurden indeß gleichfalls nach der königlichen Behausung geführt. Jedoch mußte Pomare und alle Mitglieder ihrer Familie geloben, sich bis zur Austragung des Vorfalles nicht aus Papeete entfernen zu wollen. Sogar der protestantische Missionär Mr. Howe bekam eine officielle Intimation, daß er bis auf weiteres seine Besuche bei der Königinn einzustellen habe.

Unter solchen Umständen ist es mehr als wahrscheinlich, daß die geängstigte Pomare blos auf dem Balle erschien, weil der Gouverneur es wünschte, und daß sie mit den ihr vorgestellten Fremden nur die gewöhnlichsten Redensarten zu wechseln wagte. Man schilderte uns die Königinn als eine begabte, wohlunterrichtete Frau, welche ziemlich geläufig englisch und etwas französisch spricht und in öffentlichen Angelegenheiten durch ihre klare Auffassung und ihr tactvolles Benehmen überrascht. Mit den französischen Behörden verkehrt sie ausschließlich in tahitischer Sprache. Sie scheint dabei die Intervention eines Secretärs oder Dolmetschers nicht zu lieben, sondern es vorzuziehen, sich mit den betreffenden Beamten direct in Verkehr zu setzen, wie das in der Beilage mitgetheilte autographische Briefchen beweist, welches an den französischen Schatzmeister (Trésorier et Receveur général) gerichtet ist und die Bitte enthält, ihr einen Wagen zu schicken, um von ihrem Landsitze in Papaoa nach Papeete fahren zu können.[2]

[1] Carabus ist eine Corruption des spanischen Wortes Calaboso, Gefängniß, Kerker. Der „Carabus" von Papeete ist eine Art Carcer, in welchem Betrunkene oder sonst liederliches Gesindel gesteckt und nur gegen Erlag eines Sühngeldes von 5 bis 10 Francs daraus entlassen werden. Die Strafgelder bilden eine Haupteinnahmsquelle des Fiscus und wirken in doppelter Beziehung demoralisirend. Denn, während es einerseits im Interesse der Polizeiorgane liegt, durch möglichst viele Arretirungen ihren Gewinnantheil an dieser Steuer zu vermehren, finden die leichten, üppigen Tahitierinnen gerade in der Fortsetzung jenes unsittlichen Wandels, welcher sie in das Gefängniß brachte, das geeignetste Mittel, um wieder aus demselben befreit zu werden.

[2] Die Königinn befindet sich ihren französischen Protectoren gegenüber in einem vollständigen Abhängigkeitsverhältnisse. Bei der geringsten politischen Divergenz verweigert man ihr die Fortbezahlung der Apanage, und da bei dem ziemlich [illegible] Leben der wohlwollenden und großmüthigen Frau

Autograph der Königinn Pomare.

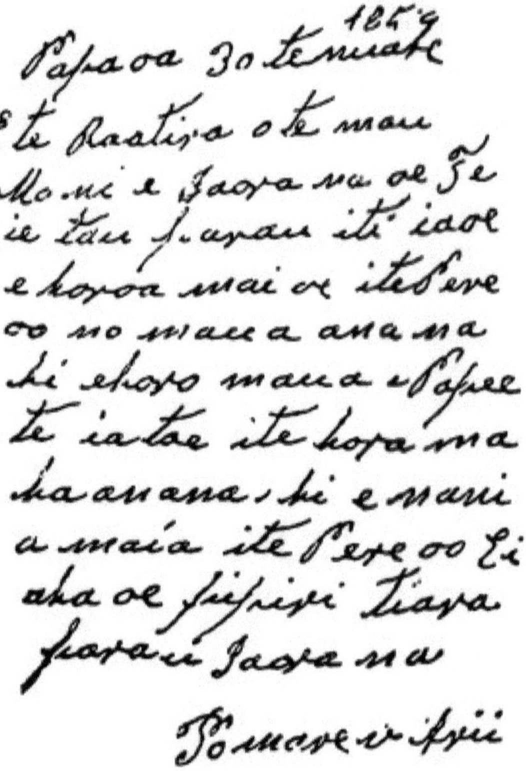

1859
Papaoa 30 tenuare
E te Raatira o te moni
Moni e Iaorana oe Te
ie tau parau iti iaoe
e horoa mai oe i te Pere
oo no maua a ana ma
ki e horo maua i Papee
te ia tae i te hora ma
ha anana, ki e mani
a maia i te Pere oo Ei
aha oe fifiri Tiara
parau Iaorana

Pomare vahine Arii

(Wörtliche Uebersetzung.)

Papáoa, 30. Jän. 1859.

An den Chef, welcher das Geld nimmt! (i. e. Schatzmeister.)

Du, Chef, welcher das Geld nimmt, sei gegrüßt! Hier ist mein kurzes Wort an Dich! Laß uns beiden morgen Deinen Wagen haben, wir werden nach Papeete fahren. Wenn morgen die vierte Stunde gekommen sein wird, gehen wir in Deinen Wagen. Verweigere mir ihn nicht! Genug gesprochen. Sei gegrüßt!

Pomare, Frau. König.

Höchst überraschend ist im Verkehr mit den Eingeborenen aller Gesellschaftsclassen die Wahrnehmung, daß die französische Sprache trotz der beinahe zwanzigjährigen Oberherrschaft der Franzosen noch fast gar keinen Eingang gefunden hat. Wir lernten blos zwei Tahitier kennen, welche etwas Französisch sprachen. Indeß ist auch die Kenntniß des Englischen nur auf solche Individuen beschränkt, welche an den Küsten wohnen und vielfach mit Fremden in Berührung kommen. Es stand jedoch zur Zeit unserer Anwesenheit ein Gesetz in Aussicht, nach welchem binnen zehn Jahren (1869) kein Eingeborener mehr eine Regierungsanstellung, selbst nicht die eines Mutói,[1] erhalten kann, wenn er nicht hinreichende Kenntniß in der französischen Sprache besitzt.

Im Allgemeinen scheint die Regierung des Zweiten Decembers Tahiti blos als Militärposten, als Marinestation zu betrachten, und der commerciellen Bedeutung der Insel wenig Werth und Wichtigkeit beizumessen. Wenn aber dieser Auffassung keine geheime Absicht, kein politischer Hintergedanke zu Grunde liegt, dann ist sie entschieden eine unrichtige. Zwar besitzt Tahiti nur eine geringe, culturfähige Oberfläche; mit Ausnahme von Orangen[2] wird fast kein einziges Product der Insel ausgeführt,[3] deren Erzeugnisse kaum zu Ernährung der eigenen Bevölkerung hinreichen; aber bei seiner äußerst günstigen geographischen Lage und dem Vegetationsreichthum der benachbarten Inselgruppen würde Tahiti unter einer weisen Administration bald zum Generaldepot für die Producte Polynesiens und die Fabricate Europa's werden.

die Einnahmen und Ausgaben nur allzu häufig das Gleichgewicht verlieren, so wird ihre pecuniäre Verlegenheit nicht selten zur Erreichung von politischen Vortheilen ausgenützt.

[1] Mutói, Polizeisergeant, wörtlich: den Gesprächen des Volkes heimlich zuhören.

[2] Von dieser köstlichen Frucht, welche auf der Insel in großer Menge wächst und blos eingesammelt zu werden braucht, gehen jährlich 5—6 Schiffsladungen im Werthe von zusammen 200.000 Francs nach Californien, wo 1000 Stück Orangen zu 40—60 Dollars verkauft werden, während sie in Tahiti höchstens 5—6 Dollars oder 25—30 Francs werthen.

[3] Sowohl Kokosöl als auch Pfeilwurz (arrow-root) und Perlmutter, die von Tahiti ausgeführt werden und gegenwärtig den Haupthandel bilden, sind Producte der Nachbarinseln, welche blos als Durchfuhrsartikel betrachtet werden können. Perlmutteraustern (Meleagrina Margaritifera), welche gewöhnlich in den Monaten Jänner bis April gefischt werden, kommen hauptsächlich von den Paumotu- und den Gambier-Inseln. Letztere Gruppe liefert jährlich allein über 300 Tonnen im Werthe von durchschnittlich 5—600 Francs per Tonne. Im Jahre 1859 wurde der ganze Ertrag im Vorhinein von einem Kaufmann in Papeete für 140 Dollars oder 700 Francs per Tonne erstanden. Die im Tauchen geübten Eingeborenen der Gambier-Inseln holen die Perlenaustern zuweilen aus einer Tiefe von 150—180 Fuß herauf.

Die Gesammtoberfläche Tahiti's beträgt 104.215 Hectaren.[1] Den größten Theil dieses Areals nehmen die Gebirge ein, während der bei weitem kleinste Flächenraum sich zum Anbau eignet. An den Mündungen mehrerer Flüsse befinden sich einige culturfähige Strecken, von welchen die Ebenen von Taunoa (in der Nähe von Papeete), von Pointe Venus, Pusenaura, Papara, Papuriri und Papeari, so wie das Flußdelta Fautira auf der Halbinsel Taiarapu die bedeutendsten sind.

Alle diese flachen Terrains zusammengenommen machen aber höchstens 2200 bis 2500 Hectaren aus, während überdies die sumpfige Beschaffenheit eines großen Theiles derselben keine andere Cultur als die von Taro und Reiß zuläßt.[2]

Das Klima von Tahiti ist im Allgemeinen gesund und angenehm, die Temperatur, welche durch die herrschenden Land- und Seebrisen wesentlich gemildert wird, eine ziemlich gleichmäßige. Nur in der Mitte des Tages, wo gemeiniglich jene complete Windstille eintritt, welche die Franzosen in ihrer graciösen Ausdrucksweise „l'immobilité des feuilles" zu nennen pflegen, herrscht einige Stunden hindurch eine drückende Hitze, aber des Morgens und Abends ist die Luft in der Regel kühl und erfrischend. Das mittlere Maximum während der Regenzeit ist 29° Celsius, das mittlere Minimum 23° 5'; nur kurz vor dem Ausbruch eines Gewitters macht sich oft ein gewaltiger Wechsel im Thermometerstand fühlbar. In der trockenen Jahreszeit beträgt die mittlere Temperatur 27° am Tage und 20° während der Nacht. Wenn zuweilen im Juli in Papeete die Temperatur auf 14° Celsius und am Posten im Fautaua unter 8° sinkt, müssen selbst Europäer gewisse Vorsichtsmaßregeln gegen Erkältung brauchen, welche die Eingeborenen meistentheils vernachlässigen und sich dadurch häufig Entzündungskrankheiten zuziehen.

Unter solchen Temperaturverhältnissen, gepaart mit jener Fruchtbarkeit, welche dem vulcanischen Tuffboden eigen, ist es leicht erklärlich, daß der größte

[1] 100 Hectaren = 173,739 Wiener Joch. Von diesem Flächenraum kommen 79.485 Hectaren auf Tahiti und den Isthmus Taravao, während die Halbinsel Taiarapu eine Ausdehnung von 24.730 Hectaren hat.

[2] Auf der, Tahiti gegenüberliegenden Insel Eimeo oder Morea, welche einen Umfang von 13.237 Hectaren besitzt, befindet sich im Centrum der Insel ein Plateau, umgeben von einer Reihe steiler Berge in Halbmondform, das sich ganz besonders zur Viehzucht eignen soll. Die Cultur des Weinstockes und europäischer Gemüse dürfte dort gleichfalls Aussicht auf Erfolg haben.

Theil tropischer und subtropischer Nutz- und Nahrungspflanzen auf der Insel ohne besondere Mühe gedeiht. Das Zuckerrohr, der Kaffeebaum, die Baumwollenstaude, die Vanillepflanze, der Cacaobaum, die Indigostaude, der Sorgho,[1] Reiß, Mais, Tabak u. s. w. kommen vortrefflich fort und würden bei verständiger Cultur dem Landwirthe reichlichen Lohn für seine Mühe geben.

Landschaft auf Tahiti.

An Früchten findet man Bananen, Brotfrüchte, Mangos, Anonen, Papayas, Pandanusfrüchte, Kokosnüsse, Orangen, Citronen, Ananas, Guavas u. s. w. Die Hauptnahrungspflanzen der Eingeborenen sind:

1. Die Fëi oder wilde Banane (Musa Fëi oder Musa rubra), welche in fünf Varietäten vorkommt. Sie tritt erst in einer Höhe von 6—800 Fuß auf, gedeiht am üppigsten 1000—1500 Fuß über dem Meere, hat

[1] Auch hier begegneten wir dieser nützlichen Pflanze, welche in Tahiti im Herbste 1851 zum ersten Male mit Samen aus Paris gepflanzt wurde. Man baute damals 25 Körner, die binnen drei Monaten genug Samen lieferten, um den Anbau des Sorgho auf mehrere Districte ausdehnen zu können. Ein Jahr später, 1852, betrug die Ernte bereits 2100 Kilos, wovon das Kilo zu 15 Centimes verkauft wurde.

eine eigenthümliche, safrangelbe Farbe und wird blos in geröstetem oder gekochtem Zustande genossen.

2. Die Haari oder Kokospalme (Cocos nucifera), deren Stamm, Rinde, Blätter und Früchte von den Eingeborenen nutzbringend gemacht werden. Die wichtigste Verwendung aber haben ihre Früchte, welche zur Nahrung von Menschen und Thieren, zum Getränk und zur Oelgewinnung dienen. Mit feinem Sandelholzstaub und anderen aromatischen Substanzen vermischt, gehört die aus der Kokosnuß gepreßte ölige Flüssigkeit zugleich zu den beliebtesten Kosmetika (monoï) der tahitischen Frauen, um ihre schönen langen, schwarzen Haare zu salben. Die Kokospalme trägt hier wie auf den übrigen Südsee-Inseln erst in 7 oder 8 Jahren Früchte, dann aber so reichlich, daß man den Werth der jährlich gewonnenen Nüsse für jeden Baum auf 5 Francs anschlägt. Es bedarf 20 bis 25 Kokosnüsse, um eine Gallone oder 3½ bis 4 Litres Oel zu erhalten.[1]

3. Der Urú (auch Maiore) oder Brotfruchtbaum (Artocarpus incisa), nächst der Kokospalme einer der nützlichsten Bäume der Insel. Seine Frucht, im kanakischen Ofen zwischen erhitzten Steinen gebacken, ist dem Tahitier ein Surrogat für das Brot des Europäers. Zu Zeiten des Krieges oder im Falle einer Mißernte sollen die Eingeborenen gleich den Neuseeländern und den Urbewohnern des Karolinen-Archipels die Früchte des Urú in die Erde vergraben und dieselben später in verfaultem Zustande verzehren. Der Brotbaum trägt drei Ernten im Jahre. Die ersten Früchte, die besten und zahlreichsten, reifen im März, die zweiten im Juli; die dritten (manavahói) Ende November. Es giebt Früchte, welche 8 bis 12 Pfund wiegen.

4. Der Fara oder Pandanus, dessen Früchte gleich jenen des Urú genossen werden, und dessen Blätter zur Deckung der, aus Bambusrohr construirten Hütten der Eingeborenen dienen. Aus den rothen Samenhülsen des Pandanus odoratissimus verfertigen die schmuckliebenden Tahitierinnen äußerst zierliche Kränze und Halsgeschmeide. Von einer andern Species, welche die Eingeborenen Iri nennen, benützen sie die Blätter zur Umhüllung des Tabaks und zur Anfertigung von Cigarretten, so wie zur Fabrication von Matten für die Hausflur und das nächtliche Lager.

[1] Eine Gallone Kokosöl werthet 1½ Francs im Tausch gegen Waaren oder 1 Franc im Verkauf gegen Baarschaft. Die benachbarten Inseln sind überaus reich an Kokospalmen, und Anaa, eine der Inseln der Paumotu-Gruppe, kann jährlich an 3—400 Tonnen Oel liefern.

5. Der Taro (Caladium esculentum), ein Knollengewächs, das zu gewissen Zeiten des Jahres den Mangel an Brotfrüchten zu ersetzen bestimmt ist, und von den Eingeborenen mit großer Sorgfalt cultivirt wird. Es gibt davon dreizehn Varietäten auf Tahiti.

6. Pia (Tacca pinnatifida), ein dem Taro ähnliches Knollengewächs, dessen mehlige Substanz namentlich Kindern und Reconvalescenten zur Nahrung dient, und welches man im Handel irrthümlich mit dem Namen Arrow-root bezeichnet, indem letzteres, hauptsächlich auf den Antillen und in Indien gewonnene Product, bekanntlich von Marantha indica und Marantha arundinacea herrührt. Auch zur Bereitung von kleinen süßen Kuchen (poe-pia) und als Stärkemehl findet im tahitischen Haushalte die Pia eine beliebte Verwendung.

7. Hoi oder Yams (Dioscorea alata), von welchem nützlichen Knollengewächs auf der Insel mehrere Species in großer Anzahl vorkommen.

8. Umara oder süße Kartoffel (Convolvulus Batata), von den Eingeborenen der europäischen Kartoffel vorgezogen und viel gebaut, obschon dieselbe in Tahiti sehr rasch degenerirt.

9. Fare-rupe (Pteris esculentum), ein Farnkraut, dessen Wurzel in früheren Zeiten, wie in Neu-Seeland, häufig gegessen wurde.

Noch scheint es von Interesse, zweier Pflanzen Erwähnung zu thun, aus deren Wurzeln die Tahitier vor der Ankunft der Europäer hauptsächlich berauschende Getränke bereiteten.[1] Es ist dies die Ti-Pflanze (Cordyline australis) und die Kawa oder Ava (Piper Methysticum), von welch letzterem Gewächs die Eingeborenen vierzehn Varietäten unterscheiden.

Gegenwärtig ist die Cultur dieser Pfefferart auf Tahiti verboten und das Kawatrinken völlig außer Brauch gekommen. Nur auf der Halbinsel findet man noch einige alte Tahitier, die unsere alkoholisirten Getränke hartnäckig verschmähen und bei besonderen Festlichkeiten sich alle möglichen Entbehrungen auferlegen, um den nöthigen Betrag für eine Kawawurzel zusammenzusparen, die sie zuweilen das Stück mit 5 Francs bezahlen.

In früheren Zeiten wurden zum Kauen der frischen Kawawurzeln gewöhnlich junge Mädchen und zwar diejenigen, welche die schönsten Zähne

[1] Auch der gährende Saft der Orange, der Ananas, der Pandanusfrucht, der Spondias dulcis und der wilden Banane wurde in früherer Zeit zur Bereitung von berauschenden Getränken bei Festlichkeiten verwendet. — Seit der Einführung europäischer Spirituosen nennen die Eingeborenen alle ausländischen Getränke ava-papá, alle einheimischen ava-maohi.

hatten, bestimmt. Sie mußten sich vor dieser heiklen Operation den Mund und die Hände sorgfältig reinigen und bedienten sich dazu eigener Gefäße. Nachdem die Wurzeln langsam und gleichmäßig gekaut und in reich mit Speichel beklebte Kügelchen verwandelt worden waren, wurden diese in einem großen, hölzernen, auf drei Füßen ruhenden Gefäß (Umeli) mit Wasser vermengt und leicht mit den Händen ausgedrückt. Auf manchen Inseln nimmt man zu dieser Verdünnung statt gewöhnlichen Wassers die in der unreifen Kokosnuß enthaltene Flüssigkeit. Kawa ist ein wässeriges Getränk von wenig einladendem Aussehen, besonders wenn man dessen Bereitung gesehen hat. Es hat gewöhnlich die Farbe von Milchkaffee; nur, wenn zuweilen mit der Wurzel auch die Blätter der Pflanze gekaut werden, erhält das Getränk eine grünliche, dem Wermuthgeist ähnliche Farbe, obschon es mit dem Geschmack des letzteren durchaus nichts gemein hat.

Der Kawa wird aus einer zur Hälfte gespaltenen, ausgehöhlten Hülse der Kokosnuß getrunken, welche in der zu Schnitzereien geschickten Hand der Eingeborenen die Gestalt eines eleganten, durchsichtigen Trinkbechers annimmt. Nur Leute von hoher Geburt, die Arii und Raatira,[1] befreit von der Sorge um den täglichen Erwerb und von der Bewirthschaftung des Bodens, konnten sich sonst auf Tahiti dem Luxus des täglichen Genusses des Kawatrankes hingeben. Die Betäubung durch denselben hat einige Aehnlichkeit mit jener von Opium. Auch bei den Kawatrinkern wie bei den Opiumessern oder Samschu-Schmauchern ist ein nervöses Zittern, eine überwältigende Ermattung und ein, jedes andere Gefühl beherrschendes Bedürfniß zu schlafen wahrnehmbar. Nachdem die Wirkung des Kawa vorübergegangen, tritt eine große Mattigkeit in allen Gliedern ein, und die Kawatrinker pflegten sich daher in die frische Fluth eines benachbarten Bergwassers zu stürzen. Eine ganz eigenthümliche Hautkrankheit, welche der tägliche Genuß dieses Trankes zur unausbleiblichen Folge hat, wird von den Tahitiern Arewarewa genannt.

Ein deutscher Chemiker, Herr Röllenberger, welcher zur Zeit unseres Besuches auf Papeete lebte, hat im September 1858 versucht, aus der

[1] Die tahitische Gesellschaft zerfiel vor Ankunft der Europäer in drei Classen: in Arii oder Häuptlinge, in Raatira oder Grundbesitzer, von welchen die angesehensten in jedem Districte den Namen Tatoui führten; und endlich in Manahune oder Proletarier. Zu letzterer Classe gehörten auch alle im Kriege gemachten Sclaven. Zwischen den Arii und Raatira gab es ein Mittelglied, die Eikoai, deren Rang mit jenem unserer Adeligen correspondirte. In neuerer Zeit wird für Arii häufig das Wort Tavana gebraucht, was jedoch nur eine Corruption des englischen Wortes „Governor" ist.

Kawawurzel eine krystallinische Substanz zu extrahiren, welche derselbe Kawaïn nannte und deren dynamische Eigenschaften noch näher zu untersuchen sind. Wie wir indeß seither aus der bereits erwähnten sehr werthvollen Monographie des Herrn G. Cuzent über Tahiti (Paris 1860) entnommen, hat dieser eifrige Forscher bereits im April 1857 in der Kawawurzel eine neue organische Base gefunden, die er Kawahine nannte und über welche derselbe in seinem interessanten Werke (Seite 99) ausführlich berichtet.

Im Verhältniß, als durch den Einfluß der Missionäre das Kawatrinken auf Tahiti verboten wurde, trat an dessen Stelle der Genuß von Branntwein und anderen Spirituosen, welche rasch eine nicht weniger schädliche Wirkung auf den physischen und sittlichen Zustand der Eingeborenen zu äußern begannen.

In der Agricultur wie im Handel macht sich seit der Schutzherrschaft der Franzosen ein bedenklicher Rückschritt bemerkbar. Kaum mehr als 60 bis 80 Schiffe besuchen im Laufe eines Jahres die Insel und vermitteln einen Verkehr an Waaren und Producten in einem Werthe von ungefähr 1,600.000 Francs, wovon beiläufig Eine Million Francs auf die Ausfuhrartikel gerechnet werden mag.[1] Am auffallendsten ist die geringe Zahl von Walfischfängern, welche dermalen auf Tahiti vor Anker gehen, um sich zu verproviantiren oder Ausbesserungen vorzunehmen. Im Jahre 1836 besuchten noch zweiundfünfzig Walfischfänger die Insel; gegenwärtig laufen jährlich kaum mehr als fünf oder sechs im Hafen von Papeete ein. In officiellen Berichten wird als Ursache dieses geringen Besuches das verminderte Vorkommen des Walfisches in diesen Regionen, und als Grund der Stagnation des Handels im Allgemeinen die Reduction der französischen Besatzung auf Tahiti, so wie der seitherige Aufschwung der Sandwich-Inseln und Californiens bezeichnet. Die wahre Ursache des verkommenden Zustandes der Insel dürfte jedoch ganz anderswo zu suchen sein. Sie liegt hauptsächlich in einer höchst mangelhaften Administration, welche beständig von einer Hand in die andere gleitet, bald einen Schiffscapitän, bald einen Officier der Gendarmerie oder des Geniecorps zum Oberhaupt hat. Ein an Kaiser Napoleon von einem in Tahiti angesiedelten englischen Kaufmanne gerichteter

[1] Diese Angaben sind nur annähernd richtig. Das Zollamt in Papeete besitzt genaue Aufzeichnungen, aber es hält dieselben geheim, und zwar aus politischen Gründen, wie wir aus der Bemerkung eines Tahitiers zu vermuthen glauben: „On ne veut pas faire savoir au monde, que nous ne sommes pas dans un état prospère.“

Brief[1] deckt die Krebsschäden der gegenwärtigen Verwaltung in Bezug auf Eigenthumsrecht, Justizpflege, Gesetzgebung und sociale Verhältnisse rücksichtslos auf und giebt ein gar trostloses Bild von dem dermaligen Zustande der wegen dem reinen Glückes seiner Bewohner einst so hochgepriesenen Insel.

Aber auch die Vortheile, welche das französische Protectorat dem Mutterlande bringt, sind bis zur Stunde mehr als problematisch. Während die Gründung der französischen Stationen in Oceanien eine Summe von sechs Millionen Francs verschlangen, haben die jährlichen Unterhaltungskosten kein Jahr weniger als 2½ bis 3 Millionen Francs betragen. Davon kommen auf das Protectorat in Tahiti 6 — 700.000 Francs.[2] Diese bedeutende Summe wird keineswegs durch die Erzielung von commerciellen und industriellen Vortheilen aufgewogen; denn kaum treffen mehr als zwei Schiffe jährlich direct aus Frankreich auf Tahiti ein, während die meisten der daselbst verkauften Waaren englische Fabricate sind, die aus Valparaiso bezogen werden, mit welchem Hafen Papeete allein eine ziemlich regelmäßige Verbindung unterhält.

Die Station Taiohái auf der Insel Nukahiwa im Marquesas-Archipel wurde seit 1. Jänner 1859 der zu großen Auslagen wegen wieder gänzlich aufgelassen, obschon Ue-moána, der König der Marquesas, und die Häuptlinge von Nukahiwa das Protectorat Frankreichs nachgesucht und eine förmliche Unterwürfigkeits-Adresse unterzeichnet haben; während andrerseits der Besitz von Neu-Caledonien (Dum'mbia) nur mit sehr großem Geldaufwand behauptet werden kann.

In nächster Zeit werden allerdings große Reformen Platz greifen, um den bisherigen Regierungsapparat minder schwerfällig zu machen. Man will die französischen Colonien in Oceanien in östliche und westliche, mit völlig unabhängigen Administrationen theilen. Der Gouverneur der „Etablissements français dans l'Océanie orientale" soll in Papeete, jener der „Etablissements français dans l'Océanie occidentale" in Port de France (Neu-Caledonien) seinen Sitz haben. Allein diese Trennung der Ver-

[1] Lettre concernant l'état actuel de Tahiti, adressé à Sa Majesté Impériale, Napoléon III par Alexander Salmon. London, Effingham Wilson. 1858.

[2] Die französische Besatzung auf Tahiti und Eimeo (Moorea) beträgt einschließlich der Administrationsbeamten circa 600 Mann. Der Gouverneur empfängt nebst Zulagen einen Gehalt von 30,000 Francs; dessen Stellvertreter (Commandant particulier) hat einen Gehalt von 20,000 Francs, außerdem beziehen die beiden französischen Commissäre ihre Diäten als Officiere der kaiserlichen Marine (16 bis 25 Francs täglich).

waltung wird zwar die Unterhaltungskosten wesentlich erhöhen, aber nicht die Aussicht auf bedeutendere Einnahmen vermehren.

Die Franzosen haben einmal kein Glück mit ihren Colonisationsversuchen; sie sind keine praktischen Colonisten. Diese Wahrnehmung wird doppelt augenfällig in der südlichen Hemisphäre, wo sie von englischen Colonien umgeben sind. Wohl haben auch die Engländer ihre Besitzungen in Oceanien, Australien, Asien u. s. w. meist nur durch Acte roher Gewalt an sich gerissen, und Niemand kann vom humanen Standpunkte aus jene Mittel billigen, durch welche sie sich zu Herren der herrlichsten und fruchtbarsten Länder der Erde machten. Was waren aber die versöhnenden Resultate dieser Gewaltacte, dieser politischen faits accomplis? England hat jene naturbevorzugten Inseln und Continente mit ihren thatlosen, hinsterbenden Menschenracen dem unbeschränkten Verkehr aller handeltreibenden Nationen geöffnet; es hat sich bemüht, durch freie Institutionen arbeitsfähige Colonisten anzuziehen, die Naturschätze der besetzten Länder durch die Hand der Wissenschaft und Forschung zu heben und zum Nutzen Aller auszubeuten; es hat den Samen christlicher Cultur bis in die entferntesten Theile der Erde getragen, und selbst den wildesten Völkern durch Energie, Arbeitstüchtigkeit und sittlichen Ernst ein Gefühl der Achtung und Bewunderung für die geistige Ueberlegenheit, für die Macht und Größe der weißen Race aufzudringen verstanden!

Unter dem Einflusse liberaler, aber sittlich strenger Gesetze würde auch Tahiti sich bald zu einem Emporium in der Südsee, zum Singapore Oceaniens emporgeschwungen haben. Unter französischem Protectorate dagegen ist die Insel mit ihrer von jeher zur Frivolität und Sinnlichkeit geneigten Bevölkerung in der That das geworden, was sie einmal ein französischer Seefahrer scherzweise nannte: „La nouvelle Cythère!"

Obschon die Gesellschafts-Inseln keine französische Strafcolonie sind (denn dazu ist das Klima zu gut), so giebt es doch auf Tahiti und Nukahiwa einzelne, mehr politisch unbequeme als gefährliche Menschen, welche eine humane Umwandlung des Martialgerichtes mit der Verbannung nach dem furchtbaren Cayenne[1] verschont, und die ein, wir möchten fast sagen,

[1] Wir hatten Gelegenheit in Papeete einige Mittheilungen über jene berüchtigte französische Strafcolonie aus dem Munde eines Mannes zu vernehmen, den man durch seine Stellung gewiß nicht der Uebertreibung zeihen wird. Mr. de la Richerie, zur Zeit unserer Anwesenheit Commissaire Impérial und gegen

gnädiges Geschick nach den Gestaden der Südsee geführt hat. Einer dieser Verurtheilten, Namens Longomasino, verdankt dem Besuche der österreichischen Fregatte in Papeete die Wiedererlangung seiner Freiheit. Derselbe war bis zum Jahre 1851 Journalist in Toulouse und stand in eifriger Correspondenz mit den intimsten Anhängern Louis Napoleons, bis ihn endlich der Coup d'état über die wirklichen Absichten des Imperators die Augen öffnete, und Longomasino ins Lager der Gegner des neuen Kaiserreiches überging. Seine Agitation gegen die Gewaltmaßregeln des Zweiten Decembers veranlaßte seine Gefangennehmung und Verbannung. Er wurde zuerst nach Nukahiwa, einer der Marquesas-Inseln, deportirt und erhielt später die Erlaubniß nach Papeete auf Tahiti übersiedeln zu dürfen. Erst Hufschmied, dann Advocat und in letzterer Zeit Wirth, war er gleichwohl in keiner dieser verschiedenen Berufssphären im Stande, sich und seiner zahlreichen Familie eine Existenz zu gründen, und zwar um so weniger, als politische Intriguen ihm das Recht zur Ausübung einer juridischen Praxis absprachen und zur Wahl eines Erwerbszweiges nöthigten, für welchen er weder Neigung noch Geschick besaß. Wenn wir gut unterrichtet sind, so hat der juridisch gebildete Longomasino dem katholischen Bischof von Tahiti in dessen Rechtshändeln mit der französischen Administration manche gute Dienste geleistet, und es war daher weniger Mitgefühl für den unglücklichen Deportirten als die Absicht, dem Gegner einen Streich zu spielen und ihn einer wesentlichen Stütze zu berauben,

wärtig Gouverneur von Tahiti, war vier Jahre hindurch (1854—1857) Director der Strafanstalt zu Cayenne. Während der Zeit seiner Verwaltung betrug die Gesammtbevölkerung 5—6000 Gefangene, 1500 Mann Garnison, 200 freie Ansiedler und 16—18.000 Neger. Die Unterhaltungskosten dieser verhältnißmäßig kleinen Ansiedlung schätzt Mr. de la Richerie auf 4—5 Millionen Francs. Die Sterblichkeit unter den Sträflingen sowohl, als unter den weißen Ansiedlern ist wahrhaft grauenerregend und beträgt durchschnittlich 28—33 Procent. Von 6000 Gefangenen starben in einem Jahre 2000; von 36 Aerzten unterlagen 16 der Erfüllung ihres Berufes. Fortwährend befanden sich 5—600 Gefangene fieberkrank im Spitale. Der Director trat einmal in einen der Säle, in dem 250 Deportirte auf dem Siechbette lagen. Er frug den Arzt, wie lange sie wohl noch leben würden? — Beiläufig ein Jahr, war die Antwort. Dépêchez-vous donc! mahnte der Director, indem er auf die Unglücklichen hindeutete, welche außerhalb des Spitals keine Aufnahme finden konnten und, an Leib und Seele krank, sehnsuchtsvoll des Momentes harrten, wo die von ihren Leidensgenossen eingenommenen Lagerstätten leer werden würden! Auch Mr. de la Richerie war der Ueberzeugung, daß kein Deportirter den Aufenthalt in Cayenne länger als vier bis fünf Jahre erträgt, daß sogar jeder freie Ansiedler in höchstens zehn Jahren den schädlichen Einflüssen des Klimas erliegen muß. Darum kümmert sich aber die Regierung des Zweiten Decembers wenig. Man hat einmal das Princip der Deportation für gut erkannt und will es nun durchgeführt wissen. Die weiteren Details scheinen Nebensache zu sein, wenn nur alle Franzosen, welche die Herrschaft der Napoleoniden erschüttern könnten, aus dem Lande, aus Europa verbannt sind was den Gouverneur veranlaßte, an den Befehlshaber der Expedition das Ansuchen zu stellen, den auf Lebenszeit zur Verbannung verurtheilten Longomasino am Bord der Novara eine freie Ueberfahrt nach Valparaiso gestatten zu wollen. Das Ansuchen wurde bewilligt und Longomasino schiffte sich am Abend vor unserer Abreise auf der Fregatte ein, während ihm seine Familie auf einem Kauffahrer nachfolgen sollte. Der Unglückliche, welcher nicht genug Worte des Dankes über die freundliche Aufnahme finden konnte, die ihm bereitet wurde, erhöhte noch die Sympathien für sein Schicksal durch das charaktervolle Schweigen, welches er über die ausgestandenen Leiden bewahrte.[1]

Ein anderer Deportirter, welcher in Papeete die allgemeine Aufmerksamkeit auf sich zog, war Belmare, ein junger vielseitig gebildeter Mann, der bekanntlich in den 1850ger Jahren in den Tuilerien auf Louis Napoleon schoß und in Folge dessen zur lebenslänglichen Deportation nach der Insel Tahiti verurtheilt wurde. Der Umstand, daß Belmare seither beim Schatzamt in Papeete angestellt ist und einen Monatsgehalt von 200 Francs bezieht, gab bei dem sonstigen Verfahren der französischen Regierung gegen politische Renitenten den barockesten Gerüchten Nahrung; ja wir hörten sogar wiederholt die Vermuthung aussprechen, Belmare sei eigentlich nur zum Werkzeug für eine Handlung gebraucht worden, welche als Vorwand und Scheingrund benützt werden sollte, um der Regierung Louis Napoleons Anlaß zu neuen Gewaltmaßregeln zu geben. Ob aber für einen solchen Dienst der Aufenthalt auf Tahiti, selbst mit einer noch so günstigen Monatsgage, eine entsprechende Belohnung sei, diese Frage ist freilich Monsieur Belmare allein zu beantworten im Stande.

Ungünstige Witterung, wie sie in der Regenzeit der Tropen häufig vorkommt, verzögerte unsere Abreise um mehrere Tage. Bald wehte ein stürmischer Wind, der sich von Nord über West nach Südwest beugte, bald trat wieder völlige Windstille ein, während welcher die Brandung der hohen See unaufhörlich und dermaßen heftig an das Ufer schlug, daß es wenig gerathen schien sich mit einer Fregatte in die enge Oeffnung zu wagen, welche die Mündung des Hafens von Papeete bildet und welche in einer Spaltung jener Korallenmauer besteht, die ganz Tahiti umsäumt und vor den Wellen des Oceans schützt.

[1] Longomasino reiste bald nach seiner Ankunft in Valparaiso nach Serena, einer Stadt von 20.000 Einwohnern mit reichen Kupferminen, um sich daselbst an der Redaction eines politischen Blattes in spanischer Sprache zu betheiligen.

Am 28. Februar endlich setzten wir bei Tagesanbruch unter Segel. Unsere eigenen kleinen Fahrzeuge, so wie eines der Boote des französischen Dampfers „Milan", das uns mit großer Zuvorkommenheit zur Verfügung gesendet worden war, schleppten die Novara bis außerhalb des Riffes und unterstützten wesentlich die Bemühungen unserer Matrosen, den kaum fühlbaren Luftzug allen Segeln der Fregatte zu Gute kommen zu lassen. Von einem eingeborenen Lootsen geführt, steuerten wir derart nahe an den steil aufsteigenden Korallenriffen vorüber, daß die Fregatte dieselben fast berührte.

Noch warfen wir einen Blick des Abschiedes auf Tahiti und die kleine Insel Motu-Uta, wo unsere improvisirte Sternwarte stand und so manche

Insel Tahiti.

Nacht mit Beobachtungen durchwacht wurde, um die geographische Position mit astronomischer Genauigkeit festzustellen.

Da wir außerhalb des Korallenriffes kräftigere Brise fanden und nordwärts steuerten, so lag das reizende Tahiti, welches durch die imposanten und bizarren Formen seiner Berge und durch den Reichthum und die Mannigfaltigkeit seiner Vegetation theils an die schimmernde Pracht der Tropen, theils an die stille Majestät unserer Alpenlandschaften erinnerte, bald nur mehr in traumhaften Umrissen hinter uns.

Fast gleichzeitig mit der Novara war der nordamerikanische Walfänger Emile Morgan (Capitän Chase) aus dem Hafen von Papeete ausgelaufen. Derselbe trieb sich bereits seit fünf Jahren in den Gewässern der Südsee herum, ohne bisher seine schweren Mühen und Anstrengungen durch einen ergiebigen Fang belohnt zu sehen. Nicht mehr als 4 Faß Thran waren der ganze Ertrag seiner Campagne. Er ging nach den Sandwich-Inseln und von dort nach Hause, nach Boston. In neuerer Zeit haben sich die nordamerikanischen Walfänger in Compagnien vereinigt, welche Gewinn und Verlust theilen. Hatten seine Compagnons anderwärts mehr Glück als Capitän Chase, so mag es sich immer noch fügen, daß er die letzten fünf Jahre nicht umsonst gearbeitet hat. Die Mannschaft des Emile Morgan, welche hauptsächlich nur mit Gewinnantheil oder einer sogenannten Oel-Tantième bezahlt

Eine Eingeborene von Paumotu und ihr Sohn (Mestize).

wurde, war schon verzagt geworden und sechs Matrosen verließen sogar das Schiff, um auf Tahiti zurückzubleiben. Capitän Chase hatte während der ganzen Campagne seine Frau bei sich, eine muthige, energische Amerikanerinn, welche sich, wenns Noth that, selbst ans Steuerruder stellte, oder die vorzunehmenden Schiffsmanövers commandirte. Sie gefiel sich darum auch, selbst in der gewöhnlichen Conversation gewisse maritime Ausdrücke zu gebrauchen, und erzählte mit Vorliebe, wie sie häufig, wenn die Boote auf den Fang ausgeschickt waren, gleich jedem andern Officier Wache hielt.

Am 8. März wurde am Bord Fastnacht gefeiert. Mehrere Matrosen hatten sich als Invaliden, als Tahitier und Nikobarer maskirt und führten allerhand Schwänke auf. Dolce, der Koch, die lustige Person des Schiffes, erschien als Troubadour und sang herzzerreißende Lieder. Nachmittags spielte die Musikbande auf dem Deck und Abends wurde den wackeren Matrosen zu ihrer großen Befriedigung eine doppelte Ration Rum gereicht.

Es lag in der Absicht des Befehlshabers der Expedition, die in jener Gegend geschlossenen, fast elliptischen Curven von gleicher magnetischer Declination diametral zu durchschneiden, um wo möglich durch Beobachtung zu ermitteln, nach welchem Gesetze innerhalb der Curve von 5°, der letzten, welche die neuesten magnetischen Karten noch angeben, die Declination oder sogenannte Mißweisung der Magnetnadel weiter abnimmt.

Die erwähnte Curve von 5° östlicher magnetischer Declination liegt nach F. Evans[1] zwischen den Parallelen 5½° N. und 13° S. und den Meridianen 120° und 134½° W. von Greenwich nordöstlich von den Marquesas-Inseln.

Die Magnetnadel zeigt, wie bekannt, nicht genau nach den geographischen Polen, sondern weicht von der Mittagslinie oder von der Richtung Nord-Süd eines jeden Ortes entweder nach Ost oder nach West um einen Winkel ab, den man östliche oder westliche Declination oder Mißweisung der Magnetnadel nennt, und der sich nicht blos im Verlaufe der Zeit an einem und demselben Orte langsam ändert, sondern auch im Allgemeinen von Ort zu Ort andere Werthe annimmt und nur in gewissen Richtungen, sogenannten Linien gleicher Declination, für einen bestimmten Zeitpunkt gleich bleibt.

Nachdem der Compaß der einzige Wegweiser des Seemannes auf dem Ocean, und es von großer Wichtigkeit ist, die Schiffscurse mit Rücksicht auf die geographische Lage derjenigen Punkte, welche man erreichen will, zu bestimmen und zu befolgen, so wird auch dem Uneingeweihten die Nothwendigkeit der Bestimmung der Mißweisung der Magnetnadel einleuchten, indem man dadurch zur Kenntniß jenes Winkels gelangt, um welchen die Magnetnadel von der wahren Nord-Süd-Linie, oder vom jeweiligen Meridian abweicht.

Die Bestimmung dieser Mißweisung geschieht mittelst Beobachtungen der Sonne, von welcher man in jedem Augenblicke die genaue Richtung

[1] Chart of curves of equal magnetic variations 1858, by Frederick Evans, Master, R. N.

berechnen kann, in welcher sie vom Schiffe aus gesehen wird. Diese Richtung, verglichen mit jener, in welcher die Sonne thatsächlich in Bezug zur Magnetnadel beobachtet wird, giebt den Mißweisungswinkel.

Diese scheinbar höchst einfache Bestimmungsweise begegnet gleichwohl in der Ausführung in Folge gewisser localer Umstände mehrfachen Schwierigkeiten, denn dieselbe wird am Bord eines Schiffes ausgeführt, das oft bedeutende, je nach ihrer weiteren oder geringeren Entfernung auf die Magnetnadel mehr oder minder störend einwirkende Eisenoberflächen in sich schließt, die eine örtliche Anziehung bewirken, und die Nadel von derjenigen Richtung ablenken, welche sie haben würde, wenn diese Eisenbestandtheile nicht vorhanden wären. Dabei ist die örtliche Anziehung nicht an allen Orten und in jeder Richtung des Schiffes dieselbe, sondern ändert sich nach einem gewissen Gesetze je nach der Intensität und Richtung der magnetischen Anziehungskraft der Erde. Man muß daher auch diese örtliche Abweichung der Magnetnadel bestimmen, um die genauen Werthe der Mißweisung zu finden.

Was nun diese letztere betrifft, so haben viel tausend Beobachtungen auf dem Lande und auf dem Meere das Maß ergeben, wenigstens für kürzere Zeiträume das Gesetz empirisch zu finden, nach welchem sich die Abweichung der Magnetnadel von Ort zu Ort und von Jahr zu Jahr ändert, und es ist möglich geworden auf den Seekarten diejenigen Linien zu ziehen, auf welchen die Mißweisung in einem gegebenen Zeitpunkte einen gleichen Werth behält. Da die Genauigkeit, mit welcher diese Linien verzeichnet wurden, für den Seefahrer genügt, so ist derselbe in den meisten Fällen der Beobachtung und Bestimmung dieser Mißweisung überhoben, wenn er nur den Ort seines Schiffes auf der Oberfläche der Erde mit einiger Sicherheit kennt und die örtliche Anziehung am Bord bestimmt hat.

Diese Linien gleicher Abweichung sind aber noch mancher Verbesserung fähig, und wenn sie gleich für den praktischen Gebrauch im Allgemeinen ausreichen, so darf doch die Wiederholung der Beobachtungen besonders von solchen Seefahrern nicht vernachlässiget werden, welche Mittel und Kenntnisse besitzen, um verläßliche Angaben zu liefern.

Auch auf der Novara verging kein sonnenheller Tag, ohne daß die Mißweisung der Magnetnadel mehrere Male bestimmt wurde, so wie gleichfalls, wo es nur immer anging, auch jene Beobachtungen wiederholt wurden, welche sich auf die Bestimmung der örtlichen Anziehung am Bord bezogen.

Unter solchen Verhältnissen mußten wir einen besonderen Werth darauf legen, die Abnahme der Declination der Magnetnadel gegen ihren vermeintlichen Nullpunkt, so weit als es nur immer thunlich war, zu verfolgen und unsere Beobachtungen mit der Angabe auf den Seekarten zu vergleichen.

Es war indeß in nautischer Beziehung keineswegs von besonderer Wichtigkeit, den Minimalwerth der magnetischen Declination selbst zu erreichen, es genügte, sich die Ueberzeugung zu verschaffen, daß die beobachtete Abnahme der magnetischen Declination mit den Angaben der Karten übereinstimmte, was in der That auch vollkommen der Fall war.

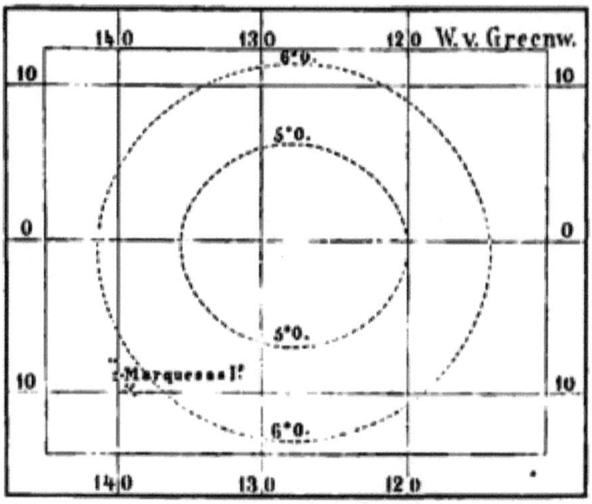

Skizze nach F. Evans Curvenkarte (1858).

Diese Uebereinstimmung mußte uns um so mehr zur Genugthuung gereichen, als wir an der nordöstlichen Seite der Paomotu-Gruppe[1] frischen Nordostwind fanden, eine in der herrschenden Jahreszeit von der hohen Temperatur dieser Inseln bedingte Erscheinung, welche unserer Absicht, nach Nordost zu segeln, heftigen und andauernden Widerstand entgegensetzte.

Zugleich bewog uns noch ein anderer Umstand, den Versuch, weiter gegen den Minimalwerth der magnetischen Declination zu steuern, aufzugeben. Auf der Fregatte war schon seit einiger Zeit der Gesundheitszustand

[1] Auch Palomein-Gruppe genannt; 15–22° südl. Br. und 135–150° westl. L.

kein günstiger; eine eigenthümliche, endemische Kolik, von den Franzosen auf Tahiti colique sèche, oder colique vegétale genannt,[1] machte auch am Bord unter der Mannschaft bedenkliche Fortschritte, ja wir hatten sogar den Tod eines Matrosen zu beklagen, welcher nach kurzem Leiden am 9. März in den Frühstunden starb, und dessen Leichnam noch am nämlichen Tage mit den üblichen Trauerfeierlichkeiten in den Ocean versenkt wurde.

Die Declination der Magnetnadel hatte sich am 17. März in 15° 52' südl. Br. und 137° 23' westl. L. bis auf nahezu 5½° Ost vermindert, und stimmte bis nun vollkommen mit den, auf den vorhandenen Karten verzeichneten Angaben; doch ist es nicht wahrscheinlich, daß diese Declination wirklich bis auf Null sinkt, indem die Abnahme eine um so kleinere wird, je mehr man sich dem bezeichneten Punkte nähert, was nicht der Fall sein könnte, wenn die Declination in der That bis auf Null abnehmen würde.

Am 25. März befanden wir uns auf der Höhe von Pitcairn, in einer Entfernung von kaum hundert Meilen von dieser einsamen, durch ihre physische Beschaffenheit wie durch ihre Geschichte interessanten Felseninsel. Vielen Lesern dürften zwar schon die Ursachen, welche die Meuterei am Bord der englischen Kriegsschaluppe Bounty herbeiführten, so wie die späteren Schicksale der dabei Betheiligten bekannt sein, und wir würden es gewiß nicht wagen, diese an und für sich allerdings höchst merkwürdige Katastrophe hier neuerdings zum Gegenstande einer Schilderung zu machen, wenn uns nicht ein glücklicher Zufall in den Besitz einer handschriftlichen Mittheilung gebracht hätte, welche uns von Pitcairn und dessen Bewohnern bis in die neueste Zeit Kunde giebt. Um aber für dieses biedere Kernvölkchen die Sympathien des Lesers zu gewinnen, ist es nöthig in flüchtigen Umrissen ein Bild jener Ereignisse zu geben, von welchen Pitcairn zu Ende des vorigen Jahrhunderts der Schauplatz war.

Im December 1787 sandte die englische Regierung die Kriegsschaluppe „Bounty", Capitän William Bligh, nach der Insel Tahiti, um daselbst Brotfruchtbäume einzunehmen und diese nach ostindischen Besitzungen zu überführen. Das Schiff kam im October 1788 in Tahiti an und verließ, mit 1015 Stück der gewünschten Pflanzen versehen, am 4. April 1789 die

[1] Eine ausführliche Beschreibung der endemischen Kolik, welche wir nahezu acht Monate hindurch am Bord hatten, und welche an 36 Individuen in einer Minimaldauer von 9, und einer Maximaldauer von 24 Tagen beobachtet wurde, findet der Leser in dem, von Dr. Eduard Schwarz bearbeiteten medicinischen Theile der Novara-Publicationen, Seite 234—239.

Insel. Wenige Wochen nach der Abfahrt brach unter der kleinen Bemannung des Schiffes eine Emeute aus, deren Hauptanstifter und Leiter der erste Lieutenant der Schaluppe, Namens Christian[1] war.

Veranlassung dazu gab angeblich die strenge, tyrannische Behandlung, welche die Bemannung durch Capitän Bligh erfuhr, da er es Officieren und Matrosen an den dringendsten Lebensbedürfnissen fehlen ließ und selbst die geringste Klage und Beschwerde mit den schärfsten Strafen beantwortete. Diese erniedrigende Behandlung hatte namentlich auf das Gemüth des stolzen, charaktervollen Schiffslieutenants einen so peinlichen Eindruck hervorgebracht, daß er sich entschloß, des Nachts in einem kleinen Boote das Schiff zu verlassen und sich den Wellen anzuvertrauen. Aber seine Schicksalsgefährten hinderten die Ausführung dieses verzweifelten Entschlusses, und einer derselben machte den Vorschlag, sich lieber des Schiffes zu bemächtigen, und den Capitän und dessen Mitschuldige zu Gefangenen zu machen. Entschluß und Ausführung waren Eins. Christian und einige seiner Kameraden überraschten, wohl bewaffnet, den Capitän und nahmen dessen Anhang, von welchem Widerstand vermuthet werden konnte, gefangen, ließen ein Boot ins Meer, versahen dasselbe mit Segel, Werkzeugen, einer Boussole, einem Quadranten, einigen Lebensmitteln,[2] Hacken und Säbeln, und zwangen hierauf den Capitän, den zweiten Lieutenant, den Arzt, den Botaniker und fünfzehn Matrosen sich einzuschiffen. Sobald dies geschehen war, ließen sie das Tau los, welches das Boot am Schiffe festhielt, und, indem sie bei günstiger Brise mit allen möglichen Segeln den Curs gegen Norden nahmen, hatten sie das kleine Fahrzeug mit seiner unglücklichen Bemannung rasch aus dem Gesichte verloren.

Christian übernahm nun das Commando der „Bounty". Es wurde Rath gehalten und beschlossen, eine abseits gelegene Insel aufzusuchen und zum künftigen Aufenthalte zu wählen. Man änderte den Curs, warf einen großen Theil der eben erst eingenommenen Ladung von Brotfruchtbäumen über Bord, und behielt davon gerade nur so viele Pflanzen zurück, als zum Anbau auf der Insel nöthig sein würden, im Falle man dort dieses für den Tropenbewohner so nützliche Gewächs nicht vorfinden sollte.

[1] Lord Byron hat das Schicksal Christian's, einer der Hauptpersonen dieser Geschichte, zum Vorwurf eines Gedichtes gemacht.

[2] 150 Schiffszwieback, 16 Stücke gesalzenes Schweinefleisch (à 2 Pfund), 6 Flaschen Rum, 6 Flaschen Wein und 28 Pinten (circa 30 Maß) Trinkwasser.

Wenige Tage nach diesem Ereignisse kam man in Sicht von Tubuai, einer der Inseln des Rurutu-Archipels. Obschon sich die Eingeborenen sehr feindselig zeigten, ankerten die Meuterer gleichwohl in einer Bucht im Nordwesten dieser Insel, welche für eine Niederlassung ganz besonders geeignet zu sein schien. Der Brotfruchtbaum, die Banane und der Taro kamen in großer Menge vor, und der für die Cultur empfängliche Boden versprach den Fleiß des Landwirthes reichlich zu lohnen.

Zwei Umstände aber hinderten die Meuterer, den Entschluß einer dauernden Niederlassung auf der Insel in Ausführung zu bringen: die große Feindseligkeit der Eingeborenen, welche schon in den ersten Tagen nach der Ankunft der Meuterer den Tod einiger Insulaner zur Folge hatte, und der Mangel an Frauen. Man erinnerte sich der vertraulichen Verbindungen, welche man während des Aufenthaltes in Tahiti mit den dortigen weiblichen Bewohnern eingegangen war, und beschloß, nach jener reizenden Insel des Gesellschafts-Archipels zurückzukehren, um bestandene Bande dauernd zu knüpfen und zugleich einige Tahitier für die Cultur der neuen Niederlassung anzuwerben, die man hierauf aufzusuchen beabsichtigte.

Eine erfundene Geschichte über die Ursache der Rückkehr, welche man schon früher verabredet hatte, bereitete den Meuterern auf Tahiti einen freundlichen Empfang. Sie gaben vor, ein Eiland entdeckt zu haben, das sie bevölkern wollten. Capitän Bligh war angeblich auf demselben zurückgeblieben und hatte Christian, den ersten Lieutenant, beordert, mit der „Bounty" nach Tahiti zu segeln, um sich dort Schweine, Hühner, Yamswurzeln und andere Knollengewächse zu verschaffen. Die einfaltsvollen Tahitier setzten nicht den geringsten Zweifel in die Wahrheit dieser Erzählung und erfüllten ohne Zögern alle Wünsche der Schiffsmannschaft. Nur vom weiblichen Geschlechte entschlossen sich nicht so viele, ihnen zu folgen, als sie gewünscht hatten. Blos neun Frauen schifften sich ein und mit ihnen acht Tahitier und zehn Knaben. Man kehrte noch einmal nach Tubuai zurück und erbaute daselbst sogar ein kleines Fort zur Vertheidigung gegen die Eingeborenen sowohl, als auch gegen fremde Schiffe, im Falle das Versteck der Meuterer in Europa verrathen und Versuche zu ihrer Gefangennahme gemacht werden sollten. Allein die hartnäckigen Feindseligkeiten ließen auch den zweiten Aufenthalt auf Tubuai von keiner langen Dauer sein, und da gleichzeitig unter den mitgenommenen Tahitiern Zwistigkeiten ausbrachen, so beschloß man wiederholt Tubuai zu verlassen, die Malcontenten nach ihrer Heimat zurückzubringen und sodann eine andere, völlig unbewohnte Insel zur dauernden Niederlassung zu wählen.

Nur mehr acht Mann von der einstigen Bemannung der „Bounty“ hielten jetzt noch an Christian fest und gelobten ihm zu folgen, wohin er sie auch immer führen wolle. Von Tahitiern blieben noch sechs Männer und zwölf Frauen an Bord. Von den letzteren waren neun mit den Meuterern verheiratet, die übrigen waren die Genossinnen von Tahitiern.

Eine Woche lang trieb man sich auf dem Ocean herum, ohne recht zu wissen, wohin man eigentlich den Curs nehmen sollte. Endlich erinnerte sich Christian der Felseninsel Pitcairn, die ihm von einer früheren Reise her bekannt war. Auf diese wurde nun losgesteuert und im Jänner 1790 dieselbe erreicht. Die Insel Pitcairn, welche nach seemännischem Brauch den Namen des irländischen Matrosen führt, der sie im Jahre 1767 zuerst sah und entdeckte, ist die südlichste von der Gruppe der niederen und gefährlichen Inseln im stillen Ocean, unter dem 25° 03' südl. Br. und 130° 08' westl. L. gelegen. Sie zeigt sich ringsum von schroffen, spitzen Basaltfelsen umgeben, deren zerklüftete, schwarze Massen, an denen sich die Wellen mit wildem Getöse brechen, fortwährend mit Schaum bedeckt sind. Nur mit großer Mühe und Beschwerde bei sehr günstigem Wetter und völlig ruhiger See für kleine Boote an einer einzigen Stelle zugängig, hätten die Meuterer kaum ein sichereres Asyl als Pitcairn wählen können, um sich und ihr Verbrechen vor der Welt und dem Gesetze für immer zu verbergen.

Christian sprang zuerst ans Land; er ließ sich durch den öden traurigen Anblick der Ufer nicht abschrecken, und nachdem er das Innere der Insel, welche kaum drei Seemeilen im Umfange mißt, besucht hatte, ankerte man, entschlossen für immer auf Pitcairn zu bleiben, mitten zwischen furchtbaren Wellenbrechern, an einem Orte, wo es unmöglich gewesen wäre, das Schiff wieder flott zu machen; schiffte die wichtigsten Gegenstände und Lebensbedürfnisse aus, und indem hierauf Christian den Befehl ertheilte, die Schaluppe in Brand zu stecken, vernichtete er die letzte Möglichkeit, die Insel wieder zu verlassen.

Man fand dieselbe völlig unbewohnt, obschon mehrfache Spuren früherer Niederlassungen vorhanden waren.[1] Da die Meuterer die Strafe kannten,

[1] Schädel und steinerne Aexte, jenen ähnlich, deren sich die Südsee-Insulaner vor Anwendung des Eisens bedienten, wurden beim Bebauen der Felder ausgegraben. Auch zwei große Köpfe aus Stein, im Durchmesser von 10 und 12 Zoll, wurden aufgefunden.

welche sie, falls ihr Aufenthalt entdeckt würde, erwartete, so mußte ein ganzes Jahr hindurch Einer von ihnen unaufhörlich auf einem der höchsten Punkte der Insel, welcher von allen Seiten den Ocean beherrscht,[1] Wache halten, um jedes, ihrem Verstecke sich nahende Schiff sogleich zu signalisiren. Allein nach dem Verlaufe eines Jahres hörte diese Wachsamkeit auf; man begann sich zu beruhigen, und ohne Aussicht wie ohne Wunsch, die Insel je wieder zu verlassen, lebte man in stiller Resignation im Ueberfluß dahin. Abgesehen von den Früchten, welche die Meuterer auf Pitcairn vorgefunden, kamen auch die von Tahiti mitgebrachten Samen vorzüglich fort, und mit geringer Arbeit und Mühe besaßen die Bewohner in Fülle Brotfrüchte, Yams, Taro, süße Kartoffeln, Bananen, Zuckerrohr, Kokosnüsse und Tabak; Schweine, Hühner und Ziegen bedeckten bald die Insel und da die Ansiedler aus ausgehöhlten Baumstämmen kleine Piroguen für den Fischfang construirt hatten, so fehlte es ihrer Tafel bald auch nicht an köstlichen Fischen.

Während auf diese Weise die Meuterer scheinbar ungestraft ein friedliches Dasein führten, hatten Capitän Bligh und dessen Leidensgenossen die furchtbarsten Qualen auszustehen. In einem offenen Boote von nur 22 Fuß Länge mit 19 Personen und sehr geringen Provisionen auf dem großen Ocean ausgesetzt und Wind und Wellen Preis gegeben, gelang es ihnen erst nach achtundvierzig Tagen der unsäglichsten Entbehrungen und Anstrengungen, die über 3600 Seemeilen entfernte Niederlassung Kupang auf der Insel Timor zu erreichen und von dort aus auf holländischen Schiffen nach Europa zurückzukehren.[2] Diese ans Wunderbare grenzende Fahrt über einen Theil der Südsee liefert zugleich einen höchst werthvollen Beitrag zur Geschichte der Besiedlung der vielen, über ungeheuere Flächen zerstreuten Inseln des großen Oceans und der Wanderungen ihrer Bewohner.

[1] Der höchste Berg der Insel dürfte 4000 Fuß hoch sein, der Umfang derselben fünf englische Meilen betragen.

[2] Capitän Bligh schiffte sich auf dem holländischen Packetschiff Vlydt am 16. October 1789 in Batavia nach Europa ein, und kam am 14. März 1790 in Portsmouth an. Er gab bald darauf einen Bericht über die Katastrophe am Bord der Bounty und seine Fahrt nach Timor heraus und spielte noch eine wichtige Rolle in der Verwaltung der Colonie Neu Süd Wales in Australien, zu deren Gouverneur er im August 1806 ernannt wurde. Aber auch hier fanden sein gallichtes Temperament und sein eiserner Wille bald die heftigsten Gegner und die Demüthigungen, welche er nach kaum zweijähriger Amtsthätigkeit erfuhr, wirkten dermaßen vernichtend auf sein stolzes Gemüth, daß er bald darauf, trotz der Genugthuung, von seiner Regierung zum Admiral befördert worden zu sein, an Kränkung starb.

Auf Pitcairn war das friedliche Stillleben nur von kurzer Dauer. Wie konnte es auch bei so wilden Charakteren, wie sie hier das Schicksal zusammen geworfen hatte, lange währen! — Nach drei oder vier Jahren verlor Quintal, einer der Matrosen der „Bounty", seine Frau, und seine Genossen, welche schon von Beginn an die mitgebrachten Tahitier wie Sclaven behandelt hatten, gingen in ihrer Ungerechtigkeit so weit, die Frau eines Tahitiers zu zwingen, ihren Mann zu verlassen und mit Quintal zu leben.

Diese schmachvolle Forderung empörte die Tahitier aufs Aeußerste und erweckte in ihrer Brust jenen Geist der Rache, welcher die Inselbewohner der Südsee so furchtbar macht. Sie bemächtigten sich bald darauf einiger Feuerwaffen, tödteten Christian nebst einem seiner Gefährten, während beide eben im Felde arbeiteten, und verwundeten einen der vier noch überlebenden Europäer.

Obschon die Tahitier durch diese That ihren Rachedurst gestillt zu haben schienen, so war doch nach einem solchen Ereigniß kaum mehr an eine Versöhnung und an ein freundliches Zusammenleben zu denken. Eine einzige Ungerechtigkeit war Veranlassung, daß binnen wenigen Tagen auf der Insel Ströme Blutes flossen, und daß die kleine Gemeinde, welche so großes Interesse hatte, das gute Einvernehmen unter sich zu bewahren, auf nur wenige Individuen reducirt wurde. Die Männer aus Tahiti waren sämmtlich ermordet worden und außer vier Meuterern nur zehn Frauen und einige Kinder am Leben geblieben. Zu diesem trostlosen Zustande begann einer der englischen Matrosen, welcher einmal in einer Destillirfabrik gedient hatte, aus dem Saft der Ti-Pflanze (Cordyline australis) einen starken Liqueur zu erzeugen, was neues Unheil und Mißbehagen unter den Ansiedlern zur Folge hatte. Zwei derselben, Namens Koy und Quintal, waren fast fortwährend betrunken, derart, daß ersterer einmal in einem Anfall von Geistesverwirrung gegen das Ufer lief und sich von der Spitze eines Felsens herab ins Meer stürzte. Diese Katastrophe machte auf die Ueberbleibenden einen so tiefen Eindruck, daß sie von nun an das Destilliren ganz aufgaben und für die Dauer ihres Lebens dem Genusse geistiger Getränke entsagten. Aber bald sollte die kleine Gemeinde ein neuer Schlag treffen. Quintal, derselbe, dessen zügellose Leidenschaft schon einmal so namenloses Unglück über die Inselbewohner gebracht hatte, verlor seine zweite Frau und wiederholte nun seine erste Forderung in so brutaler, das Leben seiner Genossen bedrohender Weise, daß diese selbst den furchtbaren Entschluß faßten, ihren Kameraden umzubringen.

Von nun an trat im sittlichen Zustande der Inselbewohner ein völliger Umschwung ein. Die beiden überlebenden Matrosen Jonny und Adams, welche einigen Unterricht genossen hatten, widmeten sich ausschließlich der Erziehung der Kinder; aber ein Jahr darauf fing auch Jonny zu siechen an und starb in den Armen seines letzten Gefährten. So befand sich denn von den Meuterern, welche vor zehn Jahren auf dieser von der Welt abgeschiedenen Insel ein sicheres Asyl vor dem strafenden Arme der Gerechtigkeit zu finden glaubten, nur mehr ein Einziger am Leben, alle Uebrigen, mit Ausnahme Jonny's, waren eines unnatürlichen Todes gestorben.

Adams, der eigentlich Alexander Smith hieß, änderte jetzt vollständig seine Lebensweise, seine Gesinnungen und seine Gewohnheiten; er bemühte sich mit aller ihm zu Gebote stehenden geistigen und physischen Kraft jenes Völkchen heranzubilden, welches später die Bewunderung aller Seefahrer auf sich zog, die Gelegenheit hatten, mit demselben zu verkehren.

Eine Bibel und einige Erbauungsschriften, welche noch von der „Bounty" herrührten, waren die einzigen gedruckten Bücher, die sich auf der Insel befanden. Sie dienten Adams dazu, die junge Generation, welche um ihn aufwuchs, lesen und beten zu lehren. Selbst wenig unterrichtet, lernte er, indem er Andere lehrte, die Grundsätze des Christenthums, entkleidet von allen dogmatischen Subtilitäten, in ihrer ganzen natürlichen und doch so erhabenen Einfachheit! Er gründete seinen Unterricht auf die Sanftmuth und den Geist der Brüderlichkeit, auf Tugenden, deren hohe Bedeutung dem neuen Apostel um so augenfälliger erscheinen mußte, je lebendiger noch die Erinnerung an die Folgen des Zwistes und der Uneinigkeit der Kameraden seinem Gedächtnisse vorschwebte.

So erzog er die Kleinen mit der ganzen Sorgfalt eines zärtlichen Vaters, obschon von den 19 Individuen, welche sich zu jener Zeit auf der Insel befanden, keines sein eigenes Kind war, denn erst später wurde Adams von seiner zweiten Frau mit einem Sprößling beschenkt. Der alte Matrose vermochte die junge Gemeinde nur im Lesen und Schreiben zu unterrichten, aber, wenn er auch aus ihnen keine Gelehrten machte, so bildete er sie doch zu Menschen, und alle späteren Besucher Pitcairns waren über den klaren und gesunden Verstand, die reine Moral und die rührende Güte erstaunt, die Adams junge Zöglinge auszeichneten und aus denen sich jene zuvorkommende Manieren, jene vom Herzen kommende Liebenswürdigkeit entwickelten, welche nicht gelernt werden können, und doch so anziehend und schätzenswerth sind.

Zwanzig Jahre hindurch war das Schicksal Christian's und seiner Genossen, seit sie zuletzt die Insel Tahiti verlassen hatten, in Europa völlig unbekannt geblieben.[1] Ein einziges Mal während dieser Zeit ward ein Schiff

Adams. (Nach einer Lithographie.)

sichtbar und erregte einige Besorgniß unter den damals noch lebenden Meuterern, allein es entfernte sich wieder, ohne der Insel auch nur nahe gekommen zu sein. Erst um das Jahr 1808 wurden die Inselbewohner durch den Besuch des Capitän Folger mit dem amerikanischen Schiffe „Topaz" überrascht. Adams zögerte nicht, sich ihm zu erkennen zu geben und getreulich

[1] Das Kriegsschiff Pandora, welches von der britischen Regierung zur Aufsuchung der Meuterer nach der Südsee entsendet worden war, ging in der gefährlichen Torresstraße mit Mann und Maus zu Grunde.

Alles zu erzählen, was auf die Meuterei am Bord des englischen Schiffes „Bounty" Bezug hatte. Diese umständlichen Angaben wurden nach England berichtet, aber man schien denselben wenig Glauben zu schenken.

Im Jahre 1814 kam das englische Kriegsschiff „Briton" unter Capitän Sir Thomas Staines auf der Fahrt von den Marquesas-Inseln nach Valparaiso zufällig in Sicht von Pitcairn. Die Matrosen sahen von weitem staunend die Insulaner einen Hügel hinabsteigen, ihre Boote auf den Schultern tragen und bald darauf in diesen gebrechlichen Fahrzeugen die Brandung durchschneiden und auf das Kriegsschiff zurudern. In noch größeres Staunen aber gerieth die Bemannung des „Briton", als sie von den Pitcairnern auf Englisch angerufen und ersucht ward, ihnen ein Tau zuwerfen zu wollen. Der Nächste schwang sich hierauf mit überraschender Leichtigkeit aufs Schiff — es war der Sohn Christian's, der erste auf der Insel geborene Sprößling, welcher zu jener Zeit bereits 25 Jahre zählte und den sonderbaren Namen: Dinstag October Christian führte.

Der Capitän und einige Officiere des „Briton" besuchten hierauf die Insel, und Adams, der sich leicht hätte verbergen können, war einer der Ersten, welcher sich ihnen vorstellte, sie in sein Haus zu seiner fast blinden Frau führte, und erklärte, mit ihnen nach England zurückkehren zu wollen, wenn sie dies fordern sollten. Bei diesem entschiedenen Antrage war die ganze Gemeinde tief bewegt. Adams' Tochter warf sich dem Greise um den Hals und rief schluchzend: „Vater, Vater, verlaß uns nicht!" Sein Sohn fiel ihm zu Füßen und klammerte sich an des Vaters Knie. Die Frauen weinten, die Männer senkten ihre Blicke und harrten bleich und stumm der Entscheidung. Der Befehlshaber des „Briton" beeilte sich, sie zu beruhigen. Obschon nach dem Gesetze strafbar, wäre es doch zu hart gewesen, Adams seiner, durch ihn gedeihenden Gemeinde zu entreißen, welche ohne diese Stütze wahrscheinlich wieder zu Grunde gegangen wäre.

Jetzt erst gelangten die ersten officiellen Nachrichten über die Nachkömmlinge der Meuterer der „Bounty" an die englische Admiralität.

Zur Zeit des Besuches des „Briton" bestand die Colonie aus 46 Individuen, von denen 38 auf Pitcairn selbst geboren waren. Die kleine Gemeinde dieser, von aller Civilisation so entfernten Insel, gleichsam nur ein Punkt im Ocean, lebte zufrieden, wie eine einzige patriarchalische Familie. Die Mitglieder übten in der Einfalt ihres Herzens alle jene christlichen Cardinaltugenden, welche sie der greise Adams gelehrt hatte: Dankbarkeit gegen den Schöpfer aller Dinge, Geduld, Güte und Nächstenliebe.

Der ganz seltsame Ursprung dieses Mustervölkchens zog von nun an wiederholt Seefahrer nach dem bisher fast unbekannten Eilande, und dieser Umstand trug nicht wenig bei, auf die Sittenreinheit der Pitcairner manchen verderblichen Einfluß zu üben, um so mehr, als auch manche betrügerische Abenteurer darunter waren, welche die einfaltsvollen Bewohner auf alle mögliche Weise zu bethören sich bemühten.

Als im Jahre 1825 der englische Seefahrer Capitän Beechey am Bord des „Blossom" sich der Insel näherte, sah derselbe ein kleines Boot mit vollem Segel ihm entgegen steuern. Es trug den alten Adams und mehrere seiner Zöglinge. Sie baten, an Bord kommen zu dürfen, und hatten kaum die Erlaubniß dazu erhalten, als die flinken, gelenken Burschen auch schon auf dem Deck standen. Nur Adams besaß nicht mehr dieselbe Leichtigkeit. Er schien sogar einen Augenblick zu zögern. Der Anblick des Kriegsschiffes machte auf ihn, wie man sich leicht vorstellen kann, einen tiefen, erschütternden Eindruck. Es rief gar traurige Erinnerungen in seiner Seele zurück, und als er die gewaltigen Kanonen und den kriegerischen Apparat erblickte, mit dem er in seiner Jugend so vertraut war, da vermochte er sich nicht länger zu beherrschen, und Thränen der Rührung flossen über seine Wangen und seinen Silberbart. Zu dieser Zeit zählte die Insel 66 Bewohner, und es regte sich in der Brust des alten Adams die Sorge, die kleine Scholle Erde, auf welcher dieselben festgebannt waren, werde bald der wachsenden Bevölkerung nicht mehr Raum und hinreichende Nahrung bieten.[1] Adams theilte diese Befürchtung dem edelsinnigen Capitän Beechey mit, und bat, die englische Regierung möchte die kleine Bevölkerung nach einem bequemeren und für ihre muthmaßliche Ausdehnung geeigneteren Orte übersiedeln lassen.

Am 5. März 1829 starb Adams in einem Alter von fünfundsechzig Jahren, umgeben von allen seinen Kindern. In den letzten Tagen seiner Krankheit, während der kurzen Intervallen, wo die Heftigkeit der Schmerzen nachließ und das Bewußtsein zurückkehrte, drückte er den Wunsch aus, daß die Gemeinde noch bei seinem Leben ein Oberhaupt wählen möchte; doch geschah

[1] Ein Hauptumstand, welcher den vorsorglichen Adams bewog, die Uebersiedlung der kleinen Gemeinde bei der englischen Regierung nachzusuchen, war wohl der Mangel an Trinkwasser. Es gab zu jener Zeit nur eine einzige Quelle trinkbaren Wassers auf Pitcairn und selbst diese war so wenig ergiebig, daß täglich nur zwei Faß Wasser auf eine Familie gerechnet werden konnten.

aus Pietät für den sterbenden Greis diese Wahl nicht in irgend einer officiellen Weise, und erst nach dem Tode Adams' übernahm Edward Jonny, der Sohn eines Matrosen der Bounty, die Führung der kleinen Colonie, indem er jedoch jeden Ehrentitel ausschlug.

Unter seiner Leitung erfreuten sich die anglo-tahitischen Ansiedler eines sichtbaren Gedeihens, als ein unerwartetes Ereigniß den Zauber ihrer still-friedlichen Existenz für immer vernichtete und sie plötzlich der geliebten Insel entriß. Bei seiner Rückkehr nach Europa hatte nämlich Capitän Beechey in der Meinung, dem braven Völkchen auf Pitcairn, für das er sich so warm interessirte, einen Dienst zu leisten, seiner Regierung die Bitte des alten Adams um Uebersiedlung unterbreitet, in Folge dessen ein englischer Kriegsdampfer und ein Transportschiff im Monate März 1831 von Port Jackson in Australien nach Pitcairn kamen, um die ganze Bevölkerung nach der Insel Tahiti zu führen, welche europäische Berichte als den passendsten Ort für deren Uebersiedlung bezeichneten. Das Völkchen von Pitcairn war in Verzweiflung; denn, unterrichtet von den Schritten, welche Vater Adams wegen ihrer Uebersiedlung durch Capitän Beechey bei der englischen Regierung gethan, hatten die braven Leute bereits vor langer Zeit nach England geschrieben und inständig gebeten, sie ihrem häuslichen Herd nicht entreißen zu wollen; aber ihr Flehen schien den Ort der Bestimmung nicht erreicht, oder an maßgebender Stelle keine Berücksichtigung gefunden zu haben, und jetzt, wo die beiden Schiffe vor der Insel lagen und von der Theilnahme der englischen Regierung für ihr Schicksal Zeugniß gaben, wagten sie nicht mehr die Einschiffung zu verweigern. Sie begnügten sich damit, die Zusicherung zu erlangen, daß sie nach Pitcairn zurückgeführt würden, im Falle sie sich in ihrem neuen Asyle nicht behaglich finden sollten.

Zu Ende März 1831 kamen die Bewohner von Pitcairn in Tahiti an. Obschon ihnen die Königinn Pomare Grundstücke zur Niederlassung anweisen ließ und alle mögliche Theilnahme bezeugte, obschon die zwar frivolen, aber gastlichen und freundlichen Tahitier den Neuankömmlingen auf die herzlichste Weise begegneten, fühlten sich diese doch bei der Reinheit ihrer Sitten von allem, was sie in Papeete sahen, peinlich und schmerzlich berührt und erklärten schon am Tage nach ihrer Landung, daß sie in einem so verderbten Orte unter keiner Bedingung bleiben, sondern wieder nach Pitcairn zurückkehren wollten. Als man bemerkte, daß alle Vorstellungen zu einer dauernden Niederlassung auf

30*

Tahiti fruchtlos blieben, entschlossen sich endlich einige protestantische Missionäre im Vereine mit mehreren bemittelten englischen Residenten der Insel, auf gemeinsame Kosten, um einen Betrag von circa 2000 Dollars eine Goëlette zu miethen, welche die Pitcairner wieder nach ihrem früheren Wohnsitze, der einsamen Felseninsel im stillen Ocean, zurückführen sollte, nach welcher sie eine so unwiderstehliche Sehnsucht ergriff. Im August desselben Jahres traten sie die Rückreise an. Vierzehn waren während ihres Aufenthaltes in Tahiti aus Kummer und Seelenschmerz gestorben, gleich Pflänzchen, die man aus dem heimatlichen Boden in fremde Erde versetzt hatte. Obschon blos sechs Monate von Pitcairn abwesend, gab es gleichwohl nicht Eine Seele auf der Insel, welche nicht den Verlust irgend eines geliebten Familiengliedes zu betrauern und zu beweinen hatte.

Trotz dieser bitteren Erfahrungen erwachte in der Brust der Pitcairner nach einer Reihe glücklich und zufrieden durchlebter Jahre neuerdings die Furcht vor Uebervölkerung und der Wunsch, daß mindestens ein Theil der Bewohner auf einer anderen Insel seine Wohnungen aufschlagen möchte. Um dieses Gefühl verstehen und würdigen zu können, muß man sich in die Lage der Ansiedler einer ungemein kleinen, einsamen Insel im Weltmeere hineindenken, welche oft Jahre lang von jedem Verkehr mit der Außenwelt abgeschlossen bleibt und auf der jeder Fleck bereits bebaut ist; — war es da nicht verzeihlich, wenn angesichts eines solchen Umstandes das Herz eines sorgsamen Familienoberhauptes zuweilen mit Bangen erfüllt wurde, und dasselbe zu schwanken begann zwischen der Liebe für die heimatliche Scholle und dem Wunsche für die Unabhängigkeit und das Wohlbehagen der eigenen Familie? —

Ein zweiter Expropriationsversuch war nicht glücklicher als der erste. Die englische Regierung, geleitet von jener anerkennenswerthen Sorge, welche sie dem ärmsten ihrer Unterthanen auf dem entlegensten Punkte der Erde angedeihen läßt, sandte neuerdings ein Kriegsschiff nach Pitcairn, welches den Auftrag erhielt, die Inselbewohner nach der Norfolk-Insel, zwischen Neu-Seeland und Neu-Caledonien zu überführen, über deren wundervolle Lage, Vegetation und Fruchtbarkeit die märchenhaftesten Berichte circulirten. Einige Pflanzen, welche englische Seefahrer von dort nach Europa brachten, hatten die allgemeinste Bewunderung erregt, so herrliche Vegetationsformen, dachte man, können nur in einer gleich zaubervollen, üppigen Landschaft vorkommen.

Und in der That, man muß die berühmte Norfolktanne, die majestätisch-schöne Araucaria excelsa gesehen haben, um in dieses Entzücken mit einzustimmen. Eine solche Insel, mit gleichmäßigem Klima, fruchtbar und von hinreichender Ausdehnung, glaubte man, sei zum Aufenthalt für das idyllische Völkchen der Pitcairner wie geschaffen. Die Nachkommen Adams' und seiner Genossen ließen sich durch diese anlockenden Berichte über die Norfolk-Insel nochmals zu einer Uebersiedlung bestimmen, um so mehr, als Pitcairn in der That anfing, für die in fortwährender Zunahme begriffene Bevölkerung ein zu beschränkter Aufenthalt zu werden und das Angstgespenst einer möglichen Hungersnoth in grauenerregender Gestalt erschien.

Im Mai 1856 sandte die englische Regierung mit einem Kostenaufwande von 5000 Pfund Sterling neuerdings ein Schiff von Sydney nach Pitcairn, um die dringenden Bitten der Inselbewohner und ihrer Gönner in England zu erfüllen und die ganze Gemeinde nach der Norfolk-Insel zu überführen. Es waren 40 Männer, 47 Frauen, 54 Knaben und 52 Mädchen, zusammen 193 Seelen, welche dem Orte ihrer Geburt und ihrer Neigung Lebewohl sagten. Aber auch diesmal schien die Aelteren unter ihnen die Ahnung einer baldigen Rückkehr zu beschleichen, und ehe sie sich einschifften, trafen sie alle möglichen Vorkehrungen, um ihre Wohnsitze in dem Zustande zu bewahren, in welchem sie dieselben verließen. Sie hefteten an die Thüren ihrer Hütten geschriebene Anzeigen, worin sie allfällige Besucher baten, ihr Eigenthum nicht zu beschädigen, indem sie sich nur auf unbestimmte Zeit von der Insel entfernten und ohne Zweifel bald wieder zurückkehren würden. Sie tödteten alle Schweine und Hunde auf dem Eilande, aus Furcht, die ersteren würden die Ruhestätten ihrer Todten stören und die letzteren unter den zurückgelassenen Ziegen und Schafen Unheil anrichten.

Noch im Herbste desselben Jahres waren sie sämmtlich auf ihrer neuen Ansiedlung installirt. Von der englischen Regierung für die erste Zeit mit den nöthigsten Lebensmitteln, so wie mit Ackergeräthen u. s. w. versehen, schienen sie sich wohl und behaglich zu fühlen und ihre Freunde und Gönner in England gaben sich der Hoffnung hin, daß sie endlich auf der Norfolk-Insel das ersehnte Asyl gefunden und als thätige, fleißige Landwirthe mit ihrem eigenen Wohle auch das Aufblühen der Insel fördern würden. Man fühlte sich in dieser erfreulichen Erwartung um so mehr bestärkt, als seit Jahren keine bestimmten Nachrichten mehr über die „Pitcairner" nach

Europa gedrungen waren und Alles auf der neuen Colonie einen friedlichen, gedeihlichen Fortgang zu nehmen schien.

Während unseres Aufenthaltes in Sydney, im November und December 1858, kam das Gespräch wiederholt auf die Pitcairner und den wundersamen Ursprung dieses merkwürdigen Völkchens, für welches man auch hier das höchste Interesse nahm. In den Salons des Generalgouverneurs von Neu-Süd-Wales, Sir William Denison, sahen wir eine Photographie von einer Gruppe Pitcairner, Männer und Frauen, deren wohlwollender Gesichtsausdruck den Beschauer unwillkürlich für die dargestellten Persönlichkeiten einnahm. Seit ihrer Ankunft auf der Norfolk-Insel hatte man über sie nichts Näheres mehr erfahren.

Auch auf Neu-Seeland war über den dermaligen Zustand der Pitcairner nichts weiter bekannt. In St. John's College bei Auckland fielen uns zwei junge, schon ziemlich erwachsene Männer ganz besonders auf. Man stellte sie uns als zwei junge Pitcairner vor, welche sich zu Missionären heranbildeten. Sie hatten etwas überaus Sanftes, fast Elegisches in ihren Gesichtszügen, sprachen vollkommen gut englisch und bedienten sich selbst im gewöhnlichsten Gespräche häufig biblischer Redeformen. Bekanntlich besaß Adams, als er die jugendlichen Nachkommen der Meuterer zu unterrichten begann, blos Erbauungsschriften und die Bibel. Man schöpfte daraus nicht nur die Lehren jenes Buches der Bücher — man gebrauchte auch im gewöhnlichen Leben biblische Ausdrücke und diese eigenthümliche Gewohnheit hatte sich bis auf die Enkel vererbt.

Während unseres Besuches auf Tahiti hörten wir eines Tages, daß der englische Schooner Louisa, Capitän Stewart, eben von Pitcairn angekommen sei, wohin er von Norfolk-Eiland eine Anzahl der früheren Bewohner zurückgebracht habe. Es drängte uns, den Commandanten dieses Fahrzeuges zu sprechen und aus seinem eigenen Munde nähere Details über diese Reise zu erfahren. Der Zufall wollte, daß derselbe bei dem nämlichen Hauswirth abstieg, von dem einige Mitglieder der Expedition für die Dauer ihres Aufenthaltes auf Papeete eine kleine, niedliche Palmenhütte gemiethet hatten. Wir wurden rasch bekannt und vertraut. Capitän Stewart, in Gestalt, Biederkeit, Charakter und Ausdrucksweise ein vollendeter Engländer, erzählte uns in flüchtigen Worten, daß er in der That so eben eine Anzahl Pitcairner auf ihre Kosten von der Norfolk-Insel nach ihrem Urwohnsitze zurückgeführt und während der Reise dahin, welche mehrere Wochen dauerte, ein ausführliches Journal gehalten habe. „Doch", fügte der treuherzige Capitän hinzu, „bin ich in diesem Augenblick nicht in der Lage, Ihnen umständlichere Mittheilungen machen zu können. Geschäfte nöthigen mich, nach der Insel Eimeo zu fahren, und wenn ich wieder hierher zurückkehre, dürfte die Novara wohl schon nach Valparaiso unter Segel sein. Aber auch mein Curs ist nach der Westküste Südamerika's, nach Valparaiso gerichtet und ich werde vermuthlich wenige Wochen nach Ihnen dort eintreffen. Ich verspreche, während meiner Fahrt dahin die wichtigsten Daten, welche mir über die Pitcairner bekannt geworden sind, aufzuzeichnen und sie Ihnen bei meiner Ankunft in Valparaiso zur Verfügung zu stellen." Wir dankten Capitän Stewart für seine Güte und seine freundliche Zusage, und trennten uns mit einem kräftigen, echt englischen „shake hands". – –

Der Leser wird in einem der folgenden Abschnitte erfahren, in welch ritterlicher Weise der wackere Schiffscapitän sein Wort einlöste. Zwei Monate später, nachdem wir neuerdings 5220 Seemeilen zurückgelegt hatten, gelangten wir in den Besitz der zugesicherten Mittheilungen. Um jedoch Vergangenheit und Gegenwart der Insel Pitcairn und ihrer biederen Bewohner als Gesammtbild vor den Augen des Lesers zu entrollen, lassen wir sogleich die erwähnten Aufzeichnungen folgen, welche die neuesten Nachrichten über die Pitcairner umfassen und jetzt wohl zum ersten Male in Europa in weiteren Kreisen bekannt werden dürften.

Capitän Stewart kam im November 1858 mit den Pitcairnern in Berührung. Als derselbe während einer Handelsreise in der Südsee auch Norfolk-Eiland besuchte, charterten die daselbst angesiedelten Gemeindemitglieder seinen Schooner, um eine Anzahl von ihnen nach ihrer Urheimat zurückzubringen. Sie erklärten, die Insel Pitcairn blos in Folge der glänzenden Schilderungen verlassen zu haben, welche ihnen von Norfolk-Eiland gemacht worden waren. Statt des versprochenen Ueberflusses konnten sie jedoch hier mit der größten Anstrengung kaum nothdürftig ihr Auskommen finden. Ihre Hauptnahrung bestand in süßen Kartoffeln und jener geringen Quantität Fleisch, das Ein Stück Rindvieh, welches jede Woche mit Erlaubniß der Regierung geschlachtet werden durfte, der ganzen Gemeinde lieferte.

Dabei schien auch das rauhere Klima ihrer Constitution nicht zuzusagen und Krankheiten traten häufiger als je unter ihnen auf. Es stellte sich immer deutlicher heraus, daß die Naturverhältnisse der Norfolk-Insel von den ersten Besuchern viel zu sehr überschätzt wurden, und die armen Pitcairner sahen sich daher in den Erwartungen, welche sie von diesem irdischen Paradiese hegten, gar wehmüthig getäuscht.

Die Landschaft der Insel ist allerdings überraschend schön und die Eigenthümlichkeit ihrer Vegetationsformen, namentlich von der See aus betrachtet, von einer wunderbaren Wirkung auf den Beschauer; aber der Boden — das Wichtigste für den Ansiedler, den nicht, wie den bewundernden Naturfreund blos das Schöne und Erhabene, sondern namentlich das Nützliche erfreut und an die Scholle fesselt — ist weit entfernt, fruchtbar zu sein, und die einzigen Producte, welche durch reichliche Ernten den Anbau lohnen, sind Wälschkorn oder Mais und Bataten oder süße Kartoffeln. Weizen und Gerste sind derart dem Mehlthau und Frost ausgesetzt, daß von vielen Ernten oft nur eine einzige glücklich und ergiebig ausfällt, und die eigentlichen Kartoffeln liefern so wenig Ertrag im Verhältniß zur Aussaat und Arbeit, daß sie die Bewohner von Norfolk-Eiland nur als Rarität cultiviren. Selbst die gewöhnlichsten Gemüsearten sind spärlich und in schlechter Qualität vorhanden und es ist unter solchen Umständen höchst wahrscheinlich, daß die früher durch englische Sträflinge und Zwangsarbeiter besorgte Cultur der Insel, wodurch natürlicher Weise ganz ungewöhnliche Resultate erzielt werden konnten, nicht unwesentlich dazu beigetragen hat, Norfolk-Eiland in den Ruf der Fruchtbarkeit zu bringen. — Die Insel hat einen Flächenraum von circa 9000 englischen Acres, von welchen ungefähr 1500 Acres gelichtet sind; aber nur die Hälfte der letzteren ist culturfähig.

Eine Landung ist blos an der Süd- und Nordseite bei ganz ruhiger See möglich; auf ersterer ist die kleine Ansiedlung erbaut, welche aus ungefähr 100 großen und kleinen Holzhütten, sogenannten „block-houses" besteht. Außerdem giebt es noch eine Anzahl steinerner Bauten auf der Insel, welche von der Zeit herrühren, wo auf derselben eine britische Deportations-Colonie bestand, nämlich: ein großes Gefängniß für ungefähr 2000 Gefangene nebst den nöthigen Casernen für deren militärische Ueberwachung; eine Kirche, ein Spital, Vorrathsmagazine und Wohngebäude für den Gouverneur, die Geistlichen, die Aufseher, Officiere u. s. w.; Bauten, welche, im Zusammenhange mit den vielen Grabhügeln und schlichten Monumenten im benachbarten Kirchhofe betrachtet, dem Besucher eine melancholische

Geschichte erzählen von den früheren Bewohnern und dem tragischen Schicksal vieler Tausende, welche auf Norfolk-Eiland ohne Hoffnung gearbeitet und gelitten haben müssen.

Die Einwohner von Pitcairn lebten in den früher von den Regierungsbeamten bewohnten Häusern und hatten noch nicht die geringste Anstrengung gemacht, sich auf Stellen niederzulassen, welche für den Anbau geeignet waren. Als ihnen die britische Regierung die Insel zur Ansiedlung und Benützung übergab, befanden sich auf derselben ungefähr 2000 Stück Schafe, mehrere hundert Stück Rindvieh, 20 Zuchtpferde und eine große Anzahl Schweine und Hühner. Zu diesem natürlichen, lebenden Inventar spendete die Regierung noch Lebensmittel für sechs Monate, Ackerbaugeräthe und Sämereien von verschiedenen Nutzpflanzen und Gemüsen. Außerdem befanden sich noch zwei Boote von je 15 Tonnen Gehalt und große Quantitäten aller Art von hauswirthschaftlichen Gegenständen auf der Insel. Alles dieses war den Pitcairnern von der britischen Regierung zur freien Verfügung überlassen worden; nur von einigen der früheren Steinbauten, darunter die ehemalige Strafanstalt, behielt sich die Regierung eine beliebige anderweitige Verwendung vor, für den Fall, daß sie dieselben in einer künftigen Epoche wieder ihrer früheren Bestimmung zurückzugeben wünschte.

Als Capitän Stewart im November 1858 die Norfolk-Insel besuchte, bestand die Gesammtbevölkerung aus 219 Pitcairnern und zwei englischen Soldaten mit deren Familien, welche im Auftrage der Regierung mit Vermessungsarbeiten beschäftigt waren. Jedem der Bewohner sollten 50 Acres Grund als Eigenthum überlassen werden.

Am Tage nach der Ankunft des englischen Schooners wurde eine öffentliche Versammlung abgehalten, wobei die oberste Magistratsperson präsidirte und der weibliche Theil der kleinen Bevölkerung eine nicht unwichtige Rolle spielte. Es wurde beschlossen, daß Capitän Stewart 60 Pitcairner gegen eine bestimmte Summe nach ihrem früheren Wohnsitze zurückführen sollte. Ein eigenes Document wurde zu diesem Behufe in aller Form aufgesetzt, unterfertigt und gegenseitig in Abschriften ausgewechselt. Zugleich ward festgesetzt, daß am vierten Tage nach dieser Uebereinkunft sämmtliche Passagiere zur Einschiffung und Abfahrt bereit sein müssen, und da sich auf der ganzen Insel kein einziger auch nur halbwegs günstiger Ankerplatz befindet, legte der Capitän mit seinem Schiffe in der Nähe der Insel bei.

Gleichwohl war am Abend des vierten Tages die wichtige Frage, wer mitgehen sollte, noch immer nicht entschieden; so viele hatten sich zur Mitreise gemeldet, daß es fast unmöglich schien zu bestimmen, welche 60 von ihnen den Vorzug haben sollten. Ein zweites Meeting, diesmal unter dem Vorsitze ihres Geistlichen, wurde zusammenberufen, aber dasselbe führte zu keinem anderen Resultat, als daß man übereinkam, die Einschiffung und Abfahrt um einen Tag zu verzögern. Während dieser ganzen Zeit herrschte unter den braven Leuten die größte Aufregung. Der Einschiffungsplatz war gefüllt mit Gepäckstücken aller derjenigen, welche nach Pitcairn zurückkehren wollten; da aber unter der ganzen Bevölkerung, in Folge ihrer früheren Lebensverhältnisse, eine so enge Verwandtschaft besteht, daß sie fast an die Clans der schottischen Hochlande erinnert, so konnte man sich noch immer nicht einigen, wer gehen und wer bleiben sollte. Endlich, nach Ablauf des zweiten Termins beschlossen sie unter einander, daß, im Falle Capitän Stewart nicht im Stande wäre, zwei Clans oder Familienstämme (circa 100 Personen) auf seinem Schiffe unterzubringen, blos Ein Clan die Reise nach Pitcairn antreten würde. Der Capitän weigerte sich, in einem verhältnißmäßig sehr kleinen Schiffe mit so vielen Menschen eine so lange Reise zu wagen; er nahm daher blos siebenzehn Pitcairner, Männer, Frauen und Kinder an Bord und landete sie nach einer Reise von zweiundvierzig Tagen glücklich, unter Thränen der Freude und Rührung, auf der denkwürdigen Felseninsel. Die bei ihrer Abfahrt auf die Hausthüren angehefteten Affichen hatten nicht ganz ihren Zweck erfüllt. Während ihrer Abwesenheit waren mehrere Hütten abgetragen und unter dem Viehstande der Insel manche Verheerungen angerichtet worden. Indeß war es nicht blos böser Wille oder Zerstörungssucht, welche die in ihrem Hauswesen vorgefundenen Veränderungen veranlaßten. Kurz vor ihrer Ankunft war nämlich in einer finsteren, seemannsfeindlichen Nacht das amerikanische Schiff „Wild wave" an einem Korallenriffe in der Nähe von Pitcairn gescheitert und ein Theil der Mannschaft, welcher sich auf diese Insel rettete, benutzte nothgedrungen das auf derselben vorgefundene Baumaterial, um ein Boot zu construiren und sich dann nach echter Seemannsart neuerdings Wind und Wellen anzuvertrauen. Die Kirche und einige zwanzig Hütten befanden sich noch in vollkommen gutem Zustande, während gleichzeitig noch eine beträchtliche Anzahl Ziegen, Schafe und Federvieh wild auf der Insel umherlief.

Eine große Menge Tropenfrüchte der köstlichsten Art war genußreif und schien gleichsam die Ankunft der Rückkehrenden abzuwarten, um ihnen zur Labung und Nahrung zu dienen.

Die mitgebrachten Gepäcksstücke wurden rasch gelandet, und eine ungewöhnliche Thätigkeit herrschte, um sich so schnell als möglich häuslich einzurichten. Man sah, die braven Pitcairner konnten es nicht erwarten, von einem Eigenthum wieder Besitz zu ergreifen, von dem sie blos Unverstand und Unkenntniß entfernt hatte. Die Pietät, mit der sie in die einzelnen Hütten traten und mit ängstlich sorgsamen Blicken prüften, ob sich wohl auch Alles noch an der früheren Stelle befinde, zeigte, mit welcher Liebe und Verehrung sie an diesem traurigen Ursitz ihrer Väter und dessen melancholischen Traditionen hingen, der für die biederen Pitcairner mehr Bedeutung zu haben schien, als die majestätischen Ruinen eines fürstlichen Ahnenschlosses mit allen seinen welthistorischen Erinnerungen für manchen jugendlichen Erben.

Dieselbe wichtige Rolle, welche die weibliche Bevölkerung während der Berathungen auf der Norfolk-Insel spielte, schien auch jetzt bei der Niederlassung auf Pitcairn dem zarten Geschlechte vorbehalten zu sein, und Capitän Stewart konnte nicht genug die hohe gesellschaftliche Stellung rühmen, welche dasselbe in der kleinen Gemeinde behauptete. Die Frauen ihrerseits machten von diesem Rechte den bescheidensten Gebrauch, und ihr ganzes Streben ging blos dahin, dasselbe durch ihre Tüchtigkeit im Haushalte zu verdienen. — Hier endet, was uns über die Pitcairner und ihr wunderliches Schicksal bekannt geworden. Es ist nicht ganz unwahrscheinlich, daß die Meisten der noch auf Norfolk-Eiland zurückgebliebenen Genossen allmählig nach dem Stammsitze im stillen Ocean zurückkehren werden, um daselbst ihr Leben zu beschließen.

Bei aller Theilnahme für ihr Geschick und die Vorzüge ihres Herzens macht doch ihr beständiges Zagen und ihre krankhafte Unschlüssigkeit auf den ernsteren Beurtheiler einen peinlichen Eindruck; dieser hervorragende Zug ihres Charakters scheint indeß einen tieferen psychologischen Grund zu haben. Der Meuterei auf dem Schiffe „Bounty" folgte eine natürliche Reaction. Das Gefühl der Furcht, entdeckt zu werden, welches Christian und seine verbrecherischen Gefährten unaufhörlich quälte und ihnen bis zu ihrem Tode den Frieden des Herzens raubte, vererbte sich, wenn schon in gemilderter Form, auf ihre Nachkommen, auf die dritte und vierte Generation, und ließ in ihrer Brust jenen verderblichen Sinn von Abhängigkeit und Verzagtheit Wurzel fassen, welcher selbst noch den Enkeln nicht gestattete zur Ruhe zu gelangen und nicht blos sittliche, sondern auch nützliche, brauchbare, ihren eigenen Kräften vertrauende Glieder der Gesellschaft zu werden. Thatkraft, Muth, Entschlossenheit scheinen für immer aus der Brust der Pitcairner entflohen zu sein, welche andrerseits durch zahlreiche christliche Tugenden unsere Sympathien erwecken, und von denen namentlich der Gründer dieser einfaltsvollen Gemeinde, der energische, kernige Adams, durch seine sittlichen Eigenschaften in so überzeugender Weise den Spruch bethätigte: „Wer die Kraft hat, zu wollen, thut Wunder!" —

* * *

Unsere Reise nach der Westküste Südamerika's war eine rasche, aber ziemlich stürmische. Selten heiterte sich der Himmel auf, und nebst häufigem Regen hatten wir auch jenes Unbehagen und jene unfreiwillige Unthätigkeit zu erdulden, zu welchen eine hochgehende See und ein gewaltiges Rollen des Schiffes den Oceanfahrer nur allzu oft verurtheilen.

Am 4. April, als während der Nacht bei heftigem Westwinde und finsterem, drohendem Wetter die Segel vermindert werden mußten, geschah es, daß ein Matrose von der Großbramraae, in einer Höhe von 125 Fuß über Deck herabstürzte. Gewandt im Klettern und in den Tauen zu Hause, erfaßte er während des Falles eines derselben und war dadurch so glücklich in den Mastkorb (69 Fuß Fallhöhe) mit verminderter Geschwindigkeit zu gelangen, so daß er bald darauf mit Hülfe Anderer aus seiner gefährlichen Lage befreit werden und bereits am folgenden Tage wieder Dienst machen konnte.

Am 11. April brach ohne besondere stürmische Veranlassung die Großraae entzwei. Sie wurde bei näherer Untersuchung durch Fäulniß des Holzes in der Mitte geschwächt gefunden und konnte nicht mehr verwendet werden. Es war eine glückliche Fügung, daß dieses Ereigniß unter günstigen Witterungsverhältnissen geschah und dadurch die beiden Stücke ohne weitere Schwierigkeit herabgenommen werden konnten. Bei hoher See und schlechtem Wetter hat ein solcher Vorfall oft sehr bedenkliche Folgen;

denn zwei, über 40 Fuß lange Stücke, welche an der Bruchseite einen Durchmesser von mehr als 21 Zoll und selbst am Ende, an ihrer dünnsten Stelle noch 8 Zoll Durchmesser haben und mehrere tausend Pfunde wiegen, können leichtbegreiflicher Weise durch ihren Fall am Schiffskörper empfindlichen Schaden anrichten und sogar das Leben vieler Menschen gefährden.

Da wir keine große Raae als Ersatz vorräthig hatten, so mußten wir uns bis zum nächsten Reiseziel mit kleineren behelfen, wodurch zwar die Besegelung ein äußerst sonderbares Aussehen erhielt, der Beschleunigung der Fahrt aber wenig Eintrag geschah.

In 34° südl. Br. und 76° westl. Länge wurde eine Abnahme von 2° Celsius in der Temperatur des Meerwassers beobachtet, und wir gelangten nun in einer Entfernung von circa 200 Seemeilen in die Humboldts-Strömung, welche uns nach Nord zu West trieb, und deren Geschwindigkeit ½ bis ¾ Meilen in der Stunde betrug. Unsere eigenen Erfahrungen stehen somit — wenigstens für diese Breite- und Längengrade und für diese Jahreszeit — jenen Angaben entgegen, nach welchen die berühmte Strömung bereits in einer Entfernung von 800 bis 1000 Seemeilen von der Westküste des südamerikanischen Continentes fühlbar wird.

Am 16. April Nachmittags wurden zuerst dunkle Contouren in der Richtung des Aconcagua, des höchsten Berges der chilenischen Anden, wahrgenommen, und wenige Stunden später befanden wir uns in Sicht des Leuchtthurmes von Valparaiso. Eine nur geringe Brise und hohe See ließen es nicht rathsam erscheinen, noch des Nachts einzulaufen, während wir auch am folgenden Morgen es nur den unterstützenden Bemühungen jener Schleppboote zu danken hatten, welche uns von den Commandanten des englischen Linienschiffes „Ganges" und der französischen Corvette „Eurydice" entgegengeschickt wurden, daß wir bei der herrschenden Windstille um halb vier Uhr Nachmittags die Rhede von Valparaiso erreichen und in 25 Faden auf einem guten, freien Platz, außerhalb des Gewirres von Kauffahrern Anker werfen konnten.

Wir vollendeten die Ueberfahrt von Tahiti nach Valparaiso, eine Entfernung von mehr als 5000 Seemeilen, in 48 Tagen, und obschon eine beträchtliche Zeit mit dem Versuche, gegen den muthmaßlichen Nullpunkt der magnetischen Declination zu steuern, verloren ging, so erreichten wir doch unser Reiseziel früher als Kauffahrer, welche vor uns oder gleichzeitig mit uns von Papeete abgesegelt, aber in südlicher Richtung durch den Paomotu-Archipel gesteuert waren.

Der österreichische Generalconsul in Valparaiso, Herr Flemmich, sandte uns sogleich Briefe an Bord, aber das eigentliche Postpacket, welches wir mit Bestimmtheit hier vorzufinden glaubten, war noch nicht angekommen, und dieser Umstand erfüllte, angesichts der inzwischen in der Heimat eingetretenen politischen Ereignisse, alle Gemüther am Bord mit doppeltem Bangen und Sehnen.

Häuptling von den Paomotu-Inseln.

XVI.

Valparaiso.

Aufenthalt vom 17. April bis 11. Mai 1859.

Bedeutung Chile's für die deutsche Emigration. — Erster Eindruck von Valparaiso. — Wanderung durch die Stadt. — Das Zollamt. — Die commerziellen Beziehungen Chile's zu Californien und Australien. — [illegible] — Die Rada. — Das alte [illegible] — [illegible] — Der deutsche Club und die Deutschen. — Ein ländliches Fest zu Ehren der Novara-Reisenden in Quilpué. — Ausflug nach Santiago de Chile. — Wissenschaftliches Leben und Bildungsanstalten — Universität. — Nationalmuseum — Sternwarte — Gewerbeschule — Ackerbauschule — Professor Domeyko. — Audienz beim Präsidenten der Republik. — Beabsichtigter Abschluß eines Handelsvertrages. — Don Manuel Montt und seine politischen Gegner — Familienleben in Santiago — Fahrt nach der südlichen Eisenbahn — Maypú-Brücke — Amerikanische Postkutsche — Melipilla — Die Hacienda Las Esmeraldas — Chilenische Gastfreundschaft. — Rückkehr nach Valparaiso — Quillota — Die deutsche Colonie in Valdivia — Die Ansiedlung in der Magelhaens-Straße. — Project, in der patagonischen Meerenge Remorqueurschiffe zu stationiren — Das Alpacaschaf — Vorschlag, dieses Wollthier in gewissen Theilen Oesterreichs zu acclimatisiren. — Ankunft der europäischen Post — Beschluß des Befehlshabers der Expedition, die Reise direct nach Europa anzutreten. — Ballfest beim österreichischen Generalconsul zu Ehren der Novara-Reisenden — Eine Schiffstaufe. — Abfahrt der Novara — Reise um das Cap Horn — Falkland-Inseln — Ein Drehsturm — Die französische Corvette Eurydice — Sargasso-See — Begräbniß am Bord — Verkehr mit einem Kauffahrer auf offener See. — Getäuschte Hoffnung und gesteigerte Neugierde — Fahrt durch den Canal der Azoren — Eine qualvolle Windstille.

Der chilenische Freistaat genießt unter allen früheren spanischen Dependentien in Südamerika die größte politische Ruhe und gewährt durch Klima, Bodenfruchtbarkeit, so wie durch seine liberalen Institutionen dem europäischen Einwanderer die meisten Aussichten auf ein glückliches Gedeihen und eine sorgenfreie Zukunft.

Chile besitzt eine Verfassung, um die es mancher continentale Staat zu beneiden Ursache hat, und die Fundamentalgesetze bürgerlicher Freiheit, welche eben jetzt wieder in verschiedenen Theilen Europa's zu so heftigen Debatten und Erörterungen Anlaß geben, sind hier bereits seit mehr als einem viertel Jahrhundert in praktischer Wirksamkeit, und haben den Aufschwung des Landes und die Wohlfahrt seiner Bewohner wesentlich fördern helfen. Bei den zerrütteten Verhältnissen, in welche der nordamerikanische Staatenbund, das bisherige Eldorado der europäischen Emigration, durch die Gräuel eines muthwillig heraufbeschworenen Bürgerkrieges gerathen, verdienen Länder wie Chile, von einem Umfange wie England und Griechenland zusammengenommen, mit einer Bevölkerung von kaum Einer Million Menschen die höchste Beachtung. Zwar wurde auch hier zur Zeit unseres Aufenthaltes eine vieljährige politische Ruhe momentan durch revolutionäre Zuckungen gestört, aber es kostete weder viel Zeit noch Mühe, um den Aufstand zu bewältigen, die mehr ehrgeizigen als patriotischen Führer in die Flucht zu schlagen und auf der breiten, soliden Grundlage einer weisen, allen Forderungen der Zeit Rechnung tragenden Verfassung die frühere Ordnung und Sicherheit wieder herzustellen.

Wir haben Chile unter nichts weniger als günstigen, normalen Verhältnissen gesehen; viele der hervorragendsten Familien des Landes waren eben durch die politischen Ereignisse in Unruhe und Trauer versetzt; der Handel stockte, die gewöhnliche heitere Laune der Chilener machte einer peinlichen Sorge Platz; aber die Erlebnisse und Erfahrungen, welche sich an unseren Aufenthalt daselbst knüpfen, bekräftigten in uns gleichwohl die Ueberzeugung, daß dieses herrliche Land einer großen, freudigen Zukunft entgegenreift.

Wer in Valparaiso seinen Fuß auf chilenischen Boden setzt und in dieser Hafenstadt die schönen, langen Straßen durchwandert, erhält keinen richtigen Begriff vom transandinischen Leben. Hier hat Alles, Häuser, Magazine und Menschen, einen europäischen Anstrich und in einzelnen Straßen mit hohen graufarbenen Bauten, bunten Aushängeschildern und großartigen, glänzenden Kaufläden, in denen man jedes luxuriöse Gelüste zu befriedigen im Stande ist, mag sich der Fremde leicht in eine norddeutsche Stadt versetzt wähnen. Nichts mahnt hier an die Heimat der Araukaner, nirgends tauchen seltsame, nationale Typen auf, und nur die mächtigen Formen der umgebenden Landschaft erinnern den Besucher daran, daß er sich ganz in der Nähe der gewaltigen Anden befindet.

Eine unserer ersten Wanderungen durch die Stadt, deren Häuserreihen sich in großer Ausdehnung längs der Bai hinziehen und selbst an den, ziemlich nahe am Ufer sich erhebenden Hügeln (quebradas) hinansteigen, brachte uns nach der Aduana oder dem Zollhause, einem der umfangreichsten, schönsten und zweckmäßigsten Gebäude der Stadt, welches, im Jahre 1850 durch einen Franzosen begonnen, erst sechs Jahre später durch einen Nordamerikaner, Namens John Brown, vollendet wurde. Der Boden, auf welchem sich diese verschiedenen Bauten erheben, ward erst in neuerer Zeit durch Aufschüttung dem Meere abgerungen, und gleichwie es auf der dermaligen Plaza de armas und in der jetzt so schönen und eleganten Calle de Planchada der Fall war, wurde auch diese Stelle noch vor weniger als zwanzig Jahren von der antreibenden Fluth bespült.

Das Zollgebäude nebst den sehr weitläufigen, soliden Magazinen kostet dem Staate über eine Million spanische Piaster, aber es ist auch der schönste und zweckmäßigste derartige Bau im ganzen südlichen Amerika. Eine ungeheuere Menge der werthvollsten Waaren, welche früher in Privathäusern zerstreut und nothdürftig untergebracht werden mußte, befindet sich jetzt hier in schönen, trockenen, lichten Räumen gelagert und kann ohne viel Umstände und Plackereien frei gemacht und in Besitz genommen werden. Ueber 200 Beamte sind hier in eleganten Bureaux thätig, den öffentlichen Verkehr zu registriren, welcher sich durch eine eben so namhafte Einfuhr der verschiedensten fremdländischen Fabricate als durch einen großartigen Export von chilenischen Naturproducten, namentlich von Getreide und edlen Metallen, kund giebt. Der agricole und commercielle Aufschwung des Landes, so wie die Hebung seiner natürlichen Hülfsquellen datirt erst von der Zeit der Entdeckung der californischen Goldfelder. Das ackerbautreibende Chile ward rasch zur Kornkammer für das benachbarte Goldland, und verstand die reiche Abzugsquelle auf das Vortheilhafteste auszubeuten. Weizen, Gerste, Bohnen stiegen bald derart im Preise, daß selbst viele, bisher ihrer geringen Fruchtbarkeit wegen brachgelegene Felder bebaut wurden und die frühere Geldnoth der meisten Grundbesitzer sich mit einem

Male in eine nie geahnte Prosperität verwandelte. Der Zufluß an Geld verfehlte aber nicht, auch auf andere Zweige menschlicher Thätigkeit seine wohlthätige Wirkung zu üben, und war Anlaß, daß namentlich dem Bergbau ausreichendere Mittel als bisher zugewendet werden konnten.

Die Ausfuhr nach Californien stieg rasch um das Zehnfache und erreichte bereits nach zwei Jahren einen Werth von beinahe 2,500.000 spanische Piaster oder 5,250.000 Gulden österr. Währung.

Als einige Jahre später in Californien das Goldfieber nachgelassen hatte und die dortigen Ansiedler anfingen selbst Getreide zu bauen, gerieth zwar der chilenische Ausfuhrhandel dahin ins Stocken und betrug um das Jahr 1857 nur mehr ein kaum nennenswerthes Minimum. Mittlerweile hatte aber ein anderes, wenn gleich entfernteres Gebiet, Australien, durch die Entdeckung von reichen Goldfeldern für den chilenischen Exporthandel große Bedeutung gewonnen, und die Zufuhren, welche meist von Valparaiso aus stattfanden, lieferten trotz der ungeheuren Entfernung sogar glänzendere Resultate als jene, die einige Jahre früher in Californien erzielt wurden.[1]

Vom Zollgebäude stiegen wir die sogenannte Quebrada de Juan Gomez hinauf, eine der zahlreichen Einschnitte und Schluchten, welche, an beiden Seiten theils mit Villen, meist aber nur mit Hütten aus Rohr und Lehm bedeckt, dem Hintergrunde von Valparaiso ein so eigenthümliches Ansehen geben. Am wunderlichsten nimmt sich in dieser Beziehung der Cerro de Carretas aus, ein 2 — 300 Fuß hoher Hügel, an dessen Abhängen sich ungemein kleine, schmutzige Strohhütten der ärmlichsten Construction hinaufschlängeln, welche, von der Ferne betrachtet, einen eben so malerischen Effect hervorbringen, als sie in der Nähe von der größten Dürftigkeit und dem versunkensten Elend Zeugniß geben. Am höchsten Punkt der steilen Quebrada de Juan Gomez befinden sich einige erst in neuester Zeit angelegte Festungswerke und die Artillerie-Caserne (Cuartel de Artilleria) mit 800 Mann Besatzung. Die chilenischen Truppen sind ziemlich gut adjustirt, machen aber einen nichts weniger als imponirenden Eindruck; sie scheinen

[1] In einem einzigen Jahre (1854) führte Chile für einen Werth von 6,300.000 Gulden Cerealien nach Australien aus. In einem guten Erntejahre producirt Chile 2,500.000 Fanegas Weizen; 1,500.000 Fanegas Gerste und 180.000 Fanegas Bohnen. Ein Fanega wechselt, je nach den gemessenen Producten, an Gewicht; so z. B. wird eine Fanega Weizen zu 165 Pfund, von Gerste zu 155 Pfund und von Bohnen zu 200 Pfund berechnet.

mehr ausdauernd und großer Strapazen und Anstrengungen fähig, als muthig und kampflustig zu sein. Von der Caserne aus genießt man die lohnendste Aussicht auf die Stadt und die meerumwogte Küste. Die Rhede von Valparaiso besitzt viel Aehnlichkeit mit jener von Triest, und hat wie diese zumeist durch nordwestliche Winde zu leiden. Die vor Anker liegenden Kauffahrer sind in langen Reihen vollkommen regelmäßig aufgestellt und zwar aus Vorsicht, um bei einem plötzlich anstürmenden „Northerner" nicht von treibenden Schiffen zu leiden oder selbst auf andere zu treiben, und wo möglich noch rechtzeitig unter Segel setzen zu können. Obschon beim Beginn der Winterszeit auf der südlichen Erdhälfte (vom Mai bis October), wo häufige Nord- und Nord-Nordweststürme das Ankern in der wenig geschützten Rhede wenn auch nicht gefahrvoll, jedenfalls bedenklich machen, die Mehrzahl der Handelsschiffe nach anderen, besser geschützten Häfen der Westküste zieht, so lagen doch noch immer an 180 Fahrzeuge aller Größen und aller Flaggen vor Valparaiso geankert. Die bedrohlichsten, ungünstigsten Monate sind Juni und Juli, obgleich es auch zu jener Zeit weniger die Heftigkeit der Stürme, als die furchtbare Höhe der See ist, welche nicht sorgfältig vertauten Schiffen zuweilen Gefahr bringt und den Verkehr mit dem Lande tagelang unterbricht. Indeß giebt es auch Jahre, wo im Laufe eines ganzen Winters keine einzige elementarische Störung vorkommt. Es wäre von hohem Interesse, die Perioden der Wiederkehr ungünstiger Winter zu kennen, welche unzweifelhaft an eine gewisse Regelmäßigkeit geknüpft sind.

In Valparaiso giebt das Barometer ziemlich verläßlichen Aufschluß über den zu erwartenden Wind. Je tiefer die Quecksilbersäule sinkt, desto fühlbarer wird der Nord- und Nordwestwind. Regen und nebliges (mistiges) Wetter geht in der Regel diesem Winde voraus, und nimmt während dessen Dauer zu, bis sich derselbe nach West dreht, wo dann die Säule wieder steigt und das Wetter sich bessert. Nord- und Nordwestwinde sind jedoch in der Regel nur von kurzer Dauer, ja sie währen oft nur wenige Stunden, weil die, durch eine südliche Luftwelle hinaufgedrängte Grenze des Passats rasch wieder vorwärtsrückt, sobald der erste Druck vorüber ist, und Schiffe, welche von der Leuchtthurmspitze so weit gedeckt sind, um von den West-Nordwestwinden und Westwinden am wenigsten zu leiden, haben selbst von einem heftigen Northerner nicht viel zu befürchten, wenn sie sonst nur alle Vorsichtsmaßregeln ergriffen haben, und Anker und Ketten verläßlich ihre Schuldigkeit thun.[1]

Im Hafen lagen auch die Schraubenschiffe „Maipú" und „Esmeralda" und der Raddampfer „Maule" von der noch sehr unbedeutenden chilenischen Kriegsmarine vor Anker. Die Absicht des eifrigen Malers der Expedition, von der Artillerie-Caserne aus, als dem günstigsten und interessantesten Standpunkte, ein Panorama von der Stadt und dem Hafen aufzunehmen, hätte ihn bald bei der eben herrschenden Aufregung mit einem allzudiensteifrigen Militärposten in Conflict gebracht. Man glaubte nämlich dem Künstler nicht gestatten zu dürfen, von diesem Punkte aus vom Hafen und von der zu seinen Füßen sich ausbreitenden Stadt eine Skizze zu entwerfen, bis endlich nach einigen Auseinandersetzungen die Erlaubniß dazu erfolgte.

Von der Artillerie-Caserne gelangt man über einige Quebradas nach dem alten „Cuartel" und dem Fort Rosario, zwei in ihrer Weise merkwürdige Bauten, deren Construction auf ein sehr hohes Alter schließen läßt, und welche aus jener Zeit herrühren, wo Valparaiso nur 400 Seelen zählte und zur Jurisdiction von Casa blanca gehörte. Aber Casa blanca, das man auf dem Wege nach Santiago passirt, ist eine kleine unbedeutende Ansiedlung geblieben, während sich Valparaiso seither zu einem der stattlichsten und wichtigsten Handelsplätze an der Westküste Südamerika's emporgeschwungen hat und eine Einwohnerschaft von mehr als 60.000 Seelen umfaßt. Auch in der Nähe des alten Cuartels oder der Caserne befinden sich zahlreiche kleine, ebenerdige, ärmliche, schmutzige, mit Lehm beworfene Rohrhütten, sogenannte „Ranchos", welche an den Abhängen gleichsam angelehnt scheinen und von sehr geringer Dauerhaftigkeit sind. Da es in Valparaiso nur selten und wenig regnet und das ganze Jahr hindurch ziemlich milde ist, so findet der Arme nur wenig Ursache sich gegen Kälte und Wetterunbill zu schützen oder seine Hütte sorgfältiger zu bauen. Dabei kommt auch bei den chilenischen Volksclassen der, allen hispano-amerikanischen Bevölkerungen angeborene Charakterzug der Trägheit und Arbeitsunlust zum Vorschein, indem sie in der Regel täglich nicht mehr arbeiten, als die Befriedigung ihrer

[1] Daß für wohlverankerte und vertaute Schiffe selbst bei heftigen Nordstürmen die Gefahr in der Rhede nicht so groß ist, wie man sie häufig schildern hört, beweist wohl am besten der Umstand, daß sich in der inneren Rhede das ganze Jahr hindurch ein schwimmender Trockendock befindet, welcher zur Zeit unserer Anwesenheit, trotz der bereits eingetretenen stürmischen Jahreszeit, einen Dreimaster mit ganzer Bemastung und Betakelung enthielt, an dem an allen Seiten Ausbesserungen vorgenommen wurden

Hafen von Valparaiso

nöthigsten Lebensbedürfnisse erheischt. Diese können aber leicht mit 2 Realen bestritten werden. Ja, man erzählte uns, daß Taglöhner, wenn sie die Bestreitungskosten ihrer täglichen Bedürfnisse verdient haben und noch zu einer weiteren Arbeit aufgefordert werden, nicht selten gleichgültig zur Antwort geben: „Tengo mis dos reales!" (Ich habe meine zwei Realen.)

Aber nicht alle Quebradas oder Schluchten Valparaiso's sind durch ärmliche Hütten verunstaltet; einzelne dieser Anhöhen schmücken vielmehr äußerst zierliche, liebliche Wohnsitze und namentlich der Cerro Alegre, wo gegenwärtig viele angesehene Deutsche wohnen, zeichnet sich in dieser Beziehung durch reizende kleine Villen und noch mehr durch die Gemütblichkeit und Gastfreundschaft aus, welche dem Fremden in denselben entgegentreten. Der Cerro Alegre ist einer der lieblichsten, luftigsten und gesundesten Punkte in der Umgebung der Stadt mit der herrlichsten Rundschau, wenn schon nicht so fashionable als der sogenannte Almendral, welcher besonders seit dem letzten furchtbaren Brande im November 1858, der den schönsten Theil der Stadt binnen wenigen Stunden in Asche legte, durch zahlreiche Bauten verschönert worden und an Ausdehnung und Ansehen bedeutend gewonnen hat.

Das häufige Vorkommen von Feuersbrünsten und die unzureichenden Mittel und Hülfskräfte, welche die einheimische Behörde bei solchen Anlässen entwickelte, veranlaßten die zahlreichen, in Valparaiso angesiedelten Fremden, eigene Feuerlösch-Compagnien (pomperos) zu bilden, denen sich später auch die Elite der eingeborenen Bevölkerung anschloß. Die Gründer des Unternehmens und die ersten Compagnien waren die Engländer, dann kamen die Deutschen. Diesen folgten die Franzosen, Spanier, Chilener und Italiener. Eine sogenannte hook and ladder company, aus Deutschen, Nordamerikanern und Engländern bestehend, wurde erst im Jahre 1850 gegründet. Alle Einrichtungen sind jenen der fire-men-Compagnien in den nordamerikanischen Staaten nachgebildet. Auch die Feuerspritzen wurden aus New-York eingeführt und kosteten über 4000 Dollars per Stück. Die Franzosen verwenden in Bezug auf glanzvolle Uniformirung der Mannschaft und elegante Ausstattung der, schon an und für sich höchst zierlichen Feuerspritzen[1] den größten Luxus; die Deutschen dagegen zeichnen sich — was

[1] Man entwickelt in Nordamerika in Bezug auf Feuerspritzen eine Eleganz und einen Luxus, der wirklich ans Unglaubliche grenzt. Die ungeheure Wassermenge, welche in fast allen größeren Städten

nicht immer der Fall ist — durch einfache Adjustirung aus, während sie, was Muth und Gewandtheit betrifft, hinter keiner Feuerlösch-Compagnie anderer Nationalitäten zurückstehen.

An eigentlichen Promenaden leidet Valparaiso großen Mangel und es darf daher den Fremden nicht überraschen, wenn man sich beeilt, ihm einen Gang nach Abadie's Ziergarten anzuempfehlen oder ihn zu einer Promenade nach dem — Campo Santo oder Friedhof einzuladen, um sich zwischen Cypressen-Alleen und prunkhaften Grabmälern zu ergehen.

Abadie's Garten, aus dem sich die blumenfreundlichen Frauen von Valparaiso ihren großen Bedarf an Bouquets und duftendem Naturschmuck holen, unterscheidet sich nicht im Geringsten von jenen Anlagen, wie man sie in Europa bei Handelsgärtnern zu sehen gewohnt ist, wo mehr das Praktische und Nützliche als das Schöne, Zierliche und Seltene Berücksichtigung findet. Außer einzelnen Araucarien sahen wir blos eingebürgerte Zierpflanzen der gemäßigten nordischen Zone, und auch unter diesen hauptsächlich solche, welche durch ihre perennirende Eigenschaft oder das glänzende Grün ihrer Blätter der Vergänglichkeit alles Schönen am längsten Widerstand leisten.

Der Campo Santo ist auf einer der im Hintergrunde der Stadt aufsteigenden Anhöhen gelegen und sieht mit seinen zahlreichen Baumgruppen und Blumenanlagen in der That einem Promenadegarten ähnlicher als einem Leichenacker. Jede geistliche katholische Brüderschaft (hermandad) besitzt einen eigenen eingezäunten Raum zur Beerdigung ihrer Todten. Prachtvolle kostbare Monumente schmücken einzelne frische Gräber, und erheben sich gleichsam als marmorne Zeugen, daß die in den letzten zwanzig Jahren erworbenen Reichthümer selbst auf die Ruhestätten der Todten eine gewisse Wirkung geübt haben. Dicht neben dem Friedhof für Katholiken befindet sich jener für Protestanten, welcher gleichfalls sehr hübsch und reinlich gehalten ist, aber im Ganzen, gleichwie der Friedhof der Protestanten in Macao, mehr durch seine Einfachheit als durch die Pracht der Denkmäler und den Glanz der Verzierungen und Inschriften imponirt.

der Union in Röhren durch die Straßen circulirt und jedes einzelne Haus in allen Stockwerken mit einer beliebigen Quantität Trinkwassers versieht, kommt allerdings den Einrichtungen der Löschmannschaften ganz besonders zu Statten. Man sieht hier nicht bei Feuersbrünsten schwerfällige Spritzen mit Wasserladung und Zweigespann mühselig daherrasseln, sondern erblickt einen leichten, eleganten, zweirädrigen, von Menschen gezogenen Karren, auf dem sich um einen Cylinder ein langer Kautschukschlauch windet, dessen Messingschraube am Orte der Feuersbrunst an irgend eine der zahlreichen Straßenpumpen befestigt wird.

In der Nähe, wo ihre Todten ruhen, erhebt sich auch das Bethaus der protestantischen Christen, eine schlichte, aber in edlem Style ausgeführte Baute aus Holz, ähnlich den Chapels in anderen englischen Colonien. Auch dies ist ein erfreuliches Zeichen der liberalen Gesinnung der chilenischen Regierung den meisten anderen katholischen Staaten Südamerika's gegenüber, wo religiöse Intoleranz Andersgläubigen noch immer nicht die öffentliche Uebung ihres Bekenntnisses gestattet.

Wie an Spaziergängen ist Valparaiso auch an schönen öffentlichen Plätzen und an monumentalen Bauten arm. Der Regierungsplatz mit dem schmucken Börsengebäude und der Victoriaplatz mit dem Theater sind weder durch ihr Alter noch durch das Ensemble ihrer Bauten geeignet, auf den Fremden einen besonderen Eindruck zu machen. Für gute Hôtels im europäischen Sinne ist noch wenig gesorgt, und da auch elegante, comfortable Kaffeehäuser als Versammlungsorte für die männliche Bevölkerung nach den Geschäften des Tages fehlen, so ist der Reisende, was geselligen Verkehr im Allgemeinen betrifft, auf die verschiedenen Clubs angewiesen, welche von den hier angesiedelten Fremden, von Deutschen, Engländern und anderen Nationalitäten gegründet worden sind. Unter diesen geselligen Vereinigungspunkten war bisher jener der Deutschen der glänzendste; allein der Umstand, daß bei der letzten großen Feuersbrunst auch das geräumige, zierliche Vereinslocale ein Raub der Flammen geworden war, zwang die Mitglieder, provisorisch in kleineren beschränkten Räumlichkeiten ein Unterkommen zu suchen, und verhinderte sie, dem Zuge ihres Herzens zu folgen und den Mitgliedern der Novara-Expedition einen großartigen Empfang zu bereiten. Aber gastlich und gemüthsvoll war darum die Aufnahme nicht minder und das warme Interesse, welches die in Valparaiso angesiedelten Deutschen der Expedition im Allgemeinen, so wie den wissenschaftlichen Strebungen der einzelnen Mitglieder schenkten,[1] war für uns eben so ehrenvoll, als ihre freundschaftlichen Gesinnungen unseren Herzen Befriedigung gewährten. Nirgends trafen wir einen tüchtigeren Kern deutscher Bevölkerung als in Chile, nirgends so schöne Kraftäußerungen geistigen Lebens, so erfreuliche

[1] Wir müssen hier ganz besonders die großartige und kostbare zoologische Sammlung dankend hervorheben, mit welcher ein Deutscher, Herr Dr. C. Segeth in Santiago de Chile, unsere naturhistorische Ausbeute bereicherte. Eben so hat ein anderer Deutscher, Herr Friedrich Leybold, ein Baier von Geburt, welcher als Apotheker in Santiago lebt, der Expedition mehrere werthvolle botanische und zoologische Objecte verehrt.

Beweise deutscher Einheit in der Fremde! Da die Deutschen als Kaufleute, Aerzte, Professoren, Naturforscher, Astronomen, Chemiker, Ingenieure, Architekten u. s. w. eine hervorragende Stellung in der Gesellschaft einnehmen, ist ihre vielseitige Thätigkeit nicht ohne wesentlichen Einfluß auf die materielle und geistige Entwicklung des Freistaates geblieben und hat bereits manchen Einrichtungen den Stempel germanischen Ursprunges aufgedrückt.

In angenehmster Erinnerung ist wohl noch Jedem von uns das schöne, echt nationale ländliche Fest, welches die deutschen Bewohner von Valparaiso in einer der lieblichen Quebradas von Quilpué, ungefähr 12 englische Meilen von der Hafenstadt, der Novara-Expedition zu Ehren an einem heiteren Ostermorgen veranstalteten. Quilpué ist eine Station auf der Eisenbahn, welche Valparaiso mit dem Innern des Landes und namentlich mit der 110 Meilen entfernten Hauptstadt Santiago de Chile zu verbinden bestimmt ist, gegenwärtig aber erst 40 Meilen weit befahren werden kann.

Ein Extrazug, die Locomotive mit Blumenguirlanden und Fahnen reich geschmückt, brachte die Gäste, 150 an Zahl, nach Quilpué. Auf mehreren Zwischenstationen, welche wir passirten, waren die Warthäuser gleichfalls mit Fahnen decorirt, und namentlich ein Deutscher, welcher in der Nähe eine Wirthschaft besitzt, ließ vom Giebel seines stattlichen Hauses eine riesige deutsche Fahne flattern. Von Quilpué marschirte die fröhliche Schaar unter Aufspielung heiterer Weisen nach einer der benachbarten niedlichen Thalschluchten, welche wie geschaffen war zu traulichen Pique-nique's im Freien. Wir fanden hier unter großen festlich verzierten Zelten lange Tafeln gedeckt, während in der Nähe sich zahlreiche Aufwärter und Köche damit beschäftigten, aus einem Chaos von mitgebrachten Vorräthen das Köstlichste und Beste an Speise und Trank für die Mahlzeit auszuwählen und zu bereiten.

Die Gesellschaft durchwanderte die niedlichen Thäler, ließ sich bald hier bald dort auf schattiger Anhöhe nieder und ergötzte sich an Musik und Gesang. Der Kriegslärm, welcher um jene Zeit ganz Europa durchbrauste, war bereits bis an den Fuß der chilenischen Anden gedrungen und gab auch diesem Feste eine politische Färbung. Und wenn auch die Zustände jener Zeit im engern Vaterlande nicht gerade dazu angethan schienen, die Deutschen in Valparaiso dafür zu begeistern, so standen sie jetzt doch Alle im

Streit mit Frankreich auf der Seite Oesterreichs; weniger aus Sympathie für dessen damalige Politik, als aus Haß gegen napoleonische Anmaßung.

Auch in einzelnen Tischreden, welche später bei einem vortrefflichen Mahle gehalten wurden, so wie in Gesang und Musik gab sich der Ausdruck dieser Stimmung kund. Ein deutscher Arzt und Pharmaceut, Doctor Aquinas Ried, ein Baier von Geburt, dessen Haus einen der gemüthlichsten Vereinigungspunkte der Expeditionsmitglieder bildete, hatte einen Männerchor: „Willkommen der Novara" componirt, den er mit einigen Mitgliedern der deutschen Liedertafel vortrug [1] und von welchem namentlich die Schlußstrophe:

„Sei einig nur Germania,
So stehest du auch einzig da,
Das große Vaterland!"

eine enthusiastische Aufnahme fand, und einen ungeheueren Jubel hervorrief.

Trotz diesen häufigen politischen Anspielungen bildeten gleichwohl die Novara-Expedition mit ihren Zwecken, Erfolgen und Aussichten den Brennpunkt der Unterhaltung und das Ziel der meisten Toaste. Man knüpfte an das Erscheinen des ersten österreichischen Kriegsschiffes an der Westküste Südamerika's manche freudige Hoffnung für die Zukunft, und hielt den Augenblick nicht mehr fern, wo sich auch die österreichische, wie überhaupt die deutsche Industrie und der deutsche Handel der so heiß ersehnten und so schwer entbehrten Aegide einer deutschen Großmacht erfreuen werde; wo auch der ärmste deutsche Emigrant im entferntesten Winkel der Erde mit Stolz sich erinnern mag, daß er unter dem Schutze einer Macht steht, welche den Willen und die Mittel besitzt, sein Recht zu wahren und zu vertheidigen. Man erblickte in der Entwicklung der kaiserlichen Marine die völkerbeglückende Mission: die österreichischen so wie die deutschen Interessen in allen Welttheilen zu fördern, das deutsche Nationalbewußtsein zu beleben und wieder erstarken zu machen, und nicht blos den einzelnen Individuen, sondern der ganzen deutschen Nation jene imponirende Stellung zu sichern, welche die Engländer und Franzosen durch die physische Macht behaupten, die ihnen zur Seite steht. In dem Erscheinen der Fregatte Novara glaubte man die ersten Spuren jenes Schutzes zu erkennen, und diesem Umstande

[1] Siehe Beilage VII.

dürfte wohl hauptsächlich der ergreifende, wahrhaft enthusiastische Empfang zuzuschreiben sein, dessen sich die kaiserliche Expedition von Seite der Deutschen in Valparaiso sowohl, als von den Deutschen überhaupt in den von ihr besuchten Ländern zu erfreuen hatte.

Bezeichnend für das Ansehen, welches das deutsche Element in Chile genießt, ist der Eindruck, den das ländliche Fest zu Quilpué in allen Kreisen der Bevölkerung von Valparaiso hervorbrachte, so wie die Freude, welche sich allenthalben über diese schöne nationale Kundgebung äußerte. Die Sympathien für den germanischen Stamm dehnten sich auch auf die Mitglieder der Expedition aus, und obschon der Ernst der Ereignisse leichtbegreiflicher Weise jede Art von Vergnügungen oder Festlichkeiten von Seite der chilenischen Gesellschaft verbot, so feierte man doch die Anwesenheit österreichischer Forscher durch die traulichste Gastfreundschaft und durch eine großmüthige Bereicherung ihrer wissenschaftlichen Sammlungen.

Namentlich war dies in der Hauptstadt der Republik, in Santiago de Chile der Fall, wo Behörden, Naturforscher und Freunde der Wissenschaft förmlich wetteiferten, den Expeditionsmitgliedern, welche sich auf einige Tage dahin begaben, diensigefällig zu werden und deren Zwecke nach allen Richtungen hin erreichen zu helfen.

Mit den wissenschaftlichen Intentionen waren diesmal auch politische verbunden, indem der Chef der Expedition von der kaiserlichen Regierung den Auftrag erhalten hatte, mit dem chilenischen Freistaat einen Handelsvertrag abzuschließen. Commodore von Wüllerstorf begab sich daher in Begleitung des österreichischen Generalconsuls, Herrn J. F. Flemmich und des Dr. Scherzer nach Santiago, während die beiden Zoologen und der Maler schon mehrere Tage früher die Reise dahin unternommen hatten.

Die Fahrt nach der Hauptstadt Chile's gehört nicht zu den angenehmsten. Man hat zahlreiche hohe Bergrücken (questas) auf einer Straße zu übersteigen, welche an vielen Punkten überaus steil und eben so nachlässig gebaut als sorglos unterhalten ist. Oft rollt der Wagen dicht am Rande einer tiefen Schlucht dahin; der Boden scheint nachzugeben, Schutt und Steine kollern in die Tiefe, ohne daß eine Mauer oder ein Holzgeländer die Situation einigermaßen weniger bedenklich machen würde. Dazu kommt noch, daß die üblichen Fuhrwerke die Gefährlichkeit der Fahrt durchaus nicht vermindern, namentlich wenn man gewillt ist, schnell vom Fleck zu

Auf dem Wege nach Santiago de Chile

kommen und sich einer echt nationalen Kutsche, einer sogenannten Birloche bedient. Es ist dies eine Art zweiräderiges, zweisitziges Cabriolet, mit zwei Pferden bespannt, während fünf bis sechs Pferde voraus oder nebenher traben, welche abwechselnd im Laufe der Fahrt eingespannt werden. Der Kutscher reitet auf einem der Zugpferde, gleich wie in der Havanna, und nimmt sich in seinem Anzuge wunderlich genug aus. Er trägt in der Regel den nationalen, braunfarbenen Poncho (ein viereckiges Stück Wollzeug mit einer Oeffnung in der Mitte, durch welche man den Kopf steckt), einen kleinen Strohhut, leinerne Beinkleider und an den häufig nackten Füßen schwere, große, mit einem Stück Leder, zuweilen auch nur mit Stricken befestigte Sporen.

Wir fuhren ohne Aufenthalt bis Casa blanca, einer der ältesten Ansiedlungen Chile's, die aber, wie schon früher bemerkt, noch immer ein dorfähnliches Ansehen behalten hat. Wir trafen hier einige hübsche Damen in glänzender Toilette, mit riesigen Crinolinen; sie waren von den benachbarten Hacienda's nach Casa blanca gekommen, um einem Pferderennen daselbst beizuwohnen. Nach einem flüchtig eingenommenen Mahle ging's lustig weiter bis nach dem Dorfe Curacavi, wo Reisende auf dem Wege nach der Hauptstadt in der Regel die Nacht zubringen. Für gute Gasthäuser ist noch wenig Sorge getragen, denn so groß der Verkehr von Lastwagen mit Waaren und Producten, eben so gering ist jener von Reisenden, und selbst die Wenigen, welche in Geschäftsangelegenheiten oder aus Vergnügen den Weg nach der Hauptstadt einschlagen, sind meist Landeskinder oder angesiedelte Europäer, welche gewöhnlich bei Bekannten oder Geschäftsfreunden einsprechen und so der Sorge um eine behagliche Unterkunft überhoben sind. Wer als Fremder reist und in den Wirthshäusern an der Straße die Nacht zubringen muß, führt gewöhnlich eine Quantität jenes bekannten persischen Pulvers bei sich, welches den Ruf genießt, in Ländern, wo es keine Moskiten giebt, gewisse andere nächtliche Ruhestörer, wenn auch nicht zu vertilgen, wenigstens zu verscheuchen. Um gerecht zu sein, müssen wir jedoch beifügen, daß wir im Schlafzimmer zu Curacavi nicht Ursache fanden, von diesem viel gerühmten Antidot Gebrauch zu machen.

In der Hauptstadt Santiago ist man in Bezug auf Gasthäuser schon besser daran, und das Hôtel Ingles, von einem Franzosen geleitet, mag sich nicht nur eleganter Wohnzimmer und vortrefflicher Küche rühmen, sondern übertrifft sogar die größten europäischen Hôtels an — Kostspieligkeit.[1]

Santiago de Chile ist in einem schönen fruchtbaren Thale gelegen und würde sich noch viel stattlicher ausnehmen, wenn nicht die meisten Häuser, der zeitweilig vorkommenden Erdbeben wegen, nur aus einem Erdgeschoß bestünden. Die langen, geraden, in rechten Winkeln sich kreuzenden Straßen der Hauptstadt befinden sich in einem heillosen Zustande: uneben, schlecht gepflastert, mit Wassergräben an den Seiten, so daß schwer zu sagen, ob der Fußgänger oder der Fahrende mehr zu bedauern ist. Viel Schuld an diesem Zustand tragen wohl die zahlreichen, schweren, zweirädrigen, mit 6 bis 8 Ochsen gezogenen Karren oder Carretas, welche die Landesproducte nach dem Hafen, und die fremden Waaren von dort nach der Hauptstadt und dem Innern führen. Wir zählten selbst auf der Fahrt hieher an 124 solcher Fuhrwerke, welche sich unter unheimlichem Knarren fortbewegten; es sollen aber durchschnittlich über 300 Carretas fortwährend zwischen Valparaiso und Santiago unterweges sein. Auch mittelst Maulthieren und Pferden werden viele Waaren nach dem Innern transportirt.

Hervorragende monumentale Gebäude besitzt Santiago eben so wenig als Valparaiso, und die Moneda oder das Münzamt, noch aus der spanischen Zeit stammend, ist in dieser Beziehung die einzige nennenswerthe Baute.[2] Auch die Plaza, oder der ein großes Viereck bildende Hauptplatz gereicht der Stadt durchaus nicht zu besonderer Zierde, obschon sich daselbst auf einer Seite die noch immer im Bau begriffene Kathedrale, und auf der andern Seite eine Häuserreihe mit Arcaden, unter denen sich unzählige Kleinverkäufer angesiedelt haben, so wie mehrere Regierungsgebäude erheben. Von den öffentlichen Spaziergängen ist unstreitig die Alameda, eine lange, breite Pappelallee, der schönste und zugleich, besonders an Sonn- und Festtagen der besuchteste Ort. Die Saison, in welcher unser Aufenthalt fiel, der Winter der südlichen Hemisphäre, war allerdings nicht geeignet einen richtigen Eindruck jenes Bildes zu geben, welchen die verschiedenen Promenaden zur Zeit ihres schönsten Schmuckes auf die Lustwandelnden hervorbringen, wo nicht, wie eben jetzt, trübe, feuchte Witterung und ein elegisch stimmender Blätterfall allen

[1] Man berechnete für Wohnung (2 Schlafzimmer und 1 Salon) nebst Verköstigung von drei Personen 30 spanische Piaster oder 63 Gulden österreichischer Währung per Tag!

[2] Das chilenische Münzamt ist ganz nach französischem System eingerichtet und auch mit französischen Maschinen versehen.

Spaziergängen ein wenig einladendes Aussehen gaben. So z. B. ist der Damm längs des Flusses, dessen Wassermassen in der Regenzeit zu gewaltiger Höhe anschwellen sollen, dessen Bett aber jetzt beinahe trocken lag, im Sommer ein beliebter Spaziergang; im Winter aber suchen ihn blos Studenten, meditirende Fastenprediger oder lustwandelnde Liebende auf.

Es herrscht in Santiago überraschend viel geistiges Leben und noch mehr guter Wille dasselbe zu fördern. Die wissenschaftlichen Arbeiten, welche in den letzten zehn Jahren, meistentheils von fremden Forschern, ausgeführt worden sind, verdienen die größte Anerkennung. Der fremde Gelehrte wird

Hauptplatz von Santiago de Chile.

hier nicht mit scheelem Auge angesehen, nicht, eben nur weil er kein Eingeborner ist, zurückgesetzt und von einflußreichen Posten ferngehalten; er wird vielmehr in seinen Bestrebungen auf das Kräftigste unterstützt, was wohl am besten die auszeichnende Stellung beweist, welche Männer wie Domeyko, Philippi, Pissis, Moesta u. s. w. einnehmen. Das berühmte Prachtwerk, welches die physische und politische Geschichte Chile's in 24 Bänden schildert, hat einen Franzosen, Claude Gay, zum Verfasser[1] und wurde auf Kosten der

[1] Historia fisica y politica de Chile, segun documentos adquiridos en esta Republica durante doce años de residencia en ella, y publicada bajo los auspicios del Supremo Gobierno por Claudio Gay etc. Paris 1844. 8°. Nebst zwei großen Quartbänden: Atlas de la historia fisica y politica de Chile.

chilenischen Regierung in Paris gedruckt; die Annalen der Universität von Chile erscheinen seit dem Jahre 1843 regelmäßig in periodischen Publicationen und umfassen überaus schätzbare Mittheilungen und Abhandlungen aus den verschiedensten Gebieten der Wissenschaft.[1]

Einer der verehrtesten und tüchtigsten Lehrer dieser Hochschule, Don Ignacio Domeyko, ein Pole von Geburt, dem Chile eine zweite Heimat geworden, hatte die besondere Güte und Aufmerksamkeit, den Mitgliedern der Novara-Expedition als wissenschaftlicher Cicerone zu dienen und sie mit den hervorragendsten Anstalten des öffentlichen Unterrichts und deren Einrichtungen näher bekannt zu machen.

Die Universität von San Felipe wurde bereits im Jahre 1738 gegründet, aber der gegenwärtige Lehrplan ist erst seit November 1842 in Wirksamkeit. Dem aus fünf Facultäten[2] zusammengesetzten Universitätsrathe steht zugleich die Oberaufsicht und Ueberwachung des ganzen Unterrichtswesens des Landes zu. Der Präsident der Republik ist oberster Schutzherr der Universität. Die Summen, welche im Laufe eines Jahres vom Staate dem öffentlichen Unterrichte bewilligt werden, belaufen sich auf mehr als 560.000 spanische Piaster oder 1,176.000 Gulden österr. Währung; eine außerordentliche Summe, wenn man die verhältnißmäßig noch so geringe Bevölkerung des Landes in Anschlag bringt.[3]

Im Universitätsgebäude befindet sich gleichzeitig die große öffentliche Bibliothek (bibliotera national), welche über 32.000 Bände auserlesener Werke aus allen Zweigen menschlichen Wissens umfaßt,[4] und das natur-

[1] Annales de la Universidad de Chile, o Repertorio de Instruccion publica, humanidades, literatura, filosofia y ciencias matemáticas, fisicas, medicas, legales, politicas y sagradas. Periodico oficial de la Universidad, destinado al fomento y cultivo de las ciencias, la literatura y la Instruccion publica en Chile. Santiago, Imprenta del Ferro-Carril, 1843 — 1858. Ferner Revista de ciencias y letras, Santiago 1857. Diese belehrungsreiche Collection wurde von Herrn Professor Domeyko der kaiserlichen Expedition zur Verfügung gestellt.

[2] Philosophie und Humaniora; physische und mathematische Wissenschaften; Medicin; Gesetzgebung und politische Wissenschaften; Theologie. Jede dieser Facultäten hat das Recht correspondirende Ehrenmitglieder zu ernennen, und alle zusammen vertreten in Bezug auf ihre Gesammtwirksamkeit und ihre Publicationen die Stelle der Akademien der Wissenschaften in Europa.

[3] Die Früchte der großartigen Sorgfalt, welche man auf den öffentlichen Unterricht verwendet, sind nicht ausgeblieben, wie die neuesten statistischen Ausweise zeigen. Nach denselben stellt sich das durchschnittliche Verhältniß der Bewohner Chile's, welche lesen und schreiben können, bei den Männern wie 1 zu 5.[illegible], bei den Frauen wie 1 zu 10.[illegible], durchschnittlich wie 1 zu 7.[illegible] heraus. Im Jahre 1858 gab es im ganzen Staate 95[illegible] Schulen, welche von 39.657 Schülern (27.288 männlichen und 12.369 weiblichen Geschlechts) besucht wurden.

[4] Außerdem gibt es noch im ganzen Staate 37 öffentliche und 12 namhaftere Privatbibliotheken.

Santiago de Chile.

historische Museum, welches namentlich eine interessante ethnographische und zoologische Sammlung aufzuweisen hat. Das merkwürdigste Object der letzteren ist unstreitig das sogenannte einheimische Reh, Huemul oder Guamul (Cervus chilensis), welches im chilenischen Wappen prangt und lange Zeit für ein fabelhaftes Thier gehalten wurde, weil dasselbe niemals lebend gesehen worden war. Erst im Jahre 1833 schoß man in der Cordillera de Compania in kurzen Zwischenräumen die beiden Exemplare (Männchen und Weibchen), die sich gegenwärtig im National-Museum aufgestellt befinden.[1]

Die Sternwarte ist dermalen noch in einem provisorischen Gebäude auf einem Hügel in der Mitte der Stadt untergebracht; aber schon in den nächsten Jahren dürfte die schöne Baute beendet sein, welche die Regierung außerhalb der Stadt in der Nähe der Ackerbauschule zum Zwecke astronomischer Beobachtungen aufführen läßt. Die vorhandenen Instrumente rühren größtentheils von dem bekannten nordamerikanischen Reisenden Gillis her, welcher vor mehreren Jahren im Auftrage der Regierung der Vereinigten Staaten in mehreren Theilen Südamerika's, namentlich in Chile, wissenschaftliche Beobachtungen anstellte, und nach Beendigung seiner Arbeiten die Instrumente der chilenischen Regierung gegen Entschädigung überließ. Die Leitung der Sternwarte ist einem in astronomischen Kreisen wohlbekannten Deutschen, Herrn Dr. Moesta, anvertraut.

Die seit 1845 gegründete, gleichfalls vom Staate subventionirte Gewerbeschule (Escuela de artes y oficios) wird von einem Franzosen Mr. Jariez mit großem Geschick und Erfolg geleitet. In dieser äußerst praktischen Anstalt werden an hundert Zöglinge im Maschinenbau und den damit verwandten Fächern unterrichtet, und zwar sollen bei der Aufnahme hauptsächlich Kinder armer Eltern Berücksichtigung finden. Die Zöglinge erhalten zugleich Wohnung, Kost und Kleidung unentgeltlich und haben dafür keine andere Verpflichtung einzugehen, als vier Jahre hindurch in der Anstalt zu verbleiben und sodann weitere sechs Jahre ihre erworbenen Kenntnisse der Regierung bei der Herstellung von öffentlichen Bauten gegen entsprechenden Gehalt zu widmen.[2] Man stellte uns einen jungen Chilenen vor,

[1] Vergl. C. Gay, Historia de Chile. Zoologia, vol. I. p. 161.

[2] Im Falle jedoch die Mitwirkung der Zöglinge bei der Ausführung öffentlicher Bauten oder sonstiger Arbeiten nicht benöthigt wird, steht es denselben frei, gleich nach Ablauf ihrer Lehrzeit eine beliebige Stelle anzunehmen oder in irgend ein anderes Dienstverhältniß zu treten

welcher, früher selbst Zögling der Anstalt, gegenwärtig als Vormeister fungirt und zugleich in Mathematik und Zeichnen Unterricht giebt.

Eben so wichtig und vortheilhaft wie die Escuela de artes für Künste und Gewerbe, ist die Quinta Normal für die Landwirthschaft. Diese, erst seit 1851 nach französischem System errichtete Musterschule für den Ackerbau befindet sich außerhalb der Stadt auf einem sehr ausgedehnten Grundstücke, welches gleichzeitig die noch im Bau begriffene neue Sternwarte und den botanischen Garten umfaßt. Der dermalige Director ist ein ehemaliger Schüler der Ecole Centrale in Paris, welcher eine großartige Thätigkeit entwickelt und der Anstalt rasch ein freudiges Gedeihen sicherte. Dieselbe zerfällt in zwei Abtheilungen: in eine école agricole und eine école vetérinaire. Der Unterricht, welcher Ackerbau, Botanik, Thierarzneikunde, dann die Anfangsgründe in der Chemie, Physik, Geologie, Zoologie und Geometrie, so wie Geographie und Zeichnen umfaßt, dauert drei Jahre, worauf jeder in der Anstalt auf Staatskosten aufgenommene Zögling seine Thätigkeit noch sechs Jahre hindurch dem öffentlichen Dienste widmen muß. Die Regierung bestreitet dreißig freie Plätze und will dieselben bis auf sechzig vermehren.

Das kleine, wohlgeordnete Museum enthält eine sehr instructive Sammlung der wichtigsten Nahrungspflanzen und Futtergräser, so wie derjenigen Gesteinsarten, auf welchen diese am besten und freudigsten gedeihen, ferner eine Anzahl aus Papiermasse äußerst naturgetreu dargestellter Früchte solcher Bäume und Pflanzen, deren Anbau die Anstalt in der Absicht unternimmt, um dieselben zur geeigneten Zeit an Landwirthe zu verkaufen und so nicht nur die Veredlung der Cultur zu fördern, sondern auch ihre Einnahmsquellen zu vermehren. Der Käufer vermag sich auf diese Weise die Art der Früchte zu veranschaulichen, welche ihm die zu erwerbenden Bäumchen u. s. w. bringen werden, und diese vortreffliche Einrichtung trägt gewiß nicht wenig dazu bei, daß die Anstalt in einem Lande, wo man der Agricultur bisher so wenig Sorgfalt zuwandte, für verkaufte Setzlinge, Pflanzen und Sämereien eine nicht unerhebliche Summe einnimmt.

Der umsichtige, eifrige Director bemüht sich zugleich den chilenischen Landwirth für die Cultur von Rüben, Wurzeln u. s. w.[1] zu gewinnen, welche im Winter als Viehfutter verwendet werden können, und sowohl eine bessere Bewirthschaftung der Felder herbeiführen, als auch die Lage

[1] Die sogenannte culture sarclée de l'hiver.

des Landwirthes im Allgemeinen wesentlich verbessern würden. Gegenwärtig, wo diese Art von Anbau hier gar nicht gekannt ist, muß jedes Jahr so mancher Landwirth, sobald die Winterszeit eintritt, seine Kühe und Ochsen aus Mangel an Futter wegleihen, verkaufen oder gar tödten, und sich selbst, bis zur Wiederkehr des Frühlings, als Taglöhner verdingen. Durch die Einführung und Ausbreitung einer Cultur, welche ihm die Möglichkeit an die Hand giebt, seinen Viehstand das ganze Jahr hindurch ernähren zu

Chilenische Bauern.

können, würde seine unstäte Lebensweise aufhören, sein Hauswesen sich verbessern, sein ganzer Zustand an Sicherheit und Behagen gewinnen.

Auch hier, in der Escuela Normal sahen wir den Sorgho oder das chinesische Zuckerrohr mit großem Nutzen gebaut. Trotzdem, daß das Eis[1]

[1] Der ganze Eisbedarf von Valparaiso und Santiago wird durch amerikanische Schiffe, welche das Eis aus Boston bringen und hier zu 1 Cents (4½ Kreuzer) per Pfund verkaufen, gedeckt. Das Eis kommt aus Nordamerika billiger zu stehen als von den Anden, obschon diese nur 18—50 englische Meilen von der Küste entfernt sind und daselbst zu gewissen Jahreszeiten bereits auf einer Höhe von 6000 Fuß Eis gefunden wird.

in Santiago zuweilen im Winter eine Dicke von zwei Linien erreicht, leidet der Sorgho keinerlei Schaden, sondern liefert drei Ernten im Jahre und leistet besonders als Futterkraut vortreffliche Dienste. Der erste Samen dieser Grasart, welche, wie kaum eine andere Nahrungspflanze, binnen wenigen Jahren die Reise um die Erde gemacht und in fast allen Theilen der Welt mit Nutzen gebaut wird, ist in Chile zuerst aus den nordamerikanischen Freistaaten eingeführt worden.

Professor Domeyko, welcher eine sehr schöne geologische und mineralogische Sammlung besitzt, hatte die Güte, der Expedition eine Anzahl interessanter und werthvoller Erze aus den Kupfer-, Silber-, Kobalt- und Quecksilberminen des Landes zum Geschenk zu machen; und wenn auch unser reicher Vorrath an Druckschriften und geologischen Sammlungen, die wir der Munificenz des Directors der k. k. geologischen Reichsanstalt verdankten, und welche an wissenschaftliche Institute in den verschiedenen, von uns besuchten Ländern als Geschenke überreicht werden sollten, bereits erschöpft war,[1] so hatten wir doch die Genugthuung zu erfahren, daß das kaiserliche Institut, dessen hochverdienter Leiter den Ruhm der geologischen Forschung in Oesterreich über die ganze Erde zu verbreiten sich bestrebt, mit dem naturwissenschaftlichen Museum der chilenischen Republik bereits einen lebhaften Verkehr unterhält.

Wenige Tage nach unserer Ankunft in Santiago hatte der Befehlshaber der Expedition die Ehre, vom Präsidenten der Republik Chile's, Sr. Excellenz Don Manuel Montt, in besonderer Audienz empfangen zu werden. Der Commodore war von dem österreichischen Generalconsul und einem Mitgliede der Expedition begleitet. Der Empfang geschah in einem prunklos, aber höchst elegant eingerichteten Saale des palaisartigen, im modernen Styl und Geschmack erbauten Regierungsgebäudes. Don Manuel Montt, ein kleiner untersetzter Herr mit dunklen, tiefgefurchten Gesichtszügen und glatten, etwas struppigen Haaren, hatte bei den letzten Ereignissen mehr Muth und Energie bewiesen als sein Aeußeres verräth, und von der ihm übertragenen Dictatur einen so mäßigen, weisen Gebrauch gemacht, daß er

[1] Der Director der k. k. geologischen Reichsanstalt, Herr Hofrath W. Haidinger, welcher von Anfang an die Zwecke der ersten österreichischen Erdumseglungs-Expedition mit der ganzen Hingebung eines wissenschaftfördernden Gelehrten und eines begeisterten Patrioten zu unterstützen sich beeilte, hatte die Aufmerksamkeit, dem Verfasser eine Anzahl Kistchen mit Publicationen der kaiserl. Anstalt und kleinen Sammlungen von Tertiär-Petrefacten aus dem Wiener Becken in der Absicht mitzugeben, um jede wissenschaftliche Institute in verschiedenen Erdtheilen damit zu beschenken, und die großartigen Verbindungen der berühmtesten wissenschaftlichen Anstalt des österreichischen Kaiserstaates durch neue zu bereichern.

sich die Bewunderung und Verehrung aller wahren Vaterlandsfreunde erwarb. Der Präsident erschien in Begleitung des Ministers der auswärtigen Angelegenheiten, Don Jerónimo Urmeneta, eines Mannes von feinen, einnehmenden Manieren, welcher seine Studienjahre in den Vereinigten Staaten von Nordamerika zubrachte, und geläufig englisch spricht.

Die Unterredung drehte sich hauptsächlich um den, von der kaiserlichen Regierung beabsichtigten Abschluß eines Handels- und Schifffahrtsvertrages, von welchem der Commodore dem Präsidenten einen Entwurf in spanischer Sprache überreichte. Don Manuel, wie der höchste Beamte des chilenischen Freistaates nach Landessitte kurzweg genannt wird, drückte seine größte Bereitwilligkeit aus, dieser Intention zu willfahren, und gab in jeder Beziehung den aufrichtigen Wunsch zu erkennen, mit dem österreichischen Kaiserstaate in die intimsten Beziehungen zu treten und alle jene diplomatischen Vereinbarungen zu treffen, welche die Interessen beider Völker zu wahren und zu fördern geeignet erscheinen. Auch mit den wissenschaftlichen Instituten unseres Vaterlandes wünschte Don Manuel den regsten Verkehr hergestellt, und als Beweis seiner lebhaften Theilnahme für die Zwecke der kaiserlichen Expedition ließ er derselben Gay's Prachtwerk, so wie eine großartige Sammlung aller in Chile in den letzten zehn Jahren veröffentlichten statistischen und parlamentarischen Documente und akademischen Abhandlungen als Geschenk überreichen.

Die Hoffnung des Commodore, den Abschluß des Handelsvertrages noch während der Anwesenheit der Expedition in Valparaiso zu bewerkstelligen und das bezügliche Document zu unterfertigen, wurde hauptsächlich durch die politischen Ereignisse vereitelt, welche zu jener Zeit die Aufmerksamkeit der Regierungsmänner ausschließlich beschäftigten. Es galt, durch weise Maßregeln und energisches Auftreten die, zwei Monate vor unserer Ankunft ausgebrochene Revolution zu unterdrücken, bevor dieselbe ernstere Dimensionen angenommen hatte. Die Insurgenten waren indeß nicht heißblütige Republikaner, die größere Freiheiten forderten, sondern Ultramontane (deren es wie allenthalben auch in Republiken giebt), welche die dermalige freisinnige Regierung stürzen und eine gefügigere, den Parteiinteressen mehr Rechnung tragende an ihre Stelle setzen wollten. Die Besorgniß, daß, wenn die Insurrection weiter um sich griffe, ein verheerender Bürgerkrieg ausbrechen und Wohlstand und Ruhe auf viele Jahre hinaus gefährdet werden könnten, war eine wohlbegründete. Denn mehrere der vornehmsten und angesehensten Bürger Chile's, so wie die in spanischen Ländern noch immer so mächtige clericale Partei hatten sich den Insurgenten angeschlossen, deren junger und kühner Führer, Don Pedro Gallo, einer der vermögendsten und einflußreichsten Patricier-Familien Chile's angehörte. Es war demselben bereits gelungen, in den nördlichen Provinzen, wo seine Familie am meisten begütert ist, einen drohenden Aufstand zu bewirken und den Verkehr mit der Minenstadt Copiapó zu unterbrechen. Die Mutter Gallo's, eine Matrone von einigen sechzig Jahren, harangüirte vom Balcone ihres Hauses in Copiapó aus die von ihrem Sohne befehligten Truppen und schrie wiederholt in die laute Menge die zündenden Worte, „sie wolle den letzten Cent ihres Vermögens dem Sturze der dermaligen Regierung und dem Siege der Partei der Peluqueros [1] zum Opfer bringen!"

Der unversöhnliche Haß, welchen die vornehmen Patricier-Familien des Reiches gegen Don Manuel nähren, entspringt vor allem aus seiner niederen Herkunft, indem er angeblich Mestitze sein, und somit Indianerblut in seinen Adern führen soll. Zu dieser Abneigung der chilenischen Haut-Aristokratie gegen Mischlinge gesellt sich aber noch der erschwerende Umstand, daß Don Manuel Montt, wie es jeder Tag seiner Administration bezeugt, entschieden den politischen, geistigen und religiösen Fortschritt will, und es daher für alle Zeiten mit einer gewissen Partei verdorben hat, welcher namentlich die chilenischen Frauen, die sich aufs politische Proselytenmachen besser wie mancher Diplomat verstehen, ungemein ergeben sind. Welche ungeheure Summen man auch in Chile dem politischen Ehrgeize und der Parteileidenschaft zum Opfer zu bringen gewillt ist, beweist die Thatsache, daß die Familie Gallo beim Ausbruch der Insurrection ihr ganzes Vermögen, das man auf drei Millionen spanische Piaster schätzte, revolutionären Zwecken zu widmen entschlossen war. Glücklicher Weise wurde der Aufstand zum Wohle der pecuniären Interessen der Familie wie des Staates unterdrückt, bevor er noch ungeheure Summen verschlungen hatte, obschon Kriegführen auch in Chile ein höchst kostspieliges Unternehmen ist. Der Intendant von Valparaiso, Don Joaquin Novoa, gestand uns selbst, daß die Erhaltung der reich besoldeten chilenischen Armee, welche nicht viel

[1] Peluqueros (Whigs), wörtlich Perückenmacher, werden in Chile die Anhänger der conservativen oder vielmehr reactionären Partei genannt.

über 8.000 Mann zählt, der Regierung wöchentlich über 500.000 spanische Piaster oder 1,050.000 Gulden österr. Währung kostet!

Die Abende unseres Aufenthaltes in Santiago de Chile brachten wir gewöhnlich in Familienkreisen zu, und erstaunten nicht wenig über den Aufwand und die Eleganz, welche hier, sowohl in Bezug auf die Ausstattung der Empfangszimmer als auch auf die Toilette der Anwesenden unsern Augen begegneten. Freilich waren es die vornehmsten und reichsten Familien des Landes, die wir besuchten, aber wir hätten sie doch nicht mit allen den prunkvollen und kostbaren Einrichtungen französischer Mode schon so vertraut gedacht. Von außen sehen die Häuser der chilenischen Patricier wohl massiv, aber keineswegs vornehm oder imposant aus. Die schwerfälligen eisernen Gitter, welche die hohen breiten Fenster umgeben, machen vielmehr einen unheimlichen, düstern Eindruck. Der große, viereckige Hof oder Patio, den die Wohnzimmer einschließen, und welcher eine Haupteigenthümlichkeit der spanisch-amerikanischen Wohnhäuser von Chile bis Mexico ist, dient weniger dazu, den verschiedenen Räumen mehr Licht und Luft zuzuführen, als um im Falle von Erdbeben (welche indeß in Chile äußerst selten und nur von geringer Bedeutung sind) sich dahin flüchten und so desto leichter retten zu können. Auf den Empfangsaal wird in der Regel die meiste Sorgfalt und der größte Aufwand verwendet; man merkt es jedem Möbel und jedem Gegenstand, der sich darin befindet, an, daß sie auf einen gewissen Effect berechnet sind. Die Kosten und Gefahren, welche mit dem Transport eines kolossalen Spiegels, eines kostbaren Pianofortes und anderer Prunkgeräthe, aus den berühmtesten Pariser Fabriken bis nach der chilenischen Hauptstadt verknüpft sind, verdienen wohl, daß der Besucher diese Schaugegenstände eines Blickes der Bewunderung würdigt.

Die Conversation, welche sich in den meisten südamerikanischen Salons, bei dem beschränkten Ideenkreis der Mehrzahl der spanischen Creolinnen, gewöhnlich nur um die gewöhnlichsten Dinge dreht, gewinnt hier in soferne an Interesse und Lebendigkeit, als das schöne Geschlecht in Chile an der Politik den regsten Antheil nimmt, und mit Vorliebe die wichtigsten politischen Vorgänge zur Folie des Gespräches und einer, freilich oft sehr naiven Debatte macht.

Noch gemüthlicher als die Abende, welche wir in Santiago in den patricischen Cirkeln der Stadt zubrachten, waren jene, die wir bei einem seit zehn Jahren hier ansässigen, österreichischen Landsmanne, Herrn Dr. Herzl, und bei einer deutsch-spanischen Familie verlebten. Hier hatten nicht, wie bei den Eingeborenen, die politischen Ereignisse oder vielmehr die Parteileidenschaft Musik und Gesang in Bann gelegt, man bediente sich der letzteren vielmehr als Mittel, sich zu erheben und die politischen Grillen, wenigstens momentan, zu verscheuchen.

In chilenischen Salons hörte man nur von Politik sprechen; hier war das Ziel der Conversation Literatur und Kunst, und der Glanzpunkt der Unterhaltung deutsche Musik und deutscher Gesang. Madame Z., eine geborne Madriderinn, in zweiter Ehe mit einem Deutschen aus Bremen verheiratet, ist ein wahres musikalisches Phänomen. Sie hatte in ihrer Jugend mit Mad. Malibran das Pariser Conservatorium besucht, und obwohl sie gegenwärtig 54 Jahre zählt und Mutter von sechzehn Kindern ist, so entzückt sie doch noch immer durch den Wohlklang ihrer Stimme und ihren geistvollen Vortrag.

Der Haupt-Ingenieur und Director der Südbahn (ferro Carril del Sur), ein Nordamerikaner Namens Evans, erwies einigen Expeditionsmitgliedern die Aufmerksamkeit, sie zu einer Fahrt nach der 17 englische Meilen von Santiago entfernten Maipú-Brücke, dem interessantesten Bauobject der ganzen Strecke, einzuladen und seine Gäste persönlich dahin zu begleiten. Wir fuhren um ein Uhr Nachmittags mit einem gewöhnlichen Zuge von der Hauptstadt ab. Die Bahn ist bestimmt Santiago mit dem überaus fruchtbaren District von Talca (180 Meilen) zu verbinden, und dürfte auf die Hebung der Landwirthschaft daselbst nachhaltigen Einfluß üben.

Die Fahrt durch das Thal von Santiago ist außerordentlich interessant, indem der Dampfwagen fortwährend längs den Cordilleren hinbraust und vor den Augen des in Bewunderung versunkenen Reisenden noch erhabenere Alpenlandschaften vorüberziehen, als dies z. B. auf der, an Großartigkeit der Bauten unerreichten Bahn über den Semmering der Fall ist. Man fährt hier gewöhnlich mit einer Schnelligkeit von 25 englischen Meilen per Stunde; doch wird dieselbe bei Schnelltrains bis auf 60 Meilen per Stunde ausgedehnt. Da zu beiden Seiten die üppigen Weideplätze von zahlreichen Viehheerden bedeckt sind, welche zuweilen ihre Wanderungen über die Bahn ausdehnen, so wurden früher durch die Fahrlässigkeit der Conducteure sehr viele Thiere getödtet und die Direction kam dadurch

Val de Independencia, mit den Cordilleren.

beständig in Conflicte mit den Landwirthen. Herr Evans hat nun eine vierteljährige Prämie von 30 spanischen Piastern für jeden Zugführer in dem Falle ausgesetzt, wenn im Laufe dieser Frist keine Thiere durch Ueberfahren getödtet werden, und diese Maßregel soll den günstigsten Erfolg haben. Die Eisenbahn ist solid, aber höchst einfach gebaut, die Wartsäle auf den einzelnen Stationen sind keineswegs mit jenem Luxus ausgestattet, wie ihn zum großen Bedauern der Actionäre einige europäische Bahnen entfalten, aber die Dividenden fallen dafür desto ergiebiger aus.[1]

Die schöne, großartig construirte eiserne Brücke, welche über das 1500 Fuß breite Flußbett des Maipú[2] zu führen bestimmt ist, wurde gleich allen, zur Herstellung der Bahn nöthigen Gegenständen, mit Ausnahme des Holzes, aus den nordamerikanischen Staaten eingeführt. Wie schwierig und kostspielig in Chile der Landtransport von Waaren ist, davon mag man sich einen Begriff machen, wenn wir beifügen, daß die Beförderungskosten einer Tonne Frachtgüter (2140 englische Pfund) von New-York nach Valparaiso (beiläufig 10.000 Seemeilen) 5 spanische Piaster betragen, während der Transport einer Tonne Waaren von Santiago nach Valparaiso (100 englische Meilen) 35 Piaster kostet!

Obschon bei der Rückfahrt von Maipú nach Santiago bereits der Abend hereinbrach, und über die Landschaft sich ein düsterer Nebel lagerte, welcher uns den größten Theil des Weges jede Aussicht verwehrte, so waren wir doch so glücklich, kurz bevor wir unseren Zielpunkt erreichten, den majestätischen Anblick der, von der untergehenden Sonne bestrahlten, höchsten Spitze der chilenischen Cordilleren zu genießen, ein Schauspiel, welches mit dem Alpenglühen im Norden viele Aehnlichkeit hatte, aber durch die Neuheit

[1] Die bisher in Chile in Angriff genommenen und theilweise schon in Betrieb befindlichen Eisenbahnen sind:

a. Von Valparaiso nach Santiago (110 englische Meilen), auf Staatskosten gebaut und auf eine Gesammtsumme von 7,150.000 spanische Piaster veranschlagt. Zur Zeit unserer Anwesenheit erst bis Quillota (30 Meilen) fahrbar, soll sie doch bis 1862 der ganzen Länge nach vollendet sein;

b. von Valparaiso nach Talca (180 Meilen) und

c. vom Port Caldera nach Copiapó, der Hauptstadt des Minendistrictes (50 Meilen). Beide von Privatgesellschaften gebaut. Von Copiapó führt eine Bahn nach Pabellon und von dort eine mit Maulthieren befahrene Bahn nach den Minen von Chanarcillo (4.100 Fuß über dem Meere). Herr Evans hat eine neue Art von Locomotiven construirt, um selbst diese steile Strecke mit Dampfkraft befahren zu können. Endlich steht der Bau einer Eisenbahn in Aussicht, um Copiapó mit dem Minendistrict Tres Puntas zu verbinden.

[2] 1882 Fuß über dem Meere.

der Objecte und die Plötzlichkeit und Kürze, mit welcher es sich unseren Blicken darbot, noch an Zauber und Gewalt des Eindruckes gewann.

Am 30. April Mittags kehrten wir wieder von Santiago nach Valparaiso zurück. Wir bedienten uns diesmal eines anderen Vehikels, der sogenannten amerikanischen Postkutsche,[1] um eine verschiedene Route kennen zu lernen, und hatten das Vergnügen, auf dieser Fahrt von einem jungen Deutschen, Namens Volkmann, begleitet zu werden, welcher an der Seite des geschätzten Geologen Pissis thätig ist, und sich bereits manche Verdienste um die wissenschaftlichen Aufnahmen Chile's erworben hat. Da die Postkutsche in Melepilla, einem niedlichen, in freundlicher Thalebene gelegenen Städtchen, Nachtstation hielt und erst am nächsten Morgen die Fahrt nach der Hafenstadt fortsetzte, so benützten wir diesen Aufenthalt, um einer in der Nachbarschaft begüterten chilenischen Familie einen improvisirten Besuch abzustatten. Wir ritten nach der ungefähr zwei englische Meilen von Melepilla entfernten Besitzung oder Hacienda Las Esmeraldas, wo wir von dem gastlichen Don José Antonio Lecaros und seiner liebenswürdigen Familie auf das Herzlichste, wie alte Bekannte aufgenommen wurden. Die meisten reichen Grundbesitzer der Provinz leben nur einige Monate des Jahres in ihren großartigen Wohnhäusern in Santiago oder Valparaiso und bringen die übrige Zeit in behaglicher Zurückgezogenheit auf ihren Gütern zu. Das kleine, von außen unansehnliche Wohngebäude war im Innern mit unendlich viel Comfort eingerichtet, und die Damen des Hauses kamen uns, obschon man in so später Stunde kaum einen Besuch mehr erwarten konnte, in den elegantesten Pariser Toiletten entgegen. Es überraschte uns dies um so mehr, indem die Landestracht viel hübscher und graciöser kleidet, als die europäische, und selbst ältere Frauengestalten in dunklen Seidenkleidern, ein langes schwarzes Umhängtuch über den Kopf und das linke Ende desselben über die rechte Achsel geworfen, ungemein zierlich und anmuthig aussehen.

Auch hier nahm das Gespräch sogleich eine politische Färbung an und es schien sogar, daß der Aufenthalt der weiblichen Gesellschaft in der gegenwärtigen ungünstigen Jahreszeit in Las Esmeraldas weniger der Liebe zur Natur als einem politischen Schmollen zugeschrieben werden mochte. Denn die chilenischen Frauen gefallen sich, wie ihre romanischen Stammgenossinnen

[1] American Mail-coach, so genannt weil die Unternehmung von einem Nordamerikaner ins Leben gerufen wurde.

in politischen Demonstrationen. Doch treten sie meistens für den Sieg des ultramontanen Elementes in die Schranken, was wohl am deutlichsten den Einfluß kennzeichnet, dem sie in ihrer nur eingebildet selbstständigen politischen Anschauung unterworfen sind. Das Haupt der Familie, ein biederer, noch rüstiger alter Herr, erzählte uns viel von seiner Besitzung, von den Verbesserungen, die er bereits vorgenommen hatte und noch einzuführen beabsichtige, und wir bedauerten um so mehr, daß uns die vorgerückte Abendstunde nicht erlaubte, die großartige Hacienda näher zu besichtigen,

Chilenische Frauen.

als das Gut im Rufe vorzüglicher Bewirthschaftung steht und Ländereien von solcher Ausdehnung umfaßt, daß mehrere tausend Stück Hornvieh und Pferde darauf Weide finden. Gleichwohl gehört Las Esmeraldas, was Umfang und Zahl der Zuchtthiere betrifft, bei weitem nicht zu den bedeutendsten Haciendas chilenischer Großgrundbesitzer.

Der Abend wurde im traulichen Salon auf die angenehmste Weise mit Musik und Gesang zugebracht. Eine der Töchter des Hauses spielte eine Beethoven'sche Sonate, eine andere sang Mendelssohn'sche und Schubert'sche

Lieder, und zwar, wie wir glauben, nicht blos um die deutschen Gäste zu ehren, sondern aus persönlicher Vorliebe und Neigung für die classischen Schöpfungen der beiden deutschen Componisten.

Wir ritten noch des Nachts von Las Esmeraldas nach Melepilla und setzten am nächsten Morgen — es war der 1. Mai 1859 — die Reise nach Valparaiso fort, wo wir gegen vier Uhr Nachmittags wieder eintrafen, voll der mannigfaltigsten, wohlthuendsten Erinnerungen, die wie ein Abendglühen unsere Seele durchschimmerten.

Als wir in Valparaiso ankamen, war die Fregatte Novara bereits segelklar. Doch mochte sich ihre Abfahrt noch um mehrere Wochen verzögern, indem der Befehlshaber die nächste Post aus Europa abzuwarten beabsichtigte, um auf Grund der, mit derselben erwarteten Befehle über die weitere Reiseroute zu beschließen. Man hoffte in hiesigen Kreisen noch immer auf das Zustandekommen eines Fürsten-Congresses und auf eine friedliche Beilegung der herrschenden Differenzen. Sollte es aber zu einem Kriege kommen, dann war es, namentlich unter den hiesigen Deutschen, eine ausgemachte Sache, daß Deutschland ein Bundesgenosse Oesterreichs sein werde. Die Enttäuschung sollte nicht lange auf sich warten lassen. . . . .

Die Ungewißheit des Aufenthaltes gestattete nicht mehr Ausflüge in größere Entfernung zu unternehmen, und die Naturforscher bemühten sich daher in der Hafenstadt und ihrer Umgebung für ihre Zwecke thätig zu sein. Die Directoren der Eisenbahn zwischen Valparaiso und Santiago, welche jedoch erst bis nach dem Städtchen Guillota befahren wurde, erwiesen den Mitgliedern der Expedition die besondere Aufmerksamkeit, dieselben zur freien Benützung auf der Bahn einzuladen, und der Haupt-Ingenieur Herr Lloyd hatte überdies an die Aufseher auf den einzelnen Stationen die Weisung ergehen zu lassen, den fremden Gästen bei ihren etwaigen Forschungen und Sammlungen nach Kräften behülflich zu sein. — Wir fanden leider nicht Zeit, von dieser überaus freundlichen Einladung häufigen Gebrauch zu machen, noch die merkwürdigen geologischen Aufschlüsse längs der Bahn so wie diese selbst ausführlicher zu studiren.

Ein einziges Mal gelang es uns, eine Fahrt nach Guillota, dem chilenischen Spaa, zu unternehmen. Diese 30 Meilen lange Strecke[1] wird stark befahren, die Einnahmen belaufen sich monatlich auf 20—25.000 spanische Piaster.

[1] Man bezahlt für diese Fahrt, je nach der Wagenclasse 3, 2 oder 1 Piaster.

Das Städtchen Quillota, in einem fruchtbaren mit Weinreben und Obstbäumen bepflanzten Thale gelegen, hat eine große Ausdehnung und die calle larga oder lange Straße besitzt eine Länge von beiläufig 6 englischen Meilen. Die Häuser haben meist nur ein Erdgeschoß und sind niedrig und unansehnlich, aber reinlich. Der Fremde, welcher Quillota durchwandert und den lästigen Staub in den Straßen, so wie den sehr geringen Comfort im Innern der Wohnhäuser wahrnimmt, findet die Wahl dieses Ortes zu einem Sommeraufenthalt der eleganten Welt eben so unbegreiflich, als die Veranlassung, welche die spanischen Seefahrer, denen Valparaiso seinen Namen verdankte, bewogen haben mag, diese Ansiedlung mit ihren sandigen, vegetationslosen Hügeln und Schluchten „Paradiesesthal" zu nennen. Möglicher Weise sind die Sommergäste, welche alljährlich von October bis März schaarenweise nach Quillota wandern, genug Naturfreunde, um für den Mangel an bequemer Einrichtung und häuslichem Comfort in der sie umgebenden Landschaft eine hinreichende Entschädigung zu finden. Allerdings ist die Natur rings umher überaus lieblich, das Thal reich an üppiger Vegetation und großartigen Fernsichten, und von dem 150—200 Fuß hohen Mañaca-Hügel, auf dessen höchstem Punkt Missionsprediger im Jahre 1849 ein großes hölzernes Kreuz errichteten, eröffnet sich dem Beschauer ein herrliches Bild von ergreifender Wirkung, besonders wenn sich die Sonne gerade dem Untergange zuneigt und die, ihrer glockenähnlichen Form wegen Campaña und Campanita genannten 3—4000 Fuß hohen Bergkuppen bescheint. Vielleicht aber sind es auch die in Quillota bestehenden öffentlichen Spielhäuser, die Pharao- und Roulettetische, auf denen oft ungeheuere Summen markirt stehen, welche die Bevölkerung der Hafenstadt namentlich an Sonntagen anlockt.

Eine auffallende Erscheinung ist das große Mißverhältniß, welches hier zwischen dem männlichen und weiblichen Geschlechte besteht. Man sieht fast nur Frauen auf den Straßen, oder ziemlich geputzt auf niederen Stühlen vor der offenen Hausthür sitzen, die Hände mit einer Arbeit, die Blicke mit den Vorübergehenden beschäftigt. Die zahlreiche männliche, arbeitende Bevölkerung findet es nämlich vortheilhafter, statt zu Hause Feldbau zu treiben, in der Hafenstadt Arbeit zu suchen und sich daselbst für hohen Lohn zu verdingen; und so geschieht es, daß in Quillota, ähnlich wie in Fischerdörfern an der Seeküste, ein großer Theil der männlichen Bewohnerschaft oft Wochen lang vom Hause abwesend ist und das Städtchen dadurch gewissermaßen das Ansehen einer Amazonen-Ansiedlung gewinnt.

Wir unternahmen von Quillota aus eine Fahrt nach der, drei Leguas (9 Meilen) entfernten großen Hacienda La Calera, der Besitzung eines Boliviers. Ein Theil derselben ist mit Mandelbäumen bepflanzt, der bei weitem größte Theil aber der Weincultur gewidmet. Einer der Mandatoren oder Aufseher bat uns in das elegant eingerichtete Wirthschaftsgebäude zu treten und ließ uns neuen Wein, hier Chicha[1] genannt, kosten, der sehr gut und süß schmeckte. Die Chicha erfreut sich in Chile eines ungeheuren Verbrauches, und wird in großen, schlauchartigen Säcken aus Thierhaut selbst nach weiten Entfernungen verführt. Durch diese Art von Aufbewahrung erhält aber das Getränk, welches man hier allenthalben, wie Most oder Aepfelwein in deutschen Schenken feilgeboten sieht, einen wenig angenehmen Beigeschmack.

In Valparaiso hatten wir das Vergnügen mit Herrn Kindermann zu verkehren, einem der Gründer der deutschen Niederlassung in Valdivia, welcher längere Zeit dort angesiedelt war und noch jetzt bedeutende Ländereien daselbst besitzt. Auch Herrn Dr. Philippi lernten wir kennen, welcher, obschon an der Universität in Santiago als Professor der Naturgeschichte angestellt, gleichfalls großen Antheil an der Besiedlung Valdiviens nimmt. Aus allen, über den Zustand der deutschen Colonie an competenter Stelle eingezogenen Erkundigungen geht hervor, daß das Haupthinderniß eines glücklichen Gedeihens und eines großartigen Aufschwunges derselben der Mangel an Straßen ist, und daß die Fruchtbarkeit der Provinz an werthvollen Naturproducten zu den schönsten Hoffnungen berechtigt, sobald nur einmal durch bessere Verkehrswege die Mittel geboten sind, für die zahlreichen Erzeugnisse des Bodens einen Markt und Käufer zu finden.

Auch eine andere deutsche Colonie, welche, mit ausgedehnten Privilegien ausgestattet, im Jahre 1853 in Punta Arenas[2] in der Magelhaens-Straße gegründet wurde und ungefähr 150 Ansiedler zählt, zeigt in einem mit Unrecht verschrieenen Klima nicht nur die erfreulichsten Spuren von Lebensfähigkeit, sondern verspricht sogar für den chilenischen Freistaat sowohl, als auch für die Navigation der patagonischen Straße im Allgemeinen

[1] Sprich: Tschitscha.

[2] Sandy Point der Engländer.

von großer Bedeutung zu werden.[1] Dies wird namentlich dann der Fall sein, wenn sich, wie alle Aussicht vorhanden, das Project einer Gesellschaft chilenischer Patrioten realisirt, in der Magelhaens-Straße eine Anzahl von Dampfern mit der Bestimmung aufzustellen, die von Osten nach Valparaiso oder überhaupt nach Westen segelnden Schiffe durch die Straße zu remorquiren.

Um die Wichtigkeit eines solchen Unternehmens für Chile sowohl als auch für die seefahrenden Nationen überhaupt zu ermessen, muß man die Thatsache in Betracht ziehen, daß durch die Benützung der berühmten Meerenge nicht nur die Gefahren des Cap Horn beseitigt würden, sondern auch wesentlich an Zeit erspart werden möchte. Maury schlägt den Zeitaufwand, welchen ein Segelschiff benöthigt, um von der östlichen Einfahrt der Straße um das Cap Horn nach der westlichen zu gelangen, auf 25 Tage an. Das Remorquiren würde aber höchstens 4 — 5 Tage in Anspruch nehmen, und daher die Reise um mehr als 20 Tage abgekürzt werden. Die jährlich um das Cap Horn nach Valparaiso segelnden Schiffe dürften annähernd mindestens einen Gehalt von 120,000 Tonnen haben und der Werth ihrer verschiedenen Ladungen beiläufig 16,000,000 spanische Piaster betragen. Die pecuniären Vortheile, welche Segelschiffen durch die Benützung der Magelhaens-Straße und durch die dabei erzielte Zeitersparniß erwachsen, schlägt die Gesellschaft nach einer oberflächlichen Berechnung auf 257,776 spanische Piaster an.[2]

Noch größer stellen sich die Vortheile heraus, wenn man sämmtliche Segelschiffe, welche jährlich den Weg von Osten nach Westen um das Cap Horn nehmen, in Rechnung bringt. Denn ihre Zahl beträgt mehr als 500, mit einem Gehalt von 400,000 Tonnen und einem Werth an Waaren von 53,000,000 Piastern.

[1] Vicente Perez-Rosales, ein geborener Chilene, hat kürzlich in Hamburg, wo derselbe als Generalconsul fungirt, unter dem bescheidenen Titel: Essai sur le Chili ein sehr umfassendes und lehrreiches Werk über seine Heimat veröffentlicht, welches sowohl über die junge Colonie als über das Territorium der Magelhaens-Straße im Allgemeinen interessante und ausführliche Mittheilungen enthält.

[2] Diese Annahme ist auf folgende Berechnung gegründet:

Von 120,000 Tonnen Gehalt, im Werthe von 40 Piastern per Tonne, also 4,800,000 Piaster, belaufen sich die Interessen, Unterhaltungskosten der Mannschaft, Assecuranzgebühren, u. s. w. auf 30% jährlich, oder für 20 Tage auf 80,000

ferner betragen die Interessen und Assecuranzgebühren der Waaren im Gesammtwerthe von 16,000,000 Piastern à 20% für 20 Tage 177,776

Somit ergibt die Benützung von Remorqueurs durch die Magelhaens-Straße für die Schiffsrheder und Waarenverkäufer ein Ersparniß von . . . . Piastern 257,776 oder 541,329 Gulden österr. Währung.

Die Unternehmer beabsichtigen sowohl am Cap Virjen an der östlichen, als auch am Cap Pilar an der westlichen Seite der Straße einen Leuchtthurm und eine Telegraphenverbindung zu errichten, so wie in der vortrefflichen „Possession-Bai", 40 Meilen östlich von Cap Virjen, und in der Einfahrt zum Canal Smythe, 35 Meilen östlich vom Cap Pilar, die nöthigen Stations-, Verwaltungs- und Fabriksgebäude anzulegen. Vier bis fünf Dampfschiffe, jedes von mindestens 500 Tonnen Gehalt, sollen das Geschäft des Schleppens besorgen, für welches jedes Segelschiff nicht mehr als 1½ spanische Piaster per Tonne zu bezahlen haben würde, somit weniger, als für das Remorquiren von Segelschiffen in China, Australien u. s. w. entrichtet wird.

Das Zustandekommen des Unternehmens, welches für den transandinischen Handel eine unberechenbare Tragweite hätte, hängt hauptsächlich von der Geneigtheit der chilenischen Regierung ab, der Gesellschaft, welche so Schwieriges und Großartiges zu leisten verspricht, eine angemessene Subvention und gewisse Erleichterungen in der Ausführung des Projectes zu gewähren. Ihre Forderungen sind nichts weniger als übertrieben. Sie verlangt während eines Zeitraumes von fünfzehn Jahren für die ersten fünf Jahre eine jährliche Staatsunterstützung von 125.000 spanischen Piastern,[1] dann für weitere fünf Jahre 100.000 Piaster und für die letzten fünf Jahre 75.000 Piaster jährlich, nach welcher Frist jegliche Unterstützung von Seite des Staates zu erlöschen hat. Ferner verlangt die Gesellschaft während fünfzehn Jahren das ausschließliche Recht der Ausbeute der in der patagonischen Straße aufgefundenen Steinkohlenlager,[2] die unentgeltliche Ueberlassung der, für die Errichtung der verschiedenen Stations-Gebäude nöthigen Grundstücke, so wie endlich die Befugniß, in allen Theilen der Magelhaens-Straße sowohl, als auch in den anstoßenden Canälen Holz fällen zu dürfen, und zwar unter der Bedingung, daß nur die eine Hälfte

[1] Die Dampfschiffsgesellschaft, welche gegenwärtig zweimal monatlich Briefe und Packete von Valparaiso nach den südlichen Häfen Chile's befördert, erhält vom Staate eine jährliche Subvention von 50.000 spanischen Piastern.

[2] Nach den Berichten des Herrn Georg Schythe, Gouverneurs der kleinen Colonie in der Magelhaens-Straße, fanden sich in der Nähe von Punta Arenas sehr ergiebige Steinkohlenlager. Obschon dieselben schwer zugänglich sein sollen, so dürfte sich gleichwohl ihre Ausbeute durch die hohen Preise, welche für Kohlen in den Häfen der Ostküste bezahlt werden, von großem Nutzen erweisen. In Buenos-Ayres und Montevideo, wohin man die Kohlen in 12—15 Tagen befördert, wird die Tonne (2000 Pfund) durchschnittlich mit 12 spanischen Piastern bezahlt.

der auf diese Weise gelichteten und urbar gemachten Grundstücke Eigenthum des Staates verbleibe, die andere hingegen in den dauernden Besitz der Unternehmer oder ihrer Erben übergehe. Vom Tage an, wo dieses Unternehmen durch die Munificenz und unter den Auspicien der chilenischen Regierung ins Leben tritt, wird für die Beschiffung der Westküste Südamerika's eine neue Aera beginnen! —

Wir haben bereits in einem früheren Capitel[1] auf die Wichtigkeit des Alpaco als Wollthier hingewiesen und die Hoffnung ausgedrückt, es dürfte sich dasselbe zur Acclimatisirung in gewissen gebirgigen Theilen Oesterreichs, wie z. B. in Dalmatien, Krain, Croatien, Siebenbürgen u. s. w. eignen. Um so eifriger mußte daher jetzt unser Bemühen sein, im Vaterlande dieser Auchenia-Art alle jene Daten zu sammeln, welche zur günstigen Lösung dieser Frage beitragen mögen. Glücklicher Weise wurden wir in Valparaiso durch die Güte des überaus dienstfertigen Herrn Dr. Ried mit Herrn Josue Waddington, jenem speculativen, industriösen Manne bekannt, welcher eben erst die Einführung des Alpaco nach Australien mit so glänzendem Erfolge durchgeführt hatte, indem, wie wir bereits an einer anderen Stelle bemerkten, von 316 Thieren während einer siebenzigtägigen Ueberfahrt nur 36 starben und alle übrigen in vollkommen gesundem Zustande in Sydney ankamen.

Das Alpaco, die einzige der Auchenia-Arten,[2] welche sich zu Acclimatisations-Versuchen eignet, ist kleiner als das Llama, mißt von der Sohle bis zum Scheitel nur 3 Fuß 3 Zoll und bis zum Widerrist 2 Fuß 6 Zoll. Es gleicht einigermaßen dem Schafe, hat aber einen viel längeren Hals und zierlicheren Kopf. Seine Wolle ist sehr lang, ausnehmend weich und über dem ganzen Körper von ziemlich gleicher Länge. Die Farbe ist meistens ganz weiß oder ganz schwarz, oder weiß und schwarz scheckig; nur selten kommen braune Schecken vor. Die Alpaco's werden in großen Heerden gehalten, welche das ganze Jahr hindurch auf den Hochebenen der Cordilleren weiden; nur zur Zeit der Schur werden sie nach den Hütten getrieben. Sie sind deßhalb außerordentlich scheu, und ergreifen bei der Annäherung des Menschen stets die Flucht. Es giebt kaum ein widerspenstigeres Thier als das Alpaco. Wird eines von der Heerde getrennt, so wirft es sich auf die Erde, und ist weder durch Schmeicheleien noch durch Gewalt zum

[1] Bd. III, Cap. XVIII, Seite 14.
[2] Llama, Alpaco, Vicuña, Huanaco.

Aufstehen zu bewegen; ja es erleidet lieber die heftigsten Züchtigungen und selbst den qualvollsten Tod, als daß es folge. Einzelne Alpaco's können daher auch nur transportirt werden, wenn man sie größeren Heerden von Lama's oder Schafen beigesellt.[1] Wenigen Thieren scheint die Geselligkeit so sehr Bedürfniß zu sein, wie ihnen. Nur wenn sie von frühester Jugend an in den Indianerhütten aufgezogen werden, gewöhnen sie sich an den Menschen und das Alleinsein. Auf einer Höhe von 5 — 10,000 Fuß über dem Meere lebend, liefert das Alpacoschaf den Eingeborenen die, bei der Kühle des Klimas so nöthigen warmen Kleidungsstücke; sein Fleisch, jenem des Hammels nicht unähnlich, ersetzt an vielen Orten jede andere animalische Nahrung; seine Excremente sind das alleinige Brennmaterial in diesen, von allen anderen Heizmitteln entblößten Gebirgs-Regionen, während es zugleich als Lastthier selbst dort noch die ersprießlichsten Dienste leistet, wo der Huf des Esels und des Maulthieres nicht mehr haftet. Ja man kann mit Recht behaupten, daß ohne das Alpaco, dieses nützlichste und unentbehrlichste Thier der Anden, das berühmte, gegenwärtig von mehreren Millionen Menschen bevölkerte Kettengebirge völlig unbewohnbar wäre.

Aus Herrn Waddington's umfassenden Mittheilungen geht hervor, daß die reine Race nicht die zur Uebersiedlung geeignetste und vortheilhafteste sei. Das aus der Kreuzung des Alpaco mit dem Lama entspringende Thier besitzt die größte Ausdauer und liefert die meiste und beste Wolle.[2]

[1] Vergl. Die Erdumsegelung der k. k. Fregatte Novara und die landwirthschaftliche Zoologie, von J. J. v. Tschudi. Landwirthschaftliche Zeitung. Jahrgang 1857.

[2] Im Departement Puno in Peru hat man versucht, die Alpaco's mit dem Vicuña oder peruanischen Schafe zu kreuzen, um in den Mischlingen die Schönheit der Wolle des peruanischen Schafes und die viel größere und kräftigere Gestalt des Alpaco's vereint zu erhalten. Diese neue Race hätte den Vortheil in Hausgenossenschaft, in Heerden zu leben, was mit dem peruanischen Schafe nie erreicht werden kann, das immer wie ein wildes Thier gejagt werden muß. Die meisten und sorgfältigsten Versuche der Kreuzung des Alpaco mit dem Vicuña haben im Dorfe Macusani in der Provinz Carabaya stattgefunden. Man ließ ein dreijähriges peruanisches Männchen mit einem Alpaco-Weibchen kreuzen, nachdem beide Thiere mit Milch aufgezogen worden waren; aber der Wurf entsprach nicht den Erwartungen, denn das Junge glich in der Wolle ganz der Mutter, und dem Männchen nur in Bezug auf die Form des Kopfes und der Extremitäten. Man versuchte hierauf die Kreuzung eines Vicuña-Weibchens mit einem Alpaco-Männchen, die Wolle war jetzt bedeutend schöner und glich merklich jener des Weibchens; sie war weiß, 14 bis 15 Centimeter lang, sehr fein und sah wie Seide aus. Auch das wilde bösartige Naturell der Vicuña's hatten die Mischlinge eingebüßt. Sie wandelten täglich freiwillig auf die Weide und erhielten Morgens und Abends eine Ration von Gerste, Mais und Kleienbrot. Selbst Vollblut-Vicuña's näherten sich zuweilen dieser Heerde von Mischlingen, schlossen sich ihr an, und durchschritten mit ihr die Straßen des Dorfes. Vergl. Expedition dans les Parties centrales de l'Amérique du Sud, par le Comte de Castelnau. Vol. IV, p. 108.

Die jährliche Schur des Alpaco ergiebt 9 bis 11 Pfund, während der „Garizo" oder das gekreuzte Thier nach Waddington's Angabe 18 bis 25 Pfund liefert. Dabei ist die Wolle fester und giebt weit mehr aus, als das nämliche Gewicht unvermischter Wolle. Da sich jedoch das gekreuzte Thier nicht vermehrt, so müßte auf die Uebersiedlung einer hinlänglichen Anzahl von Weibchen Bedacht genommen werden.

Was die vorbereitende Behandlung betrifft, so besteht dieselbe hauptsächlich darin, die Thiere einige Monate vor der Einschiffung in die Nähe der Küste zu bringen, und sie daselbst allmählig an trockenes Futter, namentlich an Gerste so wie daran zu gewöhnen, in verschlossenen Räumen zu schlafen und in denselben den größten Theil des Tages zu verleben. Die indianischen Wärter, welche die Thiere während dieser Zeit pflegen, müßten sie auch nach dem Bestimmungsorte begleiten, indem sie am besten mit den Bedürfnissen derselben und der Sorgfalt, die ihre Behandlung erheischt, vertraut sind.

Das zur Ueberfahrt gemiethete Schiff müßte ein geräumiges Zwischendeck besitzen, und mit Verschlägen versehen werden, in welchen je 8 bis 10 Alpaco's bequem Platz fänden. Bei dem geringen Werth der Thiere in der Heimat, wo das Stück höchstens 3 bis 4 spanische Piaster kostet, und bei dem Umstande, daß das Schiff ohnedies ausschließlich zu ihrer Transportirung, ohne andern commerciellen Nebenzweck verwendet werden müßte, dürfte es gerathen sein, mindestens 250 bis 300 Stück Alpaco's anzuschaffen. Dem Capitän sollte außer der Fracht noch eine besondere Gratification für jedes am Ausschiffungsorte im gesunden Zustande abgelieferte Exemplar zugesichert werden. Der geeignetste Hafen zur Verschiffung wäre Cobija in Bolivien oder Caldera in Chile, die passendste Jahreszeit Ende Jänner, weil sodann die Heerde gerade im Frühjahr in Oesterreich eintreffen würde. Die Seereise dürfte 90 bis 100 Tage in Anspruch nehmen, also ungefähr 20 bis 30 Tage mehr als die in klimatischer Beziehung für die Thiere weit schädlichere Fahrt von Chile nach Australien.

Die Kosten, eine Heerde von 500 Alpaco's von Cobija nach einem beliebigen Hafen im österreichischen Kaiserstaate zu befördern, würden nach den angestellten Berechnungen einschließlich des Ankaufspreises der Thiere ungefähr 20.000 spanische Piaster oder 42.000 Gulden österr. Währung betragen,[1] und das ganze Unternehmen könnte leicht, mit Inbegriff der verschiedenen Vorbereitungen, im Laufe eines Jahres durchgeführt werden. Der ungünstige Ausgang der bisherigen Bemühungen, Alpaco's in Europa zu acclimatisiren, welche größtentheils an dem Mangel an gehöriger Sorgfalt, Umsicht und Ausdauer gescheitert sind, sollte nicht entmuthigen, diese Versuche zu wiederholen, um so mehr, als der eben mitgetheilte, auf Mr. Waddington's Erfahrungen basirte Vorschlag alle Aussicht auf einen günstigen Erfolg verspricht.

Am 8. Mai traf endlich die europäische Post ein, aber sie brachte uns nicht die erwarteten Briefe, sondern ein längst fällig gewesenes Postpacket mit Nachrichten, welche schon mehrere Monate alt waren. Das Packet, welches wir zu empfangen hofften, war nach Lima spedirt worden und harrte nun dort vergeblich unserer Ankunft. Die directen Nachrichten, welche mit dem Postdampfer aus Europa einlangten, waren jedoch der Art, daß an einem nahen Ausbruche des Krieges zwischen Oesterreich und Frankreich nicht mehr gezweifelt werden konnte, und dieser Umstand bestimmte den Befehlshaber der Expedition, eingedenk der ersten Pflichten eines treuen Patrioten, ohne Verzug nach der Heimat zurückzukehren und sich selbst so wie die seiner Führung Anvertrauten dem bedrohten Vaterlande zur Verfügung zu stellen. Das frühere Project, von Valparaiso nach Lima zu segeln und bei

[1] Die Summe vertheilt sich auf die folgenden einzelnen Posten:

Ankaufspreis einer Heerde von 500 Alpaco's, à 4 Piaster		2000 Piaster.
Monatliche Auslagen:		
10 Indianer à 10 Piaster	100 span. Piaster.	
Verköstigung derselben	100 „ „	
Futter für 500 Thiere	500 „ „	
Aufseher	100 „ „	
mithin monatlich 800 span. Piaster oder für 6 Monate		4800 „
Fracht eines Schiffes von 800 Tonnen von Cobija in Bolivien oder Caldera (Chile) nach Europa à 12½ Piaster per Tonne		10000 „
Einschiffungsspesen, vorzunehmende Einrichtungen im Schiffe u.		1200 „
Futter für Ueberfahrt		2000 „
Gesammtsumme		20000 Piaster.

Diese Barauslagen könnten noch um einen namhaften Betrag vermindert werden, wenn die Ueberführung der Thiere auf einem österreichischen Transportschiff geschähe.

Schon seit Jahrzehnden wurden in Holland, in Frankreich und England mehrere, zum Theil sehr kostspielige Versuche gemacht, Alpaco's in Europa zu acclimatisiren, welche aber fast alle mißlangen, und zwar hauptsächlich aus dem Grunde, weil man die klimatischen Verhältnisse sowohl, als auch die Nahrung der Thiere nicht genug berücksichtigte und die Experimente mit einer viel zu geringen Zahl von Thieren anstellte.

der Rückkehr nach Europa noch die Galapagos-Inseln, dann Montevideo und Buenos-Ayres zu besuchen, wurde völlig aufgegeben. Schon in den nächsten Tagen sollte die Rückreise um das Cap Horn direct nach Gibraltar angetreten werden.

Nachdem dieser Beschluß einer langen, in ethnographischer und statistischer Beziehung wenig Ausbeute versprechenden Seereise von mehr als 10.000 Meilen fest stand und die Ankunft der Novara in Gibraltar kaum vor 80 bis 90 Tagen erwartet werden konnte, so erbat sich ein Mitglied der wissenschaftlichen Commission, Dr. Scherzer, vom Befehlshaber der Expedition die Erlaubniß, die von der Fregatte zur Fahrt über den Ocean benöthigte Zeit zu einer Reise nach Lima und Panama benützen zu dürfen, und zwar unter der Verpflichtung, mit dem nächsten westindischen Postdampfer nach Europa zurückkehren und Anfangs August in Gibraltar wieder mit der Novara zusammentreffen zu wollen. Die Hauptbeweggründe dieses Ansuchens lagen in dem redlichen Wunsche, durch ein, wenn auch nur kurzes Verweilen in Lima, Panama und den Zwischenhäfen noch manchen interessanten Beitrag zu erwerben und den Zwecken der kaiserlichen Expedition noch zu einer Zeit nachzustreben, wo diese sich bereits auf der Heimfahrt unterweges befand. Zugleich war Aussicht vorhanden, während des Aufenthaltes in der peruanischen Hauptstadt genaue Mittheilungen über das dermalige Loos jener Tiroler Familien einzuziehen, welche sich, durch Vorspiegelungen aller Art verlockt, im Jahre 1851 zu einer Auswanderung nach Peru entschlossen und seither, wie aus indirecten Berichten hervorging, in eine so trostlose Lage gerathen waren. Das Expeditions-Commando ertheilte dem Gesuche des Dr. Scherzer auf das bereitwilligste seine Zustimmung, indem es dadurch nur im Sinne der Aufgaben des kaiserlichen Unternehmens zu handeln glaubte.

Vor der Abfahrt der Novara gab der österreichische Generalconsul noch ein großes Ballfest. Dasselbe war wiederholt verschoben worden, weil unter den herrschenden politischen Umständen auf eine Theilnahme der chilenischen Gesellschaft nicht gerechnet werden konnte. Die Nachrichten jedoch, welche in den letzten Tagen aus den nördlichen Provinzen über den Sieg der Regierung, die Bewältigung des Aufstandes, und die Flucht der Führer eingetroffen waren, verursachten einen gewaltigen Umschwung in der öffentlichen Stimmung und ließen, wenigstens von den, der Regierung ergebenen Kreisen eine lebhafte Betheiligung hoffen. Die Frauen sind auf Politik keineswegs so hartnäckig verpicht, um nicht mit Freude eine Gelegenheit zu ergreifen, die ihnen vergönnt, statt jenes undankbaren Feldes lieber ein Gebiet zu betreten, auf welchem sie sich jedenfalls sicherer, graciöser und einnehmender zu bewegen verstehen, — den Tanzboden.

In der That fiel der Ball glänzend aus. Das große elegante Wohnhaus des Herrn Flemmich war in allen seinen Räumen reich mit Blumen geschmückt und festlich beleuchtet. Ein Kranz von holdseligen Frauen wogte durch die eleganten Säle. Der natürliche Zauber dieser schönen Gestalten wurde noch gehoben durch einen genialen Aufwand künstlicher Mittel. Kaum scheint es möglich, selbst in der modeangebenden französischen Hauptstadt geschmackvollere und imposantere Toiletten zu sehen, als sich dem Auge in diesem Ballsaale zur Bewunderung aufdrangen.

Wenige Tage, bevor die Novara von Valparaiso absegelte, lief ein Kauffahrer in die Rhede ein, welcher, auf der Fahrt von Melbourne nach Europa begriffen, in 60° südl. Br. und 149° östl. L., während einer seemannsfeindlichen Nacht, bei einer Fahrt von 11 Meilen in der Stunde, zwischen Eisberge gerathen war, und in Folge dieser furchtbaren Katastrophe den Bugspriet, den Vormast und alle Steugen verloren, den Schiffsschnabel und sogar den unteren Theil desselben zerbrochen und fünfzehn Menschenleben eingebüßt hatte. Der Anblick dieser Schiffsruine, als sie halb entmastet mit einem Nothsegel in den Hafen einlief, machte selbst auf erfahrene Seeleute einen tiefen Eindruck, der sich noch steigerte, als man aus dem Munde der Passagiere ihre ausgestandenen Qualen erfuhr. Der Capitän, in der Meinung, das Schiff müsse nach dem erfolgten Zusammenstoß unfehlbar sinken, faßte den treulosen Entschluß, sich mit fünfzehn Mann auf eines der Seitenboote zu retten. Allein gerade dieses ging spurlos zu Grunde, während das Schiff, welches wunderbarer Weise durch den Umstand, daß es senkrecht auf den Eisberg stieß, zwar arge Beschädigungen aber keinen Leck erlitten hatte, ungehindert die Fahrt nach Valparaiso fortzusetzen vermochte, wo es, vom Winde begünstigt, nach 55tägiger Reise eintraf.

Am 11. Mai war Alles auf der Novara zur Abfahrt bereit, und der wachthabende Officier wartete blos auf eine günstige Brise, um die Anker lichten zu lassen und unter Segel zu setzen. Aber leider wollte sich diese

Oesterreichisches Consulat in Valparaiso.

nicht einstellen, und selbst, als gegen sieben Uhr Morgens eine leichte Brise aufsprang, war dieselbe nicht stark noch andauernd genug, um die Fregatte aus der Rhede zu führen. Der Commandant des englischen Linienschiffes Ganges, welcher, so wie der Befehlshaber der britischen Seestation im pacifischen Ocean, der edle Admiral Baines, der österreichischen Expedition bereits so zahlreiche Beweise von Theilnahme und cordialer Dienstgefälligkeit gegeben hatte, schickte sofort einige Boote ab, um die Fregatte aus der Rhede zu bugsiren, welchen sich gleichfalls einige Boote der französischen Corvette Constantine anschlossen, die erst Tages zuvor angekommen war. Mit Hülfe von nicht weniger als 14 Schleppbooten steuerte nun die Novara dem Ocean zu. Von einer leichten Nordbrise begünstigt, vermochte sie bald ihren Curs allein fortzusetzen, und gegen Abend, als eine frische Südwestbrise sich erhob, entfernte sie sich rasch von der gastlichen Küste Chile's.

Der Befehlshaber der Expedition hielt es für zweckmäßig, schon auf 150 bis 200 Meilen von der Küste mit dieser parallel zu fahren und nur bei Gegenwinden sich von derselben zu entfernen, bis endlich die Möglichkeit erreicht war, frei vom Feuerlande auch mit südwestlichem Winde segeln zu können.

Das Wetter war zuweilen ungünstig, regnerisch und kalt, im Ganzen aber für die Winterezeit dieser Gegenden befriedigend. Selten gelangen zwar Beobachtungen, doch immerhin oft genug, um die Stellung des Schiffes und dessen Curs bestimmen zu können. Nur einmal war es nicht möglich mehrere Tage hindurch gute Beobachtungen zu erhalten, als plötzlich am 23. Mai Nachts der Himmel sich aufklärte. Sobald es sich jedoch darum handelte, einen gut geeigneten Stern zur Beobachtung zu wählen, befanden sich die damit betrauten Officiere im ersten Augenblicke in nicht geringer Verlegenheit. Das südliche Kreuz und der Centaur standen nahe dem Zenith, und während die Seefahrer mit Bewunderung ihre Blicke auf das herrliche Schauspiel des südlichen Himmels richteten, konnten sie nur mit Mühe die alten Bekannten aus dem Norden am Horizonte erkennen. Endlich gelang es einige passende Sterne aufzufinden und sowohl in Bezug auf Länge als auch auf Breite zu beobachten. Es ergab sich jetzt, daß die Fregatte mehr Weg zurückgelegt hatte, als gerechnet worden war, und es konnte in Folge dessen ein frischer Südwestwind für directen Curs benützt werden.

Je mehr sich die Novara dem Südpole näherte, desto trauriger sah es mit Sonne und Mond aus. Nebel, Wolken und Regen raubten einen guten Theil jenes kargen Lichtes, welches der Tag bot und, wenngleich die lichten Nächte einige Entschädigung gewährten, so erschienen sie doch Seefahrern, welche sich rasch an den heiteren, lachenden Himmel der Tropen gewöhnt hatten, doppelt kalt und winterlich.

Die Fregatte rollte heftig und ihre undulatorische Bewegung vermehrte noch das Unbehagen, obschon der Seegang ein geringerer war als der am Cap der guten Hoffnung erlebte. Unter dem Einflusse günstiger Winde näherte sich das Schiff dem südlichsten Punkte seiner Fahrt und mit steigendem Interesse betrachtete Jeder am Bord die Veränderung in den Naturerscheinungen in diesen unwirthlichen Breiten.

Durch Windstillen und östliche Winde gingen mehrere Tage für die Fahrt verloren, und theils in der Absicht, bei aufspringender südlicher Brise freies Fahrwasser nach Nordost zu haben, theils im Interesse wissenschaftlicher Untersuchungen wurde fast bis zum 60. Grad südl. Br. gesteuert.

Am 28. Mai ergaben die angestellten Beobachtungen eine sehr bedeutende und rasche Abnahme in der Temperatur des Wassers und berechtigten zur Voraussetzung, daß dem kalten Wasserstrome auch polarer Wind folgen werde, oder daß größere Eismassen sich in der Nähe befinden müßten. Es wurde nun bei schwächender Nordostbrise mit dem Schiffe gegen das Feuerland gewendet, und später mit südlichem Winde weiter gesegelt. Von mehreren Schiffen, welche Tags zuvor in Sicht waren und mit der Fregatte gleichen Curs hielten, wagte keines so weit nach Süden zu steuern; sie blieben nun alle zurück und verloren an Weg. Unter diesen Segeln befand sich auch die französische Kriegscorvette Eurydice, welche zwei Tage vor der Novara die Rhede von Valparaiso verlassen hatte und am 29. Mai deutlich erkannt wurde.

Mit dem polaren Winde war während der Nacht auch Schnee gekommen und als es gegen neun Uhr Morgens licht wurde, bot sich das seltene Schauspiel weiß gestreifter Masten, Raaen und Kanonen. Derselbe Anblick wiederholte sich nur mehr in den folgenden zwei Tagen, wenngleich das Wetter noch viel längere Zeit hindurch kalt und unfreundlich blieb. Die niedrigste Temperatur, die am Bord beobachtet wurde, betrug jedoch nie weniger als 3° C. unter dem Gefrierpunkt.

Am 29. Mai gegen Mittag durchkreuzte die Novara den Meridian des Cap Horn und befand sich nun im atlantischen Ocean. Besitzt auch heut zu Tage die Umschiffung dieses ehemals so berüchtigten und noch jetzt gefürchteten Vorgebirges in keinem Falle mehr jene Bedeutung, welche Seefahrer früherer Zeiten ihm beilegten, so mußte gleichwohl den Novara-Reisenden der Gedanke eine erhebende Befriedigung gewähren, die Ersten der kaiserlichen Kriegsmarine zu sein, welchen das Glück zu Theil wurde, die österreichische Flagge in diesen Gewässern zu entfalten!

Trotz der mißlichen See- und Witterungsverhältnisse wurden während der Fahrt um das Cap Horn am Bord zahlreiche meteorologische Beobachtungen angestellt und dadurch manches Resultat gewonnen, welches der Schifffahrt in jenen hohen Breiten zu Gute kommen dürfte. So hat sich z. B. die Unrichtigkeit der Behauptung einiger Seefahrer erwiesen, „daß die Angaben des Barometers am Cap Horn in Bezug auf Wind und Wetter nicht zuverlässig seien". Eben so ging aus den gemachten Zusammenstellungen hervor, daß die Temperatur der Meeresoberfläche die größte Berücksichtigung verdient und daß augenblickliche Veränderungen derselben entsprechende Aenderungen in Wind und Wetter voraussehen lassen.

Der niedrige Barometerstand in den Gewässern des Cap Horn scheint, im Gegensatze zu dem hohen Luftdrucke der sogenannten Roßbreiten, einem Minimum zu entsprechen, und in der That zeigen die monatlichen Barometerstände am 56. Grade südl. Br. eine Schwankung, welche mit den Bewegungen der Sonne in derselben Weise, wie mit jenen der Zone des größten Luftdruckes correspondirt. Man sieht daraus deutlich, daß von diesem Breitengrade der Luftdruck gegen den Pol zunimmt, wie dies zugleich die wehenden Winde beweisen. So ereignet es sich, daß während unter Cap Horn nordwestliche, oder überhaupt westliche Winde wehen, in der Nähe der südlich gelegenen South-Shetlands-Inseln nordöstliche, oder überhaupt östliche Winde vorherrschen, daß also ein Windwechsel eintritt, welcher einer, wenn auch nur partiellen Winddrehung gleichkömmt, und daß daher im Süden wie im Norden des Drehungsmittelpunktes ein höherer Luftdruck stattfinden muß.

Aus diesem Grunde fahren auch Schiffe, welche das Cap Horn von Ost nach West umschiffen wollen, im Allgemeinen südlicher als solche, die in umgekehrter Richtung segeln. Im Winter der südlichen Hemisphäre muß dagegen mit Rücksicht der Bewegung der Zone des kleinsten Luftdruckes nach Norden, der östliche Wind am Cap Horn häufiger wehen, als im Sommer, und das Wetter geringeren Störungen unterworfen sein. Und dies ist in der That auch der Fall.

Mit Ausnahme von Cap Horn sind leider bisher in hohen Breiten noch so wenige Beobachtungen gemacht worden, daß sich daraus kein richtiger Schluß ziehen läßt, so wichtig es auch im Interesse der Wissenschaft wie in jenem des Seemannes wäre, über einen Gegenstand Aufklärung zu erhalten, welcher auf das ganze System des Luftwechsels auf der Erdoberfläche einen so wesentlichen Einfluß nimmt. Zur Erreichung eines solchen Zweckes kann eine Expedition mit einem einzelnen Schiffe nicht genügen, es müßten deren mehrere sein, welche mit gut verglichenen Instrumenten auf angemessenen größeren Entfernungen gleichzeitig gegen die Polargegenden des Südens segelten, ähnliche Beobachtungen zu bestimmten Zeiten anstellten und der wissenschaftlichen Erforschung jener noch so wenig gekannten Seegebiete in jeder Richtung hin ihre ganze Aufmerksamkeit zuwendeten.

Unter günstigeren politischen Auspicien dürfte eine, von verschiedenen Nationen zusammengesetzte Expedition diese Aufgabe am sichersten zu lösen im Stande sein, und eine Flotte von zehn bis zwölf Schiffen in friedlichem Beginnen nur Ein Ziel verfolgend, könnte Resultate erreichen, welche den Ruhm wissenschaftlicher Strebung und Thatkraft unserer Zeit noch in späte Jahrhunderte hinübertragen würden.

Während der Fahrt in diesen südlichen Breiten verfiel der Befehlshaber der Expedition auf den Gedanken, durch Vergleich der gleichzeitigen Beobachtungen am Barometer und am Aneroid die Zunahme der Schwere gegen die Pole abzuleiten. Beide Instrumente geben nämlich ein Maß für das Gewicht der Luft am Beobachtungsorte, mit dem einzigen Unterschiede, daß das Barometer das Gewicht oder den Druck der Luft mittelst einer Quecksilbersäule angiebt, welche der darüber lastenden Luftsäule das Gleichgewicht hält, indeß beim Aneroid der Druck der Luft auf ein leeres Gefäß ausgeübt wird, welches diesem Drucke in Folge der Spannung einer Feder Widerstand leistet.

Die Angaben des Aneroids sind also von dem Einflusse der allgemeinen Schwere und ihrer Veränderungen auf das Instrument unabhängig, während das Quecksilber im Barometer demselben unterworfen ist. Nimmt

man z. B. an, daß Barometer und Aneroid am Aequator vollkommen gleiche Angaben lieferten, so wird diese Gleichheit in einer beliebigen Entfernung vom Aequator nicht mehr stattfinden und das Aneroid das durch die Zunahme der Schwere vermehrte Gewicht der Luftsäule angeben, während das Barometer diesen Druck eben so darstellen wird, als wenn die Beobachtung am Aequator selbst gemacht worden wäre. Der Unterschied zwischen den Angaben beider Instrumente wird aber direct der Zunahme der Schwere proportionirt sein und es kann daher diese Zunahme durch Rechnung gefunden werden. Wenngleich die während der Reise zu ganz anderen Zwecken gemachten Aufzeichnungen und das dazu verwendete Aneroid den Anforderungen strengster Genauigkeit nicht entsprechen, so haben doch die Resultate gezeigt, daß auf solchem Wege durch leicht auszuführende und dem Seemanne geläufige Beobachtungen Erhebliches geleistet werden kann, und Seecapitäne, welche im Laufe ihrer Reisen bedeutende Breiten-Unterschiede durchschiffen und gute, verläßliche und geprüfte Instrumente zu benützen in der Lage sind, würden sich durch solche vergleichende Beobachtungen große Verdienste um die physicalische Wissenschaft erwerben.[1]

Die Novara segelte im atlantischen Ocean mit gutem, frischem Winde und befand sich am 1. Juni bereits in der Höhe der Falklands-Inseln,[2] jener interessanten Eilande, welche sich seit dem Jahre 1842 im Besitze Englands befinden. Die wenigen gegenwärtig daselbst angesiedelten Colonisten, welche kaum hundert Seelen ausmachen, wurden auf Kosten der englischen Regierung hergesendet, und treiben Handel mit Häuten und eingepökeltem Fleisch. Gleichwohl erfordert die Erhaltung der Colonie noch fortwährend einen jährlichen Zuschuß von 5000 Pfund Sterling. Sollte

[1] Es scheint uns hier die Bemerkung nicht unwichtig, daß bei Höhenmessungen bedeutender Objecte das Aneroid durch seine besonderen Eigenschaften zu anderen Resultaten führen würde, als das Quecksilberbarometer, indem die Abnahme der Schwere auf die Angaben des Aneroids maßgebend bleibt, und daher die Differenz nur durch eine entsprechende Berücksichtigung dieses Umstandes in der Rechnung behoben werden kann.

[2] Diese unter dem 51.—53. Grad südl. Br. und 57.—62. Grad westl. L. gelegene Inselgruppe umfaßt, außer zwei größeren, 90 kleinere Inseln mit einem Gesammtflächenraume von 6000 englischen Quadratmeilen oder 3,840.000 Acres. Die Temperatur erreicht im Sommer 21° C., und fällt im Winter nicht unter 1° C., so daß dieselbe in mehrfacher Beziehung dem schottischen Klima vergleichbar ist. Die Inseln gewähren einen trostlosen Anblick, ein wellenförmiges Land mit torfigem Boden, bedeckt von feuchtem Grase, durchschnitten von Hügelreihen und sumpfigen Flüssen und Bächen. Der niedere Theil des Landes besteht aus Thon, Schiefer und Sandstein, bedeckt mit Torf, der als Brennmaterial dient. Tussockgras (Dactylis caespitosa) ist überall gemein. Vergl. Berthold Seemann's „Reise um die Welt". Hamburg 1853, Bd. I, Seite 24.

die, seit Jahrhunderten beabsichtigte Durchstechung des centralamerikanischen Isthmus zur That werden, so dürften die Falklands-Inseln bei der sodann gänzlichen Vermeidung des Weges um das Cap Horn einen der einsamsten Punkte auf der Oberfläche der Erde bilden, und sich schon deßwegen für die Colonisation von Verbrechern besonders eignen.[1] Nach den Beschreibungen des, um die Aufnahme der südlichen Spitze Amerika's so sehr verdienten englischen Admirals Fitzroy scheint indeß der östliche Theil des Feuerlandes weit größere Vortheile für eine Ansiedlung zu gewähren, und es muß Wunder nehmen, daß England noch keine Niederlassung daselbst gegründet hat, welche sich in mehrfacher Beziehung, namentlich aber für die Schiffsfahrt, von so großen Vortheilen erweisen müßte.

Von der Höhe der Falklands-Inseln steuerte die Novara nahezu im größten Kreise, das heißt auf der kürzesten Linie, um die Zone der südlichen Roßbreiten[2] möglichst am 25. Grade westl. L. von Greenwich zu durchschneiden, und legte nun bei frischen, oft stürmischen westlichen Winden täglich einen Weg von 200 bis 250 Seemeilen zurück. Am 5. Juni um neun Uhr Abends kam plötzlich auf der Höhe der nördlichen Grenze Patagoniens ein dermaßen heftiger Windstoß aus West-Nordwest, daß, wofern nicht alle Segel noch rechtzeitig geschlossen worden wären, die Bemastung, wenn nicht Schlimmeres, jedenfalls bedeutenden Schaden erlitten hätte. Trotz ihres Mangels an höheren Segeln neigte die Fregatte stärker als jemals früher während der ganzen Reise.

Am 7. und 8. Juni hatte die Novara in der Höhe des La Platastromes einen vollständigen Drehsturm zu bestehen. Der gewaltige Wind, welcher am 7. aus Nord-Nordost kam, drehte über Nord nach Nordwest bis West-Südwest; die größte Stärke erreichte er am 8. um neun Uhr Morgens mit der Windrichtung Nordwest. Am 8. war der Seegang der Fregatte so bedeutend, und das Schiff „arbeitete“ sich so mühsam durch die anstürmende Wogenmasse, daß die Boote im Lee in Gefahr schwebten, weggeschwemmt zu werden. Die angestellten Beobachtungen ergaben Neigungen von 38 Grad nach Steuerbord, und von 12 Grad nach Backbord, so daß die Schwingungen 50 Grad erreichten.

[1] Vergl. F. v. Holtzendorff: „Die Deportation als Strafmittel rc.“ Leipzig 1859. Seite 619.

[2] Die Kalmen der Wendekreise, ein Windstillengürtel von 10—12° Breite, in der Schiffssprache aus dem Grunde Roßbreiten (horse-latitudes) genannt, weil angeblich Seefahrer zuweilen mit Pferdetransporten dort so lange aufgehalten wurden, daß sie die Thiere aus Mangel an Futter über Bord werfen mußten.

Leider zerbrach bei dieser Gelegenheit ein Barometer, gegen welches der beobachtende Officier bei einer der heftigen Rollbewegungen des Schiffes mit Gewalt geschleudert wurde. Es war das zuverlässigste Instrument am Bord, und obschon am Ende der Reise, blieb es doch nicht minder bedauerlich, die schöne Reihe von Beobachtungen über den Luftdruck, mindestens mit Bezug auf dieses Instrument, unterbrochen zu sehen.

Der 11. Juni erwies sich für die Novarafahrer als ein wichtiger Tag, denn sie durchkreuzten den Curs, welchen sie im Jahre 1857 von Rio de Janeiro nach dem Cap der guten Hoffnung genommen hatten. Somit war die Erde ohne ernsten Unfall umschifft, und wenigstens der materielle Theil der Aufgabe glücklich gelöst.

Inzwischen hatte der Wind, obwohl noch immer günstig, viel von seiner früheren Kraft eingebüßt, das Barometer nahm mit jedem Tage einen höheren Stand an, und selbst die Seevögel, diese steten Begleiter der Schiffe in den außertropischen Breiten des südlichen Oceans, verließen allmählig das Schiff, als dieses sich der heißen Zone näherte.

Am 15. Juni gelangte die Fregatte in 25° 40′ südl. Br. und 25° 9′ westl. L. in die Zone des Südostpassates. Das Wetter war herrlich; der tiefblaue Himmel, die schönen Färbungen des Meeres und der Luft, so wie duftige Vollmondnächte übten den wohlthätigsten Einfluß auf Gemüth und Körper der Schiffsmannschaft. Walfische spritzten ungeheuere Wassermassen springbrunnenähnlich in die Höhe, oder tauchten mit halbem Körper aus der Fluth empor, und stürzten sich wieder mit solcher Heftigkeit in dieselbe, daß es rings herum schäumte und wogte, während Delphine die blaue Oberfläche lustig durchzogen. Der Südostpassat wehte unausgesetzt, östlicher als seine normale Richtung, ja zuweilen sogar aus Nordost; erst später, näher der Linie, änderte sich allmählig der Wind und kam aus Südost.

Am 23. Juni wurde neuerdings der Aequator erreicht und zum sechsten und letzten Male in 26° 13′ westl. L. durchschritten. In 25 Tagen hatte die Fregatte einen directen Weg von 3800 Meilen, oder durchschnittlich 6½ Seemeilen in der Stunde zurückgelegt.

Die in der Nähe des Aequators sehr empfindliche, nach Westen tragende Strömung verzögerte wesentlich die Fahrt, und nahm in 2° 39′ nördl. Br. und 26° 14′ westl. L. der Art an Stärke zu, daß sie die Fregatte in

24 Stunden während einer Fahrt von 213 Meilen 65 volle Meilen, also fast 2³/₄ Meilen in der Stunde nach West zu Nord trug.

Der Südostpassat währte als solcher bis in 4° 36′ nördl. Br. und 25° 28′ westl. L., worauf frische Nordostbrisen eintraten, welche die Novara bis in 9° 54′ nördl. Br. und 29° 42′ westl. L. begleiteten. Hierauf Windstillen, Regenböen und zuweilen südliche und südwestliche Luftzüge, welche das Schiff langsam vorwärts trieben, bis es endlich am 2. Juli in 11° 47′ nördl. Br. und 29° 29′ westl. L. aus Nord-Nordost zu wehen begann.

Die französische Corvette Eurydice, welche den Curs über St. Helena genommen, sich aus diesem Grunde östlicher gehalten, und die Linie in beiläufig 22° westl. L. durchschnitten hatte, verlor dadurch gegen die Novara dermaßen an Weg, daß sie von St. Helena bis auf 20° nördl. Br. drei Tage mehr als die Fregatte brauchte, wozu wohl auch der Umstand beigetragen haben mochte, daß der Nordostpassat näher den Capverdischen Inseln nicht so frisch und stetig weht, als in größerer Entfernung.

Am 7. Juli in 22° 58′ nördl. Br. und 36° 51′ westl. L. gelangte die Fregatte in die sogenannte Sargasso-See, einen Theil des atlantischen Oceans, in welchem durch die, von der afrikanischen Küste kommende Strömung, die hier einem Zweige des Golfstromes begegnet, Seegrasbüschel angesammelt werden, welche sich in langen Reihen in der Richtung des Windes langsam fortbewegen. Es gelang von diesen Tang-Arten (Sargassum bacciferum u. s. w.) sowohl solche, welche parasitische Algen an sich trugen, als auch mit kleinen Seethieren besetzte, aufzufangen und zu untersuchen.

Der 9. Juli war ein Trauertag am Bord. Ein Matrose, der schon seit einem Jahre lungenkrank im Spitale lag, starb, und wurde, das letzte Opfer während der Reise, in den Wellen begraben.

Am 10. Juli in 37° 37′ nördl. Br. und 39° 1′ westl. L. begann der Nordostpassat östlicher zu wehen, und beugte sich allmählig zu Gunsten der Fahrt, nahm jedoch an Stärke ab, und verlor sich endlich am 14. Juli gänzlich.

Mehrere Schiffe kamen jetzt in Sicht und da eines derselben in Folge des von ihm eingehaltenen Curses sich der Fregatte nähern mußte, so schien Aussicht vorhanden, Nachrichten aus Europa zu erhalten, welche die Reisenden nun schon seit 54 Tagen mit schwerem Herzen entbehrten. In der That gelang es von der Fregatte ein Boot an Bord des Kauffahrers zu senden. Es war die Brigg Hero, Capitän Williams. Derselbe hatte schon vor 50 Tagen Barcellona verlassen und befand sich seither auf der Fahrt nach New-York unter Segel. Der Capitän war daher nicht in der Lage, die leicht verzeihliche Neugierde der Novarafahrer und ihr Verlangen nach Mittheilungen über den neuesten Stand der politischen Dinge in Europa und speciell in Oesterreich befriedigen zu können. Ein Stück eines alten englischen Journals, in welches ein Buch eingeschlagen war, so wie einige halb zerrissene Zeitungsblätter, welche Cognac-Flaschen zur Umhüllung dienten, waren Alles, was der beste Wille den Sehnsüchtigen zu bieten vermochte. Aus einer mündlichen Unterredung mit dem Schiffscapitän ging blos hervor, daß der Krieg vor ungefähr zwei Monaten ausgebrochen war. Näheres wußte der sonst überaus freundliche und dienstfertige Capitän Williams selber nicht, da er sich weit mehr um eine vortheilhafte Verwerthung seiner Ladung, als um die politischen Zustände in Europa zu kümmern schien.

Als das Boot wieder am Bord zurück anlangte, wurde der mit der Mission beauftragte Officier mit Fragen und Erkundigungen bestürmt. Die Antwort war eine sehr ungenügende, wenig tröstliche. Auch aus den mitgebrachten Zeitungsblättern ließ sich nicht viel Neues, noch weniger Beruhigendes herauslesen, und gerade an der Stelle, wo sich einige Nachrichten aus der Heimat und das ewig denkwürdige Manifest des Kaisers von Oesterreich an seine Völker abgedruckt befanden, war das Blatt abgerissen und der übrige Theil fehlte. Auf diese Weise hatte das so hoffnungsvoll begrüßte Zusammentreffen der Fregatte mit einem Kauffahrer weit weniger die Neugierde der Novara-Reisenden befriedigt, als dieselbe vielmehr noch gesteigert, und die Aufregung, welche dieses Intermezzo auf alle Gemüther am Bord hervorbrachte, war eine wahrhaft fieberhafte. Man würde lieber einen Sturm als diese Stimmung ertragen haben, besonders wenn dieser die Fregatte auf seinen wilden Flügeln rascher ihrem Ziele zugetragen hätte!

Am 19. Juli fuhr die Novara mit gutem Westwind und bei hellem Mondschein um Mitternacht zwischen Flores und Corvo durch den engen Canal der Azoren-Inseln. Es war das erste Land, welches die Reisenden, seitdem sie die Westküste Südamerika's verlassen hatten, nach 71tägiger Seefahrt erblickten! Diese Erscheinung gewährte aber zugleich auch vom wissenschaftlichen Standpunkte aus die freudige Genugthuung, daß die am Bord benützten Schiffschronometer trotz 27monatlicher Verwendung unter den verschiedensten, ungünstigsten Verhältnissen, sich noch immer vortrefflich bewährten und die geographische Länge mit großer Sicherheit zu bestimmen gestatteten. Besonders war dies mit einem, von dem Wiener Uhrmacher Herrn Joseph Borauer gelieferten der Fall, welcher sich unter den sieben, der Expedition von der Marine-Sternwarte in Triest mitgegebenen, theilweise von ausgezeichneten englischen Meistern herrührenden Schiffschronometern als der beste und zuverlässigste erwies.

Leider erstarben jetzt — wie in diesen Breiten im Hochsommer allerdings nicht anders erwartet werden konnte — die günstigen Brisen, welche bisher die Segel geschwellt und so freudig weiter geholfen hatten. Ganz nahe am Ziele, wenige hundert Meilen von Gibraltar entfernt, mußten die Novarafahrer noch mehrere Tage in einer peinlichen, an die Ewigkeit mahnenden Windstille verbringen. Die Spannung war bis aufs höchste gestiegen. — —

Die Fregatte am Cap Horn.

Ueberlandreise

des Expeditionsmitgliedes Dr. Karl Scherzer von Valparaiso über den Isthmus von Panama nach Gibraltar.

(16. Mai bis 1. August 1859.)

Abfahrt von Valparaiso. — Coquimbo. — Caldera. — Cobija. — Iquique. — Salpetergewinnung. — Arica. — Die Sitte künstlicher Verunstaltung des Schädels bei einigen Indianerstämmen. — Port d'Islay. — Medanos oder wandernde Sandhügel. — Chala. — Pisco. — Die Chincha- oder Guano-Inseln. — Notizen über die Ausbeute der Guanolager. — Callao. — Ankunft in Lima. — Bauart der Häuser. — Aasgeier als Straßenpolizei. — Kirchen und Klöster. — Humanitätsanstalten. — Medicinische Schule. — Nationalbibliothek. — Padre Vigil. — Nationalmuseum. — Central-Normalschule. — Geringe geistige Thätigkeit. — Feindliche Stimmung gegen Oesterreich und Ursache derselben. — Die Ruinen von Cajamarquilla. — Chorillos. — Der vorcolumbische Sonnentempel von Pachacamác. — Amarillus. — Amancaes. — Das neue Gefängniß. — Stiergefechte. — Gesellschaftliche Zustände. — Ueber die Cocapflanze und die neuesten mit ihren Blättern angestellten wissenschaftlichen Untersuchungen. — Chinabäume. — Colonie von Tirolern und Rheinpfälzern am Pozuzo. — Die Vertretung der deutschen Nation in fremden Ländern. — Abreise von Lima. — Lambayeque. — Indianerdorf Eten. — Payta. — Taboga-Inseln. — Eindruck der Nachricht von Humboldt's Tod. — Panama. — „Opposition Line". — Großartige Handelsbewegung. — Eisenbahn über den Isthmus. — Aspinwall. — Carthagena. — St. Thomas. — Fahrt nach Europa. — Bemerkungen über die Reisegesellschaft. — Falmouth. — Southampton. — London. — Zusammentreffen mit der Fregatte Novara. — Ankunft in Gibraltar.

Fünf Tage nach der Abfahrt der Fregatte Novara verließ ich am Bord des Postdampfers „Callao" die Rhede von Valparaiso. Das Wetter war äußerst ungünstig, es regnete in Strömen und eine stark bewegte See machte die Einschiffung mit zahlreichen Gepäckstücken nichts weniger als angenehm. Um so dankbarer muß ich es anerkennen, daß der Commandant des englischen Linienschiffes Ganges in zuvorkommendster Weise mich durch ein Kriegsboot an Bord führen ließ und daß sich trotz des stürmischen Wetters zahlreiche Freunde auf dem Dampfer eingefunden hatten, um mir ein letztes Lebewohl zu sagen und Empfehlungsbriefe an Autoritäten und einflußreiche Persönlichkeiten in den von mir besuchten Orten einzuhändigen. Schon war das zweite Glockenzeichen gegeben, nach welchem alle Besucher das Schiff zu verlassen haben, als noch ein kleines, von den Wellen arg gepeitschtes Boot an der Backbordseite anlegte, und eine lange, hagere Gestalt auf Deck stieg. Es war Capitän Stewart vom Schooner Luise, den ich auf der Insel Tahiti zufällig kennen gelernt hatte und der mir nun halb athemlos ein kleines Packet mit den Worten in die Hand drückte: „Hier haben Sie den gewünschten, von mir versprochenen Auszug aus meinem Tagebuch über meine jüngste Reise von Norfolk-Eiland nach Pitcairn." Es waren jene Aufzeichnungen über die neuesten Lebensschicksale der Pitcairner, welche dem Leser bereits im vorigen Capitel mitgetheilt wurden.[1] Der wackere Capitän hatte in echt englischer Weise sein gegebenes Wort eingelöst. Wenige Augenblicke später dampfte der Callao aus der Rhede von Valparaiso auf der Fahrt nach dem Norden.

Obschon die zwischen Valparaiso, Lima und Panama verkehrenden Postdampfer der P. O. S. N. Company[2] ziemlich groß, reinlich und elegant eingerichtet sind, so fühlt sich gleichwohl der Reisende in Folge des großen Andranges von Passagieren für die Zwischenhäfen sehr unbehaglich und unbequem. Denn trotz des hohen Fahrpreises[3] müssen nöthigenfalls in jeder Cabine 3 — 4 Passagiere Unterkunft finden, was bei der herrschenden tropischen Hitze überaus lästig und zuweilen fast unerträglich ist. Indeß habe ich persönlich keinerlei Ursache in dieser Hinsicht Klage zu

[1] Seite 238—243.

[2] Pacific Ocean Steam-Navigation-Company.

[3] Die Fahrpreise erster Classe betragen inclusive der Verköstigung:

Von Valparaiso nach Callao de Lima	1467 Seemeilen	95 Dollars	=	199 Gulden 50 Kreuzer öst. W.
„ Callao „ Panama . . .	1594 „	110 „	=	230 „ — „ „ „
„ Aspinwall (Colon) an der Ostküste nach San Thomas u. Southampton	4572 „	360 „	=	756 „ — „ „ „
zusammen für	7633 Seemeilen	565 Dollars	oder	1185 Gulden 50 Kreuzer öst. W.

führen, indem mich alle Capitäne, sobald ihnen meine Beziehungen zur Novara-Expedition bekannt wurden, stets mit der größten Aufmerksamkeit und Auszeichnung behandelten, mir eine besondere Cabine zur alleinigen Benützung überließen und, so oft wir einen Hafen erreichten, ihr eigenes Boot während der Dauer des Aufenthaltes daselbst zur Verfügung stellten.

Am Morgen nach unserer Abfahrt von Valparaiso erreichten wir den Hafen von Coquimbo, wo wenige Wochen früher[1] von den chilenischen Truppen die entscheidende Schlacht gegen Pedro Gallo geschlagen worden war. Coquimbo ist ein kleines Städtchen von ungefähr 2000 Seelen, welches seine Hauptbedeutung den benachbarten reichen Kupferminen verdankt. Herr Longomasino, eines der zahlreichen Opfer des „Zweiten Decembers", welcher, wie sich der Leser erinnern wird, die Erlaubniß erhielt, am Bord der Novara die Reise von Tahiti nach Valparaiso machen zu dürfen, befand sich unter den Passagieren; derselbe schiffte sich in Coquimbo mit dem Vorhaben aus, in der benachbarten, von 20.000 Seelen bevölkerten Bergwerkstadt Serena, durch Freundeshand unterstützt, die Redaction eines politischen Blattes zu übernehmen.

Ich fuhr am Bord der britischen Corvette Amethyst, welche ein Jahr früher gleichzeitig mit der Novara im Hafen von Singapore vor Anker lag, und wurde von dem freundlichen Capitän mit großer Zuvorkommenheit empfangen. Zu meinem Erstaunen fand ich eine Anzahl Civilisten am Bord dieses Kriegsfahrzeuges eingeschifft; es waren Flüchtlinge, die sich in allzu energischer Weise beim letzten Aufstande betheiligt hatten und jetzt, wo alle Hoffnung auf einen günstigen Erfolg vorüber war, auf englischem Boden — denn das ist ein britisches Kriegsschiff — ein Asyl suchten und, bei den politischen Anschauungen der Engländer, daselbst auch fanden.

Des Nachts gegen elf Uhr passirten wir den unbedeutenden Hafen Huasco und liefen Tages darauf gegen neun Uhr früh in Caldera an, einer kleinen, auf Sandhügeln erbauten, traurigen Ansiedlung von beiläufig 2000 Einwohnern. Nirgends eine Spur von Vegetation; kein Pflänzchen, kein Grashalm; alles rings umher, so weit das Auge reicht, eine trostlose Sandwüste! Nur ganz besonders günstige pecuniäre Vortheile konnten die Bevölkerung veranlaßt haben, sich diese Einöde, welche selbst des ersten Lebensbedürfnisses, des Trinkwassers entbehrt, zum Aufenthalt zu wählen. Jeder Tropfen dieser hier doppelt

[1] Am 24. April 1859.

kostbaren Flüssigkeit muß gegenwärtig 90 englische Meilen weit aus dem Innern geholt werden, so daß das Fäßchen von beiläufig 15 Maß auf 31 Cents oder 65 Neukreuzer zu stehen kommt. Die Versorgung von 90 bis 100 Arbeitern mit Trinkwasser kostet dermalen wöchentlich 40 Dollars. Man war gerade im Begriff einen mit Dampf getriebenen Destillir-Apparat aufzustellen, um das Meerwasser trinkbar zu machen und so die nöthige Flüssigkeit an Ort und Stelle, und zugleich weit billiger als bisher, zu gewinnen. Von Caldera führt eine Locomotivbahn nach der 71 Meilen im Innern gelegenen Bergstadt Copiapó, in deren Nähe sich reiche Silber- und Kupferminen befinden. Dieser Schienenweg ist so einträglich, daß derselbe, obschon dessen Herstellung einen Kostenaufwand von 2½ Millionen Dollars erheischte, den Actionären dermalen über 16 Procent jährlichen Gewinn abwirft.

Ich besuchte die Kupferschmelzöfen, welche einer englischen Actiengesellschaft gehören und jährlich an 1800—2000 Tonnen fast reines Kupfer (90—96 Procent) in sogenannten Ingots und Pigs liefern.[1] Das Mineral, wie es aus den Kupferbergwerken von Copiapó kommt, enthält kaum 18—36 Procent und muß 6 bis 7 Schmelzprocesse durchmachen, bevor es jene Reinheit erlangt, um auf dem europäischen Markt mit Vortheil verkauft zu werden. Der Schmelzofen erzeugt täglich 7 Tonnen Kupfer und verbraucht 60 Tonnen Kohlen, welche theils aus Swansea, theils aus Pennsylvanien kommen und 12—15 Dollars per Tonne (2140 Pfund) werthen.[2] Der Arbeitslohn beträgt in Caldera noch immer 2—3 Dollars täglich und dieser Umstand ist Ursache, daß die Unternehmung sich nicht so einträglich erweist, als es unter billigeren Arbeitsverhältnissen der Fall wäre.

Die jährliche Gesammtproduction der Kupfer- und Silberminen im Departement von Copiapó kommt einem Werthe von 14 Millionen Dollars gleich. Dieselbe beschäftigt 6—7000 Arbeiter, oder ungefähr ein Drittel der Bevölkerung des ganzen Districtes.

Am 20. Mai ankerten wir in Cobija, dem einzigen Hafen Boliviens an der Westküste, mit ungefähr 1000 Einwohnern. Das fruchtbare Bolivien liefert den überzeugendsten Beweis, in welch engem Verhältniß der Aufschwung eines Landes zu dessen mehr oder minder großen Küstenentwicklung

[1] Ein Ingot Kupfer wiegt ungefähr 16—18 Pfund englisch.

[2] Man hat bis jetzt unterlassen, sich der im Süden von Chile in der Nähe von Lota gewonnenen Kohlen zu bedienen, weil im Vergleich zur Qualität die Fracht zu kostspielig ist, so daß es immer noch vortheilhafter ist Kohlen aus England oder Nordamerika zu beziehen.

steht. Wie groß ist der Verkehr, der Wohlstand und die Civilisation in Chile, einem verhältnißmäßig schmalen Striche nur theilweise fruchtbaren Landes, der aber in seiner ganzen Längenausdehnung die Küste beherrscht, verglichen mit der Armuth und Verkommenheit des an Naturproducten aller Art so gesegneten Binnenstaates Bolivien, welcher nur durch einen einzigen kleinen Hafen mit der Küste und der europäischen Cultur zusammenhängt!

Am nämlichen Tage erreichten wir noch Iquique, den südlichsten Hafen Peru's, mit einer Bevölkerung von beiläufig 4000 Seelen und in neuester Zeit zu großer Bedeutung gelangt wegen des längs der regenlosen Küste vorkommenden Erdsalzes, welches von hier in großer Menge (über 1 Million Centner jährlich) nach England, Nordamerika und Deutschland ausgeführt wird, wo dasselbe als Düngungsmittel mit vielem Nutzen Anwendung findet.[1] Während unseres Besuches lag im Hafen von Iquique ein großer französischer Kauffahrer, die Victorine aus Bordeaux, von 3000 Tonnen Gehalt, welcher sich eben anschickte, eine Ladung von nicht weniger als 60.000 Centner dieses werthvollen Naturproductes aufzunehmen. Der Salpeter wird in einer Tiefe von 1—6 Fuß zwischen Thon gefunden, in großen Gefäßen gekocht, um ihn von den übrigen Bestandtheilen zu läutern,[2] sodann getrocknet und in Kuchenform, in Säcken zu 250 Pfund Gewicht, verschifft. Der Werth beträgt per Centner geläuterten Salpeter an Ort und Stelle 21 Realen (5 Gulden 40 Kreuzer) und 16—17 Pfund Sterling per Tonne in England. Nach einer oberflächlichen Berechnung soll die Quantität des, längs der chilenischen Küste in einer Ausdehnung von 30 Meilen vorkommenden salpetersauren Natrons an 60 Millionen Tonnen oder 1200 Millionen Centner betragen und somit, wenn man die jetzige jährliche Ausfuhr als Basis nimmt,[3] für mehr als tausend Jahre ausreichen! Die mit der Gewinnung des Erdsalzes beschäftigten Arbeiter erhalten, bei der Unzulänglichkeit der Arbeitskräfte, 2—3 Dollars täglich Lohn. Auch in Iquique ist der Wassermangel so groß, daß die Stadt mittelst eines Destillir-

[1] Vergleiche: On the Source and Supply of Cubic Saltpetre, Saltire or Nitrate of Soda, and its use in small quantities as a Restorative to Corn crops. By Ph. Pusey. London, W. Clowes & Sons, 1853.

[2] In dem Zustande, in welchem der Salpeter längs der Küste gefunden wird, enthält derselbe 93 bis 95 Procent Salztheile und 5—7 Procent Erde.

[3] Die Ausfuhr ist fortwährend im Steigen begriffen. Im Jahre 1858 betrug sie 1,220.610 Centner, im Jahre 1859 bereits 1,571.199 Centner. Davon wurden 447,887 Centner nach England und 304.025 Centner nach Frankreich, der Rest nach Deutschland verschifft.

Apparates mit dem nöthigen Trinkwasser versehen wird, ein Unternehmen, welches bei dem herrschenden großen Verkehr täglich an 600 Dollars eintragen soll. Denn nicht nur für Menschen, auch für Thiere muß das flüssige Element gekauft werden; so mag z. B. ein Maulthier für einen Realen (circa 26 Neukreuzer) nach Lust sich satt trinken.

Auch Borax oder Tinkal (borsaures Natron) kommt häufig an der Küste vor, doch war eine längere Zeit hindurch die Ausfuhr davon verboten, weil die ziemlich mißtrauische peruanische Regierung sich erst über den Werth und die Verwendung dieses Naturproductes so wie über die Möglichkeit, dasselbe zu Gunsten des Staatsschatzes auszubeuten, Gewißheit verschaffen wollte. Gegenwärtig werden jährlich an 15—20.000 Centner Borax im Werthe von 4—5 Dollars per Centner ausgeführt. Während wir in Iquique vor Anker lagen, fuhren mehrere Eingeborene in höchst primitiven Fahrzeugen aus canoeförmig zusammengebundenen Seehundsfellen pfeilschnell an uns vorüber. Um das Umstürzen zu verhindern, waren zu beiden Seiten luftgefüllte Blasen befestigt.

Die Hitze nahm jetzt beträchtlich zu. Der Anblick der kahlen, baumlosen, fast senkrecht abfallenden sandigen Küste machte einen düstern traurigen Eindruck, welchen die im Hintergrunde bis zu einer Höhe von 2—4000 Fuß emporragenden schönen Berge kaum zu mildern vermochten. Ein großer Theil der Passagiere, meist Peruaner, suchte sich für die Monotonie der Landschaft im Salon am grünen Tisch zu entschädigen. Den ganzen Tag bis spät in die Nacht ging das Kartenblatt von Hand zu Hand. Man spielte Rocambor (ein dem L'Hombre ähnliches Kartenspiel), dann Monte und Würfel, und zwar um sehr hohe Summen. Ich sah 10 Condors (100 Dollars) auf ein einziges Blatt setzen. Einige alte Herren blieben factisch von neun Uhr Morgens bis Mitternacht in einer Ecke im Salon sitzen und spielten unaufhörlich. Ein reicher Peruaner soll einmal während einer Ueberfahrt von acht Tagen an 80.000 Dollars verloren haben.

Am 21. Mai ankerten wir in Arica, einem niedlichen, von schönen, üppigen Gärten umgürteten Seestädtchen mit 7000 Einwohnern, welches, obschon zu Peru gehörig, gleichwohl als der Haupthafen für die Ausfuhr der Producte des nördlichen Boliviens betrachtet werden muß, indem dessen bedeutendster Handelsplatz, die Stadt Tacna mit 12.000 Einwohnern, nur 39 englische Meilen von Arica am Fuße der Cordilleren liegt und auch die 288 Meilen entfernte Hauptstadt der Republik, La Paz, mit 75.000 Seelen, von hier aus am leichtesten erreicht werden kann. Die politische Eintheilung Boliviens ist eine schreiende Ungerechtigkeit gegen das herrliche Land und seine emsige Bevölkerung. Der Hafen von Arica gehört naturgemäß zu Bolivien, nicht zu Peru; Handelsinteressen und Verkehr verbinden seine Bewohner weit mehr mit dem nördlichen Bolivien als mit der peruanischen Republik. Die Hauptausfuhr Arica's besteht in Silber, Kupfer, Alpacowolle, Chinarinde, Chinchillafelle, Baumwolle und Zinn. Auch sind im Städtchen zwei Dampfmahlmühlen im Gange; das Getreide kommt aus dem Innern, das Mehl wird nach den Häfen der Küste exportirt. Eine von Arica nach Tacna führende Eisenbahn erleichtert wesentlich den Verkehr, welcher im Innern des Landes größtentheils nur durch schmale, unwegsame Maulthierpfade unterhalten wird.[1]

Die aus luftgetrockneten Ziegeln gebauten Häuser in den Ansiedlungen längs der peruanischen Küste, wo es bekanntlich niemals regnet und selbst der Thaufall nur ein sehr geringer ist, haben ganz flache, blos mit dünnem Rohr bedeckte Dächer, und sehen daher, von der Straße aus betrachtet, unfertig aus. Diese terrassenartigen Flächen werden aber leider von den Bewohnern nur zur Ablagerung des im Hause sich ansammelnden Unrathes benützt, und wer es, um eine Uebersicht der Stadt zu gewinnen, unternimmt einen der blendend weißen Sandhügel der Umgebung zu besteigen, wird den häßlichen, eigenthümlichen Anblick, der sich ihm hier darbietet, lange in Erinnerung behalten.

Gleich außerhalb der Vorstadt Chimba beginnt der wüstenartige Charakter der Gegend. Ich unternahm einen Gang nach den benachbarten Sandhügeln, weil man mir sagte, daß sich daselbst zahlreiche Inkagräber befinden und noch häufig Mumien ausgegraben werden. Bei der großen Trockenheit der Luft sahen die Todtenschädel, welche hier auf der Oberfläche herumlagen, wohl erhalten, wie präparirt aus. Selbst einige Thierleichen zeigten keine Spur von Verwesung, sondern waren völlig eingetrocknet. Die Eigenthümlichkeit der meteorologischen Verhältnisse, die große Trockenheit der Atmosphäre, der Reichthum an Salzen im Boden tragen gewiß mehr als

[1] Von Arica führen Saumpfade oder Maulthierwege nach Potosi, Oruro, Cochabamba, La Paz, Chuquisaca und Calamarca, dem höchsten, von Menschen bewohnten Punkt der Erde, 13,000 Fuß über dem Meere, mit [illegible] Einwohnern.

die einheimische Kunst zu der so vielbewunderten Conservirung indianischer Leichen bei; denn auch jetzt, wo die katholisirten braunen Peruaner zwar nichts von ihrem alten Aberglauben, aber die meisten ihrer früheren Sitten und Künste eingebüßt haben, sehen die, ohne besondere Vorkehrung der Erde übergebenen Todten, wenn sie wieder ausgegraben werden, wie mumificirt aus. Selbst die Einhüllung der Leichen in gewebte Stoffe scheint erst nach der Vertrocknung derselben stattgefunden zu haben, sonst würde diese Art von Bandagen wohl nicht so fest anliegen, sondern lose an den eingeschrumpften Körpern hangen. Ich habe den Schädel eines Indianers aus der Umgebung von Arica mitgebracht, welcher durch die muthmaßlich in Folge des Anlegens von Zirkelbinden entstandene Deformation höchst merkwürdig ist.[1]

Schädel eines Indianers aus Arica.

Diese künstliche Verunstaltung des Schädels hat in der seltenen Sitte mehrerer Indianerstämme Süd- und Nordamerika's ihren Ursprung, den Schädel neugeborener Kinder durch Anwendung der mannigfaltigsten Mittel mechanisch zu verändern. Wie verschieden unter den einzelnen Indianerstämmen der Westküste des gewaltigen amerikanischen Continentes die Begriffe von Schönheit sind, mag am besten die beifolgende Abbildung des Schädels eines Eingeborenen aus Puget Sound im Oregongebiet beweisen,

[1] Da ich auf meiner Ueberlandreise der künstlerischen Hand des Expeditionsmalers entbehrte, so mußte ich mich damit begnügen, von interessanten Gegenständen Skizzen oder Photographien zu erwerben, welche später in der xylographischen Anstalt des Herrn Rudolph von Waldheim in Wien in Holzschnitt ausgeführt wurden, um, dem Ganzen entsprechend, auch diesem Reiseabschnitt bildliche Darstellungen beigeben zu können.

den ich der Güte meines verehrten Freundes Herrn Dr. Aquinas Ried in Valparaiso verdanke, welcher dieses merkwürdige Exemplar im Jahre 1856 von einem Arzt der nordamerikanischen Kriegsmarine erhielt. Hier erscheint, im schroffen Gegensatze zur oblongen Form des Craniums eines Indianers aus der Umgebung von Arica, der Schädel durch Pressung zwischen zwei Brettchen gewaltsam verkürzt.

Man neigte sich anfänglich zur Ansicht hin, daß die bald eng zusammengedrückte, bald unförmlich verlängerte oder gewaltsam abgeplattete Form des Schädels gewissen Indianerstämmen von Natur zukommt; allein gründlichere Untersuchungen lassen es unbezweifelbar erscheinen, daß diese Verunstaltung mittelst künstlicher Pressung herbeigeführt wurde und nicht nur

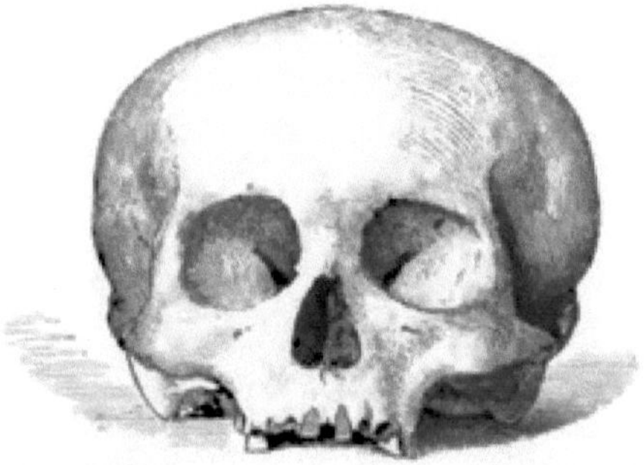

Schädel eines Indianers aus Puget Sound im Oregongebiet (Nordamerika).

bei einzelnen Individuen, sondern bei ganzen Volksstämmen eine Verschiebung der Gehirntheile veranlaßte, ohne daß dadurch einzelne Fähigkeiten vernichtet oder in auffallender Weise verändert worden wären.

Das drei spanische Legua's (neun englische Meilen) von Arica entfernte Azapa-Thal hat einen sehr fruchtbaren Boden, ist aber wasserarm. Mit einem Kostenaufwande von einigen Millionen Dollars könnte indeß, mit Benützung des Aricaflusses unschwer eine Bewässerung hergestellt und das ganze Thal einer großartigen Cultur zugeführt werden. Zuckerrohr, Weintrauben, Orangen, Anonen, Oliven, Gemüse aller Art würden daselbst vortrefflich fortkommen und im Hafen von Arica lohnenden Absatz finden.

Unter den in Arica ansässigen Deutschen lernten wir Herrn Colmann, Kaufmann und chilenischen Consul, so wie Herrn Dr. Mittendorf kennen, welch letzterer bei der hiesigen Eisenbahngesellschaft als Arzt angestellt ist. Wir erfuhren von diesem, daß Hautkrankheiten, Dysenterie und Wechselfieber die am meisten vorkommenden Krankheiten sind, daß aber im Allgemeinen das Klima von Arica ein gesundes ist und viele Krankheitsfälle nur der unachtsamen, regellosen Lebensweise der Eingeborenen zugeschrieben werden müssen. Obschon es fast niemals regnet, so stürzen doch während der Sommerszeit der südlichen Hemisphäre (von Jänner bis März), wenn in den Bergen der Schnee schmilzt und in den Cordilleren starker Regen fällt, ungeheuere Wassermassen durch das Flußbett ins Meer und versiegen theilweise im Boden, so daß man 2—3 Fuß unter der Erde Wasser oder Sumpf findet, während die Oberfläche völlig trocken scheint. Eine Regulirung des Flußbettes und eine gehörige Eindämmung des Flusses würde nicht nur eine bessere Benützung des Wassers gestatten, sondern auch in gesundheitlicher Beziehung äußerst günstig wirken. Die jährliche Austrocknung des Flußbettes im Juli und August hat die meisten Krankheitsfälle im Gefolge und es erscheint um so dringender, an eine entsprechende Regulirung des Aricaflusses zu denken, als sonst zu befürchten steht, daß ohne die Aufführung von künstlichen Bauten und Dämmen das Flußbett allmählig gänzlich versandet und die Gegend noch wasserärmer wird; denn in der, aus den Bergen zuströmenden Wassermenge ist mit jedem Jahre eine auffallend größere Abnahme bemerkbar, und während noch vor zehn Jahren das Flußbett vier bis fünf Monate mit Wasser gefüllt war, ist dies gegenwärtig kaum mehr zwei Monate hindurch der Fall.

Am 22. Mai fuhren wir in den kleinen, schwer zugängigen Port d'Islay ein. Die Ansiedlung ist auf einem steilen, 150 Fuß hohen Felsen erbaut, welcher von allen Seiten fast senkrecht ins Meer fällt, derart, daß die Landung blos an einem Molo möglich ist, von wo eine eiserne Stiege in die Höhe nach dem Städtchen führt. Der bekannte Reisende Graf Castelnau, welcher diesen Hafen im Jahre 1848 während einer wissenschaftlichen Expedition durch Südamerika besuchte, prophezeite demselben eine große Zukunft; ich glaube aber nicht, daß sich der Handelsverkehr seit jener Zeit bedeutend gehoben hat.

Die einzige Wichtigkeit von Port d'Islay besteht in dessen Nähe von Arequipa, einer Stadt von 40.000 Einwohnern und zahlreichen werthvollen Naturproducten, welche durch eine 36 Meilen breite und 120 Meilen lange

Sandwüste vom Hafen getrennt ist und sich am Fuße des gleichnamigen Feuerberges,[1] in einer herrlichen, fruchtbaren Gegend ungefähr 7.500 Fuß über dem Meere erhebt.

Die öde, sandige Fläche zwischen Port d'Islay und Arequipa ist fortwährend von Treibsand durchzogen, welcher durch beständige Verwehungen des Weges das Reisen über dieselbe sehr unsicher und häufig sogar lebensgefährlich macht. Der Wanderer, der sich in diese Sandwüste verirrt, ist unrettbar verloren. Eine merkwürdige Erscheinung sind die durch den fast beständig wehenden Südostwind aus Treibsand gebildeten, wandernden Sandhügel oder Medanos, welchen bereits Tschudi in seinen werthvollen Reiseskizzen über Peru eine ausführliche Beschreibung widmete.[2] Diese wunderlichen, fortwährend ihre Lage verändernden Sandfiguren, welche den Reisenden so oft in staunende Angst versetzen, sind gewöhnlich halbmondförmig, 8 bis 10 Fuß hoch und 20 bis 50 Fuß breit; zuweilen erreichen sie aber eine Höhe von 50 Fuß und haben dann einen Durchmesser von 150 Fuß. Ihr Vorkommen ist in der heißen Jahreszeit am häufigsten, wo der ausgedörrte Sand den leisesten Bewegungen der Atmosphäre folgt, während im Winter durch den feinen, durchdringenden, meteorischen Niederschlag (garua), welcher an der ganzen peruanischen Küste den daselbst unbekannten Regen ersetzt, das Gewicht des Sandes zunimmt und die Basis der Wanderhügel durch die absorbirte Feuchtigkeit an Festigkeit gewinnt. Zwischen Port d'Islay und Arequipa werden die Medanos erst auf der zweiten Hälfte des Weges oder der Sandfläche, ungefähr 18 Meilen landeinwärts, angetroffen.

[1] Der Arequipa-Vulcan ist von seiner Basis gerechnet 10.500 Fuß, vom Meeresspiegel aus 18.000 Fuß hoch.

[2] Peru. Reiseskizzen aus den Jahren 1838 — 1842 von J. J. v. Tschudi. St. Gallen 1846. Erster Band Seite 325. Ferner: Untersuchungen über die „Fauna Peruana" St. Gallen 1844—1846, Einleitung. Der Verfasser schildert diese seltsamen, durch wirbelnde Winde fortrückenden Sandhügel aus eigener Anschauung in folgender Weise: Von etwas starkem Winde gedrückt, wandern die Medanos rasch über die Fläche hin, die kleineren, leichter beweglichen eilen den größeren voran. Diese, indem sie die Macht der Luftströmung gegen jene abhalten, erreichen sie, stürzen sich über sie und erdrücken sie, indem sie selbst zusammenbrechen. In wenigen Stunden ist oft eine Fläche mit einer Reihe von Hügeln bedeckt, und einige Tage später nimmt sie wieder ihre einförmige, trostlose Flachgestalt an. Die erfahrensten Küstenkenner werden dadurch in ihrer Kenntniß der Wege getäuscht, und gerade sie sind es, die sich am schnellsten einer wüthenden Verzweiflung hingeben, wenn sie rathlos zwischen den Sandhügeln umherirren. Die kleinen Gebirgszüge, von denen die Küste quer von Osten nach Westen durchschnitten wird, setzen dem Fortrücken der wandernden Medanos eine Grenze, sonst würden die fruchtbaren Oasen bald in sterile Sandflächen umgewandelt werden.

In den Schluchten in der Nähe des Hafens wird an einigen Stellen vulcanische Asche gefunden, während dieselbe weder weiter im Innern noch in der Umgebung des Feuerberges von Arequipa selbst vorkommt, welcher seit Menschengedenken nicht thätig war und dessen schöner Kegel, jenem des Ometepec im Nicaragua-See nicht unähnlich, bis zum Gipfel dicht bewaldet ist. Möglicher Weise rührt dieselbe von dem Aschenregen eines entfernteren Vulcans her, und wurde vom herrschenden Winde in der Luft bis nach der Küste getragen. Die Asche soll gar keine salzigen Bestandtheile haben und wird von den Eingeborenen bei der Fabrication von luftgetrockneten Lehmziegeln verwendet, deren Qualität sie angeblich wesentlich verbessert.

Wir machten einen Ausflug nach dem benachbarten Kirchhof, woselbst über ein halbes Hundert Menschenschädel aufgehäuft lag. Sie sahen alle schön gebleicht und wohl erhalten aus, so daß mancher sogar noch den vollen Haarwuchs zur Schau trug. Die Augen waren an allen Schädeln vertrocknet, nicht glänzend und krystallartig, wie sie zuweilen in alten Indianergräbern gefunden und den Fremden zum Verkauf angeboten werden. Diese angeblich „krystallisirten Menschenaugen", von welchen ein italienischer Curiositätenhändler in Arica mehrere Säckchen voll besaß, rühren von einer Molluskenart (Loligo gigas) her, und dienten den Indianern als Verzierung für ihre Todten. Diese Annahme bestätigen die großen Quantitäten dieser glasigen Augen, welche aus den Gräbern in der Umgebung von Arica ausgegraben werden.

In den Nachmittagsstunden wurde die Fahrt längs der Küste fortgesetzt. Die Zahl der Reisenden, namentlich der Zwischendeckpassagiere, hatte sich wieder vermehrt. Unter den letzteren befand sich auch ein Oesterreicher, ein Tiroler, welcher aus Iquique kam und nach dem Innern von Peru reiste. Derselbe war, durch glänzende Versprechungen geblendet, mit 293 seiner Landsleute im Jahre 1856 nach Peru ausgewandert, und hatte, nach zwei Jahren der furchtbarsten Beschwerden und Entbehrungen, endlich bei der Salpeterbereitung in Iquique Arbeit gefunden. Jetzt verdient er sich drei Pesos (6 Gulden 30 Kreuzer) täglich und war eben im Begriff seine Familie aus der Colonie am Pozuzu abzuholen und zu sich zu nehmen. Daß nicht mehrere seiner Landsleute ihm folgten, daran war nur, wie der biedere Tiroler uns erklärte, einer der Colonisten, ein „halber Student" Schuld, welcher ihnen davon abrieth und sie bewog auf anderen Punkten ihr Glück zu versuchen, wo sie aber leider ebenfalls mit großer Noth und Mühe zu kämpfen hatten. Ich habe selten einen Menschen beim Vernehmen vaterländischer Laute tiefer erschüttert und gerührt gesehen, wie diesen biedern Sohn der Alpen, als ich ihn auf „gut österreichisch" ansprach und seine Hand schüttelte. Der Leser wird später bei der Schilderung meines Aufenthaltes in Lima ausführliche Mittheilungen über die Tiroler-Colonie am Pozuzu, ihren gegenwärtigen Zustand und ihre muthmaßliche Zukunft finden.

Am 23. Mai gegen sechs Uhr früh ankerte der Dampfer in Chala, das erst im Jahre 1857 in der Absicht zu einem Seeport erhoben worden war, um den Verkehr mit Cuzco zu erleichtern und zu vermehren. Chala ist nämlich der nächste Hafenpunkt, um zur alten Inkahauptstadt zu gelangen, welche von hier 240 englische Meilen entfernt ist. Obschon als Hafen sehr ungünstig gelegen und eigentlich nur eine offene Rhede, verspricht Chala gleichwohl von großer Bedeutung zu werden, wenn Ruhe erhalten und eine gute Straße nach Cuzco gebaut wird, um seine zahlreichen werthvollen Producte leicht nach dem Hafen bringen zu können. Zur Zeit meines Besuches zählte die kleine, erst seit einem Jahre entstandene Ansiedlung 212 Bewohner und einige 30 Holzhütten, die sich längs den Sandhügeln hinziehen. Die Hauptausfuhr ist Schafwolle und Kupfer, welches 9 Meilen nördlich von Chala in Chaipa und Atiquipa gefunden wird.

Am folgenden Morgen, nachdem wir zwischen Barraca-Head (auf der Sangallan-Insel) und Huasco-Head (ein hervorspringender Punkt des Festlandes) Borrocun de Pisco, eine durch zahlreiche niedere Inseln für die Schifffahrt ziemlich gefährliche Stelle passirt hatten, erreichten wir Pisco, ebenfalls nur eine offene Rhede, welche in Folge der starken Brandung den Schiffen nicht gestattet, in einer geringeren Entfernung als 2 — 3 Meilen vom Ufer zu ankern. Ein Herr Wheelright hat es bereits vor einigen Jahren unternommen, einen mehrere hundert Fuß ins Meer ragenden eisernen Molo zu bauen, um das Aus- und Einladen der Waaren und Producte, so wie das Landen der Passagiere zu erleichtern, aber die Baute war noch immer nicht vollendet, und dürfte wohl eine viel bedeutendere als die projectirte Länge erhalten müssen, um ihrem Zweck vollkommen zu entsprechen. Auf den Abhängen von Barraca-Head, gegen die Küste zu, sind drei Figuren in der Form von Kreuzen bemerkbar, welche angeblich bereits im vorigen Jahrhundert durch fromme Mönche aus Sand gebildet worden waren. Ihre Größe muß in der That kolossal sein, denn, obschon 3 bis 4 Meilen davon entfernt, konnte man doch im Sande drei kreuzartige Figuren ziemlich deutlich wahrnehmen. So populär diese Erscheinung im Lande ist, so hat sich gleichwohl noch Niemand die Mühe genommen, von Pisco aus eine Excursion dahin zu unternehmen, um sich an Ort und Stelle zu überzeugen, ob die drei Kreuze, welche die Phantasie so vieler Vorüberfahrenden beschäftigen, ein Werk aus Menschenhand, oder ob sie, was weit mehr wahrscheinlich, ähnlich wie die Medanos bei Arica, nur ein Spiel des Windes, nur aus aufgehäuftem Flugsand gebildet sind.

Die Hauptcultur von Pisco und diejenige, welche der ganzen Provinz den meisten Ruf verschafft, ist die der Weinrebe. Ich habe niemals früher köstlichere, saftigere, feinschmeckendere Trauben genossen als hier. Dieselben werden hauptsächlich zur Fabrication des weitberühmten „Pisco", einer Art Aguardiente oder Branntwein verwendet, wovon die Consumtion außerordentlich groß ist. Auch Früchte der verschiedensten Art, wie Chirimoyas (Anona sp.), Bananen, Aguacates, Mangos, Ananas, Citronen, Orangen, Pfirsiche, Aepfel, Birnen u. s. w. werden hier in vorzüglichster Qualität für die Märkte von Lima gezogen.

Pisco ist der erste Punkt längs der ganzen kahlen Küste, wo der Reisende, seitdem er Valparaiso verlassen, die Ufer wieder mit Vegetation bedeckt sieht. Mit Wohlgefallen verweilt das Auge auf dem grünen Schmucke, der hier allenthalben, selbst zwischen den Häusern belebend hervorschimmert. Die Ansiedlung zählt 3000 Einwohner und besitzt zahlreiche Kirchen, deren hoch emporragende Thürme ihr ein großstädtisches Aussehen verleihen. Ungefähr 45 englische Meilen landeinwärts liegt in einem fruchtbaren Thale die große Binnenstadt Ica, mit welcher ein sehr bedeutender Verkehr besteht, und welche ihren Reichthum gleichfalls der Cultur der Rebe verdankt.

Zehn englische Meilen westlich von Pisco, der Stadt fast gegenüber, liegen die berühmten Chincha- oder Guano-Inseln. Nach diesen war jetzt der Curs gerichtet. Es sind drei kleine, dicht neben einander aus dem Meere ragende Eilande, von welchen das nördlichste bereits am meisten ausgebeutet ist. Auf diesem letzteren befindet sich auch die Hauptansiedlung, aus mehr als 100 Holzhütten und einer Bevölkerung von 200 bis 250 Seelen bestehend. Im Jahre 1858 lebten noch gegen 2000 Menschen auf

den Inseln, und mehrere hundert Schiffe lagen zuweilen im Hafen vor Anker, um die werthvollen Vogelexcremente aufzuladen, aus welchen die Hauptmasse dieser Insel besteht. Zur Zeit meines Besuches hatte die Ausbeute etwas abgenommen, die Zahl der Arbeiter sich vermindert, und der Hafen war nur von wenigen Schiffen besucht.

Die Inseln haben ein trauriges, kahles, wüstes, Steinbrüchen ähnliches Aussehen; die nämliche Substanz, welche, in geringer Quantität angewendet, die Productivität des Bodens so wunderbar fördert, erstickt hier durch ihre Massenhaftigkeit jede Vegetation und läßt die befruchtende Kraft nicht ahnen, die sie birgt. Die Nordinsel hat eine Längenausdehnung von 4200 Fuß und eine Breite von 1500 bis 1800 Fuß. Ihre Höhe beträgt 150 bis 180 Fuß.

Der aus den Excrementen verschiedener Seevögel, vorzüglich von Möven, Tölpeln, Tauchern und Scherenschnäbeln entstandene Guano[1] bildet Schichten von theils graubrauner, theils rostrother Farbe, welche an einigen Theilen eine Mächtigkeit von 120 Fuß erreichen. Die Hütten der Ansiedler sind auf den Guanolagern errichtet. Auch ein hübsches comfortables Hôtel befindet sich seit Kurzem auf der Insel. Alle Lebensbedürfnisse, selbst Trinkwasser, müssen 14 Meilen weit vom Festlande bezogen werden. Daher ist auch das Leben ziemlich kostspielig, aber keineswegs entbehrungsreich oder freudenleer. Einer der Bewohner, ein Schwede, welcher auf der Insel einen kleinen Kaufladen besitzt, sagte zu mir: „Wir leben auf den Chincha-Inseln so gut und behaglich, wie man nur auf irgend einem Punkte der Erde leben kann, und haben sogar zuweilen Musik und Tanz."

Im Mai 1859 bestand die Bevölkerung aus 50 Europäern, 50 Chinesen und 250 Peruanern und Negern. Die Mehrzahl bildeten Arbeiter, welche bald als „Mangueros" bald als „Abarrotadores" unter großen Anstrengungen damit beschäftigt sind, den erhärteten Vogeldünger zu gewinnen und nach den Ladungspunkten zu schaffen. Die freien Arbeiter erhalten 1½—2 spanische Dollars Taglohn; die Chinesen dagegen nur fünf Dollars monatlich und eine Reißration täglich. Ein peruanischer Plantagenbesitzer, Domingo Elias, hatte es

[1] Die gewöhnliche Schreibart „Guano" ist, wie dies schon Tschudi bemerkte, falsch, indem der Quichuasprache, welcher dieses Wort angehört, nebst mehreren anderen Consonanten auch das G fehlt. Die Spanier haben das im Anfang der Worte stark aspirirte H in G, und die Endsilbe nu wie in den meisten so endenden, von ihnen adoptirten Quichuawörtern in no umgewandelt.

versucht, mehrere hundert Chinesen auf seine Kosten einzuführen, welche, wie die nach Westindien exportirten Kulis, ihre Reisespesen durch Arbeit abverdienen mußten. Man beutete die Arbeitskraft der armen Söhne des Mittelreiches auf die roheste Weise aus. Während sie, mit Sträflingen vereinigt, länger und anstrengender als die anderen Taglöhner arbeiten mußten, erhielten sie nur den zehnten Theil des üblichen Lohnes dafür bezahlt.

Der Gesundheitszustand wurde mir als äußerst günstig geschildert. Die Guanoarbeiter stellen das geringste Contingent an Kranken und selbst der höchst unangenehme penetrante Geruch des ammoniakreichen Düngers scheint nichts weniger als schädlich auf die Athmungswerkzeuge zu wirken, indem Lungenkrankheiten unter den Arbeitern seltene Erscheinungen sind. Ja, man will vielmehr wahrgenommen haben, daß Lungenleidende im ersten Stadium von einem längeren Aufenthalte auf den Guano-Inseln Nutzen zogen und physisch gebessert nach dem Festlande zurückkehrten.

Die mittlere Insel zeigt ebenfalls schon Spuren theilweiser Ausbeute, aber die Arbeiten sind daselbst wieder aufgelassen worden. Sie ist dermalen völlig unbewohnt; doch erblickt man noch auf der Anhöhe einige Holzhütten, welche früher den Arbeitern zur Unterkunft dienten, so wie einige jener eigenthümlichen Vorrichtungen (shoots) zur leichteren Ansammlung und Einschiffung des Guano's.

Die südlichste der drei Inseln befindet sich ganz im primitiven Zustande und ist völlig unausgebeutet. Keine Spur menschlicher Thätigkeit ist darauf sichtbar.

Die ersten Versuche, den peruanischen Guano oder Huanu als Düngungsmittel nach Europa auszuführen, wurden im Jahre 1832 gemacht; dieselben fielen aber so ungünstig für die Unternehmer aus, daß erst acht Jahre später das peruanische Handlungshaus Quiros neuerdings seine Aufmerksamkeit dem Guano als Handelsartikel zuwendete, und von der Regierung von Peru das Recht der Ausfuhr desselben gegen Entrichtung einer bestimmten Pachtsumme für die Dauer von 6 Jahren erwarb. Anlaß dazu gaben die Versuche, welche um jene Zeit durch einen Herrn Meyers in Liverpool mit dem Guano gemacht worden waren und überraschende Resultate erzielt hatten.

Von März bis October 1841 wurden in 23 Schiffen 6125 Tonnen Guano von Peru nach England, Hamburg, Antwerpen und Bordeaux versendet. Im November desselben Jahres brachte das englische Barkschiff Byron die erfreuliche Nachricht nach Peru, daß die Tonne Guano in England für 28 Pfund Sterling verkauft worden war. Dieses ganz unerwartete, großartige Resultat hatte zur Folge, daß die Regierung mittelst Decretes vom 17. November das mit Quiros getroffene Übereinkommen für nichtig erklärte, und Speculationslustige von Neuem zur Pachtung der Guano-Ausfuhr einlud.

Seit jener Zeit hat der Export dieses wichtigen Düngungsmittels nach allen Theilen der Erde nie geahnte Dimensionen angenommen. Derselbe erreichte in den letzteren Jahren die ungeheuere Menge von 500.000 Tonnen (à 2000 Pfund) und hat der Regierung jährlich eine Summe von 12 bis 15 Millionen spanische Piaster eingetragen.

Die Pächter verkaufen den Guano für Rechnung der peruanischen Regierung, und erhalten dafür eine Commissionsgebühr von 3½ bis 4½ Procent; ferner werden ihnen die allerdings sehr bedeutenden Vorschüsse in Barem mit 5 Procent verzinset.[1] Die Contracte werden gewöhnlich für 4 Jahre abgeschlossen.

Eine genaue Erforschung und Aufnahme der Inseln fand erst im Jahre 1853 durch den französischen Ingenieur C. Faraguet statt. Nach dessen ziemlich umfassenden, im Vereine mit mehreren anderen wissenschaftlichen Männern ausgeführten Arbeiten und Berechnungen[2] stellte sich die im September 1853 auf der nördlichen Insel vorhandene Menge Guano auf 4,189.477 peruanische Tonnen oder 83,789.540 Centner heraus. Die mittlere Insel besitzt nach derselben Quelle 2,505.948, die südliche 5,680.675 Tonnen; der Kubikinhalt sämmtlicher drei Inseln an Guano würde somit zu jener Zeit 12,376.000 Tonnen oder 247,522.000 Centner betragen haben, was nach dem durchschnittlichen Verkaufspreis einen Werth von 556 Millionen Pesos oder von 1200 Millionen Gulden darstellt. Seit dem Jahre 1841, wo die ersten beträchtlichen Ausfuhren statt fanden, bis zum Jahre 1861

[1] Diese Commissionsgebühren wechselten bisher je nach den Ländern, wo der Guano verkauft wurde. So z. B. erhält das Handlungshaus Gibbs & Comp. für alle Verkäufe in Großbritannien 3½ Procent; für jene in Italien, Belgien und anderen Ländern des europäischen Continents 1½ Procent; für jene in Australien, auf der Insel Mauritius und anderen britischen Colonien, mit Ausnahme der asiatischen, 2 Procent Commission und 1 Procent Provisionen für die Agenten in jenen Colonien. In neuester Zeit hat sich ein Hamburger Haus angeboten, die Verkäufe für 2½ Procent Provision besorgen, und für die, an die Regierung gemachten baren Vorschüsse statt der bisher üblichen 5 Procent nur 4 Procent Interessen beanspruchen zu wollen.

[2] Informes sobre la existencia de Huano en las islas de Chincha, presentados por la Comision nombrada por el gobierno peruano, con los planos levantados por la misma comision. Lima 1854.

wurden von den Chincha-Inseln ungefähr 3 Millionen Tonnen Guano im Werthe von 135 Millionen Pesos exportirt.

Man hat sich anfänglich bei der Schätzung der Quantität der auf den drei Inseln im Laufe von Jahrtausenden ungestört angehäuften Vogelexcremente[1] des doppelten Irrthums schuldig gemacht, diese zu hoch und die Zahl der jährlich davon ausgeführten Tonnen zu niedrig anzuschlagen. Daher kam es, daß einige einheimische und fremde Schriftsteller die Meinung aussprachen, die auf den Chincha-Inseln bestehenden Guanolager würden erst nach vielen hundert Jahren erschöpft werden können.[2] Nun stellt es sich aber heraus, daß, wenn die Nachfrage auch nur in gleichem Verhältnisse wie gegenwärtig fortdauert, kaum 25 bis 30 Jahre erforderlich sein dürften, um mit dem auf den Chincha-Inseln vorhandenen Vogeldünger aufzuräumen.

Allerdings wird noch auf vielen anderen Inseln und unbewohnten Vorgebirgen der ganzen Westküste von Südamerika Guano gefunden; auf den Inseln südlich von Callao sollen allein über 7 Millionen Tonnen von diesem werthvollen Düngungsmittel vorhanden sein.[3] Aber selbst wenn sich diese Quantität in der That vorfindet, wird sie bei dem gegenwärtigen Bedarf an Guano kaum für mehr als 10 bis 15 Jahre ausreichen, während die Bildung von neuen Guanolagern immer mehr auf einsame, schwer zugängliche Inseln im Ocean beschränkt wird. Denn, sobald man solche Guanolager auszubeuten beginnt, werden sie rasch von den Vögeln verlassen, die sich immer mehr von den Inseln in der Nähe der Küste und des Schiffs-Verkehres zurückziehen.

[1] Nur die ungeheure Menge dieser Seevögel, ihre außerordentliche Gefräßigkeit und die Leichtigkeit mit der sie sich ihre Nahrung verschaffen, lassen selbst in diesem langen Zeitraum für die Mächtigkeit der Excrementenschichten eine Erklärung finden. Herr v. Tschudi hielt einmal während seiner Reisen in Peru einige Tage lang eine lebende Sula Variegata, die er reichlich mit Fischen fütterte. Er sammelte die Excremente sorgfältig, und fand, daß deren Gewicht, obgleich der Vogel in der Gefangenschaft bekanntlich viel weniger als im Zustande der Freiheit verzehrt, täglich 3½ bis 5 Unzen betrug! Nach anderen Naturforschern consumirt ein Pelikan täglich an 20 Pfund Fische.

[2] Estudios sobre el Huano o historia de las contratas celebradas por el gobierno para su expendio exterior, precedida de reflexiones generales, sobre sistemas de cultivo y abonos. Lima 1851. Imprenta de J. M. Masias.

[3] Auch an der südlichen Küste Arabiens wurden vor wenigen Jahren durch Capitän Ord auf den Kuria-Muria-Inseln Guanolager entdeckt. Hier kann jedes Schiff diesen werthvollen Dünger laden, wenn es der englischen Regierung (welche diese Küsten zur Kron-Colonie erhoben, und eine Kohlenstation daselbst errichtet hat) eine Abgabe von 2 Pfund Sterling per Tonne Vogelmist bezahlt. Aber der afrikanische Guano giebt keinen so scharfen, kräftigen Dünger als der an der regenlosen Küste Peru's gefundene, bei welchem aus klimatischen Ursachen weit weniger Salztheile aufgelöst und verflüchtigt werden.

Die peruanische Regierung scheint die große Calamität nicht zu ahnen, welche dem Lande bevorsteht, wenn mit der Erschöpfung dieser Guanolager auch die größte Einnahmsquelle des Staates versiegen wird. Sonst könnte sie unmöglich von den ungeheueren Summen, welche der Staatsschatz jährlich aus der Ausbeute der Vogelmistinseln zieht, einen so unweisen Gebrauch machen. Für die Herstellung von Straßen und Eisenbahnen zur Erleichterung des Verkehres mit den so fruchtbaren Provinzen des Innern, für die Hebung der Agricultur und des Handels geschieht so viel als nichts. So wie diese reiche Staatseinnahme nicht durch den Fleiß und die industrielle Thätigkeit der Bevölkerung geschaffen wird, eben so bleibt sie für dieselbe auch ohne erheblichen Nutzen. Die Regierung von Peru beutet die Guanolager als Monopol aus, und vergeudet die dadurch gewonnenen Summen in ehrgeizigen Unternehmungen und Kriegszügen gegen Ecuador und Bolivien, welche das Land in beständiger Aufregung erhalten und nur seine Lasten vermehren. Der Vogelmistreichthum geht in Pulverdampf auf! Wie gewonnen, so zerronnen.

Während der neuntägigen Fahrt von Valparaiso nach Callao de Lima waren vier Musikanten am Bord, welche jeden Abend ein Stündchen auf Deck musicirten. Als der Dampfer die Chincha-Inseln verließ und wir dem Ziele unserer Fahrt zusteuerten, wurde sogar von einigen fröhlichen, jugendlichen Paaren, welche sich über die Mißtöne der Flöte und Violine hinaussetzten und die störende Begleitung der beiden Harfen ignorirten, getanzt.

Noch in der Nacht liefen wir in Callao ein und als ich in der Morgendämmerung auf Deck kam, lagen wir bereits in diesem schönen, geräumigen und sicheren Hafen vor Anker. Die Sage, daß man bei stiller See und klarem Himmel an einer gewissen Stelle die alte Stadt, welche im Jahre 1746 durch ein Erdbeben in die Tiefe versank, auf dem Meeresgrunde mit ihren Häusern und Kirchthürmen noch deutlich zu sehen vermöge, hat sich bis zur Stunde erhalten und wird jedem Ankömmling von Neuem mitgetheilt, obschon keiner der Erzähler diese mysteriöse Erscheinung je mit eigenen Augen geschaut hat! — Ueberhaupt sind gegenwärtig Erdbeben nicht mehr so häufig als noch zu Anfang dieses Jahrhunderts, wo kaum vierzehn Tage ohne horizontale Schwingungen (temblores) vergingen. Verticale Stöße (terramotos), die gefährlichste Art von Erschütterung, haben sich seit 1828 nicht wieder ereignet. Die bedenklichsten Jahreszeiten für Erdbeben sind die

Monate März, April und September, daher auch der letztere Monat vom Volke scherzweise statt Setiembre „se tiembla" (es bebt) genannt wird. Ein Peruaner, welcher sich mit wissenschaftlichen Untersuchungen beschäftigt, will wiederholt beobachtet haben, daß ein freihängender Magnet wenige Minuten vor einem Erdbeben regelmäßig seine Anziehungskraft verlor und das an demselben haftende Stück Stahl auf den Boden fiel. Findet sich diese Wahrnehmung durch eine Reihe von Beobachtungen bestätigt, so läge die Idee allerdings nahe, den Magnet zu einer Art von Erdbeben-Warner oder Monitor zu benützen.

Das heutige Callao ist eine schmutzige, häßliche Stadt mit engen Straßen und niedrigen, meist nur aus Rohr und Lehm gebauten Häusern mit völlig platter Bedachung. Nur einige der neueren, außerhalb des Matrosengetümmels von Fremden bewohnten Häuser machen hiervon eine wohlthuende Ausnahme. Die Bevölkerungszahl dürfte sich auf 20.000 Seelen belaufen.

Die interessanteste Baute dieser Hafenstadt ist unstreitig das neue Zollgebäude mit 31 kolossalen Magazinen, so daß in jedem derselben sechs bis acht Schiffsladungen untergebracht werden können. Ich hörte wiederholt über den schleppenden Dienstgang klagen, wodurch oft Tage vergehen sollen, bis die zur Ausfolgung angemeldeten Waaren bezogen werden können. Der Lagerzins ist sehr gering und besteht hauptsächlich in dem Stempelbetrag, welcher für den Anmeldungszettel der zum Austritt bestimmten Waaren zu entrichten kommt. Der Handel Callao's ist augenscheinlich im Aufschwung begriffen, und würde es bei dem Reichthum des Landes an den verschiedensten werthvollsten Naturproducten noch mehr sein, wenn die inneren Verhältnisse geordneter wären und mehr Beruhigung und Vertrauen einflößen möchten.

Da ich bereits mit dem nächsten Dampfer die Reise nach dem Norden fortsetzen mußte, so beeilte ich mich nach Lima zu gelangen, um der Besichtigung dieser wichtigsten Stadt des heutigen Peru's meine ganze Aufmerksamkeit zuzuwenden. Wenige Stunden nach meiner Landung in Callao befand ich mich bereits unterwegs nach der „Stadt der Könige".[1] Noch bis vor einigen Jahren war der Besuch von Lima, obwohl nur 6 englische

[1] Der Tag, an welchem Lima von Francisco Pizarro gegründet wurde, war der 6. Jänner 1534, nach dem katholischen Kalender der Tag der heiligen drei Könige, und darum wurde sie auch, der religiösen Sitte jener Zeit gemäß, „Ciudad de los Reyes" (Stadt der Könige) genannt.

Meilen von Callao entfernt, ein höchst beschwerliches und gefahrvolles Unternehmen. Der Weg führte über eine schattenlose Ebene durch tiefen Sand, zwischen unbebauten Feldern und niedrigem Gebüsche, und war dabei durch räuberisches Gesindel unsicher gemacht. Jetzt ist's eine Spazierfahrt, indem die ganze Entfernung auf einer ziemlich guten Eisenbahn in einer halben Stunde gemächlich zurückgelegt wird.

Auf dem Bahnhofe in Lima wurde ich durch die Anwesenheit des Herrn Wilhelm Brauns, Hamburger Generalconsuls und Chefs des dortigen englischen Handlungshauses Huth, Grüning & Comp. auf das Angenehmste überrascht. Ich hatte Empfehlungsschreiben an ihn mitgebracht und er erwies mir die Aufmerksamkeit, mich zu erwarten und einzuladen, in seinem Wohnhause mein Absteigquartier zu nehmen. Durch diesen günstigen Umstand fühlte ich mich in der peruanischen Hauptstadt ganz unerwartet mitten in eine Colonie höchst liebenswürdiger deutscher Landsleute versetzt; während meiner zwanzigjährigen Reisen in den verschiedensten Ländern der Erde genoß ich nirgends eine wärmere Gastfreundschaft und eine liebevollere Theilnahme als während meines neunzehntägigen Aufenthaltes in der „Stadt der Könige".

Auf der Fahrt vom Bahnhofe nach der Wohnung des Herrn Brauns bemerkte ich, daß die Häuser in den verschiedenen Stadttheilen, welche wir passirten, verschiedenfarbig angestrichen waren, und hörte nun nicht ohne Erstaunen, daß, einer neueren Regierungsvorschrift zu Folge, die Hausbesitzer in jedem Stadttheil zur leichteren Orientirung ihren Gebäuden jene Farbe geben müssen, welche mit dem officiellen colorirten Plane von Lima übereinstimmt. So sieht man in dem einen Stadtviertel alle Häuser grün, in einem andern gelb, in einem dritten weiß, in einem vierten röthlich und in einem fünften gar blau angestrichen. Wie in allen, Erderschütterungen unterworfenen spanisch-amerikanischen Städten, bestehen auch in Lima die meisten Häuser blos aus dem Erdgeschoß, und nur wenige haben außer diesem noch ein Stockwerk. Die Mauern sind bei größeren Gebäuden aus Luftziegeln oder Backsteinen aufgeführt, bei kleineren aus doppelten Rohrwänden, welche mit Lehm beworfen und sodann übertüncht werden. Am auffallendsten sind die ganz flachen Dächer, welche eigentlich nur aus einem Rohrgerippe und Strohmatten bestehen, die des besseren Schutzes wegen ebenfalls einen Lehmanwurf haben. Hierdurch ergiebt sich ein freier, mit einem Geländer umgebener Raum (azotea), welcher gemeiniglich den Kindern als Tummelplatz, den Erwachsenen als Promenade dient. Ein Theil der Zimmerfenster sind auf diesem platten Dache in einer Art von Verschlag angebracht, welcher statt Glasscheiben hölzerne Läden hat, die mittelst einer langen Schnur mit den Zimmern in Verbindung stehen und so nach Belieben von unten geöffnet oder geschlossen werden können. Viele im Innern des Hauses

„Azoteas" und Kirche von San Domingo.

gelegene Gemächer erhalten einzig und allein durch diese, auf dem Dache angebrachte Vorrichtung[1] ihr Licht, während eigentliche Fenster minder zahlreich sind und, gegen die Gasse zu, gewöhnlich mit großen, breiten, zuweilen

[1] Ventanas de Teatinos genannt, weil diese Fenster durch die Teatinermönche zuerst eingeführt wurden.

reichvergoldeten Eisengittern verziert erscheinen. Wir sahen die langen Schnüre zum Oeffnen und Schließen der Dachfenster selbst in der Mitte eleganter Zimmer herabhängen, und der Umstand, daß dieselben aus Seide geflochten waren, verminderte nicht das Unschöne und Eigenthümliche des Anblickes.

Schon die Bauart der Häuser, so wie die zierliche Ausschmückung des inneren buntbemalten Hofraumes (patio) verrathen dem Fremden, daß er sich an einem Orte befindet, wo Regen (wenigstens nach nordischem Begriffe) eine unbekannte Erscheinung ist, denn ein einziger Platzregen müßte in dem heutigen Lima einen ungeheuren Schaden anrichten. Indeß sind während der sogenannten Wintermonate, von Juni bis November, Nebel (garuas) sehr häufig, welche, obschon sehr fein, gleichwohl hinreichen, um den Fußgänger oder Reiter, welcher zufällig auf dem Wege davon überrascht wird, arg zu durchnässen. Ich habe selbst in Lima wiederholt einen so heftigen Nebel erlebt, daß man die einzelnen Wassertropfen leicht zu unterscheiden vermochte. Während der Wintermonate sind heitere, völlig wolkenfreie Tage selten; aber es ist eine Uebertreibung, wenn man zuweilen behaupten hört, daß in Lima fünf Monate hindurch die Sonne nicht sichtbar sei. Die Temperatur von Lima ist viel niedriger als man sie von einer nur 12 Breitegrade vom Aequator entfernten Stadt vermuthen sollte, eine Erscheinung, welche hauptsächlich der Nachbarschaft der mit ewigem Schnee bedeckten Cordilleren und den herrschenden Luftströmungen zugeschrieben werden muß. Niemals steigt das hunderttheilige Thermometer über 29·9°, noch sinkt es unter 16·2°. Die mittlere Temperatur ist während der heißen Jahreszeit 25°, während der kalten 17·5° C. Ein solches Klima macht selbst im sogenannten Winter die Erwärmung der Zimmer durch künstliche Mittel überflüssig, und es scheint mehr einer Gewohnheit als einem Bedürfniß Rechnung getragen, wenn man zuweilen spanische Familien sich Hände und Füße an sogenannten Braseros, messingenen, kupfernen oder eisernen Pfannen voll glühender Kohlen wärmen sieht.

Die Façaden so wie die innere Einrichtung der Wohnhäuser sind höchst einfach und prunklos, und nur wenige ältere Bauten, wie z. B. das Haus von Torre Tagle bei San Pedro machen hievon eine Ausnahme. An diesen architektonischen Zierden, welche noch aus der Glanzperiode der Residenz der peruanischen Vicekönige herüberragen, kann man prachtvolle Verzierungen und herrliche Mosaikböden bewundern und aus den Ruinen noch den großartigen Luxus ermessen, welcher einst hier entfaltet worden sein muß.

Die Straßen sind ziemlich regelmäßig und breit, aber der Mangel an Canälen und das schlechte Pflaster verleidet dem Reiter und dem Fahrenden nicht minder als dem Fußgänger eine häufigere Benützung derselben. Die offenen Gräben zu beiden Seiten sind voll von Abfällen und animalischen Unreinigkeiten, welche fortwährend hineingeworfen werden, und würden nicht zahllose Aasgeier (Cathartes foetens) das Geschäft der Straßenpolizei verrichten, so wäre Lima, bei der Sorglosigkeit der einheimischen Behörden, eine der schmutzigsten, ungesundesten Städte Südamerika's. Aber die Gallinazos, wie diese schwarzköpfigen Thiere von den Eingeborenen genannt werden, obschon träge und schwerfällig, sind doch durch ihre ungeheure Menge hinreichend, die Säuberung der Straßen auf das befriedigendste zu besorgen. Allenthalben, selbst im dichten Menschengewühl, sieht man diese Vögel, welchen aus Rücksicht für ihre Nützlichkeit Niemand etwas zu Leide thut und die selbst der Muthwille der Jugend in ihrer häßlichen Beschäftigung nicht zu stören wagt, auf der Erde herumschlüpfen und nach Nahrung suchen.

Eine der größten Zierden der Stadt ist ihre reiche, glänzende Beleuchtung mit Gas, welche den Straßen und Modeläden Lima's des Abends einen besonderen Zauber verleiht und ihr, in dieser Beziehung wenigstens, mit den Hauptstädten Europa's zu wetteifern gestattet.

Die großartigsten Bauten sind, wie sich dies in einem, von Spaniern besiedelten Lande wohl von selbst versteht, Kirchen und Klöster, deren die Hauptstadt an achtzig zählt. Viele dieser spanischen Denkmäler einer mehr bigotten als frommen Zeit befinden sich gegenwärtig in Verfall, und selbst die noch in gutem Zustande erhaltenen erfreuen das Auge des Kunstfreundes weder durch einen geschmackvollen, edlen Baustyl, noch durch die einfache Schönheit der inneren Ausstattung. Auch die Kathedrale, welche fast die ganze östliche Seite des Hauptplatzes einnimmt, macht hiervon keine Ausnahme und erscheint, obschon neunzig Jahre zu ihrer Herstellung nöthig waren, nur als ein mittelmäßiges Bauwerk. Das Innere ist groß und geräumig, aber der Umstand, daß sich der Chor mit einem breiten Altar in der Mitte befindet, läßt beim Eintritt in die Kirche nur die kleinere Hälfte derselben überblicken, und stört den Eindruck, den das Ganze ohne diesen Mittelbau, welcher den Hochaltar mit seinem Gold- und Silberschmuck völlig verdeckt, auf den Besucher hervorbringen würde. Die Ornamente, die Meßgewänder und geweihten Gefäße sind überaus reich und kostbar, aber dabei viel zu überladen, um auch eine ästhetische Befriedigung zu gewähren. In den Katakomben der Kathedrale sollen sich die sterblichen Reste Pizarro's befinden. Wenige Fremde versäumen diese Stelle zu besuchen,

Klosterhof von San Francisco.

und fühlen sich dann gewöhnlich eben so überrascht als erfreut, wenn ihnen von dem sie begleitenden Küster die eine oder andere Reliquie des berühmten Eroberers von Peru zum Kaufe angeboten wird. Allen mag es freilich nicht so glücklich ergehen, wie einer englischen Dame in Lima, die mir rühmend erzählte, für ein Geschenk von dem Führer einen Pantoffel aus dem Sarge Pizarro's erworben zu haben. Dauert diese Reliquieneroberung der Besuchenden und die Bestechlichkeit der Küster ungestraft fort, so wird man bald in den Katakomben nur mehr auf einen leeren Fleck zeigen können, wo einmal der Conquistador begraben lag; es wäre denn, daß der speculative Sacristan die Gelüste raritätensüchtiger Reisenden in ähnlicher Weise, wie jene schlauen Führer zu befriedigen sich bemüht, welche sammeleifrige Fremde durch die Ruinenstätten des classischen Alterthums geleiten.

Das Kloster von San Francisco ist interessanter wegen seiner ungeheuren Ausdehnung, welche Schmarda mit Recht jener mancher alten Reichsstadt des schwäbischen Kreises vergleicht, als durch Schönheit des Baustyles oder durch kunst-, und geschmackreiche innere Einrichtungen. Die buntbemalte, überladene Façade erinnert an jene von singhalesischen Buddhatempeln. Als der schönste Theil des Gebäudes dürften wohl die Corridore betrachtet werden, deren hölzerne Decken reich mit Schnitzereien verziert sind. Rings herum an den Wänden dieser Klostergänge hängen illustrirte Darstellungen aus dem Leben verschiedener Heiligen, welche jedoch seltsamer Weise mit dem Bilde gegen die Wand gekehrt sind und nur an bestimmten Festtagen umgewendet und den Blicken der Besucher zugängig gemacht werden.

Die Kirche ist im Innern sehr geräumig, aber ganz schmucklos. Der Sacristan machte mich mit großem Wohlgefallen auf San Benito aufmerksam, einen „schwarzen" Heiligen, welcher von den Negern, wahrscheinlich der gleichen Farbe wegen, ganz besonders in Ehren gehalten wird. In der Nähe des Klosters befindet sich die sogenannte „Casa de Ejercicios", wohin sich die Mönche zu gewissen Zeiten des Jahres zurückziehen, um daselbst die vorgeschriebenen geistlichen Exercitien zu verrichten. Die Zellen haben hier noch ein ärmlicheres Aussehen, als im eigentlichen Kloster. Eine Bettstelle und eine Rindshaut darüber gespannt, ein harter Stuhl, ein Tisch, ein Crucifix und ein Todtenschädel machen das ganze Inventar aus. Letzterer, das Cranium eines verstorbenen Fraters, war mit zahlreichen, theils geschriebenen, theils eingegrabenen Sprüchen religiösen Inhalts bedeckt.

Der Laienbruder, welcher mich herumführte, war noch nicht lange ein Bewohner der düsteren Klosterräume. Er hatte, obschon noch sehr jung, eine ziemlich bewegte Vergangenheit hinter sich. Erst Goldgräber in Californien, dann Spieler und Speculant, verlor er rasch wieder das in den Minen mühsam der Erde Entrungene, und kehrte hierauf nach Lima zurück, um mehr der Abwechslung und bequemen Versorgung halber, als aus frommer Neigung oder aus Lebensüberdruß, in den Franciscaner-Orden einzutreten. Durch sein Temperament viel eher zum Lebemann, als zum Mönch geschaffen, hätte er sich bei einer minder laxen Moral, als man ihr unter den Klosterbrüdern der peruanischen Hauptstadt begegnet, in seiner dermaligen Lage höchst unbehaglich fühlen müssen; aber die Mönchskutte ist in Lima nicht

San Pedro de Lima mit den „Azoteas" der umliegenden Häuser

blos das Kleid der Demuth und Entsagung, es ist auch der „surtout", um manche Tugendblöße zu verhüllen!

Das Kloster von San Pedro war, so lange es den Jesuiten gehörte, das reichste von Lima. Als im Jahre 1773 der Befehl zur Aufhebung dieses Ordens auch nach Südamerika erging, geschah dies nicht ohne die stille Hoffnung der spanischen Vicekönige, sich dadurch zugleich in den Besitz der großen Reichthümer desselben zu setzen. Die Jesuiten rechtfertigten aber auch diesmal ihren Ruf, welcher im Munde des Volkes sprichwörtlich geworden ist. Als man das Inventarium aufnehmen wollte, fand man nur leere Cassen. Auch genauere Nachforschungen und Nachgrabungen führten zu keinem günstigeren Resultate.

Unter den Spitälern, die ich besuchte, verdient vor Allen, seiner Größe und seines Umfangs wegen, das von San Andres Erwähnung. Dasselbe besitzt Räumlichkeiten für 600 Kranke, deren Pflege 50 barmherzige Schwestern (soeurs de charité), meist Französinnen, besorgen. Das gelbe Fieber, welches im Jahre 1852 durch Emigranten eingeschleppt und bis tief ins Innere des Landes, wenn auch in milderer Form, verbreitet worden war, hat in den letzten Jahren zahlreiche Opfer gefordert und den bisherigen guten Ruf der hygeischen Verhältnisse Lima's arg in Frage gestellt.[1] Auch Blattern richten jährlich große Verheerungen an, denn die Vaccination ist nicht durch ein Gesetz geboten und die Impfung wird daher in der Regel unterlassen. Außer San Andres giebt es noch Spitäler für weibliche Kranke, für Militärs, für Unheilbare und für Irrsinnige, ein Waisenasyl[2] und ein Findelhaus.[3]

Das vergleichsweise am besten eingerichtete Spital ist jenes von Santa Anna mit großen, lichten, luftigen Sälen und 350 Krankenbetten. Dagegen befand sich in demselben Spital die Abtheilung für weibliche Geisteskranke, so wie das eigentliche Irrenhaus (casa de Locos) in einem Zustande des Schmutzes und der Verwahrlosung, welcher als eine wahre Schmach für unser Jahrhundert angesehen werden muß. Es ist überhaupt eine ganz eigenthümliche Wahrnehmung, daß man in allen Theilen der Erde auf eine bessere Pflege und Behandlung derjenigen Kranken zuletzt bedacht ist, deren Schicksal doch unser Mitgefühl am meisten in Anspruch nehmen sollte! Längst war auch in Europa eine Reform der Spitäler, ja sogar der Gefängnisse und Strafanstalten durchgeführt, als man endlich

[1] Einer der angesehensten Aerzte der Hauptstadt, Dr. Archibald Smith, ein Engländer von Geburt, hat über das erste Auftreten dieser furchtbaren Krankheit und ihren Verlauf interessante Beobachtungen angestellt und Daten gesammelt, welche wir an einer anderen Stelle mitzutheilen uns vorbehalten.

[2] Diese Anstalt steht gleichfalls unter der Aufsicht der barmherzigen Schwestern. Es waren im Ganzen nur 10—12 Kinder in Pflege, die aber sehr gesund und gut genährt aussahen. Als ich der Oberinn mein Erstaunen ausdrückte, daß sich die Anstalt keines zahlreicheren Zuspruches erfreut, erwiederte die Aebtissin: „Los Niños se crian en la Calle.“ (Die Kinder wachsen hier in der Straße auf.)

[3] Es giebt in Lima 46 Privatgebäranstalten. Die Mütter trennen sich äußerst ungern von ihren Kindern, und wenn es sehr schwer fällt, Ammen zu bekommen, so muß dies vielmehr der Liebe der Mütter für ihre eigenen Kinder, als dem tugendhaften Lebenswandel der Masse der Bevölkerung zugeschrieben werden.

Eingang in die Kirche und das Kloster von San Agustino in Lima.

auch für die armen, unglücklichen Geisteskranken zweckentsprechendere Asyle zu bauen begann. Doch kann ich nicht unterlassen, zur Ehre der philantropischen Gesellschaft (Sociedad de Beneficencia), unter deren Aufsicht sämmtliche Spitäler und Armenanstalten der Hauptstadt stehen, beizufügen, daß gerade ein neues Irrenhaus in der Vollendung begriffen war, welches mit einem Kostenaufwand von 85.000 Pesos erbaut worden war und in das die armen Geisteskranken binnen wenigen Monaten übersiedeln sollten.

Das Hospital de los Locos en el Cercado ist ebenerdig, mit gemeinsamem Salon, Speise- und Schlafraume, aber umfangreich genug, um 150—200 Kranke zu beherbergen. Nur für ganz bösartige Kranke sind zwanzig Zellen eingerichtet worden. Mit der Leitung der Anstalt ist Dr. Ulloa betraut, einer der tüchtigsten einheimischen Aerzte, welcher seine wissenschaftliche Erziehung in Frankreich und England genossen hatte. Die Pflege der Kranken besorgen die erst kürzlich ins Land gekommenen grauen Schwestern.

Das alte Universitätsgebäude am früheren Inquisitions-, jetzt Unabhängigkeitsplatze, wird gegenwärtig blos bei feierlichen Anlässen, bei Prüfungen, Ertheilung von Graden u. s. w. benützt, während die einzelnen Collegien in verschiedenen Gebäuden frequentirt werden. Ich besuchte die medicinische Schule (Escuela de Medicina), welcher zu jener Zeit der mehr wohlwollend dienstfertige als wissenschaftlich gründliche Dr. Cajetano Herredia als Rector vorstand. Die Anstalt hat einige schöne Hörsäle, ein chemisches Laboratorium, ein kleines Museum, aus meistentheils pathologischen Gegenständen bestehend, so wie eine nicht unbedeutende Bibliothek, die besonders in Bezug auf die Geschichte Peru's sehr werthvolle und seltene Druckwerke und Manuscripte enthält. Ein Mann, welcher der medicinischen Schule in Lima durch seine wissenschaftliche Bildung und seinen Eifer einen großen Aufschwung zu geben verspricht, ist Professor Antonio Raimondi, ein Neapolitaner von Geburt, welcher allgemeine Naturgeschichte lehrt und während seines erst kurzen Aufenthaltes in Lima bereits nach allen Richtungen hin schöne praktische Beweise seiner Gelehrsamkeit und seines wissenschaftlichen Eifers gegeben hat.

Leider befand sich Professor Raimondi eben mit einer Anzahl seiner Schüler auf einer naturwissenschaftlichen Reise und es blieb mir daher das Vergnügen versagt, diesen verdienstvollen Gelehrten persönlich kennen zu lernen. In seinem Arbeitszimmer sah ich zwei höchst merkwürdige Indianer-

Schädel, welchen durch künstliche Pressung eine ganz eigenthümliche Form gegeben worden war, und von denen der eine aus Cuzco, der andere von einem Individuum des Chincha-Stammes herrührte, der zwischen Pisco und Cañete lebt. Zugleich zeigte man mir daselbst einen dermaßen gut conservirten Frauenschädel, daß man sogar die Physiognomie noch vollkommen zu erkennen vermochte. Es war der Schädel einer Halbindianerinn, Namens Maria Palacel, welche am 27. September 1856 im Spital von Santa Anna in einem Alter von 25 Jahren an Dysenterie starb und am 1. März 1859, also mehr als 2½ Jahre später, in einem völlig wohlerhaltenen Zustande wieder ausgegraben wurde. Die Natur hatte hier gewissermaßen das Geschäft der Einbalsamirung besorgt, und durch die große Trockenheit der Atmosphäre und die reichen Salze des Bodens Resultate erzielt, welche in unserer Zone nur mit einem kostspieligen Aufwand künstlicher Mittel erreicht werden können.

In der Nähe der Escuela de Medicina befindet sich in einem schönen großen Gebäude die Nationalbibliothek, welche ungefähr 30.000 Bände von Werken aus allen Zweigen des menschlichen Wissens umfaßt, in neuester Zeit aber aus Mangel an Mitteln nur geringe Vermehrung erhält. Bibliotheksdirector ist Don Francisco de Paula Vigil, ein höchst geistreicher und liberaler Weltpriester, welcher in Folge seiner gelehrten, in drei Bänden veröffentlichten „Vertheidigung der Autorität der Regierungen gegen die Forderungen der römischen Curie“ [1] vom Papst Pius IX. in die Acht erklärt worden war. Indeß hielt dieser Bannfluch den biederen alten Herrn nicht ab, die Feder weiter zu führen und die von ihm aufgestellten Principien energisch zu vertheidigen; ja, was noch überraschender, er hat dadurch in der öffentlichen Meinung keineswegs an Ansehen und Verehrung eingebüßt. Denn, ganz im Gegensatze zur weiblichen Bevölkerung, ist die männliche in religiösen Dingen höchst freisinnig und der Geistlichkeit mehr abgeneigt als gewogen, wozu allerdings die überaus geringe Bildung der Mehrheit des peruanischen Klerus, die hartnäckige Feindseligkeit, die er seit der Lostrennung Peru's von Spanien allen liberalen Strebungen entgegenstellt, so wie die grauenhafte historische Erinnerung, daß Mönche es waren, welche einst die Inquisition und die Tortur ins Land gebracht, wesentlich beitragen mögen.

[1] Defensa de la Autoridad de los Gobiernos contra las pretensiones de la Curia Romana, por Francisco de Paula G. Vigil. Lima 1852.

Padre Vigil empfing mich außerordentlich freundlich und unterhielt sich längere Zeit mit mir über die verschiedensten Gegenstände. Endlich kam das Gespräch auch auf sein berühmtes Werk und die peinliche Stellung, in welche er dadurch zum römischen Stuhle gerathen. Dies war bei weitem der interessanteste Theil der Unterredung. Unvergeßlich werden seine merkwürdigen Worte stets in meiner Erinnerung leben: „Nicht der Katholicismus ist die Ursache, daß die meisten katholischen Nationen im Fortschritte so sehr zurückgeblieben sind (atrasados), sondern das, was man mit ihm vermengt hat, die Inquisition und die Mönche. Was die Gesellschaft sittlich und tüchtig, was eine Nation groß und stark macht, das ist die Ehe und die Arbeit. Ohne Mönche und ohne Nonnen kann die menschliche Gesellschaft bestehen, aber nicht ohne Moral, nicht ohne Ehe und ohne Arbeit!"

Hätte ich diese Worte nicht fast unmittelbar, nachdem sie gesprochen worden waren, niedergeschrieben, ich würde kaum gewagt haben sie hier zu wiederholen, ich würde meinem Gedächtniß nicht getraut haben, daß ein hispano-amerikanischer Priester in der Stadt der heiligen drei Könige solche Aeußerungen gegen mich gethan hat. Diese Anschauungen, welche nicht vereinzelt vorkommen und die bei einem Theile der männlichen Bevölkerung der Hauptstadt ein lebhaftes Echo finden, sind höchst wichtig für die Beurtheilung der religiösen Zustände in der peruanischen Republik, sie sind merkwürdige Anzeichen, daß sich auch jenseits der Anden auf dem katholischen Gebiet ein großartiger Umschwung vorbereitet, daß auch Peru seinen „Passaglia" gefunden. Ja, es würde uns nicht im geringsten wundern, wenn gerade Südamerika, welches seit mehr als drei Jahrhunderten den geistlichen Befehlen stumm Folge leistete, plötzlich Episteln und Vorschläge in die Welt schleudern möchte, welche einer Auflehnung gegen die römische Curie und deren Gebote gleich kämen. Ist es doch erst wenige Jahre her, daß in Nicaragua und Honduras katholische Priester in der gesetzgebenden Versammlung für die Aufhebung des Cölibats ihre Stimme erhoben und von der Kanzel herab das Volk zu Gunsten einer revolutionären Erhebung haranguirten!

In einem Flügel des nämlichen Gebäudes, in welchem sich die Bibliothek befindet, ist auch das Nationalmuseum untergebracht. Dasselbe füllt kaum zwei Säle von mäßiger Größe. Die naturhistorischen Gegenstände sind in einem so schlechten, verwahrlosten Zustande, daß besonders die ornithologische Sammlung in naher Gefahr ist, von Insecten völlig zerfressen zu werden.

Am werthvollsten sind einige peruanische Alterthümer, Waffen, Mumien und sogenannte „huacos“ oder irdene Krüge, Töpfe und andere Geräthe aus alten Indianergräbern. Den Geschichtsfreund dürften die Portraits der sämmtlichen Vicekönige und Gouverneure von Peru, welche an den Wänden des ersten Saales in chronologischer Reihenfolge, von Pizarro bis La Serna, aufgehängt sind, besonderes interessiren. Der schönste Kopf, aus dessen Zügen am meisten männliche Kraft, Kühnheit und Energie spricht, ist der von Francisco Pizarro, dem natürlichen Sohne eines spanischen Edelmannes, welcher in seiner Jugend Schweine hütete und im Alter von 64 Jahren als Vicekönig von Peru durch meuchlerische Hand sein Leben endete.

Unter den Anstalten des öffentlichen Unterrichtes verdient allein die mit einem Aufwande von 160.000 Pesos auf Kosten der Regierung errichtete und im Jahre 1859 eröffnete Escuela Normal Central (Central-Normalschule) erwähnt zu werden. Der Zweck derselben ist, befähigten Kindern armer Eltern die Möglichkeit einer tüchtigen Schulbildung zu gewähren; bis jetzt aber sollen die Präfecten aus den verschiedenen Provinzen meist nur die Söhne bemittelter und angesehener Eltern vorgeschlagen und nach der Hauptstadt geschickt haben. Bei dem bisherigen großen Mangel an guten Schulen drängt sich begreiflicher Weise alles nach dem neuen Institute, welches die Aussicht eröffnet, daß die darin untergebrachten Zöglinge gründlicher als in den anderen Schulen unterrichtet und besser erzogen werden. Das Institut ist für 40 interne und 200 externe Schüler berechnet. Die ersteren werden gleichzeitig vollkommen verpflegt.

Der Unterricht geschieht nach dem Lancaster'schen Systeme und wird von fünf Professoren besorgt. Die Unterhaltskosten der Anstalt sind auf 20.000 Pesos jährlich veranschlagt. Einer der Directoren, Herr J. G. Braun, ein Würtemberger von Geburt, welcher erst seit wenigen Monaten in Lima lebt und im Institute Physik und Chemie vorträgt, führte mich in dem sehr weitläufigen Gebäude herum, und zeigte mir hauptsächlich die mit großer Bequemlichkeit und Eleganz eingerichteten Lehrsäle, so wie ein kleines naturhistorisches Museum mit einer sehr interessanten geologischen Sammlung und der erst im Entstehen begriffenen Bibliothek. Seltsamer Weise befinden sich in letzterer viele deutsche Lehrbücher von protestantischen Pädagogen. Man hatte wahrscheinlich ohne besondere Wahl und Bezeichnung bei einem Buchhändler in Deutschland gute Lehrbücher deutscher Pädagogen bestellt,

Portrait Pizarro's im National-Museum zu Lima
(Nach einer Photographie.)

und dieser sandte nun an das katholische Lima die besten und tüchtigsten Werke protestantischer Schriftsteller! Auch die in den Lehrsälen an den Wänden befestigten Landkarten tragen sämmtlich deutsche Aufschriften und deutsche Ortsnamen und stammen aus der, auf geographischem Gebiete so verdienstlich wirkenden Perthes'schen Anstalt in Gotha.

Ein höchst bemerkenswerther, die Zustände des Landes charakterisirender Vorfall ereignete sich bei der Eröffnung dieser Schule, welcher der Präsident der Republik, der wegen seiner Willkürherrschaft eben so gehaßte als gefürchtete Don Ramon Castilla und mehrere Deputirte und Senatoren beiwohnten. Der Rector, Don Miguel Estorch (offenbar von deutscher Abkunft), deutete in seiner Ansprache auf die Wichtigkeit guter Schulen in einem wohlregierten Staate hin und meinte, wenn die Kinder gut erzogen würden, so brauchte man nicht so viel Geld für Polizei und Heer auszugeben, um Ordnung und Sicherheit im Lande zu erhalten. Diese Bemerkung, welche unter den Anwesenden eine große Sensation hervorbrachte, veranlaßte sofort eine Entgegnung von Seite des Präsidenten der Republik.

Don Ramon Castilla erhob sich und erwiederte in ziemlich gereiztem Tone, daß des Rectors Ansicht eine irrthümliche und daß eine tüchtige Heeresmacht eben so nöthig sei, als eine gute Erziehungsanstalt; daß es dem Rector überhaupt nicht zukomme, über diesen Gegenstand und an dieser Stelle ein Urtheil abzugeben.

Unter dem gegenwärtigen politischen Regime kann von einer geistigen Thätigkeit in Lima nicht die Rede sein, so sehr auch die Elemente dazu vorhanden sind. Es fehlt an jeglicher Aufmunterung, Theilnahme und Unterstützung, sowohl von Seite der Regierung als auch von der Gesellschaft im Allgemeinen.[1] Arbeiten, wie Manuel Fuente's werthvolle „Estadistica General de Lima“ können nur als vereinzelte Erscheinungen betrachtet werden. Auch auf dem Felde der Journalistik ist keine größere Rührigkeit bemerkbar, und selbst die wenigen in Lima erscheinenden Journale,

[1] Ein peruanischer Schriftsteller, Don J. A. de Lavalle, entwirft von dem literarischen Zustande seines Vaterlandes folgendes düstere aber leider nur allzuwahre Bild: „En un país en el que el cultivo de las letras ni constituye una profesion, ni crea una posicion social, ni procura lo necesario — no decimos para lucrar con ella — para conseguir el sustento para la vida, nos admiraremos de que haya quien escriba en Lima, y reputaremos como extraordinario el número de obras que han salido de sus prensas en 1860, por muy pequeño que este haya sido. Sin proteccion, pues, y sin estímulo, ni oficial, ni social, ¿qué se podrá esperar de las letras peruanas?“ Vergl. El Peru en 1860 o sea Anuario Nacional por Alfredo G. Leubel. Lima 1861.

wie der „Comercio" und der „Independiente" haben blos eine sehr geringe Verbreitung. Da nur ein kleiner Bruchtheil der Bevölkerung lesen kann und sich für Politik interessirt, so bleiben auch die in diesen Blättern verfolgten Tendenzen ohne Einfluß und sind für die Regierung nicht so folgenschwer, als sie es im entgegengesetzten Falle sein würden.

Besonders auffallend war die Oesterreich feindliche Stimmung, welche zur Zeit meiner Anwesenheit sowohl in der Tagespresse als auch unter einem Theile der einheimischen Bevölkerung herrschte. Die politischen Verhältnisse in Oesterreich wurden mit einer Leidenschaftlichkeit und einer Gehässigkeit besprochen, welche um so mehr bei einer Nation überraschten, die selbst noch in den politischen Wehen liegt, und sich von einem halbindianischen Despoten so willig am Gängelbande führen läßt. Ich fand indeß bald den Schlüssel für diese aufgeregte Stimmung, als man mir einmal erzählte, daß über 8000 Piemontesen als Krämer und Schiffseigenthümer in Lima und Callao leben und durch ihre Thätigkeit, so wie durch ihre gesellschaftliche Stellung einen gewissen Einfluß auf die eingeborene Bevölkerung ausüben. Der Krieg in ihrer Heimat, die eben so patriotischen als sanguinischen Hoffnungen auf die Gründung eines großen, einigen Italien hatten ihren vaterländischen Stolz von neuem derart angefeuert, daß ihre erhitzte Phantasie in der heimatlichen Sache den gerechtesten Kampf, der je gekämpft wurde, und in den Gegnern die grausamsten, unmenschlichsten Verfolger erblickte.

Auf dem Felde, auf dem sie sich bewegten, war es leicht, für ihre Anschauungen Gläubige zu gewinnen. Die Ignoranz der eingeborenen Bevölkerung, namentlich in Bezug auf transandinische Länder, kam ihnen dabei gar wohl zu statten. Von Italien und dessen Fluren hatte man wenigstens zuweilen erzählen hören, indem Peru mit Genua stets einen lebhaften und zugleich einträglichen Verkehr unterhielt. Wenn ich nicht irre, fand sogar der große populäre Führer der italienischen Revolution eine Zeit lang als Schiffscapitän an der peruanischen Küste seinen Unterhalt und ließ manchen Freund und Schicksalsgenossen dort zurück. Von Oesterreich dagegen klangen nur dann und wann, wie aus einem Mährchenlande, dunkle Sagen nach dem einstigen Inkareiche. Merkwürdiger Weise war es gerade der berühmte Staatspact mit dem römischen Stuhle, welcher die österreichische Politik bei diesem katholischen Volke in so großen Mißcredit brachte. Ich wage nicht die Aeußerungen hier zu wiederholen, die ich hierüber sowohl in den Zeitungen von

Lima las, als auch von gebildeten Peruanern und angesiedelten Fremden zu hören bekam.

Man schreibt nämlich alles Unheil, welches das peruanische Reich seit der Eroberung durch die Spanier zu erleiden hatte, so wie seinen dermaligen Verfall dem bis zur Zeit der Lostrennung vorwaltenden Einflusse der spanischen Geistlichkeit auf die weltlichen Angelegenheiten zu. Man hat es noch nicht vergessen, daß Mönche an der Spitze der Inquisition standen, daß unter ihrem Drucke das Land Jahrhunderte lang seufzte. Eingedenk des eigenen Geschickes und des Zustandes, in welchen die Machtstellung des Klerus die unmündigen und nur halbcivilisirten Nachbarvölker Mittelamerika's und Mexico's versetzte, stellte sich die lebhafte Einbildungskraft der Peruaner die Folgen eines Concordats viel trauriger vor, als es in der That bei einem freisinnigen und gebildeten Volke, wie das österreichische, der Fall sein konnte. Denn das ist der größte Segen der europäischen Civilisation, daß jede Maßregel, welche ihren Fortschritt zu hindern droht, unter den Geistern ein desto innigeres Bündniß, eine um so regere Thätigkeit hervorruft, daß in unseren Culturstaaten Aufklärung und Wissenschaft glücklicher Weise bereits ein viel zu kräftiges Bollwerk bilden, um den geistigen Ausbau des 19. Jahrhunderts durch irgend eine reactionäre Bewegung dauernd beeinträchtigen oder gar unterbrechen zu können.

Unter den Ausflügen, welche ich während meines Aufenthaltes in Lima unternahm, waren zwei von ganz besonderem Interesse: ein Ritt nach den Ruinen von Cajamarquilla und ein Besuch des Sonnentempels von Pachacamác, dessen Erbauung noch in die vor-inkaische Zeitperiode fällt.

Die Ruinen von Cajamarquilla sind ungefähr 9 englische Meilen von der Hauptstadt entfernt. Bei dem Rufe der Unsicherheit, in welchem selbst die nächste Umgebung der Hauptstadt steht, werden dieselben nur äußerst selten besucht. Die wenigsten der in Lima ansässigen Fremden kannten diese merkwürdigen Ruinen auch nur dem Namen nach, und es bedurfte geraumer Zeit, bis ich mir über die Localität einige nähere Auskünfte zu verschaffen vermochte. Mein gefälliger Hauswirth, Herr Brauns, der bald merkte, wie sehr mir an einem Besuche dieser alten indianischen Stätte gelegen war, bemühte sich eine „Partie" dahin zu veranstalten. Es war dies eine sehr zarte Aufmerksamkeit, aus der wohlwollendsten Absicht hervorgegangen, aber leider vertragen sich wissenschaftliche Zwecke nicht gut mit Vergnügungspartien und lassen sich schwer mit einander verbinden. Gegen zwanzig Reiter, meistens Engländer, hatten sich zusammengefunden, den Ausflug mitzumachen. Auch einige Damen, welche vor den Beschwerden und Unannehmlichkeiten nicht zurückschreckten, befanden sich unter den Theilnehmern. Da man sich für den ganzen Ausflug mit Lebensmitteln versehen mußte, so waren schon zeitig Morgens mehrere mit Eßwaaren und Getränken schwer beladene Maulthiere nach dem Zielpunkte des Rittes vorausgeschickt worden. Diese Vorbereitungen lassen wohl am deutlichsten auf die Absicht der Mehrzahl der Reiter nach ihrer Ankunft auf der Ruinenstätte schließen, deren genauere Untersuchung vermuthlich ihr letzter Wunsch und Gedanke war, als sie sich auf's Pferd schwangen.

Der Weg nach Cajamarquilla ist außerordentlich mühsam, steinig und unwirthbar; man hat Felshügel zu überklettern, über welche, am steilen Rande hin, nur die Spur eines schmalen Indianerpfades führt, und hat Bergwasser zu passiren, wo das Pferd oft bis an den Bauch in das Wasser sinkt und nur ein gewandter Reiter sich vor Durchnässung zu schützen im Stande ist.

Sobald man die Hauptstadt hinter sich gelassen, beginnt ein ermüdender Ritt über wüste, häßliche Steinfelder, worauf man nach der sogenannten Hacienda de Pedrero gelangt, einem einsamen Gehöfte, wo wir, da eben wieder einer der zahlreichen Feiertage des peruanischen Kalenders war, ein Dutzend Feldarbeiter im süßen Nichtsthun an die Einfriedung des Bauernhofes gelehnt trafen. Nicht zwei dieser Individuen gehörten der nämlichen Race an; es waren Menschen von allen möglichen Typen und Farbenschattirungen: Weiße, Indianer, Chinesen, Neger, Mulatten, Mestizen, Chinos, Zambos, Quarteronen u. s. w., und dieses Bild der Bevölkerung Peru's im Kleinen führte dem Beobachter eine der Hauptursachen des niederen Culturzustandes des Landes deutlich vor die Augen. Wie in der Hacienda de Pedrero, so trifft man in Peru überhaupt 50 Farbige aller Schattirungen, bevor man Einem Vollblutweißen begegnet. In Chile dagegen muß man tief ins Innere des Landes dringen, ehe man mit Indianerstämmen in Berührung kommt, während eine Negerbevölkerung (und dies ist der größte Vorzug, den jene Republik vor Peru hat) gänzlich fehlt. In den Ansiedlungen der chilenischen Küste leben fast ausschließlich Weiße, und selbst das Contingent der dienenden Classe wird daselbst durch Spanier, Briten,

Deutsche, Italiener oder Nordamerikaner gestellt. Der vorherrschend weißen Bevölkerung, ihrer größeren Intelligenz, Rührigkeit und Ausdauer ist hauptsächlich jener geistige und politische Aufschwung zuzuschreiben, den Chile vor allen süd- und mittelamerikanischen Republiken genommen hat, und der diesem Staate unter sämmtlichen Nachbarstaaten die schönste Zukunft eröffnet.

Von der Hacienda de Pedrero erreicht man in einer halben Stunde die Hacienda Guachipa und die sogenannte Reveria de Don Pablo Sassio, wo wir einen Führer mietheten, der uns in einer weiteren halben Stunde nach dem Orte unseres Verlangens geleitete. Wir hatten nach zehn Uhr Lima verlassen, und waren gegen ein Uhr Nachmittags an Ort und Stelle angelangt.

Cajamarquilla ist eine alte peruanische Ansiedlung im Rimacthale, in der Nähe des Rimacflusses, welcher das ganze Gebiet bewässert und fruchtbar macht. Die Ueberreste der Häuser bestehen sämmtlich aus luftgetrockneten Lehmziegeln; die Eintheilung der einzelnen Räume ist nur wenig von der Construction der heutigen Indianerhütten verschieden. Die Niederlassung muß allem Anscheine nach sehr bedeutend gewesen sein, indem die Ruinenstätten einen Umfang von mindestens 8 bis 10 Acres einnehmen. Zieht man den geringen Raum in Betracht, den eine Indianerfamilie zu ihrer Unterkunft benöthigt, so wird es nicht zu hoch gegriffen sein, wenn man die einstmalige Bewohnerschaft von Cajamarquilla auf 30.000—40.000 Seelen schätzt. Ich sah keine einzige Baute von besonders großen Dimensionen oder von Anlagen, welche vermuthen ließen, daß dieselbe einst zu religiösem Zwecke diente. Es sind zum größten Theile nur die Reste einfacher Lehmhütten, mit ganz gleicher Eintheilung der einzelnen Gemächer; Bauten, die sich höchstens durch den größeren oder kleineren Raum unterscheiden, den sie einnehmen. Nichts verräth hier das einstige Vorhandensein von Versammlungshallen, Götzentempeln, Opferaltären u. s. w., wie man sie in den mittelamerikanischen Ruinenstätten von Copan, Quiriguà, Petèn, Palenque u. s. w. antrifft. Man kann annehmen, daß jede dieser Lehmhütten (wie noch heut zu Tage die meisten Indianerwohnungen) aus zwei Abtheilungen bestand und einen Flächenraum von ungefähr 6—8 Klafter im Quadrat einnahm. Die größere dieser beiden Abtheilungen hatte beiläufig 5, die kleinere 2—3 Klafter in Breite und Tiefe. Nirgends bemerkte ich hier Spuren jenes eigenthümlichen Zubaues, dem man in den Niederlassungen der Indianerstämme im Hochlande von Guatemala begegnet und der gewöhnlich zur Bereitung eines Dampfbades (temaskal) benützt wird.

Ueber das muthmaßliche Alter dieser Baumäler ein Urtheil abzugeben, fällt doppelt schwer in einem Klima, wo es niemals regnet und die Temperatur fast das ganze Jahr hindurch die nämliche ist, wo daher die Bauten nicht, wie in anderen klimatisch minder begünstigten Ländern, eben so dem verderblichen, zerstörenden Einflusse der Nässe und der Sonnenhitze, als der Winterkälte preisgegeben sind. Selbst Erdbeben sind hier nicht so bedenklich als bei solideren Stein- oder Ziegelbauten, indem die Adobes weit mehr Elasticität besitzen, als hartes, körniges Baumaterial, und daher auch den zeitweiligen Zuckungen der Erdrinde leichter Widerstand leisten.

Die Lage der Ansiedlung in einem großen Längenthale, von 8 bis 10.000 Fuß hohen, phantastisch geformten Bergen coulissenförmig eingeschlossen, ist außerordentlich großartig. Während unseres Besuches sahen leider alle Höhen und Hügel der Umgebung kahl, dürr und traurig aus. Aber im Winter, nach den ersten Thaufällen, kleiden sich die meisten der jetzt so vegetationslosen, dürren Abhänge und Flächen in liebliches reizendes Grün, und lassen dann bei dem Besucher einen weit günstigeren Eindruck zurück.

Von baumartigen Gewächsen sah ich blos einige Bambus- und Acacia-Arten, welche, mehr breit als hoch, an sumpfigen Stellen oder am Saume von Bergwässern zum Vorschein kamen. Einige der Berge der Umgebung haben beim ersten Anblick das Ansehen künstlicher Befestigungen, aber bei näherer Untersuchung verschwindet jede Wahrscheinlichkeit, als wäre Cajamarquilla jemals eine Festung oder ein Ort der Vertheidigung gewesen. Allem Anscheine nach war die Ansiedlung noch zur Zeit des ersten Eintreffens der Spanier in Peru von Quichua-Indianern bewohnt, welche erst später entweder aus Furcht vor den Verfolgern selbstwillig davonzogen oder von letzteren gewaltsam aus ihren friedlichen Wohnsitzen vertrieben wurden. Keiner der heutigen Bewohner der Umgebung, welche ich sprach, vermochte uns nähere Auskunft über die ältere Geschichte dieser Ruinenstätte zu geben, und leider fand ich bei der kurzbemessenen Zeit meines Aufenthaltes nicht Gelegenheit, einen greisen Indianer, Namens Pablo Plata, welcher im Dorfe Guachipa lebt und sich noch einiger Traditionen über Cajamarquilla erinnert, die ihm von einer dahingegangenen Generation überliefert worden waren, aufzusuchen und zu sprechen.

Dicht neben der ehemaligen Ansiedlung befindet sich gegenwärtig eine große Hacienda mit schönen, durch den Rimacfluß reich bewässerten Kleefeldern. Auf einer dieser grünen Oasen war es, wo die heitere Gesellschaft sich lagerte, um sich mit den mitgebrachten Leckerbissen und Getränken zu laben und für die Mühen der Heimkehr zu stärken. Als man jetzt auszupacken anfing, gewahrte man erst die Massenhaftigkeit der mitgeführten Vorräthe. Eine nicht unbeträchtliche Quantität von Speisen wurde auf dem Felde zurückgelassen, um den in der Nähe wohnenden Negern das Vergnügen einer Nachlese zu verschaffen, obschon die Eingeborenen an den in europäischer Weise zubereiteten Speisen weniger Gefallen finden, als an den primitiven Gerichten der einheimischen Küche. So z. B. aß der uns als Führer dienende Neger weit lieber Vegetabilien und „Dulces“ als Fleisch und fand den ihm gereichten Sherry und Cognac „too strong!“

In wissenschaftlicher Hinsicht befriedigender und ergiebiger, in Bezug auf Geselligkeit und Gemächlichkeit aber minder günstig als mein Besuch von Cajamarquilla, fiel ein Ausflug nach Pachacamác im Lurinthale aus, den ich ebenfalls in Begleitung einiger Freunde unternahm. Ich brachte hier mit einem Officier der nordamerikanischen Fregatte „Merrimack“, dem Fregattenlieutenant Ammen, mehrere Tage mit Untersuchungen zu, während der Rest der Reisegesellschaft schon früher nach Lima zurückkehrte.

Der Besuch von Pachacamác ist in soferne mit wenigeren Beschwerden als jener von Cajamarquilla verbunden, als ein großer Theil des Weges, von Lima bis Chorillos, mittelst Eisenbahn zurückgelegt werden kann, und nur der Rest der Reise über unabsehbare, Roß und Reiter ermüdende Sandflächen führt.

Chorillos, 9 englische Meilen von Lima entfernt, ein Lieblingsaufenthalt der Hauptstädter, mit Seebädern und Hazardspielen, liegt in einer kleinen romantischen Bucht, ist aber wegen der schroff aufsteigenden, 150 bis 200 Fuß hohen Sandufer selbst für Boote nur schwer zugängig. Sonst war ein Ritt dahin, ähnlich wie eine Reise von Callao nach der Hauptstadt, mit vielfachen Beschwerden und ernsten Gefahren verbunden, indem es nicht selten vorkam, daß Gäste, nachdem dieselben in Chorillos im Hazardspiel bedeutende Summen gewonnen hatten, auf dem Heimritte nach Lima, vielleicht sogar von ihren früheren, unglücklichen Spielgenossen, meuchlings überfallen und ihrer Barschaft beraubt wurden. Jetzt fährt man in weniger als einer Stunde auf einem glatten Schienenwege bequem und unbehelligt dahin, denn zu einem Raubanfall mit Anwendung von Dampfkraft hat man es selbst in dem berüchtigten Peru noch nicht gebracht. Das Städtchen besitzt außer einigen größeren Wohnhäusern 100 bis 150 sogenannte Ranchos, luftige Bauten aus Holz und Adobes oder aus mit Lehm beworfenen Rohrwänden, in welchen die Stadtbewohner die heißesten und ungesundesten Monate des Jahres (Jänner bis Mai) zubringen. Diese Ranchos, von außen unansehnlich und fast

Badeplatz von Chorillos, mit der San Lorenzo-Insel.

ärmlich, sind im Innern zuweilen sehr wohnlich und comfortabel eingerichtet, und besitzen Veranden oder offene Vorhallen, in denen die gehäbigen Bewohner in zierlichen Hängematten sich schaukeln oder in bequemen Lehnstühlen, von der kühlenden Seebrise angefächelt, sich einem wohligen Nichtsthun überlassen. Im Allgemeinen ist Chorillos ein höchst unbedeutender Ort, in welchem nur wenig zur Verschönerung und Vergrößerung geschieht, und wo der Präsident selbst im schmutzigsten, ärmlichsten Rancho wohnt. Allerdings bringt Don Ramon die meiste Zeit seines Aufenthaltes im Spielsaale zu und ist der hohen Summen wegen, die er wagt, am grünen Tische ein vielbeliebter und erwünschter Gast.

Wir ritten an einem heiteren Junimorgen gegen halb sieben Uhr von Chorillos ab, und erreichten drei Stunden später die alte, am Meeresufer gelegene Quichua-Ansiedlung von Pachacamác (unsichtbarer Gott [1]), angeblich nach einem, dem Sonnencultus geweihten Tempel so genannt, welcher schon in der vor-inkaischen Zeit daselbst gestanden haben soll und später von den Inka's zur Verehrung der unsichtbaren Gottheit benutzt wurde. Noch gegenwärtig hört man zuweilen die ganze Ansiedlung „el templo del Sol" nennen. Diese Ruinenstätte ist weit älter als jene in Cajamarquilla. Die Bauten sind hier theilweise mit Lehmziegeln, größtentheils aber mit gehauenen und durch Mörtel zusammengefügten Steinen ausgeführt und tragen noch in ihrer Zerstörtheit den Charakter des Soliden und Dauerhaften zur Schau. Von dem hier bestandenen vor-inkaischen Tempel ist indeß gegenwärtig außer den Grundfesten des Gebäudes keine Spur mehr vorhanden.

In der Mitte der einst sehr geräumigen indianischen Ansiedlung befindet sich ein ungefähr 100 Fuß hoher Hügel mit künstlichen terrassenförmigen Abstufungen und von hohen festungsartigen Mauern umgeben. Auf dieser Anhöhe stand einst der Tempel, welchen die Yunka's ihrer größten Gottheit erbaut hatten. Später, nachdem dieser wilde Stamm von den Inka's unterjocht worden war, weihten die letzteren den Tempel der Sonne, warfen die Götzenbilder der Yunka's hinaus und bestimmten zu seinem Dienste eine Anzahl königlicher Jungfrauen. Das Werk der Zerstörung aber vollbrachte Pizarro, als er im Jahre 1534 mit seiner fanatischen Horde in das Thal von Lurin drang, welches bis dahin eines der bevölkertsten und blühendsten der peruanischen Küste war. Die Dörfer wurden jetzt verheert, die Tempel niedergerissen, und die in denselben dienenden Jungfrauen von einer brutalen Soldateska geschändet und erschlagen.

Ganz in der Nähe der, dicht an der Küste gelegenen Ruinen, steigt aus dem Meeresgrunde die Insel Pachacamác oder Morosolar empor, welche ihrer

[1] Eigentlich „der die Erde aus nichts hervorbringt". Den Inka's war Pachacamác „der unbekannte Gott", dessen Namen sie nur mit der tiefsten Ehrfurcht aussprachen und von dem sie sich keine bildlichen Darstellungen machten. Vergl. v. Tschudi, Peru. Bd. I, S. 290. — Narrative of the United States Exploring Expedition during the years 1838—1842. By Charles Wilkes, Commander of the Expedition. Philadelphia 1845. Vol. I, p. 278.

schroff abfallenden Felsenufer wegen nur sehr schwer zugängig ist und auf der sich kein einziges altes Baudenkmal befindet, wie von einigen Schriftstellern behauptet oder nacherzählt wird.

Vom Hügel aus genießt der Besucher einer wahrhaft überraschenden Umschau auf das herrliche, fruchtbare Thal von Lurin, und es kann sich kaum ein gefälligerer, wohlthuenderer Contrast dem Auge bieten, als die graubraune, sandige, weit sich hinziehende Ruinenstätte und die saftig grüne Thalebene mit dem buntschattirten Pflanzenreichthum, der sie umgiebt. Es bleibt überhaupt eine seltsame Erscheinung, daß ganz dicht am Meeresrande eine so reiche Vegetation beginnt und Zuckerrohr sowohl, als auch Futtergräser in erstaunlicher Ueppigkeit gedeihen, während eine halbe Meile davon sich wieder eine sandige, unfruchtbare Ebene mehrere Meilen weit landeinwärts ausdehnt. Erst im eigentlichen Lurinthale zeigt sich wieder ein tropisches Pflanzenleben in reizendster, freudigster Entfaltung.

Nach einer flüchtigen Recognoscirung der Localität brachten wir die Nacht in einer benachbarten Hacienda zu, einer großartigen Zuckerpflanzung und Zuckersiederei, welche über 180 chinesische Kulis beschäftigt und sehr großen Gewinn abwerfen soll. Jeder chinesische Arbeiter erhält als Nahrung Reiß und Gemüse und 4 Dollars monatlich und muß sich verpflichten, seinem Brodherrn 8 Jahre hindurch um diesen Lohn zu dienen. Der Speculant jedoch, welcher die Chinesen aus den nördlichen Provinzen China's einführt, empfängt von den Pflanzern 300 Dollars Prämie für jeden importirten Kuli. Die Chinesen, die wir in Lurin, so wie in Peru überhaupt zu Gesicht bekamen, sahen zwar sehr schmutzig und verwahrlost aus, schienen aber in Bezug auf Gesundheit gut zu gedeihen und sich weit besser als in Brasilien und Westindien zu befinden. Man sagte mir, daß zwei Chinesen nicht so viel arbeiten als Ein Neger. Im Ganzen leben gegenwärtig bereits über 10.000 Chinesen in Peru, welche in den letzten 10 Jahren durch Speculanten importirt worden waren, und von denen es einige bereits zu einem großen Vermögen gebracht haben, indem sie nach Ablauf der bedungenen 9 Dienstjahre völlig frei sind, und dann gewöhnlich sehr fleißig auf eigene Rechnung arbeiten. Auch in Peru, gleichwie in Indien, auf der Insel Java u. s. w., halten die Chinesen fest zusammen und unterstützen sich gegenseitig, wenn einer oder der andere von ihnen in Noth oder Unglück geräth.

Am folgenden Morgen zeitig früh besichtigten wir wiederholt die Ruinen von Pachacamác und nahmen eine Anzahl Neger mit Werkzeugen aus der Hacienda mit, um einige Grabungsversuche anzustellen. An verschiedenen Orten, besonders in der Nähe des Hügels, auf welchem einmal der Tempel stand, fanden wir mehrere hundert Todtenschädel umherliegen. Die meisten der von uns untersuchten Cranien waren künstlich zusammengepreßt, und zwar erschienen sie nicht immer an der gleichen Stelle abgeplattet, was den deutlichsten Beweis liefert, daß hier eine künstliche Compression stattgefunden hat. Viele Schädel waren, obwohl sie schon mehrere hundert Jahre in der Erde geruht, noch völlig mit Haaren bedeckt. Es unterliegt keinem

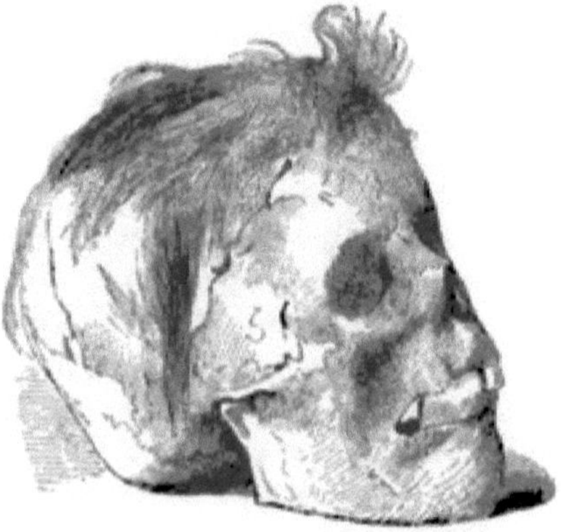

Indianerschädel aus den Gräbern von Pachacamác.

Zweifel, daß alle hier begrabenen Todten dem Stamme angehörten, welcher diese Ansiedlung zur Zeit der Eroberung des Landes durch die Spanier bewohnte. Denn nach der Besitznahme und der großartigen Taufhandlung, welche bekehrungssüchtige Mönche an den braunen Eingeborenen in Masse vollzogen, wurde keiner der christlichen Indianer mehr in heidnischer, ungeweihter Erde bestattet.

Die peruanischen Indianer hatten bekanntlich die Sitte, ihre Todten in grobe Gewebe zu hüllen und dann in korb- oder sackförmigen Strohgeflechten zu begraben, indem ihnen zugleich gewisse Gegenstände und Utensilien mitgegeben wurden, welche sie im Leben benützt hatten und die meistens in einer Beziehung zu ihrer Beschäftigung auf Erden standen. So gab man Fischern Netze, Körbe u. s. w. mit ins Grab, Häuptlingen dagegen Waffen,

Irdene Gefässe aus den Gräbern von Pachacamác.

Stöcke mit goldenen Knöpfen, Gefäße aus Holz und gebrannter Erde u. s. w. Der Kopf liegt gewöhnlich auf einer polsterartigen Unterlage aus Gras oder

Irdene Gefässe aus Indianergräbern

Gefäss aus Grünstein-Porphyr aus einem peruanischen Grabe.

Baumwolle. Ein jedes solches Grab heißt Huaco; zuweilen wird aber auch ein einzelner Theil desselben so genannt. Ich nahm von Pachacamác ungefähr ein halbes Dutzend höchst merkwürdig geformter Indianenschädel, so wie einige mumificirte Körpertheile mit, welche die Neger in meiner Gegenwart ausgegraben hatten. Alle diese Gegenstände wurden, vortrefflich conservirt, 3—4 Fuß unter der Erde, theils in einfachen Gruben, theils in länglichen, ausgemauerten Gräbern aufgefunden, was auf eine gewisse Wohlhabenheit der begrabenen Individuen schließen läßt. Gewöhnlich trifft man mehrere Skelete (wahrscheinlich Familienglieder) in einem und demselben Grabe. Auch Stoffe und Gewebe, ganz vorzüglich erhalten, fand ich zwischen den Leichen.

Beutel, aus Pflanzenfasern geknüpft, aus den Indianergräbern von Pachacamác.

Während sich die Neger mit weiteren Grabungen beschäftigten, bestieg ich noch einmal den Hügel, auf dem einst der Sonnentempel gestanden haben soll und der von den heutigen Bewohnern der Gegend „Castillo del Sol“ genannt wird. An der Seite gegen das Meer zu erblickt man noch jetzt eine Anzahl von Stützpfeilern, welche augenscheinlich einer früheren Festungsmauer angehörten. Nichts erinnert an einen Opferaltar oder an religiöse Ceremonien, die einst hier begangen wurden. An verschiedenen Stellen war der Mauerantwurf noch mit einem rothen Anstrich überzogen, gerade als ob die Farbe erst kürzlich angelegt worden wäre. In mehreren stehengebliebenen Mauern, die wir untersuchten, befanden sich Holzstücke zwischen den Mörtel gelegt, welche bereits völlig vermodert waren und auf ein bedeutendes Alter der Bauten schließen ließen. Auch bemerkten wir in vielen noch stehenden Wänden der früheren Indianerhütten nischenförmige Vertiefungen von 1½ Fuß Tiefe, 1½ Fuß Höhe und 1½ Fuß Breite, deren ehemaliger Zweck aber völlig unbekannt und unverständlich bleibt. Während in Cajamarquilla sämmtliche Bauten nur aus luftgetrockneten Lehmziegeln bestanden, scheinen die Bauwerke von Pachacamác zum großen Theile aus ziegelförmig gehauenen Steinen construirt gewesen zu sein. Die noch vorhandenen Mauerreste sind fest und solid. Der Sage nach erstreckten sich die

Gewebe von Baumwolle aus den Indianergräbern von Pachacamác.

Mauern des ehemaligen Pachacamác bis Cuzco, ungefähr 240 englische Meilen weit ins Innere.

Die einzige Pflanze, welche ich auf der sandigen Ebene und zwischen den Ruinen wachsen sah, war eine kleine unansehnliche Fettpflanze, von den Eingeborenen „Atschapoya" genannt, welche in vielen Bergwerksdistricten, wo Mangel an Brennmaterial herrscht, zum Schmelzen von plata piña verwendet wird.

Der Verwalter der Zuckerpflanzung im Lurinthal erzählte mir, daß er vor ungefähr zehn Jahren in der Nähe von Pachacamác Mumien ausgraben gesehen habe, welche Goldverzierungen im Munde trugen und denen verschiedene Gegenstände, wie z. B. kleine Idole aus Gold und Silber, Stöcke mit goldenen Knöpfen, irdene Töpfe und Gefäße mit Chicha (dem bekannten gegohrenen Lieblingsgetränk der Indianer) so wie Früchte unter die Erde mitgegeben worden waren. Sowohl die Chicha als auch die Früchte wurden noch in einem bewunderungswerth guten Zustande gefunden.

Ansicht von Agua dulce und den „Barrancos“ in Chorillos.

Auf dem Rückwege nach Chorillos passirten wir das schön gelegene, mit zierlichen Landhäusern geschmückte Dorf Susco, welches, bevor Chorillos in Aufschwung kam, ein beliebter Sommeraufenthalt der Limeñer war. Jetzt sieht es traurig und verlassen aus.

[1] In Cañete, einem Indianerstädtchen mit 5000 Einwohnern, 60 englische Meilen von Lurin, giebt es gleichfalls zahlreiche peruanische Baudenkmale, so wie auch einen ehemaligen Götzentempel, welcher noch niemals wissenschaftlich untersucht worden ist. Bei meiner Rückkehr nach Lima wurde mir die Mumie eines neugeborenen Kindes gezeigt, welche Don Juan Quiros, ein Deputirter der Provinz Cañete, so eben aus seiner Heimat mitgebracht hatte. Der völlig mumificirte Körper des Kindes lag in einem schönen, zierlich geflochtenen Körbchen, und war in verschiedene feine, buntfarbige Gewebe gehüllt. Zu beiden

Als ich von diesem interessanten Ausfluge nach Lima zurückkehrte, blieben nur mehr wenige Tage bis zu meiner Einschiffung am Bord des Postdampfers übrig, der mich nach Panama weiterbefördern sollte. Ich benützte dieselben zur Besichtigung von Sehenswürdigkeiten, zu Spazierritten in die nächste Umgebung und zu Abschiedsvisiten.

Einer der schönsten Spaziergänge in Lima ist die erst seit zwei Jahren eröffnete Alameda nueva auf dem Wege nach Amancaes am jenseitigen Ufer des Rimacflusses, welcher bekanntlich Lima in zwei ungleiche Hälften scheidet, von welchen jedoch die bei weitem größere, die eigentliche Stadt, am südlichen Ufer liegt. Nach den romantischen Schilderungen, welche ich über den Rimac gelesen hatte, fand ich mich bei dessen wirklichem Anblick höchlich enttäuscht. Von dem tobenden Wasserfall unterhalb der Brücke, den Castelnau so malerisch schildert, war nichts zu sehen, der größte Theil des 150 bis 200 Fuß breiten Flußbettes lag trocken und nur an wenigen Stellen rieselte das Wasser sanft wie ein Bach dahin. Die Jahreszeit mag allerdings zu dieser Verödung beigetragen haben, und im August und September, wenn der schmelzende Schnee und die heftigen Gewitterregen in den benachbarten Cordilleren Bäche und Flüsse schwellen, dürfte wohl auch der Rimacfluß einen imposanteren, lebendigeren Anblick bieten. Die steinerne Brücke, welche über den Fluß nach der Vorstadt San Lazaro führt und diese mit Lima verbindet, ist ein schönes Bauwerk, welches nach dem Plane eines Augustinermönches in den Jahren 1638—1640 ausgeführt worden war, und nahe an eine halbe Million Pesos gekostet haben soll.

Die Alameda nueva besteht aus einer langen, breiten Allee mit zierlichen Gartenanlagen und Blumenbeeten zu beiden Seiten, so wie aus kunstvollen Marmorstatuen in Lebensgröße, und ist durch ein schönes, reichverziertes Eisengitter abgegrenzt. Diese herrliche Promenade ist besonders im Winter der südlichen Hemisphäre (Juni bis September) belebt, wenn nach einigen ausgiebigen Thaufällen die Berge und Thäler der Umgebung sich mit einer grünen, saftigen Vegetation bedecken und die Bewohner der Hauptstadt, einer althergebrachten Sitte folgend, nach dem lieblichen Thale von Amancaes wandern, welches mit den gelben Blüthen einer Amaryllis-Art

Seiten lagen Spielzeug, Schleuderschnüre, Nadelbüchschen u. s. w., Gegenstände, welche von einem eben so hohen Grade von Industrie, als von der zarten Sorgfalt der Mutter für ihren todten Säugling Zeugniß gaben.

(Ismeno Hamancaes Herbert) dermaßen übersäet ist, daß es von diesem hübschen Pflänzchen seinen eigenen Namen entlehnt hat. Dann improvisirt sich hier eine ganze Ansiedlung von Bretterbuden, in welchen Eßwaaren und Erfrischungen feilgeboten, Riesen und Zwerge, Panoramen und Kunstcabinete zur Schau gestellt werden, wo Bänkelsänger und Musikanten sich herumtreiben, wo Seiltänzer und Gaukler, Spieler und Diebe nicht ermüden, die gaffende, vergnügungssüchtige Menge in der verschiedensten Weise auszubeuten.

Auf dem Wege von Amancaes nach der Stadt besuchte ich noch die schöne, große, zweckmäßige Halle des öffentlichen Marktes, in welcher hauptsächlich eine reiche Menge der verschiedensten Tropenfrüchte und Gemüse die Aufmerksamkeit auf sich zog, obschon auch das buntbewegte Treiben der Händler und Käufer Anlaß zu interessanten Beobachtungen gab. Diese Markthalle, so wie das geräumige, reich mit Wasser versehene Schlachthaus (camál), wo allein das für den Verbrauch der Bevölkerung bestimmte Hornvieh geschlachtet werden darf, sind zwei Einrichtungen, welche in ihrer Zweckmäßigkeit selbst in mancher Stadt Europa's noch vermißt werden.

Auch in Bezug auf das neue, nach dem Auburn'schen System der gemeinsamen Arbeit bei Tag und der Einzelnhaft während der Nacht, erbaute Gefängniß (penitenciaria) läßt sich nur Anerkennungswerthes sagen, obschon sich nach meinem Dafürhalten die Anwendung des sogenannten Philadelphia-Systems, nämlich die völlige Trennung und beständige Absperrung der Gefangenen für Lima zweckmäßiger erwiesen haben dürfte.[1] Der Erbauer dieser großartigen Anstalt, für deren Herstellung die Regierung 750.000 Pesos bewilligt hat, ist einer der unterrichtetsten und rührigsten Peruaner, die ich kennen gelernt, Don Mariano Felipe Paz Soldan, welcher längere Zeit in Nordamerika gelebt und die dortigen Strafanstalten einer gründlichen Prüfung und Beurtheilung unterzogen hat.[2] Die Anstalt wird, wenn vollendet, in drei Stockwerken Raum

[1] Das dermalen noch benützte Carcel oder Gefängniß auf dem Inquisitions- oder, wie man ihn jetzt zu nennen pflegt, Unabhängigkeitsplatze ist ein schauderhafter Aufenthalt, in dem mehrere hundert Gefangene zusammengepfercht leben müssen, und dem alle Bedingungen für eine sittliche und geistige Hebung der Verbrecher mangeln.

[2] Hiervon giebt am besten das schöne Werk Zeugniß, welches Herr Paz Soldan über die Gefängnisse der Vereinigten Staaten von Nordamerika in Form einer Denkschrift an die peruanische Regierung veröffentlichte. Vergl. „Examen de las Penitenciarias de los Estados Unidos. Informe que presenta al Supremo Gobierno del Peru su Comisionado Mariano Felipe Paz Soldan.“ Nueva York. Imprenta de S. W. Benedict. 1853. — Der nämliche Autor ist eben im Begriff, eine Geschichte seines Vaterlandes

für 450 Gefangene enthalten, und ist zugleich Vorsorge getroffen worden, um, ohne die Einheit des Ganzen zu stören, durch Zubau die Zahl der darin unterzubringenden Sträflinge bis auf 1220 Individuen vermehren zu können. In jedem Flügel befinden sich 26 Zellen für Männer, 13 für Frauen und 13 für junge Verbrecher unter 21 Jahren.[1]

Die Beschäftigung der in dieser Anstalt untergebrachten, unfreiwilligen Insassen wird hauptsächlich in der Anfertigung von Schuster- und Sattlerarbeiten bestehen, indem für diese im Lande stets der sicherste und vortheilhafteste Absatz ist. Bemerkenswerth für die niedere Stufe, auf welcher sich gegenwärtig noch die Industrie in Peru befindet, erscheint es, daß alle für die Anstalt erforderlichen Schlosser-, Tischler- und Zimmermannsarbeiten aus den Vereinigten Staaten, aus Frankreich und England eingeführt wurden. Sogar die Pflastersteine kamen aus Angers. Nur das Baumaterial zu den Gebäuden, einen schönen, feinkörnigen Granit, lieferte das Land selbst aus einem großen benachbarten Steinbruch.

Oeffentliche Vergnügungen und Belustigungen giebt es in Lima nur wenige, und auch diese zeugen von keinem geläuterten Geschmack. Das Theater ist ein altes, unschönes Gebäude, in welchem von spanischen Schauspielern sehr mittelmäßige Vorstellungen gegeben werden. Eine italienische Operngesellschaft mußte sich aus Mangel an Zuspruch auflösen, und selbst die ersten Kräfte konnten sich nur mit Noth so viel ersingen, um die Kosten der Rückkehr nach Europa auf einem Segelschiff bestreiten zu können. Die einzige Belustigung, welche sich beständig eines großen Volkszulaufes erfreut, sind die Toros oder Stiergefechte. Dieselben finden während des Sommers in der Plaza del Acho in einem eigens für diesen Zweck aus luftgetrockneten Ziegeln erbauten, von oben offenen Amphitheater statt. Ganz Lima ist an einem solchen Tag in Aufregung, eine unabsehbare Menge von männlichen und weiblichen Neugierigen strömt durch die Alameda nach der Arena, um sich an diesem blutigen Schauspiele zu ergötzen. Wohl 12—15.000 Menschen drängen sich in den geschlossenen Raum; hastig wirft ein Jeder einen

seit der Lostrennung desselben von der Krone Castiliens im Jahre 1821 zu schreiben, und zwar unter dem anspruchslosen Titel: „Noticias para servir a una historia del Peru independiente“. Herr Paz Soldan besitzt eine umfassende Sammlung der bedeutendsten Werke in Bezug auf die ältere und neuere Geschichte Peru's, so wie einige seltene Vocabularien von indianischen Sprachen und Dialekten Südamerika's, welch letztere gleichfalls noch der Veröffentlichung harren.

[1] Die Zellen sind 2.[illegible] Meter lang und 1.[illegible] Meter breit.

halben Peso Eintrittsgeld hin, um desto sicherer noch einen guten Platz zu finden. Man sollte glauben, es handle sich um ein großes, erhebendes Schauspiel, während es nur eine brutale Thierhetze ist, welche aufgeführt wird! Der Leser erlasse mir den ganzen rohen Vorgang neuerdings zu erzählen, welcher bereits so oft beschrieben und namentlich von Tschudi in dessen peruanischen Reiseskizzen so meisterhaft geschildert worden ist.[1]

Es bleibt jedenfalls von culturhistorischem Interesse, daß Stiergefechte nur mehr von Spaniern und deren farbigen Abkömmlingen in den verschiedenen Theilen der Erde ausgeführt werden, und es erscheint nur consequent, wenn die Gesetze der nämlichen Nation noch in der zweiten Hälfte des 19. Jahrhunderts über die zum Protestantismus übergegangenen Katholiken die Galeerenstrafe verhängen!

Wir wollen indeß hier noch eine Bemerkung über eine Frage beifügen, welche Herr von Tschudi in seiner erwähnten Schilderung unentschieden läßt, was nämlich mit dem Fleische der getödteten Stiere geschehe. Darüber ist uns kein Zweifel geblieben; es wird ganz in der Nähe der Arena sofort geviertheilt und zu ermäßigtem Preise an die Bevölkerung verkauft, obschon das Fleisch eines zu Tode gehetzten Thieres kaum ohne Gefahr für die Gesundheit genossen werden kann. Aber die Neger behaupten, das Fleisch sei weit mürber, als von den auf gewöhnliche Weise getödteten Rindern, und die Regierung des republikanischen Peru überläßt es jedem selbst, sich mit seiner Verdauung zurecht zu finden.

Ueber die gesellschaftlichen Verhältnisse Lima's vermag ich nur wenig mitzutheilen. Der Fremde findet schwer Zutritt zu den Familien des Landes, besonders wenn sein Aufenthalt von so kurzer Dauer ist, als der meinige. Das Treiben in der Hauptstadt hat in neuerer Zeit viel von seiner früheren Originalität und Poesie eingebüßt. Wer Lima vor 20 Jahren gesehen, möchte es dermalen kaum wieder erkennen. Die „Saya" und der „Manto", jene originelle, in Lima allein nur gebräuchliche Tracht, welche die Frauen auf der Straße, bei Spaziergängen, in der Kirche und bei Processionen beständig wie maskirt erscheinen ließ, ist völlig verschwunden, und damit ist auch in den Sitten und Gebräuchen nothgedrungen manche Veränderung eingetreten. Sonst durfte sich keine Frau ohne Saya

[1] Peru. Reiseskizzen aus den Jahren 1838—1842 von J. J. v. Tschudi. St. Gallen 1846. I. Band, Seite 220—236.

und Manto auf die Straße wagen, jetzt läuft sie im Gegentheil Gefahr insultirt oder mindestens verhöhnt zu werden, wenn sie in dieser eigenthümlichen, einem Maskenanzuge nicht unähnlichen Vermummung öffentlich erscheint. Die früher landesübliche Tracht mußte den französischen Moden weichen; die Saya, dieser enganschließende, meist schwarze oder zimmtfarbene Oberrock, welcher über die gewöhnliche Kleidung angezogen wurde, und dadurch eine sorgfältigere Toilette ersparte, hat der weiten seidenen Robe Platz gemacht; dem Manto, jenem großen Schleier von dichtem schwarzem Seidenzeug, welcher über Rücken, Schultern und Kopf geschlagen, und so geschickt geschlossen wurde, daß man nur einen kleinen dreieckigen Raum um ein Auge zu sehen bekam, ersetzt dermalen ein schwarzes langes Kopftuch, wie es die spanischen Frauen überhaupt zu tragen pflegen.

Die Limeñerinnen sind im Allgemeinen schöne, schlanke, zierliche Erscheinungen, welche namentlich durch ihren feinen Teint, ihre großen, dunklen, glühenden Augen, ihre blendend weißen Zähne, ihr reiches schwarzes Kopfhaar und ihre niedlichen Füßchen auffallen. Sie erinnerten mich lebhaft an die Frauen der Havanna, mit denen sie auch große Putzsucht gemein haben, während sie an Adel der Gestalt und geistigem Ausdrucke des Gesichtes den Frauen Chile's entschieden nachstehen.

Die männliche Gesellschaft von Lima, und darunter verstehe ich hauptsächlich die weißen Creolen oder Abkömmlinge von Spaniern, welche ungefähr den dritten Theil der Bevölkerung bilden,[1] macht nicht den Eindruck, als würde durch ihre geistigen Bestrebungen, durch ihre commercielle, landwirthschaftliche oder industrielle Thätigkeit das Land jemals einen freudigeren Aufschwung nehmen, einer glücklicheren Zukunft entgegengehen! Der Zustand Peru's seit seiner Lostrennung von Spanien im Jahre 1822, die fortwährenden Wirren und Bürgerkriege, so wie der Umstand, daß sich ein Mestize, ohne alle geistigen und moralischen Eigenschaften, wie Ramon Castilla, als lebenslänglicher Präsident der Republik zu behaupten vermag,[2] zeigen am deut-

[1] Die Bevölkerung Lima's beträgt nach M. Fuente's „Estadistica general de Lima" (1858) im Ganzen 94,195 Seelen; nach [illegible] „Anuario nacional" vom Jahre 1861 nur 85,116 Seelen, welche auf einem Flächenraum von 6,523,397 spanischen Quadrat-Varas leben. Die Gesammtbevölkerung Peru's dürfte kaum 1,900,000 Seelen übersteigen, obschon ein genauer Census noch niemals aufgenommen worden ist.

[2] Ich hatte einmal während meiner Anwesenheit in Lima Gelegenheit, mit Don Ramon zu verkehren. Derselbe war eben von seinem Landaufenthalte oder vielmehr von seinem Aufenthalt am Roulette-

lichsten den politischen und sittlichen Verfall des peruanischen Staates. Alle die herrlichen Länder von Peru bis Mexico sind nach dreihundertjähriger spanischer Unterjochung durch die weichlichen, arbeitsscheuen, denkfaulen Mischracen, welche sie bevölkern, in einen Zustand der Auflösung und Degeneration gesunken, aus welcher sie nur eine große fremdländische Einwanderung, eine völlige Vermischung mit irgend einer kraftvollen Race des Nordens zu retten vermag. Ich habe im Laufe einer früheren Reise die verschiedenen Staaten Centralamerika's mit ihren reizenden, gesunden, fruchtbaren Hochebenen und einem Klima von immerwährender Frühlingsmilde jahrelang durchwandert, und fast überall hat sich mir das nämliche Schauspiel geboten. Fast überall schien die Natur diesen mit Indianer- und Negerblut gemischten Völkern das Mittel versagt zu haben, durch eigene Anstrengung ihrer Lethargie Meister zu werden. Wo einzelne Ausnahmen stattfanden, wo eine freudigere Regsamkeit sich kundgab, wie z. B. in Costa Rica, da zeigte sich auch, daß der Menschenschlag reiner spanisch geblieben ist, als in den anderen jungen Republiken von Mittel- und Südamerika.[1]

Alle diese Staaten dürften in ihrer jetzigen politischen Gestaltung von der gewaltigen Strömung der Zeit kaum unberührt bleiben. Sie haben keine andere Aussicht, als entweder integrirende Theile des mächtigen nordamerikanischen Staatskörpers zu werden, oder sich unter dem Scepter eines Sprößlings irgend eines europäischen Herrscherhauses neuerdings als Monarchien zu constituiren. Gleichviel, ob Nordamerikaner, ob

Tisch in Chorillos nach der Stadt gekommen, und hatte noch genug gute Laune mitgebracht, um mich in seiner Wohnung zu empfangen. An zwei Wachtposten vorüber ging ich durch einen wüsten Hofraum nach einem im Erdgeschoß befindlichen kleinen, spärlich erleuchteten Salon, und befand mich plötzlich dem Präsidenten der Republik gegenüber. Ich wurde demselben von einem in Lima ansässigen Freunde vorgestellt. General Ramon Castilla ist ein Mestize, mit einem stark prononcirten, braunen Indianergesicht, hervorstehenden Backenknochen, gebogener Nase, struppigen, kurzgeschnittenen grauen Haaren und energischen, aber rohen Zügen, dem jedenfalls die Anerkennung gebührt, durch seine despotische Herrschaft mindestens einige Jahre lang die dem Lande so nöthige Ruhe erhalten zu haben. Aber es bleibt immerhin eine traurige Wahrnehmung, bezeichnend für die waltenden Verhältnisse, daß ein Reich, über welches einst spanische Granden und Vicekönige herrschten, gegenwärtig von einem Halbindianer, der kaum nothdürftig lesen und schreiben kann, regiert wird. Mich erinnerte General Castilla in Benehmen und Ausdrucksweise lebhaft an seinen braunen Collegen, den Präsidenten der Republik von Guatemala, Don Rafael Carrera, mit dem er auch in Bezug auf despotische Gewaltmaßregeln sympathisirt.

[1] Aus gleichem Grunde gestaltet sich auch die Zukunft Chile's hoffnungsreicher und freudiger, weil hier der größte Theil der Bevölkerung unvermischt geblieben, und das fremdländische Element daselbst bereits bedeutend an Einfluß zu gewinnen beginnt.

Engländer oder Deutsche, immer werden es die Söhne einer thatkräftigeren Race sein, welche hier das Wesen des südlichen Volksstammes umgestalten, einen neuen Nervengeist wecken und so vollbringen, was die heutige schlaffe Mischbevölkerung versäumt, was sie nicht leisten will oder kann. Eine tüchtige nordische Emigration ist allein im Stande, diese Länder commerciell und politisch zu heben, ihre reichen Naturschätze auszubeuten und zu verwerthen, und ihnen eine würdige Stelle unter den Culturstaaten der Erde zu sichern.

Von den verschiedenen peruanischen Nutzpflanzen, von welchen ich mir in Lima kleine Quantitäten zu späteren wissenschaftlichen Untersuchungen verschaffte, erlaube ich mir vor allem die Coca (Erythroxylon Coca) zu erwähnen, deren Blätter, mit Kalkpulver oder Pflanzenasche gemischt, ein so wichtiges Kau- und Existenzmittel der Indianerstämme Boliviens und Peru's bilden. Schon vor meiner Abreise von Europa hatte einer unserer berühmtesten deutschen Chemiker, Obermedicinalrath Wöhler in Göttingen, den Wunsch ausgesprochen, durch den Besitz einer größeren Quantität von Cocablättern in die Lage gesetzt zu werden, die chemischen Bestandtheile dieser höchst merkwürdigen Pflanze genauer, als dies bisher geschehen, untersuchen zu können, und ich erachtete es daher als eine besondere Pflicht, diesem Gegenstande meine besondere Beachtung zuzuwenden. Wenngleich die wunderbar stimulirenden Eigenschaften der Coca bereits seit mehr als einem halben Jahrhundert die Aufmerksamkeit europäischer Reisenden auf sich gezogen haben, so sind doch die Blätter dieser Pflanze, welche besonders üppig an den östlichen Abhängen der peruanischen und bolivischen Anden, auf einer Höhe von 8000 Fuß über dem Meere, bei einer mittleren Temperatur von 18—20 Grad Celsius gedeiht, bisher nur in sehr kleiner Menge nach Europa gebracht worden, um höchstens als Raritäten in Sammlungen aufbewahrt zu werden. Einem Mitgliede der Novara-Expedition blieb die Freude vorbehalten, die erste größere Quantität von ungefähr 60 Pfund der deutschen Wissenschaft zur Verfügung stellen zu können. Die Hälfte dieser Menge brachte ich selbst mit nach Europa, die andere Hälfte wurde mir später durch die besondere Güte von zwei in Lima ansässigen befreundeten Deutschen, den Herren C. Eggert und R. Linnich, zugesandt.

Ueber die Cocapflanze, ihre Cultur, ihre Verwendung und ihre Wirkungen sind schon so zahlreiche und gediegene Beschreibungen der Oeffentlichkeit übergeben worden,[1] daß ich es wohl füglich unterlassen kann, des Näheren auf die Sitte des Cocakauens und auf die Wichtigkeit dieser Blätter als eines Hauptsubsistenzmittels für mehrere Millionen Indianer einzugehen. Doch mögen hier einige mir persönlich bekannt gewordene Fälle, so wie statistische Daten über die jährlich in Bolivien und Peru consumirte Quantität Cocablätter und die national-ökonomische Bedeutung dieser Cultur eine Stelle finden.

Ein in Tacna (Bolivien) als Kaufmann angesiedelter Engländer, Namens Campbell, mit welchem ich die Reise von Lima nach Europa machte, erzählte mir, daß er vor wenigen Jahren an Einem Tage in dringenden Geschäften auf seinem Maulthiere eine Strecke von 30 Leguas (90 englische Meilen) zurückgelegt habe, und auf dem ganzen langen Ritte von einem Aymara-Indianer begleitet gewesen sei, welcher fortwährend hurtig neben dem Maulthiere einherschritt, ohne etwas anderes zu sich zu nehmen, als einige geröstete Maiskörner und Cocablätter, die er, mit etwas ungelöschtem Kalk vermischt, unablässig kaute. Auf der Nachtstation angelangt, fühlte sich Herr Campbell, obschon er ein vortreffliches Thier geritten, schwer ermüdet; der Führer dagegen, nachdem er sich wenige Minuten auf den Kopf gestellt[2] und ein Glas Branntwein zu sich genommen hatte, trat unverweilt, ohne weiter auszuruhen, die Heimreise an.

Im April 1859 sandte Herr Campbell einen Eingeborenen von La Paz nach Tacna, eine Entfernung von 83 Leguas (249 englische Meilen), welche der Indianer in 4 Tagen zurücklegte. Derselbe rastete einen Tag in Tacna und kehrte bereits am darauffolgenden Morgen nach seiner Heimat zurück, wobei er einen Berg von 13.000 Fuß zu übersteigen hatte. Gleichwohl nahm der indianische Bote während der ganzen mühevollen Fußreise keine andere Nahrung zu sich, als etwas gerösteten Mais und Cocablätter, die er in einem kleinen Sacke bei sich führte und kaute.[3]

[1] E. Poeppig, Reise in Chile, Peru und auf dem Amazonenstrome, Bd. II, S. 213. — v. Tschudi, Peru. Reiseskizzen, Bd. II, S. 290. — Weddell, Voyage dans le Nord de la Bolivie 1853, p. 514. — v. Bibra, Die narkotischen Genußmittel und der Mensch. — Castelnau Expédition dans les parties centrales de l'Amérique du Sud etc. Histoire du voyage. Paris 1850. Vol. III, pag. 319. Dr. Paul Mantegazza, Ricerche sulle virtù igieniche e medicinali della Coca. Annali di Medicina. Marzo 1859.

[2] Es ist dies eine eben so allgemeine als wunderliche Sitte der Aymara-Indianer, nach langen, beschwerlichen Märschen, um, wie es scheint dem Instincte folgend, den gewaltigen Andrang des Blutes nach unten zu mildern.

[3] Viermal im Monat geht ein Postbote von Tacna nach La Paz, der 25 Pfund Gewicht auf seinem Rücken trägt und die Reise in fünf Tagen zurücklegt, ohne gleichfalls eine andere Nahrung zu genießen, als gerösteten Mais und den verschluckten Saft der gekauten Cocablätter.

Gleich anderen Reisenden behauptet auch Herr Campbell, welcher seit 14 Jahren in Bolivien lebt, daß ein mäßiger Gebrauch der Coca durchaus keinen schädlichen Einfluß auf die Gesundheit übt, vielmehr beiträgt, die Indianerstämme in den Hochgebirgen zu anhaltenden, beschwerlichen Arbeiten fähig zu machen. Viele Cocakauer erreichen ein sehr hohes Alter, und Herr Campbell kannte einen Coquero, welcher bereits am Aufstande Tupac-Amaru's im Jahre 1781 theilnahm und noch zur Zeit meines Besuches (1859) im vollkommenen Gebrauch seiner Sinnesthätigkeiten war. Nur das Uebermaß zieht beim Cocakauen, ähnlich wie beim Weintrinken und Opiumrauchen, üble Folgen nach sich.

Die Coca-Cultur ist in Peru geringer als in Bolivien, die Blätter werden weniger von den Quichua-, als von den Aymara-Indianern gekaut.[1] Da die Regierung von Bolivien von der Coca-Cultur einen sehr erheblichen Gewinn zieht, indem für jeden Cestos (23—25 englische Pfund) eine Steuer von 5 Realen entrichtet werden muß, so ist dadurch auch eher Gelegenheit geboten, die Höhe der Gesammtproduction zu ermitteln, als in Peru, wo auf der Cultur der Coca keinerlei Abgabe lastet. In ganz Bolivien beträgt die von der Coca erhobene Steuer ungefähr 300.000 Pesos, so daß die jährliche Gesammtproduction auf 480.000 Cestos oder 120.000 Centner angenommen werden kann. Der Cesto werthet in La Paz zwischen 7 und 9 Pesos.[2] Im Ganzen dürfte die Coca-Ernte Boliviens und Peru's kaum 700.000 Cestos erreichen.

Was die Untersuchungen anbelangt, welche seither mit der von mir mitgebrachten Quantität Cocablätter in Göttingen angestellt worden sind, so haben dieselben bereits höchst interessante Resultate ergeben, obschon die

[1] Der Aymara-Indianer genießt nur sehr selten animalische Kost, indem er sich nur bei ganz besonderen Anlässen entschließt, eines seiner geliebten Llamas zu schlachten. Seine Hauptnahrung besteht in getrocknetem Chuño, einer kleinen, bitteren Kartoffelart, welche auf dem unwirthbaren, rauhen, von den Aymara's bewohnten Plateau der Anden noch gedeiht, während weder die gewöhnliche Kartoffel noch Mais daselbst mehr fortkommen, und sogar die von den Spaniern eingeführte Gerste nicht mehr reift. Nur eine Moosart, welche in den Sümpfen wächst und von den Eingeborenen „lama" genannt wird, bildet noch einen Theil der Nahrung. Unter solchen Naturverhältnissen ist es leicht erklärlich, daß die Aymara's große Vorliebe für den Cocaballen (acullico) haben, den sie (wie bei uns Matrosen, Soldaten, Lastträger u. s. w. den Tabakknäuel) beständig im Munde führen, und welcher, wenn er nicht mehr hinreichenden Saft liefert, weggeworfen und durch einen neuen ersetzt wird. Der Saft der grünen Blätter, mit dem reichlich sich entwickelnden Speichel vermischt, wird zum größten Theil verschluckt. Ein Indianer kaut täglich durchschnittlich 2—3 Loth, bei festlichen Gelegenheiten beinahe das Doppelte.

[2] In größeren Quantitäten als Exportartikel benützt, dürfte die Arroba (25 Pfund) bis an Bord des Schiffes auf 10 Pesos oder 21 Gulden ö. W. zu stehen kommen.

Arbeit noch weit entfernt ist, beendigt zu sein. Vor allem gelang es einem der Assistenten am chemischen Laboratorium, Albert Niemann, in den Cocablättern eine eigenthümliche, krystallisirbare, organische Base zu entdecken, welcher nach dem üblichen Sprachgebrauche der Name Cocaïn beigelegt wurde.[1]

Als später durch den Tod des, in der Blüthe seiner Jahre und seines wissenschaftlichen Strebens hinweggerafften Dr. Niemann die Untersuchungen über die Coca und das Cocaïn eine Unterbrechung erfuhren, hatte der Obermedicinalrath Wöhler die Güte, diese Arbeit einer anderen tüchtigen jungen Kraft, dem Assistenten Herrn W. Lossen zu übertragen. Und nun ergab sich, daß das Cocaïn beim Erhitzen mit Salzsäure eine sehr merkwürdige und einfache Metamorphose erleidet, daß es nämlich dadurch in Benzoesäure und in eine neue organische Base zerfällt, für welche Wöhler den Namen Ekgonin (von ἔκγονος, Sprößling) vorschlägt. Weitere Versuche mit den Cocablättern gaben Veranlassung zur Entdeckung einer zweiten organischen Base in denselben, welche, wie es scheint, präformirt in der Coca enthalten ist und über deren Darstellungsweise, Eigenschaften und Zusammensetzung von Herrn Lossen in einer ausführlichen Arbeit berichtet werden soll. Diese Base ist eine Flüssigkeit, für welche vorläufig der Name Hygrin (von ὑγρός, flüssig) angenommen wurde.[2]

[1] Das Cocaïn krystallisirt in farb- und geruchlosen kleinen Prismen. In Wasser ist es schwer, in Alkohol leichter und sehr leicht in Aether löslich. Seine Auflösung in Alkohol reagirt stark alkalisch und ist von einem eigenen bitterlichen Geschmack. Dabei übt es auf die Zungennerven die merkwürdige Wirkung aus, daß die Berührungsstelle nach wenigen Augenblicken wie betäubt, fast gefühllos wird. Es schmilzt schon bei 98° C. und erstarrt dann wieder strahlig-krystallinisch. Stärker erhitzt, färbt es sich erst röthlich und zersetzt sich dann unter Entwicklung eines ammoniakalischen Geruches. Nur ein sehr kleiner Theil scheint sich dabei unzersetzt zu verflüchtigen. Auf Platinblech erhitzt, verbrennt es mit leuchtender Flamme ohne Rückstand. — Das Cocaïn neutralisirt die Säuren vollständig, indessen scheinen die meisten Salze nicht leicht zu krystallisiren, sondern lange in amorphem Zustande zu verharren. Am leichtesten u. z. feinstrahlig krystallisirt das salzsaure Salz. Salzsaures Gas wird von trockenem Cocaïn unter so starker Wärmeentwickelung gebunden, daß letzteres dabei schmilzt. Vergl. „Ueber das Cocaïn, eine organische Base in der Coca". Schreiben des correspond. Mitgliedes F. Wöhler an W. Haidinger, wirkl. Mitglied der kais. Akademie der Wissenschaften, vorgelegt in der Sitzung der mathem.-naturw. Classe am 8. März 1860. — Ferner: „Ueber eine neue organische Base in den Cocablättern". Inaugural-Dissertation zur Erlangung der philosophischen Doctorwürde in Göttingen, von Albert Niemann aus Goslar. Göttingen, Universitätsdruckerei, 1860.

[2] Diese Flüssigkeit läßt sich nach Wöhler's Mittheilungen mit Wasser überdestilliren; ihr Geruch erinnert an den des Trimethylamins, sie reagirt stark alkalisch, schmeckt aber nicht bitter, und bildet mit darüber gehaltenen flüchtigen Säuren weiße Nebel. Ihr salzsaures Salz ist gut krystallisirbar, aber sehr zerfließlich. Mit Platinchlorid giebt es einen flockigen, nicht krystallinisch werdenden Niederschlag, der sich

Minder befriedigende Resultate haben die bisherigen Versuche über die physiologische Wirksamkeit des Cocaïns geliefert, indem dasselbe nur in sehr kleiner Menge in der Coca vorhanden, und die erforderliche größere Menge nur äußerst mühsam und schwierig zu gewinnen ist.[1] Daher konnte bis jetzt auch die Frage nicht beantwortet werden, ob einer der beiden organischen Basen überhaupt, und welcher die eigenthümliche Wirkung des Cocagenusses zuzuschreiben ist? Eben so wenig haben verschiedene, mit einem sehr starken Aufgusse der Cocablätter angestellte Versuche irgend ein bemerkenswerthes Resultat ergeben, während es doch bekannt ist, daß der Gebrauch dieses Thee's Reisende in den Cordilleren wunderbar stimulirt und sättigt und sie selbst auf Höhen, wo gewöhnlich zu dem anderen Ungemach noch Athmungsbeschwerden hinzutreten, mit Leichtigkeit die größten Strapazen ertragen läßt.[2] Es ist also wahrscheinlich, daß die Cocablätter durch den Transport und das Aufbewahren an ihrem Werthe verlieren und die eigentlichen intensiven Wirkungen derselben an die Heimat der Pflanze gebunden sind. Werden indeß die durch Herrn W. Lossen mit eben so viel Eifer als Gründlichkeit fortgesetzten Untersuchungen des Cocaïns und der Cocablätter in chemischer und physiologischer Beziehung solche Endresultate zu Tage fördern, welche die Bedeutung und Nützlichkeit der Coca für den Arzneischatz, so wie für den Fall, wo die menschlichen Kräfte durch außergewöhnliche Anstrengungen in Anspruch genommen werden, unwiderlegbar darthun, dann dürften sich leicht Mittel finden lassen, um den wirksamen Stoff der Coca in ähnlicher Weise sofort an Ort und Stelle aus den Blättern zu extrahiren, wie dies gegenwärtig schon mit dem Chinin aus der Chinarinde in Ecuador und Neugranada durch speculative Yankees geschieht. —

Als die Fregatte Novara Batavia verließ, nährte ich noch die Hoffnung, unser Aufenthalt in Südamerika werde von hinreichender Dauer sein, um eine Reise nach den Chinawäldern unternehmen und die uns von

beim Erhitzen der Flüssigkeit zersetzt. Mit Quecksilberchlorid bildet es eine milchige Trübung, die durch ölförmige Tröpfchen bewirkt wird. Das Hygrin ist nicht giftig; einige Tropfen, einem Kaninchen eingegeben, blieben ohne sichtbare Wirkung.

[1] Da nach den bisherigen Untersuchungen das Cocaïn aus sehr zusammengesetzten Atomen besteht, so ist mit Recht zu vermuthen, daß es die Quelle einer großen Anzahl merkwürdiger Verwandlungsproducte sein werde. Es ist, wie Wöhler bemerkt, sehr wahrscheinlich, daß sich Cocaïn aus Hygrin und Benzoësäure oder vielmehr aus einem zur Benzoylgruppe gehörenden Körper wird künstlich darstellen lassen. Diesen Versuch gedenkt nun Herr Lossen vor allem vorzunehmen.

[2] Vergl. v. Tschudi, Peru. Reiseskizzen, Band II, Seite 309

Dr. Junghuhn in Lembang so warm empfohlenen Fragen über gewisse, noch völlig unbekannte oder nur unvollständig bekannte Lebensbedingungen der auf Java cultivirten China-Arten durch eigene Beobachtungen und Erfahrungen beantworten zu können. Allein die Verhältnisse hatten sich inzwischen wesentlich ungünstiger gestaltet. Statt der ganzen Expedition, wie es anfänglich im Plane lag, blieb es mir allein vergönnt, den classischen Boden zu betreten, wo Humboldt einst die ersten wissenschaftlichen Schätze sammelte, und selbst dies nur für eine so kurze Spanne Zeit, daß sich mein Besuch auf die Hauptstadt Peru's und deren nächste Umgebungen beschränken mußte. Von einer wissenschaftlichen Excursion nach den tief im Innern gelegenen Chinawäldern konnte unter den obwaltenden Umständen nicht die Rede sein. Ich unterließ jedoch nicht, die mir von Dr. Junghuhn anvertrauten Fragen in die spanische und englische Sprache zu übersetzen, um Abschriften dieser interessanten Desiderata solchen Persönlichkeiten in Chile, Peru und Bolivien zukommen zu lassen, welche durch ihre commercielle Stellung oder ihr Interesse für wissenschaftliche Strebungen in der Lage zu sein schienen, zur Beantwortung der verschiedenen Fragen in Bezug auf die Cultur der Chinabäume in ihrem Mutterlande beitragen zu können.[1] Zugleich

[1] Ich theile hier die wichtigsten Punkte in Bezug auf die Lebensbedingungen gewisser China-Arten in Südamerika mit, über welche Dr. Junghuhn auf Java genauere Auskunft sich erbat, und füge den aufrichtigen Wunsch bei, daß es einem oder dem andern gebildeten Leser, den Neigung oder Geschick nach der Heimat der Cinchonen führen sollte, gelingen möchte, jene Fragen aus eigener Anschauung zu lösen, deren Beantwortung mir durch die Ungunst der Verhältnisse zu meinem tiefsten Bedauern versagt blieb. Der gelehrte Naturforscher auf Java gab folgende Andeutungen:

Was uns vor allen Dingen zu wissen Noth thut, worüber Herr Hasskarl nichts beobachtet hat und auch die Monographie von Weddell keine genügenden Aufschlüsse giebt, ist durch folgende Fragen angedeutet:

I. Welche ist die obere und untere Vegetationsgrenze der Cinchona Calisaya, oder wenigstens, welche ist die Meereshöhe der Gegend, wo sie am zahlreichsten wächst?

II. Welche stabile Bodenwärme wird daselbst 5 Fuß tief unter der Oberfläche beobachtet?

III. Auf welcher Bodenart wächst sie am häufigsten oder üppigsten? Liebt sie lockere Dammerde, reichen, feuchten, fetten, oder mehr steinigen, felsigen, trockenen Boden? — Wächst sie gern auf steilen oder lieber auf sanften Abhängen, oder in flachen Gegenden? — Sind Proben solcher Bodenarten zu sammeln. Von welcher Art ist das Gebirgsgestein daselbst, ist es trachytisch, granitisch oder gneißartig, oder kommen Schiefer und Sandsteine vor?

IV. Welches sind die Witterungsverhältnisse im Allgemeinen und die jährliche Vertheilung der Regenmenge? — Wie viele Monate lang und an welchen Monaten regnet es und zu welcher Tageszeit fallen dann die reichlichsten Regen? — Regnet es auch einige Monate lang, und wie viele und an welchen? Oder regnet es gar nicht, und haben in diesen trockenen Monaten blos regelmäßige Nachmittagsgewitter statt? — Wie viele Regentage kommen auf die dortige tropische Regenzeit? — Sind die Nächte und Vormittage, wie auf Java, meistens heiter bis 12 Uhr? — Ist aus Beobachtungen der spanischen Eingeborenen auch die gefallene Regenmenge mit einiger Zuverlässigkeit bekannt? — Die

bemühte ich mich, so oft sich eine Gelegenheit darbot, jede, diesen Gegenstand betreffende Erkundigung einzuziehen, und es erschien mir als ein äußerst glücklicher Zufall, daß ich in Lima mit einem Kaufmanne aus Bolivien, Herrn

Feuchtigkeitsverhältnisse und Regenmenge der Calisaya-Region zu kennen, ist für uns in Beziehung auf die Cultur dieser Pflanze von besonderer Wichtigkeit. Ferner sind viele Psychrometer-Beobachtungen anzustellen, Morgens vor Sonnenaufgang, neun bis zehn Uhr, zur Zeit des Temperaturmaximums, und Abends, in den Wäldern und an offenen Stellen, um diese später mit den meinigen auf Java zu vergleichen.

V. Liebt die Calisaya den tiefsten Schatten der Urwälder, wächst sie vereinzelt im Waldesdickicht der anderen Bäume, oder kommt sie häufiger an offenen, von der Sonne beschienenen Stellen vor, die weniger dicht mit Bäumen bedeckt sind? — Wächst sie ganz vereinzelt oder bildet sie Gruppen im allgemeinen Walde? — Wird sie auch zahlreicher nach dem Rande des Waldes hin beobachtet und verbreitet sie sich von dort aus über Grasflächen, Triften, Plateau's, und welche Veränderungen erleidet ihr Habitus daselbst?

VI. Man suche zu ermitteln, in welchen Monaten die Calisaya blüht und in welchen sie reife Früchte trägt; ferner, wie viel Zeit verstreicht vom ersten Erscheinen der Knospen bis zum Abfallen der Corollen, und vom Abfallen der Corollen bis zum Aufspringen (d. h. gänzlichen Reifen) der Kapseln. — Es scheint, daß dies hier auf Java viel länger dauert und daß sie hier zu einer ganz anderen Jahreszeit blühen als dort.

VII. Man bemühe sich mit einiger Sicherheit in Erfahrung zu bringen, wie viel Jahre alt, wie hoch und wie dick (an der Basis des Stammes) ein Calisayabaum gewöhnlich ist, wenn er zum ersten Male zu blühen beginnt, und ob die ersten Blüthen sich zu reifen Früchten mit keimfähigen Samen entwickeln?

VIII. Wie hoch, wie dick und wie viele Jahre alt sind: a. die jüngsten, kleinsten, und b. die ältesten, größten Calisayabäume, die jetzt zur Gewinnung der Rinde in Südamerika gefällt werden? — Welche Rinde ist die am meisten geschätzte, die von jüngeren oder die von älteren, größeren Bäumen? und enthält die Rinde von ganz jungen, z. B. vier Jahre alten Bäumen, auch bereits Chinin?

IX. Da, wie es scheint, mit Recht behauptet wird, daß die Rinde einer und derselben Cinchona-Art desto reicher an Alkaloiden, namentlich an Chinin ist, je größer die Höhe über dem Meere, in welcher der Baum wuchs, und umgekehrt desto ärmer an diesen Bestandtheilen, je niedriger der Standort und je wärmer das Klima war, so suche man diese Verhältnisse durch sichere Beobachtungen besser zu beleuchten.

X. Man erkundige sich bei den dortigen Rindensammlern (Cascarilleros) nach den natürlichen Feinden der Chinabäume, besonders der C. Calisaya, und suche zu erfahren, ob die Calisaya auch dort zuweilen (und unter welchen Witterungsverhältnissen) von Bohrkäfern und anderen schädlichen Insecten angegriffen und angebohrt wird.

XI. Es ist wünschenswerth, daß solche Beobachtungen, wie sie bezüglich der Cinchona Calisaya in den aufgestellten Fragen I. — X. angedeutet sind, auch in Hinsicht auf alle anderen Rinden liefernden Chinabäume in Südamerika angestellt werden, unter welchen für uns auf Java die hier angepflanzten Arten C. Condaminea, var. lucumaefolia, lancifolia, lanceolata, ferner C. cordifolia und ovata, var. erythroderma, zunächst das meiste praktische Interesse haben.

XII. Kommt die ächte rothe Chinarinde wirklich von C. ovata, var. erythroderma Weddell, wie in einem Aufsatze im „Pharmaceutical-Journal for October 1856“ nach Howard wahrscheinlich zu machen gesucht wird? Die von demselben abgebildeten Blätter haben die meiste Aehnlichkeit mit den oben angeführten drei Bäumchen, die wir auf Java besitzen und die ich als C. cordifolia angesprochen habe.

XIII. Der Acclimatisationsversuch mit den obengenannten Arten Cinchona auf Java, namentlich in Westjava, das ohne Zweifel ein viel feuchteres, regenreicheres Klima hat, als Peru und noch mehr als Süd-Bolivia wo C. Calisaya wächst, hat bereits mehrere Phasen durchlaufen und manche natürliche, oder durch begangene Fehler der ersten Anpflanzer entstandene Schwierigkeiten mit Glück bekämpft.

Campbell zusammengetroffen, welcher seit vielen Jahren in Tacna angesiedelt ist, und dem Handel mit der Chinarinde besondere Aufmerksamkeit geschenkt hat. Denn der hauptsächlichste Export dieses wichtigen Heilstoffes geschieht aus Bolivien, nicht aus Peru, wie die commercielle Bezeichnung „peruanische Rinde“ (peruvian bark) vermuthen läßt.[1]

Die wichtigste Thatsache, welche ich hier mitzutheilen im Stande bin, ist die Berichtigung des vielverbreiteten Irrthums, als sei durch Plünderungssucht und Willkür eine Ausrottung der Chinabäume in ihrer Heimat nahe bevorstehend, als würde das aus ihrer Rinde gewonnene Heilmittel, das berühmte Gräfinn- oder Jesuitenpulver,[2] welches für den praktischen Arzt eben so unentbehrlich geworden ist, wie für die arbeitenden Classen die peruanische Kartoffel, bei dem täglich sich mehrenden Verbrauch desselben bald nicht mehr ausreichen.[3] Die Region der Calisaya (d. h. in welcher die Cinchona Calisaya, deren Rinde am gesuchtesten und werthvollsten ist, am häufigsten vorkommt und gedeiht) erstreckt sich vom 1. Grad nördlich vom Titicaca-See bis zum 20. Grad südlicher Breite. In den Wäldern von Cochabamba, dann zwischen diesem Orte und La Paz kommt der Chinabaum häufiger vor, als in den, mit La Paz parallel laufenden Wäldern, in welchen derselbe nur mehr in solcher Entfernung von der Hauptstadt angetroffen wird, daß bei der Unwirthbarkeit der Gegend der Transport bis La Paz auf 17 Pesos per Centner zu stehen kommt. Die mehr südlich

Die von mir als C. Condaminea, var. lucumaefolia angesprochene Art hat sich acclimatisationsfähiger gezeigt als die C. Calisaya und verspricht jetzt (Mai 1858) binnen wenigen Wochen 50.000—70.000 reife Früchte mit keimfähigen Samen zu liefern. Wahrscheinlich stimmen die klimatischen und übrigen physischen Verhältnisse des Standortes, den die Cultur ihr angewiesen hat, auf Java mehr mit den natürlichen Bedingungen überein, die das Wohlgedeihen dieser Art auf ihrem ursprünglichen vaterländischen Boden in Peru zur Folge haben.

[1] Diese Bezeichnung rührt aus jener Zeit her, wo das heutige Bolivien (in dessen Wäldern vorzüglich der Chinabaum wächst), ein integrirender Theil Peru's war und Ober-Peru hieß, während aus der gegenwärtigen Republik Peru fast gar keine Chinarinde ausgeführt wird, und die in Neugranada und Ecuador gewonnene, unter dem Namen Pitayo bekannte Rinde eine Cinchona-Species für Heilzwecke von weit geringerer Qualität ist.

[2] Der Name Gräfinnpulver, welchen die Vertheilung des Heilmittels durch die Gräfinn von Chinchon (Gemahlinn eines peruanischen Vicekönigs) veranlaßte, wurde später in die Benennung Cardinals- oder Jesuitenpulver umgewandelt, da der General-Procurator des Jesuitenordens, Cardinal de Lugo, das Heilmittel auf einer Reise durch Frankreich verbreitete und es dem Cardinal Mazarin um so dringender empfahl, als die Ordensbrüder einen lucrativen Handel mit südamerikanischer Chinarinde zu treiben anfingen, welche sie sich durch Missionäre zu verschaffen wußten. Vergl. Humboldt's Ansichten der Natur. Dritte Ausgabe 1849. Bd. II, S. 372.

[3] Vergl. Reise der österreichischen Fregatte Novara um die Erde rc. Bd. II, S. 70 und 167.

gelegenen Wälder dagegen sind noch völlig jungfräulich und von der Axt der Cascarilleros noch unberührt. Die meiste Quantität wird über Tacna und Arica ausgeführt, nur eine kleine des Schmuggels verdächtige Menge geht nördlich vom Titicaca-See, um über Port d'Islay verschifft zu werden. Aus dem erwähnten Gebiete können jährlich 8 bis 10.000 Centner Rinde während eines unermeßlichen Zeitraumes ausgeführt werden, ohne daß dadurch die geringste Gefahr für eine Ausrottung der Chinabäume entsteht. Seit 1845 ist die Ausfuhr der Chinarinde aus Bolivien Monopol der Regierung, welche dies Recht einer Gesellschaft übertragen hatte, die sich gegen eine bestimmte Prämie jährlich zur Ausfuhr von 4000 Centnern verpflichtete. Diese Gesellschaft bezahlte den Cascarilleros oder Personen, welche die Rinde in den Cinchona-Wäldern sammelten, für jeden Centner Calisaya, den sie in La Paz, der Hauptstadt Boliviens, ablieferten, 25 — 30 spanische Pesos. Das Unternehmen hatte aber nur einen theilweisen Erfolg, indem Speculationssucht und Habgier, so wie fortwährende politische Umwälzungen und Veränderungen in der Regierung des Landes der ruhigen Entwicklung dieses Industrie- und Handelszweiges feindlich in den Weg traten. Jeder neue Präsident wollte aus der Ausbeute der natürlichen Schätze des Bodens den möglichsten Gewinn ziehen, und steigerte immer mehr die Forderungen für das Recht des Monopols Chinarinde auszuführen. Im Jahre 1850 bezahlte ein einheimisches Handlungshaus in La Paz den Rindensammlern 60 Pesos für jeden Centner, und außerdem der Regierung einen Ausfuhrzoll von 25 Pesos per Centner, indem sich die Unternehmer gleichzeitig zur Abnahme und Ausfuhr von 7000 Centnern jährlich verpflichteten. Der exorbitante Preis, welcher den Cascarilleros bezahlt wurde, war Ursache, daß aus allen Theilen Boliviens ungeheure Quantitäten Calisaya-Rinde nach La Paz gebracht wurden. Um Ordnung herzustellen, und den Markt nicht weit über den Bedarf zu überfüllen, verbot nun die bolivianische Regierung die Chinarinde zu schneiden und zu sammeln. Binnen 18 Monaten waren 30.000 Centner Rinde abgeliefert worden, und dieser Umstand brachte unter den Monopolisten einen solchen Schreck hervor, daß sich dieselben bankerott erklären mußten, und nur durch die Vermittlung der Regierung einer allgemeinen Calamität vorgebeugt wurde. Diese übernahm den ganzen Vorrath, bezahlte die Speculanten mit Schatzbons, welche in gewissen Zeiträumen eingelöst werden sollten, und schloß mit einem einheimischen Handlungshause einen neuen Contract, der den Verkaufspreis eines Centners Rinde in La Paz auf 65 Pesos ohne weiteren Ausfuhrszoll festsetzte.

Sobald der vorhandene Vorrath erschöpft ist, dürfte wohl auch das Verbot des Schneidens der Calisaya-Rinde wieder aufgehoben und durch die inzwischen gemachten ernsten Erfahrungen einem übermäßigen, gefährlichen Sammeleifer der Cascarilleros vorgebeugt werden.

Zur Zeit meiner Anwesenheit in Java wurden gerade mit der Rinde der jungen Chinabäumchen chemische Versuche angestellt, und der Umstand, daß in denselben das kostbare Alkaloid nicht gefunden wurde, rief das Bedenken wach, die Rinde des, mit so großer Sorgfalt aufgezogenen Baumes werde vielleicht in dessen Adoptivvaterlande unter veränderten klimatischen und geognostischen Verhältnissen ihres werthvollsten Bestandtheiles entbehren. Allein die von mir in Südamerika eingezogenen Erkundigungen bestätigen, daß auch in der Heimat der Cinchonen das Chinin erst in der Rinde älterer Bäume angetroffen wird, und dessen Quantität im Verhältnisse zu dem Alter der Stämme zunimmt. Das reichlichste Chinin enthält die Rinde von Bäumen, welche bereits fünfzig und mehr Jahre zählen. Der Unkenntniß von dieser Erscheinung muß es wahrscheinlich auch zugeschrieben werden, daß zur Zeit der spanischen Herrschaft die Chinasammler oder Chinajäger (cazadores de Quina) jährlich 8—900 junge, 4 bis 7jährige Chinabäume fällten, um jene 110 Centner Fieberrinde zu gewinnen, welche, ausschließlich für den Gebrauch des königlichen Hofes bestimmt, von Payta um das Cap Horn nach Cadiz geschickt wurden.[1]

Auch in Betreff der jährlich aus Bolivien und Peru ausgeführten und in europäischen Fabriken verbrauchten Quantitäten haben sich selbst in wissenschaftlichen Kreisen sehr wesentliche Irrthümer eingeschlichen. Die Total-Ausfuhr von Chinarinde aus Südamerika seit dem Jahre 1830 bis 1860 hat nach ganz verläßlichen Angaben (die sieben minderen Sorten mit inbegriffen) nicht 200.000 Centner überstiegen,[2] indeß von Calisaya, der

[1] Vergl. Humboldt's Ansichten der Natur. Dritte Ausgabe 1849. Bd. II, S. 319.

[2] Wenn dagegen Weddell erzählt, eine einzige Fabrik, die der Herren Pelletier, Delondre und Levaillant in Havre, habe in Einem Jahre (1837) nicht weniger als 17,400.000 Centner der besten Chinarinde zur Erzeugung von Chinin verbraucht, so ist das entweder ein Druckfehler oder eine kolossale Uebertreibung. Wenn die Fabrikanten in Havre statt Chinin Schießpulver erzeugen möchten, dann würden wir die angegebene ungeheure Ziffer eher wahrscheinlich finden, denn das letztere ist für eine gloiresüchtige Nation ein gar wichtiges Arcanum.

eigentlichen, rothen Rinde (cascarilla roja) im Laufe der letzten dreißig Jahre höchstens 120.000 Centner ausgeführt worden sind. Während auf diese Weise der jährliche Export von Fieberrinde bei weitem geringer erscheint, als man im Allgemeinen anzunehmen pflegt, wurde erst kürzlich wieder in den Wäldern von Bolivien, zwischen Tarija, Cochabamba und La Paz, eine Cinchona-Species in großer Menge aufgefunden, deren Rinde ganz dieselben Eigenschaften, wie jene der Cinchona Calisaya besitzen soll. Der Pfarrer in Tarija hat von dieser kostbaren Rinde (von den Indianern Sucupira genannt) an 3000 Centner zum Verkaufe ausgeboten. Die Lage der Wälder, in welchen diese Cinchona-Art vorkommt, ist für den Export so günstig, daß die Fracht von Tarija bis nach Iquique, dem nächsten Seehafen, für den Centner nur 8 — 10 Pesos betragen soll.

Faßt man alle diese Mittheilungen zusammen und zieht zugleich die nicht unbedeutende Vermehrung in Betracht, welche die Cultur des Chinabaumes durch ihre glückliche Ausdehnung auf Java und Ostindien erfahren hat, so muß jede Besorgniß schwinden, als würde diese edle Pflanze der Ausrottung nahe, und die leidende Menschheit von der Gefahr bedroht sein, sich durch Unkenntniß und Vandalismus von einem der wichtigsten und wirksamsten Mittel des Arzneischatzes beraubt zu sehen! —

Ich hielt es für eine ganz besondere Pflicht des Patriotismus und der Humanität, meinen Aufenthalt in Lima dazu zu benützen, um über die gegenwärtigen Verhältnisse der im Jahre 1857 nach Peru ausgewanderten Tiroler und Rheinpfälzer so wie über den dermaligen Zustand der Colonie möglichst umfassende und wahrheitgetreue Auskünfte zu erhalten. Verschiedene Berichte, welche von mehreren in Lima ansässigen deutschen und englischen Kaufleuten an die österreichische Regierung gelangten, schilderten das Loos der ausgewanderten Tiroler in so düsteren Farben, daß man sich in den maßgebenden Kreisen ernstlich damit zu beschäftigen begann, die geeignetsten Maßregeln zur Linderung dieses Elends zu treffen; Se. kais. Hoheit der Marine-Obercommandant erließ daher an den Befehlshaber der Novara-Expedition die dringende Weisung, während dessen Anwesenheit in Lima nicht nur über das Schicksal der erwähnten Unglücklichen möglichst verläßliche Nachrichten einzuziehen und die zweckmäßigsten Schritte zur Milderung ihrer Lage zu thun, sondern auch, so weit es die disponiblen Räumlichkeiten am Bord der Fregatte ohne Beeinträchtigung der Mannschaft gestatten würden, berücksichtigungswerthe Individuen, welche in ihre Heimat zurückzukehren wünschten, am Bord der Novara aufzunehmen und die Auslagen für ihren Unterhalt während der Reise bis Triest auf Staatskosten zu bestreiten. Man hoffte durch dieses Vorgehen den doppelten Zweck zu erreichen: den Forderungen der Humanität Rechnung zu tragen und zugleich durch die, von den Heimgekehrten geschilderten Erlebnisse auf Auswanderungslustige warnend und abschreckend zu wirken.

Da jedoch die Fregatte Novara, dem ursprünglichen Reiseplane entgegen, den Hafen von Callao de Lima nicht berührte, sondern in Folge der Kriegsereignisse des Jahres 1859 von Valparaiso aus direct nach Europa zurückkehrte, so mußten sich die Bemühungen der Expedition auf die Einziehung von genauen ausführlichen Nachrichten durch eines ihrer Mitglieder beschränken, welche ich mir im Nachfolgenden zusammenzufassen erlaube.[1]

Die erste deutsche Emigration nach Peru kam im März 1852, gerade während der ungesundesten Jahreszeit, nach Lima, wo 1100 Auswanderer in fünf Schiffen in Callao landeten. Bald darauf erkrankte die Mehrzahl von ihnen an Fieber und Dysenterie und starb an den Verheerungen dieser Krankheiten. Der Unternehmer war ein Peruaner, Namens Antolin Rodulfo, welcher von der Regierung für jeden Einwanderer eine Prämie von 30 Dollars ausbezahlt erhielt. Zugleich schloß Rodulfo in Deutschland mit den Emigranten Contracte, laut welcher diese sich verpflichteten, fünf Jahre hindurch für sehr geringen Lohn zu dienen, und verkaufte diese Documente in Peru an Personen, welche Arbeiter oder Diener benöthigten, so daß sich die armen Deutschen bei ihrer Ankunft bereits verkauft und wie Neger auf den Plantagen behandelt sahen. Die Folge davon war, daß sich sechs Monate nach der Ankunft von den 1100 eingewanderten Deutschen nur mehr 500 am Leben befanden. Diejenigen, welche zu Feldarbeiten verwendet wurden, waren fast alle gestorben, und den Ueberlebenden vermochte nur die

[1] Ich verdanke diese Mittheilungen theils Herrn Emil Ribbeck aus Frankfurt an der Oder, welcher seit dem Jahre 1842 im Cerro de Pasco als Kaufmann etablirt ist, und den Ansiedlungsversuch in seinem ganzen Verlaufe in der Nähe zu beobachten Gelegenheit hatte, theils Herrn Henry Randolph Clay, bevollmächtigtem Minister der Vereinigten Staaten von Nordamerika in Peru, theils dem Bremer Consul, Herrn Gildemeister, theils endlich Herrn Damian Schütz selbst, dem vielgeprüften Unternehmer des verunglückten Versuches, welchem indeß nach unserem Dafürhalten mit Unrecht die Hauptschuld an dem Elend der Emigranten beigelegt wird, und den höchstens der Vorwurf treffen kann, allzu treuherzig auf die Zusicherungen der Regierung von Peru und ihrer Organe sich verlassen zu haben, welche nicht gehalten wurden und wodurch das ganze schwere Unglück heraufbeschworen worden war.

Dazwischenkunft eines Consuls oder einflußreicher fremder Kaufleute ihr Loos zu erleichtern.

Trotz des trostlosen Ausganges der ersten deutschen Emigranten-Expedition nach Peru wurde wenige Jahre später ein zweiter Versuch gewagt. Auf Grund eines, mit der peruanischen Regierung unterm 6. December 1855 abgeschlossenen Vertrages verpflichtete sich ein Herr Damian Schütz aus Camberg im Herzogthume Nassau, binnen sechs Jahren mindestens 10.000 deutsche Colonisten nach Peru einzuführen, auf den, von der Regierung bezeichneten Punkten entsprechende Colonien anzulegen und zugleich dafür zu sorgen, daß die Ansiedler die ihnen von der Regierung unentgeltlich überlassenen Grundstücke gehörig bebauen und Wohnhäuser errichten. Die erste Einwanderung sollte mindestens aus 500 Ansiedlern (Männern, Frauen und Kindern) bestehen und im Laufe des Jahres 1856 in Peru eintreffen.

Die Regierung von Peru übernahm dagegen ihrerseits die Verpflichtung, den Transport der Auswanderer und ihrer Bagagen bis nach der Colonie zu bestreiten, ihnen während des ersten Semesters die nöthigen Lebensmittel, so wie Samen zur Anpflanzung und Ackerbaugeräthe zu liefern, und sie erst nach Verlauf von fünf Jahren zur Rückzahlung der gemachten Vorschüsse zu verhalten. Zugleich empfing jeder Auswanderer über 15 Jahre ein Geldgeschenk von 30 Dollars, so wie eine bestimmte Anzahl von Grundstücken. Diesem Zwecke widmete die Regierung von Peru Ländereien im Flächenmaße von 40 spanischen Quadrat-Leguas, welche unter Beiziehung der Landesautoritäten an Herrn Schütz und die Einwanderer vertheilt werden sollten. Letztere durften aber erst zwei Jahre nach der Besitznahme über die Grundstücke zu Gunsten dritter Personen verfügen oder dieselben verkaufen. Herr Damian Schütz erhielt ferner als Leiter der Colonie von der peruanischen Regierung einen Jahresgehalt von 2400 Dollars zugesichert.

Da schon mehrere frühere Ansiedlungsversuche in Peru gescheitert waren, so fand Schütz große Schwierigkeit, die erwünschte Zahl zusammenzubringen, und erst im Juli 1857 kam mit dem Schiffe „Norton" eine Anzahl von 294 Einwanderern, theils Tirolern, theils Rheinländern, aus Antwerpen in Callao de Lima an; acht waren während der Seefahrt gestorben. Man ließ die armen Emigranten trotz des, nach einer Ueberfahrt von 110 Tagen lebhaft empfundenen Verlangens, in Callao gar nicht ans Land steigen, sondern

miethete für 600 Dollars den Dampfer „Inca", welcher sie nach dem mehr nördlich gelegenen Hafen Huacho brachte, von wo die Colonisten ihre Reise nach der neu zu gründenden Colonie theils zu Fuß, theils auf Maulthieren fortsetzen mußten.

Der zur ersten Niederlassung gewählte Punkt liegt am östlichen Abhange der Cordilleren, im 10° südl. Br. und 75° 25' östl. L. von Greenwich, am Zusammenflusse des Huancabambaflusses mit dem Pozuzu, 4000 Fuß über der Meeresfläche und ist 40 Leguas von dem Städtchen Huanuco (mit 6000 Einwohnern), 36 Leguas von Panao (mit 2000 Einwohnern) und eben so viele Leguas von Cerro de Pasco (mit 12.000 Einwohnern) entfernt. Der Rio Pozuzu wird 10 Leguas unterhalb der Colonie, nachdem er den Mairo und Palcazu aufgenommen hat, für größere Boote schiffbar. Bei dem Orte Mairo nimmt er den Namen Pachitea an und fließt in den Ucayali, einen der mächtigsten Nebenflüsse des Amazonenstromes. Von Mairo ist der Fluß für Dampfschiffe bis 6 Fuß Tiefe ungehindert bis zum atlantischen Meere befahrbar; denn hier verlieren sich die letzten Ausläufer der Anden in den unermeßlichen Ebenen der Pampas del Sacramento und kein Gebirgszug durchschneidet mehr den Fluß bis zu dessen Mündung in den atlantischen Ocean.

Das Klima der neu anzulegenden Colonie scheint ungefähr dem im Tafellande Centralamerika's ähnlich zu sein. Das Thermometer soll niemals über 24° Réaumur steigen und selten unter 10° fallen. Der von den benachbarten Schneebergen wehende Westwind ist ungemein rauh; 10 Leguas südwestlich von der Colonie erhebt sich der 20.000 Fuß hohe Huacraruncho, der höchste Berg Peru's, dessen Haupt mit ewigem Schnee bedeckt ist; indeß sind Ostwinde die vorherrschenden. Während der Monate Jänner, Februar und März regnet es jeden Tag; dagegen im Mai, Juni, Juli und August nur selten.

Der Boden ist außerordentlich fruchtbar und reich an kostbaren Producten. Die Wälder des Pozuzu sind reich an Chinabäumen (Jaen- und Huanuco- **nicht** Calisaya-), an Balsam, Muscatnüssen, vegetabilischem und animalischem Wachs, Sassaparilla, Guaco, Färbe-, Bau- und Schmuckhölzern, so wie an Medicinalpflanzen. In den Thälern gedeihen: Mais (3 Jahresernten), Reiß (3 Ernten), Bohnen (4 Ernten), süße Kartoffeln (3 Ernten), Yucca, Bananen, Erbsen, Hanf, Baumwolle, Tabak (2 Ernten),

Zuckerrohr, Kaffee, Coca (4 Ernten) und Cacao. In den höheren Regionen, mehr als 6000 Fuß über dem Meere, finden sich vortreffliche Viehweiden und kommen daselbst noch Flachs, Roggen, Weizen, Gerste und Kartoffeln fort, doch sollen in jenen hohen, rauhen und feuchten Gegenden die Cerealien häufig durch Mehlthau leiden.

Schweinzucht ist in der Colonie am ergiebigsten; Rindviehzucht dagegen im Großen sehr beschwerlich, weil die nächsten natürlichen Weiden über 3 Stunden von der Colonie entfernt liegen, und Futterkräuter erst dann gezogen werden können, wenn der dichte Urwald einmal gelichtet ist. Schafzucht lohnt sich am allerwenigsten; Hühner und Enten aber vermehren sich erstaunlich schnell.

Auf diesem, anscheinbar so günstigen Ansiedlungspunkte sollte nun die deutsche Colonie gegründet werden, und wenn dieselbe keinen glücklicheren Erfolg hatte, sondern Jahre hindurch nur der Schauplatz des grenzenlosesten Elends und Leidens war, so liegt die Ursache davon weniger in den Naturverhältnissen, als in der Art und Weise, wie die Leiter der Colonie bei der ersten Besiedlung derselben zu Werke gingen. Es scheinen sich hier die betrübenden Erscheinungen wiederholt zu haben, welche den Untergang der deutschen Colonien in St. Thomas im Staate Guatemala und am Reventazon im Hochlande Costa Rica's veranlaßten, wo wir selbst Augenzeugen waren, wie die eifrigsten Bemühungen hochherziger Patrioten an Unkenntniß und unpraktischer Leitung scheiterten und trotz des herrlichsten Klimas und des fruchtbarsten Bodens mehrere hundert deutsche Einwanderer ein trauriges Ende fanden.

Schon im Momente, als die ersten Ansiedler der neu zu gründenden Colonie an den Ufern des Pozuzu im Juli 1857 nach einer mehr als viermonatlichen Reise endlich in Huacho ankamen, begann die Noth. Die peruanische Regierung ließ es zwar nicht an Geldvorschüssen fehlen, der bloße Transport der 302 Ansiedler hatte derselben laut officieller Documente 45.666 ⅞ Dollars gekostet. Allein trotz der contractmäßigen Verpflichtung der Regierung, bereits vor Ankunft der Emigranten die Wege bis zur Colonie herzustellen, und am Pozuzu eine entsprechende Anzahl Felder mit Mais, Reiß, Bohnen und Kartoffeln bestellen zu lassen und Schlachtvieh vorräthig zu haben, damit die Colonisten wenigstens nicht schon in der ersten Zeit an den nöthigsten Lebensbedürfnissen Mangel litten, war angeblich durch die Nachlässigkeit des Präfecten von Junin für die Herstellung guter, praktikabler Wege nicht die geringste Vorkehrung getroffen worden, und die Colonisten, anstatt, gleich nach ihrer Ankunft im Hafen von Huacho nach der Ansiedlung am Pozuzu weiter befördert zu werden, mußten auf halbem Wege in ungesunder Gegend monatlang campiren, bis ein Fußpfad zur Colonie durch sie selbst nothdürftig hergestellt worden war. Von Huacho brach die kleine Emigranten-Colonie, die Frauen und Kinder auf Maulthieren, die Männer zu Fuß, nach der Bergstadt Cerro de Pasco auf, und legte täglich 3 — 4 Leguas zurück. Die größte Schwierigkeit bestand in der Fortschaffung des Gepäckes, namentlich der ungeheuren hölzernen, bemalten Truhen, für welche deutsche Auswanderer eine ganz besondere Vorliebe zu haben scheinen. —

Zu dieser Mißlichkeit der Situation gesellte sich noch ein anderer Umstand; vielleicht der bedenklichste von allen. Schon während der Reise waren unter den Emigranten Zwistigkeiten ausgebrochen; die einen nahmen Partei für Damian Schütz, die andern gegen denselben. An der Spitze der Malcontenten befand sich ein Geistlicher aus Tirol, Namens Ueberlinger, während die Rheinpfälzer noch immer an Schütz hingen und ihrerseits den Pfarrer Egg, der später auch Pfarrer der Colonie wurde, zu ihrem Oberhaupte wählten. Tiroler und Rheinpfälzer standen sich bereits feindlich gegenüber, als man endlich nach unsäglichen Mühen und beschwerlichen Tagereisen in Cerro de Pasco, dem berühmten Silberminen-Districte, anlangte. Auf dem Wege waren ein 65jähriger Mann und ein Säugling gestorben. In Cerro gab es Veranlassung genug, die Mißstimmung zu steigern, indem es einige deutsche Bewohner nicht unterließen, den Colonisten das traurige Loos, das sie auf der neuzugründenden Colonie, mitten im Urwald der Anden, erwartete, zu schildern und ihre Landsleute zu überreden, in Cerro zurückzubleiben und daselbst in den Minen oder als Handwerker und Taglöhner Beschäftigung zu suchen. Allein die Emigranten bestanden größtentheils aus Landwirthen, denen das Leben in Bergwerken wenig zusagte und die sich noch immer der Hoffnung hingaben, daß sie nach so vielen Mühsalen das versprochene Paradies doch endlich finden würden.

Endlich brach die kleine, noch immer nicht ganz entmuthigte Wandererschaar von Cerro auf und kam nach abermaliger siebentägiger Reise in Acobamba an, einem Indianerdorfe, wo der Weg aufhört für Maulthiere praktikabel zu sein. Hier blieben die Colonisten fünf Monate lang liegen, bis ein Fußpfad nach der zu gründenden Colonie am Pozuzu vollendet war. Ueberlinger und eine kleine Anzahl Tiroler hatten sich bereits in Cerro von den übrigen Colonisten getrennt und sich daselbst niedergelassen. — Alle Lebensmittel mußten nun auf Maulthieren, oft 20 Leguas weit, nach Acobamba geschafft werden, was natürlich viele Unregelmäßigkeiten und Verzögerungen zur Folge hatte, so daß die Emigranten zuweilen mehrere Tage völlig Noth litten und während dreier Wochen jeder Fleischnahrung entbehren mußten.

Acobamba liegt in der sogenannten Ceja de la Montana, ungefähr 10,000 Fuß über dem Meere, in jener kalten, feuchten Region, wo Moose und Flechten nur mehr Baumkrüppel bedecken, und im Walde fast gar kein Thierleben mehr bemerkbar ist. Den Colonisten und namentlich den Tirolern gefiel es nun in dieser unwirthbaren Gegend gar nicht; schon in den ersten Tagen nach ihrer Ankunft in Acobamba kehrten 20 Tiroler nach Lima zurück, ohne das Pozuzuthal und den Ansiedlungspunkt gesehen zu haben. Durch diese gelangten auch die ersten Nachrichten über das völlige Mißlingen der beabsichtigten Colonie zur Kenntniß der Regierung, sie veranlaßten die Abberufung des Herrn Damian Schütz, welcher aufgefordert wurde, in Lima Rechenschaft über sein bisheriges Gebaren zu geben. Dies geschah im November 1857. Bald darauf verließen neuerdings 20 Tiroler die Haltstation Acobamba, und nur den eifrigen Bemühungen und dringenden Vorstellungen des Pfarrers Egg gelang es, den Rest der Einwanderer in der Hoffnung auf eine bessere Zukunft noch zusammenzuhalten.

Im Jänner 1858 war der Weg nach dem beabsichtigten Ansiedlungspunkte am Pozuzu so weit hergestellt, daß die auf ein kleines Häuflein zusammengeschmolzene Ansiedler-Colonne um ungefähr 9 Leguas weiter vorrücken konnte, wenn schon mit großen Beschwerden und nur zu Fuß. In Santa Cruz, einem erbärmlichen Indianerdorfe, wurde der nächste Halt gemacht. Von Santa Cruz waren 7 Leguas oder 21 englische Meilen bis zu den Ufern des Pozuzu. Je weiter man sich aber von dem Culturlande und besiedelten Strecken entfernte, desto schwieriger war auch die Herbeischaffung der nöthigen Lebensbedürfnisse, und so vermehrte sich die Noth und die Zahl der Entbehrungen im Verhältnisse, als man dem Zielpunkte der Wanderung näher kam, statt daß sich bessere Aussichten eröffnet hätten. Im April 1858 trennten sich neuerdings 50 Tiroler und Rheinpfälzer von der Colonie, und kehrten nach Cerro de Pasco und Lima zurück, wo sie der Regierung und ihren deutschen Landsleuten zur Last fielen. Eine Anzahl von energischeren Naturen war auf schlechten Gebirgspfaden und großen Umwegen nach dem Pozuzu aufgebrochen, um mit eigenen Augen das Thal zu schauen, welches von der peruanischen Regierung zu ihrer Niederlassung ausgewählt worden war, und sich persönlich von den Vortheilen und Nachtheilen zu überzeugen, welche ihnen nach so unsäglichen Leiden aus einer Ansiedlung in diesen einsamen Gefilden erwachsen dürften. Sie waren alle entzückt von der Pracht der Natur, von der Fruchtbarkeit und Ueppigkeit des Bodens und kehrten mit dermaßen günstigen Schilderungen über die Herrlichkeit des Thales, das sie so lebhaft an die Thäler der Heimat erinnerte, nach Santa Cruz zurück, daß sich sogleich an 15 Tiroler (darunter eine Familie von 10 Personen) nach dem Pozuzu auf den Weg machten, um endlich aus diesem peinlichen provisorischen Zustande herauszukommen und sich eine behaglichere Existenz zu gründen. Ihre Wanderung dahin erleichterte einigermaßen der Umstand, daß vom Indianerdorfe Huanuco aus bereits ein alter Indianerpfad nach dem Pozuzu führte, wo angeblich schon vor 100 Jahren kleine Cocapflanzungen bestanden haben sollen.

Im Mai 1858 kam Damian Schütz nach der Colonie zurück, und machte sich mit sämmtlichen Colonisten nach dem Pozuzu auf, wohin nun ein Fußpfad vollendet war; vertheilte daselbst die Grundstücke und traf Anstalten zur Urbarmachung und Bebauung derselben.

Also erst anderthalb Jahre, nachdem die Auswanderer ihre Heimat verlassen hatten, erreichten dieselben den Zielpunkt ihrer Wanderung, und waren diese ganze lange Zeit hindurch den unverantwortlichsten Drangsalen und Entbehrungen ausgesetzt. Seitdem hat kein Colonist mehr die junge Colonie verlassen. Im Jänner 1859 geschah bereits die erste Ernte von Mais, Bataten und Bohnen; im März von Reiß und Yucca's, gegenwärtig haben die meisten Familien schon Tabak, Zucker und Kaffee gepflanzt.

Die Zahl der Colonisten im Pozuzuthale beträgt gegenwärtig (Juni 1859) an 180 Personen, zur Hälfte Tiroler, zur Hälfte Rheinpfälzer; der Rest jener Auswanderer-Colonne, welche im Juli 1857 aus Antwerpen in Callao ankam, ist theils gestorben, theils nach Lima und Iquique gegangen, um in den dortigen Salpeterminen Arbeit zu suchen. Die

Bevölkerung am Pozuzu hat sich nach ihren Nationalitäten in zwei Gemeinden getheilt, die sich getrennt verwalten. Die Tiroler Gemeinde sowohl, wie die rheinländische, hat ihren Bürgermeister, ihren Gemeinderechner und ihren Municipalrath, der aus drei Bürgern besteht, die von der Gemeinde gewählt werden. Der katholische Pfarrer, Josef Egg aus Tirol, bezieht von der peruanischen Regierung einen Jahresgehalt von 600 Dollars (1200 Gulden), eben so ist in der Colonie ein Schullehrer auf Regierungskosten angestellt. Jede Familie erhielt 100 Morgen Landes, jeder unverheiratete Colonist 60 Morgen als freies Eigenthum zum Geschenke. Man erzählte uns, daß dieser verunglückte Versuch der peruanischen Regierung 100.000 Pesos gekostet hat, daß dieselbe aber keine Ansprüche gegen die Colonisten erhebt. Die Maßregeln einiger Gouverneure gegen die armen Tiroler scheinen jedoch gerade das Gegentheil zu beweisen.

Noch verdient erwähnt zu werden, daß die junge Colonie durch einen reichen angesehenen Deutschen in Lima, Herrn Johann Renner, warme Hülfe und Unterstützung genoß. Derselbe schenkte jedem Colonisten eine Kuh, ein Mutterschwein und eine Ziege. Gegenwärtig besitzt jede Familie einen reichen Hühnerhof, manche sogar schon Maulthiere. Leider sind die Verkehrswege noch immer zu mangelhaft, um den zahlreichen Producten der Colonie leichten und lohnenden Absatz zu verschaffen. Im Jänner dieses Jahrs wurde ein Theil des Weges nach dem Cerro durch das Austreten des Pozuzuflusses neuerdings zerstört, Hütten und Geräthe der Ansiedler weggeschwemmt, wobei 5 Tiroler ihr Leben einbüßten, und der kaum hergestellte Weg neuerdings für zwei Monate völlig unpraktikabel gemacht. Der eigentliche Maulthierweg, welcher auf Regierungskosten von Cerro nach Acobamba und Santa Cruz angelegt wurde, wodurch die schlimmsten Bergrücken umgangen werden und sich die Reise um 12 Leguas verkürzt, ist noch immer nicht fertig, es läßt sich daher noch kein Urtheil bilden, welche Vortheile die Colonie aus einer directen und bequemen Verbindung mit der reichen und großen Silberminenstadt Cerro de Pasco ziehen wird. Gegenwärtig beträgt die Fracht einer Arroba (= 25 Pfund) vom Pozuzu nach Cerro Einen Dollar; dies verhindert die Ausfuhr von Mais, Kartoffeln u. s. w. dahin, welche Producte weit billiger von anderen Theilen bezogen werden können. Allein viele der nothwendigsten Artikel, welche gegenwärtig aus den Vereinigten Staaten über Huacho kommen, würden von der Colonie in Cerro Absatz finden, wenn nur einmal die dazu nöthige

Verbindung hergestellt und das ganze Jahr regelmäßig unterhalten werden könnte. So z. B. werden bis zur Stunde Schweinsfett (18 Dollars die Arroba), Reiß (8—12 Dollars per Centner), spanischer Pfeffer (15—24 Dollars per Centner), Kaffee (30 Dollars per Centner), Tabak (20 Dollars per Centner), Branntwein (16 Dollars per Centner), Stärkemehl aus Yucca (40 Dollars per Centner) größtentheils aus Nordamerika bezogen.

Eine bessere Zukunft dürfte sich für die Colonie durch die beabsichtigte Herstellung eines fahrbaren Weges nach dem Mairo eröffnen, welcher, wie ich schon bemerkte, mit Dampfschiffen befahren werden kann. Es verlautet, daß die peruanische Regierung mit der brasilianischen Dampfschifffahrts-Gesellschaft des Amazonenstromes einen, die Beschiffung des Mairo bezweckenden Contract abgeschlossen habe, und zugleich ein eigenes Dampfboot nach jenen Gewässern zu beordern beabsichtige. Allein alle diese Maßregeln brauchen hier ungemein lange, bis sie vom Papier zur Verwirklichung gelangen. Die Bewegung der peruanischen Staatsmaschine ist außerordentlich schwerfällig und geräth sogar durch die fast regelmäßig wiederkehrenden Revolutionen nicht selten für längere Zeit ins Stocken.

Das Loos der Tiroler und Rheinpfälzer, welche, aus Verzweiflung und Hungersnoth, von der Wildniß am Pozuzu nach Lima zu flüchten beabsichtigten, um bei der peruanischen Regierung Klage über die Nichterfüllung der ihnen gemachten Versprechungen zu führen, gestaltete sich noch trauriger als jenes ihrer Leidensgefährten, welche in der Colonie zurückgeblieben waren. Viele dieser Flüchtlinge wurden von der ihnen nachstellenden Soldateska und den halbwilden Indianern eingeholt, mit Steinen und Musketenschüssen angegriffen, mit Lazos eingefangen und gefesselt wieder zurückgeschleppt. Die wenigen, welche dieser grausamen Menschenhetze glücklich entgingen, kamen (einige sogar mit Weib und Kindern) in dem schauderhaftesten Zustande in Lima an, und fanden daselbst bei den Behörden des Landes nur wenig Gehör und Schutz. Man benützte ihre Noth, ihr Unglück, ihre natürliche Unwissenheit und ihre Unkenntniß der spanischen Sprache, um ihre Arbeitskraft, so lange sie noch welche besaßen, nach allen Richtungen hin auszubeuten. Während man absichtlich die ihnen gemachten Versprechungen und schriftlichen Zusicherungen ignorirte, bestand man um so hartnäckiger auf der stricten Erfüllung der von den Emigranten eingegangenen Verpflichtungen und suchte selbe durch die peinlichsten Strafen zu erzwingen. Man behandelte die armen Deutschen wie Sclaven, sie mußten sich mit dem erbärmlichsten Obdach, mit der dürftigsten Nahrung begnügen; man bürdete ihnen Arbeiten und Dienstleistungen auf, welche die emancipirten Negersclaven zu verrichten sich weigerten. Bei der geringsten Klage, welche die grausam Betrogenen erhoben, bei den leisesten Ansprüchen, die sie für die genaue Erfüllung jener Punkte ihrer Contracte geltend machten, welche sich auf ihre Rechte und Begünstigungen bezogen, wurden sie mißhandelt, beschimpft, eingekerkert, ja sogar in Eisen gelegt. Ein in Lima ansässiger englischer Kaufmann erzählte, daß mehrere aus diesem Grunde mit Ketten belastete Unglückliche gezwungen wurden, mit gemeinen Verbrechern zusammengeschmiedet, an öffentlichen Bauten zu arbeiten.

Diejenigen Tiroler, welche bisher einem ähnlichen Schicksale entgangen sind, wagen nur verstohlen Arbeit zu suchen, um ihr Leben zu fristen, indem sie beständig gewärtig sein müssen, von den Häschern aufgefangen und zur Erfüllung ihrer contractlich eingegangenen Verbindlichkeiten gezwungen zu werden. Wie strenge und rücksichtslos die peruanischen Behörden in dieser Beziehung verfahren, mag am besten nachfolgender Fall beweisen. Herr Friedrich Elmore, ein in Lima ansässiger geschätzter englischer Kaufmann, welcher sich große Verdienste um die Linderung des Looses unserer armen Landsleute erworben, hatte die Absicht, zwölf Tiroler in seinem Etablissement in Iquique bei der Gewinnung von Salpeter zu verwenden, und wollte dieselben in einem Schiffe dahin senden, als, im Momente wo der Dampfer die Anker lichtete, der Gouverneur von Callao die Tiroler festzunehmen und auszuschiffen befahl. Erst nachdem Herr Elmore für jeden derselben eine Caution von 1000 Dollars mit der Verpflichtung erlegt hatte, bei der ersten Aufforderung die Arbeiter der peruanischen Regierung wieder zur Verfügung zu stellen, wurde ihre Beförderung nach Iquique gestattet.

Die schmerzliche Thatsache, daß namentlich österreichische Staatsangehörige als die Parias unter den Auswanderern betrachtet werden, daß selbst ihre gerechtesten Ansprüche nirgends Schutz und Berücksichtigung finden,[1] muß wohl

[1] Wie wenig gegenwärtig in Peru die Interessen der österreichischen Staatsangehörigen, die Würde und das Ansehen des Kaiserstaates gewahrt sind, davon liefert folgender, ans Unglaubliche grenzender Vorfall, welcher mir von Herrn Emil Ribbeck mitgetheilt und von mehreren in Lima ansässigen Deutschen bestätiget wurde, ein trauriges Beispiel: „Ein Wagenbauer aus Pest, Namens Karl Abann (welcher angeblich längere Zeit hindurch einer Wagenfabrik in Wien als Werkführer vorstand), kam zu Ende des Jahres 1851 nach dem Cerro de Pasco und wurde daselbst am 1. April 1852 ohne bekanntes Verschulden

hauptsächlich dem Mangel einer entsprechenden Vertretung in überseeischen Ländern zugeschrieben werden. Längs der ganzen Westküste des amerikanischen Continentes, von der Magelhaensstraße bis Californien, besitzt Oesterreich ein Einziges Consulat in Chile und dieses wird nur von einem Honorar-Consul, einem allerdings hoch angesehenen einflußreichen Kaufmanne in Valparaiso, verwaltet. Auf den Südsee-Inseln, auf Neu-Seeland, in Australien, in China (mit Ausnahme von Hongkong), auf den Philippinen, ja sogar in Point de Galle und auf der, für die Handelsinteressen so wichtigen Insel Singapore ist der Kaiserstaat bis zur Stunde noch gar nicht vertreten. Daß auch das große deutsche Reich mit 70 Millionen Menschen in den außereuropäischen Ländern nur theilweise und sehr mangelhaft repräsentirt erscheint, bleibt ein geringer Trost und macht höchstens den Zustand noch unerträglicher. Das Schicksal der Tiroler am Pozuzu und in Lima ist nur eine betrübende Wiederholung jener Leiden und Drangsale, welchen deutsche Auswanderer in den verschiedenen Ländern der Erde ausgesetzt sind, und die sie in neuester Zeit namentlich in Brasilien, Australien und Mittel-Amerika ungeahndet erdulden mußten. Zwar haben mehrere deutsche Regierungen, Baiern voran, seit Jahren den Antrag auf eine gemeinsame Organisation der Auswanderung gestellt, damit die Emigranten, nicht wie bisher, dem Zufalle und der Speculation preis gegeben bleiben, sondern, in angemessenere Gegenden versetzt, durch Fleiß und Arbeit Aussicht auf eine sichere Existenz

seinerseits von einem Eingeborenen angefallen und erstochen. Obschon man den Mörder kannte, so wurde dennoch von den peruanischen Gerichten gegen denselben wegen seines an Abami verübten Mordes keine Untersuchung eingeleitet, und dies hauptsächlich aus dem Grunde, weil keine competente fremde Behörde für den ermordeten österreichischen Unterthan sich anzunehmen der Mühe werth fand. Der Mörder soll (ich citire meinen Gewährsmann) Camillo Sanchez heißen, und, so seltsam dies auch klingen mag, der Sohn des Kanonikus Sanchez im Cerro sein, denn im Staate Peru ist es durchaus nichts Ungewöhnliches, daß selbst Ordensgeistliche illegitime Sprößlinge auf ihren Namen taufen lassen, ja, in der gesetzgebenden Kammer in Lima ist sogar erst kürzlich von einem geistlichen Deputirten ein auf diesen Umstand bezüglicher Gesetzvorschlag eingereicht worden. Camillo befand sich im Mai 1859 wegen eines anderen Verbrechens im Gefängniß, aber den Mord an einem österreichischen Staatsangehörigen hat derselbe ungestraft begehen dürfen, weil es keiner der in Lima befindlichen Consularagenten deutscher Regierungen wagte, eine Reclamation zu machen, ohne die physischen Mittel zu besitzen, um seinem Protest nöthigenfalls gleich den Engländern, Amerikanern und Franzosen durch Gewaltmittel das gehörige Relief verleihen zu können. Wie nöthig aber ein derartiger Druck bei so gewissenlosen Regierungen sei, wie die meisten hispano-amerikanischen es sind, beweisen gewisse Aeußerungen eines hohen Beamten in Lima gegen den Consul eines deutschen Staates. Dieser beabsichtigte einmal gegen die völlig willkürliche, ungesetzliche Beschlagnahme eines Hamburger Kauffahrers im Namen seiner Regierung Protest einzulegen, worauf der übermüthige Peruaner die, jedes deutsche Herz beschämende Antwort gab: „Er möge nur protestiren, wo sind denn seine Kanonen?" — —

gewinnen, dabei ihr Deutschthum, ihre Sprache und Sitten bewahren und mit ihrem Vaterlande in einer, beiden Theilen zum Vortheil gereichenden Beziehung verbleiben könnten. Allein trotz der Wichtigkeit dieses Antrages für die Förderung deutscher Interessen jenseits des Meeres, trotzdem daß man dadurch nicht nur eine Rechtspflicht, sondern zugleich einen Act der Humanität und weisen Politik erfüllen würde, geschah nichts, um der bisherigen Schutzlosigkeit der deutschen Nation in fremden Erdtheilen zu begegnen und namentlich das Loos armer Auswanderer zu verbessern und zu sichern.

Es ist ein peinliches Gefühl für den deutschen Reisenden und noch peinlicher ist es, dasselbe auszusprechen, aber der Zustand der deutschen Auswanderung ist nur eine Wiederspiegelung der Zerfahrenheit des deutschen Volkes zu Hause, der geringen Einhelligkeit seiner Regierungen selbst in den wichtigsten Lebensfragen!

Um der deutschen Nation zu jener Machtstellung auf Gottes weiter Erde zu verhelfen, zu welcher es ihre Intelligenz und ihr Einfluß auf den geistigen und materiellen Fortschritt anderer Völker berechtigt, ist vor allem eine gemeinsame Consular- und maritime Vertretung Deutschlands in fremden Ländern nöthig. Das jetzige System, daß sich jeder winzige deutsche Staat durch einen besonderen Ehrenconsul vertreten läßt, der häufig nicht einmal ein Deutscher, immer aber selbst Handeltreibender ist, muß aufgelassen[1] und in jedem wichtigen Handelsplatz ganz Deutschland durch Einen besoldeten, unabhängigen Consul repräsentirt, die commerciellen Interessen müssen gemeinsam durch eine Marine bewacht und geschützt werden.

Oesterreich steuert jährlich an zwei Millionen Gulden in Silber zur Erhaltung und Erbauung deutscher Bundesfestungen bei, es unterhält zugleich in diesen Festungen Truppen, welche den einheimischen Streitkräften entzogen werden und deren Versorgung eine weitere Summe von zwei Millionen Gulden erfordert; warum sollten andererseits die deutschen Staaten nicht auch eine entsprechende Geldquote für eine gemeinsame Flotte, für die Aussendung von Kriegsschiffen zur Hebung des deutschen Ansehens, zum Schutz des deutschen Handels und der deutschen Emigration in überseeischen Ländern

[1] Ich habe diese Verhältnisse bereits vor mehreren Jahren an einer anderen Stelle ausführlicher besprochen. Vergl. Wanderungen durch die mittelamerikanischen Freistaaten Nicaragua, Honduras und San Salvador, mit Hinblick auf deutsche Emigration und deutschen Handel. Braunschweig, George Westermann, 1857. S. 338—340.

beitragen? Nur wenn die deutsche Nation es einmal dahin bringt, eine gemeinsame Consular- und maritime Vertretung nach außen zu besitzen, wird auch das Loos ihrer ausgewanderten Söhne ein minder trauriges sein, wird der Deutsche nicht länger mehr wie dermalen mit Beschämung, sondern mit Stolz sich seines Vaterlandes erinnern und seinen germanischen Ursprung preisen! —

Die Abfahrt des Postdampfers von Callao nach Panama war für den 12. Juni in den Nachmittagsstunden festgesetzt. Mehrere Freunde hatten die Güte, mir bis nach der Hafenstadt das Geleite zu geben. In Callao machte ich noch einige kurze Besuche am Bord des englisches Linienschiffes Ganges und der nordamerikanischen Fregatte Merrimak, eines der schönsten und größten Schraubenschiffe der nordamerikanischen Marine mit 32 Kanonen schwersten Kalibers und 96 Pferdekraft. Ich hatte das Vergnügen, mit den Officieren beider Kriegsschiffe, theils in Valparaiso, theils in Lima befreundet zu werden. Lieutenant Ammen, vom Merrimak, mein wißbegieriger, forschungseifriger Begleiter nach den Ruinen von Pachacamác, ließ mich durch ein eigenes Kriegsboot abholen. Am Bord des Ganges wurde ich nicht minder herzlich und wohlwollend aufgenommen und Admiral Baines erwies als Befehlshaber der britischen Marinestation in den pacifischen Gewässern mir die besondere Auszeichnung, durch ein officielles Schreiben mich und meine wissenschaftlichen Zwecke dem Schutze aller Commandanten britischer Kriegsschiffe auf die ehrendste Weise zu empfehlen.

Am Bord des Dampfers Valparaiso that der biedere Capitän Bloomfield sein Möglichstes, um den Passagieren die Fahrt so comfortable und angenehm als möglich zu machen und verstand es besonders, das ziemlich monotone Mittagsmahl durch die Erzählung launiger Erlebnisse zu würzen.

Am Morgen des 14. Juni erreichten wir Huanchaco, den Haupthafen des nur sechs englische Meilen entfernten Truxillo, der ehemaligen Hauptstadt des nördlichen Inkareiches. Die Ausfuhr an Silber, Schafwolle und Cochenille von diesem Hafen ist ziemlich beträchtlich. Hier schiffte sich ein Schottländer, Namens Blackwood, ein, welcher seit vielen Jahren in Truxillo Cochenille baute, dermalen aber, wie er sagte, in diesem Culturzweige mit anderen Ländern nicht mehr zu concurriren vermag, weil die Arbeitskräfte zu theuer und auch zu unsicher sind. Herr Blackwood ging über Californien nach Ostindien, wo derselbe ein besseres Terrain für die Cochenille-Cultur vorzufinden hofft, indem daselbst der Arbeitslohn noch sehr gering und der Verbrauch von diesem Färbestoff ziemlich bedeutend ist.[1]

Am 15. Juni ankerten wir in der Rhede von San José de Lambajeque, im Departement Chota. Die Lage dieser Ansiedlung ist so ungünstig, daß man nur in sogenannten Balsas (Flößen mit Segeln, welche aus großen, dicken Baumstämmen zusammengefügt sind) zu landen vermag. Eine einzige solche Balsa nahm 76 Passagiere mit allen ihren ziemlich umfangreichen Gepäckstücken auf.

Fünfzehn Meilen nördlich von Lambajeque liegt das Indianerdorf Iting (Ausruhe) mit 5000 Einwohnern, deren Sprache von dem, in der Provinz im Allgemeinen gesprochenen Quichua völlig verschieden ist. Ein rückreisender Peruaner ging sogar so weit, zu behaupten, das Idiom der Iting-Indianer habe viele Aehnlichkeit mit dem Chinesischen! In Monsefù, kaum zwei Meilen von Iting, lebt eine Indianerbevölkerung, welche ausschließlich spanisch spricht und daher von den Nachbarn gleichfalls nicht verstanden wird. Diese Erscheinung bringt fast auf die Vermuthung, es habe hier eine ähnliche Taktik der schlauen spanischen Eroberer stattgefunden, wie in Mittel-Amerika, wo sich dieselben wiederholt bemühten, fremde, den Eingeborenen oft feindliche Volksstämme in die eroberten Territorien einzuführen, und so, durch die Verschiedenheit der Sprache und der Neigung, ein Verständniß und Zusammenwirken mit dem gemeinsamen Feind desto schwieriger zu machen. Ich habe es selbst zu verschiedenen Malen, namentlich im Staate San Salvador, erlebt, daß z. B. Tlaskalteken, welche die Sprache Montezuma's sprechen, mitten unter anderen fremden Völkerschaften angesiedelt sind. Solche Niederlassungen hatten aber meist einen politischen Grund, und waren gezwungen, nicht freiwillig entstanden.

Am 16. Juni ankerten wir in dem schönen sicheren Hafen von Payta. Das Städtchen zählt ungefähr 4000 Einwohner, welche einen ziemlich lebhaften Verkehr mit dem Innern und der Küste unterhalten. Die Hauptausfuhr besteht in Thierhäuten, besonders Ziegenfellen, Chinchillafellen (Eriomys Chinchilla), Baumwolle, Früchten, Oel, Orseilleflechten und Strohhüten.

[1] Ein Herr Emilio Escobar in Lima übersandte mir ein Flacon mit einem bisher noch wenig bekannten vegetabilen Färbestoff, welcher eine ganz gleiche Farbe liefert wie das Cochenille-Insect und in Peru in großer Menge gewonnen werden könnte. Ich habe diesen Färbestoff, welcher jedenfalls eine nähere Untersuchung verdient, den übrigen von der Novara-Expedition mitgebrachten Sammlungen einverleibt.

Fünfundvierzig englische Meilen von Payta entfernt liegt in einer schönen und fruchtbaren Gegend die Stadt Piura mit 10.000 Einwohnern, welche einen ausgebreiteten Handel mit Früchten und Gemüse längs der Küste treiben und sogar die Märkte von Lima mit ihren gesuchten vortrefflichen Producten versehen.

Payta wird jährlich von 50—60 Walfängern besucht, welche hier frische Provisionen einnehmen, Ausbesserungen besorgen und ihrer Mannschaft Erholung von den Anstrengungen der Campagne gewähren. Das Klima ist sehr gesund und überaus trocken. Gleichwohl leidet der Ort nicht Mangel an gutem Wasser, welches Indianer von dem 18 Meilen entfernten Flusse Chirar holen und in Fäßchen auf Maulthieren nach der Stadt bringen. Diese Beförderungsweise ist so billig, daß sich in Payta die Errichtung eines Destillir-Apparates nicht lohnen würde. Der Cargo eines Maulthieres, 12 Gallonen Wasser oder ungefähr 36 Maß, wird für 2 Realen (52 Kreuzer) verkauft. Schiffe nehmen ihren Wasserbedarf weiter nördlich in Tumbez ein.

Zur Zeit meiner Anwesenheit lagen einige zwanzig Kauffahrer im Hafen von Payta. Der Handel des Ortes war sichtbar in Aufschwung begriffen. Dies zeigte nicht nur die Thätigkeit, sondern auch eine gewisse Behäbigkeit der Bewohner. Große, runde, breitkrämpige Hüte aus Palmenstroh werden jährlich für 400.000 Pesos ausgeführt. An Ziegenfellen beträgt die Ausfuhr mindestens 1200 Centner; an Orseilleflechten 1500 — 2000 Centner. In Payta besteht auch mit großem Vortheil eine Fabrik zur Erzeugung von Oel aus der Ricinus- und Piñonbohne, welche beide im Innern in großer Menge vorkommen. Auf einer eisernen, mit Dampf in Bewegung gesetzten Maschine werden täglich 85 Gallonen Oel gewonnen; dasselbe findet im Lande als Leuchtstoff und zur Seifenbereitung Verwendung; die bei weitem größere Quantität aber wird nach den nordamerikanischen Staaten ausgeführt.

Wenige Wochen vor meiner Ankunft in Payta hatte man zufällig in einer Grube zwischen den nackten Sandsteinhügeln in der öden, wüsten Umgebung der Stadt eine Quantität Mais gefunden, die angeblich noch von Vorräthen herrührte, welche die Inka's einst daselbst vergraben hatten. Es war eine kleinere Art, als die gegenwärtig gebaute. Die Körner befanden sich, trotz der Jahrhunderte, welche sie in der Erde gelegen haben mochten, noch ziemlich gut erhalten. Man sprach längs der ganzen Küste von diesem Ereigniß, als ob man einen großen Schatz gefunden, und doch waren es nur 60 Pfund Mais, die man ausgegraben hatte. Auch war es keineswegs das historische Interesse, welches den Indianern diesen Fund so werthvoll erscheinen ließ, sondern weil ihre leicht erregbare Phantasie ungeheure Maisvorräthe unter der Erde verborgen glaubte, welche sie nun ernten könnten, ohne gesäet zu haben! —

Eine Krebsart, welche seit dem Jahre 1857 von Zeit zu Zeit vom Meere ausgeworfen und halbtodt am Ufer gefunden wird, wo sie endlich zu Grunde geht und verweset, hat nicht wenig beigetragen, die Luft am Strande zu verderben. Tausende solcher Krebsleichen liegen, von einer glühenden Sonne beschienen, umher, und verbreiten einen pestilenzartigen Gestank. Merkwürdiger Weise wurde man früher dieser Krebsart (welche von der gewöhnlichen Krabbe, die ein so köstliches Gericht der Tafel liefert, völlig verschieden ist), niemals am Ufer ansichtig, und ihr Erscheinen hängt unstreitig mit gewissen vulcanischen Einflüssen zusammen, indem die ersten dieser Auswürflinge bald nach dem letzten Erdbeben am Ufer entdeckt wurden. Zum Glücke hat die üble Ausdünstung derselben auf die Gesundheit der Strandbewohner bisher noch keinerlei wahrnehmbare schädliche Wirkung hervorgebracht.[1]

Während der Dampfer in Payta vor Anker lag, wurde Feuerungsmaterial eingenommen, gepreßter Kohlenstaub in Kuchenform (cakes). Jeder dieser Kohlenziegel wog 4—5 Pfund. In England (Cardiff) kommt davon die Tonne auf 10—12 Schillinge, in den Häfen der Westküste Südamerika's auf 45—60 Schillinge zu stehen.

Wir verließen in den Nachmittagsstunden Payta und kamen Tages darauf in Sicht der ungefähr 10 englische Meilen vom Festlande entfernten Insel La Plata. Die Sage, daß die Inkakönige daselbst einst reiche Schätze vergraben ließen, welche Sage noch fortwährend im Munde des Volkes lebt, ist Ursache, daß schon zu verschiedenen Malen förmliche Expeditionen nach dieser Insel unternommen wurden, welche aber sämmtlich von ihren Grabungsversuchen unverrichteter Dinge wieder zurückkehrten. Die Temperatur nahm jetzt

[1] Der österreichische Naturforscher, Herr Professor Schmarda, welcher sich längere Zeit in Payta aufhielt, soll, wie man mir sagte, diese Naturerscheinung einer genaueren Untersuchung unterzogen haben und dürfte wohl in den von ihm vorbereiteten wissenschaftlichen Publicationen Ausführlicheres darüber mittheilen.

merklich zu; sie war binnen wenigen Stunden von 65° auf 76° Fahrenheit gestiegen.

Am 20. Juni gegen 6 Uhr Abends erreichten wir die Taboga-Inseln, eine Gruppe von mehreren kleinen, hübschen Eilanden, elf englische Meilen von Panama, wo sich die Magazine und Werkstätten der pacifischen Dampfschifffahrts-Gesellschaft befinden. Taboga-Island, die bedeutendste Insel der Gruppe, ist nur 1½ Meilen lang und ½ Meile breit, bildet aber mit dem gegenüberliegenden Inselchen Taboquilla einen bequemen halbmondförmigen Hafen, welcher mit Sicherheit zugleich ein ziemlich gutes Klima verbindet, so daß während der ungesunden Jahreszeit, wo das gelbe Fieber in Panama zuweilen furchtbare Verheerungen anrichtet, zahlreiche Bewohner nach diesem Eiland flüchten, welches bis zum Jahre 1858 von der Seuche gänzlich verschont geblieben war.

Noch spät Abends brachte man uns englische und nordamerikanische Zeitungen am Bord. Sie gaben uns die erste Kunde von den Ereignissen auf dem italienischen Kriegsschauplatze, so wie von einer anderen Weltcalamität: vom Tode Alexanders von Humboldt. Auch hier, an den Gestaden des pacifischen Oceans, machte die Nachricht von dem Dahinscheiden des größten Naturforschers unserer Zeit einen tiefen, gewaltigen Eindruck, den selbst die furchtbaren Gewitterstürme nicht zu mildern vermochten, welche gleichzeitig am politischen Himmel hinzogen, und die Welt und ihr Recht aus den Angeln zu reißen drohten. Obschon auch auf die Verhältnisse der Bewohner Nordamerika's ein Krieg zwischen zwei so gewaltigen Mächten, wie Oesterreich und Frankreich, einen empfindlichen Rückschlag äußern mußte, hörte man doch die Ereignisse in Italien nur wenig discutiren; aber Humboldt's Nekrolog wurde laut in der Schiffscabine vorgelesen, und gerührt schrieb mancher Reisende auf ein Blättchen Papier jene schönen Worte, welche der edle Greis gesprochen haben soll, als er an einem lieblichen, sonnigen Maitag von unserem Planeten schied, dessen physische Beschaffenheit sein großer Geist vielleicht mehr als irgend ein anderer Sterblicher untersucht und erforscht hatte: „Wie herrlich diese Strahlen glänzen, sie scheinen die Erde zum Himmel zu rufen!" —

So blieb es den Mitgliedern der Expedition leider versagt, den großen Forscher bei ihrer Rückkehr in die Heimat noch am Leben zu finden! Ahnungsvoll deuten dies schon die rührenden Schlußworte seiner weihevollen Erinnerungen an, in welchen Humboldt zu Gott dem Allmächtigen fleht, „daß Sein Segen dies große und edle Unternehmen zur Ehre des gemeinsamen deutschen Vaterlandes begleite“.[1] Die Novara-Reisenden mußten den Tod des „Altmeisters der Naturforschung“ doppelt schmerzlich empfinden. Seine warme, auszeichnende Theilnahme hatte die Expedition in wissenschaftlicher Beziehung wesentlich fördern helfen, und wenn es der Novara gegönnt sein sollte, im Gedächtniß der gelehrten Welt fortzuleben, so wird es ihr, wie sich Erzherzog Ferdinand Maximilian in einem Schreiben an den gefeierten Gelehrten ausdrückte, „noch in spätester Zeit zur Ehre gereichen, daß man ihrem Namen den Namen Humboldt's beigesellt, welcher seit drei Menschenaltern bei jeder Eroberung auf dem Gebiete des Naturwissens voranleuchtet“.[2]

Am 21. Juni gegen sieben Uhr früh ankerten wir in der Bai von Panama. Größere Schiffe können sich nur in einer Entfernung von 2 — 3 Meilen dem Lande nähern, da die Ufer ungemein seicht sind und während der Ebbezeit ein großer Theil des Gestades trocken liegt.

Die Stadt Panama (viele Fische), auf grünen Hügeln zwischen den üppigsten Pflanzengestalten der Tropen gelegen, gewährt, vom Hafen aus gesehen, einen äußerst angenehmen, wohlthuenden Anblick, besonders dem Reisenden, welcher von den sterilen Sandgestaden der Westküste Südamerika's kommt. Setzt man dagegen den Fuß ans Land und durchschreitet die Ansiedlung, so gehen wohl die meisten der erst noch so bewunderten Reize verloren. Die Straßen sind im Allgemeinen eng und schmutzig, die Häuser niedrig und ärmlich; selbst auf ihren Dächern wuchert eine unverwüstliche Tropenvegetation. Auch der Hauptplatz mit der Kirche macht den Eindruck des

[1] Siehe Reise der österreichischen Fregatte Novara um die Erde etc. Band I, Beilage II, Seite 28.

[2] Dieses Schreiben lautet vollständig: „Lieber Geheimrath von Humboldt! Aus Ihrem freundlichen Schreiben vom 11. dieses habe ich entnommen, daß Sie so gefällig waren, die auf mein Ersuchen von Ihnen entworfenen Instructionen für die k. k. Fregatte Novara, welcher die schöne Aufgabe der Weltumseglung ward, unmittelbar an den Befehlshaber dieses Schiffes abzusenden. Keine berufenere, sicherere Hand konnte unseren Gelehrten die Zielpunkte ihres Strebens zeigen, und die Mittel, sie zu erreichen, andeuten, als die des Altmeisters der Naturforschung, und wenn, wie ich nicht zweifle, die Expedition dazu beitragen wird, die Weltkunde in vielen Punkten aufzuhellen und zu vervollkommnen, so wird dem Urheber jener Aufzeichnungen ein großer Theil des Verdienstes davon zuzuschreiben sein. Der Novara aber, wenn es ihr gegönnt ist, im Gedächtniß der gelehrten Welt fortzuleben, wird es noch in spätester Zeit zur Ehre gereichen, daß man ihrem Namen den Namen Humboldt's beigesellt, welcher seit drei Menschenaltern bei jeder Eroberung auf dem Gebiete des Naturwissens voranleuchtet.

Mailand, 2. Mai 1857. Ihr Ihnen aufrichtigst zugethaner

Ferdinand Maximilian, Erzherzog von Oesterreich.

Verfalles. Nur die gegen das Ufer zu gelegenen, meist von Fremden bewohnten Häuser und einige Hôtels sehen etwas respectabler aus. Der ganze Ort zählt 8—9000 Seelen; darunter sind ungefähr 500 Weiße, den Rest bilden meistens Neger und ihre Mischlinge. Als zur Zeit der Herstellung eines Schienenweges über den Isthmus die bei dem Baue beschäftigten Irländer und Chinesen zu Tausenden den schädlichen Einflüssen des Klimas und den Strapazen der Arbeit erlagen, versuchte man Neger aus Jamaica einzuführen, welche bei ihrer kosmopolitischen Natur auch hier vortrefflich gediehen. Gegenwärtig leben über 100.000 Neger und Farbige am Isthmus.

Die Theuerung ist dermalen in Panama nicht mehr so exorbitant, als sie es vor zehn Jahren, zur Zeit der ersten Wanderung nach den neuentdeckten californischen Goldfeldern war, wo es noch keine Eisenbahn gab und die Reise über den Isthmus theils auf Maulthieren, theils in kleinen Canoes zurückgelegt werden mußte. Für 3—4 Dollars täglich findet man in den hiesigen Hôtels gute Unterkunft und Verpflegung. Das Theuerste ist der Waschlohn. Man bezahlt für jedes Dutzend Wäschstücke 2 Dollars. In einem Klima, wo der an Reinlichkeit gewohnte Europäer so häufig Wäsche wechseln muß, erreicht dieser Conto selbst bei Personen, welche beständig im Lande leben, eine Höhe von 25—30 Dollars monatlich! Man hält es daher für vortheilhafter, gewisse Toilette-Gegenstände, wenn sie beschmutzt sind, wegzuwerfen und neue anzuschaffen, als für das Reinigen der alten einen so ungeheuren Preis auszugeben.

Die nordamerikanische Gesellschaft, welche den directen Verkehr zwischen New-York nach Californien besorgt, hat so musterhafte Vorkehrungen getroffen, daß die Passagiere nach ihrer Ankunft in Panama mit dem Eisenbahnzug sogleich von der Station weg, welche dicht am Meeresufer mündet,[1] mittelst eines eigenen kleinen Dampfbootes nach dem großen Schiffe befördert werden, das sie nach Californien zu bringen bestimmt ist. Der ganze Transport von 7—800 Passagieren mit ihren meist sehr schweren Gepäcksstücken über den Isthmus bis zur Wiedereinschiffung an der Westküste nimmt kaum zehn Stunden in Anspruch. Die Wirthe in Panama leiden allerdings empfindlich durch diese Einrichtung, denn während früher kein Reisender den Isthmus passirte, ohne mindestens Einen Dollar zu verzehren, ziehen jetzt Hunderte durch, ohne ihren Fuß auch nur in die Stadt zu setzen.

[1] Siehe die Vignette am Anfang dieses Capitels.

Zur Zeit meiner Anwesenheit bestand gerade eine sogenannte „Opposition Line", eine echt amerikanische Institution, welche die Gründung der eigenen Existenz durch das Zugrunderichten des Concurrenten anstrebt. Man begegnet solchen Unternehmungen zwar auch zuweilen in Europa, aber in ihrer vollsten Blüthe und Ausdehnung habe ich sie doch nur von Nordamerikanern geleitet gesehen. Früher betrug der Fahrpreis für einen Deckpassagier von New-York nach Californien oder zurück mit Benützung der Eisenbahn über den Isthmus 160 Dollars. Die „Opposition Line" drückte den Fahrpreis auf 35 Dollars herab, und da von diesem Betrag noch 25 Dollars an die Eisenbahngesellschaft entrichtet werden müssen, so bleiben den Unternehmern nur 10 Dollars für den ganzen Transport eines Reisenden auf großen, prachtvollen Dampfern[1] von New-York bis nach San Francisco. Für das große Publicum ist dies sicher ein bedeutender Vortheil, und es war in Folge dieser beispiellosen Billigkeit des Fahrpreises in den letzten Monaten eine ganz eigenthümliche Bevölkerung nach Californien gewandert. Während sonst blos Abenteurer, Speculanten oder bemitteltere Personen ihre Blicke nach dem Goldlande richten konnten, zogen jetzt auch arme, aber arbeitsame Industrielle dahin. Lange vermag eine solche waghalsige Unternehmung allerdings nicht zu dauern. Es ist ein Kampf des größeren Capitals gegen das kleinere; wer die Kraft hat, den ziemlich schweren Verlusten länger zu trotzen, bleibt Sieger. Zuweilen geschieht es auch, daß zwischen den Unternehmern rasch eine Verständigung, „a compromise" zu Stande kommt. Ein solcher Vergleich schlägt aber dann gewöhnlich zum Nachtheil für das Publicum aus. Denn, um die erlittenen Verluste einigermaßen zu decken, werden von beiden bisher feindlichen Gesellschaften gleich hohe Preise festgesetzt, die sie so lange beizubehalten trachten, bis auch ihnen wieder Concurrenz gemacht wird.

Der Gesundheitszustand von Panama, obschon während der nassen Jahreszeit (Mai bis September) noch immer schlimm genug, ist doch wesentlich besser als in früheren Jahren. Die bunten Dosen voll Chinapillen, mit denen man sonst, wie bei uns mit Schnupftaback, in Gesellschaft aufzuwarten pflegte, werden seltener. Auch ist die Sitte nicht mehr so allgemein, Sherry und Brandy mit Chininpulver zu trinken. Ja, würden sich besonders die fremden Ansiedler nicht so häufig Diätsünden zu Schulden kommen lassen, welche

[1] Das Dampfschiff „Golden Age" ist im Stande über 1200 Passagiere aufzunehmen.

selbst in einem gemäßigten Klima nicht ungestraft vollzogen werden könnten, so möchte es um die Gesundheit der Bewohner noch viel besser stehen. Ich hörte wiederholt die Behauptung aussprechen, daß der Gebrauch von Eis, welches dermalen in großer Menge und zu sehr billigem Preise am Isthmus zu haben ist und unter alle Arten von Getränken gemischt wird, auf die hygeischen Verhältnisse Panama's einen sehr günstigen Einfluß geübt hat. Es werden jährlich am Isthmus an 360 Tonnen Eis oder eine Tonne per Tag verbraucht. Diese ganze Menge kommt aus den nordamerikanischen Staaten, zumeist aus Boston, und wird zu 7½ Dollars der Centner verkauft. Im Kleinhandel kostet das Pfund 25 Cent. Um nicht durch allzu große Concurrenz die Eiszufuhr unlohnend und daher unsicher zu machen, hat die Regierung das Recht, Eis zu verkaufen, zum Monopol erhoben.[1]

Ich traf in Panama einen Oesterreicher, Herrn Dr. Kratochwil aus Saaz in Böhmen, welcher seit 10 Jahren am Isthmus als Arzt und Apotheker lebt, und durch seine Gefälligkeit und Theilnahme schon manchen deutschen Landsmann zu großem Danke verpflichtet hat. Auch ein anderer erfahrener Arzt, Herr Dr. Lebreton, ein Franzose von Geburt, welcher mit Dr. Kratochwil die Liebenswürdigkeit der Persönlichkeit gemein hat, zeigte sich gegen mich außerordentlich theilnehmend und zuvorkommend, und stellte mir die Mittheilung interessanter Daten über die Gesundheitsverhältnisse des Isthmus, so wie über das Pfeilgift der indianischen Bewohner in Aussicht. In Panama erscheint ein von zwei Nordamerikanern, den Herren Power und Boyd, vortrefflich redigirtes Journal in englischer Sprache, der „Panama Star and Herald", welches die politischen, commerciellen und socialen Verhältnisse des Isthmus und der südamerikanischen Republiken in so umfassender

[1] In einem so heißen echt tropischen Klima, wie Panama, begegnet der Eishandel großen Schwierigkeiten, die durch die Entfernung, in welcher Schiffe vom Lande weg zu ankern gezwungen sind, noch beträchtlich gesteigert werden. So z. B. verließ im Jahre 1850 ein Kauffahrer Boston, welcher 705 Tonnen Eis am Bord hatte. Während der Fahrt bis Panama, eine Entfernung von 6000 Seemeilen, gingen 100 Tonnen Eis verloren. Das Schiff kam mit 605 Tonnen Eis in Panama an und ankerte 2 Meilen vom Lande. Beim Ausschiffen in einer so hohen Temperatur wurden dagegen 400 Tonnen durch Schmelzen eingebüßt, so daß nur 205 Tonnen zum Verkauf übrig blieben, indeß eine viermal so große Quantität während des Transportes verloren ging. Die nach Californien gehenden Dampfer machten damals alle ihre Einkäufe in Panama und bezahlten für Eis so fabelhafte Preise, daß selbst solche zeitweilige Verluste nicht schwer in die Wagschale fielen. Die ersten Eisschiffe, welche nach Panama kamen, verkauften ihre Ladungen zu 50 Cent. das Pfund! Später fiel der Preis bis auf 10 Cent., indem sich den californischen Dampfern in San Francisco selbst eine weit vortheilhaftere Bezugsquelle eröffnete. Amerikanische Speculanten unternahmen es, Eis aus Russisch-Amerika zu importiren, und waren im Stande, im Hafen von San Francisco das Pfund zu 1 Cent. zu liefern.

und unparteiischer Weise behandelt, daß sich dasselbe Jedem, der ein ernsteres Interesse an der Entwicklung dieser merkwürdigen Länder nimmt, fast unentbehrlich macht. Es ist hauptsächlich das Verdienst der beiden umsichtigen Redacteure, wenn wir ein statistisches Gesammtbild der großartigen Handelsbewegung am Isthmus und längs der Westküste Südamerika's besitzen, wenn unsere Augen auf Ziffern haften, die mehr wie jede andere noch so umfangreiche Beschreibung die dortige gewaltige commercielle Thätigkeit beweisen, welche allerdings nicht von Eingeborenen, sondern von fremden Nationen entwickelt wird.

Nicht weniger als 64 mächtige Postdampfer, mit einem Gesammtgehalt von 96.000 Tonnen und einem Werthe von mindestens 18—20 Millionen Dollars, verkehren theils an der atlantischen Seite (zwischen England, Nordamerika und Aspinwall), theils an der pacifischen Seite (zwischen Panama und den Häfen der Westküste von Amerika) und unterhalten die regelmäßige Verbindung dieser großartigen Ländercomplexe und einer Bevölkerung von mindestens 11 Millionen Menschen mit den europäischen Culturstaaten. Der Gesammtwerth an Producten und Waaren, welche theils aus Europa und Nordamerika über den Isthmus eingeführt, theils dahin ausgeführt werden, beträgt 70—80 Millionen Dollars, und eine fast eben so hohe Summe erreicht der Werth der edlen Metalle, welche jährlich von der Westküste Amerika's, von Chile, Peru, Bolivien, Californien u. s. w. auf gleichem Wege dem Auslande zufließen.

Die Perlenfischerei im Golfe von Panama hat in der letzteren Zeit wesentlich von ihrer einstigen Bedeutung eingebüßt. Dieselbe steht dermalen weit hinter jener des persischen Golfes zurück, in welchem jährlich Perlen im Betrage von ungefähr 1½ Millionen Dollars gefischt werden, während hier, trotz der ungeheuren Ausdehnung der Perlenausternbänke, die jährliche Ausbeute an Perlen höchstens einen Werth von 120.000 Dollars beträgt. Die Fischerei wird im Golfe weniger des kostbaren Inhaltes, als der Perlenauster selbst willen betrieben, von welcher jährlich an 8—900 Tonnen verschifft werden.

Am 23. Juni fuhr ich mit dem Eisenbahnzug von Panama nach Aspinwall, dem Ausgangspunkte des Schienenweges auf atlantischer Seite. Außer an den Tagen, wo die verschiedenen Postdampfer Reisende aus Südamerika und Californien, oder aus den Vereinigten Staaten und aus Europa

bringen, ist der Verkehr auf dem Isthmus sehr gering. So oft aber die Passagierdampfer aus Osten und Westen an dem einen oder andern Ende des Schienenweges anlangen, belebt sich der Isthmus, füllen sich die Cassen der Gesellschaft. Man rechnet, daß jährlich im Ganzen 36—40.000 Reisende den Weg über den Isthmus nehmen, und daß sich die Gesammteinnahmen der Gesellschaft auf 1—1½ Millionen Dollars belaufen.[1]

Der Fahrpreis ist für die verhältnißmäßig kurze Strecke von 47½ englischen Meilen ziemlich hoch. Derselbe beträgt für jeden Reisenden ohne Unterschied, da es nur Eine Fahrclasse giebt, 25 Dollars, und außerdem 10 Cent. Fracht für jedes Pfund Gepäck über 30 Pfund. Allein es verdient wohl berücksichtigt zu werden, daß es bei der Herstellung der Bahn ungeheure Schwierigkeiten zu besiegen gab, und daß die Erhaltungskosten des Schienenweges durch den Einfluß des Klimas und einer überaus üppigen Tropenvegetation sehr bedeutend sind. Wer je den dichten, fast undurchdringlichen Urwald des Isthmus durchwanderte, bevor noch ein Schienenweg quer über denselben führte, und sich alle die physischen Qualen eines solchen mühevollen Beginnens ins Gedächtniß ruft, der dürfte jetzt wohl gerne selbst einen doppelt so hohen Betrag bezahlen, um eine Reise, welche früher oft Wochen in Anspruch nahm, in wenigen Stunden bequem zurückzulegen.

Der Bau der Panama-Eisenbahn wurde im December 1850 begonnen. Die ersten Spatenstiche geschahen auf der atlantischen Seite. Am 27. Jänner 1855 dampfte die erste Locomotive von Ocean zu Ocean. Die Herstellungskosten des 47½ Meilen langen Schienenweges hatten über 5,000.000 Dollars in Anspruch genommen.[2] Dieses Capital war von den speculationslustigen Yankees rasch aufgebracht, und sichert den Unternehmern, wie der

[1] Im Jahre 1859 wurden nach den officiellen Ausweisen der Gesellschaft befördert:

	Von Aspinwall nach Panama	Von Panama nach Aspinwall	Gesammtsumme
Passagiere	23,406	16,567	39,973
Bouillon	3,146,983	57,097,061	60,244,044
Postpackete der Vereinigten Staaten in Pfunden	643,752	184,895	828,647
Postpackete aus England in Pfunden	47,060	8,824	45,884
Waaren in Tonnen	17,278	3,802	21,080
Kohlen in Tonnen	7,618	—	7,618
Reisegepäck in Pfunden	67,698	62,581	130,279

[2] Die Erhaltungskosten sollen an 500,000 Dollars betragen, indem bei dem zerstörenden Einflusse der Atmosphäre und der Insecten, so wie bei der rasch sich entwickelnden Vegetation beständig an 3000 Arbeiter mit Ausbesserungen beschäftigt sind.

Erfolg lehrt, eine glänzende, immer steigende Dividende. Das Privilegium der Eisenbahn-Gesellschaft mit der Regierung von Neu-Granada lautet zwar nur auf 20 Jahre vom Tage der Eröffnung des ganzen Schienenweges, allein nach Ablauf dieser Frist muß die granadinische Regierung die Bahn entweder für 5 Millionen Dollars (also fast für die ganzen Herstellungskosten) einlösen, oder das Privilegium auf weitere zehn Jahre verlängern. Nach Ablauf dieser zweiten Frist kann die Regierung die Bahn für 4 Millionen und nach Ablauf einer dritten, gleich langen Frist für 2 Millionen Dollars einlösen.

Die Fracht für Beförderung von Waaren über den Isthmus war nicht immer so hoch. Sie betrug vor Entdeckung der californischen Goldminen nur 1½ Cent. Später stieg sie auf 20—40 Cent. und ist seither auf 7 Cent. per Pfund gefallen. Allein selbst dieser Betrag ist noch zu hoch für die Mehrzahl der Waaren, welche auf dem Wege um das Cap Horn nur 15—18 Dollars per Tonne (2240 Pfund) Fracht bezahlen, so daß blos kostbare Artikel, wie z. B. Juwelen, Seide, Musselin u. s. w. über den Isthmus den Weg nehmen.

Die Leiter der Eisenbahn in Panama, die Herren Lewine und Dorsay, bezeigten mir die größte Zuvorkommenheit. Der Director der Gesellschaft, Herr Center, welcher in Aspinwall residirt, und dem ich einen Empfehlungsbrief übersandte, ließ mich auf telegraphischem Wege zur freien Benützung der Bahn einladen, indem es ihm stets zum besondern Vergnügen gereiche, wissenschaftlichen Reisenden dienstgefällig werden zu können. Ich führte vierzehn umfangreiche Gepäcksstücke, meist Sammlungen naturhistorischer Gegenstände, mit mir. Einige erforderten wegen ihres theils zerbrechlichen, theils leicht verderbbaren Inhalts große Sorgfalt für ihre Beförderung und Aufbewahrung. Man schenkte denselben eine eben so große Aufmerksamkeit, als ob für sie der höchste Frachtensatz entrichtet worden wäre. Die Art und Weise, wie man den reisenden Forscher behandelt, ist immer zugleich ein Gradmesser für die Culturstufe des Volkes, unter dem er sich befindet. Er wird stets dort der wohlwollendsten, theilnehmendsten Aufnahme begegnen, wo geistiger Fortschritt und Wissenschaft sich der meisten Verehrung und Anerkennung erfreuen. Darum sind die nordamerikanischen Freistaaten so wie die britischen Colonien diejenigen Punkte der Erde, wo die Strebungen des wissenschaftlichen Reisenden die größten Sympathien erwecken, wo er des liebevollsten Empfanges, der großartigsten Unterstützung in der Erreichung seiner Zwecke gewiß sein kann. Noch jetzt, nach zehn Jahren der wechselvollsten Ereignisse und Lebensschicksale, denke ich dankbar bewegt des auszeichnenden Wohlwollens, welches mich damals während meiner Wanderungen durch die Vereinigten Staaten von Nordamerika, vom St. Lorenzstrom bis nach dem mexicanischen Meerbusen begleitete, wie alle Classen der Gesellschaft sich beeiferten, die wissenschaftlichen Bestrebungen des einsamen, schlichten, unbekannten Reisenden zu fördern, wie namentlich die Presse, diese Großmacht des Geistes, mit allen ihr zu Gebote stehenden einflußreichen Mitteln meine Bemühungen unterstützte und wie ihre Blätter durch das Interesse, welches sie denselben schenkten, in jenen Ländern zu werthvollen Accreditiven wurden für alle Freunde wissenschaftlicher Forschung.[1] Jetzt, wo ich von den Söhnen der nämlichen Nation neuerdings mit gleicher Gastfreundschaft begrüßt wurde, erwachte in mir doppelt lebhaft die Erinnerung an jene längstentschwundene, glückliche Zeit, und ich erwähne diese Aufnahme mit um so geringerem Bedenken und mit desto größerer Genugthuung, weil dieselbe nicht dem Individuum, sondern der Aufgabe galt, deren Erfüllung es anstrebte; weil zahlreiche Naturforscher und wissenschaftliche Reisende eine gleiche Zuvorkommenheit zu rühmen im Stande sind.

Die Fahrt über den Isthmus, mitten durch primitive Wälder, die noch in ihrem herrlichsten Urschmucke prangen, ist wohl eines der sinneberauschendsten Schauspiele, welche das Auge des Naturfreundes zu genießen vermag. Ich habe in keinem Theile der Erde eine üppigere, imposantere Vegetation gesehen, als sie die Tropenwälder Central-Amerika's, namentlich am Isthmus, bieten. Um den Zauber noch zu erhöhen, durchfliegt man den prachtvollsten Urwald in seiner ganzen Fülle und Majestät mit einer Locomotive, auf einem eisernen Schienenweg. Welch wunderbarer Contrast! Das wilde Gewirr der Schlingpflanzen und die grünen Wedel der Palmen reichen fast in die Waggons hinein und erzählen dem Reisenden von den Herrlichkeiten der ihn umgebenden Tropennatur. Pflanzengestalten der verschiedensten Art und von den kolossalsten Dimensionen prangen in dem fremdartig bunten Gewande eines erborgten Laubschmuckes. Zwischen den einzelnen Waldbäumen bauen Parasiten und Lianen ihr grünes, zartes

[1] Reisen in Nordamerika in den Jahren 1852 und 1853 von Dr. Moritz Wagner und Dr. Karl Scherzer. Drei Bände. Leipzig, Arnold'sche Buchhandlung, 1854.

Gerüste, während mancher alte riesige Stamm mit dem Prachtkleide von tausend schönen Sprößlingen, manche modernde Baumleiche mit blühenden Schmarotzerpflanzen geschmückt erscheint. So rasch und üppig ist hier der Wachsthum der Vegetation, daß einzelne Theile der Bahn zweimal im Jahre von den sie überwuchernden Pflanzen gereinigt werden müssen; ja, bliebe der Schienenweg auch nur zwölf Monate lang unbenützt und verlassen, so würde kaum eine Spur mehr von demselben zu entdecken und alles rings umher wieder wie früher dichte Waldwildniß sein.

Die physisch-geographischen Verhältnisse des Isthmus von Panama sind erst in neuester Zeit von einem deutschen Gelehrten zum Gegenstande eines sorgfältigeren Studiums und einer eingehenderen wissenschaftlichen Arbeit gemacht worden. Das mit Recht verrufene Klima der Landenge war wohl die Hauptursache der bisherigen Vernachlässigung. Dem kühnen, nimmermüden Forscher Dr. Moriz Wagner, meinem ehemaligen treuen Reisecollegen durch Nord- und Mittel-Amerika, gebührt das schöne Verdienst, das Isthmus-Gebiet, „den trennenden Damm zwischen zwei Weltmeeren einerseits und die verbindende Brücke zwischen den beiden großen Continentalhälften andererseits", zuerst gründlich und ausführlich untersucht und über dessen hypsometrische und geognostische Verhältnisse, so wie über die geographische Verbreitung der Organismen auf demselben neue und wichtige Thatsachen mitgetheilt zu haben.

Durch den Bau der Eisenbahn wurde das geognostische Profil in einer Länge von etwas über 47 Meilen zwischen beiden Oceanen aufgeschlossen. Dieser günstige Umstand unterstützte allerdings den deutschen Naturforscher in der glücklichen Erreichung seiner angestrebten Zwecke, aber die Arbeiten blieben darum nicht minder beschwerdereich, und nur die zähe Ausdauer des von seiner Aufgabe durchglühten Reisenden vermochte auch dann noch die Probe zu bestehen, als bereits der Körper unter dem Einflusse eines tropischen Wechselfiebers und geistiger Ueberanstrengung zu siechen begann und zu unterliegen drohte. Wagner hat zuerst die höchst merkwürdige Erscheinung einer wesentlichen Veränderung in den plastischen Formen der Gebirgslücke zwischen Veragua und Chepo mit bestimmten Zügen festgestellt. Diese Veränderung der verticalen Configuration, das bestimmte Aufhören der Cordilleren zwischen der Limon-Bai und dem Golfe von Panama ist für die physische Erdkunde und für die wichtige Frage des heutigen und künftigen

Eisenbahn durch die Urwälder des Isthmus von Panama.

Weltverkehrs, die sich an die Möglichkeit eines künstlichen Durchschnittes dieser Landenge knüpft, eine eben so bedeutungsvolle geologische Thatsache, wie der Wechsel in der horizontalen Configuration, wie die plötzliche Einschnürung des Welttheils im Nordwesten der Provinz Choco und wie die eben so schroffe Aenderung in der Rüstung und im ganzen Naturcharakter der Gebirgszüge, welche sowohl die eigenthümlichen Küstencontouren, als auch den plötzlichen Wechsel der verticalen Gliederung bedingt.[1] Die geognostischen

Paraiso, Dorf und Station der Panama-Eisenbahn.

und botanischen Belegstücke, jene physischen Beweisgründe, mit welchen Moriz Wagner seine interessante Darstellung des Naturcharakters, der vorherrschenden Formationen und der bezeichnendsten Repräsentanten der Vegetation des Isthmusgebietes begleitet, finden sich gegenwärtig in den naturhistorischen Sammlungen Münchens aufgestellt.

[1] Vergl. Beiträge zu einer physisch-geographischen Skizze des Isthmus von Panama, von Dr. Moriz Wagner. Ergänzungsheft Nr. 5 zu A. Petermann's geograph. Mittheilungen. Gotha 1861.

Die Fahrt von Panama nach Aspinwall ging nicht so schnell von Statten, als man es auf einer Bahn zu erwarten berechtigt ist, wo ein Yankee die dahinbrausende Locomotive führt. Um 47½ englische Meilen zurückzulegen, benöthigt man beinahe 4 Stunden. Es giebt zahlreiche Stationen, oft mitten im Walde, wo nur wenige Arbeiterhütten stehen. Ueberall wurde Halt gemacht, obschon fast nirgends ein Abgang oder Zuwachs an Passagieren bemerkbar war. Eine der schönsten Stationen ist das ungefähr 9 englische Meilen von Panama entfernte, in einem kesselförmigen Thale gelegene Dorf Paraiso. Hier sind große Stellen gelichtet und es wird dem Auge ein freierer, nur durch die benachbarten Hügel begrenzter Umblick gestattet. Die Bewohner des Dorfes sind Neger, Mulatten und Mestizen, welche hauptsächlich als Arbeiter an der Bahn ihren Erwerb finden. Wenige Meilen, nachdem der Zug Paraiso verlassen, erreicht man die Station Culebra oder, wie sie die Ansiedler zu nennen pflegen, den „Summit" (Gipfel), dessen schmale und tiefe Depression die Wasserscheide zwischen dem Rio Grande und dem Rio Chagres bildet. Hier ist die höchste Steigung auf der ganzen Strecke. Die eigentliche Erhebung des Passes beträgt 287 englische Fuß, aber durch künstliche Mittel ist dieselbe um 24.6 Fuß vermindert worden.

Die bedeutendste Ansiedlung, welche man während der Fahrt passirt, ist die Station Matachin, ein großes, ausgedehntes Dorf, welches gleichfalls nur von Negern, Mulatten und Zambos bewohnt wird. Wie ich schon früher bemerkte, wanderten die meisten der dermaligen schwarzen Bevölkerer des Isthmus zur Zeit des Eisenbahnbaues, angelockt durch den hohen Arbeitslohn, aus Westindien, namentlich aus Jamaica ein, und ließen sich später längs der Bahnlinie in kleinen, aber netten, reinlichen Hütten häuslich nieder. So wie sie während der Herstellung des Schienenweges dem zerstörenden Einflusse des Tropenklimas unter allen Arbeitern am meisten Trotz boten, so scheinen sie auch jetzt hier als Ansiedler am besten zu gedeihen. Sie sehen alle gesund und wohlgenährt aus, und die zahlreichen Sprößlinge, welche die Landschaft beleben, bezeugen, daß die Frauen hier keineswegs an Fruchtbarkeit eingebüßt haben. Alle Ansiedler zeigten sich auffallend gut und reinlich gekleidet. Allerdings traf es sich, daß gerade Feiertag war, als ich den Isthmus passirte, und daher ein Jeder seinen Sonntagsstaat, eine weißleinene Hose, ein weißes Hemd und einen schmalkrämpigen, feinen Strohhut zur Schau trug.

In der Nähe der Station Barbacoa wird das bisher nur in Naturschönheiten schwelgende Auge des Reisenden auch durch den Anblick eines großartigen industriellen Werkes erfreut: einer 600 Fuß langen eisernen Brücke, welche hier über den Chagres-Fluß führt. Auf einem der Cerros westlich von Barbacoa war es, wo Nuñez de Balboa zuerst den stillen und atlantischen Ocean überschritt, und, von seinem Standpunkte aus den

Eisenbahnstation Gomez, am linken Ufer des Chagres-Flusses.

Isthmus nur als eine Handvoll Erde betrachtend, gleich einem Eroberer empfinden mochte, dessen Blick die ganze Welt umfaßte.

Der letzte Theil der Bahn, gegen die atlantische Seite zu, führt über große Sümpfe, welche die Herstellung eines Schienenweges überaus schwierig und kostspielig machten. Auch Aspinwall, der Ausgangspunkt der interoceanischen Eisenbahn, liegt auf einer kleinen Insel, von deren Bodenfläche über zwei Drittheile morastig und mit tropischen Sumpfpflanzen bedeckt sind. Man wählte diesen Stationspunkt trotz des höchst ungesunden Klimas wohl hauptsächlich aus dem Grunde, weil die Rhede der Limon-Bai Schiffen aller Größen einen vorzüglichen, sicheren Ankerplatz bietet.

Die kleine, nur 7000 Fuß lange und 5800 Fuß breite Insel, nach dem früher daselbst häufig vorgekommenen gefürchteten Giftbaum Hippomane mancinella [1] noch jetzt „Isla de Manzanillo" genannt, wurde gleich bei Beginn der Arbeiten im Jahre 1852 von der Regierung Neu-Granada's an die amerikanische Eisenbahngesellschaft abgetreten und von dieser zu Bauplätzen für die neue Stadt, so wie zur Errichtung von Magazinen u. s. w. benützt.

Aspinwall oder Colon zählt gegenwärtig 1500 Einwohner, darunter 150 Nordamerikaner und Engländer, der Rest sind Neger und Mulatten. Die kleine Ansiedlung mit den zierlich angestrichenen hölzernen Häusern und Cottages erinnert unwillkürlich an die neuen Settlements in den nordamerikanischen Staaten. Hier befinden sich nebst den Wohnungen der Beamten auch die Waarendepots und Werkstätten der Gesellschaft. In letzteren sind gegen 700 Arbeiter thätig, während vier Schooner ununterbrochen zwischen Aspinwall und New-York verkehren, um den Bedarf der hiesigen Etablissements zu befriedigen. Sogar die Lebensmittel werden aus Nordamerika eingeführt. Der Director der Gesellschaft, Herr A. J. Center, empfing mich auf das Herzlichste und setzte während meiner Anwesenheit in Aspinwall jene Beweise von Güte und Theilnahme fort, mit welchen er mich von dem Momente an auszeichnete, wo derselbe das ihm von Panama übersandte Empfehlungsschreiben erhalten hatte.

Auch in Aspinwall sind die Gesundheitsverhältnisse in den letzten Jahren weniger ungünstig gewesen, als zur Zeit der ersten Ansiedlung, wo das „Chagres-Fieber" eine grauenvolle Berühmtheit erlangte, und kein Bewohner, der sich länger als zwei Monate im Orte aufhielt, von heftigen Fieberanfällen verschont blieb. Sogar Maulthiere und Hunde entgingen dieser allgemeinen Calamität nicht. Indeß ist auch jetzt noch ein längerer

[1] Ich habe diesen Giftbaum schon während meiner früheren Reisen in Centralamerika, namentlich im Golfe von Nicoya im Staate Costa Rica, ziemlich häufig angetroffen und wurde von den mich begleitenden Indianern, welche die feindlichen Eigenschaften des Baumes gar wohl kannten, wiederholt gewarnt, unter dem breiten Schatten seiner Zweige auszuruhen. Vergl. die Republik Costa Rica in Centralamerika, mit besonderer Berücksichtigung der Naturverhältnisse und der Frage der deutschen Auswanderung und Colonisation. Reisestudien und Skizzen aus den Jahren 1853 und 1854 von Dr. Moritz Wagner und Dr. Karl Scherzer. Leipzig. Arnold'sche Buchhandlung, 1856. S. 406.

Aufenthalt in dieser sumpfigen Gegend für die Gesundheit gefahrdrohend, wennschon das miasmatische Gift an Kraft und Schnelle der Wirkung viel verloren hat. Die Neger widerstehen seinem Einflusse am längsten, ihnen zunächst kommen die Kulis, dann die Europäer, während die Chinesen am frühesten vom Fieber befallen werden.[1]

Am 23. Juni gegen Mitternacht verließ ich mit dem Dampfer Medway die Rhede von Limon oder Navy-Bai. Durch den englischen Consul in Aspinwall, W. Cowan, dem Capitän angelegentlich empfohlen, fühlte ich mich am Bord dieses kleinen, alten, schmutzigen Schiffes besser untergebracht und versorgt, als es wohl sonst wo der Fall gewesen wäre. Die Gesellschaft verwendet zum sogenannten „intercolonial“-Dienst gemeiniglich die schlechtesten, unbequemsten Fahrzeuge und der Reisende, welcher nur auf kleineren Strecken, z. B. zwischen den westindischen Inseln, verkehrt, muß sich die zweifache Unannehmlichkeit gefallen lassen, daß man von ihm für eine, jegliches Comfort entbehrende Fahrt eine erhöhte Fahrtaxe abverlangt. Der Medway war mir schon von meinen früheren Reisen in Westindien bekannt, indem derselbe bereits seit Jahren den Postdienst zwischen Belize, Jamaica, Haiti, Porto Rico, St. Thomas und Havanna besorgte, und die Erneuerung seiner Bekanntschaft erweckte nichts weniger als angenehme Erinnerungen.

Am 25. Juni früh liefen wir in die große, schöne Bai von Carthagena ein, welche dermalen nur von einer Seite zugänglich ist, indem eine zweite Einfahrt (boca) zur Zeit der Herrschaft der Spanier von diesen zerstört wurde und es seither geblieben ist. Die Hafenstadt Carthagena hat 11.000 Bewohner, viele Kirchen und Klosterbauten, so wie zahlreiche Befestigungen, aber Handel und Verkehr sind ohne alle Bedeutung. Nur drei kleine Kauffahrer lagen in der Rhede vor Anker. Für den Naturforscher dagegen und besonders für den Zoologen scheint Carthagena ein classischer Boden zu sein.

Unser Dampfer wurde von kleinen Canoes mit Eingeborenen förmlich belagert, welche uns die verschiedensten, prachtvollsten Thiere des benachbarten

[1] Das Verhältniß der Sterblichkeit am Isthmus stellte sich in Bezug auf die verschiedenen Racen im Jahre 1858 wie folgt heraus:

Von den Eingeborenen	starb jährlich	1 von 50
„ eingewanderten Negern	„ „	1 „ 40
„ Kulis	„ „	1 „ 40
„ Europäern	„ „	1 „ 30
„ Chinesen	„ „	1 „ 10

Tropenwaldes in großer Menge zum Verkaufe anboten. Ein Naturforscher, der sich einige Zeit hier aufhielte, könnte hier mit Hülfe der Indianer, welche im Sammeln ziemlich eifrig und geübt zu sein scheinen, eine großartige und werthvolle zoologische und botanische Sammlung zu Stande bringen. Namentlich um interessante Thiere lebend nach Europa zu bringen, bietet Carthagena große Vortheile. Von hier gehen die Dampfer in längstens 14 Tagen nach England, und wenn die Absendung im Sommer, im Mai oder Juni geschähe, so würden die Thiere bei ihrer Ankunft in Europa nur wenig von klimatischen Einflüssen zu leiden haben. Auch auf der gegenwärtigen Fahrt des Medway befanden sich mehrere Thiere so wie Kisten mit lebenden Pflanzen für englische Museen am Bord.

Am 30. Juni ankerten wir in der kleinen, aber anmuthvollen Bai von St. Thomas mit den frischen, grünen Hügeln im Hintergrunde, an welchen die zierlichen Häuser der Ansiedlung in so malerischer Weise gruppirt erscheinen.

St. Thomas hatte sich seit meinem letzten Besuche im Jahre 1855 nur wenig verändert. Die Insel zählt nach dem neuesten Census 15.000 Seelen und ihr Handel ist augenscheinlich im Aufschwung begriffen. Doch ist es außerordentlich schwierig, über die jährliche Schiffsbewegung genaue statistische Daten zu erheben, indem kein Zollhaus besteht und die dänische Regierung über den allgemeinen Verkehr keine officiellen Mittheilungen veröffentlicht. Nach den Aufzeichnungen eines in St. Thomas ansässigen deutschen Kaufmannes beträgt durchschnittlich die Zahl der jährlich im Hafen ein- und auslaufenden fremden Schiffe aller Nationen 860, jene der Kauffahrer 3600, während der Werth an umgesetzten Waaren die Summe von 5—6 Millionen Dollars erreicht. Bemerkenswerth ist der ungeheure Eisverbrauch auf St. Thomas und den benachbarten Inseln, welcher jährlich über 1000 Tonnen beträgt. Auch hier wird alles Eis meistentheils aus Boston eingeführt. Am Verschiffungsort in Nordamerika kostet die Tonne 20 Dollars, in St. Thomas werthet sie 80 Dollars oder 3½ Cents das Pfund. Man kann annehmen, daß sich der ganze Eishandel nach Westindien, Südamerika, China, dem malayischen Archipel und Ostindien in den Händen der klugen Nordamerikaner befindet, die eine Naturerscheinung in genialer Weise auszubeuten verstehen, welche minder speculativen Menschenkindern nur als das Bild der Kälte, des Ungemaches und der Stagnation des Verkehrs erscheint. Auch in

St. Thomas fand ich von Seite deutscher und englischer Kaufleute, besonders aber von Seite der Herren August Schläger, H. W. Paulsen und A. Riise die freundlichste Aufnahme. Herr Schläger, ein Hannoveraner, ist der Leiter des angesehensten Handlungshauses der Insel, welches bereits vor mehr als hundert Jahren von einem deutschen Herrnhuter Namens Gruner gegründet wurde. Ich sah in den weitläufigen Magazinen zahlreiche Waaren mit den Fabrikszeichen österreichischer Erzeuger; nachdem aber unsere Fabricate gewöhnlich auf deutschen Schiffen über Hamburg importirt werden, so kommen sie zum Nachtheil der vaterländischen Industrie als deutsche Waaren auf den Markt.

Herr Riise, ein reicher Apotheker und eifriger Zoolog, der sich große Verdienste um die Kenntniß der niederen Thiere der westindischen Inseln erworben, besitzt eine kleine, aber werthvolle, namentlich in Bezug auf die Fauna der Inseln St. Thomas, St. Croix und Trinidad ziemlich complete naturhistorische Sammlung, und hatte die besondere Güte, mir mehrere interessante Doubletten daraus zu verehren. Auch der Kaufmann Herr Krebs und der Hafenmeister Herr Kjaer geben sich in ihren Mußestunden einer naturwissenschaftlichen Beschäftigung hin, als deren erfreuliches Resultat namentlich letzterer eine sehr schöne und interessante Petrefactensammlung aufzuweisen vermag.

Was mir auch bei meinem jetzigen Besuche von St. Thomas besonders angenehm auffiel, war die Rührigkeit, das anständige, von Intelligenz zeugende Benehmen seiner Negerbevölkerung. Die Dänen haben es von allen Nationen, auf deren Besitzungen der Fluch der Sclaverei ruht, am besten verstanden, diese heikle Frage der Emancipation praktisch zu lösen. Die Zahl der Sclaven auf den dänischen Besitzungen war allerdings nur gering und ihre Befreiung daher leichter ausführbar. Aber immerhin verdient die Art und Weise, wie sie sich der Aufgabe entledigten, Anerkennung und Beachtung. Mit dem Zwange hörte nicht auch die Pflicht zur Arbeit auf. Die von der dänischen Regierung emancipirten Sclaven können den Lohn für die geleistete Arbeit nach Gutdünken verwenden und eben so ihren Arbeitsherren beliebig wechseln, aber sie dürfen den alten nur dann verlassen, wenn sie einen neuen Dienstgeber gefunden haben. Der Arbeitslohn ist auf St. Thomas ein ziemlich hoher und die schwarze Bevölkerung, welche zur dienenden Classe das Hauptcontingent stellt, findet nicht nur fortwährende Beschäftigung, sondern wird dafür zugleich reichlich bezahlt. Die Neger der Insel sind aber auch sehr anstellig und gelehrig, bei dem lebhaften Verkehr, welcher hier mit fremden Nationen herrscht, spricht fast jeder geläufig mehrere Sprachen, und der deutsche Reisende, welcher zum ersten Mal die Insel besucht, ist nicht wenig überrascht, sich zuweilen von einem schwarzen Sohne Afrika's in seiner Muttersprache angeredet zu hören.

Der 1. Juli war zur Abreise bestimmt. Die Dampfer, welche von den verschiedenen Häfen Westindiens und der Ostküste Centralamerika's mit den Postpacketen erwartet wurden, waren bereits eingetroffen. Der große, solide, bequeme, aber alte und langsame Dampfer „Magdalena“ sollte gegen Mittag nach Europa abgehen. Da brachte plötzlich ein Segelboot die Hiobspost, daß der neue Dampfer „Paramatta“, welcher die fällige Post aus Europa bringen sollte, auf seiner ersten Fahrt in der Nähe der Insel Virgin Gorda, 60 Seemeilen von St. Thomas, auf den sogenannten Anegada-Shoal (auch Pferdehuf-Riff) aufgefahren sei und mit 40 Passagieren, den Postpacketen und einer großen Ladung Waaren und Gepäckstücken auf Hülfe harrte. Diese Nachricht verzögerte neuerdings unsere Abreise. Es wurde beschlossen, sofort alle disponiblen Dampfer mit Barken nach dem Schauplatze des Unglückes zu senden, und die „Magdalena“ so lange zurückzuhalten, bis Sachverständige über das Schicksal des „Paramatta“ entschieden hatten, um darüber noch mit umgehender Post an das Directorium in London berichten zu können. Später wurde dieser Beschluß dahin abgeändert, daß sich die „Magdalena“ vorläufig nach der Stelle zu begeben habe, wo der „Paramatta“ halb im Trockenen lag, um vielleicht beim Flottmachen des Schiffes von Nutzen sein zu können.

Um 6 Uhr Abends dampften wir aus der Bai von St. Thomas. Die „Magdalena“ hatte auf ihrer gegenwärtigen Fahrt 163 Passagiere am Bord. Es waren größtentheils Pflanzer aus den verschiedenen westindischen Inseln, welche mit ihren Familien während der heißen Sommermonate eine Erholungsreise unternahmen. Nicht nur die schwarze Dienerschaft, sondern auch ihre weißen und chokoladebraunen Herrschaften sprachen den wunderlichsten englischen oder französischen Jargon, je nachdem sie von Jamaica, Demarara oder von Martinique, Guadeloupe, Haiti kamen. Die Anwesenheit einer ungewöhnlichen Anzahl von Kindern, welche, so lange sie von der Seekrankheit verschont blieben, den ganzen Schiffsraum als privilegirten Spielplatz betrachteten und durch das Benehmen ihrer Mütter und schwarzen Wärterinnen in dieser Einbildung noch bestärkt wurden, machten den Aufenthalt an Bord nichts weniger als behaglich. Aber auch der Eindruck, welchen die erwachsene Reisegesellschaft hervorbrachte, sollte die Sehnsucht nach einer raschen Fahrt nur steigern. Die Nachrichten, welche so eben vom italienischen Kriegsschauplatze eingetroffen waren, erhitzten lebhaft die Gemüther, und erweckten schon in den ersten zwölf Stunden eine dermaßen gereizte Stimmung, daß an eine trauliche Unterhaltung während der Fahrt nicht mehr zu denken war. Man hörte von nichts anderem, als von Politik sprechen und in welchem Tone, kann man sich leicht vorstellen, wenn vom Nationalruhm erhitzte Franzosen die Wortführer sind. Die französischen Creolen waren durch die eben eingetroffenen Siegesnachrichten noch lauter und übermüthiger geworden, während die Engländer, trotz ihrer lebhaften Sympathien für Italien, den Franzosen eher Niederlagen gewünscht hätten, und zwar weit weniger aus Liebe für Oesterreich, als aus Haß gegen Frankreich.

Am 2. Juli gegen zehn Uhr Früh kamen wir in die Nähe jenes Riffes, das eines der größten und prachtvollsten Schiffe der Compagnie, welches eben erst mit einem Kostenaufwande von 600.000 Dollars vollendet worden war, seeuntauglich gemacht hatte. Der „Paramatta", welcher bei einer Geschwindigkeit von 11 Meilen per Stunde auf den Felsen auffuhr, lag mit der Steuerbordseite am Riff angelehnt, während sich der Radkasten der Backbordseite völlig außerhalb des Wassers befand. Die Commission, welche sich an Bord des verunglückten Dampfers begeben hatte, sprach nach genauer Besichtigung und Prüfung die Ansicht aus, daß derselbe wahrscheinlich verloren sei, jedenfalls aber nicht früher flott gemacht werden könne, bevor die Masten abgehauen, sämmtliche schwere Maschinenbestandtheile daraus entfernt worden, und das Skelet des Schiffes allein auf dem Riffe ruhte. Unter diesen Umständen sollte die „Magdalena" nicht länger zurückgehalten werden, vielmehr erachtete man es für wünschenswerth, daß dieselbe so bald als möglich in Southampton eintreffe, damit die Directoren, noch rechtzeitig von dem Vorfall in Kenntniß gesetzt, bereits mit dem nächsten Postdampfer weitere Verfügungen zu treffen im Stande wären. Man übergab unserem Capitän einen Generalbericht über den ganzen Vorfall, so wie eine vom Hauptingenieur ausgeführte Skizze des „Paramatta" nach dem unglücklichen Ereignisse und ließ die „Magdalena" ihre Reise weiter fortsetzen.

Die Fahrt ging langsam, aber überaus ruhig und vom herrlichsten Wetter begünstigt von Statten. Morgens und Abends war Musik auf Deck. Der erste Aufwärter spielte Violine und dirigirte das kleine Orchester; da derselbe unglücklicher Weise auch componiren zu müssen glaubte, so bildeten seine eigenen Compositionen die Hauptnummern des täglichen Programms. Auch die anderen Mitspielenden waren aus dem Schiffspersonale recrutirt. Zuweilen wurde des Abends von jüngeren Pärchen getanzt. Selbst dieses musikalische Vergnügen blieb von den politischen Schwingungen nicht unberührt. Die anwesenden Franzosen verlangten, daß täglich das bekannte französische Lied: „Partant pour la Syrie" gespielt werde. Die Engländer ihrerseits bestanden auf der classischen Hymne: „God save the Queen". Um die „entente cordiale" nicht zu stören, bekamen wir nun täglich beide Nationalweisen zu hören. Es waren auch mehrere Deutsche an Bord, aber keinem fiel es ein, von den Musikern die gleichzeitige Aufführung von Arndt's echt patriotischem Liede zu begehren; vielleicht hätten diese auch „des Deutschen Vaterland" gar nicht gekannt. —

Am Sonntage nach unserer Abfahrt fand am Bord Gottesdienst statt. Jetzt erst zeigte sich recht deutlich, daß man sich auf einem englischen Dampfer befand. Bisher hatte man der französischen Gesellschaft, welche unter den Passagieren erster Classe augenscheinlich die Mehrzahl bildete, alle möglichen Concessionen gemacht; nun aber wollten die Engländer merken lassen, daß sie eigentlich Herren am Bord seien. Obschon sich zwei katholische Bischöfe unter den Passagieren befanden, welche den größten Werth darauf zu legen schienen, die heilige Messe auf Deck zu lesen, so mußten sie sich doch dazu bequemen, mit ihren Gläubigen ins Zwischendeck hinabzusteigen und im Salon den Altar aufzurichten. Die protestantische Gemeinde dagegen versammelte sich auf Deck unter einem Zelte; das sogenannte Gangspiel wurde mit einer Flagge umwunden und in ein Pulpit umgewandelt, auf dem die Bibel und das Gesangbuch lagen. Da kein Geistlicher der englischen Hochkirche zugegen war, so las der Capitän selbst die Gebete, worauf ein Pastor der reformirten Kirche die Predigt hielt. Die Mehrzahl der Mannschaft, so wie die Officiere waren bei diesem Gottesdienste anwesend. Nur die Irländer unter dem Schiffspersonale wohnten der katholischen Messe im Zwischendeck bei. Abends wußte es der protestantische Theil der Gesellschaft durchzusetzen, daß keine Musik spielte und so nach englischen Begriffen die Sabbathfeier nicht entweiht werde. Die Franzosen, an andere Sitten gewohnt, waren über diese Beschränkung der persönlichen Freiheit höchst ärgerlich und suchten sich dadurch zu entschädigen, daß sie auf Deck und im Salon desto lebhafter schrieen, und lärmende Gesellschaftsspiele arrangirten. Auch das war für manchen sabbathstrengen Engländer ein augen- und herzbeleidigender Anblick, welchen er gerne mit einer Schlappe der großen Nation am italienischen Kriegsschauplatze gerächt hätte.

Die herrschenden Umstände ließen es mir am entsprechendsten erscheinen, während der ganzen Fahrt aus der Rolle des stillen Beobachters nicht herauszutreten und mich so wenig als möglich an der allgemeinen Conversation zu betheiligen. Nach so aufregenden, gewaltigen Eindrücken und Ereignissen, wie ich sie in den letzten drei Jahren erlebt hatte, fühlt der Reisende ein wahres Bedürfniß nach Ruhe und Zurückgezogenheit. Aber ein solcher Wunsch ist am Bord eines Schiffes, wenn man sich nicht völlig zum Gefangenen in seiner Cabine machen will, weit schwieriger auszuführen, als man glaubt. Je mehr man sich absondert und von der großen Gesellschaft ferne hält, desto eifriger verfolgen den stummen Passagier die neugierigen Augen der geschwätzigen Gefährten. Ich verkehrte die ersten Wochen fast ausschließlich nur mit dem Capitän, Mr. Abbott, und dem Schiffsarzte, Dr. Bennett, welchen beiden liebenswürdigen Männern ich durch den Hauptagenten der königlichen Postdampfschifffahrts-Gesellschaft in St. Thomas, Mr. Cameron, angelegentlichst empfohlen war, und deren Güte ich auch eine vortreffliche Unterkunft verdankte. Aber gegen den Schluß der Reise konnte ich nicht länger vermeiden, mit einigen Passagieren in ein Gespräch verwickelt zu werden. So fragte mich einmal ein Engländer, der sich längst über meinen germanischen Ursprung und den Zweck meiner Reise Gewißheit verschafft hatte, mit bedenklicher Miene, ob es in der That wahr sei, daß Humboldt ein Rationalist gewesen sei? — Minder befremdend und höchst bezeichnend für das Individuum war die Aeußerung eines gehäbigen flämischen Priesters, der eben, nach einem mehrjährigen Aufenthalte in Surinam, in die Heimat zurückkehrte, und seinem Bedauern über den Tod des Fürsten Metternich die launige Bemerkung beifügte: „ce pauvre homme, il ne boira plus de son bon vin!“ — Ein anderer Mitreisender, welcher viele Jahre in heißen Himmelsstrichen zugebracht hatte, kam immer wieder auf sein Lieblingsthema zu sprechen: auf den Einfluß des

Mondes auf die Vegetation und die thierischen Organismen in der Tropenzone. Das war wenigstens ein interessanter Gegenstand, und um so anziehender, als ich gerade während der letzten Fahrten die Erfahrung machte, wie sehr diese Ansicht unter den Eingeborenen sowohl, als auch unter den Schiffscapitänen längs der Westküste Südamerika's vorherrschend ist, und wie viele Maßregeln und Verrichtungen sich darauf basiren. So z. B. soll in den Tropen frisch geschlachtetes Fleisch, das bei Vollmond nicht gehörig zugedeckt ist, über Nacht faulen und unbrauchbar werden.[1] Das Holz der Tropenwälder, welches bei wachsendem oder vollem Monde gefällt wird, soll weit weniger Werth haben, als das bei abnehmendem Monde gefällte, u. s. w.[2] Aber am bizarrsten war, was mein Gewährsmann über den lunarischen Einfluß auf den Menschen zum Besten gab. Derselbe will auf Dominica einen Schmied gekannt haben, welcher sehr stark dem Trunke ergeben war und zuweilen im Freien, auf einem Ruhebette schlafend, sein Gesicht allzu unvorsichtig dem Vollmonde aussetzte, wodurch Nase und Mund wie auf eine Seite gezogen erschienen und mehrere Tage in dieser schiefen Stellung verblieben. Ich hielt es für nicht ganz werthlos, diese Thatsachen mitzutheilen, obschon ich im vorhinein überzeugt bin, daß dieselben bei den Gegnern, welche den lunarischen Einfluß völlig läugnen, ein mitleidvolles Lächeln, wenn nicht Schlimmeres, hervorrufen werden.

Die Reise drohte eine sehr langwierige zu werden. Troß völliger Windstille und einer spiegelglatten See legten wir täglich nicht mehr als 190—220 Meilen zurück. Dabei verbrauchten wir täglich über 70 Tonnen Kohlen, und es trat allmählig die Besorgniß ein, wir würden mit unserem Kohlenvorrathe[3] den Zielpunkt der Reise nicht zu erreichen vermögen, sondern in einem Zwischenhafen einlaufen müssen, um „Kohlen zu machen". Andererseits war noch einige Hoffnung vorhanden, daß im Verhältniß, als das Schiff durch den Kohlenverbrauch leichter würde, auch die Fahrt an Geschwindigkeit gewänne, und so gegen das Ende der Reise, im

[1] Auf den Dampfern, welche längs der Westküste Südamerika's verkehren, ist es in der That Sitte, zur Zeit des Vollmondes das im Mastkorb hängende frische Fleisch mit Tüchern wohl zu verwahren, und Capitän Bloomfield vom Dampfer Valparaiso erzählte mir selbst, wie ihm schon wiederholt frisch geschlachtetes Rindfleisch über Nacht faul geworden, wenn seine Leute die erwähnte Vorsicht zu beobachten versäumt hatten.

[2] Mr. Walsh, Superintendent der öffentlichen Bauten in Jamaica und den britischen Besitzungen auf den Antillen, bemerkte, daß er selbst einmal einen Versuch gemacht habe, Bambusrohr bei Neumond und bei Vollmond zu fällen. Das letztere war binnen 6 Wochen faul und unbrauchbar, das erstere blieb jahrelang in gutem Zustande.

[3] Als wir St. Thomas verließen, hatte die Magdalena 1200 Tonnen an Bord.

Falle das günstige Wetter fortdauere, täglich 280 Meilen zurückgelegt werden könnten. Aber selbst diese Schnelligkeit wäre noch immer weit hinter jener des „Atrato" oder „La Plata" zurück geblieben, welche Schiffe die Reise von St. Thomas nach Southampton in durchschnittlich 13—14 Tagen vollenden,[1] während die „Magdalena" in der Regel 17—19 Tage benöthigt, um die nämliche Strecke zurückzulegen.

Zwei Mal jede Woche ließ der Capitän die Mannschaft gewisse Exercitien ausführen, damit sich dieselbe, im Falle am Bord Feuer ausbrechen sollte, desto sicherer zu benehmen wisse. Es ist dies eine sehr rühmliche Vorsicht und Uebung, ähnlich wie das sogenannte „große Klarschiff" auf Kriegsschiffen, wo plötzlich, ganz unerwartet, mitten in der Nacht Alarm geblasen wird und Jeder sofort den ihm nach den Schiffsrollen zugewiesenen Gefechtsposten einnehmen muß, gerade, als handle es sich um einen wirklichen feindlichen Angriff. Auf der „Magdalena" hatte der Capitän allerdings die Artigkeit, so oft ein solcher „Probealarm" stattfand, die Passagiere vorher durch eine geschriebene, am Eingang in den Salon angeschlagene Anzeige davon in Kenntniß zu setzen, um ihnen eine unnöthige Aufregung zu ersparen; dennoch ereignete es sich jedesmal, daß das eine oder andere leicht erschreckbare Gemüth beim Ertönen der Feuerglocke gleichfalls in Alarm gerieth. So stürzte einmal ein junger Genuese todtenbleich auf Deck, riß den Rock vom Leibe und wollte sich ins Wasser stürzen, um wenigstens, wie er glaubte, dem sicheren Flammentode zu entgehen. Glücklicher Weise wurde er durch die Umstehenden von seinem gewagten Vorhaben abgehalten und auf das Ungefährliche des Ereignisses aufmerksam gemacht, welches ihm solch unnöthige Furcht eingejagt hatte.

Am 18. Juli kam zuerst Land in Sicht. Es war Lizzard Point im St. Georgs-Canal. Obschon kaum 200 Meilen vom Ziele unserer Reise entfernt, hielt es der Capitän doch für nöthig, im nächsten Hafen einzulaufen, um daselbst Kohlen einzunehmen. Bald nach Mittag ankerte die „Magdalena" in Falmouth. Hier erhielten wir die ersten Nachrichten vom geschlossenen Frieden. Dieselben schienen sonderbarer Weise auf keine der am Bord vertretenen politischen Parteien einen besonders befriedigenden Eindruck hervorzubringen. Ich fuhr ans Land und wanderte durch die engen und schmutzigen Straßen von Falmouth, welches den echten Typus einer alt-

[1] Der Atrato macht 13—14 Meilen per Stunde oder 330—340 Meilen des Tages.

englischen Provinzstadt zur Schau trägt. Die Wiesen und Hügel der Umgebung prangten noch im anmuthvollsten Frühlingsschmucke. Selbst für den Reisenden, der aus den Tropen, dem Reiche ihrer größten Prachtentwicklung kommt, bietet die Natur in ihrer Mannigfaltigkeit immer neue Genüsse. Je mehr der Forscher mit ihr und in ihr verkehrt, desto empfänglicher wird sein Gemüth für alles Wunderbare und Schöne, das selbst in ihren anspruchlosesten Erscheinungen zu Tage tritt. Noch in derselben Nacht dampfte die „Magdalena" weiter nach Southampton.

Am 19. Juli gegen zwölf Uhr passirten wir die berühmten „Needles" und kamen endlich zwei Stunden später in Southampton an. Es entstand nun ein großes Gewirre am Bord, denn Jeder wollte seine Koffer und Reisesäcke zuerst in Ordnung gebracht haben, um ans Land gehen zu können. Ich fand mit meinen zahlreichen voluminösen Kisten die rücksichtsvollste Behandlung. Es genügte, den Zweck meiner Reise anzugeben, daß sämmtliche Gepäcksstücke unberührt blieben. Denn selbst bis zu den englischen Zollbeamten, welchen in der Regel beim Durchsuchen von Reiseeffecten nicht gerade viel Zartheit nachgerühmt werden kann, reicht jene edle Pietät, welche der Engländer im Allgemeinen für naturwissenschaftliche Sammlungen bewahrt. Am nämlichen Abend traf ich in der Weltstadt an der Themse ein.

Da erst in 8 Tagen ein Dampfer nach Gibraltar abging, so benützte ich diese Zwischenzeit, um in London alte Bekanntschaften zu erneuern, neue anzuknüpfen und mich über die wichtigsten Fortschritte und Entdeckungen auf den verschiedenen Gebieten der Wissenschaft während meiner mehrjährigen Abwesenheit von Europa zu unterrichten. Die warme Theilnahme und liebenswürdige Zuvorkommenheit, welche mir Männer, wie Sir Roderick Murchison, General Sabine, Sir Charles Lyell, Owen, Gray, Henry Reeve, Crawfurd, John Murray, Ellis u. s. w. bezeigten, waren der sprechendste Beweis für das Interesse und die Hoffnungen, welche die Novara-Expedition in wissenschaftlicher Beziehung auch in England wach gerufen hatte.

Am 27. Juli setzte ich am Bord des königlichen Postdampfers „Behar", Capitän Black, meine Reise nach Gibraltar fort, wo ich nach einer Fahrt von 4½ Tagen anlangte, und zwar, durch eine ans Wunderbare grenzende Fügung, gerade im nämlichen Momente, wo auch die Novara im stolzesten Segelkleide in die berühmte Straße einlief! Als die kaiserliche Fregatte ganz nahe an unserem Dampfer vorbeisegelte, ließ Capitän Black mit der Flagge salutiren und hatte zugleich die besondere Aufmerksamkeit, der Novara mittelst der Marryat'schen Signale kund zu geben, daß sich eines ihrer Mitglieder unter den Passagieren des Postdampfers befinde. Kurze Zeit darauf ankerten beide Schiffe im Hafen von Gibraltar. Im Laufe meiner Ueberlandreise von Valparaiso nach Gibraltar hatte ich 8832 Seemeilen, und zwar, die freiwilligen Aufenthalte abgerechnet, in 29 Reisetagen zurückgelegt.

Es ergriff mich jetzt ein Gefühl tiefinnigsten Dankes gegen ein gnadenreiches Geschick, welches mich durch mannigfache Gefahren hindurch sicheren und glücklichen Schrittes nach dem Orte der beabsichtigten Wiedervereinigung mit jenem vaterländischen Unternehmen geführt, das mich nicht nur mit den großartigsten Erinnerungen meines Lebens beschenkte, sondern mir zugleich die beglückende Aussicht eröffnete, durch vermehrte Kenntnisse und Erfahrungen meinem theueren Vaterlande würdiger und erfolgreicher dienen zu können. —

Ankunft der Novara in der Strasse von Gibraltar.

Von Gibraltar nach Triest.

(7. bis 26. August 1859.)

Erste umständliche Nachrichten über die Kriegsereignisse. — Veränderungen in Gibraltar seit unserem ersten Besuche. — Wissenschaft und Krieg. — Fahrt durch das Mittelmeer. — Messina. — Die Novara vom Kriegsdampfer Lucia remorquirt. — Gravosa. — Ragusa. — Ankunft Sr. k. Hoheit des Erzherzogs Ferdinand Maximilian in Gravosa. — Vorstellung des Officierscorps. — Bankett am Bord der Schraubencorvette Dandolo. — Pola. — Römisches Amphitheater. — Porta Aurea. — Festlicher Einzug in Triest. — Rückblick auf die Gesammtthätigkeit der Mitglieder der Novara-Expedition. — Schlußwort.

Zweiundachtzig Tage lagen zwischen der Abfahrt der Novara von Valparaiso und ihrer Ankunft im Hafen von Gibraltar. Es waren eben so viele Tage härtester Prüfung für das Vaterland! Während die Fregatte, von den Wogen des Oceans gepeitscht, in überraschend kurzer Zeit eine Entfernung von 10,600 Seemeilen durchschiffte, hatte in der Heimat das Glück der Waffen bereits entschieden und die Ankommenden erhielten nun auf einmal die Kunde von blutigen Schlachten, von schweren Verlusten und vom Frieden von Villafranca! Der Chef der Expedition meldete nach Triest auf telegraphischem Wege unsere Ankunft und erbat sich die weiteren Befehle.

In den uns befreundeten Kreisen Gibraltars waren seit unserer ersten Anwesenheit manche Veränderungen eingetreten. Der frühere Gouverneur, Sir James Fergusson, war inzwischen durch Sir William Codrington ersetzt worden. Der österreichische Consul, der wackere Mr. Longlands Cowell, war gestorben und an seiner Stelle versah provisorisch Mr. Frembly die namhaften und wichtigen Geschäfte unseres dortigen Consulats.

Die Spitzen der Gesellschaft, der Gouverneur, das Officiercorps, Mr. Creswell, General-Postmeister, Mr. Frembly u. s. w. erwiesen uns auch bei dem gegenwärtigen Besuch die auszeichnendste Aufmerksamkeit. Man war hier sonderbarer Weise nicht von den Neutralitätserklärungen in Kenntniß, welche die Expedition, Dank der umsichtigen Vorsorge ihres erlauchten Urhebers, von den bedeutendsten europäischen Mächten besaß, und befürchtete daher, daß feindliche Kriegsschiffe in den amerikanischen Gewässern der Novara Verlegenheiten bereitet haben mochten. Allein obwohl man sich in den letzten Jahren daran gewöhnen mußte, selbst verbriefte Rechte mit Füßen getreten zu sehen, so war doch im gegenwärtigen Falle ein Capern des Schiffes durch überlegene französische Kreuzer nicht leicht zu besorgen. Denn man beachtete in den Tuilerien gar wohl die Tragweite eines solchen Gewaltstreiches; man war sich's bewußt, daß in unserer Zeit auch der Mächtigste nicht mehr ungestraft wissenschaftliche Interessen verletzen kann, daß eine Beleidigung der Wissenschaft zugleich eine Beleidigung der Civilisation und der Menschheit ist. Ja, so groß war in Paris die Sorge, der Novara jeden möglichen Conflict zu ersparen, daß von der französischen Regierung, ungeachtet der bereits gegebenen Neutralitätserklärung, noch ein besonderer Befehl erlassen wurde und mitten in das Getümmel der Schlachten und in den Donner der Kanonen der Ruf hinein tönte: Die Novara möge frei und ungehindert ihre Wege ziehen, denn sie trägt wissenschaftliche Schätze, und die Wissenschaft ist ein Gemeingut aller Völker dieser Erde!

Am 7. August traf in den Morgenstunden eine telegraphische Depesche des Erzherzogs Marine-Obercommandanten ein, welche den Befehl enthielt, sofort nach Messina unter Segel zu gehen, wo uns ein Kriegsdampfer erwarten und ins Schlepptau nehmen werde. Noch am nämlichen Tage lichteten wir die Anker und setzten die Reise durchs Mittelmeer fort.

Am 15. August kam Sicilien in Sicht. Abends konnte man ganz deutlich das schöne, helle, rothaufblitzende Licht des neuerrichteten Leuchtthurms vom Cap San Vito an der nördlichen Küste im Nordwesten der Insel sehen. Durch häufige Windstillen unterbrochen und höchstens von schwachen Brisen begünstigt, ging die Fahrt nur äußerst langsam vorwärts. Am 16. passirten wir die Insel Ustica, kamen Tages darauf an den Liparischen Inseln vorüber und erreichten endlich am 18. August gegen sieben Uhr früh die Meerenge von Messina. Ein Pilot, der sich am Bord einfand, meldete, daß ein österreichischer Kriegsdampfer vor Messina vor Anker liege. Es wurde nun Befehl zum Abfeuern von einigen blinden Kanonenschüssen gegeben, um den Commandanten von unserer Ankunft in der Meerenge zu avisiren, und hierauf die Fahrt weiter fortgesetzt. Wenige Stunden später befanden wir uns bereits im Schlepptau des Dampfers. Es war die „Lucia", dasselbe Schiff, dessen remorquirende Kraft uns vor mehr als zwei Jahren bei der Abreise bis auf die Höhe von Messina das beflügelnde Geleite gegeben hatte. Wir erhielten nun Briefe von Freunden und Verwandten aus der Heimat, und zugleich ein, bei solchem Anlasse wie es scheint, unvermeidliches Begrüßungsgedicht, welches ein seemännischer Poet „an die Heimkehrenden der Novara" gerichtet hatte.

Am 19. April Nachts erreichten wir Cap Leuca, den Eingang in den adriatischen Golf, passirten in den Nachmittagsstunden des darauffolgenden Tages Castel Nuovo bei Cattaro und ankerten noch in der nämlichen Nacht im Hafen von Gravosa in Dalmatien. Der Commandant der Lucia hatte den Auftrag erhalten, uns hierher zu bringen; hier mußten weitere Befehle abgewartet werden.

Den nächsten Morgen — es war Sonntags, den 21. August — benützten die Naturforscher und dienstfreien Officiere zu einem Ausflug nach dem vielfach interessanten, nur eine Wegstunde entfernten Ragusa, wohin eine schöne, breite, vortreffliche Straße führt. Zum ersten Male seit achtundzwanzig Monaten setzten jetzt die Reisenden wieder ihren Fuß auf heimatlichen Boden.

Am 22. August gegen neun Uhr früh lief die kaiserliche Dampfyacht „Fantasie" im Hafen von Gravosa ein. Sie hatte Se. k. Hoheit den Vice-Admiral und Marine-Obercommandanten, Erzherzog Ferdinand Maximilian und dessen Frau Gemahlinn am Bord. Der Erzherzog stand am Radkasten, grüßte auf das Freundlichste und schwang wiederholt seine Mütze. Die Matrosen der Novara jubelten von den Wanten ihren Gruß. Bald darauf ankerte auch die Schraubencorvette Graf Dandolo in unserer Nähe.

Gegen Mittag kam der Erzherzog an Bord, inspicirte die Mannschaft und das Schiff und drückte hierauf in der gnädigsten Weise dem Officiercorps und den Mitgliedern der wissenschaftlichen Commission seine Befriedigung aus. Auch die Frau Erzherzoginn ließ sich später die Officiere und Naturforscher vorstellen und richtete an jeden Einzelnen einige Worte des Wohlwollens und der Theilnahme.

Ragusa

Abends fand am Bord des „Dandolo" ein glänzendes Banquet von vierzig Gedecken statt, wozu der ganze Stab der Fregatte Novara geladen war. Der Erzherzog präsidirte. Auch die Frau Erzherzoginn wohnte dem Festmahle bei. Unvergeßlich wird gewiß jedem Theilnehmer die edle, erhebende Ansprache bleiben, mit welcher Se. k. Hoheit bei diesem Anlasse die Erdumsegler auszeichnete, indem er über die bisherigen Erfolge seine Zufriedenheit ausdrückte und ein Hoch ausbrachte auf „die Männer der Novara, deren

Namen der österreichischen Geschichte angehören!" Auch des allverehrten Befehlshabers der Expedition und seiner Verdienste, so wie der Mitglieder der wissenschaftlichen Commission wurde in späteren Trinksprüchen auf die ehrendste Weise gedacht.

Am 23. August segelte die Novara, von der Lucia und der Schraubencorvette Dandolo begleitet, nach Pola. Kurz vor der Abfahrt kam der Erzherzog nochmals an Bord und überbrachte persönlich eine große Liste von Auszeichnungen. Die ganze Mannschaft wurde um einen Grad befördert und sämmtliche, noch am Bord dienende Cadeten zu Officieren ernannt.

Am 25. August passirten wir in den Morgenstunden den Leuchtthurm von Promontore, welcher auf einem einsamen, nur wenige Kabeln vom Festlande aus dem Meere ragenden Felsen errichtet ist, und liefen gegen elf Uhr in Pola ein, dem Haupthafen der österreichischen Kriegsflotte.

Zwölf Kriegsschiffe[1] harrten hier bereits unserer Ankunft, und begrüßten die heimziehende Novara mit donnernden Hurrahs, welche die auf den Wanten aufgestellte Mannschaft aus freudig bewegter Brust uns entgegenjauchzte!

Es entstand nun eine große Bewegung im Hafen, indem man sich gegenseitig auf den Schiffen besuchte, und in der herzlichsten Weise der Freude des Wiedersehens Ausdruck gab. Einige Mitglieder der wissenschaftlichen Commission benützten den Aufenthalt, um die classischen Monumente Pola's zu besuchen.

Wenige Städte haben großartigere und besser conservirte Baudenkmale des römischen Alterthums aufzuweisen, und sind in dieser Beziehung minder bekannt und gewürdigt, als Pola, das alte Pietas Julia, so genannt, weil es bald nach seiner Zerstörung durch Julius Cäsar auf die Bitten Julia's, der Tochter des Augustus, wieder aufgebaut wurde. Das majestätische Amphitheater, von elliptischer Form, erhebt sich auf dem Abhange eines Hügels, so daß, um die Unebenheit des Terrains auszugleichen, der dem Meere zugekehrte Theil um ein Stockwerk mehr zählt. Die blendende Weiße der Bausteine würde das hohe Alter nicht ahnen lassen. Dieses classische Monument ist

[1] Diese Schiffe waren: die Schraubenfregatten Donau, Adria und Radetzky; die Schraubencorvetten Graf Dandolo und Erzherzog Friedrich; die Segelfregatten Schwarzenberg, Bellona und Venus; die Corvette Balda; der Schraubenschooner Seemöve und die Raddampfer Elisabeth und Lucia.

besser erhalten, als das Coliseum in Rom oder die Arena in Verona, und würde noch vollkommener sein, wenn man nicht zur Zeit der venetianischen Herrschaft das Amphitheater als Steinbruch benützt, und ganze Schiffsladungen dieses vortrefflichen, blendend weißen Materials nach Venedig geführt hätte, um es daselbst zur Herstellung von Palästen zu verwenden.

Römisches Amphitheater in Pola.

In der Nähe der Arena, gegen die Stadt zu, wird der Besucher durch eine andere herrliche Baute überrascht, die Porta Aurea, ein Trauer-Monument im korinthischen Style, welches, wie eine der Inschriften kund giebt, dem Tribun Lucius Sergius Lepidus, von dessen Wittwe Salvia auf ihre eigenen Kosten errichtet wurde. Dasselbe kann in Bezug auf Harmonie der Proportionen, Reichthum und Eleganz der Verzierungen und den vollkommenen Zustand, in dem es sich befindet, den schönsten Mustern römischer

Architectur an die Seite gestellt werden. Auch ein Tempel des Augustus und ein anderer der Diana erregen die Aufmerksamkeit und Bewunderung des Kunstfreundes und Alterthumsforschers, während manche andere classische Schätze aus Mangel an Theilnahme oder an den Mitteln sie zu heben, noch

Porta Aurea in Pola.

in der Erde ruhen. Vielleicht wird mit dem Aufschwunge der Stadt auch das Interesse und die Sorge für ihre Alterthümer zunehmen.

Die Vortrefflichkeit des großen, leicht zugängigen, sicheren und geschützten Hafens war Anlaß, daß die Regierung in den letzten Jahren hier großartige

Triest

Bauten ausführen ließ, welche, mit gleicher Munificenz und in gleichem Geiste fortgesetzt und beendet, Pola bald zu einem Punkte von großer politischer und maritimer Bedeutung, zum Portsmouth Oesterreichs erheben werden. —

Abends gingen wir wieder unter Segel, und zwar diesmal in Begleitung der ganzen Escadre, die jetzt zwei Colonnen bildete: die erste befehligt von Sr. kais. Hoheit dem Erzherzog Ferdinand Maximilian, der sich am Bord der Fregatte Donau eingeschifft hatte, die zweite von dem Chef der Novara-Expedition.

Am 26. August gegen elf Uhr Vormittags näherte sich das imposante Geschwader der Rhede von Triest. Als die Fregatte Novara an dem bezaubernd schönen erzherzoglichen Lustschlosse Miramar vorüberzog, salutirten die daselbst auf einer Anhöhe postirten Geschütze die heimkehrende Erdumseglerinn und bald darauf donnerten die Kanonen der Citadelle von Triest ihren Gruß.

Ein Lloyddampfer, mit den höchsten Behörden der Stadt und einigen Freunden am Bord, war uns gleichfalls mit klingendem Spiel entgegengefahren und schloß sich nun dem schwimmenden Festzuge an. Dieser bewegte sich, halb in Pulverdampf gehüllt, an der malerisch gelegenen Seestadt vorüber, bis in die Bucht von Muggia, wo die ganze lange Reihe von Schiffen, jedes auf dem ihm zugewiesenen Platze, vor Anker ging. Die Reise war beendet. —

* * *

Dem Verfasser des vorliegenden beschreibenden Theiles der Novarareise obliegt noch die Pflicht, in flüchtigen Zügen ein Bild der Hauptaufgaben und der wissenschaftlichen Gesammtthätigkeit der kaiserlichen Expedition zu entwerfen, um dadurch die übertriebenen Anforderungen der Einen auf das richtige Maß zurückzuführen und das geringschätzige Urtheil der Anderen durch die Darlegung einleuchtender Thatsachen zu berichtigen. Es obliegt ihm noch jene Frage zu erörtern, welche nicht nur die Kritik, sondern die ganze gebildete Welt an ein, unter so günstigen Auspicien begonnenes und von so allgemeiner Theilnahme getragenes Unternehmen zu stellen berechtigt ist: „Welches sind die bereits vorliegenden oder noch zu erwartenden Erfolge der Novara-Expedition? Wie haben die Mitglieder derselben mit dem Pfunde gewuchert, das ein beneidenswerthes Geschick in ihre Hände gelegt?“ —

Zur richtigen Beurtheilung der Frage, ob die erste österreichische Erdumseglungs-Expedition den in sie gesetzten Erwartungen entsprochen habe, ist es nöthig, nochmals einen Blick auf die Hauptveranlassung derselben zu werfen. Es ist nöthig, vor Allem mit Nachdruck zu betonen, daß die kaiserliche Expedition die Uebung junger Officiere und Cadeten, die Heranbildung tüchtiger und praktischer Seemänner für die Kriegsmarine zu ihrem Hauptzweck hatte. Erst in zweiter Linie stand der Wunsch und die Absicht, die Flagge Oesterreichs in fernen Meeren zu entfalten und dadurch die handeltreibenden Völker aller Zonen zu erinnern, daß das neugestaltete Reich auch an die Förderung und Belebung seiner überseeischen Handelsbeziehungen, an den Schutz und die kräftige Entwicklung seiner Handelsflotte denke. Eben so sollten die Forderungen, welche die Wissenschaft in unserer Zeit an ein ähnliches Unternehmen zu stellen das Recht hat, nicht unberücksichtigt bleiben, vielmehr nach Möglichkeit gefördert, jedoch dem Hauptzwecke der Expedition untergeordnet werden. Der Curs der Fregatte, die zu besuchenden Häfen, die Zeit des Aufenthaltes in denselben, waren vom nautischen und handelspolitischen Standpunkte aus im vorhinein bestimmt und die Grenzen vorgezeichnet worden, innerhalb welcher es den, die Expedition begleitenden Mitgliedern der wissenschaftlichen Commission überlassen blieb, in Bezug auf Geographie, Ethnographie und Naturgeschichte so viele Beobachtungen und Aufzeichnungen zu machen, so viele Objecte für die naturhistorischen Museen des Kaiserstaates zu sammeln, als es der kurze Aufenthalt in den einzelnen Küstenpunkten gestattete.

Die Novarafahrer waren sich des Nachtheiles wohl bewußt, in welchem sich eine Erdumseglung im Vergleich mit einer, nach einem Einzigen Brennpunkt wissenschaftlicher Thätigkeit gerichteten Forschungsreise befindet und um wie viel weniger lohnend es für naturhistorische Untersuchungen ist, die verschiedensten Länder und Völker in fünf Welttheilen flüchtig zu besuchen, als sich in das erschöpfende Studium eines einzigen beschränkten Gebietes zu vertiefen. Allein die Gunst der Verhältnisse, unter welchen die Expedition unternommen worden, die glänzende, gastliche Aufnahme, welche ihr an jedem Orte, von allen Ständen der Gesellschaft zu Theil wurde, machten diesen Uebelstand minder fühlbar und übten auf die Arbeiten und Sammlungen den erfreulichsten Einfluß. Unter der Aegide einer europäischen Großmacht die Erde umschiffend, bedurften wir nicht erst, wie einzelne Reisende, eines längern Aufenthaltes oder eines glücklichen Zufalles, um mit den hervorragendsten und einflußreichsten Persönlichkeiten in den besuchten Punkten bekannt und vertraut zu werden; allenthalben beeilte man sich unsere Aufgaben fördern zu helfen, unseren Wünschen zuvorzukommen. Wenige Wochen reichten hin, ein bedeutendes, werthvolles Material zu erwerben, einen vortheilhaften Verkehr zwischen den wissenschaftlichen Instituten in fernen Ländern und jenen der Heimat anzubahnen und mit gleichgesinnten Forschern Verbindungen anzuknüpfen, welche für die Wissenschaft eben so nützlich, als sie dem Herzen wohlthuend sind. Dem Zusammentreffen dieser günstigen Umstände haben die Novara-Reisenden wohl hauptsächlich die Großartigkeit ihrer naturhistorischen Sammlungen und den Reichthum des heimgebrachten wissenschaftlichen Materials zu danken.

Der beschreibende Theil der Erdfahrt der Novara ist gewissermaßen nur als Vorläufer einer Reihe von wissenschaftlichen Publicationen zu betrachten, welche durch die Munificenz der kaiserlichen Regierung auf Staatskosten veröffentlicht werden und auch in typographischer und artistischer Beziehung von der Leistungsfähigkeit unserer einheimischen Kräfte Zeugniß geben sollen.

Der nautisch-physicalische Theil wird die, während der Reise ausgeführten astronomisch-geodätischen, magnetischen und meteorologischen Beobachtungen enthalten und von der hydrographischen Anstalt der k. k. Kriegsmarine herausgegeben werden.

Das reiche naturhistorische, statistische und handelspolitische Material soll von den verschiedenen Fachmännern, welche die Novara begleiteten, bearbeitet werden und eben so viele Theile bilden, als wissenschaftliche Disciplinen am Bord der Fregatte vertreten waren. Diese Arbeiten werden sämmtliche, während der Reise angestellte Beobachtungen, Untersuchungen und Resultate auf dem Gebiete der Geologie, Zoologie, Botanik, Ethnographie und Anthropologie, der Heilwissenschaft, der Statistik und des Handels vereinigen.

Während diese verschiedenen Publicationen erst nach ihrem Erscheinen eine richtige Beurtheilung des von der Expedition Geleisteten zulassen, erlauben die zahlreichen, von derselben mitgebrachten naturhistorischen Sammlungen schon jetzt, eine Vorstellung von der Thätigkeit jedes einzelnen Mitgliedes der wissenschaftlichen Commission im Laufe der Reise zu gewinnen.

Die zoologischen Sammlungen umfassen über 26.000 Individuen, welche von den beiden Zoologen theils selbst gesammelt, theils zum Geschenk erhalten oder angekauft wurden, und zwar: 320 Säugethiere, 1500 Vögel, 950 Amphibien, 2000 Fische, 6550 Konchylien, 13.000 Insecten, 950 Krustaceen, 500 Strahlthiere, 60 Skelete, 50 Schädel, 120 Nester und 250 Eier.

Die botanische Ausbeute besteht aus umfangreichen, werthvollen Herbarien und Sämereien (mit besonderer Berücksichtigung der für die klimatischen Verhältnisse der einzelnen Kronländer des Kaiserstaates zum Anbau sich eignenden Nahrungspflanzen); aus einer großen Anzahl in Essigsäure und Weingeist conservirten Frucht- und Blüthenständen tropischer Pflanzen; aus indischen, chinesischen und chilenischen Droguen, endlich aus Proben von Zier- und Nutzhölzern.

Die mineralogischen, petrographischen und paläontologischen Sammlungen enthalten von sämmtlichen besuchten Gegenden Suiten an Mineralien, Gebirgsarten und Petrefacten, welche sich auf mehrere tausend Stücke belaufen, und theils von dem Geologen der Expedition selbst gesammelt, theils von wissenschaftlichen Instituten oder Privaten geschenkt, oder durch Ankauf acquirirt wurden. Dieselben sind namentlich in Folge des längeren Aufenthaltes des Geologen auf Neu-Seeland mit höchst seltenen Stücken bereichert worden.

Die ethnographische Sammlung enthält 376 Objecte, und zwar: Waffen der verschiedensten Art, Haus- und Arbeitsgeräthe, Ornamente, Amuleten, Schnitzereien, Idole, Gesichtsmasken, Kleidungsstücke, Modelle, Gewebe, Stoffe aus Baumrinde, Musikinstrumente, singhalesische Manuscripte, so wie Schriftfragmente auf Palmenblätter, auf Bambusrohr und Baumrinde geschrieben; — Gegenstände, von denen einzelne der Culturwissenschaft die letzten Beweise primitiver Kunstfertigkeit liefern dürften, indem diese seit dem häufigeren Contacte der wilden Völker mit Europäern sich immer mehr verliert und in den meisten größeren Colonien bereits als gänzlich erloschen zu betrachten ist.

Die anthropologische Sammlung zählt an 100 Schädel der verschiedenen Menschenracen; ferner das complete Skelet eines Buschmannes aus der Cap-Colonie, so wie eine Anzahl interessanter physiologischer und pathologisch-anatomischer Präparate.

Alle diese Sammlungen, welche sich dermalen in einem Gebäude des kaiserlichen Augartens provisorisch aufgestellt befinden und später den naturhistorischen Museen der Residenzstadt einverleibt werden sollen, sind bestimmt, den Beobachtungen und Untersuchungen auf den verschiedenen Gebieten zur Grundlage zu dienen und dieselben zu illustriren.

Aber nicht nur in allgemein nautischer, naturhistorischer und nationalökonomischer Beziehung hat die Reise der Novara auf die Expeditionsmitglieder anregend und bildend gewirkt, sie hat auch deren politischen Gesichtskreis erweitert, ihnen Gelegenheit zu manchem interessanten Vergleiche der staatlichen Einrichtungen der besuchten Länder geboten, und manchen lehrreichen Einblick in die Wechselwirkung gestattet, welche vom Süd- bis zum Nordpol zwischen der politischen und religiösen Freiheit der Staaten und dem materiellen und geistigen Gedeihen ihrer Völker besteht! Ist auch das Menschengeschlecht „den mächtigen Einflüssen des Klimas, der Nahrung, des Bodens und der Naturerscheinungen im Allgemeinen unterworfen", so lassen sich doch diese Einflüsse durch eine freie Entwicklung der intellectuellen und physischen Kräfte wesentlich mildern und beschränken; und während das eine Volk mitten in der Fülle einer überreichen Natur, in einem Klima von beständiger Frühlingsmilde, auf einem Boden von unerschöpflicher Fruchtbarkeit unter dem Drucke einer despotischen Gewalt geistig und körperlich verkümmert und das Land verarmt, sehen wir dagegen das andere, in weit minder günstigen physischen Verhältnissen durch jene Thatkraft, welche nur die Frucht wahrhaft freier Institutionen sein kann, die Bewunderung aller Nationen auf sich ziehen, Colonien nach allen Zonen entsenden, und seinen politischen und commerciellen Einfluß über die ganze Erde ausbreiten.

Welch trauriges Bild der Versunkenheit und Stagnation bieten die spanischen und portugiesischen Besitzungen in Asien, Afrika und Westindien, der Sclavenstaat Brasilien und die, nach der Losreißung von Spanien unter dictatorische Mestizenherrschaft gerathenen hispano-amerikanischen Republiken, verglichen mit dem mächtigen Aufschwung und der glorreichen Entfaltung der nach constitutionellen Rechten und Gesetzen regierten britischen Colonien in Afrika, Asien, Amerika und Australien! Hier hat die Thatkraft des freien, sich selbst bestimmenden Menschen, unterstützt von einem kühnen, in seinen Untersuchungen durch nichts beirrten Forschergeiste den Sieg davon getragen über alle Hemmnisse einer urwüchsigen Natur und der europäischen Civilisation nicht nur neue Gebiete für die Ausdehnung ihres Handels und ihrer Industrie erschlossen, sondern gleichzeitig gewaltige sociale und politische

Reformen vollzogen, nach welchen mancher Culturstaat des alten Europa noch vergebens seufzt.

In der Brust des erdumsegelnden Deutschen aber muß die Wahrnehmung besondere Befriedigung erwecken, daß der verwandte anglo-sächsische Stamm es ist, welchem die welthistorische Mission zugedacht zu sein scheint, ein neues Leben über die Erde zu ergießen, die Leuchte christlicher Civilisation, politischer Aufklärung und geistiger Cultur nach den fernsten Welttheilen, zu entstehenden Gesellschaften zu tragen und auf den Trümmern der Sclaverei und der Willkürherrschaft der ganzen großen Völkerfamilie einen dauernden Frühling der Freiheit, des Friedens und der Wohlfahrt zu verkünden!

Dr. Karl Scherzer.

Miramar.

Register.

A.

B.

C.

D.

E.

F.

G.

H.

J.

L.

N.

O.

P.

Q.

R.

S.

T.

U.

V.

W.

Y.

Z.

Beilagen.

An den Befehlshaber,

die Officiere und die Gelehrten

des k. k. Kriegsschiffes „Novara“.

Hochgeehrte Herren!

Wir die Unterzeichneten, deutsche Bewohner Sydney's, rufen Ihnen bei Ihrer glücklichen Ankunft im hiesigen Hafen ein herzliches Willkommen entgegen. Nehmen Sie dies Willkommen hin, als einen Erguß unserer höchsten Sympathie mit dem großen Unternehmen, welches Sie zum Wohle der gesammten Wissenschaft auszuführen begriffen sind.

Wir freuen uns besonders, Sie bei einer solchen Gelegenheit in unserer Mitte zu begrüßen und fühlen uns, unsern englischen Nachbarn gegenüber, stolz, Deutsche zu sein, wenn nicht allein einzelne unserer Landsleute, wie der edle Dr. Leichhardt, dessen Name in den Herzen aller hiesigen Colonisten stets fortleben wird, sondern auch unsere höchsten Fürsten für so große und gemeinnützige Zwecke streben.

Fern von unserem Vaterlande, können wir unsere Liebe und Anhänglichkeit an dasselbe nicht besser an den Tag legen, als indem wir deutsche Sitten und Gebräuche mit uns verpflanzen, wo immer das Schicksal uns hinführen möge, und daß wir stets unserer Abstammung eingedenk bleiben, wo immer Deutsche auf unserem Lebenspfade uns begegnen. Solch eine Kundgebung steter Erinnerung an unser weit entferntes Geburtsland, solch einen heiligen Beweis unserer hohen Verehrung für deutsche Kunst und Civilisation bringen wir bei Gelegenheit der heutigen Demonstration Ihnen dar; betrachten Sie den Ausdruck unserer Gefühle als eine schöne, vielversprechende Blüthe des deutschen Lebensbaumes, den wir an die Ufer des stillen Oceans verpflanzt haben.

Erlauben Sie uns Ihnen auszudrücken, daß die Ausrüstung der Expedition der „Novara“ zu dieser weltberühmten Fahrt uns mit der größten Bewunderung für Sr. Majestät den Kaiser und Sr. K. K. Hoheit den Erzherzog Ferdinand Maximilian erfüllt hat, die vereint als Förderer von Kunst und Wissenschaft diesen durch die Expedition der „Novara“ eine neue Bahn gebrochen; nehmen Sie ferner die Versicherung hin, daß wir die Ausdauer und den Muth bewundern, welchen Sie selbst, hochgeehrte Herren, auf der langen, mit so vielen Mühseligkeiten und Gefahren verknüpften Reise kundgeben, und lassen Sie uns auch bei dieser Gelegenheit den Koryphäen deutscher Wissenschaft unsere Anerkennung zollen, welche im Verein mit unserm großen, auf der ganzen Erde verehrten Landsmann Alexander von Humboldt, Ihnen durch Zusendung von Instructionen und Instrumenten so große Hülfsleistungen zu Ihrer Unternehmung boten.

Möge der Erfolg der „Novara-Expedition“ ein solcher sein, daß er Ihren kühnsten Wünschen entspreche. Die Daten dieser Weltumseglung, welche der eherne Griffel der Geschichte der Nachwelt überliefern wird, werden noch in den spätesten Zeiten als ein Beweis gelten, was deutscher Sinn für Wissenschaft und Kunst zum Wohl der gesammten Menschheit zu wirken im Stande war.

Genehmigen Sie, hochgeehrte Herren, nochmals die Versicherung unserer tiefgefühlten Hochachtung mit welcher wir zeichnen

Sydney, den 24. November 1858.

Wm. Kirchner.	Franz Erb.
W. Hefter.	Peter Oppel sen. und jun.
B. Peerich.	Louis Reyling.
H. Janssen.	Petersen Mann
Charles Lamy.	F. Schmidt.
C. B. Süßmilch.	L. Wolf.
F. Gellbrecht.	Augustus Jeremia.
Joh. Alex. Engel.	J. Degotardi.
F. Reyling.	M. Baar.
Joseph Kohn.	F. J. Lauber.
Ferdk. Hamburger.	J. C. Parrot.
Karl Porll.	Augustin Parrot.
F. Zöllner.	C. M. Degner.
Georg Link.	C. W. F. Stier.
Mr. Leissod.	J. Portsmann.
F. Kellermann.	Albert Kirschbaum.
Wm. Kellermann.	John F. Lincker.
George Engel.	Adolf Thabler.

Charles Riems
Karl Kern.
F. Ch. Uberio.
Martin Hetzer.
C. G. Horstmann.
Leopold Frank.
W. Obermann.
F. Felefeld.
W. Sauerbier.
W. Daruzler.
E. Juergens.
T. Degelo.
E. Beckmann.
J. Hagen.
George und D. Cox.
Wilhelm von Wedell.
F. Weber von Karlsruhe.
W. Haser.
A. Borkemann.
P. Hoffmann.
R. Bode.
S. Weimar.
Moritz Wacker.
Nom. Becker.
John Klein.
Ch. Zeitler.
Henry Woball.
George Foesch.
William Bauer.
Adolf Heitz.
C. F. Eichler, Dr. med.
W. Bartel.
Otto Suter von Hamburg.
H. Minosiz.
Calligo von Berlin.
F. Schlachter.
G. Dingeldei.
W. Bauer.
C. Schallehn.
W. Fischer.
S. Licker.
Ch. F. Meurer.
J. Berthold.
G. v. Riedel.
P. W. Brockfalt aus Bremen.
H. Ballacel.
H. David Schaedler.
Franzino.
F. A. Reyling.
A. Schumacher.
H. Groth.
Henry Rockstroh.
Heßner und Bartels.
J. G. Wirthe.
F. Andersen.
John Auerbach.
J. H. Roeper.
Lenhardt Bonner.
Heinrich Zirms.
August Roschwitz.
August Dahlquist.
G. P. Brakhausen.
J. Dersler.
George Eckardt.
John Maak aus Altona.
Charles Kragen.
M. C. Boehrsmann aus Altona
S. Hinz.
H. Bieske.
P. Oehlich.
J. N. Prin.
F. Miethling.
Charles Fischer.
Gottfried Fischer.
P. C. Andersen.
Hermann Vogel
Rudolf Schlösstein.
P. Petersen.
H. Ranninger.

n in Sydney,

n in Sydney,

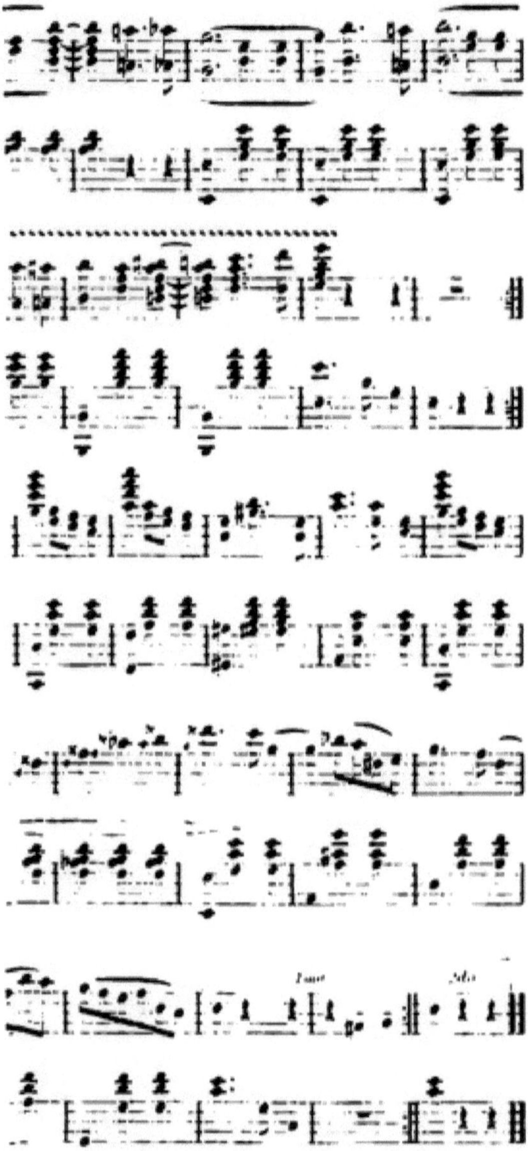

Schreiben des Gouverneurs von Neu-Seeland an den Befehlshaber der Novara-Expedition.

A.

Government House, Auckland, New Zealand,
January 4th 1859.

Sir,

I do myself the honor to express to You the gratification which the visit of His Imperial Majesty's Frigate „Novara" has afforded to the Inhabitants of Auckland and to myself.

I beg also to convey to You and to the Officers of the scientific department of Your Expedition my best thanks for the valuable information supplied by the investigations of these gentlemen.

It will be my agreeable duty to report to Her Majesty's Government on the subject and I am satisfied, that Her Majesty will receive the communication with pleasure and will recognise the importance of the services rendered to one of Her Dependencies.

Wishing You a prosperous voyage and success in the interesting objects of Your pursuit, I beg to subscribe myself

Your faithful servant

Thomas Gore Browne,
Col. H. M. S.
Governor of New Zealand.

B.

Government House, Auckland, New Zealand,
January 5th 1859.

Sir,

Having already endeavoured to express my thanks to Yourself and the Officers of the scientific department of Your Expedition for the valuable aid afforded to this Colony, I now venture to ask You to confer a still greater favor, by giving permission to Dr. Hochstetter to extend his researches for a few months longer.

In the event of Your granting this permission, the means necessary to enable him to explore effectually, will be provided at the expense of the Colony of New Zealand.

I feel less diffidence in making this request to You, as Representative of the Imperial Government, because Dr. Hochstetter's labors in this Colony may be made the means of furthering the objects, which His Imperial Majesty the Emperor of Austria had in view, when He despatched the Expedition under Your command.

I beg to add, that, should You feel it compatible with Your duty to accede to the application I have now the honor to make, every assistance shall be afforded to Dr. Hochstetter, whilst engaged in this Colony, to enable him to make his scientific researches as valuable as possible to the Expedition of which he will remain a member, and care shall be taken to facilitate his return to Europe at the expense of this Colony by such route as he shall prefer.

I have the honor to be

Sir

Your most faithful servant

THOMAS GORE BROWNE,

Col. H. M. S

Governor of New Zealand.

Schreiben des Commodore B. v. Wüllerstorf-Urbair an den Gouverneur von Neu-Seeland.

On Board H. I. R. M. Frigate Novara, Auckland-Harbour,
January 5th 1859.

Sir,

In reply to Your official Note, dated Government House, Auckland, January 5th a. c. in which, as the Representative of the Imperial Government, You prefer the request, that I would give Dr. Hochstetter permission to extend his geological researches in this colony for a few months longer, I am most happy to accede to Your application and to give Dr. Hochstetter, in his capacity as geologist of the Imperial Expedition leave for that purpose, under the following conditions, which are nearly the same as those stated in Your kind note.

1. That Dr. Hochstetter's sojourn in New Zealand may not exceed six months and thus enable him to return to Europe nearly at the same period as the I. R. Frigate is most likely to arrive there, namely in November or December next.

2. That the Novara-Expedition, of which Dr. Hochstetter still remains a member, may likewise enjoy the benefit of the observations, collections and publications made by Dr. Hochstetter during his stay in New Zealand.

3. That the means necessary to enable Dr. Hochstetter to explore the Country effectually, shall be provided at the expense of the Government of New Zealand; that every assistance shall be afforded to this gentleman whilst engaged in these geological explorations, and that care shall be taken to facilitate his return to Europe (viz. Trieste) at the expense of the Government of New Zealand by such route as he shall prefer.

Upon this understanding I shall not only consider it compatible with my duty, to accede to Your Excellency's application and give Dr. Hochstetter permission to remain for the time stated in the Province of Auckland, but shall also feel quite certain, that the Imp. Austrian Government, as well as the Academy of sciences whose delegate Dr. Hochstetter must be considered, will be highly gratified to learn, that it was in the power of the first Austrian Exploring Expedition to become serviceable to a nation, which has done so much for the advancement of science and the development of natural resources in almost all parts of the world.

With hope that the friendly arrangement thus entered into on this subject may create a lasting bound of union and communication between the scientific men of both countries,

I have the honor to subscribe

Your faithful servant

B. v. WÜLLERSTORF.

Adresse der Bewohner der Provinz Auckland, in Neu-Seeland, an den Geologen der Novara-Expedition.[1]

Dr. Hochstetter,

On the conclusion of Your Geological Examination of a large and most interesting portion of this Province of New Zealand, we, the assembled inhabitants of Auckland representing every section of the community, and for the most part intimately connected with the Agriculture and Commerce of the Province — desire to express our admiration of the eminently scientific manner, and unwearied activity, with which You have conducted your researches into the Geological Formations and Mineral Resources of Auckland. We have also to thank you for the valuable information upon these objects, which You have already placed in our possession in the public lecture delivered by You in this hall on the 24th of June, and in the reports, You have forwarded to the General and Provincial Governments.

The report of a member of the „Novara“ Expedition on the physical characteristics of this portion of New Zealand — of which so little has hitherto been known — will be acknowledged in Europe as both impartial and authentic.

To us, as a community, the information contained in that Report and the maps, You have constructed, together with those additional details we hope to receive from You after Your return to Europe, will be of essential service in a material point of view. We also desire to convey to You our sense of the impartiality of Your reports — which, whilst they lay open to our view those resources of the country that will eventually aid to its wealth and its general prosperity, in no way exaggerate their value or tend to lead to extravagant ideas or speculations that might only result in disappointment.

[1] Ueberreicht in Auckland am 24. Juli 1859.

Arriving in Auckland a stranger, upon whose sympathies we had no claim, You have exerted all Your energies to condense the results of Your scientific exploration into practical forms, for the benefit of the people of the foreign country, You visited for purely scientific purposes, or for the special advantage of Your own country.

On all these accounts we feel, that our warmest thanks are due to You for Your disinterested exertions for the promotion of our welfare. As an enduring testimony thereof, we request the acceptance of this Purse, — the contents of which we beg, You will devote to the purchase of some piece of plate that we trust may be regarded by Your family and Your countrymen not only as a tribute of respect to Your varied talents, but as a well-merited memento of the grateful acknowledgement by the people of the Province of Auckland of the eminent scientific and practical services rendered to them by You.

We are desirous that the plate should bear the following inscription:

Presented to Dr. Hochstetter, Geologist attached to the Imperial Royal Austrian Scientific Expedition in the Frigate „Novara", by the inhabitants of the Province of Auckland, New Zealand, in testimony of the eminent services rendered to them by his researches into the Mineral and Agricultural resources of the Province.

Signed on behalf of the subscribers:

R. Mould,
Colonel, commanding Royal Engineers,
Chairman of Committee.

John Williamson,
Superintendent,
Province of Auckland.

Adresse der Bewohner der Provinz Nelson, in Neu-Seeland, an den Geologen der Novara-Expedition.[1]

Dr. Ferdinand Hochstetter,

Before Your departure from among us, we, the inhabitants of the Province and City of Nelson beg to express to You our great obligations for the benefits which You have conferred upon us as a community.

Though we cannot but congratulate You upon your approaching return to Your country and Your family, we have strong personal reasons for looking upon it with regret. We feel, that it has been no light or trifling advantage to have had among us one of that small class of men, who conduct the great national Expeditions by which the benefits of science are distributed over the world.

We know, that such an one comes invested with the highest possible authority to speak decidedly on the subjects of his investigations and are sure that we may place the most implicit confidence in his statements. It is the great characteristic of such scientific pursuits, as You are engaged in, that, though on the one hand they are joined to the deepest and inmost principles of nature, on the other they are linked to the daily wants and commonest necessities of life. We believe therefore that Your visit here will not be barren of practical results. We believe, that it will give us both a desire to develop as far as possible, our share of the gifts of nature and a knowledge how we may best do this.

We know, that we have had no special claims on You for the interest You have taken in our welfare. The advantages, which we have derived from it are, however, of such a kind, that both, those who give and those who receive, may be proud of. We have had many opportunities of noticing how earnestly You pursue knowledge for its own sake, and are glad to find that those who do so, are the most ready to employ for the benefit of others what they have acquired

[1] Ueberreicht in Nelson am 29. September 1859.

themselves. You have done this in our case with considerable personal exertion and discomfort, which have been cheerfully encountered by Your diligence and activity.

We do not wish to do more than allude to considerations of a personal kind. But we must express our appreciation of Your courteous and kind behaviour towards us and assure You that few men could have been among us for so short a time and have acquired so much of the character of a personal friend.

We beg Your acceptance of the accompanying Testimonial, the product of our Goldfields, and we ask You to apply it to the purchase of a peace of plate, which may help to keep us in your remembrance and on which we ask You to place the following inscription:

„Presented to Dr. Ferdinand Hochstetter, Geologist to the Imperial Royal Austrian Scientific Expedition in the Frigate „Novara", by the inhabitants of the Province of Nelson, New Zealand, as a record of their appreciation of the great benefits conferred upon them and the Colony by his frank communication of the results of his zealous and able researches into the geological character and mineral resources of the Province".

We earnestly hope, that all good may go with You on Your return to Europe and that after a pleasant and speedy voyage You may reach in safety Your home and friends. And with this wish we bid You heartily „Farewell".

Signed on behalf of the Inhabitants of Nelson:

J. P. Robinson,

Superintendent of the Province of Nelson,
New Zealand.

aar!

inter Macht
urrah gebracht,
Zauberschaar!

ch — uns zum Schutz,
— dem Feind zum Trutz,
eutscher Aar!

mit Lieb' und Lust
es voller Brust
aterland:

Germania,
einzig da,
aterland!"

am un - be - kann - ten Strand! Hier, an der Cor - dil-
sern Gruß dem Va - ter - land! dem deutschen
n Va - ter - land, unsern Gruß!
n Va - ter land unsern Gruß! unsern Gruß dem deutschen
n Va - ter - land, unsern Gruß!
deutsches, ein deut - sches Band! In kal - ter Fremde
fe - stes, ein deut - sches Band! Will-
-kom - men, will - kom - men. In kal - ter Fremde
deut - sches ein deut - sches Band! Will-

land! und treu dem Va - ter - land! ja
treu und treu, ja treu dem Va-ter - land! ja
und treu dem Va - ter - land! ja
treu und treu dem Va - ter - land! ja
on - nern - des Hur - rah ge-bracht, der
zum Trutz! Willkommen
Will - kom-men, will - kom - men
Willkommen
Will - kom - men, will-

es Lied aus vol - ler Brust, ein treu - es Lied dem al - ten
Drum sin - gen wir ein treu - es Lied dem al - ten
es Lied aus vol - ler Brust, ein treu - es Lied dem al - ten
gen wir aus vol - ler Brust ein treu - es Lied, ein Lied dem
zig da, das gro - ße Va - ter - land, das gro - ße
auch ein - zig da, auch ein - zig da, das
gro - ße Va - ter - land, das gro - ße
auch ein - zig da! das gro - ße, das gro - ße
da, das große Va - ter - land!
ein - zig da, das gro - ße Vater - land!
ein - zig da das gro - ße Vater - land!
ein - zig da das gro - ße Vater - land!

Das erste, zweite und dritte Novara-Jahr.

Stationen	Segeltage	Ankertage (Aufenthalt)	Seemeilen: nächste Entfernung zur See	Seemeilen: von Mittagspunkt zu Mittagspunkt	Durchschnittszahl der täglich zurückgelegten Seemeilen
Von Triest nach Gibraltar	20	10	1.720	1.750	$87\frac{1}{2}$
Von Gibraltar nach Madeira (Funchal)	7	11	650	700	100
Von Madeira nach Rio de Janeiro	49	26	3.770	4.330	$88\frac{1}{2}$
Von Rio de Janeiro nach Simonsbai (Cap der guten Hoffnung)	32	24	3.160	3.870	121
Von Simonsbai nach der Insel St. Paul	24	19	2.850	3.160	132
Von St. Paul nach Point de Galle auf Ceylon	31	8	2.760	3.110	$100\frac{1}{2}$
Von Point de Galle nach Madras	15	10	550	1.110	74
Von Madras nach Kar-Nikobar	13 } 27	18	{ 760	850	$65\frac{1}{2}$ } 45
Aufenthalt, Kreuzung zwischen den Inseln, Fahrt nach Groß-Nikobar	14 }		{ 200	360	$25\frac{1}{2}$ }
Von Groß-Nikobar nach Singapore	20	6	720	960	48
Von Singapore nach Batavia	13	24	520	570	44
Von Batavia nach Manila	17	10	1.500	1.690	$99\frac{1}{2}$
Von Manila nach Hongkong	10	13	630	680	68
Von Hongkong nach Schanghai	8	19	830	920	115
Von Schanghai nach Puynipet	35	4 Stunden	2.610	2.800	80
Von Puynipet nach den Stewarts-Inseln (Sikayana)	29	(nicht geankert)	960	1.250	43
Von den Stewarts-Inseln nach Sydney	19	32	1.080	1.880	99
Von Sydney nach Auckland (Neu-Seeland)	15	17	1.300	1.450	97
Von Auckland nach Tahiti	34	17	2.200	2.720	80
Von Tahiti nach Valparaiso	48	24	4.220	5.220	109
Von Valparaiso nach Gibraltar	82	6	8.[illegible]	10.660	130
Von Gibraltar nach Ragusa	13	3	1.410	1.368	$105\frac{2}{10}$
Von Ragusa nach Pola	2	1	240	234	117
Von Pola nach Triest	1	...	60	44	44
Summe	551	298	43.300	51.686	93,8

Anmerkung. Im ersten Novara-Jahre wurden 20.560 Seemeilen oder 88,2 Seemeilen per Segeltag; im zweiten 18,820 Seemeilen oder 93,1 per Segeltag; im dritten (30. April bis 26. August 1859) 12.310 Seemeilen oder 104,3 Seemeilen per Tag zurückgelegt. Im Ganzen segelte die Fregatte in 551 Tagen 51.686 Seemeilen oder 93,8 Seemeilen täglich, und lag im Laufe der ganzen Reisedauer (vom 30. April 1857 bis 26. August 1859, d. i. 849 Tage) nur 298 Tage vor Anker.

Verzeichniß derjenigen Personen,

welche in den verschiedenen Theilen der Erde zur Förderung der wissenschaftlichen Zwecke der Expedition wesentlich beigetragen haben.[1]

Gibraltar.

J. Longlands Cowell, Consul.

Horatio John Frembly, Consulats-Kanzler, Geolog.

Edw. Creswell, Deputy Post-Master.

Sir James Fergusson, Gouverneur. (1857.)

Sir William Codrington, K. C. B., Gouverneur. (1859.)

Colonel Moberley, R. E.

Madeira.

Karl Bianchi, österreichischer Consul.

Ant. Pedro de Azevedo, Major im Genie-Corps.

J. M. Moñiz, Botaniker.

Dr. Pitta, Spitals-Arzt.

Rio de Janeiro.

Hippolyt von Sonnleithner, österreichischer Minister-Resident.

Dr. Manoel Ferreira Lagos, Vice-Präsident des Instituto historico-geografico.

Dr. Schüch de Capanema, Geolog.

Dr. Francisco de Paula Candido, Leibarzt des Kaisers von Brasilien.

Dr. Bento Maria de Costa, Arzt im Marine-Hospital Isabella in der Jurujuba-Bucht.

Candido de Azevedo Coutinho, Münzdirector.

[1] Die folgende Namensliste von Gelehrten und Freunden der Wissenschaft bezweckt nicht nur den Dank der Expeditions-Mitglieder für die denselben erwiesene ehrenvolle Theilnahme öffentlich auszudrücken, sondern dürfte auch wissenschaftlichen Forschern oder Reisenden nach den erwähnten Gegenden mehrfachen Nutzen bieten.

Dr. José Teixeira de **Souza**, Arzt im Marine-Hospital Isabella in der Jurujuba-Bucht.

Manoel **Araujo de Portalegre**, Director des Museums der schönen Künste.

Dr. Ildefonso **Gomez**.

J. **Koehler**, Consulats-Kanzler.

H. **Laemmert**, Buchhändler.

Alexander **Lallemant**, Kaufmann.

Robert **Lallemant**, Kaufmann.

Karl **Wege**, Pharmaceut.

Cap-Colonie.

Sir George **Grey**, K. C. B., Gouverneur.

W. **Rawson**, Colonial-Secretary.

T. **Maclear**, Director der Sternwarte.

L. **Layard**, Secretär des südafrik. Museums.

Dr. **Laing**, Arzt.

Dr. H. **Bickersteth**, Arzt.

Dr. C. F. **Juritz**, Pharmaceut.

Dr. L. **Pappe**, Botaniker.

J. C. **Golding**.

William de **Smidt**, Under Colonial-Secretary.

Schmidenlow, Apotheker.

E. B. **Watermeyer**, Advocat.

Charles **Fairbridge**, Advocat.

Saul **Solomon**, M. P., Buchdruckereibesitzer

W. Van **Reenen**, in Constantia.

P. L. G. Laverne **Cloete**, in Sandvliet.

Dr. W. H. J. **Bleek**, Privat-Secretär des General-Gouverneurs.

Julius **Mosenthal**, österreichischer Consul.

Rev. Dr. **Esselin**, Missionär der Rheinischen Gemeinde in Worcester.

Rev. Dr. **Koelbing**, Dr. **Roser**, } Missionäre der Herrnhuter-Ansiedlung in Gnadenthal.

Dr. **Graff**, Arzt, in Sommerset-West.

Alexander **Wyley**, Geolog.

Ceylon.

H. **Sonnenkalb**, Hamburger Consul in Point de Galle.

Charles **Mac' Carthy**, Colonial-Secretary in Colombo.

David **Wilson**, österreichischer Consular-Agent in Colombo.

John **Selby**, Redacteur des Daily Examiner.

Dr. **Kelaart**, Zoolog, Arzt.

Dr. F. W. **Willisford**, Arzt.

Captain **Gossel**, Surveyor General.

Pater E. **Miliani**, Pfarrer in St. Sebastian de Mahus.

Charles Peter **Layard**, Government-Agent in Colombo.

Major **Skinner**.

W. **Rielner**.

Henry **Mooyart**, Assistant Government-Agent in Rabnapura.

Madras.

Lord **Harris**, Gouverneur.

Walter **Elliott**, Vice-Präsident der Royal Asiatic Literary Society in Madras.

Dr. J. **Mudge**.

Dr. Alex. **Lorimer**.

Dr. **Hunter**.

Dr. **Kellie**.

Professor **Mayer**.

Dr. Evans.

Dr. H. F. C. Cleghorn.

Dr. Montgomery.

Dr. J. Sanderson, Garrison-Surgeon.

U. D. Campbell, österreichischer Consul.

Lieutenant A. D. Taylor, J. A.

J. W. Breeks, Secretär der Madras Literary Society und der Auxiliary Royal Asiatic Society.

J. A. Murray, Privat-Secretär des Gouverneurs

Oberst Mac' Cally, in Vellore

A. Sullivan, in Vellore

Singapore.

Abraham Logan, Herausgeber der Singapore Free Press.

Dr. J. R. Logan, Herausgeber des Journal of the Indian Archipelago.

A. M. Aitken, Advocat

Sir Richard B. Mac Causland, Oberrichter.

M. Mooyer, Hamburger Consul.

Rev. B. P. Keasberry, Director der malayischen Missions-Schule.

W. Cumming, österreichischer Consular-Agent

Thom. Biddles, amerikanischer Consul.

Mac' Cigard (Firma Sennie & Comp.)

Whampoa, Kaufmann

Batavia.

Ch. Pahud, General-Gouverneur von Niederländisch-Indien.

Alex. Fraser, britischer und österreichischer Consul.

Dr. P. Bleeker, Naturforscher und Arzt.

J. P. de Perez, Vicepräsident des indischen Rathes.

Oberst W. E. von Schierbrand, Chef des Genie-Corps.

A. W. P. Weihl, Secretär der Gesellschaft der Künste und Wissenschaften.

W. F. Versteeg, Chef des topografischen Bureau.

P. J. A. C. Oudemans, Astronom.

Dr. G. Wassink, Chef des Medicinal-Wesens.

Dr. P. E. J. Vischer, Militär-Arzt.

Dr. H. Hollaender, Chef im Militär-Spital.

Dr. A. J. Steenstra-Toussaint, Arzt.

Dr. B. E. J. Pecking.

Dr. D. Boyer.

Dr. Franz Junghuhn, Director der Chinacultur auf Java in Niederländisch-Indien.

Dr. J. de Vrij, Inspector für chemische Untersuchungen.

J. Munnich, Bibliothekar, Directions-Mitglied der Gesellschaft für Künste und Wissenschaften.

E. Netscher, Directions-Mitglied der Gesellschaft für Künste und Wissenschaften.

Chevalier H. W. T. de Kock, Adjutant des General-Gouverneurs.

A. Junius van Hemert, Resident von Batavia

Vice-Admiral J. F. D. Bouricius.

W. F. Pfaergmann, jun.

Major J. C. J. Smits.

Dr. J. K. van den Broek, Arzt und Philolog.

H. Wittich, Buchhändler.

C. de Groot, Regierungs-Geolog in Buitenzorg.

Dr. P. Swart, Militär-Arzt.

J. E. Teijsmann, Director des botanischen Gartens.

S. Binnendyk, Assistent in Buitenzorg

S. van Deventer, Assistent-Resident.

Dr. van Ellenrieder, Militär-Arzt.

Madame J. C. A. **Hartmann.**

Dr. H. A. **Bernstein**, Arzt in Gadok.

C. van der **Moore**, Resident der Preanger-Regentschaft in Tjiandjoer.

Dr. J. Ch. **Ploem**, Regierungs-Arzt in Tjiandjoer.

Radhen Adhipati Aria Koesoema, javanischer Regent in Tjiandjoer.

F. W. C. **Busch**, Regierungs-Secretär.

J. van **Vollenhoven**, Controlor.

Radhen Adhipati Wira Nata Koesoema, Regent in Bandong.

Visscher von **Gaasbeek**, Assistent-Resident in Bandong.

Manila.

J. D. **Steffan**, Bremer Consul.

J. **Jenny**, Kaufmann.

J. **Griswold** (Firma Russell & Sturgis).

B. W. **Wood**, Zoolog.

Dr. A. **Fullerton**, Arzt.

Karl **Wegner**, }
J. **Schmidt**, } Pharmaceuten.

R. W. **Grahame.**

Oberst **Miguel Creus**, Director des Museums.

Balthasar **Giraudier**, Redacteur und Buchhändler.

R. P. Fray Joaquin **Fonseca**, Dominicaner, Schriftsteller.

Charles **Andrews**, Maler.

Hongkong.

Sir John **Bowring**, Gouverneur.

Rev. W. **Lobscheid**, Missionär und Schulen-Inspector.

Ph. **Winnes**, Missionär der Baseler Missions-Gesellschaft.

Gustav **Overbeck**, preußischer Vice-Consul.

Dr. **Hance**, Botaniker.

Dr. **Krone**, Missionär.

A. G. **Wiener**, österreichischer Consul.

Robert **Antrobus** (Firma Lindsay & Comp.).

Dr. W. A. **Harland**, Colonial Surgeon.

Dr. **Chaldecott**.

Macao.

R. **Carlowitz**, preußischer Consul.

Dr. **Kane**, Arzt.

M. **Hunter**, Kaufmann.

Rev. Dr. **Beach**, Agent der Londoner Missions-Gesellschaft.

Dr. **Wong**, Arzt.

Schanghai.

D. B. **Robertson**, britischer Consul.

Rev. Dr. E. C. **Bridgmann**, Präsident des Schanghai-Zweiges der königlichen asiatischen Gesellschaft und Missionär.

Rev. Dr. W. **Muirhead**, Missionär

J. A. T. **Meadows**, Regierungs-Dolmetsch.

Benjamin **Hobson**, Chef-Arzt des chinesischen Spitals.

A. **Wylie**, Buchdrucker der Londoner Missions-Gesellschaft.

Rev. E. W. Syle, Missionär.

Wells Williams, Missionär und Regierungs-Dolmetsch.

C. Treasure Jones, Secretär der Schanghai-Branch der königlichen asiatischen Gesellschaft.

C. de Montigny, französischer General-Consul.

W. Probst, Oldenburger Consul.

Thomas Walsh, schwedischer Consul.

G. Griswold Gray.

F. Reichl.

C. S. Compton, Redacteur des North China Herald.

James Hogg, Consul für die Hansestädte.

H. Oppert, Kaufmann.

J. Schubert, Kaufmann.

Robert Swinhoe, englischer Consul in Amoy.

Sydney.

Sir Williams Denison, General-Gouverneur.

Sir Daniel Cooper.

Alfred Denison.

Sir William Macarthur.

William Macleay.

Dr. George Bennett.

Francis L. Merewether, Vice-Probst der Universität.

Rev. L. E. Threlkeld, Missionär.

Rev. Dr. John Dunmore Lang.

Edward Hill, K. C. D.

Charles Moore, Director des botan. Gartens.

French Angas, Secretär des australischen Museums.

Walker Scott, Parlamentsmitglied.

J. Degotardi, Buchdrucker.

Stuart Alexander Donaldson.

H. L. Schrader.

William Mac Leay, Parlamentsmitglied

Rev. W. B. Clarke.

W. Kirchner, preußischer Consul.

W. Keene, Geolog.

Melbourne.

J. Rentsch, Schweizer Consul.

Gustav Beckx, belgischer Consul.

A. Ligard, Surveyor General.

R. Brough Smyth, Chief Officer of the Board of Science.

Dr. Friedrich Müller, Director des botanischen Gartens.

Sir Redmond Barry, Kanzler der Universität von Melbourne.

J. Pokorny.

W. Tulk, Bibliothekar.

Sir Henry Barkly, K. C. B., Gouverneur der Colonie Victoria.

W. Wadsworth, Colonial-Secretary.

A. Selwyn, Regierungs-Geolog.

Professor Neumayer, Director der Sternwarte.

Christoph Pallerstedt, Sandhurst, Bendigo-District.

W. John, Ingenieur.

A. Jung, in Castlemain.

T. Ulrich, Geolog.

C. H. Aplin, Geolog.

Dr. Ludwig Becker.

Auckland (Neu-Seeland).

Th. Gore Browne, K. B., Gouverneur.
Captain F. S. Steward.
Dr. F. T. S. Knight.
Hugh Carlton, Herausgeber der Zeitschrift: das südliche Kreuz.
W. B. Baker, Regierungs-Dolmetsch.
J. Williamson, Superintendent der Provinz Auckland.
Thomas H. Smith, Native Department.
Charles Heaphy, General-Landvermesser.
Archidiakon G. A. Kißling.
F. Whitaker, Attorney General.
H. J. Tancred, General-Postmeister.
C. W. Richmond, Colonial Treasurer.
Rev. G. A. Purchas, in Onehunga.
E. W. Stafford, Colonial-Secretary.
George Smalfield, Herausgeber der Zeitschrift: der Neuseeländer.
Rev. H. H. Carlton, Director des Three Kings' College.
Dr. Sinclair.
Dr. C. F. Fischer, homöopathischer Arzt.
Colonel Gold, C. E.
Colonel Th. Mould, R. E.
Drumond Hay.
Julius Haast, Geolog.
Karl Pelschler, Kaufmann.
Rev. J. Morgan, Otawhao.
Bischof Selwyn.
Rev. B. G. Ashwell, Taupiri.
Rev. S. M. Spencer, Tarawera.
Rev. J. S. Grace, Taupo.
Rev. Alex. Reid, Nipion house Waipa
Rev. C. Volkner, Tauranga.
Rev. J. Chapman, Maketu.
S. Abraham
Rev. Mr. Kinder.
David Graham.
C. O. Davis.

Province Nelson.

J. P. Robinson, Superintendent.
Alfred Domett, Provincial-Secretary.
Dr. David Monro.
Mr. Mackay.
Dr. Greenwood, Motucka, New Nelson.
Thomas Brunner, Chief Surveyor.
R. Adams.
Bischof Hobhouse.
Dr. Renwick.
James Parnell.
Linienschiffs-Capitän Gaissel, Gouverneur.
W. Th. Locke Travers.
Major A. J. Richmond.
Thomas R. Hackel.
Mr. Skeel, Talaka Valley near Motucka (Nelson).
R. Kelling, in Ramsay.
William Wells.
Herb. Curtis.
W. Wrey.

Tahiti.

Rev. Mr. William Howe, Missionär.
Dr. Nadaud.
Dr. E. Deplanche
Dr. Gillasse, Chefarzt im Militärspitale.
Adam Kulczycki, Director der Angelegenheiten der Eingeborenen.
D. Danican Philibar, Schatzmeister.
August Parion, Chemiker.
Dr. Emile Grand.

Valparaiso.

J. F. **Flemmich**, k. k. österreichischer General-Consul.
C. A. **Perckemeyer**.
Karl F. **Podl**, Consulats-Kanzler.
Rear Admiral R. Lamb. **Baines**, vom brit. Linienschiffe Ganges.
Dr. Gerald **Aubrey Jeo**, Chefarzt am Bord des brit. Linienschiffes Ganges.
Dr. Thomas Aquinas **Reid**, Arzt, Pharmaceut.
Heinrich J. **Geiger**.
Dr. Ernst **Reuchel**.
Charles de **Cazotte**, französischer Consul.
William **Lloyd**, Chef-Ingenieur der Eisenbahn-Gesellschaft.
Karl **Eggert**, Präsident des deutschen Club.
Hugo **Schuchart**.
Lüders.
H. T. **Pohl**.
J. **Kindermann**.
Manuel A. **Orrego**, Minenbesitzer.
Dr. **Ancrum**.

Santiago de Chile.

Don Manuel **Montt**, Präsident der Republik.
Jeron. **Urmeneta**, Minister des Aeußern.
Dr. Peter **Herzl**, Arzt.
Dr. Ignacio **Domeyko**.
José **Pardo**.
Walton W. **Evans**.
Jules **Jariez**.
Immanuel **Carvallo**.
Hermann **Volkmann**, Astronom.
Dr. C. W. **Moesta**, Director der Sternwarte.
Aimé de **Pissis**, Geolog.
Friedrich **Leybold**.
Rudolf A. **Philippi**, Professor an der Universität.
Dr. C. **Segeth**, Zoolog.
J. **Berges de Hunneus**.

Caldera.

J. J. **Murray**, britischer Consul.
M. **Thomas**, Director der Copiapo-Schmelzwerke.

Cobija.

M. **Jonassen**, Kaufmann.

Arica.

Isidor **Colmann**, belgischer Consul, Kaufmann.
Dr. **Middendorf**, Arzt.

Port d'Islay.

W. **Willthew**, britischer Consul.
Ch. **Lewis**, Agent der Dampfschifffahrts-Gesellschaft.

Callao.

George Petrie.

Robert Pollack.

Lima.

J. Randolf Clay, Minister der Vereinigten Staaten von Nordamerika.

Wilhelm Brauns, Hamburger Consul.

Karl Eggert, Kaufmann.

Johann Gildemeister, Bremer Consul.

Theodor Müller.

Felipe Pardo y Aliaga.

Manuel Pardo y Lavalle.

F. A. M. Elmore.

Dr. Arch. Smith.

Heinrich Berkemeyer

Julius Pflücker, Münz-Director.

Padre de Paula Vigil, Bibliothekar der National-Bibliothek.

Nikolaus Linnich.

Dr. José Domingo Espinar.

Emil Escobar de Bedoya.

Mariano Felipe Paz Soldan.

Francisco Odiaga, Deputirter für Chota.

J. D. Campbell, Kaufmann aus Lorna (Bolivien).

J. Prelzner.

Payta.

Alexander Baker, britischer Consul.

M. Elster.

Panama.

Charles J. Bidwell, k. britischer Consul.

John Power, Herausgeber der Zeitschrift: Panama Star and Herald.

Theodor de Sabla.

Auguste de Sabla.

A. J. Center, Director der Panama-Eisenbahn-Gesellschaft.

Dr. Joseph Kratochwil, Arzt und Pharmaceut.

Dr. Lebreton.

St. Thomas.

August Schläger, Kaufmann (Firma Gruner & Comp.), österreichischer Consul.

W. H. Paulsen, Kaufmann.

A. H. Riise, Pharmaceut.

Mr. Cameron, Agent der englischen Dampfschifffahrts-Gesellschaft.

Berichtigungen zum zweiten Bande.

Seite	6,	Zeile	3	von	oben	lies:	dessen	statt	deren
„	35,	„	3	„	unten	„	Roser	„	Rosch
„	56,	„	7	„	„	„	größten	„	größen
„	77,	„	10	„	oben	„	Nikobar	„	Nokobar
„	—	„	21	„	„	„	ziemlich	„	zimlich
„	85,	„	1	„	„	„	Entartung	„	—
„	—	„	16	„	unten	„	Nikobarer	„	Nikobaren
„	162,	„	2	„	„	„	Felsschlucht	„	Felsschluch
„	175,	„	10	„	oben	„	ver-	„	ver
„	194,	„	17	„	„	„	Opiumspelunken	„	Opiumspeculanten
„	266,	„	4	„	unten (Note)	„	par	„	pur
„	356,	„	18	„	oben	„	Kea-hing-fu	„	Rea-hing-fu
„	359,	„	13	„	unten	„	Säckel	„	seckel
„	367,	„	5	„	„ (Note)	„	2	„	3
„	379,	„	18	„	„	„	Säckel	„	Seckel
„	380,	„	8	„	oben	„	Leiber	„	Lieber
„	—	„	19	„	„	„	Dinge!	„	—
„	392,	„	16	„	unten	„	Südwestwinden	„	Südwestwind
„	393,	„	1	„	„	„	Mariannen	„	Karolinen-Archipel
„	398,	„	10	„	oben	„	niederen	„	niedere
„	429,	„	9	„	„	„	welcher	„	welchen
„	449,	„	3	„	unten	„	Klaftern	„	Klafter

Berichtigungen zum dritten Bande.

Seite	120,	Zeile	1	von	oben	lies:	Philologische	statt	Philosophische.
„	123,	„	2	„	unten	„	Kumara	„	Kumera
„	137,	„	7	„	oben	„	Seekranken	„	Seekranke
„	139,	„	1	„	unten	„	Neu-Caledonien	„	Neu-Calodonien
„	216,	„	5	„	oben	„	des reinen Glückes	„	dem reinen Glücke
„	—	„	9	„	„	„	verschlang	„	verschlangen